Hans Schwalbe

JAPAN

Hans Schwalbe

JAPAN

Prestel-Verlag München

Das Buch erschien zunächst in kleiner Auflage unter dem Titel ›Acht Gesichter Japans‹ bei der Deutschen Gesellschaft für Natur- und Völkerkunde Ostasiens, Tokyo 1970. Die vorliegende Ausgabe ist vom Autor 1974 erweitert, 1979 durchgesehen und auf den neuesten Stand gebracht worden.

2. Veränderte Auflage

Passavia Druckerei GmbH Passau 1979

ISBN 3-7913-0486-0

INHALT

Aussprache-Hinweis

ei	*wie*	ëi	z	*wie*	sagen
ai	*wie*	heiß	j	*wie*	dsch
sh	*wie*	schön	y	*wie*	ja

Zum Verständnis Japans

»Das 21. Jahrhundert wird den Japanern gehören.« Dieses Wort von Herman Kahn, dem bekannten amerikanischen Zukunftsforscher, ist nicht aus der Luft gegriffen. Ähnliches haben zahlreiche sachlich denkende Gelehrte und Experten gesagt. Angesichts solch kühner Prognose wird mancher die Frage stellen: Welche Voraussetzungen bringt Japan selbst für solche Zukunft mit?

Diese Frage ist oft gestellt und immer wieder anders beantwortet worden. Ziel dieser Arbeit ist es nicht, den Antworten eine weitere hinzuzufügen. Sie will vielmehr versuchen, die bereits vorliegenden Gesichtspunkte zu ordnen und ihnen den gebührenden Platz zu lassen. Es geht sozusagen um eine Bestandsaufnahme dessen, was Japan heute ist. Dabei werden all die Faktoren ausgeklammert, die sich bei allen großen Nationen finden: die Kraft des Industriepotentials, die Intensität wissenschaftlicher Forschung, der gewaltige Umfang des Handels, das ständige Wachsen des Nationalprodukts und dgl. mehr. All das versteht sich heute von selbst. Keine Nation kann dem entraten, wenn sie im Konkurrenzkampf der Welt bestehen will. Was uns in dieser Arbeit interessiert, ist all das andere, sind all jene Kräfte, die außerdem in Japan wirksam sind.

Ehe wir unseren nach acht Gesichtspunkten gegliederten Überblick beginnen, gilt es, den Rahmen dafür abzustecken. Mit anderen Worten: Wir müssen versuchen, ein Bild davon zu gewinnen, wie bisher versucht worden ist, die schillernde Vielfalt Japans auf einen oder mehrere Nenner zu bringen. Eines ist dabei von vornherein klar: Was über die Vergangenheit Japans in vielen gelehrten Werken gesagt worden ist, kommt für uns hier nur wenig in Betracht. Uns interessiert allein das heutige Japan. Was früher war, spielt nur dann eine Rolle, wenn es zur Interpretation der Gegenwart dienlich ist.

An der Zukunft orientiert

Anders ist es mit der Zukunft. Sie wächst aus dem, was Japan heute ist. Daß die Legende vom ›skrupellosen‹ Japan, das unbekümmert alles nachahmt und dann den Weltmarkt mit billigen Imitationen überschwemmt, längst der Vergangenheit angehört, ist hinlänglich bekannt. Heute kauft Japan Lizenzen. Aber es begnügt sich damit nicht: Es setzt die geistige Arbeit anderer durch geniale Weiterentwicklung fort. Schon morgen werden diese anderen japanische Lizenzen kaufen. In Japan weiß man, daß die Forschung der Gegenwart die Wirtschaftskraft der Zukunft ist.

Ein deutscher Journalist schilderte einen Besuch im Forschungszentrum des Hitachi-Konzerns, eines der größten Industrie-Unternehmen der Welt, mit folgenden Worten: »›Lassen Sie uns dort einen Tee trinken, wo unsere Forscher zu grübeln pflegen‹, schlug Herr Yoshinaga vor. Mitten in einem altjapanischen Garten neben dem Hochhaus der Forschung stand eine offene Laube mit Bank und Tisch. Motoko, die Sekretärin, war schon vorausgegangen und kredenzte mit den zierlichen Bewegungen einer Geisha grünen Tee in hauchdünnen Porzellantäßchen. Unter uns ein Teich mit einer künstlichen Insel. Felsbrocken ragten aus der Uferböschung. Keine Blume, aber viele fremdartige Bäume. In dieser Atmosphäre, unverändert seit den Zeiten der mittelalterlichen Feudalherren und der Samurai, sammeln die Forscher ihre Gedanken über Laser-Strahlen, Halbleiterdioden, Elektronenstöße und Ferrit-Kerne. Hier finden sie ihre Inspirationen für eine technische Zukunft, die noch gar nicht begonnen hat. In diesem Augenblick glaubte ich, das japanische Rätsel zu begreifen: das Rätsel eines Volkes, in dem das Mittelalter lebendig bleiben wird und das dennoch die Zeichen der Zukunft besser zu verstehen scheint als viele europäische Nationen« (Hamburger Abendblatt).

Man braucht nur die Zeitungen aufzuschlagen, um zu erfahren, daß Japan nicht nur die größten Tanker baut und die schnellsten Eisenbahnen hat, sondern bereits an einem Raketenzug experimentiert, der mit 1000 Fahrgästen über die Köpfe hoher Stützpfeiler mit einer Geschwindigkeit von 1000 Kilometern in der Stunde dahinschießen soll. Man liest, um ein anderes Beispiel zu nennen, daß Japan führend ist in der Erforschung und Behandlung des Magenkrebses. Man erfährt aber auch, daß es die meisten Schimmelpilzkulturen der Welt besitzt und schon heute mit Hilfe dieser Mikroorganismen so viele Medikamente produziert wie kein anderes Land.

Auf Grund sehr nüchterner Untersuchungen rechnet das ›Japanische Institut für Wirtschaftsforschung‹ mit folgenden Entwicklungen:

Bis 1985 – überstarke Metalle; Sonnenbatterien für jedermann; Klein-Computer für den Haushaltsgebrauch; elektrische Autos, die geräusch- und geruchlos sind; Fernsehtelefone; drahtlose Übermittlung der faksimilierten Zeitung in jede Wohnung; weitgehende Verbreitung von Übersetzungsmaschinen; Raketenflugzeuge im Zivilverkehr mit Senkrechtstart und -landung; durch Lichtsynthese erzeugte Nahrungsmittel.

Bis 2000 – positive Wetterveränderung; Auflösung von Taifunen; exakte Vorhersage von Erdbeben; eine Medizin zur teilweisen Veränderung des menschlichen Charakters; die Möglichkeit, Erbanlagen zu wechseln; chemische Erzeugung von Leben in primitiver Form.

An all dem, und nicht nur daran, wird in Japan gearbeitet. »Nihon dai ichi« – Japan Nr. 1 – ist nicht nur der Wunschtraum von Politikern und Wirtschaftsmagnaten, sondern ebenso der von Ingenieuren und Wissenschaftlern. Sie alle sind nicht an der Vergangenheit, sondern an der Zukunft orientiert.

So klar es manchem sein mag, was Japan in den kommenden Jahrzehnten einmal sein soll, so unklar ist die Antwort auf die Frage, was Japan heute ist. Worin sein Wesen, seine Hauptcharakteristika bestehen, ob, wie und warum es anders ist als andere Kultureinheiten, darüber gibt es eine Unzahl von Urteilen, und die meisten von ihnen widersprechen einander.

Im Spiegel des Auslands

Ins Auge fallen zunächst drei Hauptarten, in denen sich Japan im Ausland spiegelt: die romantisch-verklärende, die kritisch-negierende und die ökonomisch-bewundernde.

Die einen träumen noch immer den romantischen Traum, den auch die Fremdenverkehrswerbung nährt: den Traum vom fernen Land der Kirschblüten und der Madame Butterfly. Für sie ist Japan das Land der Geishas, die zauberhaft durch Blütenzweige lächeln und Tausende von Fremden übers Meer locken; das Land der geheimnisvoll verschwiegenen Zen-Tempel und der ästhetisch aufs höchste verfeinerten Künste wie Haiku, No und Tee; das Land disziplinierter Meditation und genügsam harten Samurai-Geistes. Sie beklagen, wie es bereits zu Beginn des Jahrhunderts Lafcadio Hearn getan hatte, »the passing of old Japan«.

Die Frage, ob denn ein Land, das wie Japan nach Weltgeltung strebt, überhaupt seine traditionellen Werte und Denkschemata bewahren könne, beantworten sie nur mit einem Lächeln. Sie leugnen nicht die Feststellung, daß Japan ein Land des Fortschritts und der Technik ist, daß seine Symbole nicht Geishas und Teezeremonien, sondern Supertanker und Stahlwerke sind, daß der Kampfgeist des Schwertes und die Weltverlorenheit meditierender Mönche im Zeitalter der Computer und der Internationalisierung ›unzeitgemäß‹ geworden sind. Aber sie stellen zugleich fest, daß Tempelfeste und Zen-Mystik, Ikebana und No-Spiele nach wie vor, ja mehr denn je betrieben werden und schließlich auch früher nur von einer exklusiven Elite gepflegt worden sind. Der Zauber der Kirschblüten und die Majestät des Fuji – haben sie durch die moderne Zeit auch nur das mindeste an Anziehungskraft im Inland wie im Ausland verloren?

Ferner die weibliche Jugend: bei aller Bekundung revolutionären Denkens, bei aller noch so hemmungsfreien Emanzipation pflegen die meisten jungen Mädchen weiterhin die traditionellen weiblichen Tugenden. Schließlich die Religiosität: aller skeptischen Sachlichkeit, allem krassen Materialismus zum Trotz ist sie ein offenbar äußerst wirksamer Faktor des modernen Lebens. Wer in den Zeitungen von den Großkundgebungen der sogenannten neuen Religionen liest, wer die Begeisterung erlebt, mit der sich Millionen von Menschen zu ihren Glaubensgemeinschaften bekennen und für sie werben, möchte fast sagen, daß die Japaner ein Volk religiöser Enthusiasten sind.

Die zweite Gruppe, die der Kritisch-Negierenden, macht es sich leicht. Sie schiebt alle kulturellen und geistigen Werte in Bausch und Bogen als ›mittelalterliche Überbleibsel‹ beiseite und erkennt nur ökonomisch-technische Gesichtspunkte an. Hochmütig sieht sie sogar in den gewaltigen Nachkriegsleistungen der japanischen Wirtschaft und Industrie nichts als Nachahmung und Anpassung an das, was der Westen seit langem hat. In dieser Gruppe spricht man den Japanern jede schöpferische Begabung ab. Der Hinweis, daß der älteste Holzbau der Welt die Pagode im Horyuji ist, die größte Bronze-Statue Buddhas in Nara steht und das No-Spiel eine Kunstform ist, die einmalig in der ganzen Welt ist, erscheint diesen Kritikern lächerlich angesichts der internationalen Standardisierung der Produktion und der wachsenden Vermassung der Menschheit. Sie halten jedes Bemühen um nationale Gesichtspunkte innerhalb der japanischen Wirtschaft für absurd. Sie erheben die These zum Axiom, daß sich jedes Wirtschaftsgefüge nach ihm immanenten Gesetzen entwickle, und daß diese Gesetze international Gültigkeit hätten. Auch Japan, wenn es bestehen wolle, müsse sich ihnen unterwerfen.

Zwischen diesen beiden Betrachtungsweisen – der romantisch-verklärenden und der wirtschaftlich-kritischen – steht die dritte Gruppe: Sie ist fasziniert von der Dynamik des Wirtschaftswunder-Landes. Auch sie sieht, daß es in Japan ist wie überall in der Welt: auch hier herrscht das hastende Dasein einer Industrienation, auch hier sind die Zeitungen voll von Lohnkämpfen und Arbeiterstreiks, von Studentenunruhen und Sportsensationen, von Parlamentsdebatten und dem Ärger über das ständige Steigen der Preise. Darüber hinaus aber spürt sie die besondere Intensität des japanischen Alltags, die grandiose Umformung eines agrarfeudalen Staates zur modernen Hochleistungsindustrie, das Hin- und Hergerissensein des Volkes zwischen gestern und morgen, das Ringen um neue Normen.

Man sieht durchaus, daß das stürmische Wirtschaftswachstum eine ganze Reihe sehr materieller Ursachen hat – etwa die geringen Verteidigungslasten, die Zurückstellung von Sozialausgaben, den hohen Anteil der Investitionen von einem Drittel des Sozialprodukts, den Boom aus dem Korea- und Vietnamkrieg und dergleichen mehr.

Zu den äußeren Ursachen treten aber auch innere Gründe und damit sehr japanische Motive: ein unermüdlicher Arbeitseifer, eine Gruppenloyalität, die in Europa unbekannt ist, und eine Gegenwartsbejahung, die durch keinerlei Problematik einer Vergangenheitsbewältigung gehemmt ist. Man hat in Japan die gewaltigen Opfer, welche Entwicklungsländer und kommunistische Staaten dem Fortschritt haben leisten müssen, vermieden und – so meint man in dieser Gruppe – dennoch den eigenen Charakter, die eigene Seele bewahrt. Man ist in Japan heute genauso ›modern‹ wie überall in der Welt: Man hat Tanker, Stahl und Transistoren, man hat Revolutionäre, Hippies und Beat-Keller. Aber man ist trotzdem japanisch geblieben.

Dieses Japanische an Japan ist offenbar nicht das ›Was‹, sondern das ›Wie‹. Es muß gar nicht tiefgründig und geheimnisvoll sein. Ein japanischer Professor hat einmal aufgezählt, woran ein Japaner, der ins Ausland reist, vor allem merkt, daß er Japaner ist:

»Zunächst einmal wird er feststellen, daß er mit seinem Japanisch überhaupt nichts anfangen kann. Selbst wenn er sich die Haare färbt und die Kleidung des Landes trägt, in dem er sich aufhält – sein Gehabe und sein Aussehen werden ihn sofort als Japaner identifizieren. Schon nach kurzer Zeit im Ausland wird er vor Sehnsucht nach Miso Shiru (Sojabohnenkäse-Suppe) und Tsukemono (eingelegtes Gemüse) vergehen und nichts erstrebenswerter finden als wieder auf Tatami (Binsenmatte) zu leben. Selbst wenn er theoretisch die Unterschiede von Sitten und Gebräuchen kennt, in ihrer Beurteilung wird er immer einen japanischen Maßstab anlegen. So werden denn auch die, die in ihrer Jugend westliches Gehabe angestrebt haben, sobald sie in reiferes Alter kommen, wieder angezogen werden von den traditionell japanischen Dingen. Die leichte Kost, die besonderes Gewicht legt auf Gemüse und Meeresnahrung; die Maserung des Naturholzes, das für die japanische Architektur so charakteristisch ist; das milde Licht, das durch die Shoji (Schiebetüren aus Papier) fällt; der bequeme warme Kimono; das unnachahmliche Gefühl beim Anziehen eines Sommer-Yukata, der frisch gewaschen und gebügelt ist; die Schönheit von Malerei, Kalligraphie und Ikebana; der besondere Geisteszustand, der nur durch Zen-Meditation erreichbar ist; die Stille eines Hains bei einem Shinto-Schrein – all das sind Dinge, die dem Wesen des Japaners entsprechen, ohne die er sich verloren fühlt.«

Seine eigene Identität hat Japan schon sehr früh, spätestens im Zeitalter des jüngeren Neolithikums (Yayoi-Kultur), gefunden. Diese Feststellung, wissenschaftlich eindeutig erhärtet, ist deshalb so bemerkenswert, weil Japan dieses sein Wesen durch alle Zeiten hat bewahren können trotz allen Durcheinanders seiner Geschichte, trotz aller Überfremdungs- und Einwanderungswellen, trotz aller Assimilierung ganz fremden und ganz verschiedenen Kulturgutes. Sollte sich diese Identität, die dem Ansturm von Jahrtausenden standgehalten hat, ausgerechnet jetzt nur wegen der Industrialisierung oder der Amerikanisierung ändern? Die bisherige Geschichte Japans macht das Gegenteil wahrscheinlicher. Die insulare Lage des Landes hat Kontakte und Auseinandersetzungen mit ›Nachbarn‹ nur unter besonderen Anstrengungen ermöglicht. Japan konnte – oder mußte – seine Eigenart so entwickeln und festigen, daß es allem Fremden gegenüber »mit jedem Jahrhundert greller abstach« (Gundert).

Manche Interpreten Japans haben versucht, die ganze Nation auf Eigenschaften festzulegen: z. B. »die Japaner sind amoralisch und tückisch« oder »die Japaner sind fromm und in sich gekehrt« oder »sie fühlen sich unter strengem Regime am wohlsten«. Solche offensichtlichen Fehlurteile sind ebenso unsinnig wie die Behauptung, die Japaner seien »oberflächlich, eklektisch und unschöpferisch« oder »gelehrig, selbstverleugnend und zurückhaltend« oder »alle Menschen hier sind introvertiert«, nur weil sie bei der Arbeit mit Säge und Hobel die Geräte auf sich zu ziehen und nicht von sich stoßen, weil sie die Wäsche nach innen und nicht nach außen wringen, weil sie beim Sitzen die Beine nicht von sich strecken, sondern an sich ziehen, weil ... die Beispiele ließen sich beliebig fortsetzen. Sie stellen einzelne epitheta ornantia heraus, die, aus Verärgerung oder Bewunderung entstanden, den Blick auf das Wesentliche eher verdunkeln als erhellen.

Verständnisvoller sind diejenigen, die Japan ein Land des ›aber auch‹ nennen: Hier finde sich höchste ästhetische Verfeinerung – aber auch rücksichtslose Willkür und gefühllose Roheit; raffiniert abgestufte Höflichkeit – aber auch gröbste Anmaßung; äußerste Diszipliniertheit – aber auch Aufsässigkeit, die bar sei jeder Form.

Wieder andere meinen, in Japan seien jeweils drei Tendenzen am Werk: eine quietistische, die beschauliche Stille und einsame Zurückgezogenheit bevorzugt, eine heiter-lebensfrohe, die in sorgloser Hingegebenheit den Augenblick genießt, und eine dritte kämpferisch-aktive, die erfüllt ist vom Zukunftswillen eines vorsorgenden Staatsgefühls. Dem lyrisch-weltabgewandten Sich-im-Gefühl-Verlieren und der unbekümmerten Daseinsbejahung hält, so heißt es, ein geschichts- und traditionsbewußtes Denken, das streng auf Fleiß und Pflichterfüllung pocht, die Waage. Gelassener Ruhe, die auch die Meinung anderer großzügig toleriert, tritt kampfesfrohe Intoleranz gegenüber, die sich mit bloßem ›Da-sein‹ nicht zufriedengibt, sondern radikal gesinnt und auf Sieg erpicht ist.

Zwischen Ost und West

Groß schließlich ist die Zahl derer, die den Schlüssel zum Verständnis des modernen Japan in der Erkenntnis seiner Widersprüchlichkeit zu finden meinen, seines Hin- und Hergerissenseins zwischen ›alt‹ und ›neu‹, zwischen ›noch‹ und ›schon‹, zwischen Ost und West. Ein deutscher Gelehrter, der seit Jahrzehnten in Japan lebt, meinte sogar, alle Überlegungen auf der Grundtatsache aufbauen zu müssen, daß die Japaner ein schizoides Volk seien: »Die Bewußtseinsspaltung in allen Lebensbereichen ist tief und fast unüberbrückbar.« Zur Begründung solcher Schizophrenie wird oft darauf hingewiesen, daß sich die Wandlung Japans vom Feudalismus zum modernen demokratischen Industriestaat im Laufe einer einzigen Generation vollzogen habe – eine Leistung ohne Beispiel in der gesamten Geschichte der Menschheit. Daß dafür nun ein Preis gezahlt werden müsse in Form von »gewissen Unstimmigkeiten«, von seelisch-geistiger Zerrissenheit, sei nur verständlich.

In der Tat begegnet man auf Schritt und Tritt der Unausgeglichenheit von altjapanischer Kultur und moderner Zivilisation, von rationalem und irrationalem Verhalten, von kollektivem Gruppenbewußtsein und individuellem Ehrgeiz. Man fährt mit dem schnellsten Zug der Welt, um an der Kulthandlung einer primitiv-animistischen Religion teilzunehmen. Die Weltfirma Hitachi baut modernste Elektrogeräte, zugleich errichtet sie in all ihren Fabriken Schreine für die Shinto-Berggottheit von Kumano. Man hält im Alltag streng an protokollarisch geregelter Höflichkeitsetikette fest, aber man toleriert hemmungslose

Sexfilme und wilde Studentenschlachten. Man baut die winzigsten und handlichsten Elektronik-Geräte, aber man benutzt weiterhin altertümliche Schreibmaschinen mit rund 2000 Typen. Selbst der Bauer, der mit den modernsten Mitteln und Methoden der Landwirtschaft vertraut ist, wartet für den Beginn von Saat und Ernte auf das Signal des Yama no Kami, der ländlichen Berggottheit.

Viele weisen in diesem Zusammenhang auf den notorischen Gegensatz von östlichem und westlichem Denken: das eine sei intuitiv, kollektiv und allumfassend, das andere theoretisierend, analytisch und sezierend. Der Westen sei beherrscht vom Streben nach Form und Gesetz, nach aktiver, dynamischer Gestaltung – der Osten erstrebe das Nicht-Handeln, er neige seinem Wesen nach zur Passivität und sehe das Ideal in einer in sich ruhenden Harmonie. Ist es also, so fragen diese Beobachter, ein Wunder, daß der Japaner, der in die Welt des Ostens hineingeboren und um die Welt des Westens bemüht ist, zwischen beiden hin und her gerissen wird?

So bestechend solche Ost-West-Vereinfachung ist, sie stimmt mit den Tatsachen oft nicht überein. Auch der Westen kennt das Ideal der in sich ruhenden Harmonie. Auch der Osten kennt, und zwar seit alters, das Prinzip dynamischer Tatkraft. Welches Volk der Erde könnte von sich sagen, daß es nicht zwischen dem ›Noch‹ der Vergangenheit und dem ›Schon‹ der Zukunft stünde? In Japan mögen die Gegensätze besonders deutlich in Erscheinung treten. Wer aber nach den ›innerlich zerrissenen‹ Menschen selber sucht, findet alles andere als ›gespaltene Persönlichkeiten‹. Er findet ein Volk, das nicht im mindesten nervös ist, das heiter und ausgeglichen im Badehaus oder beim Sake sitzt und völlig konzentriert seiner Tätigkeit nachgeht – sei's bei der Arbeit, beim Sport oder beim Gospiel. ›Zerrissen‹ sind in Japan wie überall in der Welt immer nur die, die mit ihrer Zeit nicht fertig werden, die sich durch die Vergangenheit oder die Zukunft bedroht fühlen. Solche Menschen gibt es vor allem im kleinen Kreis der ›Interi‹, der Intelligenzler. Die breite Masse des Volkes bleibt davon unberührt.

Seit dem Beginn seiner Geschichte ist Japan darauf trainiert, ›fremdes‹ Gut zu übernehmen und es dem eigenen anzuverwandeln. Zweimal hat es sogar sein ganzes Kulturgewand gewechselt: um 600 n. Chr., als chinesische Kultur und buddhistische Religion ins Land kamen, und 1200 Jahre danach, als Japan sich unter der Drohung der ›schwarzen Schiffe‹ des amerikanischen Commodore Perry 1854 entschloß, seine Häfen und sein Land dem Westen zu öffnen. In Einflüssen von außen etwas Negatives zu sehen, hieße allem kulturellen Leben den Boden entziehen. Anregung und Bereicherung ist hier alles. Dem großen Strom, den wir als japanische Kultur bewundern, tut es nicht den geringsten Abbruch, daß er auch mit Wassern gespeist wurde und wird, deren Quellen nicht auf japanischem Boden liegen. Die Kraft eines Volkes liegt nicht in der Bewahrung und ängstlichen Konservierung eigenen Kulturgutes und in der Abwehr fremder Einflüsse. Im Gegenteil: »Wahrhaft groß«, sagt Jacob Burckhardt, »ist die Nation, die vieles von anderen nimmt und zu Eigenem verarbeitet.«

Auch in Japan läßt sich vieles auf fremde Einflüsse zurückführen. Selbst die kaiserlichen Insignien: Spiegel, Schwert und Juwel kamen vom Festland. Entscheidender ist, wie das, was kam, assimiliert und zum Ausdruck der eigenen Seele gewandelt wurde. Wenn manche Ausländer angesichts von ›Widersprüchen‹ und ›Unbegreiflichkeiten‹ der Meinung sind, daß man hierzulande mit vielen westlichen Methoden nicht so zurechtkomme, wie es eigentlich sein müßte – etwa mit den Formen der Demokratie oder der öffentlichen sozialen Moral oder der Erziehung zur Persönlichkeit –, dann ist das weiter nichts als Ignoranz und Überheblichkeit. Schließlich will der Japaner nicht Amerikaner oder Europäer werden und auch nicht so denken oder handeln. Er will weiter nichts, als das Rüstzeug der modernen Zeit erwerben, um damit seine eigene japanisch-asiatische Welt zu bauen.

Der erste Eindruck desjenigen, der zum ersten Mal nach Tokio kommt, äußert sich oft in der Enttäuschung darüber, daß so wenig Japanisches zu sehen ist, daß das Leben verwestlicht, wenn nicht gar ›cocacolonisiert‹ ist. Doch schon der zweite Eindruck verdrängt den ersten. Er zeigt, wie ganz japanisch Japan in seinem Wesen geblieben ist. Man trägt westliche Kleidung, man liest moderne europäische und amerikanische Literatur, man lebt nach Möglichkeit nicht mehr auf Tatami und schläft in richtigen Betten, aber das Wertsystem und die Denkschemata sind die alten geblieben. Gerade das ist an Japan so faszinierend, daß es ihm gelungen ist, eine der modernsten Industrie-Nationen der Welt zu werden, ohne dafür seine traditionsbewußte Wesensart zu opfern.

Statt von dem Doppelgesicht Japans zu reden, sollte man es lieber als Brücke betrachten, die am ehesten einen Zugang zur Welt Asiens ermöglicht. Im Fernen Osten ist Japan politisch und wirtschaftlich das bei weitem fortschrittlichste Land und ›westlicher‹ als alle Länder im sogenannten Nahen und Mittleren Osten. Der Zugang zu dieser Brücke ist allerdings nicht leicht. Ein Land, in dem jeder Fremde, vom Chinesen abgesehen, zum Analphabeten wird, weil er nicht nur kein Wort verstehen, sondern auch keine Zeile lesen kann, erschließt sich nicht einfach. Japaner selbst tragen häufig dazu bei, die Barrieren, die Sprache und Mentalität errichten, noch zu verstärken. In mimosenhafter Empfindlichkeit erklären sie von vornherein: »Ausländer können uns überhaupt nicht begreifen.«

Kein Wunder, daß die Fülle der Fehlurteile zu- statt abnimmt. Sie begannen mit der irrigen Behauptung Hegels von den »statischen Kulturen Asiens«, und sie dauern fort bis zu den modernen europäischen Büchern, die versichern, daß in Japan die Häuser aus Bambus und Papier gebaut seien, die Menschen mit Rickshas durch die engen Straßen fahren und die Liebespaare Arm in Arm in den Krater des Fuji springen, weil Harakiri noch immer als eine ehrenwerte Todesart betrachtet werde.

Leider helfen auch japanische Selbstzeugnisse wenig zur Erkenntnis dieses Landes. Wenden sie sich an das Ausland, dann »zeigen sie stets das Bestreben, dem Fremden die japanische Art mundgerecht zu machen« (Gundert): voll Nationalstolz übertreiben sie auf der einen und untertreiben sie auf der anderen Seite. Wenden sie sich aber an die eigene Nation, so sind die wichtigsten Gedanken und Gefühle, das also, was uns am meisten interessiert, so selbstverständlich, daß sie nicht einmal erwähnt, geschweige denn interpretiert zu werden brauchen. Worte wie ›Giri‹ und ›Sabi‹, um nur zwei Grundbegriffe der japanischen Gefühlswelt zu nennen, haben in europäischen Sprachen nicht das mindeste Äquivalent. Gerade die inneren Kräfte Japans zu verstehen, sollte aber unsere Hauptaufgabe sein. Nur so werden sich Irrtümer beseitigen und vermeiden lassen, die allzuoft Schaden im internationalen Zusammenleben der Völker angerichtet haben. Für dieses Verstehenwollen erweisen sich die meisten der bisher genannten Verallgemeinerungen als unzureichend. Sie gelten selten für das ganze Volk, kaum je für alle Epochen seiner Geschichte und decken meist nur Teilbereiche des japanischen Lebens.

Hat Japan die gleichen Kultur-Elemente wie Europa?

Um die geistige Struktur eines Volkes zu erfassen, gibt es jedoch auch Methoden, die versuchen, nicht den äußeren Merkmalen, sondern den inneren Prinzipien nachzuspüren. Drei von ihnen sind besonders markant. Die eine ist die Typenlehre des Kulturphilosophen Eduard Spranger. Eine zweite folgt der asiatischen Einteilung in ›Wege‹ (Do, Michi), die zu den verschiedenen Daseinsbereichen und Lebenszielen führen: Shinto – der Weg der Götter, Butsudo – der Weg Buddhas, Bushido – der Weg der Krieger usw. Es sind Wege, die vom Menschen die Bekundung einer bestimmten Haltung und bestimmter Tugenden fordern. Eine dritte Methode betrachtet die Stile und Bildungsideale, die sich im Laufe der Geschichte herausgebildet haben, Leitbilder also, die die verschiedenen Kulturepochen geprägt haben und die bis in die Gegenwart hinein wirksam geblieben sind.

Diesen Methoden im einzelnen zu folgen, würde zu weit führen. Kurz auf sie einzugehen, erscheint jedoch unerläßlich, weil sie Einsichten vermitteln, die für das Gesamtbild Japans charakteristisch sind.

Spranger behauptet, daß überall, wo menschliche Kultur vorhanden ist, die gleichen Haupttypen des Menschen zu finden seien. Er geht von der schon bei Plotin geäußerten Ansicht aus, daß alles in allem enthalten sei, daß in jedem Ausschnitt des geistigen Lebens sämtliche geistigen Grundrichtungen, wenn auch in verschiedener Stärke, wirksam seien. »Aus der rauschenden Symphonie des Lebens« glaubt er, »die begrenzte Anzahl von Leitmotiven« heraushören zu können. Er unterscheidet dabei sechs Typen des Menschen: den theoretischen und ökonomischen, den ästhetischen, sozialen und religiösen und den des Machtmenschen.

Die Frage, die wir zu stellen haben, lautet: Gelten Sprangers Voraussetzungen auch für Japan? Gibt es ein Allgemein-Menschliches, und wenn ja: besteht der Mensch in Europa und in Asien aus den gleichen geistigen ›Elementen‹? Sind die Leitmotive der hier wie dort erklingenden Kultur-Symphonie die gleichen?

Es gilt als philosophische Binsenweisheit, daß der Mensch nur das zu erkennen vermag, was anlagemäßig bereits in ihm vorhanden ist. Das Denken und Fühlen anderer Völker vermögen wir nur deshalb zu verstehen, weil wir in ihnen etwas irgendwie Verwandtes spüren. Dieses Verwandte liegt, möglicherweise, in dem gemeinsamen Anteilhaben an der metaphysischen Einheit ›Mensch‹, an der ›Idee‹ des Menschen. Alle Kulturen – geschaffen von Menschen und das Werk ihrer Hände und ihres Geistes – sind dann ebenso viele Versuche, ›den‹ Menschen zu realisieren, wie der einzelne selbst eine bedingte, mehr oder minder beschränkte Verwirklichung der Idee ›Mensch‹ ist – »getrübten Glanzes dem Staube gesellt«, wie eine in Ostasien vielgebrauchte Formulierung lautet. Das Unterscheidende unter den Menschen und Kulturen wäre dann nur die jeweilige ›Trübung‹, das durch Boden, Klima und Herkunft mitbedingte Volkstum, in dem jede Kultur wurzelt und aus dem sie Kraft und Nahrung zieht.

Die Verschiedenheit der Kulturen und der von ihnen gepflegten Werte zeigt, wie entscheidend die ›trübenden‹ Umweltfaktoren das Allgemein-Menschliche, die Idee ›Mensch‹, jeweils modifiziert haben. Mag sein, daß einige Elemente in Asien wie in Europa gleichermaßen vorhanden sind; die Trübungen sind vielfach völlig andere.

Greifen wir ein einziges Beispiel heraus, den ›theoretischen Menschen‹. Er ist nach Spranger den praktischen Aufgaben des Lebens gegenüber hilflos. Für ihn gibt es kein Schön und Häßlich, kein Nützlich oder Schädlich, kein Wahr oder Falsch, sondern nur die reine Erkenntnis, nur das objektive Wesen des Gegenstandes. Er lebt in einer nahezu zeitlosen Welt, weil er die Gebundenheit an den Moment völlig außer acht läßt.

Genau das ist es, was Japanern im Bereich der westlichen Wissenschaft und Philosophie besonders schwerfällt. In Japan singularisiert man weder Menschen noch Dinge. Man stellt sie nicht zunächst einmal in Frage, indem man wie in Europa fragt: »Was ist das?« »Warum ist das so?« Man sieht sie immer im großen Zusammenhang mit all ihren Querverbindungen, Abhängigkeiten und Bezügen. Es ist die gleiche Haltung, die auch in der Lehre des Buddhismus zum Ausdruck kommt, nach der nichts für sich allein existiert, sondern einzig und allein durch den Zusammenhang mit anderem.

Zusammenhänge zu analysieren, ihre Komponenten zu separieren und das Ganze theoretisch in seine Teile zu zerlegen, erscheint dem Japaner weder möglich noch erstrebenswert, weil er das eigentliche Wesen und Leben des Zusammenhangs dadurch zu vernichten meint. Wie in einer japanischen Regenlandschaft alles verschwommen ineinander übergeht, stehen sich auch im Leben Japans die Dinge selten antithetisch gegenüber, sondern fließen durch Hunderte von Kompromissen, Nuancen und Schattierungen zu einem vielschichtigen Ganzen zusammen.

Die Antwort auf die Frage, gibt es auch in Japan die Sprangerschen Grundtypen, mit denen die geistige Struktur Europas so genial umrissen ist, kann nur lauten: wenn es sie gibt, sind mindestens einige von ihnen nicht typisch.

Über konfuzianische Tugenden

Ganz anderen Denkformen begegnen wir bei der asiatischen Methode. Hier ist nicht von Elementen oder Weltanschauungen die Rede, sondern von ›Wegen‹ (chin.: Tao, jap.: Do oder Michi), die der Mensch auf seiner Erdenreise zu einem bestimmten Ziel hin zu durchmessen hat.

Man hat festgestellt, daß schon in ältester Zeit das Zeichen ›Do‹ im übertragenen Sinne Anwendung fand, und zwar als ›Bahn‹, in der sich der Mensch zu bewegen hat, die ihm nach beiden Seiten hin feste Schranken setzt und ihm nur die Entscheidung läßt, ob er vorwärts, rückwärts oder gar nicht gehen will. Diese Grundauffassung des Wortes ›Weg‹ oder ›Bahn‹ blieb bis heute unverändert.

Daraus ergibt sich zugleich, daß ein Zweifel an dem normativen Charakter des jeweiligen Weges überhaupt nicht in Frage kam, daß es keineswegs Sache des einzelnen war und ist, sich seine Weltanschauung selbst zu bilden. Das mag deutlich werden bei der Betrachtung nur eines kleinen Ausschnitts aus der Welt des Konfuzianismus, bei einem Blick auf seine Tugendlehre. Daß der Konfuzianismus auch in Japan eine der wichtigsten geistigen Kräfte war und noch immer ist, wird niemand bestreiten. Mit ihm wurde ein Humanitätsideal geschaffen, das den Menschen – im Gegensatz zur europäisch-deutschen Humanitätsauffassung – im großen Weltgetriebe ziemlich tief einstuft und ihm eine nur recht bescheidene Rolle zuweist, das ihm aber dennoch eine Fähigkeit zuerkennt, die in gewissem Sinn entscheidend ist: die Fähigkeit, den reibungslosen Ablauf des Ganzen zu stören. Diese Störung zu verhindern, ist im Grunde das einzige Ziel der ganzen Lehre. In ihrem Mittelpunkt stehen die vier ›Tugenden‹:

Jin – Menschenliebe
Gi – Rechtlichkeit
Rei – Formgefühl
Chi – Wissen

Von ihnen waren Rei und Chi besonders wichtig. Rei ist zunächst ganz äußerlich die Etikette, die Form der Höflichkeit, der Sitte und des gesellschaftlichen wie des religiösen Zeremoniells. Rei umfaßt die Umgangsformen, die das Leben nicht nur zwischen Mensch und Mensch, sondern auch zwischen Mensch und Natur und zwischen Mensch und Himmel regeln. Es ist gleichsam das Ordnungsprinzip dieser Welt.

Rei also bedeutet nicht nur etwas Äußerliches. Es ist ebenso auch etwas Innerliches und damit mehr als bloße Etikette und gesellschaftliche Konvention. Es bedeutet das, was die deutsche Sprache unter Takt versteht, ein Gefühl für Haltung, für das innerlich Gemäße, ein Stil- und Formgefühl, das mit dem Ciceronischen ›decorum et honestum‹ nur schwach, mit dem mittelhochdeutschen, ganz aus dem Geist zuchtvollen Rittertums erwachsenen ›mâze‹ weit klarer und zugleich tiefer gedeutet ist. Dieses Formgefühl ist keineswegs ein rein passives. Aktiv gestaltend will und soll es den ganzen Menschen durchdringen und seine innere Form klären helfen zu einer ästhetischen Humanität, die formal der der deutschen Klassik erstaunlich nahesteht.

Erst wenn äußere Sitte und innere Form einander ergänzen und bedingen, ist die höchste Form des Rei erreicht. Wo nur das Äußerliche bleibt, wo hinter der gesellschaftlichen Konvention kein echtes Formempfinden mehr steht, kommt es sehr schnell zu seelischem Leerlauf: die hohlen Formen brechen zusammen das kulturelle Leben verliert von seiner bunten Vielgestaltigkeit eine Farbe nach der anderen, und schließlich verödet es ganz.

Erziehung freilich, auch die konfuzianische, beginnt beim Kinde und daher zunächst mit dem bloß Äußeren, Angelernten, mit dem, was sich ›schickt‹ und ›geziemt‹ und der ›guten Sitte‹ entspricht. Keine Erziehung kommt in den Anfängen um den Zwang herum, dem Menschen die Moral zunächst in Form der Sitte nahezubringen. Erst allmählich wächst das Rei nach innen. Erst dann wird der Mensch zu einem in sich ruhenden, reinen Spiegel des Himmels. Erst dann ist jenes Formgefühl geweckt, das über den Menschen hinaus zum Gestaltungsprinzip einer Kultur werden kann.

Das Nach-innen-wachsen der ursprünglich äußerlichen Sitte setzt die Förderung durch die andere Haupttugend, durch Chi, das Wissen, voraus. Der Mensch erlangt es durch das Studium der alten klassischen Bücher. Durch sie kommt er mit dem Geist der über jede Kritik erhabenen alten Weisen in Berührung und hat daran einen stets sicheren Prüfstein, ob sein Handeln und Sein auch wirklich ›gut‹ genannt werden kann.

So tief der Mensch im konfuzianischen Weltgefüge eingestuft sein mag, so sehr steht er im Mittelpunkt allen Denkens – allerdings nur im Hinblick auf seine geistig-seelische Natur. In keinem Falle bedeutet Chi ein Wissen, wie es dem deutschen Worte Wissenschaft zugrunde liegt. Ein Streben nach Wissen um der reinen schöpferischen Erkenntnis willen, frei von jedem Zweckgesichtspunkt, ist dem Osten wesensfremd.

Der Konfuzianer empfindet die Wissenschaft eher als ein leider notwendiges Übel: sie stört die Reibungslosigkeit des Weltalls statt sie zu fördern; sie ist mithin etwas Schlechtes – ein Argument, das man bei der Betrachtung der Landesabschließung und strikten Abweisung fremder Wissenschaften während der Tokugawa-Zeit nicht so oft zugunsten nur politischer Gesichtspunkte vergessen sollte.

Durch die Bedeutung, die dem Wissen im konfuzianischen System zukommt, war es zugleich ein wichtiger Faktor im sozialen Stufenbau des Lebens. Nicht uninteressant ist hier ein Blick auf Sokrates. Auch er maß dem Wissen, der Einsicht, eine entscheidende Bedeutung bei. Nach ihm beruht die Tüchtigkeit,

Schönheit und Tugend (areté) des Menschen allein auf dem Maße seiner Einsicht. Sie bietet daher den besten Maßstab zur Bewertung seines Charakters und seines Handelns. Genauso heißt es in Ostasien: je größer das Wissen und damit die Tugend, desto höher, d.h. dem Himmel näher steht der Mensch. Desto deutlicher wird auch sein Recht, über die, die an Tugend und Wissen unter ihm stehen, zu herrschen. Der Glaube an diese vom Himmel gewollte Ordnung ist so fest, daß die Schlußfolgerung sogar umgekehrt worden ist: »Wer oben ist und herrscht, ist immer tugendhaft.«

So entstand ein Sozialsystem, in dem die wahre Tugend nur einer kleinen Elite vorbehalten blieb, in dem es galt, das richtige Verhältnis von ›oben‹ und ›unten‹ zu wahren. Es war ein System, das von der unabänderlichen Verschiedenheit der Menschen ausging und darum auf strikter Unterordnung unter Obere bestand. Hierin zeigt sich auch ein wichtiger Gegensatz zum Buddhismus, der die Gleichheit, ja schlimmer: die gleiche Nichtigkeit der Menschen betont.

Mit der zunehmenden Popularisierung der Tugenden traten die Regeln für das praktische Leben in den Vordergrund, die fünf Beziehungen (Gojo), deren zwei erste Chu und Ko, Loyalität und Kindesliebe, Zentralpunkte des japanischen Sozialgefüges wurden. Sie verschmolzen im Bewußtsein des Volkes so sehr mit dem ›eigentlich‹ Japanischen, daß das Wissen von ihrer Herkunft stark in den Hintergrund trat. Aus ihm heraus ist die Tugendlehre freilich nach wie vor wirksam. ›Chu‹ und ›Ko‹ aber sind ganz ins nationale Bewußtsein eingegangen, sind Teil des japanischen ›Weges‹ geworden. Der jedoch entzieht sich seit alters jeder exakten Bestimmtheit, jeder klaren Formulierbarkeit. Nach japanischer Auffassung ist er ausdrücklich ›begriffslos‹, Kotoage senu. Er steht jenseits aller Worte und Gedanken – mit anderen Worten: er ist zur Selbstverständlichkeit geworden und ruht daher ganz im Gefühl. Wollen, Denken, Formulieren führen schon vom eigentlichen Kern weg. Entscheidend ist die Reinheit des Herzens.

Diese ›Reinheit‹ ist eines der zentralen Probleme Japans überhaupt. Sie gilt nicht nur innerhalb der religiös-rituellen Sphäre, sondern auch im täglichen Leben und vor allem in der Kunst, in Architektur und Malerei, in Musik und Literatur, bei Tanz und

Chanoyu. ›Reinheit‹ liegt letzten Endes der ganzen ästhetischen Kultur Japans zugrunde, deren ›glatter Schönheit‹ man zu unrecht die Tiefe glaubte absprechen zu können. Denn die Reinheit ist nicht nur verbunden mit der Tugendlehre des konfuzianischen ›Weges‹, sondern reicht zugleich tief in die Geheimnisse jener ›Begriffslosigkeit‹ japanischen Seins hinab, die letzten Endes im zeitlosen Mythus wurzelt.

Zwei Wesenszüge erschweren dem ausländischen Beobachter die Benutzung solcher ›Wege‹. Der eine ist ihr normativer Charakter: er zeigt mehr das, was sein soll, als das, was ist. Der zweite ist das Postulat der Begriffslosigkeit: dadurch wird jede Möglichkeit zunichte, den ›Weg‹ selbst als Zugang zu einer klaren Erkenntnis in das Wesen Japans zu benutzen. Dennoch bleibt er wichtig, gerade weil er Einsichten verschafft, die mit rationalen Methoden nicht erreichbar sind.

Wer nur kurz nach Japan kommt, gewinnt leicht den Eindruck, daß seine Bewohner den Ballast der Vergangenheit abgeworfen haben, daß sie Gegenwartsmenschen geworden sind, ganz dem Leben von heute zugewandt. Wer länger im Lande ist, weiß, daß dieser Eindruck falsch ist. Hinter dem Vordergrundsgesicht wird der aufgeschlossene Beobachter sehr viel Hintergrund bemerken und darin eine Fülle weiterer Gesichter. Er wird sehr bald spüren, daß es recht verschiedene Ebenen sind, auf denen uns der – vielleicht sogar ein und derselbe – Japaner begegnet. Wir haben ihn bei einem Ausflug zum Fuji in seiner ganzen aufgeschlossenen Natürlichkeit schätzen gelernt. Wir sehen ihn als frommen Shintoisten Mund und Hände spülen, bevor er einen Schrein betritt. Wir beobachten, wie er ehrfürchtig Weihrauch streut bei einer buddhistischen Zeremonie. Wir erkennen ihn auf alten Fotos, wo er mit Begeisterung für Kaiser und Vaterland in den Krieg zieht. Wir bewundern seinen ausgeprägten Sinn für die ästhetischen Reize von Teekunst und No-Theater. Wir sehen ihn, der offenbar ein moderner emanzipierter Ingenieur ist und das Zeremoniell der Vergangenheit nur belächelt, wie er sich im Kreise von Kollegen unter zahlreichen Verbeugungen rangbewußt einordnet: kein Lächeln zuviel, kein Bückling zuwenig. Für ihn ist alles selbstverständlich; für uns ist alles unbegreiflich, ein Komplex grundverschiedener Weltanschauungen, grundverschiedener ›Gesichter‹.

Es gibt eine Unzahl solcher Gesichter. Wenn man sie jedoch zu sortieren beginnt, so scheinen einige besonders häufig in Erscheinung zu treten – eben jene, denen jeweils ein Kapitel dieses Buches gewidmet ist. Es sind Gesichter, die einen geistigen Bereich, eine bestimmte Haltung und Ausdrucksform charakterisieren, die das ganze Volk und jeder einzelne zur Schau trägt, Gesichter, die den Menschen prägen und doch zugleich Ausdruck seiner selbst sind. So nüchtern das Leben des Gegenwartsmenschen sein mag: es ist in erstaunlich reichem Maße mit Geschichte und Geschichten verwachsen. So modern auch immer der einzelne sich gebärdet: die Fülle der Gesichter wirkt in ihm und durch ihn auf die Zukunft.

Bemerkenswerterweise entsprechen manche Gesichter den

Bildungsidealen und Leitbildern, die die Epochen der japanischen Geschichte stilbildend geprägt haben. Vereinfachend ergibt sich folgendes Schema:

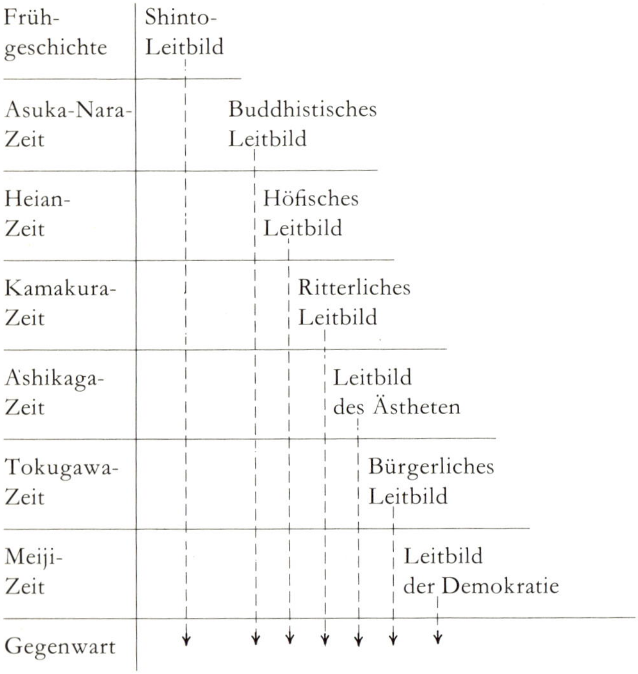

Diese verschiedenen Leitbilder haben zu sehr verschiedenen Zeiten ihre entscheidende Form gefunden. Von den ihnen folgenden Kulturidealen wurden sie lediglich überlagert. Sie blieben bis heute wirksam. Andererseits war die ihnen zugrunde liegende Tendenz bereits erkennbar, lange bevor sie für eine ganze Epoche verbindlich wurde. Mit anderen Worten: Alle Leitbilder Japans sind zu allen Zeiten, auch heute, vorhanden und erkennbar. Nur eines von ihnen stand jeweils im Scheinwerferlicht seiner Zeit und gibt uns das Recht, die ganze Epoche danach zu benennen.

Die Leitbilder der japanischen Kulturepochen im einzelnen zu betrachten, würde den Rahmen dieser Arbeit sprengen. Über sie gibt es zahlreiche Bücher. Für uns kommen diese ohnehin nur ergänzend in Betracht, und zwar aus drei Gründen.

Zunächst deshalb, weil sie sich die Entscheidung ersparen, welche Bildungsideale wann und wo noch wirksam sind, welchem von ihnen dieser oder jener Charakterzug des heutigen Japan zuzuordnen ist, weil sie genau dort aufhören, wo wir anfangen: bei der Gegenwart.

Zweitens hilft uns der historische Bezug wenig, weil er uns auf Leitbilder festlegt, die zwar noch wirken, die aber ihren Höhepunkt hinter sich haben. Damit wäre eine Bewertung in die Betrachtung hineingetragen, die der Gegenwart höchstens ein Nachwirken der Leitbilder zugesteht und ihre Träger zu Epigonen herabstuft. Wir aber wollen nicht werten, sondern darstellen.

Drittens wären wir gezwungen, nach Gegenwartsparallelen zu suchen für Leitbilder, die heute verblaßt sind – etwa für das höfische Ideal der Heian-Zeit. Es ist heute nicht etwa tot, aber es hat seine prägende Kraft verloren. Es gibt in Japan offenbar keine Geistesform, die wirklich erledigt und vergangen wäre. Hat sie einmal existiert, wie zum Beispiel die der alten buddhistischen Sekten, dann bleibt sie in irgendeiner Form erhalten und wird von Lebenden ehrfürchtig gepflegt. Dem historischen Nacheinander gesellt sich in Japan immer auch das Nebeneinander der im Laufe der Geschichte entstandenen Formen.

Bei jedem Wechsel eines Leitbildes ist das Alte durch das jeweils Neue keineswegs vernichtet und ausgerottet worden. Selten war das Neue mehr als zunächst Mode. Es war beherrschend, aber es beherrschte nur den Vordergrund. Das Alte im Hintergrund blieb. Es gibt wohl kein Land der Erde, in dem so viel ›Altes‹ nicht etwa in Museen bewahrt und gepflegt wird, sondern wirklich lebendig praktiziert wird wie vor 500, vor 800, vor 1000 Jahren.

Viertens schließlich bleiben wir frei, auch ›Gesichter‹ zu behandeln, die wie etwa das des Massenmenschen keine gültige Prägung in der Vergangenheit erfahren haben. Fraglich bleibt es freilich, ob das Gesicht der Masse überhaupt noch ein ›Gesicht‹ ist. Ob es nicht vielmehr ein ›Ungesicht‹ ist, etwas, das der Form, des entscheidenden Charakteristikums jeder Geistesprägung, enträt, weil es auf Nivellierung und Zerlösung aller Bindung hinausläuft und damit auf das Gegenteil von Kultur, die dort aufhört, wo es keine Bindung und keine Form mehr gibt.

Damit kommen wir zum Ausgangspunkt zurück, zu der Frage, welche Kräfte den Lebensäußerungen des heutigen Japan ihr eigentümliches Gesicht geben. Die Frage ist, wie wir sahen, alles andere als neu. Auch dieses Buch will nichts ›Neues‹ bieten. Es hat keine wissenschaftlichen Ambitionen. Es will ein Handbuch sein zum Nachschlagen, zur ersten Information. Darüber hinaus unterrichtet die Fülle der genannten Literatur weit besser und ausführlicher. Alles, was hier zusammengetragen ist, hat der Verfasser irgendwo gelesen, gesehen oder gehört. Er bekennt sich als dankbarer Schuldner all denen gegenüber, die ihn Japan sehen gelehrt haben. Was er gelernt hat, will er hiermit weitertragen.

Einer allgemeinen Darstellung der einzelnen ›Gesichter‹ folgt jeweils ein spezieller Teil ›Geschichte und Geschichten‹: Er geht in keinem Falle über das hinaus, was jedem Durchschnittsjapaner – das heißt dem Absolventen der Mittelschule – an selbstverständlichem Wissen geläufig ist. Wer meint, daß Japan das klassische Land des Wandels und des steten Umbruchs sei, sollte bedenken, daß es zugleich eine Traditionszähigkeit und -treue besitzt wie kaum ein anderes.

Unser Versuch, die wichtigsten Gesichter Japans darzustellen, entspricht – um ein Bild aus dem Bereich der Kunst zu wählen – in etwa dem Bemühen, einen vielfarbigen Holzschnitt in seine einzelnen Arbeitsgänge zurückzuverfolgen. Entstanden ist er dadurch, daß von verschiedenen Stöcken mit genau den gleichen Umrissen die einzelnen Farben aufgetragen wurden, Schicht um Schicht. Wir wollen den umgekehrten Weg gehen, die Schichten voneinander trennen – stets bewußt, daß allen der gleiche Umriß zugrunde liegt, und vor allem, daß nur alle Schichten zusammen ›das‹ Bild Japans ergeben.

Die Natur

Wer als Tourist Japan bereist, ist fasziniert von seiner landschaftlichen Schönheit. Wer es als Agronom betrachtet, wundert sich, daß die kurzen und engen Flußtäler ausreichen, einem Hundertmillionenvolk die nötige Ernährungsbasis zu geben. Wer als Wirtschaftsgeograph das Land durchstreift, stellt sachlich und nüchtern fest: Japan ist in erster Linie Wüste. Zwei Drittel des Landes sind unbebaut und unbewohnt. Auf dem dritten Drittel aber drängt sich eine der größten Nationen der Welt, die es fertigbekam, zwanzig Jahre nach einer bedingungslosen Kapitulation wieder die Wirtschaftsvormacht Asiens zu werden – und das alles ohne ›Hinterland‹, ohne eigene Rohstoffe, ohne die Gunst einer wirtschaftsgeographisch vorteilhaften Lage.

Die Natur formt den Menschen

Angesichts dieser Tatsache ist es erstaunlich, daß nur selten die Frage gestellt wird, welche Bedeutung die Natur des Landes auf seine Entwicklung gehabt hat, ob und wie sie – womöglich entscheidend – dazu beiträgt, das Gesicht Japans und seiner Menschen zu bestimmen.

Immer wieder ist in der Fülle der Japan-Literatur die Rede davon, in wie hohem Maße der Japaner die ihn umgebende Natur, etwa beim Gartenbau oder bei der Blumenkunst, geformt und ästhetisch vergeistigt hat. Nur selten legt man sich die Frage vor, wie umgekehrt die Natur den Menschen formt, inwieweit vieles von dem, was dem Fremden an der japanischen Wesensart bemerkenswert oder gar unerklärlich scheint, vielleicht aus dem Charakter des Landes verständlich wird. Von drei Seiten her soll versucht werden, das Gesicht der Natur zu betrachten: vom Land, vom Wasser und vom Klima her.

Zwischen Nord und Süd. Japan ist etwas größer als Italien oder Finnland. Seine 366474 qkm erstrecken sich über eine Länge von 2000 Kilometern vom 31. bis fast zum 46. Breitengrad: von Las Palmas etwa bis nach Mailand. Selten ist das Land 300, stellenweise weniger als 100 km breit. Dank seiner reichen Zerklüftung hat es eine Küstenlänge von etwa 27000 km.

Japan hat also sowohl an der üppigen Vegetation der Tropen wie an Frost und Schnee der gemäßigten Zone teil. Es kennt die lähmend feuchte Hitze des südlichen Sommers, es kennt aber auch die härtende Kraft des nördlichen Winters, der dem Menschen nach der Erschlaffung in der heißen Zeit wieder Energie und Spannkraft gibt. Sie spornt ihn zu rühriger Aktivität und unermüdlicher Arbeit an – eine Eigentümlichkeit, die der Japaner allen anderen asiatischen Völkern voraus hat. Kürzeste Wesensaussage dieser Nord-Süd-Spannung ist die immer wiederholte Darstellung von Bambus im Schnee: die feucht-tropische Vegetation im Zusammenprall mit dem Frostklima kühlgemäßigter Breiten.

Die Mischung von Südlichem und Nördlichem zeigt sich auch im japanischen Wesen: die Spannungsweite von sorglos heiterer Gelöstheit auf der einen und harter Strenge und Geschlossenheit auf der anderen Seite. Sie wirkt sich selbst auf so subtile Formen aus wie auf das japanische Geschichtsbewußtsein. Es gibt viele Schriftsteller und Gelehrte, die Japan so sehr dem Süden zurechnen, daß sie es in die Reihe der ›geschichtslosen‹ Völker eingruppieren.

Zahllos sind in der Tat die Momente, die für den südländisch-ahistorischen Sinn des Volkes sprechen. Immer wieder fällt auf, daß in der japanischen Literatur fast alles Streben nach Besserung, nach Läuterung, nach Entwicklung fehlt. Dichtung und Musik sind ganz dem Augenblick und dem Gefühl hingegeben. Sie malen keine Charaktere, stellen kein Werden und Gestalten dar, wie ein Portrait, eine Symphonie oder ein Drama im Sinne Rembrandts, Beethovens oder Goethes das tun.

Alles ist auf Sein und Gegenwart, auf unbekümmerte Freude am Augenblick gestellt, nichts auf sorgendes In-die-Zukunft-Schauen. Zeitlos ruht solche Lebenshaltung in reiner Gegenwart und zeigt auch nicht den mindesten Sinn für zeitliche Distanzen. Man denke an die unübersichtliche Zeitrechnung nach den häufig und völlig unregelmäßig wechselnden Nengo (Kaiserperioden): Das Jahr 1979 heißt hier Showa 54, wobei Showa ›Leuchtender Frieden‹ bedeutet. Bei einer solchen Zeitrechnung entzieht sich die Vergangenheit jeglicher Exaktheit.

Die datenlose Verbindung des Japaners mit den großen Männern und Begebenheiten seiner Geschichte ist grandios: Sie verliert sich in geheimnisvollem Dunkel, in dem Abgrenzungen wie »vor hundert Jahren« oder »vor tausend Jahren« gleichviel und gleichwenig bedeuten.

Doch Japan bloß als ›geschichtslos‹ einzustufen, wäre einseitig. Es würde seinem Charakter als Übergangsland vom Süden zum Norden widersprechen. Schon beim Reisbau zeigt sich das Wechselspiel von Nord und Süd. Alle Sumpfreis bauenden Völker leben im Süden. Und das raffinierte Bewässerungssystem bedeutet Flurzwang für alle: Das Wasser, das oben in die Felder einläuft und von Stufe zu Stufe fließt, kommt allen zugute, bindet alle an das gleiche Interesse und zwingt sie zu gemeinsamer Arbeit. Dieser ›südlichen‹ Tendenz zur Gemeinschaft tritt in Japan der ›nördliche‹ Wille zur Vereinzelung – nicht des Individuums, aber doch der Familie – gegenüber. Die Felder baut man gemeinsam, das Haus aber steht einzeln und fernab der Straße, durch Hecken und Baumgruppen geschützt gegen Winde und fremde Blicke.

Im Süden sind die jahreszeitlichen Gegensätze weniger hart und ausgeprägt als im Norden. Das Grün der südlichen Vegetation verbindet die Zeiten übergangs- und unterschiedslos. Im Norden hingegen setzt der Winter klare Zäsuren. Werden und Vergehen sind scharf voneinander getrennt. Beide Formen gibt es in Japan. Zeitlose Einheitlichkeit und klar unterscheidendes Geschichtsbewußtsein mischen sich in vielfältigem Wechsel.

Omote- und Ura-Nippon. Zu der Nord-Süd-Spannung tritt eine andere, die nach ›vorn‹ und ›hinten‹ unterscheidet. Nach japanischer Auffassung zerfällt das Stammland der Längsachse nach in eine Vorder- und in eine Rückseite (Omote-Nippon und Ura-Nippon), eine Scheidung, die man für Westjapan bereits in alter Zeit nach einer Licht- und einer Schattenseite (Sanyo und Sanin) getroffen hatte. Noch heute wird die dem Festland gegenüberliegende, etwas kühlere und herbere Schattenseite nicht nur als anders, sondern schlechtweg als geringer und negativer bewertet. Tatsächlich hat die ›Rückseite‹ Japans kaum mehr als sechs größere Städte und nur zwei wichtigere Häfen: Tsuruga und Niigata. Auf der Ozeanseite hingegen wimmelt es von Menschen, Städten und Häfen. Dieses Verhältnis spiegelt sich deutlich z.B. in den Grundstückspreisen: Nur auf der Sonnen-, der Vorderseite Japans, erreichen sie schwindelnde Höhen, besonders in den Großstädten.

Der Bewertung Japans nach Vorder- und Rückseite liegt noch ein anderes Motiv zugrunde: das zwiespältige Verhältnis zum Festland. Im Gegensatz zu allen Festlandvölkern beginnt für Japan das Andere, Fremde, nicht etwa nebenan, gleich an der Grenze, sondern erst in weiter Ferne, hinter dem Meer, hinter dem Horizont. Selbst die Korea-Straße ist über 170 km breit. Das Bild der anderen Welt war, wie man es formuliert hat, stets »vom Meer verschleiert«. Der Schleier verbarg nichts Positives und Erstrebenswertes. Zweieinhalb Jahrhunderte lang hat Japan den Kontakt zur anderen Welt sogar bei Todesstrafe verboten. Man wußte von dieser Welt, aber man ließ sie hinter sich, ließ sie im Rücken liegen, als ob es sie nicht gäbe.

Die negative Bewertung der kühlen und rauhen Seite Japans verschärft sich, je weiter sich der Blick nach Norden richtet. Schon von der Höhe Sendai-Akita an sprechen viele geringschätzig vom ›Tibet‹ Japans. Hokkaido ist für manchen Japaner fast schon Ausland. Auf dieser nördlichen Hauptinsel, die fast ein Viertel der Gesamtfläche Japans ausmacht, leben nur 3,7 Millionen Menschen, rund 3% der Gesamtbevölkerung. Das Klima ist rauh und kalt. Der Boden läßt nur beschränkt Reisbau zu. Er trägt vor allem Kartoffeln und Rüben, Hafer und Bohnen. Oder er besteht aus Moor und Weideland. Dennoch hat Hokkaido vieles, was dem übrigen Japan fehlt. Vor allem: es hat Raum für Millionen von Menschen. Bei einer Größe von 83 500 qkm beträgt die Dichte nur 69 Menschen pro Quadratkilometer; auf der Hauptinsel Honshu sind es 390. Ferner: es hat Rohstoffe – Erz, Kohle und Holz. Trotzdem will es nicht gelingen, auf Hokkaido Japaner in ausreichender Zahl seßhaft zu machen. Es könnte eine Zukunftsinsel werden – zuvor aber müßte die Abneigung des Japaners gegen die Kälte des Nordens und damit gegen eine andere Lebensweise überwunden werden.

Vulkanisches Bergland. Oft liest man vom übervölkerten Reisland Japan. Vom leeren Japan, seinem wilden Wald, seinen öden Gebirgen liest man fast nie. Dabei sollte man nicht vergessen, daß die japanischen Inseln gleichsam nur die Gipfelreihe eines Gebirges sind, das einst im Ozean versunken ist und jetzt aus einer Meerestiefe von 4000 Metern aufsteigt. Was heute den Meeres-Spiegel überragt, ist nur zu 16,2% landwirtschaftlich genutzt, 16,5% tragen Bauten und Verkehrswege; der Rest von 67,3% ist Wildnis, Berg und Wald.

Drei Gründe werden dafür angeführt, daß dieses gewaltige Gebiet seit Jahrhunderten ungenutzt blieb. Der erste: In allen südasiatischen Ländern sind die Gebirge unbewohnt. Sie bieten keine Nahrung, sie sind rauh und abweisend, hier wohnen, Scheu verbreitend, nur wilde Tiere und böse Geister. Erst der Buddhismus hat die Welt der Berge, die unwegsame, unberührte Stille ihrer Täler dem japanischen Bewußtsein erschlossen. Das Einsamkeitsideal der Mönche, die Weltabgeschiedenheit ihrer Klöster und Tempel, haben in Japan den Sinn geweckt für die erhabene Größe der Gebirge, deren Gipfel mehrfach die Dreitausendergrenze überschreiten. Doch auch der Buddhismus hat die Scheu des Volkes vor den Bergen nicht überwunden. Nach wie vor überläßt man sie den Göttern und den Touristen.

Der zweite Grund für das Ungenütztlassen von zwei Dritteln des Landes ist der Reis. Er braucht die Geborgenheit der Täler, die feuchte Wärme des Südens. Er gedeiht nicht auf rauhen Höhen oder im kühlen Norden. Wo aber kein Reis gedeiht, gedeiht auch kein Japaner.

Der dritte Grund ist, daß die Berge nur an wenigen Stellen als Weideland geeignet sind. Selbst dort, wo nicht der blanke Stein jede Vegetation unmöglich macht, sind Wald und Busch durchsetzt von zähem Bambusgras. Es wächst äußerst schnell, ist nahezu unausrottbar und durchzieht den Boden mit einem alles andere verdrängenden dichten Wurzelwerk. Dieses Sasa zu vernichten, würde viel Geld erfordern, von der Arbeit gar nicht zu reden. Eine der wenigen Ausnahmen ist ein Trappistenkloster, wo es den Mönchen in unermüdlicher Arbeit gelungen ist, einige hundert Hektar ›unverwendbaren‹ Bodens in blühendes Weideland zu verwandeln. Dazu aber bedurfte es der zielstrebigen Mühe von über fünfzig Jahren.

Nicht einmal als Rohstoffquelle sind die Berge Japans von besonderem Wert. Zwar gibt es Kupfer, Zink, Gold, Silber, Blei, Mangan und Kaolin – aber nur in bescheidenen Mengen. Lediglich Kohle, Erdgas und Schwefel sind reichlich vorhanden. Aber auch hier gibt es Probleme. Die Kohleförderung zum Beispiel ist schwierig und damit teuer und die Qualität keineswegs die beste. Dennoch liegen in den weiten ungenutzten Gebieten kahlen Ödlands manche Reserven für die Zukunft. In ihnen Industrien und Atomkraftwerke anzusiedeln, liegt heute bereits im Rahmen des Möglichen, weil der rasch fortschreitende Straßenbau auch die bisher wirtschaftlich unzugänglichen Bereiche des Landes dem modernen Leben öffnet.

Die prominentesten Berge Japans sind Vulkane, an ihrer Spitze der Fuji, der höchste Gipfel des Landes (3778 m), und der Aso, der den Ruhm hat, den größten Krater der Welt zu besitzen: sein äußerer Rand ist 128 km lang; innerhalb des Kraterrandes leben nicht weniger als 64000 Menschen, obwohl es im Aso noch immer brodelt und rumort. Zur Zeit gibt es in Japan 63 tätige und rund 200 verdächtige Vulkane – mehr als ein Viertel seines Bodens ist mit Lava bedeckt. Es ist das am stärksten mit Vulkanen besetzte Land der Welt, weil es im tektonisch unruhigsten Gebiet der ganzen Erdkruste liegt, mitten im sogenannten ›Feuerkreis der Erde‹: So nennt man die fünf Inselgruppen, die mit feuerspeienden Bergen besetzt sind und wie Wellenbrecher den asiatischen Kontinent vor dem größten Ozean, dem Pazifik, schützen.

Charakteristikum der ›Feuerzone‹ sind nicht nur Vulkane, sondern auch Erdbeben. Auch hier hält Japan den Weltrekord: Im Jahresdurchschnitt sind es rund 1500 – die meisten davon allerdings kaum wahrnehmbar. Wirklich ernster Art waren in historischer Zeit nur etwa 200 Erdbeben, das letzte 1923, bei dem in Yokohama hunderttausend Menschen umkamen.

Es wäre merkwürdig, wenn solche geographischen Besonderheiten nicht auch auf das Wesen der hier lebenden Menschen gewirkt hätten. In der Tat trat das ›vulkanische Temperament‹, die Fähigkeit zu äußerst heftigen und völlig unvermittelten Ausbrüchen, immer wieder in Erscheinung – sei es im täglichen Umgang, sei es beim Blick in die Geschichte. Ob man die Kunst oder die Politik betrachtet oder den altjapanischen Sport – Sumo etwa, die japanische Form des Ringkampfes, oder Kendo, die zeremonielle Form des Schwertkampfes: allenthalben zeigt sich das Sprunghafte, das plötzliche Losbrechen aus scheinbar teilnahmsloser Ruhe und die ebenso unvermittelte Rückkehr in völlige Ausgeglichenheit.

Flora und Fauna. Japan hat einen verschwenderischen Reichtum an Pflanzen und Tieren. Im Bereich der Flora unterscheidet man mehr als neuntausend Blütenpflanzen und über tausend Waldarten, – allein der Bambus hat 50 verschiedene Sorten. Unter den Tieren existieren Hunderte von Vogel- und Säugetierarten, von Fischen, Seegetier und Schmetterlingen ganz zu schweigen. Um so merkwürdiger ist es, daß der Japaner, dem man doch ein besonders inniges Verhältnis zur Natur nachsagt, zu der Überfülle an Flora und Fauna des eigenen Landes noch immer ein recht distanziertes Verhältnis hat. Bei den Tieren ›kennt‹ und schätzt man vor allem diejenigen des Zodiaks und die aus China übernommenen Symboltiere, die wie Kranich und Schildkröte Glück und langes Leben verheißen. Tiere im allgemeinen haben höchstens einen Nutzwert. Die Fische sind gut zum Gegessenwerden, die Grillen, um im Herbst wie Kanarienvögel in ihren Käfigen zu ›singen‹, die Hunde, um an der Kette zu liegen und zu bellen. Tierzucht liegt dem Japaner im allgemeinen fern, zumal in der beengten Form seiner Landwirtschaft wenig Raum dafür vorhanden wäre. Nur Hühner und Seidenraupen werden gehalten aus rein kommerziellen Gesichtspunkten. Wer gesehen hat, wie auf Hühnerfarmen die Tiere zu Hunderten dichtgedrängt und ohne jeden Auslauf neben- und übereinander sitzen, wie sie nur fressen und Eier legen dürfen, wird für diese Form der Produktivität – es gibt in Japan ebenso viele Hühner wie Menschen – das Wort Tierhaltung kaum anwenden mögen.

›Das‹ Tier war dem Japaner bisher meist ein nichtssagendes Abstraktum. Es bekam Wert und Leben nur, wenn es in das Beziehungsnetz der eigenen, und das heißt meist der familiären Interessen einbezogen ist. Das unbeteiligte Verhältnis zur Welt der Tiere mag damit zusammenhängen, daß der Buddhismus bis zur Meiji-Zeit den Genuß von Fleisch strikt untersagte. Das hat sich inzwischen gründlich geändert. Vor allem die junge Generation hat sich in ihrem Nahrungsbedarf nach dem Zweiten Weltkrieg erheblich umgestellt. Der Reisverbrauch geht zurück, der Konsum an Brot, Milch und Fleisch ist im Wachsen. Der Milchverbrauch ist im letzten Jahrzehnt um das Dreifache, der Fleischverbrauch um das Doppelte gestiegen. Bisher konnte der veränderte Bedarf vor allem durch Einfuhren aus dem Ausland gedeckt werden. Doch inzwischen ist auch die Inlandsproduktion gewachsen. Schon jetzt gibt es in Japan über 3 Millionen Stück Rindvieh und über 1 Million Schweine. Vielleicht rückt auf diese Weise das Tier nicht nur dem Magen, sondern auch dem Empfinden des Japaners näher. Erste Anzeichen dafür sind durchaus vorhanden.

Auf die eigenartige Tatsache, daß auch die Pflanzenwelt mit ihrer Überfülle an Arten und Formen den Japaner kaum beeindruckt, daß er auch hier nur einige wenige Blumen und Bäume auswählt, diese dafür aber auch überall hervorkehrt – darauf ist gesondert zurückzukommen. Zuerst ein Wort über Wald und Feld.

Wald und Feld. Als ein ›klassisches‹ Land der Wälder gilt Deutschland. Dort sind heute etwa 20% des Bodens mit Wald bedeckt. In Japan sind es dreimal so viel. Trotzdem spricht – oder gar schwärmt – kein Mensch vom Wald. Was man schätzt, sind höchstens einzelne Bäume: Kiefern, Zedern, Kirschen, Pflaumen. Diese schätzt man vor allem wegen ihrer ästhetischen und symbolischen Werte. Der Wald hat höchstens Nutzholzwert. Von den riesigen Waldbereichen Japans sind vier Fünftel Naturwald. Nur ein Fünftel ist angepflanzter Baumbestand. Dabei geht die Waldpflege bis in die Anfänge der japanischen Geschichte zurück. Die ausschließliche Holzbauweise, die starke Entwicklung der waldhegenden, baumfreundlichen Klöster und die Holzbaureserven rings um die Daimyo-Burgen machten frühzeitig gesetzliche Eingriffe notwendig.

Rasch hatte man auch die Bedeutung des Waldes für die Bewässerung der Reisfelder erkannt. Schon in der Tokugawa-Zeit wurde der Grund zu der Entwicklung gelegt, die heute zum Begriff des Schutzwaldes und zum Naturschutzpark geführt hat.

Auch heute schützt der Wald den Boden Japans vor Erosion und vor dem Abfließen der Vulkanasche auf die fruchtbaren Reisfelder. Aber sind 50% Waldfläche nötig, um 15% bäuerliches Land zu schützen? Erstaunlich ist auch, daß trotz des hohen Holzbedarfs nur 6,5% der Naturwälder und 13% der angepflanzten Wälder geschlagen werden. Im Zeitalter des Betons bleiben die Reserven weiterhin gewaltig und die Wälder riesenhaft.

Umgekehrt liegt der Fall bei der Landwirtschaft. Das Wort für Landschaft heißt im Bereich der Kunst ›san-sui‹: Berg und Wasser. Außer Berg und Tal und Fluß gibt es in der Tat in Japan nichts. Von wenigen kleinen Hochebenen abgesehen, hat es nur ein einziges Flußgebiet, an dessen Mündung man sich nicht ständig von Bergen eingeengt sieht: die Umgebung von Tokio. Die Weite ausgleichender Ebenen, wie sie China besitzt, fehlt dem japanischen Insellande ganz. Mühselig müssen die schmalen Felder die Hänge der engen und kurzen Täler hinaufklettern, um die spärlichen Anbaumöglichkeiten zu nützen.

Landwirtschaft wird in Japan als Gartenbau betrieben. Wie an Obstbäumen und in Erdbeerplantagen jede Frucht einzeln einpapiert wird, wird auch jeder Reissteckling gesondert versorgt, und jeder Zoll Boden wird auf das sorgsamste gepflegt. Aller Rationalisierung und Modernisierung setzt hier die Natur des Landes enge Grenzen.

Liebt der Japaner die Natur?

Es ist bemerkenswert, wie wenig dem Japaner die Natur, so wie sie ist, also in ihrem natürlichen Rohzustand, zu sagen hat. Ihm sagt die Schönheit einer Landschaft häufig erst dann etwas, wenn sie mit zwei, drei Pinselstrichen, gleichsam abstrahiert, auf ein Rollbild gebannt ist. Er spricht auf die Pracht eines herbstlichen Ahorns oft erst an, wenn ein einzelner Zweig davon, kunstvoll gestellt, in einer Vase in der Bildnische steht. Mit anderen Worten: Natur ist für den Japaner meist erst dann interessant, wenn sie geformt, zu höherem Sein gestaltet ist. Wenn sie nicht nur ›ist‹, sondern auch etwas bedeutet.

Die Naturverbundenheit der Menschen ist in Japan meist abhängig von der Stimmung. Erst wenn die Stimmung der Natur und die Stimmung der Seele zusammenfallen, werden Natur und Mensch wirklich eine Einheit. Man glaubt den kosmischen Atemzug zu verstehen, wenn graue Nebelschwaden durch die Täler der Gebirge ziehen, wenn das junge Grün seine ersten Zweige im frischen Morgendunst zu recken scheint: »Selbst im einzelnen Blatt eines Baumes, im zarten Halm eines Grases lebt und zeigt sich die Ehrfurcht einhauchende Gottheit« (Urabe no Kanekuni, 15. Jh.).

Die Stimmung wird dem Menschen keineswegs nur durch das Auge, sondern auch durch das Ohr vermittelt. Man denke an die Liebe der Japaner zu den ›singenden‹ Fröschen im Frühsommer, zu den ›singenden‹ Insekten im Herbst, zum leichten Rauschen und Pfeifen des Windes, den man im Summen des Teekessels glaubt hören zu können, aber auch zu dem kühlen, kurzen und raschen Regenschauer im Spätherbst, dem sogenannten shigure, der im Menschen, wie wenig anderes, das Gefühl stiller Einsamkeit und Abgeschiedenheit zu erwecken weiß.

Für die großartige Dramatik eines Gewitters, den gefahrdrohenden Ausbruch eines Vulkans wird man in Japan ebensowenig Verständnis finden wie für die Helligkeit eines sonndurchglühten Sommertages, an dem das Licht harte, scharfe Schatten schlägt. Fast nie haben Japans Künstler Interesse gezeigt für die so reiche Formenwelt der Wolken, nur ausnahmsweise für die Unendlichkeit und Vielgestaltigkeit des Meeres. Das sind Motive, die sich mit einer empfindsamen Seelenstimmung nicht vereinen lassen. Sie mögen da sein, aber sie finden im Japaner keine Resonanz. Wolken und Wogen haben in der japanischen Kunst ausschließlich ornamentale Bedeutung.

Zur Vorliebe für das Dämmernde und leicht Verschleierte, das ahnungsvoll in Weite und Unendlichkeit verschwebt, zur shintoistischen Freude am ›Reinen‹ und Herben, zu dem vom Buddhismus genährten Sinn für das unablässige Auf und Ab, für das Vergehen und Wiedererstehen in der Natur, tritt schließlich der oft schroffe Wechsel in der Gefühlslage des Betrachters. Es ist durchaus möglich, daß er heute für die Schönheit eines Kiefernzweiges nicht einmal einen flüchtigen Blick hat und morgen andächtig in seinen Anblick versunken ist. Die dann empfundene Einheit mit dem Gegenstand der Natur ist um so tiefer, je gedankenloser sie ist, je weniger sie vom Intellekt belastet ist. »Sind nicht« – sagte einmal Hugo von Hofmannsthal – »die Gefühle, die Halbgefühle, alle die geheimsten und tiefsten Zustände unseres Innern in der seltsamsten Weise mit einer Landschaft verflochten, mit einer Jahreszeit, mit einer Beschaffenheit der Luft, mit einem Hauch?«

Für eine derart gefühlsbetonte Betrachtung der Welt gibt es keinen Unterschied mehr zwischen Innen und Außen, zwischen Subjekt und Objekt. Jeder Augenblick ist absolut und steckt voller Leben. Ein springender Frosch, ein singendes Insekt, ein Tautropfen auf einem Lotosblatt, ein leichter Wind zwischen Kiefernzweigen – all das kann Anlaß zu tiefgefühlter Einheit sein, etwa bei jenem berühmten Gedicht Bashos, das in Japan als Krone der Haiku-Dichtung gilt:

Furuike ya	Uralter Weiher–
Kawazu tobikomu	Vom Sprung eines Frosches
Mizu no oto	Im Wasser ein Ton (Gundert)

Ein schlichtes, ein harmloses Bild der Natur, und doch läßt Basho hinter ihm die Tiefe der Welt, den Sinn des Daseins aufleuchten: Was ist das Leben anderes als der Laut eines Augenblicks, der die Stille durchbricht, jenes unaussprechliche Schweigen, das immer war und immer sein wird und das den Lärm der vergänglichen Welt unhörbar und doch vernehmbar übertönt.

In Japan hat man immer wieder die Pflanze und nur die Pflanze in den Mittelpunkt des Interesses gerückt. In ihr empfindet man das schöpferische Leben am reinsten verkörpert. Sie wurde zum schlichtesten Symbol für den Gleichklang mit dem kosmischen Rhythmus, für das stille Wachsen und Hineinreifen in das Grenzenlose.

Noch immer ist auch der Alltag in hohem Maße mit Formen und Bildern der pflanzlichen Natur verwoben. Die Grundstoffe für Nahrung und Wohnung entstammen fast ausschließlich der Pflanzenwelt. Die Muster der Frauenkimonos zeigen Blüten und Gräser. Selbst die Waffen der Ritter zeigten Zierat, dessen Formen dem Pflanzenreich entstammen. Chrysantheme und Paulownia sind die Wappen des kaiserlichen Hauses. Der Wohnraum, aufs engste mit dem Garten verbunden, ist aus Naturholz und Binsen, und im Tokonoma hängt ebenfalls Natur: ein Landschaftsbild, ein Zweig, eine Blüte.

Interessanterweise hat sich die japanische Kultur aus der Fülle der verschiedenen Pflanzen nur einige wenige ausgewählt. Deren Formen hat sie dafür in schier unerschöpflicher Weise variiert und wird auch heute nicht müde, sie immer und immer wieder herauszustellen. Die Ganzheit und zugleich Unendlichkeit des Seins wird mit nur verhältnismäßig wenigen Dingen angedeutet und durch sie vollwertig repräsentiert. Die wichtigsten von ihnen sind: Pflaume, Kirsche und Pfirsich im Frühling, Iris und Winde im Sommer, Gräser und Chrysanthemum im Herbst, Bambus und Kiefer im Winter. Dabei interessiert man sich für diese Pflanzen ausschließlich in ›ihrer‹ Jahreszeit; den ganzen Rest des Jahres über sind sie völlig ohne Belang.

Dieses in Jahrhunderten geformte Verhältnis zur Natur ist noch immer wirksam. Als Norm kann es indessen kaum noch gelten. Der Einfluß Europas und Amerikas hat die Sicherheit des altjapanischen Stilgefühls gelockert. Eine realistische Naturdarstellung – wie etwa im Werk Hiroshiges und Hokusais – ist eine erst späte Blüte am Baum der japanischen Kunst. Das moderne Denken, die moderne Lebensform, die moderne Betonbauweise, die nicht nur die Städte beherrschen, sondern bereits das Land zu erobern beginnen, sind dabei, die Japaner, mindestens vorübergehend, ihrer alten Naturverflochtenheit zu entfremden.

Rohstoff Wasser

Kommen wir zum zweiten Punkt, zur Betrachtung Japans vom Wasser her, so ist festzustellen: Japan ist ein rohstoffarmes Land; nur einen einzigen Rohstoff hat es in Hülle und Fülle: Wasser. Es ist umgeben von Meeren, es ist durchzogen von der malerischen Inlandsee, es hat eine Fülle kurzer Flüsse, und es ist überreich an unerschöpflichen heißen Quellen. Dieser Reichtum, der seit Urzeiten zur Verfügung steht, hat den Japaner zu einem wahren Verschwender des Wassers gemacht.

Wie die Setonaikai, die berühmte, mit hunderten malerischer Inseln besetzte Inlandsee, liegen auch die schönsten japanischen Binnenseen – der gewaltige Biwa-See, die herrlichen fünf Fuji-Seen, der ganz deutsch anmutende Chuzenji-See und das Juwel des Nordens, der Towada-See – in oder an großen Naturschutzparks, die es verhindern, daß der Zauber ihrer Schönheit dem Industriezeitalter zum Opfer fällt.

Flüsse. Die Flüsse Japans sind schmal und kurz. Keiner erreicht die Länge von 400 km, die meisten bleiben unter 200 km. Sie können also überhaupt keinen Vergleich mit den Strömen Chinas aufnehmen, die sich über Entfernungen von 4000-5000 km erstrecken. Sie sind nicht einmal wasserreich: im Sommer quält sich mühsam ein schmales Rinnsal durch ihr Bett. Bei Taifunen aber, zur Regenzeit und bei der Schneeschmelze im Frühjahr schwellen die Bäche zu reißenden Strömen an. Da sie auch dann noch seicht bleiben, sind sie als Verkehrswege unverwendbar. Unschätzbar und lebenswichtig sind sie hingegen für die Bewässerung der Reisfelder und für die Gewinnung von Elektrizität.

Ein weit verzweigtes System von Talsperren hilft mit dabei, den jährlich steigenden Strombedarf der Industrie zu decken. Die vier größten unter den japanischen Wasserkraftwerken, die unter schwierigsten Baubedingungen und mit großen Opfern, auch solchen von Menschenleben, geschaffen wurden und die Bewunderung der ganzen Welt finden, sind die von Ogochi, Sakuma, Akita und Kurobe. Kurobe ist der zweithöchste Staudamm in der ganzen Welt. Doch zur Zeit werden von den Wasserkraftwerken Japans nur noch 5,6% des gesamten Energiebedarfs des Landes geliefert.

Onsen. Kein Land der Welt hat so viele heiße Quellen wie Japan. Dank des vulkanischen Bodens scheinen die Reservoire unerschöpflich. Sie werden nicht einmal alle genutzt. Nur ein Bruchteil davon ist bisher medizinisch anerkannt. Die Temperaturen dieser Quellen – radioaktive, schwefelige, salzige – erreichen Höhen bis zu 130 Grad. Das von dem deutschen Arzt Erwin Bälz entdeckte Schwefelbad Kusatsu war berühmt dafür, daß die Kranken dort bei Temperaturen bis zu 60 Grad Celsius ins Wasser sprangen. Solche Badeorte, in denen heiße Quellen fließen, nennt man in Japan ›Onsen‹, ganz gleich, ob sie aus einem oder aus Hunderten von Gast- und Badehäusern bestehen. Jeder kann ohne ärztliche Betreuung oder Verordnung in dem Quellwasser baden, unbekümmert, ob das seiner Gesundheit schadet oder nicht. Wohl gibt es Ärzte, die ihren Patienten Badekuren verordnen – aber im großen und ganzen stehen medizinische Bäderkunde und Bäderpraxis in Japan erst in den Anfängen. Hier reisen nicht die Kranken, sondern die Gesunden in die Onsen. Und sie tun das nicht, um eine Kur zu gebrauchen, sondern um sich zu amüsieren. Atami bei Tokio und Beppu auf Kyushu haben diesbezüglich Weltruf.

Ungeahnte Möglichkeiten stecken in den Onsen für Sanatorien und Volksheilstätten jeder Art. Mit Kapital, ärztlicher Erfahrung und geschickter Werbung könnte Japan die größten und reizvollsten Heilbäder der Welt schaffen, die Hunderttausenden von finanzkräftigen Fremden Erholung bieten würden. 1977 waren es 630000 Ausländer, die nach Japan kamen, und 2,5 Millionen Japaner, die ihrerseits ins Ausland reisten: also ein Verhältnis von 1 : 4 (in Deutschland 1 : 2).

Meeresströme. Der Charakter der Japan umgebenden Meere wird bestimmt durch zwei Strömungen: dem warmen, von Süden kommenden Kuroshio – er ist das pazifische Gegenstück zum Golf-Strom – und dem kalten, von Norden vordringenden Oyashio. Diese beiden Meeresströmungen sind von entscheidender Bedeutung nicht nur für die Qualität und den Reichtum an Meeresfischen, sie sind zugleich wichtige Faktoren für das Klima, die Niederschläge, die Winde und Stürme und damit für das gesamte Leben auf den japanischen Inseln. Als kürzlich die Nachricht durch die Zeitung ging, daß der Kuroshio seine Richtung ändere und von Japan abdrehe, waren nicht nur die Fischer, sondern auch die gesamte Öffentlichkeit beunruhigt. Wenn die Richtungsänderung anhält, geraten nicht nur die Küstenfischer, sondern – wegen der Klimaverschiebung – auch Reisernten und Seidenraupenzucht in größte Schwierigkeiten. Der Kuroshio befördert 20-70 Millionen Tonnen Seewasser pro Sekunde. Sein Wärmetransport wird auf 300 Billionen Kalorien geschätzt. Diese riesige Energiemenge entspricht etwa dem Abbrennen von 35000 kg Rohöl in einer Sekunde. Auch der Salztransport durch diese Strömung ist gewaltig: man schätzt auf 100 Millionen Tonnen alle 13 Sekunden.

Nahrungsfeld Meer. Gegenüber der Verbundenheit des Japaners mit seinem Inselboden, mit dem Reisbau und mit Baum und Berg wird viel zu selten seine Meeresorientiertheit betont. Abgesehen von den Bodenschätzen im Meeresgrund, um deren Hebung man sich in zunehmendem Maße bemüht, abgesehen auch von den berühmten Zuchtperlen, die Japan millionenweise exportiert: Aus dem Wasser stammt ein Großteil der japanischen Nahrung. Es gibt wohl keine Kulturnation, die sich das Nahrungsfeld des Meeres so erschlossen hat, wie Japan: von Hai und Thunfisch, von Hering und Kabeljau, von Lachs und Makrele bis zum Meeresgetier wie Krebsen und Langusten, Muscheln, Schnecken und Tintenfischen. Allein unter den Tangen und Algen gibt es unzählige Arten. Alles wird in Japan nicht nur gegessen, zum Teil sogar roh, es ist zumeist auch eine Delikatesse.

In der sozialen Rangordnung steht seit je der Fischer nahezu gleichberechtigt neben dem Bauern. Die Meereswirtschaft nimmt in Japan etwa den gleichen Platz ein wie in anderen Ländern die Viehzucht. Die Fänge der aus über dreieinhalbtausend See- und Fischerhäfen auslaufenden Fischereifahrzeuge überschreiten einen Jahresdurchschnitt von 10 Millionen Tonnen. Damit ist Japan nach eigenen Angaben die größte Fischfangnation der Welt, noch vor der Sowjetunion (über 9 Millionen Tonnen). Japan verbraucht pro Kopf der Bevölkerung fünfmal so viel Fisch wie Europa: 95,5 Gramm am Tag. Damit steht es auch im Verbrauch an der Spitze der Welt. Vor dem Kriege deckte Japan seinen Fischbedarf vor allem durch Küstenfischerei. Dies ist heute erheblich zurückgegangen zugunsten der Hochseefischerei, was zunehmend zu harten Zusammenstößen führt mit anderen Nationen, vor allem mit Korea, der Sowjetunion und Kanada, die sich ›ihren‹ Fischbestand sichern wollen.

Umweltschutz. Immer wieder sind deutsche Umweltschützer beeindruckt von dem, was in ihrem Fachbereich in Japan getan wird. Hier geht es nicht allein um Beseitigung akuter Schäden, sondern auch um Vorbeuge-Maßnahmen, die erst in Jahrzehnten wirksam werden können und sollen. Was in Japan für den Umweltschutz geschieht, ist nicht allein weiser Einsicht zu danken. In Tokio gab es Tage und Wochen, in denen der Fernsehturm auch aus kurzer Entfernung nicht mehr zu sehen war, so dicht war er von giftigem Dunst umhüllt. Die Müllabfuhr in den Großstädten ist – um es milde auszudrücken – noch immer ein Problem. Die Kanalisation bedient im ganzen Land nur rund 20%, in Tokio nur rund 30% aller Haushalte. Die Flußverschmutzung hatte so ernste Formen angenommen, daß ganze Landstriche verseucht wurden, und die Bevölkerung dort schwere Gesundheitsschäden erlitten hat. Die Verschmutzung und Vergiftung der Meeresküsten besonders auf der industriereichen Südseite des Landes hat bereits die Erträge der Küstenfischerei beeinträchtigt und damit eine der Hauptnahrungsquellen des Volkes gefährdet.

Das alles hat nicht nur die Öffentlichkeit, sondern auch die Behörden alarmiert. Vor allem haben sich die Gerichte der Umweltgeschädigten angenommen und drakonische Urteile gefällt. Sie wurden von der Presse gebührend hochgespielt und haben die Umweltbewußtheit Japans wesentlich gefördert. Die Ergebnisse sind schon heute eklatant. Die Industrie mußte sich scharfen Schutzmaßnahmen unterwerfen. Sie ist überdies verpflichtet, 25% ihrer Eigeninvestitionen für den Umweltschutz zu verwenden. So ist etwa der Smog von Tokio schon heute nahezu ›weginvestiert‹. Aber auch von staatswegen werden Millionen ausgegeben, um das Versäumte der Vergangenheit nach Möglichkeit nachzuholen. ›Pollution‹ ist inzwischen sogar zum Lehrfach an Volks- und Mittelschulen geworden: die Jugend Japans wächst also in eine umweltbewußte Zukunft hinein.

Insulare Isolierung

Japan nennt sich selbst das ›Land der 5000 Inseln‹. Es ist eine von den fünf Inselgirlanden, die wie ein Geschmeide am Kontinent hängen. Um Japans vier Hauptinseln – Kyushu und Shikoku im Süden, Hokkaido im Norden und Honshu in der Mitte – gruppieren sich Hunderte von malerischen kleinen Inseln, genau: 3426. Es ist also nicht zuviel gesagt, wenn man betont, daß Japan ein ausgesprochen meerbetontes Land ist, besonders wenn man bedenkt, daß es selbst auf den großen Hauptinseln keinen Platz gibt, der weiter vom Meer ist als Hamburg von Cuxhaven.

Diese Insellage bietet Japan einen Vorteil, der keiner Festlandnation zu Gebote steht: Es kann seine Bodenfläche durch Landgewinnung aus dem Meer vergrößern. Japan nutzt diesen Vorteil in großem Stil. Wenn man alte Karten von Tokio studiert, sieht man, daß das Meer früher bis zum Palast reichte. Der Flughafen Haneda liegt auf einer künstlichen Insel. Es gibt Pläne, den Biwa-See und die ganze Tokio-Bucht trockenzulegen.

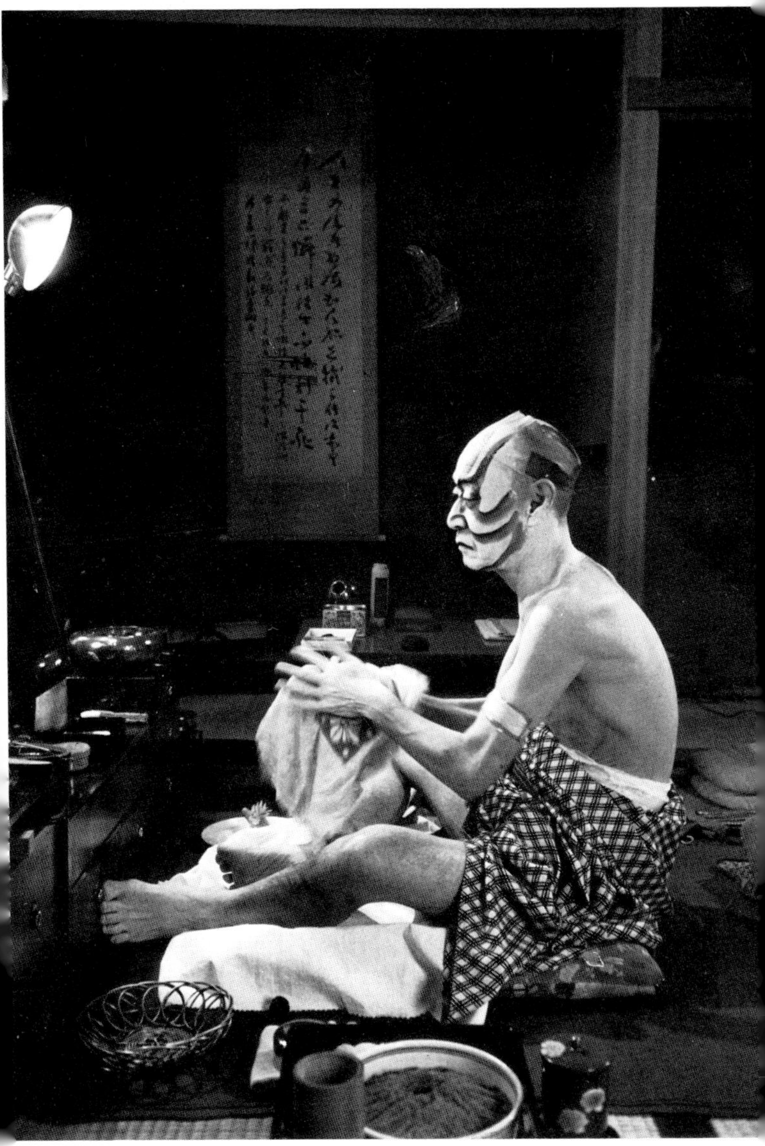

5 Schauspieler bei der Vorbereitung auf ein Kabuki-Spiel

Sumo – der altjapanische Ringkampf

7 Auch im Atomreaktor verzichtet man nicht auf die althergebrachten Höflichkeitsformen

In Yokohama, in Oita, im ganzen Land werden Fabriken geplant, deren Boden heute noch unter dem Meer liegt.

Natürlich hat man in Japan seit jeher die hohe Kunst der Seefahrt beherrscht. Die Seeräuber zum Beispiel waren jahrhundertelang der Schrecken aller Schiffe und Küsten zwischen Japan und China. Wenig bekannt ist auch, daß es im japanischen Mittelalter eine nach tausenden zählende Emigration von Samurai gegeben hat, die als Ordnungstruppen in Südostasien eine große Rolle spielten. Nie aber hat es einen japanischen Kolumbus oder Magellan gegeben, nie eine Hanse oder Ostindische Kompanie, die in kühnem Unternehmergeist auszogen, die Welt zu erobern. Abgesehen von einigen mißglückten Festlandfeldzügen in den früheren Zeiten seiner Geschichte und von dem Expansionswahn im ersten Drittel dieses Jahrhunderts hat sich Japan auf seine eigene Inselwelt beschränkt. In der Tokugawa-Zeit, in den zweieinhalb Jahrhunderten selbstgewollter Isolierung, in denen es keine Auswanderung und nur sehr vereinzelte Impulse von außen gab, verwurzelte der Japaner mit seinem Heimatboden und mit manchen klimatisch bedingten Gewohnheiten, wie es wohl in keinem anderen Kulturland der Welt der Fall ist. Bis 1945 fühlte man sich überdies durch die umgebenden Meere hinreichend geschützt, um unbekümmert seinen Inselkomplex zu pflegen: Man meinte, durch die Insellage aus dem Kreis der anderen Völker als etwas Besonderes und Einmaliges hervorgehoben zu sein. Daraus erwuchs ein Selbstbewußtsein, das maßlos war, weil ihm jede Möglichkeit fehlte, die eigenen Fähigkeiten an denen anderer Nationen zu messen. In Japan war man stets stolz darauf, Japaner zu sein. Dieser gesunde Stolz steigerte sich im Rahmen des Inselkomplexes zu einem Gefühl der Überlegenheit über alle Nicht-Japaner. Solch irrationales Denken ist mit der Kapitulation 1945 zusammengebrochen. Ganz verschwunden ist es bis heute nicht. Muß man den Japanern daraus einen Vorwurf machen? Entspringt ihr empfindsamer Nationalismus nicht – mindestens zum Teil – dem Bedürfnis, ihr Land, das mit so viel Liebe kultiviert, das von so vielen Katastrophen, Erdbeben, Taifunen, Feuersbrünsten und Vulkanen erschüttert wird, in Schutz zu nehmen gegenüber all denen, die Japan von den Göttern nicht für bevorzugt, sondern für benachteiligt halten?

Im übrigen ist Japan bemüht, seine Isolierung abzubauen, nach außen wie nach innen. Auslandsreisen der Bevölkerung werden, soweit das die Devisenlage zuläßt, nach Kräften gefördert. Außerdem sind im Rahmen der Infrastruktur große Projekte im Gange und zum Teil bereits vollendet, die der inneren Verinselung entgegenwirken: die wichtigsten Inseln werden durch Brücken und Tunnels miteinander verbunden, und die 45 Provinzen des Landes, zwischen denen noch vor 25 Jahren kein wirklich nennenswerter Lastwagen-Verkehr bestand, sind durch ein erstklassiges Straßennetz miteinander verknüpft.

Taifune

Zu Land und Wasser tritt als dritter gesichtsformender Faktor das Klima mit seinen Stürmen und Wolkenbrüchen, seinen Wärme- und Kältewellen. Es wird bestimmt durch Japans Lage zwischen der Zone äquatorialer Monsune und dem Bereich der Festlandkälte Ostsibiriens.

Das Klima, das ist nicht neu, ist einer der wesentlichen Faktoren für die Bildung der körperlichen und geistigen Eigenart des Menschen. Es wirkt natürlich genauso auch auf die Pflanzen- und Tierwelt und bestimmt damit wiederum die Nahrung des Menschen, seine Siedlungsweise, seine Wirtschaft und seinen Verkehr.

Der Landesfremde bemerkt beim Klima in erster Linie das Außerordentliche und Ungewöhnliche, besonders die gefährlichen Taifune, die in der Regel von den Philippinen her das Land bedrohen. Ihm erscheint bereits die Regenzeit (Nyubai) im Juni als Naturkatastrophe wegen der reichen Niederschläge und des hohen Feuchtigkeitsgehalts der Luft. Diese Dauerregen sind nichts gegen einen Taifun selbst nur mittlerer Stärke. So einen ›Riesenwind‹ mit seinen tagelangen schweren Regengüssen muß man erlebt haben, um sich ein Bild von der Gewalt der Stürme und von der Fülle des Wassers machen zu können, das sich wie aus unerschöpflichen Kannen über die Erde ergießt. Mit jährlich mindestens zwölf solcher Taifune muß Japan rechnen. Hauptmonat ist der September. Gottlob treffen nicht alle frontal auf die Hauptinsel. Der Schaden, den sie dennoch anrichten, ist ungeheuer. Verödete Reisfelder, zerstörte Straßen, entwurzelte und geknickte Bäume, Bergrutsche, ihrer Dächer beraubte Häuser markieren ihren Weg. Und immer fallen ihnen Hunderte von Menschen zum Opfer. Allein seit der Jahrhundertwende töteten fünfzig schwere Taifune mehr als 50000 Menschen. Im Durchschnitt rechnet das staatliche Wetteramt pro Jahr mit bis zu 1900 Todesopfern, 10000 zerstörten und 100000 überfluteten Häusern, 3000 zerstörten Schiffen und einem Schaden von rund 2 Milliarden DM. Bisher hat der Mensch nicht die geringste Möglichkeit gefunden, diese regelmäßig wiederkehrenden Katastrophen abzuwenden oder auch nur zu mildern.

Auch von den Stürmen her hat man Parallelen zum Charakter des japanischen Volkes gezogen. Seine Beherrschtheit und Kaltblütigkeit, sein Fatalismus auf der einen, seine Leichtlebigkeit auf der anderen Seite haben hier eine ihrer Wurzeln. Der rhythmische Wechsel zwischen Winter- und Sommermonsun, das plötzliche Hereinbrechen von Regen- und Schneestürmen, vor allem von Taifunen – so schrieb Tetsuro Watsuji in seinem berühmten Buch ›Das Klima, eine menschenkundliche Betrachtung‹ – »machen den Japaner passiv und impulsiv zugleich, schwankend und reizbar, empfänglich, empfindlich und zu Extremen geneigt. Wie der Taifun plötzlich kommt und verschwindet, ist das Gefühl des Japaners unbeständig.«

Das gilt selbst für seine Fähigkeit zu dulden, die nicht die zähe Beharrlichkeit des Polarbewohners, aber auch nicht die friedliche Ergebenheit des Südländers kennt. »Stürme und Fluten überwältigen den Menschen momentan und für kurze Zeit, aber sie unterjochen ihn nicht für immer. Er richtet sich auf, widersteht und kämpft. Aber sein Kampfesmut währt wie sein Dulden nur kurz.«

Bei aller Fähigkeit zu äußerst heftigen und völlig unvermittelten Ausbrüchen hat es der Japaner begriffen, daß er den unberechenbaren Naturkatastrophen gegenüber machtlos ist. Immer wieder, und wohl zu Recht, ist darauf hingewiesen worden, daß Hinnehmen und Ausharren zu ausgesprochen japanischen Eigenschaften geworden sind: bei einem Erdbeben gibt es keine heroische Entscheidung pro oder contra. Die Natur des Landes zwingt den Menschen dazu, sein Schicksal passiv hinzunehmen, da sein aktives Gestalten so oft und mitleidlos zerstört wird. Allem Wechsel, aller elementaren Urgewalt gegenüber scheinen nur stilles Dulden und stoische Unerschütterlichkeit angebracht, sofern sich der Mensch als ein winziges und keineswegs sehr bedeutendes Teilchen im großen Zusammenhang der Natur begreift.

Über die bloß äußere Verbindung hinaus, die sich zwischen Mensch und Umgebung ergibt, ist zweifellos auch eine viel tiefer liegende Bindung wirksam. Wie die Mikrophysik längst das Organische mit dem Anorganischen durch Lebensbande verknüpft sieht, dürften auch zwischen Landschaft und Mensch verborgene, bisher noch bei weitem nicht geklärte Beziehungen bestehen. Erst sie geben eine ausreichende Erklärung für das Verwurzeltsein des Menschen in seiner Heimat, aus der ihm stets neue Kraft zuströmt.

Heiterer Grundcharakter

Diese Heimat ist in Japan alles andere als düster, melancholisch und von Gefahren umwittert. Trotz aller Erdbeben und Taifune ist der Grundzug der japanischen Landschaft heiter und offen. Auch der Himmel ist viel häufiger strahlend als bedeckt. Ist es ein Wunder, daß sich das auch im Wesen seiner Menschen spiegelt, ja, daß dieser Charakterzug von vielen als entscheidend und typisch bezeichnet wird? Im Grunde sind die Japaner ein heiteres Volk mit ausgesprochener Begabung zu sonniger Fröhlichkeit, zur ›joie de vivre‹. Ihrer Neigung zu Optimismus und naiver Freude an naturhaftem Dasein mangelt jegliches Verständnis für Ironie und Satire. Ihr Sinn für die Wirklichkeit ist gesund und unbeschwert.

Hier liegen die Wurzeln für die urtümlich rustikale Schönheit japanischer Volkskunst, für die bunte Diesseitigkeit vieler Kunstwerke, für die schlichte Klarheit japanischer Dichtung, die allen komplizierten Formalismus und alle buddhistische Hintergründigkeit beiseite schiebt und nichts weiter sein will als ein Augenblick, ein Atemholen, ein Aufblicken. In solcher Einstellung zu Welt und Leben liegt ein unerschöpflicher Kraftquell des gesamten Volkes, dessen Zufriedenheit mit den anspruchslosen Freuden des Daseins immer wieder erstaunlich ist. Es wäre grundfalsch, in den Japanern, was im Ausland oft geschieht, lediglich ein Volk feinsinniger Ästheten, harter Krieger oder rücksichtsloser Wirtschaftsplaner zu sehen. Alles das sind Seiten des japanischen Wesens. Aber sein ältester und noch immer gültiger Zug ist der weltoffene Sinn für die heitere, farbenfrohe Wirklichkeit.

Geschichte und Geschichten

Wo es am schönsten ist

Seine Inseln und Berge, seine Täler und Seen, seine Küsten und Lagunen könnten Japan zum schönsten Reiseland der Welt machen. Sogar General McArthur, Amerikas Oberstkommandierender während der Besatzungszeit, spielte mit dem Gedanken, aus Japan eine ›Schweiz des Ostens‹ zu machen. Schon heute existieren 19 Naturschutzparks, die an Vielgestaltigkeit und Schönheit ihresgleichen suchen.

Seit alter Zeit, seit im 17. Jahrhundert der Gelehrte Razan Hayashi sie als die schönsten bezeichnete, gelten drei Landschaften als Inbegriff des japanischen Naturgeschmacks·

Matsushima – die malerische Inselwelt in der Nähe von Sendai.

Amanohashidate – die ›Himmelsbrücke‹, eine schmale Landzunge, die mit romantischen, von Wind und Wetter geformten Kiefern bestanden ist und mit der ›Himmelsbrücke‹ aus der japanischen Mythologie in Verbindung gebracht wird.

Miyajima – auch Itsukushima genannt, eine Insel in der Nähe von Hiroshima, deren Hauptanziehungspunkt ein herrlicher alter Shinto-Schrein ist. Sein gewaltiges Haupttor (torii) aus Kampferholz steht mitten im Wasser.

Wer die Naturschutzgebiete und die benachbarten Sehenswürdigkeiten gesehen hat, kennt Japan und weiß, daß es eines der landschaftlich reizvollsten Länder der Welt ist. Das Reisen selbst ist im übrigen höchst bequem: Man reist mit leichtestem Gepäck – die japanischen Hotels sorgen für alles: von der Zahnbürste bis zum Yukata, dem Baumwollkimono, von der Seife bis zum Rasiermesser.

Die wichtigsten Naturschutzgebiete sind: Okan, Daisetsuan und Shikotsuboya auf der nördlichen Insel Hokkaido. Sie sind bekannt für die herbe Kraft ihrer Berge, Seen und Wälder.

Der Towada-See mit dem Oirase-Tal, dessen Wasserfälle und dessen Herbstlaub berühmt sind. Ganz in der Nähe liegt das Landstädtchen Akita und in dessen Nähe die verwunschene Halbinsel Oga, wo man noch heute in Einbäumen zum Fischfang fährt.

Eine der großartigsten Bergstraßen quer durch Nordjapan führt durch das romantische Bergland des Bandai-Asahi-Gebiets.

Gleich zwei aktive Vulkane, den Asama und den Shirane, kann man im Jo-Shinetsu-Kogen-Gebiet besteigen. Auch der Tomigawa-Berg zieht viele an wegen seiner einzigartigen alpinen Form. Nicht weit von dem beliebten Walderholungsort Karuizawa liegt das berühmte Schwefelbad Kusatsu und die malerisch gelegene Stadt Nagano mit dem zauberhaften kleinen Nojiri-See.

Das Gebiet von Nikko ist zwei Stunden von Tokio entfernt. Hier liegt im herrlichen Wald der berühmte Toshogu-Schrein, hier ist aber auch der gewaltige Kegon-Wasserfall. Er wird vom Chuzenji-See gespeist, der in Form, Umgebung und Vegetation den Kärntner Seen ähnlich ist.

Die Krone der Naturschutzparks ist der Fuji mit seinen fünf Seen. Er ist zugleich der geographische Mittelpunkt Japans. Hier scheiden sich Ost- und Westjapan, Kanto und Kansai.

Als besonderes Juwel gilt die Inlandsee (Setonaikai), die sich mit der Fülle ihrer großen und kleinen Inseln von Beppu bis nach Kobe/Osaka erstreckt und bei gutem Wetter vom Schiff wie vom Flugzeug aus einen unvergeßlichen Anblick bietet. An dieser Inlandsee liegen auf der Hauptinsel Honshu Hiroshima, die Atomstadt, Okayama (berühmt ist der Korakuen-Park) und Himeji mit dem ältesten, noch unzerstörten gewaltigen Schloß. An der Schiffsroute Osaka-Beppu liegt außerdem auf Shikoku die alte Stadt Matsuyama mit Dogo, einem der ältesten Onsen Japans. Herrlich und lange nicht so stark besucht wie die Sonnenseite ist die Schatten-, die Rückseite Japans. Hier liegt das prächtige Massiv des Daisen, eines erloschenen Vulkans zwischen Tottori und Matsue. In Tottori gilt die Sabaku, die ›Wüste‹, als Sensation: man hat sogar ein lebendiges Kamel in dieses einzige Dünengebiet Japans verbannt. Dicht am Daisen, bei Yonago, liegt das berühmte Onsen Kaike. Und nicht weit von der altjapanischen Lagunenstadt Matsue sollte man unbedingt den ehrwürdigen Schreinbezirk von Izumo besuchen: Er ist der zweitwichtigste und zugleich einer der ältesten unter den erhaltenen Shintoschreinen.

Wie auf Hokkaido, so liegen auch auf Kyushu drei Naturschutzparks. Der eine umfaßt das Gebiet des aktiven Vulkans Aso. Der zweite Park erstreckt sich um das Onsen Unzen. In der Nähe seiner Hochwälder liegt die malerische Hafenstadt Nagasaki, einst ein Hort des Christentums, einziger, nur für holländische und chinesische Schiffe offener Hafen der Tokugawa-Zeit, Opfer der zweiten Atombombe und heute Sitz einer der größten Schiffswerften Japans.

Der dritte Park liegt im Süden Kyushus, in der Nähe des Neapel-artig gelegenen Kagoshima, einer historisch, landschaftlich und kulturell ungemein reizvollen Stadt: Es ist der Ausgangshafen für das berühmte Satsuma-Porzellan.

Kein Nationalpark, und dennoch einer der herrlichsten Landstriche Japans liegt nur 3 Stunden von Tokio entfernt: die Izu-Halbinsel. Ihre Küstenstraße zu dem romantischen kleinen Fischerhafen Shimoda, wo der amerikanische Konsul Townsend Harris 1856 über ein Jahr auf die Unterzeichnung des ersten Handelsvertrages Japans mit dem Ausland warten mußte, gehört zum landschaftlich Schönsten, was Japan zu bieten hat.

Der heilige Berg Fuji

Natürlich ist es eine Legende, daß sich der Fuji in einer einzigen Nacht erhoben habe, während sich das anderseits entstandene Loch sofort mit Wasser gefüllt und den majestätischen Biwa-See gebildet habe. Die Legende zeigt, wie schon in alter Zeit der Berg als Wunder angesehen wurde, als Ort, an dem besondere, heilige Kräfte wirken.

In nahezu vollendetem Ebenmaß strebt, von allen Seiten frei aufsteigend, der Kegel des Fuji zu den Wolken empor. Drei Viertel des Jahres ist er mit Schnee bedeckt, im Juli und August aber hat er seine ›Saison‹. In dieser Zeit erklimmen täglich 18 000 Menschen den Gipfel, um vom Rand des 600 m breiten und 200 m tiefen Kraters aus in ehrfürchtiger Ergriffenheit zu erleben, wie die Sonne über dem ›Land der aufgehenden Sonne‹ aufgeht.

Noch immer ist der Berg für viele ein Heiligtum, noch immer wird er als nationales Symbol verehrt. Bis 1868 durften sogar keine Frauen den Berg besteigen, um ihn nicht zu entweihen.

Zahllos sind die Geschichten, die sich um den Fuji ranken. Nur zwei seien hier genannt. Mioya no kami, der Göttervater, kam einst zum Gott des Berges Fuji und bat um Quartier. Es wurde ihm verweigert: Man habe jetzt Erntedankfest-Vorbereitung und darum keine Zeit. »Was, du wirfst deinen eigenen Ahnen raus«, rief der Gott empört und verfluchte den Berg, daß er winters und sommers Schnee trage. Am Berge Tsukuba ging's umgekehrt: Der Gott spendete Segen, und seitdem kommen das ganze Jahr lang die Bergsteiger und bringen Opfergaben.

Kaguyahime, der Engel auf Erden, verließ am 15. August alle ihre Anbeter und kehrte in den Himmel zurück. Nur dem Kaiser ließ sie, seinen Gram zu mildern, ein Fläschen Lebens-Elixier zurück. Doch in seinem Kummer war ihm alles gleich: Er ließ das Elixier auf dem Gipfel des Fuji verbrennen, an der Stelle, die dem Mond, dem Wohnsitz der Geliebten, am nächsten war. Seit der Zeit steigt immer leichter Rauch dort auf – die Bezeichnung des Berges, wenn auch in anderer Schreibung, bedeutet ja u.a.: Fu/ji: kein Tod.

Seit über 150 Jahren ist der Fuji ein ruhender Vulkan. Zwischen 781 und der Gegenwart ist er fünfzehnmal aktiv gewesen. Nach dem letzten Ausbruch 1707 war selbst das 100 km entfernte Tokio mit einer dicken Ascheschicht bedeckt. Die Gelehrten sind sich nicht einig, ob der Fuji wirklich erloschen ist; unterirdische Gase und große Hitze, heißt es, deuten auf das Gegenteil. Je länger aber ein Ausbruch auf sich warten lasse, desto heftiger entlade sich die aufgestaute Kraft.

In neuester Zeit haben sich sogar die Gerichte Japans mit dem Fuji-san beschäftigt. Es ging um die Frage: Wem gehört der Berg – genauer: Wem gehört der Gipfel oberhalb der achten von zehn Pilgerstationen. Mit dem Gültigwerden der neuen Verfassung von 1947 war der Staat seiner Rechte und seiner Pflichten allen Religionsgemeinschaften gegenüber ledig. Innerhalb des Bereichs von Shinto-Schreinen und Buddha-Tempeln fiel aller

Staatsbesitz den Religionsgemeinschaften zu. Auch der Asama-Schrein auf dem Fuji-Gipfel pochte auf dieses Recht und berief sich dabei auf eine alte kaiserliche Schenkung, die ihm den ganzen Gipfel zusprach. Der Staat aber wollte dem Schrein nur Teile des Gipfels lassen. Er meinte, der Fuji sei nationales Symbol und somit Eigentum des Volkes. Der Gipfel eines solchen Berges könne schlechterdings nicht Privatbesitz sein. Der Oberste Gerichtshof hat – nach 26jähriger Prozeßdauer – gegen den Staat entschieden: Eine so abstrakte Sache wie nationale Gefühle – so hieß es in der Begründung – gebe dem Staat nicht das Recht, den Gipfel für sich zu beanspruchen. Den Bergsteigern wird das Urteil gleich sein: Nach wie vor sind es alljährlich über 100 000 Menschen, die den schönsten Berg der Welt wenigstens einmal in ihrem Leben bestiegen haben wollen.

Wenn es in Tokio bebt

Man hat es frivol genannt, mit welcher Kälte die Polizei von Tokio ab und zu ihre Schätzungen über das Ausmaß einer möglichen großen Erdbeben-Katastrophe veröffentlicht. Ein Beben, so stark wie jenes vom Jahre 1923, würde, so hieß es, 20 000 Menschen töten, 36 000 Menschen verletzen, 20 000 Häuser vernichten und einen Großbrand auslösen, in dem weitere 71 000 Häuser zu Schutt und Asche würden.

Diese grausige Prognose war alles andere als frivol gemeint. Sie sollte das ganze Ausmaß des Schreckens ausmalen und die Bewohner der 11-Millionen-Stadt Tokio zur Vorsicht mahnen. Vor einem Erdbeben gibt es keine Rettung, aber man kann die entsetzlichen Folgen mindern, die meist viel verheerender sind als die Zerstörungen durch das Beben selbst. Am schlimmsten sind die Brände. Tokio war von jeher berühmt dafür: »Feuersbrunst, die Blume von Edo«, hieß sogar ein Sprichwort – im Durchschnitt 5000 Brände pro Jahr. Durch Feuer fast völlig zerstört wurde es 23mal, zu großen Teilen 200mal. Bei dem letzten schweren Erdbeben vom 1. September 1923 wurden in Tokio-Yokohama 690 000 Häuser vernichtet und 100 000 Menschen getötet, darunter 38 000, die auf eine 80 000 qm weite unbebaute Fläche geflohen waren und dort, vom Flammenmeer umzingelt, in Hitze und Qualm elend umkamen.

Immer wieder wird in Japan der Bevölkerung eingeschärft, was im Falle eines ernsten Erdbebens in erster Linie zu tun sei. Die Regeln lauten etwa so:

1. Bist du in einem großen Stahlbeton-Gebäude, einem Bürohaus, Hotel oder Kino, laufe nicht hinaus: Glasscherben oder andere fallende Gegenstände könnten dich treffen. Suche lieber schnellstens Schutz unter einem Tisch oder einer Türfüllung, dort also, wo das Gewicht von etwas Niederstürzendem aufgefangen werden könnte.

2. Bist du in einem Holzhaus: nichts wie hinaus!

3. Denke in jedem Fall daran, wo Feuer entstehen und wie du es löschen könntest.

Bis zum Jahre 1963 war es in Japan verboten, Gebäude höher als 31 Meter aufzuführen. Heute gibt es in Japans Großstädten bereits Wolkenkratzer, die größten in Tokio mit über 50 Stockwerken. Zahlreiche weitere, noch höhere sind geplant. Die Techniker garantieren absolute Erdbebensicherheit. Die Bevölkerung aber blickt an den Monsterbauten noch mit Unbehagen empor. Noch hatten diese – gottlob – keine Gelegenheit, ihre Sicherheit zu beweisen. Noch weiß man nicht, wie sie reagieren würden, wenn sich der riesige Katzenfisch, der, altem Volksglauben zufolge, unter der Erde liegt, wieder einmal ungebührlich regen sollte.

Taifune, Springfluten, Regenkatastrophen und sogar Vulkanausbrüche mit einiger Wahrscheinlichkeit vorauszusagen, ist heute kein Problem. Erdbeben gegenüber aber hat bisher jede Prognose versagt, obwohl man sich damit in Japan seit dem 5. Jahrhundert beschäftigt. Hier wird jedem deutlich, wie schwankend der sogenannte feste Boden ist, den wir unter unseren Füßen haben, wie dünn im Grunde die Haut ist, die den glühenden, flüssigelastischen Kern unserer Erde umgibt. Bis zur Erdmitte sind es 12740 km, die ›feste Haut‹ hingegen (erst eine Granit-, dann eine Basaltschicht) ist nur 10-70 km dick. Unter ihr liegt der sogenannte Olivin-Mantel, eine Eisen-Magnesium-Silikatschicht, die bis in Tiefen von 2900 km reicht, also noch nicht einmal ein Viertel der Entfernung bis zum glühenden Mittelpunkt der Erde. Auch schon zwischen Erdkruste und Olivin-Mantel gibt es, so glaubt man, feuerflüssige Magma-Nester. Von ihnen gehen die Vulkanausbrüche aus und die sogenannten vulkanischen Beben. 90% aller Beben sind jedoch nicht vulkanischer, sondern tektonischer Art. Ihr Herd liegt selten tiefer als 70 km. Sie entstehen durch Spannungen, Verschiebungen, Verdrehungen innerhalb des tektonischen Gefüges der äußeren Erdkruste. Wenn man bedenkt, welch ungeheueren Belastungen diese Kruste allein durch die Gezeiten-Wirkung von Mond und Sonne ausgesetzt ist, wie gewaltig der Druck ist, dem die Gesteinsmassen in der Tiefe unterliegen, wie die dünne Erdhaut also bis an die Grenze ihrer Zerreißfestigkeit beansprucht wird, dann ist es verständlich, daß Verschiebungen und Spannungen in der Tektonik der Kruste unvermeidlich sind und in mehr oder weniger heftigen Erschütterungen zum Ausdruck kommen.

Trotz sorgfältigster Beobachtung auch der kleinsten solcher Stöße ist es bisher nicht gelungen, eine Bebenvorhersage zustande zu bringen. Nur die Statistik hat errechnet, daß in Tokio alle 60 Jahre ein schweres Beben fällig sei. Dieser Mittelwert ist jedoch irreführend: der kürzeste Abstand zwischen zwei großen Beben betrug 17, der längste mehr als 150 Jahre.

Badehäuser

Die Sauberkeit des Japaners ist sprichwörtlich. Doch das nach Möglichkeit tägliche Bad hat ebenso wie das Spülen von Mund und Händen vor dem Betreten von Shinto-Schreinen ursprünglich rituellen Charakter. Die Sauberkeit betrifft sozusagen weniger den Körper als die Seele. Eine solche Deutung würde auch erklären, was manchem Fremden bisweilen auffällt: Wie ein frischgewaschener Mensch in blütenweißem Hemd es in keineswegs ebenso sauberer, sondern sogar höchst liederlicher Umgebung nicht nur auszuhalten vermag, sondern sich offensichtlich wohl darin fühlt.

Die Einrichtung des Badehauses geht zurück auf die Kaiserin Komyo. Sie hatte im 9. Jahrhundert ein erstes öffentliches Bad geschaffen und soll persönlich darin 1000 Bettler gebadet haben, als letzten sogar einen Lepra-Kranken. Sie wurde zur Patronin aller Badehäuser und wird noch immer bei lokalen Matsuri gefeiert und geehrt.

Während der Tokugawa-Zeit bestand eine Verordnung, nach der jeder Cho, das heißt ein größerer Häuserblock, ein öffentliches Badehaus besitzen mußte – nicht nur wegen der Sauberkeit und zur Verhinderung von Epidemien, sondern auch, um bei Feuersbrünsten genug Wasser zur Hand zu haben.

Damals hatten nur der Adel und die Samurai das Recht, ein eigenes Bad im Haus zu haben. Heute geht mit dem steigenden Lebensstandard die Bedeutung des öffentlichen Badehauses (sento) zunehmend zurück. Daß es dennoch nicht überflüssig ist, zeigt sich darin, daß die Benutzungsgebühren genauso wie der Reispreis noch immer staatlich kontrolliert werden: sie betragen DM 1,40.

Ursprünglich badete das Volk gemeinsam in einem großen Becken. Erst in der späten Tokugawa-Zeit wurden die Geschlechter getrennt – durch ein quer durch das Wasser gezogenes Seil. In der Meiji-Zeit wurde die korrekte Trennung angeordnet. Sie hat sich auf dem Lande noch heute nicht durchgesetzt. Ja, es gibt Onsen, deren ungetrennte Massenbäder – zum Beispiel in Ibusuki im Süden und in Noboribetsu im Norden – große Beliebtheit genießen.

Der Spieltrieb – unbezähmbar

Es gibt viele, die meinen, daß die Japaner nie ›erwachsen‹ würden, daß sie beneidenswerterweise ihre kindlich-heitere Gemütsart bis ins hohe Alter zu bewahren wüßten. Symptomatisch dafür sind die Schuhputzer in Tokio. Sie sitzen in zugigen Bahnunterführungen. Aber sie schimpfen auch mitten im Winter nicht etwa darüber, daß sie frieren müssen und überdies nichts zu tun haben, sondern sie summen still und zufrieden ein Liedchen vor sich hin.

Auch dem Spieltrieb haftet etwas naturhaft Kindliches an. Vor allem: er ist unbezähmbar. Man braucht nur in die Pachinko-Salons zu gehen, um sich davon ein Bild zu machen. Dort stehen Dutzende, oft Hunderte von Spielautomaten dicht nebeneinander, und vor allen stehen Japaner und spielen und spielen. Pachinko-Salons sind nach Geschäftsschluß und an Wochenenden immer überfüllt. In den Vergnügungszentren von Tokio steht ein Pachinko-Etablissement neben dem anderen. Aus allen tönt unentwegt das Gerassel der Automaten und der Lärm plärrender Lautsprecher.

Die Zahl solcher Salons im ganzen Land geht in die Zehntausende. Außer ihnen gibt es in jeder Stadt und in jedem Stadtteil der Großstädte eine Fülle von Go-Stuben: Go ist ein Brettspiel mit beliebig vielen Steinen. Auch Mahjong ist sehr beliebt, zur Zeit sogar so sehr, daß es kürzlich Gegenstand einer Kabinettsbesprechung der Regierung war: Den Beamten und Angestellten der Ministerien wurde offiziell verboten, in den Diensträumen, auch nach Dienstschluß, Mahjong zu spielen.

Spielen um Geld ist in Japan verboten. Geld-Wetten sind nur bei den amtlichen Pferde-, Rad- und Motorboot-Rennen zugelassen. An den Automaten gewinnt man nur Marken oder Kugeln. Diese kann man dann am Ausgang gegen Zigaretten, Süßigkeiten oder ähnliches eintauschen. Vor den Läden lauern bereits die Händler, die diese Waren erheblich unter Ladenpreis einhandeln. Es soll trotzdem Menschen geben, die sich durch Pachinko-Spielen ihren Lebensunterhalt verdienen.

Nur eine einzige Spielleidenschaft gibt es in Japan, die es mit der Vorliebe für die Spielautomaten aufnehmen kann: das ist Yakyu – Baseball. Auf allen freien Plätzen, an jeder Straßenecke, ja selbst über belebte Autostraßen hinweg wird im ganzen Land in jeder freien Minute geübt, geworfen, gefangen, geschlagen. Und wenn kein richtiges Gerät zur Hand ist, denkt man es sich eben und vollführt, was dem uneingeweihten Passanten höchst seltsam erscheint, mit dem gedachten Schlagholz die nötigen Bewegungen völlig konzentriert, ohne auch nur im mindesten auf andere zu achten, auch nicht im Gewühl der verkehrsreichen Straßen von Tokios Innenstadt. Im allgemeinen ist das Volk mit einfältiger Unterhaltung durchaus zufrieden. Davon zeugen die oft arg harmlosen Film- und Fernseh-Programme. Davon zeugt die Bescheidenheit in den Anforderungen bei Tempelreisen und Betriebsausflügen. Davon zeugen die vielen sommerlichen Matsuri, die Feste der Tempel und Schreine mit ihren Buden, in denen einfaches Zuckerzeug oder Reiskuchen feilgeboten werden, und mit dem schlichten, farblich und ästhetisch zauberhaften nächtlichen Tanz bei Laternenschein um die große Trommel herum. Hier sind die Jüngsten wie die Ältesten ganz bei der Sache. Auch nicht einem würde es einfallen, über einen anderen zu lächeln, etwa weil er beim Tanzlied aus dem Text oder aus dem Rhythmus gekommen ist.

Zentralproblem der japanischen Landwirtschaft war und ist der Reis. Die Produktion steigt, der Bedarf geht zurück, aber die Preise klettern mit jedem Jahr weiter. Trotzdem ist es noch immer der Reis, der die Lebenskosten niedrig und die Löhne in etwa stabil hält. Er ist es also, der die Industrie in ihrem Kampf wider die ausländische Konkurrenz gestützt und das japanische Wirtschaftswunder erst ermöglicht hat. Noch immer ist er der eigentliche Reichtum des Landes. Nur in Ausnahmefällen dringt er bis zu Höhen von 1000 m vor, die Regel sind 50-100 m über dem Meeresspiegel. Inzwischen zeichnen sich drei ernste Gefahren für die Haupternährungsbasis des Volkes ab: die Landflucht, die Problematik der Gartenbau-Wirtschaft und die Überproduktion.

Die zunehmende Industrialisierung saugt immer größere Teile der Jugend in die großen Städte. Für die Feldarbeit bleiben nur alte Männer über 60 und Frauen. Die auf dem Lande lebende Zahl der Familien ging zwischen 1950 und 1977 von 6,2 auf 4,8 Millionen zurück. Fast Dreiviertel der Landbevölkerung geht anderweitiger Beschäftigung nach: 68,4% aller Einnahmen in ländlichen Haushalten kommt aus nichtlandwirtschaftlicher Tätigkeit. Die Zahl derjenigen, die diese Tätigkeit noch ausüben, hat bereits einen Tiefstand von 6,6% der Gesamtbevölkerung erreicht. Auch der Versuch, Kleinindustrien und dgl. aus den attraktiven Städten fort aufs Land zu legen, um wenigstens während der Erntezeit genügend Arbeitskräfte für die Feldarbeit zu haben, hat bisher keinen spürbaren Erfolg gehabt. Zwar werden die Bauern durch großzügige Subventionen gestützt, die Ernten durch intensiven Ackerbau gesteigert und die Bewirtschaftung durch zunehmende Technisierung gefördert. Doch die Berglage und die Winzigkeit der Felder setzen aller Modernisierung enge Grenzen.

Der gesamte landwirtschaftlich nutzbare Boden in Japan hat z.Z. einen Umfang von 7 Millionen Hektar, das sind 16,2% der Gesamtfläche des Landes. Pro Kopf der Bevölkerung ergibt das 0,05 ha, etwa ein Zehntel des Weltdurchschnitts von 0,4 ha. Da Landwirtschaftsbetriebe in Japan Familienbetriebe sind, beackert eine Reisbauernfamilie im Durchschnitt Felder von 1,1 ha

1

Szene aus den Illustrationen zum Genji Monogatari, den Erzählungen der Hofdame Murasaki Shikibu, die vom Leben des Prinzen Genji berichten. ›Prinz Genji‹ gilt heute nicht nur als das klassische Meisterwerk der japanischen Dichtung, sondern auch als der erste psychologische Roman der Weltliteratur.
Wir sehen in das luxuriöse Gemach der Naka-no-kimi, die dem Beschauer den Rücken zukehrt und sich von einer Dienerin die Haare waschen und kämmen läßt. Vor ihr ihre Halbschwester Ukifume, der sie Bilder zum Betrachten gibt, während der Text dazu von der Hofdame Ukon rechts vorgelesen wird. In der Heian-Zeit war es üblich, Bilder und Text einer Geschichte getrennt zu binden, damit man die Bilder während des Lesens betrachten konnte. Naka-no-kimi versucht dadurch Ukifume von einem Vorfall abzulenken, der sich am Nachmittag ereignet hatte: Prinz Niou hatte sich der überraschten Ukifume gewaltsam zu nähern versucht.

Malerei im Yamato-e-Stil auf Papier (Querrolle) von Takoyoshi-no-Yoshiwara, 11. Jahrhundert.

Nagoya, Tokugawa Art Museum

samen Blättern getrocknete Algen. Sie schmecken in milder Herbheit wie fades Seewasser.

Von dem Ausmaß der Algen-Nutzung in Japan machen sich die wenigsten Ausländer eine Vorstellung. Es gibt rund 1200 verschiedene Algen-Arten: Braun-Algen, Rot-Algen, Grün-Algen, Blaugrün-Algen und so weiter. Der Ernte-Anfall an Algen-Frischgewicht beträgt in einem einzigen Jahr rund 360000 Tonnen. Das ist der Wert von etwa 260 Millionen D-Mark. Die beliebtesten Arten, die jeder kennt, der an japanische Küche gewöhnt ist, sind Kombu, Wakame, Hijiki und vor allem Asakusa-Nori. Allein von letzterem werden jedes Jahr rund 4,5 Milliarden postkartengroße hauchdünne Blätter gewonnen bei einem Umsatz von etwa 80 Millionen D-Mark.

Der Konsum von Seealgen beträgt in Japan rund 5% des Gesamtverbrauchs an Meeresprodukten, einschließlich der Fische, Muscheln und Langusten. Das sind pro Tag und Kopf etwa 10 Gramm. So wenig das zu sein scheint, so groß ist der Protein-, Vitamin- und Mineralstoffgehalt dieser Menge. Unter den Mineralen wie Eisen, Kupfer, Kalzium, Mangan und anderen ist besonders Jod zu nennen: ihm verdanken die Japaner, daß der Kropf verhältnismäßig selten in Erscheinung tritt.

Algen aber sind nicht nur zum Essen da. Es gibt zum Beispiel eine große Algenmehl-Industrie. Deren Produkte dienen der Nahrungsmittel-Industrie, zum Beispiel für Speiseeis und Backwarengelees; der Textil-Industrie, unter anderem als Appretiermasse und Druckpaste; der Medizin in Form von Tabletten und Salben; der Farben- und Lack-Industrie als Bindemittel; der Baustoff-Industrie für Isolierschichten und Verkleidungen; der Landwirtschaft als Stickstoff-bindendes Düngemittel. Immer neue Verfahren werden ersonnen, um die Algen, diesen billigen Rohstoff der Meere, zu züchten und dem Menschen nutzbar zu machen.

Shinto

Daß Japan sich bis vor wenigen Jahrzehnten das ›Götterland‹ genannt hat, daß der Tenno trotz aller Demokratisierung immer noch integrierendes Moment der japanischen Politik ist, daß die Natur, Bambus und Kiefer, Berg und Meer selbst im Zeitalter der Technokratie mehr bedeuten können als eben nur Landschaft – all das sind Zeichen für die Lebenskraft des Shinto, der im Mythischen wurzelnden ältesten Religion des Landes.

Shinto im Alltag

Das shintoistische Gesicht Japans tritt ebenso in den alten Göttersagen in Erscheinung wie im Alltagsleben des Volkes und in den modernen Formen eines entschärften Nationalismus. Wo man geht und steht, ist das Dasein der Nation von shintoistischen Formen und Bräuchen durchsetzt. Kein Neubau, kein Bahnhof kann eingeweiht werden, kein Schiff kann vom Stapel laufen ohne Shinto-Priester und Shinto-Riten. Hochzeiten finden fast ausnahmslos nach altem Shinto-Brauch statt. Neujahrsschmuck und Neujahrssitten sind shintoistischer Herkunft. Das Salzstreuen vor den Ringkämpfen im Sumo-Stadion, das Spülen der Hände und des Mundes vor dem Besuch von Schreinen, ja selbst das tägliche heiße Bad sind kultischen Ursprungs und beruhen auf den Reinigungsriten des Shinto. Tanz und Theater führen ihre Künste auf die feierlichen Schreintänze zu Ehren der Götter zurück und die Fülle der Matsuri, der Volksfeste, die jeder halbwegs bedeutende Schrein alljährlich einmal veranstaltet, sind Zeugen für die Lebendigkeit shintoistischen Brauchtums.

Der Staats-Shinto war als Hort des Nationalismus von der Besatzungsmacht nach dem Kriege sofort verboten worden. Nur dem rein religiösen Schrein- und Sekten-Shinto hatte man Existenzrecht zugesprochen. Man glaubte kaum, daß sie überleben würden. Doch wider Erwarten hat sich der Shintoismus im stillen wieder so weit erholt, daß es heute in Japan nicht weniger als 100000 Schreine gibt, die von fast 200000 Priestern versorgt werden.

Schönstes, wenn auch in seiner Herkunft noch immer ungeklärtes Symbol des Shinto ist das Torii, das schlichte, aus wenigen Balken geformte torartige Gebilde, durch das man auf dem Wege zu jedem Schrein hindurchschreitet. Meistens sind es sogar mehrere: Es gibt Schreine mit über hundert solcher Torii. In ihrer klaren Formenstrenge und herben Eleganz sehen viele den edelsten Ausdruck des japanischen Geistes.

Wer indessen das shintoistische Gesicht lediglich von außen betrachtet, wer in der Anbetung der Natur und ihrer Kräfte nicht mehr sieht als primitiven Animismus, sieht falsch und verkennt vor allem die im Unwägbaren liegenden Kräfte. Im Laufe der Jahrhunderte verband sich die Naturverehrung mit der Verehrung der Ahnen, der Vergangenheit und damit all jener Kräfte, die Land, Volk und Geschichte gestaltet haben. Ein schlichter Kirschblütenzweig, ein Bild vom Fuji, eine dekorativ zerzauste Kiefer reichen aus, um dem Japaner seine Liebe zu Heimat und Vaterland und zugleich sein ›Wissen‹ um Kaiser und Helden, um kühne Taten und berühmte Gedichte zu Bewußtsein zu bringen.

Die leiseste, gröberem Gefühl überhaupt nicht wahrnehmbare Andeutung genügt, um aus einem zarten lyrischen Gedicht eine politische Fanfare zu machen. An den jährlichen Gedichtwettbewerben widerfährt den Preisträgern die hohe Ehre, daß ihre Verse in feierlichem Zeremoniell dem Kaiser vorgetragen werden. Wie die breite Berichterstattung in der Presse zeigt, nimmt das ganze Volk daran Anteil. Mitten im Kriege, 1942, hieß das ausgeschriebene Thema scheinbar harmlos und nichtssagend ›Neujahr im Bauerndorf‹. 1944 lautete der Text, den der Kaiser verfaßt hatte: »Die Kiefer erhebt ihr frisches Grün im Frühling, nachdem sie ihre Schneebürde abgeschüttelt hat.« Mit anderen Worten: Die Winterlast des Krieges wird weichen, wenn erst der Frühling kommt; die unbeugsame Kraft ewig jungen Lebens wird den Sieg davontragen! Vier Jahre später, im Januar 1948, also im dritten Jahr der Besatzung durch amerikanische Streitkräfte, veröffentlichten alle Zeitungen zwei andere Gedichte des Tenno: »Die Küstenkiefer widersteht den scharfen

Seewinden aus allen vier Richtungen« und »Die immergrüne Kiefer im einsamen Garten verliert ihre Farbe nicht, auch nicht im Winter.« Das heißt: Haltet stand, seid zäh und unverwüstlich wie die Kiefer; euer Eigenstes, eure Farbe, euer Japanertum kann euch keiner nehmen! Ein Gedicht nur, 31 Silben, scheinbar völlig unpolitisch und doch ein Appell von stärkerer Wirkung als jede ›richtungweisende‹ Ansprache. Kein Wunder, daß die Besatzungsmacht solchen Formen nationalen Widerstandes staunend und fassungslos gegenüberstand.

Eine berühmte Bildrolle von Taikan Yokoyama heißt ›Kagayaku Oyashima‹, leuchtendes Inselland. Der Maler ist erst 1958 gestorben; sein Werk ist ein Emakimono von 35 Meter Länge. Es stellt, durchweg in schwarzer Tusche, die Geschichte Japans ausschließlich in Landschaften dar, in Naturszenen, die in der Entwicklung des Inselreiches eine bedeutsame Rolle gespielt haben. Jeder auch nur einigermaßen gebildete Japaner weiß sofort, was die Berge von Kyushu, die Wälder von Nara, die Kirschblüten von Yoshino bedeuten, welche historischen Geschehnisse und Gestalten damit verknüpft sind, welche Helden, Priester oder Liebenden dort geweilt, gekämpft, gelitten haben. Es gibt kaum ein besseres Beispiel für die Art, wie in Japan Natur und Geschichte, Vergangenheit und Gegenwart miteinander verflochten sind und zu einem Akkord zusammenklingen. Natur und Menschenwelt, so fühlt man, sind von den gleichen Kräften durchwirkt, die jedes und jeden miteinander in gleichsam verwandtschaftliche Beziehung setzen.

Unausgesprochenheiten

Dieses zeitweilige In-eins-Setzen von Mensch und Ding, von Irdischem und Überirdischem, von Einst und Jetzt ist charakteristisch für das numinose Lebensgefühl des Shinto. »Wenn man mich nach dem japanischen Geist fragt, so sagen es die wilden Kirschblüten, die in der Morgensonne glänzen.« So formulierte es der große Shinto-Erneuerer Motoori Norinaga in der zweiten Hälfte des 18. Jahrhunderts. Er begegnete dem rationalistischen Einwand gegen die historische Glaubwürdigkeit der shintoistischen Göttermythen mit dem gleichen »credo quia absurdum«, der für das frühe europäische Mittelalter bezeichnend war. »Wer könnte sich«, so fragte er, »solche lächerlichen Geschichten ausgedacht haben, wenn sie nicht wahr wären?« »Das historische Prinzip« – sagte Jakob Grimm – »hat die Sagen mit Verachtung verstoßen. Allein nicht zu sehen, daß es noch eine Wahrheit gibt außer den Urkunden, Diplomen und Chroniken, das ist höchst unkritisch.«

Bis zum heutigen Tage kann das harmloseste, dem Fremden völlig bedeutungslos scheinende Wort oder Ding dem Japaner den Zugang zur numinosen Gefühlswelt des Shinto öffnen. Dieses ›kann‹ ist abhängig von der Situation, der Stimmung, der Umgebung. Ist die Voraussetzung jedoch gegeben, dann ist ein sonst unscheinbarer Zweig, ein Strohseil, eine Puppe oder was immer mit der Atmosphäre des Göttlichen, des Sakralen und Heiligen gleichsam gesättigt.

Ihrem ganzen Wesen nach ist die Welt des Shinto gestalt- und begrifflos. Sie hat kein Glaubensbekenntnis und keine Sittenlehre, kein Dogma und keine Gebote. Durch Opfer und Riten wird lediglich eine Atmosphäre geschaffen, die frei ist von Unreinheit und finsteren Mächten, eine Atmosphäre, die wie die noble Klarheit eines großen Shinto-Schreins ›medetashi‹, Gutes verheißend ist und dem göttlichen Wirken die Wege ebnet zum Wohle des einzelnen, der Gemeinschaft und des Landes. Dazu bedarf es nicht einmal frommer Gebete: »Wer in seinem Herzen den Weg der Wahrheit verfolgt, dem helfen – so lautet eine alte Shinto-Weisheit – die Götter auch ohne Beterei und Opfergaben.«

Shinto bedarf also nicht der Worte. Er ist weniger eine Lehre als ein das ganze Volksleben ›durchpulsender Rhythmus‹, als das, was Hegel die Wurzel oder den Urquell des offenbaren Geistes genannt hat, »die bewußtlose stumme Substanz aller Dinge«. Diese stumme Unausgesprochenheit, die verstandesmäßige Bestimmtheit scheut, mag mit ein Grund dafür sein, daß der Shinto erst am fremden Gegenüber sein Wesen erkannte. Erst als der Buddhismus im 6. Jahrhundert ins Land kam, erst als der Shinto kämpfen mußte, um sich zu behaupten, bekam er überhaupt erst einen Namen: Im Gegensatz zur Lehre und zum ›Wege‹ Buddhas sprach man nun vom Shinto, vom ›Weg der Götter‹.

Naturverbundenheit

Drei Aspekte pflegt man beim alten Shinto zu unterscheiden: das Verhältnis zur Natur, den Ahnenkult und die Verehrung des Kaisers. Die landläufige Meinung, daß in Japan hinter allen Bergen, Bäumen und Steinen Geister und Götter hervortreten und so zurückweisen auf die mythische Zeit, ist nicht nur übertrieben, sondern schon im Ansatz falsch. Der Shinto ist alles andere als pantheistisch. Er unterscheidet sehr wohl zwischen heiligen und gewöhnlichen Bäumen, zwischen der sakralen und der profanen Sphäre. Die Kami, die Götter und Geister, leben nicht in einem Berg, See oder Stein, sondern sie sind dieser Berg, See oder Stein selbst.

Etwa 20% der Bevölkerung lebte 1977 noch auf dem Lande und geht dort einer bäuerlichen Tätigkeit nach. Aber auch unter den restlichen 80% hat die überwiegende Mehrheit enge Bindungen zur ländlichen Heimat, die auf japanisch ›furusato‹ (altes Dorf) heißt. Sie ist für den modernen Japaner Verkörperung seiner Liebe und Sehnsucht zum alten Ursprung, zum Boden und damit zur Natur und ihren Kräften.

In Sonne und Mond, Regen und Sturm, Blitz, Donner und Wasserfall sah man im mythischen Zeitalter keine Natur-Tatsachen, sondern das Wirken von ›Kami‹, von Göttern – nicht etwa von ›Gott‹ oder dem ›Göttlichen‹. Und mit den Göttern und Geistern – es gab unendlich viele, 800 Myriaden: yaoyorozu – stellte man sich gut: Man rief sie um Hilfe, man bat um ihr Fernbleiben, auf jeden Fall suchte man ihre Gunst durch Geschenke zu erhalten. Erst wenn das nichts half, suchte man ihre machtvollen Äußerungen durch Zauber und Symbole zu beeinflussen. Wer das bäuerliche Leben und die ländlichen Feste kennt, weiß, wie tief auch heute noch diese Bräuche im Alltag des Volkes verwurzelt sind, wie fest man an solchem sogenannten Aberglauben festhält.

Das Shinto-Denken und -Fühlen, das Bewußtsein unlösbarer Verwobenheit von Mensch, Natur und Götterwelt lebt zugleich in all den Sagen, Märchen und Geschichten fort, die in Kinderbüchern einen breiten Raum einnehmen – etwa in dem zauberhaften Märchen vom himmlischen Federkleid ›Hago-romo‹, oder in den Geschichten von Momotaro, Urashimataro, Urikohime und Issunboshi. Immer sind es göttliche Wesen, die sich den Menschen in seltsamer Gestalt nahen und ihnen Glück bringen, solange das Geheimnis gewahrt bleibt, solange man sie nicht nach Namen, Herkunft oder ursprünglicher Gestalt befragt. Sie alle kommen aus einer fernen Welt, aus dem Land der Kami. Sie kommen ganz zufällig, nicht etwa als Rächer oder Wohltäter für böse oder gute Taten. Sie bleiben auch nicht lange, aber sie kommen zurück: Immer wieder tritt das göttliche Wesen, zum Beispiel bei den Matsuri, in Erscheinung – Götterwelt und Menschenwelt fließen ineinander.

Ahnenkult

Der zweite Aspekt des Shinto ist sein Ahnenkult. Das tägliche Gebet vor dem kleinen Ahnenschrein im eigenen Hause war bis zum Kriegsende 1945 eine Selbstverständlichkeit. Heute spricht man nicht mehr viel davon, aber die Verehrung der Ahnen hat man deshalb keineswegs aufgegeben, und die Hausschreine, meist aus gutem Zedernholz, sind nach wie vor gängige Artikel selbst in Warenhäusern.

Die Verehrung der Ahnen betrifft keineswegs nur die nächsten Verwandten. Die lebendige Erinnerung an sie, sogar die Pflege ihrer Grabstätte, endet spätestens in der dritten Generation. Es geht bei dem stillen Gebet vor dem Ahnenschrein mehr um das rituelle Eingeständnis schuldigen Respekts vor dem Gewesenen, ohne das kein Heute und kein Morgen wäre. Das ist keine Verehrung oder gar Anbetung der Vergangenheit, sondern das schlichte Bewußtsein, in Abhängigkeiten und Zusammenhängen zu stehen.

Lebendig wie eh und je ist auch der Brauch der Adoption: Die beiden Ministerpräsidenten Kishi und Sato sind Brüder, aber sie tragen verschiedene Namen. Der Grund für solche äußerst populären Adoptionen ist meist das Bestreben, den Namen einer Familie zu erhalten; denn – und hier liegt der shintoistische Kern des Brauches – nur männliche Erben können die Tradition einer Familie pflegen und fortsetzen, nur sie sind in der Lage, den Ahnen zu opfern. Gerade das ist von entscheidender Bedeutung, weil die schützende Hand der Ahnen für das Wohl der Familie und das Gedeihen der Nachkommen unentbehrlich scheint.

Kaum eine Familie gibt es in Japan, die keines ihrer Mitglieder im und durch den Krieg verloren und dessen man nun in Ehrfurcht zu gedenken hätte. Die große offizielle Totenehrung für die gefallenen Helden der Nation – nicht nur für die des letzten Krieges –, die früher im Yasukuni-Schrein von Tokio stattfand, wird seit einigen Jahren wieder im nationalen Rahmen begangen: in Anwesenheit des Kaisers und des Kabinetts.

Der Schritt vom bloßen Totenkult zur Verehrung der Ahnen vollzog sich in Japan bereits in vorgeschichtlicher Zeit. Der Gelehrtenstreit um die Frage, ob der Ahnenkult nicht einer späteren, höheren, aus China eingeführten Kulturstufe angehöre als die ursprüngliche shintoistische Verehrung der Naturkräfte, scheint endgültig zur Ruhe gekommen zu sein. Diese Theorie ist heute abgetan. Inzwischen ist es wissenschaftlich gesichert, daß das Familienprinzip zum ältesten und sichersten Besitz Japans gehört, daß also die Verehrung der Ahnen bereits in vorgeschichtlicher Zeit eines der wichtigsten sozialen Bindemittel war.

Über die Ahnen jeder Familie in engerem Sinn erhoben sich die Ahnen der führenden Familien, der Sippenoberen, der Fürsten und schließlich die des herrschenden Clans. Ihnen allen erweist man seine Reverenz, ihnen allen ist man zu Dank und Ehrfurcht verpflichtet, weil sie in ihrer Gesamtheit das sind, was man unter Japan versteht. Noch heute pilgern Zehntausende zu den großen Schreinen des Landes. Noch heute ist es üblich, daß das Kabinett und die Mitglieder der kaiserlichen Familie wichtige Vorhaben oder bedeutende Ereignisse nicht nur dem Kaiser, sondern auch den ›Ahnen‹ berichten und dazu meist nach Ise reisen, zum prominentesten unter allen Shinto-Schreinen.

Der Ahnenkult war und ist das geheime Band, das die flüchtige Gegenwart mit den ewigen Werten der Vergangenheit verbindet. Der ursprünglich geschiedene Ahnen-, Heroen- und Götterkult floß im Laufe der Jahrhunderte zu einer zeitlosen Einheit zusammen, die charakterisiert ist durch ein Geschichtsbewußtsein, dem Jahreszahlen überhaupt nichts bedeuten und das Gestalten des 6., 12. und 18. Jahrhunderts ohne die geringste zeitliche Differenzierung nebeneinanderstellt.

Verehrung des Kaisers

Die Verehrung des Kaisers, der dritte Aspekt des Shinto, ist heute nicht weniger aktuell als in vergangenen Jahrhunderten. »Patriotismus und Kaiserverehrung sind identisch, da der Kaiser das Symbol der Nation ist.« Dieser Satz steht nicht etwa in dem berühmten Erziehungsreskript des Kaisers Meiji, dessen Verlesung jahrzehntelang im Mittelpunkt nationaler Feiern im ganzen Lande stand. Er stammt auch nicht aus der Zeit der extrem nationalistischen Bewegung in den dreißiger Jahren. Er stammt aus dem Jahre 1965 und ist Kernsatz eines Berichtes, in dem ein sechzehnköpfiger ›Zentraler Erziehungsrat‹ in zweijähriger Arbeit im Auftrag des Erziehungsministeriums versucht hat, den ›Ideal-Japaner‹ darzustellen, das für Gegenwart und Zukunft wünschenswerte Menschenbild.

Das japanische Kaiserhaus, das 1945 die bedingungslose Kapitulation und die daran anschließende amerikanische Besatzungszeit überstanden hat, ist das einzige in der Welt, das den Anspruch erhebt, in direkter Linie ohne jede Unterbrechung bis in vorgeschichtliche Zeit zurückzureichen. Der erfolgreichste der eingewanderten Stämme, der sich allen anderen gegenüber durchzusetzen vermochte, nannte sein Reich Yamato. Göttliche Ahnherrin dieses Stammes war Amaterasu, die Sonnengöttin. Nur deshalb, nicht etwa weil sie über allen andern Göttern thronte, steht sie noch immer im Mittelpunkt des Shinto-Kults.

Wie alle seine Vorgänger hat auch der heutige Kaiser ein Doppelgesicht. Einerseits ist er der 124. in der Reihe derer, die der Sage nach seit dem Jahre 660 vor Christus an der Spitze des japanischen Reiches stehen. Andererseits ist er oberster Priester des Shinto und steht damit im Strom einer jahrtausendealten Tradition. Alle Kulthandlungen an allen Schreinen des Landes sind im Grunde nichts anderes als Wiederholung und Nachahmung dessen, was am Kaiserhof, im Kashikodokoro, im Allerheiligsten des Palastes, zelebriert wird.

Als General Tojo, der später als Kriegsverbrecher Nr. 1 hingerichtete Premierminister, im Parlament gefragt wurde, ob seine Maßnahmen etwa auf eine Diktatur hinzielten, erklärte er: »Als Premier seiner Majestät bin ich der Führer der Nation. Als Individuum bin ich seiner Majestät Untertan genau wie Sie, meine Herren. Die Stellung eines Premiers leuchtet nur so weit, als sie die Strahlen seiner kaiserlichen Majestät reflektiert. In dieser Hinsicht bin ich also nur der Mond ...«

Damals stand die Showa-Restauration auf ihrem Gipfel. Es war die Zeit des extremen Nationalismus. Die Steigerung des Shinto zum Staatskult und nationalen Ritus erreichte zwischen 1930 und 1944 ihren Höhepunkt. Sie war 1881 durch die Erklärung, daß Shinto überhaupt keine Religion sei, eingeleitet worden. Jeder wurde zur Verehrung des Kaisers verpflichtet. Es entstand der Glaube, daß nicht nur der Tenno, sondern jeder Japaner etwas Einzigartiges in der Welt sei. Der religiös verklärte Kult des Nationalbewußtseins war hervorgegangen aus der gesteigerten Verehrung der Vergangenheit und aus dem kindlichen Glauben an die Größe der eigenen Nation.

Der Kaiser selbst wurde allem Irdischen so weit entrückt, daß selbst der Schneider, der ihm einen Anzug anzumessen hatte, nur mit den Augen und per Distanz maßnehmen mußte, weil der Kaiser nicht berührt werden durfte. In Straßenbahnen und Autobussen, die am Kaiserpalast vorbeifuhren, verneigte sich jeder ehrfürchtig, sobald der Schaffner dazu aufforderte. Es ist vorgekommen, daß ein Stationsvorsteher Harakiri beging, nur weil der Kaiserzug im Manöver auf ein falsches Gleis kam und umkehren mußte. Ein Professor, der es gewagt hatte, die Echtheit der Reichsinsignien (Spiegel, Schwert und Kronjuwel) anzuzweifeln, mußte dem Sturm der Entrüstung, der sich wider solche Ketzerei erhob, weichen: Er widerrief und ließ das Buch einstampfen. Selbst ein angesehener Staatsrechtslehrer – der Vater des heutigen Gouverneurs von Tokio, Minobe – kam 1935 mit seinen Büchern auf den Index, weil er 25 Jahre zuvor das Kaisertum eine konstitutionelle Einrichtung genannt hatte.

Angesichts solch extremer Übersteigerung darf man nicht vergessen, daß das Leben am Kaiserhof von Tokio keineswegs durch orientalischen Prunk und Luxus gekennzeichnet war oder ist. Hier gibt es weder Rennpferde noch Bälle und Jagdexpeditionen. Hinter den Mauern der alten Tokugawa-Burg herrscht ein bescheidenes Leben, das zusätzlich durch das strenge Reglement des Hofamts in harte Formen gepreßt ist. Keiner widersprach, als der jüngste Bruder des Kaisers, Prinz Mikasa, 1956 ein Buch über das Hofleben der Vorkriegszeit veröffentlichte –

›Die Könige, die Gräber und das Volk‹ – und darin den Kaiserhof ein ›Gefängnis ohne Gitter‹ nannte. Selbst der Genro Fürst Ito, der Schöpfer des modernen Japan, erklärte 1910: »Es ist wirklich ein hartes Schicksal, als Kronprinz geboren zu werden. Sofort, wenn er auf die Welt kommt, wird er überall mit Etikette-Banden gefesselt, und wenn er größer wird, muß er nach der Pfeife seiner Erzieher und Räte tanzen.« Noch der jetzige Kronprinz war ein Opfer dieser Regel, die dem regierenden und dem künftigen Kaiser zwar jede nur denkbare Ehre, aber keinerlei Selbständigkeit zubilligte.

Es war ein Bruch mit der Tradition, als der Kronprinz heiratete. Seine Braut stammte nicht, wie das bis dahin strenge Vorschrift war, aus einer der fünf früher herrschenden Familien, sondern aus dem reichen Bürgertum. Es war ein weiterer Bruch mit der Tradition, daß die Söhne des Kronprinzen, die Prinzen Hiro und Aya, wie andere Kinder auch, im Hause ihrer Eltern aufwachsen und öffentliche Schulen und Kindergärten besuchen durften.

Trotzdem sind der Kaiser und seine Familie auch heute nicht frei in ihren Beschlüssen und Handlungen. Nicht einmal reisen darf er, wann und wohin er will. Es bedarf tage- und wochenlanger Vorbereitungen, bis die Eskorte bereit, die Straßen durch Polizei gesperrt, der Sonderzug bereitgestellt, der Spezialwagen auf Sicherheit überprüft ist. Jeder Schritt, jede Geste, jedes Wort des Kaisers in der Öffentlichkeit ist, wenn irgend möglich, vorausbestimmt und wird vom Hofamt in penibler Kleinarbeit vorbereitet. Jeder Schritt, jede Geste, jedes Wort seiner Gesprächspartner in der Öffentlichkeit scheinen ebenfalls vorausbestimmt. Ist es ein Wunder, daß sich der Tenno, der ein Meeresbiologe von wissenschaftlich anerkanntem Ruf ist, am wohlsten in seinem Laboratorium fühlt, umgeben von der großartigen, stummen, aber natürlichen Welt der Meerestiere?

Das Symbol

»Der Kaiser« – so steht es in der gegenwärtigen Verfassung von 1947 – »ist das Symbol des Staates und der Einheit des Volkes. Er leitet seine Stellung aus dem Willen des Volkes ab, in dem die souveräne Gewalt ruht.« Mit diesem Verfassungsparagraphen war staatsrechtlich eine grundlegende Veränderung der Vergangenheit gegenüber vollzogen. Für das Kaiserhaus selbst hatte sich wenig geändert. Auch früher lag die Praxis der Regierungsgeschäfte nicht in den Händen des Tenno: sie war delegiert an die Shogune. Macht im eigentlichen Sinn haben die Kaiser auch in den vergangenen Jahrhunderten nicht gehabt. Aber sie waren eine Macht, deren sich die Fürsten, Shogune und Reichsverweser bedienten. Sie herrschten im Namen des Kaisers – auch wenn dieser, und das ist vorgekommen, kein Geld hatte, weil die Luxushofhaltung des Shoguns alle Barmittel verschlang; auch wenn der Kaiser eigene Gedichte verkaufen und die Hofbeamten sich in das billigste Gewebe kleiden mußten, das es gab, das der Moskitonetze. Dennoch ist das Tennotum als Institution in der ganzen Geschichte Japans nie ernsthaft angetastet worden. Bei aller Ohnmacht war es doch so wirksam, daß auch der machthungrigste Feldherr und der skrupelloseste Reichsverweser nie gewagt haben, es zu beseitigen. Ohne daß es je ausgesprochen worden wäre, wußte man, daß das Kaisertum kein politischer Faktor, sondern ein nationales Prinzip ist. Auch nach der Restauration von 1868, nach dem Zusammenbruch des Tokugawa-Regimes, wurde das nicht anders. Auch der Meiji-Tenno schwebte, wie alle seine Vorgänger, als heilige Erscheinung über der Politik des Tages. Auch er war Symbol des Staates und trat nur bei besonderen Ereignissen persönlich in Erscheinung.

Sein Enkel, der Showa-Tenno, so heißt es in verschiedenen Büchern, habe es 1946 beim feierlichen Aufgeben seiner sogenannten Göttlichkeit als peinlich empfunden, auf etwas zu verzichten, was er nie besessen habe. In seinem Reskript vom Neujahrstag des gleichen Jahres hat er ausdrücklich davon gesprochen, daß die Bindungen zwischen ihm und seinen Landsleuten »nicht auf der fiktiven Idee beruhen, daß der Kaiser eine fleischgewordene Gottheit sei«. Auch in der Meiji-Verfassung war von Göttlichkeit keine Rede. Sie erklärte lediglich, daß der Kaiser »heilig und unverletzlich« sei. Heiligkeit und Göttlichkeit aber sind durchaus verschiedene Begriffe. Ihre Verwechslung beruht weitgehend auf der falschen Übersetzung des Wortes ›Kami‹, das höheres Wesen bedeutet und für Vater und Ahnen in gleicher Weise gilt wie für Geister und Götter. Ein Gottesbegriff, wie er dem christlichen Abendland geläufig ist, ist dem Shintoismus

Japans fremd. Auch das Wort ›heilig‹ darf nicht im religiösen Sinn verstanden werden, sondern gleichsam als Respekt, den man den Eltern, den Vorgesetzten, den Ahnen, der Fahne entgegenbringt.

Weit mehr im Ausland als in Japan selbst wurde die neue staatsrechtliche Stellung des Tenno als Degradierung empfunden. Zum Erstaunen der Besatzungsmacht hat seine Demokratisierung sogar geholfen, ihn bis zu einem gewissen Grade populär zu machen. Tausende von Menschen kommen seit 1948 zu Neujahr von weit her nach Tokio: sie wollen den Tenno sehen und jubeln ihm zu. Einige hundert freiwillige Helfer kommen täglich vom Lande in die Stadt zur unentgeltlichen Arbeit in den kaiserlichen Gärten – die sogenannte Besengarde. Andererseits: Wenn der Kaiser durch die Stadt fährt, bleibt kaum einer auf der Straße stehen und kein einziger winkt oder verneigt sich ehrfurchtsvoll, wie das früher selbstverständlich war. Stehen bleibt man, wenn die Kronprinzessin kommt, und mit echter Begeisterung wird gewinkt, wenn die Söhne und die Tochter des Kronprinzenpaares, Prinz Naruhito oder Prinz Fumihito und Prinzessin Sayako dabei sind. Beliebt im üblichen Sinne ist der Kaiser sicher nicht. Beliebtheit aber ist in Japan kein Maßstab für Einfluß und Wirkung. Dem Tenno, dem Symbol des Staates gegenüber gebührt viel eher scheue Ehrfurcht, und die sitzt der Bevölkerung noch immer in den Gliedern. Wie stark dieses Empfinden ist, wie fest das Kaiserhaus im Denken und Fühlen des Volkes wurzelt, zeigte lange nach dem Kriege das Für und Wider bei der Diskussion über die Wiedereinführung des Begriffs der Majestätsbeleidigung. Die Frage wurde aktuell, als sich in der Öffentlichkeit ein Sturm der Entrüstung erhob über eine Novelle, in der mit minuziöser Genauigkeit die Ermordung der Kaiserfamilie geschildert wurde. Bis zum Jahre 1945 hätte das Erscheinen der Novelle sofort zu einem Prozeß geführt. 1960 erregte der Vorfall nur das hilflose Erstaunen des Hofamts und die Affäre endete mit einer Entschuldigung. Die scharfe Reaktion der Öffentlichkeit aber bewies, wie stark noch oder schon wieder das Gefühl dafür war, daß eine Geschmacklosigkeit dem Kaiserhaus gegenüber etwas ist, was nicht allein die Person des Tenno, sondern das Symbol und damit das ganze Volk trifft.

Zentrales Anliegen des Shinto ist seit ältesten Zeiten die Reinheit. Rituell gereinigt werden muß, und zwar in umständlichem Zeremoniell, der einzelne wie die Gemeinschaft. Sehr früh schon unterschied man zwischen schwerer und leichter Schuld (tsumi), zwischen himmlischen und irdischen Sünden. Leichte Schuld waren alle Verbrechen gegen Leben und Besitz des einzelnen, schwere Schuld hingegen alles, was das Wohl und Wehe aller betraf. Schon der frühe Shinto richtete sein Interesse vor allem auf das Gemeinwohl und hatte damit ausgesprochen sozialpolitischen Charakter. Sein Symbol ist der Spiegel, das Inbild der Reinheit und des göttlichen Sonnenglanzes. Seine Zeremonien dienen der Abwehr finsterer Mächte, gelten der Erhaltung des Klaren, Echten, des wahren Japan. Von hier aus ist es nur ein kurzer Schritt zum nationalen Kult, zur Verherrlichung des Götterlandes, das echt und rein nur sein kann, wenn es frei ist von fremden Elementen und fremder Beeinflussung.

Auch unter Handwerkern und Künstlern gibt es heute noch solche, die ihre Arbeit als heilige Aufgabe betrachten. Ganz gleich, ob es sich um den Guß einer Glocke, das Schmieden eines Schwertes, das Schnitzen einer Maske oder das Schaffen einer Teeschale handelt: bevor sie beginnen, gilt es, soll das Werk gelingen, nach Shinto-Ritus Körper und Geist zu reinigen.

Die Shinto-Erneuerer im 18. und 19. Jahrhundert haben versucht, auch die japanische Sprache von fremdem, besonders chinesischem Einfluß zu reinigen. Dieser Versuch war zum Scheitern verurteilt. Gelungen aber ist er gegenüber den Vernunftprinzipien des Konfuzianismus, gegenüber dem Pessimismus der Buddhalehre: ihnen gegenüber kam das Frische und gefühlsmäßig Optimistische der eigenen Nationalliteratur wieder zur Geltung. Dem Karagokoro (Fremdwesen) trat das Magokoro (das wahre, das heißt japanische Herz) entgegen. Der ›Götterweg‹, so hieß es, stamme einzig und allein aus dem reinen Herzen. Um ihn zu beschreiten, bedürfe es nicht erst der Erziehung.

Sich freizuhalten galt es aber nicht nur vom geistigen, sondern vor allem vom politischen und wirtschaftlichen Einfluß des Auslands. Hier liegt die eigentliche Wurzel für das Sakoku, für die strenge 250jährige Abschließung des Landes, für das sorgsame Verborgenhalten der Reichseinteilung und der Küstenlinien. Noch um die Mitte des 19. Jahrhunderts verfaßte der Fürst von Mito eine Denkschrift, in der es hieß: »Die Politik der Barbaren geht dahin, zuerst um des Handels willen in ein Land Eingang zu finden, dann ihre Religion einzuführen und nachher Streit und Unfrieden zu stiften. Deshalb laßt euch leiten von den Erfahrungen, die unsere Vorfahren vor zwei Jahrhunderten gemacht haben, und verachtet nicht die Lehre des chinesischen Opiumkrieges.« Als das Ende der Tokugawa-Herrschaft und die Restauration des Kaiserreiches bereits beschlossene Sache waren, verließ am 18. April 1869 der Meiji Tenno die alte Hauptstadt, um sich nach Edo, dem heutigen Tokio, zu begeben. Da warfen sich ihm 2000 Samurai zu Füßen und beschworen ihn, die Kaiserstadt Kyoto nicht zu verlassen und sich durch Berührung mit den fremden Barbaren nicht zu beflecken! Als der Tenno sich nicht umstimmen ließ, zogen sie mit ihm. Unter ihrem Zwangsgeleit betrat er am 9. Mai die neue Hauptstadt, und schon einen Tag danach erschienen überall Plakate mit der Aufschrift: »Die Vertreibung der Barbaren ist das wichtigste Gesetz des Landes.«

Unter diesem Gesichtspunkt müssen auch die grausamen Christenverfolgungen des 16./17. Jahrhunderts, etwa der Märtyrertod von Nagasaki und das Blutbad von Shimabara, gesehen werden. Noch 1549 hatte der Missionar Franz Xavier von märchenhaften Bekehrungserfolgen im »liebenswürdigsten der noch zu bekehrenden Völker« berichtet. Wenige Jahrzehnte später wurden diese japanischen Christen auf das härteste bekämpft und ausgerottet. Die Motive, die diesen Verfolgungen zugrunde lagen, waren die gleichen wie beim Kampf gegen die ›Barbaren‹ zu Beginn der Meiji-Zeit: das Land sollte von schädlichen Einflüssen befreit werden. Nicht religiöse, sondern nationalpolitische Gesichtspunkte gaben den Ausschlag.

Gegen Ende des 19. Jahrhunderts richtete sich die Reinigungstendenz gegen den Buddhismus. Dessen Tempel, Heiligtümer und Schriften wurden rücksichtslos verfolgt. Vor dem Zweiten Weltkrieg, vor allem in der sogenannten Showa-Restauration der dreißiger Jahre, zog man erneut gegen die Barbaren zu Felde, diesmal gegen alles ›Westliche‹. Das shintoistische Streben nach Reinheit, das im japanischen Volk so sehr zur

Selbstverständlichkeit geworden ist, daß es unterschwellig auch dort wirksam ist, wo es keineswegs bewußt gepflegt wird, ist fraglos auch heute bei all jenen Tendenzen beteiligt, die wieder einmal Japan befreit sehen möchten von wirtschaftlicher Abhängigkeit, militärischer Bevormundung und kultureller Überfremdung.

Man hat festgestellt, daß der Inselcharakter des Landes sein nationales Bewußtsein gefestigt hat. Man sollte hinzufügen, daß eben dieser Inselcharakter auch den Zerfall des nationalen Bewußtseins nach dem Kriege verhindert hat. Wichtigster Nährboden für das Hervortreten nationaler Momente, die auch in der Tagespolitik allerorten sichtbar werden, ist wie eh und je das neu erstarkende shintoistische Gedankengut. Es ist weit entfernt von dem bornierten Nationalismus der dreißiger Jahre. Was man heute will, ist nach außen wie nach innen gerichtet und nicht mehr, als was jeder Nation zugebilligt wird: ein gewisses Nationalprestige im Ausland und ein gesunder Nationalstolz auf die Werte der eigenen Vergangenheit. Der materielle Wohlstand der Bevölkerung hat einen Grad erreicht, der Japan sein Selbstvertrauen zurückgegeben hat und damit den Wunsch belebt, auch das Gesicht als Nation wiederzufinden. Das Besondere dieses Gesichtes aber ist nach Norinaga nicht allein der ›göttliche Ursprung‹, sondern vor allem die ›große Rechtschaffenheit‹ (Taigi) und das ›reine Herz‹ (Magokoro).

Schrein- und Sekten-Shinto

Es ist nun keineswegs so, daß die älteste Religion Japans lediglich als geistiges Prinzip weiterlebt, sei es in der ›Nationalisierung‹ der Natur oder des Kaiserkults, sei es durch die Bedeutung, die der Ahnenverehrung oder der seelisch-körperlichen Reinheit zugemessen wird. Der Shintoismus lebt als Religion im sogenannten Schrein- und noch aktiver im sogenannten Sekten-Shinto. Bei ersterem scharen sich die Anhänger um bestimmte Schreine: heute sind es etwa 80000, von denen sich rund 70000 zum nationalen Verband der Shinto-Schreine (Jinja Honcho) zusammengeschlossen haben. Nur etwa 1000 blieben unabhängig, indes sich der Rest zu sieben kleineren Gruppen verbunden hat.

Die wichtigsten dieser Schreine sind die am engsten mit dem Kaiserhaus verbundenen: Ise-, Meiji-, Omi-, Kashiwara-, Atsuta- und Yasukuni-Schrein. Als nächste Gruppe sind diejenigen zu nennen, die mit berühmten historischen Persönlichkeiten verknüpft sind, etwa Hideyoshi, Ieyasu, General Nogi und die Gruppe der Tenjin-sama, die dem Gelehrten und Staatsmann Michizane Sugawara geweiht sind. Ihnen folgt die Unzahl der Hachiman- und der Inari-Schreine, nicht zu reden von der Fülle derer, die bis zum Kriegsende in der offiziellen Liste ›Schreine ohne Rang‹ genannt wurden. Sie alle sind Symbole für das lebendige Verhältnis des Menschen zu den unsichtbaren Kräften in der Welt der Natur, der Ahnen und des Universums. Sie alle existieren ausschließlich von den Gaben der Gläubigen, da alle Unterstützung durch den Staat seit 1945 weggefallen ist.

Zum Schrein-Shinto tritt der Sekten-Shinto: zu ihm bekennen sich weit über 10 Millionen Anhänger. Der Name (Kyoha-Shinto) stammt noch aus der Meiji-Zeit. Er umfaßt alle jene religiösen Gruppen, die im Bereich des Buddhismus und des Christentums nicht unterzubringen waren, auch wenn einige von ihnen mit Shinto nicht das mindeste zu tun hatten. Ihre Einstufung war eine reine Verwaltungsmaßnahme in der Absicht, ihre Aktivität unter Kontrolle zu halten. Seit Kriegsende ist diese Kontrolle weggefallen. Die Sekten aber, auch wenn sich manche wie Tenrikyo auf das strikteste dagegen verwahren, werden weiterhin dem Shinto zugerechnet. Mit einem gewissen Recht; denn trotz Aufnahme fremdbürtiger Elemente, etwa aus dem esoterischen Buddhismus, dem Taoismus und dem Konfuzianismus, kreisen fast alle um alte Shintogottheiten, pflegen fast alle den Ahnenkult, erheben fast alle die Reinheit zum entscheidenden Prinzip des Seins. Daß sich eine so große Zahl von Menschen zu ihnen bekennt, daß sich darüber hinaus ungezählte Japaner finden, die mit ihren Opfergaben 80000 Shinto-Schreine und rund 75000 Priester unterhalten, ist der beste Beweis für die unverminderte Lebenskraft des Shinto, auch wenn er oft von intellektuellen Japanern als unzeitgemäß belächelt wird.

Geschichte und Geschichten

Die Welt der Göttermythen

Bis zum Jahre 1968 erfuhren die Schüler der Nachkriegsgeneration nichts über ihre eigenen Göttermythen. Die Besatzungsmacht hatte sie verpönt, und die linksorientierten Jung-Lehrer sträubten sich gegen alles, was nach einer Wiederbelebung der Vergangenheit aussehen konnte. Erst mit der allmählichen Wiedereinführung des Geschichtsunterrichts wuchs die Tendenz, auch den Göttern wieder einen Platz im Rahmen der Erziehung zuzubilligen. Heute sind sie im Unterricht erneut zugelassen, gehören also auch in diese Arbeit, da mit ihnen aller Unterdrückung zum Trotz die Lebenskraft shintoistischen Gedankenguts bewiesen ist.

Die alten Namen und Begriffe sind sogar so populär, daß sie selbst in die Sprache der angeblich so nüchternen Wirtschaftsexperten Eingang gefunden haben. Den Wirtschaftsboom 1968/70 nannte man nämlich ›Izanagi-boom‹. Das soll heißen: der gegenwärtige Wirtschaftsaufschwung ist der gewaltigste seit den mythologischen Zeiten von Izanagi und Izanami, die einst Japan geschaffen und damit den Grund gelegt haben für eine außerordentliche Entwicklung. Schon früher waren Wohlstandszeiten mit entsprechenden Namen etikettiert worden. 1956/57 war der ›Jimmu-boom‹ – das heißt nie ging es so gut in der ganzen 2600 Jahre währenden Geschichte Japans wie in den fünfziger Jahren. Oder 1959/60: damals sprach man vom ›Iwato-boom‹, so strahlend schien der Ausblick in die Zukunft wie einst, als die Sonnengöttin das Felsentor ihrer Höhle beiseite schob und die Welt mit Licht erfüllte.

Ama-no-Hashidate

An einer der landschaftlich schönsten Stellen des Landes, etwas oberhalb einer schmalen, kieferbestandenen Landzunge, die eine Meeresbucht nahezu völlig abschließt, steht eine Bank von Stein. Jeder Besucher dieses Ortes kennt die Bank, keiner aber setzt sich darauf. Jeder stellt sich vielmehr mit den Füßen darauf, aber nicht, um besser sehen zu können, sondern mit dem Rücken zur Aussicht. Dann erst bückt er sich und betrachtet traditionsgemäß die Landzunge von unten durch die Beine. Schaut sie nicht aus wie eine Brücke, die sich nicht über das Meer, sondern über den Himmel schwingt? Ama-no-hashidate, Himmelsbrükke, heißt die Landzunge. Ama-no-hashidate heißt auch die Himmelsbrücke aus der Göttersage.

Mit dem juwelenbesetzten Speer, einem Geschenk ihrer Mitgötter, rührte das Götterpaar Izanagi und Izanami von der Himmelsbrücke aus in schlammiger Flut. Und siehe, die Masse verdickte, und was von dem herausgezogenen Speer herabtropfte, war die erste der japanischen Inseln, die Insel schlechthin. Zu ihr stieg das Götterpaar hinab. »Wie ist«, so fragte Izanagi, »dein Körper beschaffen?« »Mein Körper«, antwortete Izanami, »wächst an allen seinen Teilen außer an einem.« »Auch der meine«, sagte Izanagi, »wächst an allen seinen Teilen, doch an einem ganz besonders. Gut wäre es, ich verbände diesen Teil meines Körpers mit dem Teil des deinen, der nicht wächst.« Und sie schritten um den Mittelpfeiler ihres Hauses und zeugten miteinander die Fülle der anderen Inseln und eine Reihe von Naturgottheiten dazu. Bei der Geburt des Feuergottes verbrannte sich Izanami tödlich. Der Versuch, die Gattin aus der Unterwelt zurückzuholen, mißlang. Izanagi floh aus dem Totenreich, verschloß es mit einem Fels und säuberte sich von der Befleckung des Kontaktes mit dem unreinen Bereich des Todes durch ein umständliches Flußbad. Dabei entstanden wieder eine Fülle von Göttern, so die Sonnengöttin Amaterasu und der Sturmgott Susanoo.

Wie aller Göttermythos ist auch der von Izanagi und Izanami zum ersten Mal in den ältesten Geschichtswerken Japans, im Kojiki und im Nihongi (712 und 720), schriftlich fixiert worden. Die Form, in der das geschah, zeigt nicht nur deutlich chinesischen Einfluß, sondern vor allem das politische Bestreben der Verfasser, jeden Zweifel an der Überlegenheit der kaiserlichen Dynastie über andere Stämme und deren Götter auszuschließen.

Die Darstellung von der Erschaffung der Inseln und Götter zeigt klar, wie sich hier zwei ganz verschiedene Kulturstufen durchdringen: eine ältere, bei der die Götter durch rituelle Waschung entstehen, und eine jüngere, der bereits das Wissen um den Zeugungsvorgang zugrunde liegt. Wichtig scheint vor allem die Feststellung, daß Götter und Inseln vom gleichen Elternpaar geschaffen wurden, daß beide also gleichsam blutsverwandt sind – ein erster Hinweis auf das enge Verbundensein von Natur, Vaterland und Kaiserhaus. Das Urpaar Izanagi und Izanami repräsentiert zugleich die chinesischen Urprinzipien Yang und Yin, Licht und Dunkel, Aktivität und Passivität. Izanagi steht auf der Seite des Lebens, der Reinheit, Izanami auf der des Todes und der Unreinheit – der Grundgedanke, auf dem alle Reinigungsriten des Shinto fußen.

Der Juwelenspeer, ein phallisches Symbol wie der Mittelpfeiler des Shinto-Schreins, steht im Mittelpunkt des No-Spiels ›Awaji‹, in dem die sexuelle Symbolik von Weltschöpfung, Zeugung und Saat, von Götterkraft und Götterland breit ausgesponnen wird. Wie in Awaji sind auch viele andere Volks- und No-Spiele, die vom Mythos verschiedener Schreine und Gottheiten berichten (Kamo, Matsunoo, Ema), Mysterien-Spiele des Lebens: Mit dem zarten Schleier der Poesie verhüllen und offenbaren sie zugleich Irdisches und Himmlisches, tiefes Geheimnis und platte Wirklichkeit. Was sich auf der Urinsel, die später mit Awaji, der Insel zwischen Kobe und Shikoku, identifiziert wurde, zwischen Izanagi und Izanami vollzog, ist das Urwunder des Werdens, das dem Bauern in Tier- und Pflanzenwelt Tag für Tag entgegentritt. Fruchtbarkeit des Ackers und Zeugungsvorgang des Menschen stehen seit jeher in engster Verbindung. Utagaki, sexuell betonte Kulthandlungen der Bauern zur Förderung der Reisfrucht, gibt es, obwohl offiziell verboten, noch heute.

Die himmlische Felsenhöhle

Amaterasu, die Sonnengöttin, der Izanagi die Herrschaft über Takamagahara, die hohen himmlischen Gefilde, übergeben hatte, bekam Streit mit ihrem wilden Bruder Susanoo. Als dieser in seinem Ungestüm auch noch Reisfelder und Wassergräben, die sie angelegt hatte, zerstörte und anderen groben Unfug trieb, zog sie sich empört und zitternd vor Furcht in eine Berggrotte, die himmlische Felsenhöhle (Ama no Iwaya), zurück und schloß sich ab von aller Welt. Sofort war diese in tiefes Dunkel gehüllt, böse Geister schwärmten ungehindert umher, und Übel aller

Art breiteten sich aus. Da trat der Rat der 800 Myriaden Götter zusammen und überlegte, wie die Beleidigte am besten wieder aus ihrer Höhle hervorzulocken wäre.

Hähne wurden vor die Grotte gebracht, damit ihr Krähen die Illusion des kommenden Tages beschwöre. Edelsteine wurden an einem Sakaki-Baum vor dem Höhleneingang befestigt, ein großer achteckiger Metallspiegel ebenfalls. Der Opfergott brachte Opfer dar, der Ritualgott hielt eine feierliche Ansprache – alles war vergebens. Da stieg Ama no Uzume, die nicht mehr junge Himmelstänzerin, auf einen umgestülpten Bottich und vollführte, indem sie ihre Brust entblößte und ein Kleidungsstück nach dem andern abwarf, einen derart komisch ekstatischen Tanz, daß das dröhnende Gelächter der Götterversammlung die verborgene Sonnengöttin immer dichter an den Höhlenausgang lockte. Schließlich konnte sie die Neugier nicht mehr bezwingen: nur einen Spalt breit öffnete sie das Felsentor. Ihr Erstaunen war um so größer, als sie ihren eigenen Glanz im Spiegel widerstrahlen sah. Sie ließ sich vollends hervorziehen und die Welt hatte ihr Licht zurück.

Diese Geschichte, die jedermann in Japan kennt, ist das Kernstück der shintoistischen Mythologie. Das weltweite Motiv von dem ewigen Streit zwischen Licht und Finsternis mischt sich hier mit der vagen Erinnerung an die Kämpfe zwischen dem Erobererstamm (Amaterasu) und den älteren eingesessenen Volksgruppen, deren Stammesgott Susanoo war. Alles, was die Götter vor der Felsenhöhle veranstalten (Sakaki-Baum, Hähne-Krähen, Opfer und Ansprache), spiegelt genau das Ritual des alten Shinto.

Erstaunlich ist nur zweierlei. Einmal, daß im Rahmen des Göttermythos (abgesehen von dem Regierungsauftrag an ihren Enkelsohn Ninigi) nie wieder von Amaterasu die Rede ist. Zum andern, daß die Sonne auch in der Dichtung und Malerei Japans keine auch nur im mindesten nennenswerte Rolle gespielt hat. Nur in zwei No-Spielen (Ema und Miwa) wird nebenher darauf eingegangen. Begründet wird diese verblüffende Tatsache damit, daß die Sonne wegen ihrer Verbundenheit mit der höchsten Shinto-Gottheit, mit dem Kaiserhaus, mit dem Namen des Reiches (Nihon – Sonnenursprung) und mit der japanischen Fahne (Hinomaru – Rotes Sonnenrund auf weißer Fläche) zu erhaben sei, zu sehr im Dunstkreis des ehrfürchtig zu Verehrenden stehe, als daß sie populär sein könnte.

Populär, und das bis heute, ist lediglich die Himmelstänzerin Ama no Uzume, deren Maske (Okame) überall und billig zu haben und für heitere Tanzvorführungen unentbehrlich ist. Hier im Mythologischen liegt nach allgemeinem Volksglauben der Ursprung aller Musik, allen Tanzes und allen Theaters. Besondere Beachtung gilt der Feststellung, daß es eine weibliche Gottheit war, die vor der Felsenhöhle tanzte. Obwohl dem Weiblichen nach Shinto-Auffassung etwas Unreines anhaftet, werden die heiligen Tänze in allen Shinto-Schreinen stets von Mädchen vollführt. Schon hierher gehört der Hinweis, daß der Brauch, auf altjapanischen Theaterbühnen Frauenrollen von Männern spielen zu lassen, nicht etwa das Weibliche, sondern nur das Grob-Sinnliche ausschalten soll.

Viel Kopfzerbrechen hat der Forschung die Tatsache bereitet, daß in einem so männlich betonten Land wie Japan die höchste Shinto-Gottheit weiblichen Geschlechts ist. Man hat darauf hingewiesen, daß sich die untergeordnete Stellung der Frau erst in der Tokugawa-Zeit herausgebildet hat – vor allem auf Grund des berühmten Frauenkodex von Ekken Kaibara († 1714) ›Onna Daigaku‹, in dem das weibliche Yin-Prinzip eindeutig dem männlichen Yang-Prinzip untergeordnet ist. Noch in der Heian-Zeit war die Stellung der Frau viel freier, und die beiden Meisterwerke der altjapanischen Prosa, das ›Genji Monogatari‹ und das ›Makura Soshi‹ stammen von Frauen. Man hat sogar, gestützt unter anderem auf die Fülle weiblicher Tonfiguren (Haniwa) aus der Jomon-Periode (Jugendsteinzeit), die Möglichkeit nicht ausgeschlossen, daß in Urzeiten in Japan das Matriarchat geherrscht hat, eine These, die manche bäuerlichen Fruchtbarkeitsriten zu stützen scheinen.

Ninigis Auftrag

»Das Land des üppigen Schilfgefildes und der reich gedeihenden Reisähren soll von unseren Nachkommen beherrscht werden. Geh und regiere es, mein Enkelsohn! Unser Geschlecht wird wie Himmel und Erde dauern und für immer gedeihen!« Mit diesen Worten entsandte die Sonnengöttin Amaterasu den Sohn ihres

Sohnes, nachdem zuvor andere Götter beauftragt worden waren, das Land von bösen Geistern zu befreien und zu unterwerfen. Zum Zeichen seiner göttlichen Sendung bekam er die ›drei göttlichen Reichskleinodien‹ (Sanshu no Shinki) mit auf den Weg: die gekrümmten Edelsteine, das Schwert und den achteckigen Spiegel, den die Götter einst vor der himmlischen Felsenhöhle aufgehängt hatten. »Sooft du in den Spiegel schaust, soll es sein, als wenn du mich selbst darin erblicktest.«

Mit himmlischem Gefolge stieg Ninigi herab auf den Berg Takachiho im Süden Kyushus. Dort heiratete er Kono Hana Sakuya Hime, die zauberhafte, zarte Tochter eines Berggottes. Der Ehe entsproß das Bruderpaar Hohoderi, der Fischer, und Hohodemi, der Jäger und Ackerbauer. Hohoderi hatte einen wunderbaren Angelhaken, mit dem er gewaltige Mengen von Fischen zu fangen verstand. Eines Tages lieh sich Hohodemi, der große Jäger, diesen Angelhaken, um auch seinerseits einmal zu fischen. Doch er fing nicht einen einzigen Fisch, und zu allem Unglück verlor er auch den Angelhaken. Hohoderi geriet darob in großen Zorn und nahm auch nicht zum Ersatz all die vielen Angelhaken, die Hohodemi inzwischen aus seinem wertvollen Schwert gemacht hatte.

Voller Verzweiflung saß Hohodemi am Ufer und weinte. Da brachte ihn ein guter Geist in den Palast des Meeresgottes. Als er dessen Tochter sah und sie ihn, entbrannten sie in Liebe. Sie heirateten und Hohodemi vergaß vollkommen, weshalb er eigentlich gekommen war. Drei volle Jahre lebten sie glücklich, da fiel ihm der Angelhaken seines Bruders wieder ein. Der Meeresgott rief sofort alle Fische zusammen und siehe: am Maul eines Tais (einer Art Seebrasse) hing der Haken. Hohodemi erhielt ihn zurück und zwei Edelsteine dazu. Mit dem einen konnte er das Wasser steigen, mit dem andern es wieder sinken lassen. Mit Hilfe dieser Juwele gelang es ihm, nicht nur seine Widersacher zu besiegen, sondern auch das Land ringsum zu bewässern und zu kultivieren. Sein Sohn wurde der Vater von Jimmu Tenno, dem ersten irdischen Herrscher in Japan, dem Gründer des Yamato-Reiches.

Die ›drei göttlichen Reichskleinodien‹, die Ninigi von Amaterasu erhielt, waren der Yatano-Spiegel (er soll heute im Ise-Schrein bewahrt werden), das Murakumo-Schwert (es ist im

Atsuta-Heiligtum bei Nagoya eingeschreint) und die Yasakani oder Magatama, die gekrümmten Edelsteine, die sich am Kaiserhof in Tokio befinden sollen.

Mit dem Auftrag an Ninigi tritt zum ersten Mal Japan in Erscheinung. Seine Inbesitznahme von Hyuga aus (heute Miyasakiken) ist als legendärer Niederschlag der ersten Einwanderung von Süden her nach Kyushu zu verstehen. Hier im südlichsten Teil des Landes liegt der Ausgangspunkt für die Eroberungszüge des Stammes, der drei Generationen später unter Jimmu Tenno nach Osten aufbrach. Genau wie Deutschland ist also auch Japan von einer Keimzelle im Südwesten aus nach Nordosten hin gewachsen.

Der Besuch Hohodemis im Palast des Meeresgottes ist eine aus der Fülle von Geschichten, die man sich in Japan vom Reich des Meeres- und Drachengottes erzählt. Immer steht diese Gottheit in engstem Zusammenhang mit Fruchtbarkeitskulten, die zum Teil noch betrieben werden und in alten Märchen und No-Spielen wie Urashima Taro, Enoshima, Chikubushima und Iwafune anklingen. Im übrigen zeigt die Geschichte vom ›Ackerbauer‹ Hohodemi und vom ›Fischer‹ Hohoderi, daß schon in grauer Frühzeit die Entscheidung zugunsten des Ackerbaus gefallen war. Obgleich die Japaner seit jeher zum großen Teil auf Meeresnahrung angewiesen waren, sind sie doch nie ein seefahrendes Volk gewesen, und das Meer spielt in Kunst und Brauchtum eine bemerkenswert bescheidene Rolle.

Die Legende von Hohodemi und seinem Bruder Hohoderi ist der mythologische Spiegel dessen, was Nachkriegsausgrabungen wissenschaftlich untermauert haben: ein Zeugnis für den Übergang von der Steinzeit zur Eisenzeit. Die Menschen der sogenannten Jomon-Periode (5000 bis 300 v. Chr., benannt nach dem Strohseilmuster ihrer Tongefäße) lebten von der Jagd, von Beeren und Nüssen, Muscheln und Fischen. Der Yayoi-Mensch hingegen (300 v. Chr. bis 300 n. Chr., benannt nach dem ersten Fundort Yayoi-cho in Tokio) lebte bereits von Acker- und Reisbau, lernte Metalle zu bearbeiten, und seine Keramik zeigte schon den japanischen Sinn für die schlichte, klare, dekorationsarme Form.

Der Urenkel des Enkels von Amaterasu entsann sich des Auftrags, den die hohe Ahnherrin seines Urgroßvaters erteilt hatte: das ganze Land zu beherrschen. Mit seinem Bruder schiffte er sich an der Küste von Hyuga ein, segelte nordwärts, durchquerte die Setonaikai und landete schließlich in Yamato. Überall unterwegs hatte er Unterwerfung gefordert und, wenn nötig, erzwungen. In Yamato stieß er auf heftigen Widerstand. Der dortige Herrscher Nagasunehiko (Langbein) schien unüberwindlich. Der Angriff vom Westen her mißlang. Da bestieg Jimmu Tenno sein Schiff und segelte ab. Doch dieser Rückzug war eine Finte. In weitem Bogen umschiffte er die Kii-Halbinsel, um von Osten her, über Yoshino kommend, erneut den Feind anzugreifen, dieses Mal mit Erfolg; denn zuerst hatte er gegen die Sonne, jetzt aber mit der Sonne gekämpft. Gleich zu Beginn der Schlacht erschien eine goldstrahlende Weihe und ließ sich auf der Spitze des kaiserlichen Bogens nieder. Geblendet von der Leuchtkraft dieses Vogels flohen die Feinde in völliger Verwirrung. Gleich nach der Schlacht begab sich Jimmu Tenno nach Kashiwara am Fuße des Berges Unebi, dort, wo heute der berühmte Kashiwara-Schrein steht. Es ist der Ort, an dem er offiziell den Thron bestieg. Das japanische Kaiserreich, damals Yamato genannt, war gegründet, und in ununterbrochener Linie zog sich die Kette der 124 Herrscher aus dem gleichen Geschlecht durch mehr als zweieinhalb Jahrtausende bis in unsere Tage.

Mit dem Bericht über Jimmu Tenno endet die japanische Mythologie und beginnt die Frühgeschichte. Die Jahreszahlen, die das Nihongi für die ersten 22 Herrscher angibt, sind rein fiktiv, zumal es jedem dieser Tenno ein Durchschnittsalter von 96 Jahren zubilligt. Der ganzen Berechnung liegt der chinesische Sechziger-Zyklus zugrunde. Da (nach Naberfeld) die 21. Wiederkehr dieses Zyklus, die Zahl 1260, als besonders glückverheißend galt, hat man diese auf das 9. Regierungsjahr der Kaiserin Suiko, also in die Zeit der Regentschaft des Kronprinzen Shotoku, gelegt und davon bis zum Jahre 660 v. Chr. zurückgerechnet. Nach wissenschaftlichem Urteil ist die Thronbesteigung Jimmu Tennos frühestens auf das Jahr 520 v. Chr., spätestens auf das Jahr 51 n. Chr. anzusetzen.

Eng zusammen mit dieser Datumsfrage gehört die Problematik des ›Kigensetsu‹, des Reichsgründungstages, bis 1945 als höchster nationaler Feiertag festlich begangen, dann abgeschafft und seit 1966 wieder gefeiert, ein Beweis dafür, wie eng Vergangenheit und Gegenwart in Japan zusammenwirken.

Die Geschichte von der goldenen Weihe, durch deren Glanz die Gegner Jimmu Tennos geblendet wurden, wird gedeutet als die Strahlen der hinter dem kaiserlichen Heer aufgehenden Sonne. Auf jeden Fall heißt zu Ehren dieser Legende einer der höchsten Orden Japans ›Kinshi kunsho‹, Orden der Goldenen Weihe.

Der Ort, an dem Jimmu Tenno das Yamato-Reich gründete, heißt Kashiwara oder Kashiwabara und wird mit dem Zeichen für Eiche und Ebene geschrieben. Es gibt ernst zu nehmende Forscher, die in dieser Tatsache eine Brücke sehen zu dem Eichen-Mythus der indo-europäischen Völker.

Jimmu Tenno ist der erste japanische Herrscher, der die Bezeichnung ›Tenno‹ führt, was soviel heißt wie himmlischer Kaiser. Zu Lebzeiten eines Tenno fügt man ehrerbietig ›Heika‹, Majestät, hinzu. Mit Namen werden die Kaiser in Japan nie genannt, obwohl sie natürlich einen Vornamen haben: Der Meiji-Tenno hieß Mutsuhito, der jetzt regierende heißt Hirohito. Die Tenno haben auch keinen Geschlechternamen wie Hohenzollern oder Habsburg. Die Namen, die sie seit der Meiji-Zeit führen, sind die der Nengo, glückverheißende Bezeichnungen der Epoche, in der sie regieren. Vor Meiji-Tenno bestanden die Regierungszeiten oft aus mehreren solcher ganz verschieden langen Epochen.

Der Kampf mit dem Drachen

Susanoo, der ungebärdige Bruder der Sonnengöttin Amaterasu, war auf Beschluß der Götter wegen seines frevelhaften Verhaltens seiner Schwester gegenüber aus dem Himmel verbannt worden. Da hörte er am Flusse Hi in der Provinz Izumo lautes Weinen. Er fand einen alten Mann und eine alte Frau, die bitter ihr Schicksal beklagten: acht Töchter hätten sie gehabt, nun sei eine einzige noch übrig und auch diese würde binnen kurzem dem grausamen achtköpfigen Drachen, dem Yawata Orochi, zum

Opfer fallen. Er käme jedes Jahr und fordere eine Tochter. Da die letzte, Kushinadahime, von besonderem Liebreiz war, beschloß Susanoo, zu helfen unter der Bedingung, daß er das Mädchen zur Frau erhalte. Er ließ acht Bottiche mit starkem Sake aufstellen, für jedes Haupt des Drachen einen. Als dieser eintraf, feuerschnaubend wie in den sieben Jahren zuvor, roch er den süßen Sake und konnte ihm nicht widerstehen. Völlig betrunken sank ein Haupt nach dem anderen neben den Bottichen zu Boden. Susanoo aber schlug dem Drachen alle acht Köpfe ab und zog aus seinem Leib das Murakumo-Schwert. Respektvoll überließ er dieses seiner Schwester Amaterasu, die es ihrem Enkel mit auf den Weg gab zur Herrschaft über das Land der Schilfgefilde. Durch ihn wurde es von Generation zu Generation weitergereicht bis auf unsere Tage.

Die Geschichte vom Drachen Yawata-Orochi ist nicht nur in der Provinz Izumo (jetzt Shimane-ken), sondern in ganz Japan auch als Volks- und No-Spiel (Orochi, Oyashiro) sehr populär. Sie zeigt einen freundlichen, helfenden Susanoo und ist ein Beweis dafür, daß es nur das Bestreben der Yamato-Leute war, den alten Stammesgott von Izumo herabzusetzen, zumal dort die Kultur bereits auf höherem Niveau stand als im Süden. Der Kampf Susanoos mit dem Drachen wird gedeutet als Unterwerfung anderer Lokalstämme. Es gibt aber auch Forscher, die der Meinung sind, daß im Drachen die reißenden Wasser eines Flusses zu sehen sind, an dessen Quelle man schließlich auf das ›Schwert‹, auf Eisen, stieß: Damit habe dann eine neue Kulturepoche, die Yayoi-Zeit, ihren Anfang genommen.

Noch ein zweites ist bemerkenswert. Als Susanoo von den Göttern aus dem Himmel verstoßen wurde, wurde er nach ›Yomi‹ verbannt, ein Name, der sowohl auf die Unterwelt wie auf Izumo oder Korea gedeutet wird. Zahlreiche Anzeichen sprechen dafür, daß von Izumo aus – schon lange vor dem Korea-Feldzug Jingu Kogos – ein reicher Kulturaustausch mit dem Festland über die Insel Tsushima stattgefunden hat und auf diese Weise auch die Kunst der Metallbearbeitung nach Japan gekommen ist. Nicht umsonst ist in Izumo die Sage vom ›Kunibiki‹ besonders verbreitet, von dem Versuch, das gegenüberliegende Land Korea mit gewaltigen Strohseilen heranzuziehen.

Zwar liegt die Herkunft des japanischen Volkes noch immer

im dunkeln. So viel ist jedoch gewiß, daß die Ureinwohner, von denen die protokaukasischen Ainu auf der Insel Hokkaido möglicherweise letzte Reste sind, von mindestens zwei Volksströmen, die über das Meer kamen, bedrängt worden sind: einem festländisch mongolischen, der von Korea aus eingedrungen sein mag, und einem südlich malaiischen, der über die Inselbrücke der Ryukyu-Inseln nach Japan kam.

Schließlich hat man die Befreiung von dem Drachen als eine Befreiung von den früher üblichen und vielfach belegten Menschenopfern an Fluß- und Seegottheiten gedeutet. Auch in dieser Hinsicht erwies sich also Susanoo als Repräsentant einer humanen Geisteshaltung. Aus dem gleichen Lande Izumo ist auch jener Mann gekommen, der den Suinin-Tenno davon überzeugt haben soll, daß es besser sei, Tonfiguren (Haniwa) um das Grab eines Fürsten aufzustellen, statt die grausame (bisher allerdings nirgends belegte) Sitte des Gefolgschaftstodes beizubehalten, das heißt den gesamten Hofstaat rings um das Hauptgrab herum bis zum Hals lebendig einzugraben. Es war der gleiche Mann aus Izumo, der sich als erster Sumo-Kämpfer Ruhm und Ehre erwarb: Nomi no Sukune.

Der Gott von Miwa

Okuninushi, auch Onamushi genannt, war ein direkter Nachkomme Susanoos und regierte das Land Izumo gut und gerecht. Eines Tages kam eine Abordnung der Sonnengöttin und forderte die Anerkennung ihrer Oberhoheit. Nach einigem Zögern willigte Okuninushi ein unter der Bedingung, daß ihm zu Ehren ein großer Tempelpalast in Izumo errichtet würde. Der Schrein von Izumo-Taisha ist noch heute nicht nur einer der ältesten, sondern auch einer der größten und schönsten. Damit nicht genug: Okuninushis Tochter wurde die Gemahlin Jimmu Tennos, und so war es unumgänglich, daß er auch in Yamato präsent war: er wurde mit der uralten Gottheit von Miwa identifiziert. Zahllos sind die Geschichten, die von seinen Heldentaten und Liebesabenteuern berichten. So fällt ihm auch zur Last, was man seit eh und je vom Gott von Miwa erzählt. Einst lebte in der Gegend die Prinzessin Iku-tama-yori. Sie liebte einen Jüngling, edel von Gestalt, und sie wohnten einander bei, und die Prinzessin wurde schwanger. Das entsetzte ihre Eltern, die von der Liebschaft nichts ahnten. Sie fragten: Wie kannst du schwanger werden ohne einen Mann? Da erzählte sie, daß allnächtlich ein schöner Jüngling sie besuchen käme. Aber wer er sei, wußte sie nicht zu sagen. Die Eltern rieten, rote Erde vor das Lager zu streuen, damit man den Fußabdruck erkennen könne, und eine Nadel mit einem Hanf-Faden in sein Gewand zu stecken. Als sie am nächsten Morgen nachschauten, war die Tür verschlossen und die rote Erde unversehrt. Durch das Schlüsselloch jedoch führte der Faden bis hin zum Berge Miwa, und nur drei Windungen (Mi Wa) waren von der Hanfrolle noch nicht abgewickelt.

Es ist nicht verwunderlich, daß sich auch die Dichtung dieses Stoffes angenommen hat, am schönsten in Seamis No-Spiel ›Miwa‹. In ihm bekommt das schlichte Miwa-Lied aus dem Gedichtband ›Kokinshu‹ erst seinen ganzen transparenten Zauber: »Meine Wohnung ist am Fuß des Miwa-Berges. Liebst du mich, komm mich besuchen an dem Tor, da die Kryptomerien stehen« (Übersetzung Bohner). Hinter diesem Tor war kein Haus und keine Hütte, kein Schrein oder Palast. Hinter dem Tor war nichts als Wald und Berg. Die Gottheit von Miwa lebte nicht in oder auf dem Berg, sie war der Waldberg selbst.

Die Verbindung Miwa-Taisha sagt noch mehr. Da ist die Rede von der Unterwerfung der Izumo-Gottheit unter die von Yamato. Man darf aber nicht vergessen, daß ohne Izumo die Macht von Yamato nur unvollständig war. Izumo, nicht Ise, ist außerdem der Ort, an dem sich einmal im Jahr alle Götter vom 20. Oktober an einen Monat lang versammeln. In dieser Zeit ist im übrigen Japan nur ein einziger Gott anzutreffen: Ebisu, der Schutzherr der Fischer.

Bemerkenswert ist ferner die Form der Unterwerfung: dem Unterworfenen wird ein Schrein gebaut, und er selbst wird in die Hierarchie der eigenen Götter eingereiht. Der Identifizierung von Okuninushi mit der Gottheit von Miwa liegen offenbar ähnliche Motive zugrunde, wie sie später in buddhistischer Zeit den Shinto-Göttern gegenüber praktiziert wurden: man vernichtet nicht den anderen, man rottet ihn nicht aus, sondern man übernimmt ihn, adaptiert ihn, bezieht ihn ein in das eigene System.

Yamato Takeru

Eigentlich hieß er Prinz O Usu und war der drittjüngste Sohn des Keiko Tenno. Alle Welt aber kennt ihn nur als Yamato Takeru, als den großen nationalen Helden, der das Land von Räubern und Banditen befreite. In ihm glaubte man den großen wilden Gott Susanoo wieder erstanden. War nicht auch Tachibana Hime, seine Gattin, die die Meereswellen durch ihren Opfertod glättete, identisch mit Inada Hime, die Susanoo vom Tod durch den achtköpfigen Drachen errettet hatte? War das Wunderschwert des Yamato Takeru, das Schwert im Schrein von Atsuta, nicht das nämliche, mit dem einst Ninigi von der Sonnengöttin belehnt worden war? Im Gefühl des Volkes setzt eines sich ins andere und ist dennoch (wie in den Spielen ›Gendayu‹ und ›Kusanagi‹) neu und unwiederholbar: das Wirken göttergleicher Kräfte, die sich im Irdischen manifestieren.

Yamato Takeru schien unbesiegbar. Einen wilden Kampf bestand er mit einem Bären und einem Hirsch. Als Kellnerin verkleidet vernichtete er die Widersacher im Süden des Reichs, indem er sich kühn in ihr Lager schlich, sie bei einem Gelage bediente und dann meuchlings erschlug. Die bösen Feinde im Nordosten aber schlug er in die Flucht mit Hilfe seines Wunderschwerts Murakumo, das von da an auch ›Kusanagi no Tsurugi‹, Grasmähe-Schwert, genannt wird. Die Feinde, die seinem Siegeszug Einhalt gebieten wollten, hatten ihn in eine große Heide gelockt. Als rings um ihn nichts weiter war als Gras und Buschwerk, zündeten sie die trockne Heide an. Sie brannte lichterloh. Yamato Takeru jedoch nahm sein Schwert, mähte damit das Gras ringsum und warf es in Richtung auf die Feinde ins Feuer. Ein guter Wind nahm dieses Feuer auf, und alle, die es angezündet hatten, kamen selbst darin um. Doch der Feldzug gen Nordosten war damit nicht beendet. Er dauerte lange, so lange, daß Yamato Takeru, siegreich zurückkehrend, die heimatliche Hauptstadt nicht mehr erreichte. Auf dem Wege nach Yamato ist er gestorben. Es heißt, daß es ein weißer Vogel war, in den verwandelt er zum Himmel aufstieg.

So legendenhaft das alles klingt, die Geschichte von Yamato Takeru, der ebenso wie sein Schwert im Schrein von Atsuta bei Nagoya heiliggehalten wird, hat einen durchaus historischen

Kern. Der Stamm der Kumaso im Süden und das Volk der Ainu im Norden machten Schwierigkeiten und bedrohten die Sicherheit von Yamato. Sie zu unterwerfen entsandte Keiko Tenno seinen jüngsten Sohn. Wie schon damals in halbgeschichtlicher Zeit – der erste Ostmarkenzug Yamato Takerus begann offiziell 114 n. Chr., nach Ansicht der Wissenschaft gegen 300 n. Chr. – waren auch später die Selbständigkeitsgelüste des Südens und des Nordens ein ständiges Problem des Reiches, sogar noch in der Meiji-Zeit.

Jingu Kogo und der Korea-Feldzug

Die Unterwerfung der Kumaso-Stämme durch Yamato Takeru war nicht von Dauer. Immer wieder versuchten sie die Herrschaft des Yamato-Reiches abzuschütteln. Um dem endlich einen Riegel vorzuschieben, entschloß sich Chuai Tenno, eine Strafexpedition gegen sie persönlich zu leiten. Man riet ihm, das Übel nicht in Kyushu, sondern gleich an der Quelle, in dem mit den Kumaso verbündeten Korea, zu bekämpfen. Doch er folgte dem Rat seiner Gemahlin und seiner Minister nicht. Die Expedition mißlang, der Kaiser wurde verwundet und starb.

Da ergriff Kaiserin Jingu Kogo selbst die Zügel der Regierung. Sie verschwieg den Tod ihres Mannes, zog Männerkleidung an und nahm nach geheimer Zwiesprache mit den Göttern und ihrem Ersten Minister den Kampf gegen Korea auf. Sie sammelte eine Flotte, erreichte Shiragi, den südwestlichen der drei koreanischen Staaten, und unterwarf ihn. Erst nach Beendigung des Feldzugs, auf dem Rückweg nach Japan, gebar sie einen Sohn, den späteren Kaiser Ojin. Diese Geburt, so wird erzählt, stand schon bevor, ehe sie nach Korea aufbrach. Doch mit Hilfe von Steinen, die sie sich auf den Leib tat, gelang es, die Geburt drei Jahre lang zu verzögern und den Kampf an der Spitze ihrer Truppen zu leiten. Die Steine werden noch heute in der Provinz Hizen verehrt. Ihr Sohn aber, der durchaus friedfertige Kaiser Ojin, wird in Japan als Reinkarnation des Kriegsgottes Hachiman verehrt, weil er es war, der seine Mutter während des Feldzugs mit kämpferischem Geist beseelte.

Dieser Übergriff Japans nach Korea war zweifellos nicht der erste und sollte nicht der letzte sein. Aber es war der erste von

8 und 9 Seit über zweitausend Jahren ist der Shintoismus untrennbar mit d
nationalen Bewußtsein verbunden: Am Neujahrstag pilgert eine f

iche Menge durch das große Torii zum Hachiman-Schrein in
Kamakura; Shinto-Priester nehmen an vielen Staatsakten teil

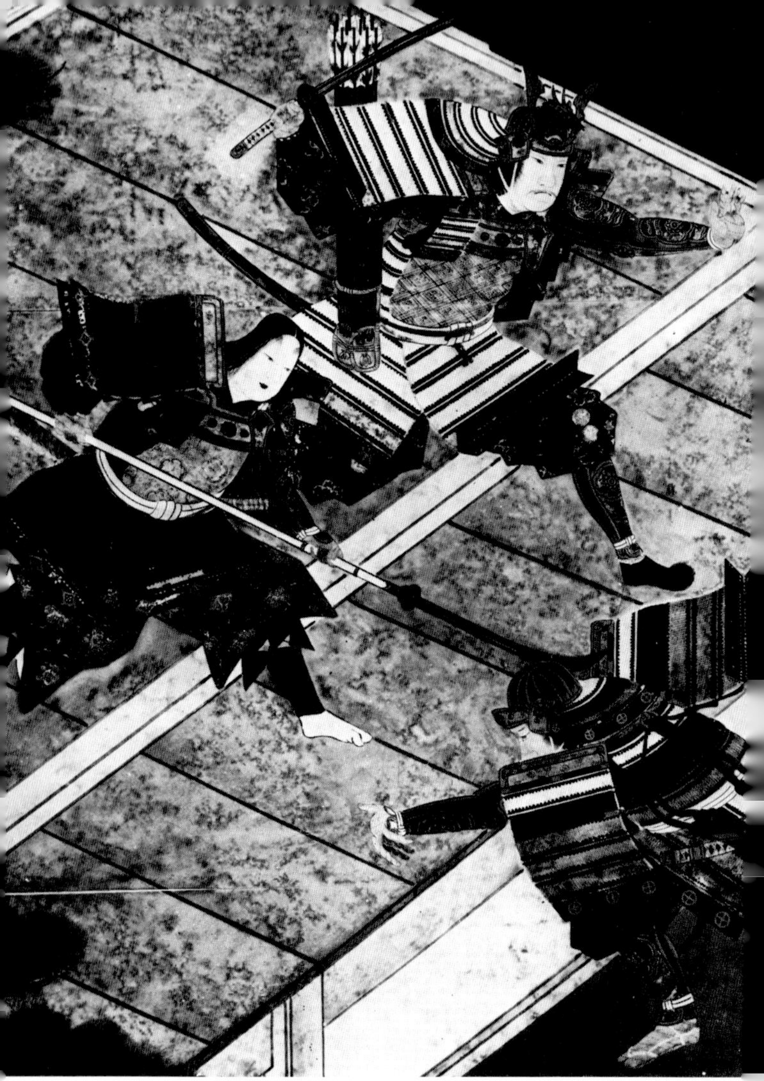

10 Kämpfende Samurai in der Rüstung der Kamakura-Zeit. Detail eines Wandschirmes vom Ende des 17. Jahrhunderts, Venedig, Museo Orientale. Illustration zum Gempei Seisuiki, einem Epos des 13. Jahrhunderts

11 Toyotomi Hideyoshi. Farben auf Seide, 1598. Kyoto, Kodaiji. Hideyoshi, der aus dem Bauernstand stammte, war ein genialer Heerführer und gerissener Politiker, der Japan nach einem Jahrhundert blutiger Fehden wiedervereinigte

ınd 13 Die Burgen von Matsumoto auf Hondo und von Matsuyama auf Shikoku aus dem 16., und dem Anfang des 17. Jahrhunderts

Shintoistische Votivpuppe bei einer ländlichen Prozession 14 →

Bedeutung. Es mag dahingestellt sein, ob Jingu Kogo den Feldzug persönlich mitgemacht hat. Sicher ist, daß die Japaner ihre Herrschaft in Shiragi dreihundert Jahre lang aufrechterhalten konnten, und daß es das unbestreitbare Verdienst der Kaiserin und ihres Feldherrn und Ministers Takenouchi no Sukune war, die ersten dauerhaften Verbindungen zum Festland geschaffen und damit Japan dem Buddhismus und der chinesischen Kultur geöffnet zu haben. Damit zugleich nahm die Alleinherrschaft des Shinto ein Ende. Niemals aber hat er aufgehört, einer der wichtigsten Faktoren im Leben Japans zu bleiben.

Ise

Dort, wo man mit heiligem Wasser heilige Felder sprengt, reinigte die kaiserliche Jungfrau Yamato Hime ihres erlauchten Gewandes (Mimo) Saum (Suso) im Mimosuso-Fluß. Dort hatte sie an der Götterfurt (Kami ga se) jenen Ort gefunden, den ihr Suinin-Tenno, der Elfte in der Reihe nach Jimmu Tenno, zu suchen aufgetragen hatte. Es ist die Stätte, an der auch heute noch Tausende und aber Tausende Mund und Hand symbolisch reinigen, ehe sie sich dem höchsten Heiligtum des Landes, dem inneren Schrein von Ise, nahen. Fromme Scheu mag es gewesen sein, die den Tenno zu der Meinung brachte, die göttlichen Reichskleinodien könnten im wachsenden weltlichen Getriebe der Hofhaltung an Heiligkeit verlieren. Auf jeden Fall wird hier in Ise seit jener Zeit das kostbarste Insignium, das Wahrzeichen der Sonnengöttin, der achteckige Spiegel, bewahrt. Er ist Symbol dessen, auf dem nach der Lehre des Shinto wahres Menschentum und wahre Herrschaft beruhen: er ist Inbild der Aufrichtigkeit, der ›Urquell des reinen Herzens‹. Wie die Sonne alles durchhellt, wird durch ihn alles klar: »... denn der Spiegel tut kein Ding hinzu, er hat kein Herz für sich«.

Was hier im No-Spiel ›Mimosuso‹ in einer Fülle geistreicher Wortspiele mit Geheimnis und Zauber der Poesie umrankt wird, ist weniger der Schrein noch das Allerheiligste darin als vielmehr jene charakteristische Atmosphäre von Ise, die unberührte Reinheit seines Zedern-Hains, der weihevolle Abstand zu der heiligen Stätte. Nur das äußerste, das Südtor, darf vom Volk passiert werden, nur der leise im Wind wehende weiße Vorhang gibt von Zeit zu Zeit für Augenblicke den Blick frei auf die schlichten Bauwerke der Innenhöfe. Izumo Taisha und Ise waren auch zu den Hauptzeiten des Buddhismus die einzigen Stätten des Landes, die sich den Bonzen nicht gebeugt, die ihnen bis 1868 sogar den Zutritt verweigert hatten. Ise vor allem ist zum Inbegriff alles dessen geworden, was Shinto ist und sein will. Der einzige Schmuck, der das edle Holz der Bauten ziert, ist das kaiserliche Wappen, die wie die Sonne goldleuchtende 16fach gegliederte Chrysanthemenblüte.

Den achteckigen Bronze-Spiegel, den kostbarsten Schatz des Schreins, hat, seit er in Ise ist, kein sterbliches Auge mehr gesehen. Er ist von einer Brokat-Hülle umgeben, die niemals entfernt wird. Erst wenn sie unscheinbar geworden ist, wird eine neue darübergebreitet. Das Ganze liegt auf einem Holzständer und dieser wiederum wird umschlossen von einem goldgeschmückten Edelholz-Kasten, seinerseits wieder überdeckt von kostbarer Seide. Diese Seide ist das einzige, was hochgestellte Persönlichkeiten zu Gesicht bekommen, wenn sie in Ise aus besonderem Anlaß Eingang finden.

Jeder, der vor den Bauwerken von Ise steht, die den ältesten, noch ins Archaikum zurückreichenden, also vorbuddhistischen und vorchinesischen Baustil repräsentieren, wird die Sparsamkeit der Mittel, die edle Form und die schlichte Eleganz der Linien bewundern. Zu Recht hat man den Ise-Schrein ›die architektonische Urform des japanischen Geistes‹ genannt. Etwa alle 20 Jahre werden die Schreine abgerissen und im alten Stil aber mit frischem Hinoki-Holz (jap. Zypresse) neu errichtet. Der letzte Neubau, der 60., wurde mit feierlichem, uraltem Zeremoniell 1973 eingeweiht.

Es muß auffallen, daß der prominenteste Schrein des Shinto eng verbunden ist mit einem Schrein der Nahrungsgöttin, einer Gottheit der Fruchtbarkeit also. Obwohl die Nahrungsgöttin erst 22 Jahre später als die Sonnengöttin vom Westen der Halbinsel nach Ise »umzog«, ist mit Sicherheit anzunehmen, daß hier in vorgeschichtlicher Zeit der Sitz anderer mächtiger Fruchtbarkeitsgötter war, von deren Popularität man profitieren wollte, deren Einfluß man aber nur auf freundnachbarliche Weise ausschalten konnte.

Der Brauch, in Ise jeweils eine kaiserliche Prinzessin als Vestalin einzusetzen, wurde bereits im 14. Jahrhundert aufgegeben. Godaigo Tennos Tochter war die letzte Oberpriesterin in Ise. Bis zum Ende des Zweiten Weltkriegs waren es dann kaiserliche Prinzen oder Mitglieder des hohen Adels, denen das Amt anvertraut wurde. Immer aber hatte der Kult der Sonnengöttin nicht nur eine religiöse, sondern zugleich auch eine politische Seite, weil die Verehrung, die man ihr entgegenbrachte, zugleich dem Heimatboden, dem Staat und dem Kaiser galt.

Hinomaru und Kimigayo

Die Nationalfahne Japans, der rote runde Sonnenball (Hinomaru) auf weißem Grund, ist ein uraltes Symbol. Es geht zurück bis auf die Zeiten des Mythos, auf die Sonnengöttin Amaterasu. Schon in alter Zeit hieß Japan, von China aus gesehen, ›Das Land der aufgehenden Sonne‹: Zippon, was Marco Polo Zipangu aussprach.

Auf einer Fahne tritt das Hinomaru zuerst bei der Mongolen-Invasion in Erscheinung: 1281 übergab, wie es heißt, der Sektenstifter Nichiren dem Shogun eine Sonnenfahne. Sie zeigte die vier Könige des Himmels (Shitenno) mit acht Drachen, die die Sonne schützen. In der Kamakura-Zeit führten die berühmten Helden Shingen Takeda, Kenshin Uesugi und Masamune Date die Sonne in ihrer Fahne. Hideyoshi benutzte bei seinem Korea-Feldzug (1594-98) eine Standarte mit dem Sonnen-Symbol und nannte sein Flaggschiff ›Nippon-Maru‹. Dasselbe Schiff benutzte Nagamasa Yamada bei seiner Fahrt nach Siam. Ein Bild des Schiffes mit der Hinomaru-Fahne machte er dem Sengen-Schrein in Shizuoka zum Geschenk.

Die Anregung, das Hinomaru zur Nationalfahne zu machen, kam 1853/54 vom Fürsten Nariakira Shimazu, dem Führer des Satsuma-Clans im Süden Kyushus. Zur offiziellen Proklamierung kam es erst im Januar 1870. Als Symbol Japans aber wurde die Sonnenfahne bereits 10 Jahre vorher verwendet, als 1860 eine erste japanische Delegation von 70 Diplomaten an Bord der Powhattan nach Amerika entsandt wurde. Im Inland wurde sie zum ersten Mal am 17.9.1872 gezeigt, als der Meji-Tenno die erste japanische Eisenbahnstrecke zwischen Shimbashi und Yokohama feierlich eröffnete.

Die japanische Nationalhymne ›Kimigayo‹ lautet:

Kimi ga yo wa	Deine Herrschaft dauere
Chiyo ni yachiyo ni	Zehntausende von Jahren
Sazare ishi no	Bis aus Steinen Felsen werden
Iwa o to narite	Die das Moos bedeckt
Koke no musu made	

Die Worte entstammen einem Gedicht aus dem Kokinshu, der ältesten Gedichtsammlung Japans im 10. Jahrhundert. Sein Autor ist unbekannt. 1860 wurde der erste Militärkapellmeister Japans, der Engländer John William Fenton, beauftragt, aus altjapanischer Musik eine passende Melodie dafür zu komponieren. Sie wurde bis 1881 gesungen. Dann erhielt ein Komitee den Auftrag, eine bessere Melodie zu schaffen. Aus einer Fülle von Vorschlägen wurde die Komposition des Hofmusikers Hiromori Hayashi ausgewählt. Doch da sie nur für traditionelle japanische Instrumente gesetzt war, mußte sie auch für westliche Instrumente harmonisiert werden. Das tat der Nachfolger Fentons, der Deutsche Franz Eckert, der von 1879 bis 1898 Leiter der japanischen Marine-Kapelle war. Er tat das im Stil eines mittelalterlichen gregorianischen Gesangs, so daß die Hymne eine fast religiöse Feierlichkeit ausströmt, im Gegensatz zu dem temperamentvoll mitreißenden Marschtempo der meisten Hymnen anderer Nationen. Kimigayo wurde 1880 am Geburtstag des Kaisers zum ersten Mal gespielt und 1888 offiziell zur Nationalhymne proklamiert.

Hagoromo

Zahllos sind die noch immer populären Legenden und Geschichten, in denen himmlische Wesen auf die Erde kommen, eine Weile bleiben und wieder entschweben. Wenn der Mensch vom überirdisch Schönen und Geheimnisvollen berührt wird, wo sollte es seine Heimat haben, wenn nicht im Himmel?

Alle diese Geschichten, in denen Himmel und Erde noch miteinander in Verbindung stehen, gipfeln in der zarten Legende vom ›Federkleid‹, Hagoromo, die Seami, der 1441 im Alter von 81 Jahren starb, zu einem der schönsten No-Spiele bearbeitet hat.

Ein schlichter Fischer, der an einem Frühlingsmorgen durch den Kiefernhain von Miho geht, spürt plötzlich, daß etwas anders ist als sonst. Die Luft ist schwer wie von Blütenduft und etwas Außerordentlichem. Da findet er an einem Kiefernast ein zauberhaftes Gewand, wie es noch keiner sah. Das muß er heimbringen. Doch da erscheint ein weibliches Wesen und fordert das Gewand zurück: Es gehöre ihr und ohne Federkleid könne sie nicht in den Himmel zurück. Um so fester hält es der Fischer. So etwas Kostbares, die Kleidung eines Himmelswesens, hat er noch nie gefangen; schön dumm wäre er, es herzugeben. Doch die Himmelsmaid weiß sein Herz zu rühren. Für einen himmlischen Tanz ist er bereit, das Federkleid zurückzugeben. Sie greift danach, er zögert: wie, wenn sie mit dem Kleid auf und davon flöge und das Versprechen vergäße? Doch die Himmelsmaid beschämt ihn: »Mißtrauen hat nur der Mensch. Im Himmel gibt es keinen Betrug.« Während sie tanzt, entschwindet sie allmählich in den Wolken. Der Fischer aber bleibt zurück und all sein Sehnen und seine Wünsche bleiben ungesagt.

Yamauba

Unter den geheimnisvollen Geistergestalten Japans ist ›Yamauba‹ eine der bekanntesten, zumal sie dank eines alten, aber noch immer viel gespielten No-Stücks, bis heute lebendig geblieben ist. ›Yama‹ heißt Berg, ›Uba‹ die Alte. Die Alte vom Berge ist jedoch mehr als nur eine runzlige Hexe aus fernen Waldschluchten, mehr als ein hilfreicher Dämon der Natur wie Rübezahl oder Frau Holle. ›Yamauba‹ ist die Naturkraft schlechthin, ist wie der Erdgeist Goethes furchtbar und schreckenerregend, wenn er dem Menschen gegenübertritt, weil sein dämonisches Sein menschlicher Begrenzung nicht vorstellbar ist. Wenn der Mensch von Natur spricht, denkt er an liebliche Blüten, an jugendliche Frische, an den Zauber farbiger Schönheit, genauso wie jene Tänzerin aus Kyoto, die auf der Bühne die Yamauba darzustellen pflegte. Und weil sie das besonders herrlich tat, nannte man sie ungeachtet ihrer Jugend: Yamauba.

Eines Tages geht diese Tänzerin auf Pilgerschaft zum fernen Zenkoji. Die Nacht bricht herein, ein Holzfällerweib bietet Quartier und eben diese Alte entpuppt sich als die wahre Yamauba. Sie will sehen und hören, wie die Menschen sie darstellen. Während sie selbst sich in ihre wahre, Ehrfurcht erregende Gestalt, in den Urgeist der Natur, verwandelt, gehen irdischer und Geistertanz, irdisches und Geisterwort ineinander über und sind nicht mehr zu unterscheiden. Beides ist Abbild und Urbild zugleich, eine mythische Schau vom ewigen, unerlösten Wandel, vom Kreislauf der Natur und der Jahreszeiten, vom zarten Keimen über die üppige Blüte bis hin zu Verfall und Eisesstarre. Spiel und Leben, Wirkliches und Unwirkliches sind ineinander verwoben. »Ihr mögt mich fragen, woher ich komme, aber in Wahrheit gibt es kein Woher meines Kommens, noch habe ich Haus und Heimat.« Yamauba ist überall. Sie hinterläßt Segen auf all ihren Spuren. Nur der Mensch in seiner Kleinheit fürchtet ihre furchtbare Gestalt.

Hachiman

Als der 15. Tenno Japans, Kaiser Ojin, sich zum ersten Mal in Usa, Nord-Kyushu, als Kriegsgott Hachiman offenbarte, war nicht im entferntesten abzusehen, daß die kaum zählbare Menge der Schreine, in denen man heute um seinen Beistand bittet, nur von der des Feldgottes Inari übertroffen wird. Einst, so heißt es, schwebten vom Himmel acht weiße Banner herab und pflanzten sich auf dem Dache auf. Deshalb hieß der Schrein ›Acht-Banner-Palast‹: ›Ya-Hata-no-Yashiro‹. Die sinojapanische Lesung der Zeichen Ya-Hata ist ›Hachiman‹.

Die Bedeutung des Usa-Schreins war so groß, daß sich in der Nara-Zeit die Kaiserin Koken entschloß, dort in einer hochpolitischen Staatsangelegenheit ein Orakel einzuholen. Dokyo, der intrigenreiche Priester und Kanzler, hatte versucht, die Kaiserin zu bewegen, zu seinen Gunsten auf den Thron zu verzichten. Sie hatte schon einmal darauf verzichtet, damals auf Rat ihres Bruders Nakamaro Fujiwara. Inzwischen aber hatte der Mönch Dokyo Macht über die Exkaiserin bekommen. Nakamaro wurde enthauptet, der Tenno in die Verbannung auf die Insel Awaji geschickt und Koken kehrte auf den Thron zurück. So sehr sie unter Dokyos Einfluß stand, das neue Ansinnen ihres Kanzlers war zu gewaltig, als daß sie es allein hätte entscheiden können. Sie sandte den Minister Wake no Kiyomaro nach Usa, um dort die Götter zu befragen. Die Antwort, die er heimbrachte, lautete: »Seit Gründung des Reiches ist der Unterschied zwischen Herrscher und Untertan beachtet worden. Der Thron soll beim Kaiserhause bleiben, ein Usurpator verworfen werden.« Rasend vor Wut ließ Dokyo den Kiyomaro aller Ämter entheben, ihm die Beinsehnen durchschneiden und nach Südkyushu verbannen. Doch ein Jahr darauf starb Koken Tenno, Dokyo wurde verbannt und Kiyomaro mit hohen Ehren zurückgeholt.

Auch um den Buddhismus der Nara-Zeit hat sich Hachiman große Verdienste erworben: Er sagte den Fund neuer Kupferadern voraus, als das Metall für den Guß des großen Buddha nicht reichen wollte, er stiftete den größten Teil des Goldes für die Vergoldung des Bildwerks, er pilgerte im Mikoshi, der Schrein-Sänfte, den weiten Weg von Usa nach Nara, um dem Todaiji »persönlich« seine Aufwartung zu machen. Militär und großes Gefolge wurden ihm entgegengeschickt, und vierzig Priester lasen sieben Tage lang ihm zu Ehren Messen. Zum Dank für alles wurde ihm ein eigenes Heiligtum in Nara errichtet, der Tamuke-yama-Hachiman-Schrein, bei dessen Einweihung der abgedankte Kaiser, der regierende Tenno, der Hofadel und fünftausend Mönche zugegen waren. Noch heute gilt dieser Schrein als Shinto-Schutz für den Todaiji, den Tempel des großen Buddha, ähnlich wie der buddhistische Kofukuji und der shintoistische Kasuga-san einander verpflichtet sind.

Was bei Koken Tenno begann, verstärkte sich im Lauf der Jahre: Hachiman galt als die besondere Schutzgottheit des Kaiserhauses. Ihm wurde auf Weisung des Seiwa Tenno ein drittes Heiligtum gebaut am Mann-Berg Otokoyama. Schon im 11. Jahrhundert wird es unter den 22 bedeutenden Shinto-Schreinen nach Ise an zweiter Stelle genannt. Hier findet, wie in den meisten Hachiman-Schreinen, an gewissen Festtagen die Feier des Hachijoe statt, das Fest der Freilassung von Tieren, von Fischen, Schildkröten und Vögeln, vor allem von Tauben, denn diese sind dem Hachiman heilig: Zur Wiedergutmachung getöteten Lebens und erschlagener Feinde soll das Leben gefördert werden.

Hachimans Taube übernahmen dann die Minamoto in ihr Wappen und seine weiße Fahne wurde ihre Standarte. Auch sie waren ja kaiserlichen Geblüts: Sie fühlten sich durchaus im

Recht, ihn auch als ihren Schutzpatron zu pflegen. Er rechtfertigte diese Stellung, indem er Yoritomo Minamoto an die erste Stelle im Reich brachte. Zum Dank wurde dem Hachiman das prächtige Heiligtum auf den Tsurugaoka in Kamakura errichtet, das seitdem unter den anderen großen Hachiman-Stätten (Usa, Tamukeyama und Otokoyama) an erster Stelle steht.

Daß die Taube ins Minamoto-Wappen kam, hat folgende Bewandtnis. Yoritomo war in einer Schlacht von seinen Feinden arg bedrängt worden. Da suchte er, als gar kein Ausweg war, Zuflucht in einem hohlen Baum. Mißtrauisch stießen die Verfolger Schwert und Lanze in die Höhlung. Heraus aber flogen nur zwei Tauben, die von ihrem stillen Nest aufgescheucht worden waren: Es konnte offenbar kein anderer in dem Baum sein.

Ein anderer Minamoto, Yoshiie, ist als Hachiman-Taro, als Klein-Hachiman bekannt. Der Gott hatte die Bitte seines Vaters Yoriyoshi erhört und ihm einen tapferen Sohn beschert: Er eroberte für den Kaiser den ganzen Norden Japans.

Der irdische Ahnherr dieser Gottheit, Kaiser Ojin, hat sein Grabmal in der Nähe Osakas. Es ist fünfmal so groß wie das seines Vaters Chuai und vielen Flugreisenden nach Osaka wegen seiner interessanten Form bekannt: eine Waldinsel, geformt wie ein Schlüsselloch, in einem waldumstandenen See. Es besteht kein Zweifel, daß in Usa eine uralte Gottheit verehrt wurde, lange bevor dort der erste Hachiman-Schrein entstand. Es war eine Gottheit der Felder und der Fruchtbarkeit, die möglicherweise Yawata (Acht Felder) hieß, ebenso wie der große Drache von Izumo (Yawata Orochi). Der Kult dieser älteren Gottheit wurde von dem des Hachiman überlagert, um sich dann über ganz Japan auszubreiten.

Daß gerade Kaiser Ojin zum Kriegsgott Hachiman erhoben wurde, mag auch darin seinen Grund haben, daß man in ihm eine Wiederkehr von Hohodemi sah, und er überdies ein Enkel von Yamato Takeru war – alles Gesichtspunkte, die zu betonen nötig schien, um seine um drei Jahre ›verzögerte‹ Geburt zu legitimieren. Denn nicht abzuweisen ist die Möglichkeit starken koreanischen Einflusses, da seine Mutter Nachfahrin eines aus Shiragi ausgewanderten Prinzen war, und ihr Feldzug drei Jahre dauerte, ehe sie aus Korea wieder nach Japan zurückkam.

Die enge Verbindung des Hachiman-Kults mit dem Buddhismus ist typisch für die Methoden der buddhistischen Priesterschaft, jede auch nur einigermaßen bedeutende Shinto-Gottheit zu einer Erscheinungsform des buddhistischen Pantheons zu machen. Hachiman wurde sogleich mit Amida-Buddha identifiziert, und seine acht Banner wurden als der achtfache Weg der buddhistischen Lehre gedeutet.

Trotz dieser buddhistischen ›Anpassung‹ blieb Hachiman stets dem Shinto zugehörig: ein Gott der Felder und der Fruchtbarkeit (daher die Taube als sein Symbol), ein Gott der Krieger, aber eben deshalb auch ein Gott der Kinder und des Lebensschutzes – kurz ein Nothelfer in allen Lebenslagen. Selbst die Piraten des Mittelalters segelten unter seinem Zeichen, der Flagge der ›acht Banner‹. Ihn einzig auf einen nationalen Kriegsgott festzulegen, war das Bestreben nationalistischer Kreise nach der Meiji-Restauration. Diese Tendenz feierte in den dreißiger Jahren und während des Zweiten Weltkriegs wahre Triumphe.

Tenjin-sama

Der große loyale Staatsmann, Gelehrte und Dichter Michizane Sugawara, dessen feinsinnige Verse aus der Verbannung noch heute jedem Japaner ans Herz greifen, zerbrach an dem Machtwillen der Fujiwara. Erst stieg er von Stufe zu Stufe und war schließlich der zweite Mann im Staat. Da fürchteten die Fujiwara für ihre eigene Stellung. Sie ließen ihn kaltstellen und nach Kyushu, nach Dazaifu versetzen, was praktisch eine Verbannung war. An der Sehnsucht nach der Hauptstadt ist der Kanzler einsam gestorben. In Kyoto wurde später für ihn der Kitano-Schrein errichtet. Von hier aus verbreitete sich die Fülle der Schreine, in denen er als Tenjin-sama oder Temmangu, als Inkarnation der Kaisertreue und Gelehrsamkeit, als Gottheit der Schrift und Literatur verehrt wird.

Besonders eng ist er mit der Pflaumenblüte verbunden. Als er nach Kyushu gesandt wurde, nahm er mit einem berühmten Gedicht Abschied von dem Pflaumenbaum in seinem Garten: »Wenn der Ostwind weht, schicke mir deinen Duft, o Pflaumenblüte, und vergiß nicht im Frühling zu blühen, auch wenn dein Herr in der Ferne weilt.« Als seine Sehnsucht in der Verbannung übergroß wurde, kamen die Blüten bis ins ferne Dazaifu angeflogen. Ihre Pracht wird noch heute von allen Besuchern des Ortes bewundert. Sie dürfen an keinem seiner Schreine fehlen. Sein Symboltier ist der Bulle, weil Michizane Sugawara mit ihm in die Verbannung gereist war.

Den bekanntesten Kabuki-Stücken, die sich um seine Person ranken, liegt folgender Inhalt zugrunde. Beim Frühlingsfest stiehlt sich die verliebte Karya zu dem abseits stehenden Ochsenkarren des Prinzen Tokiyo. Da er Bruder des Thronfolgers ist, wird ihrem Vater, dem Kanzler Michizane Sugawara, daraus ein Strick gedreht von seinem Nebenkanzler Shihei: Sugawara wird nach Kyushu verbannt. Shiheis finstere Gesellen wollen ihn auf dem Wege dahin beiseite räumen. Der Plan mißlingt: statt des Kanzlers erwischen die Gesellen nur sein lebensgroßes Holzbild.

Treiber des prinzlichen Ochsenkarrens, zu dem Sugawaras Tochter gekommen war, war Sakurao. Sein Bruder Matsuo steht im Dienst von Shihei. Der dritte Bruder, Umeo, ist mit Sakurao gegen Matsuo. Bei jedem Zusammentreffen kommt es zum Streit. Auch beim 70. Geburtstag des Vaters Shirokuro: Matsuo bittet, verstoßen zu werden. Will er freie Hand im Streit mit den Brüdern oder sinnt er auf Wohltat für Sugawara? Umeo will dem Kanzler folgen: »Das mache ich selbst«, ruft Shirokuro und verweist den Sohn auf die Hilfe für Sugawaras Familie. Nur Sakurao fehlt bei der Geburtstagsfeier. Doch als die Brüder weg sind, steht er plötzlich im Zimmer und der ahnungsvolle Vater holt das Pult mit dem Selbstmord-Schwert: Sakurao hat ja das ganze Unheil mitverschuldet – als Ochsentreiber.

Letztes Bild: Terakoya. Eine vornehme Dame bittet, ihren Sohn kurz in der Tempelschule (Terakoya) lassen zu dürfen, sie käme gleich wieder. Inzwischen kommt Matsuo im Auftrage Shiheis, weil man herausbekommen hat, daß Sugawaras kleiner Sohn hier verborgen wird. Der Lehrer Genzo, einstiger Vasall des Kanzlers, soll ihn töten. Er tötete statt dessen den eben erst gebrachten Gast. Matsuo erkennt das abgeschlagene Haupt als das von Sugawaras Sohn an – da kommt die Dame zurück und fragt nach dem Kind. Genzo will sie töten, da fallen aus dem mitgebrachten Lernpult des Gastkindes Sterbekleider: Matsuo und seine Frau hatten ihren Sohn geopfert, um den von Sugawara schonen zu können.

Inari-Schreine

Sie sind wohl die zahlreichsten und populärsten unter allen Shinto-Schreinen. Sie haben viele, oft Dutzende von leuchtend roten Torii und an ihrem Eingang stehen die Figuren zweier Füchse (Kitsune). Der Fuchs gilt seit Urzeiten als Symboltier der im Inari-Schrein verehrten Nahrungsgöttin Ugatama, der Schutzgottheit des Ackers und seiner Frucht, des Reises. Sie wird in ganz Japan am 1. Tag des Pferdes (Hatsu-Uma) Anfang Februar gefeiert, einem bäuerlichen, äußerst beliebten Frühlingsfest. Inari-Schreine gibt es aber nicht nur auf dem Lande, sondern genauso zahlreich in den Städten, sogar auf den Dächern hochmoderner Warenhäuser.

Der Name Inari hat viele Deutungen gefunden, die alle bisher künstlich und unglaubwürdig sind. Den ersten Inari-Schrein soll Iruko Hatta im Jahre 711 seiner Urahnin, der Reisgöttin Ugatama, in Fushimi bei Kyoto erbaut haben. Von den beiden Füchsen hält einer einen Schlüssel im Maul (als Türsymbol der Reis-Scheune), der andere einen Schatzball zwischen den Pfoten (als symbolische Garantie steten Wohlstands). Diesen Füchsen zuliebe wird an Inari-Schreinen bevorzugt Aburage und Tofu geopfert, weil Füchse das besonders lieben. Osushi in Aburage gewickelt heißt deshalb allgemein ›O-Inari-san‹.

Die sieben Glücksgötter

Daß sich Götter so verschiedener Art und Herkunft zu einer Siebenergemeinschaft zusammengefunden haben, mag 3-4 Jahrhunderte her sein, wenn nicht mehr. Schon Nichiren klagte über den Aberglauben an die sieben Glücksgötter (Shichi Fukujin), doch ist nicht sicher, ob es die gleichen waren wie heute. Die jetzige Gemeinschaft ist shintoistischen, buddhistischen, taoistischen und indischen Ursprungs. Alle sieben aber sind mit Vorstellungen des einheimischen Volksglaubens so eng verschmolzen, daß sie aus Japan nicht wegzudenken sind. Trotz ihrer Verschiedenheit haben sie alle gemeinsam, daß sie dem Volk nahe genug stehen, um seine Sprache zu verstehen, daß sie Sinn haben für Fröhlichkeit und Lebensfreude und daß sie sich als Nothelfer tausendfach bewährt haben. Sonst würde man ihnen wohl kaum noch immer dankbare Verehrung zollen in einem Land, das stolz darauf ist, ganze Myriaden von Göttern – Yao Yorozu – zu besitzen. Gemeinsam erscheinen sie auf dem ›Schatz-Schiff‹ (Takara-Bune), das zu Neujahr der Menschheit eine ganze Ladung voll Glück und Reichtum bringt. Vier von den sieben Glücksgöttern erfreuen sich – vor allem im merkantilen und im Vergnügungsgewerbe – besonderer Popularität: Hotei, Daikoku, Ebisu und Benten.

Hotei mit lustigem Lachen und dickem Bauch ist die personifizierte Zufriedenheit, das Urbild unbekümmerter Fröhlichkeit und satten Behagens. Auch an den Karako, chinesischen kleinen Kindern, die ihn begleiten und mutwilligen Schabernack mit ihm treiben, hat er seinen Spaß. Der dicke Sack, den er in der Regel mit sich führt, ist voller guter Sachen für die Menschen.

Daikoku ist der besondere Gott des Reises. Die zwei Reisballen, auf denen er sitzt oder steht, bedeuten unerschöpflichen Reichtum. Sein Symboltier ist die Ratte: sie existiert nur dort, wo es was zu holen gibt. In der Hand hält Daikoku oft den Glückshammer Takarazuchi, mit dem er Reichtümer herausschlägt. Natürlich spielt er als Ernte- und Fruchtbarkeitsgott auch als phallisches Symbol eine Rolle. Der Hauptpfeiler des Bauernhauses, der ihm Halt und Rückgrat gibt, heißt darum häufig ›Daikoku-Bashira‹.

Ebisu ist der Gott der Fischer und zugleich aller ehrlichen Arbeit. Stets fischt er mit der Angelrute, nie mit dem Netz, denn, so lehrt er: Man soll nie mehr nehmen, als man braucht und verzehren kann. Sein Symboltier ist der rotgoldene Tai, eine Meeresbrasse. Ebisu ist es, der im Oktober an der alljährlichen Götterkonferenz in Izumo nicht teilnimmt, weil er den Aufruf dazu nicht vernommen hat: er ist schwerhörig und deshalb soll er auch das Händeklatschen vor den Shinto-Schreinen erfunden haben, mit dem die Menschen die Götter auf sich aufmerksam zu machen pflegen. Eine Spezialität bei den Festen des Ebisu sind außerdem die Kikkyo-Bambus-Wedel und die Kumade-Rechen, an denen allerlei bunte Talismane hängen und Glück und Wohlstand verheißen.

Benten, die einzige Weiblichkeit der Siebener-Gemeinschaft, ist die Göttin der Liebe, der Musik und der Beredsamkeit. Sie spielt oft die Laute (Biwa), und ihr Symboltier ist die weiße Schlange. Benten-Heiligtümer stehen meist auf Inseln – die berühmtesten auf Chikubushima, der Insel im Biwa-See, auf Itsukushima und auf Enoshima. In jüngster Zeit steht ihre Funktion als Göttin der Liebe im Vordergrund. Stets aber ist es die flüchtige Liebe, nicht die der ehelichen Eintracht. Niemals, so heißt es, »sollte ein sich liebendes Paar sie gemeinsam anrufen: sie würden unvermeidlich bald getrennt werden«. Weniger populär sind die übrigen drei Glücksgötter.

Fukurokuju mit seinem gewaltig hohen, spiegelglatten Schädel ist das Sinnbild langen Lebens. Kraniche und Schildkröten sind deshalb seine Begleiter.

Jurojin mit der Schriftrolle verkörpert die Weisheit und natürlich auch das ewig junge Alter. Sein Symboltier ist der Hirsch, der seinerseits 1500 Jahre alt ist.

Bishamon, einer der buddhistischen vier Himmelswächter (Shi-Tenno), wird stets in voller Rüstung dargestellt. Immer ist er im Kampf gegen Dämonen und böse Geister. Doch auch er liebt sehr den Sake und offenbar auch das weibliche Geschlecht, denn häufig sind die Darstellungen, die ihn in Gesellschaft der Liebesgöttin Benten zeigen: Mars und Venus. Bishamons Begleittier ist der Tiger, Vernichtung und Weisheit in sich verbindend.

Shintō-Symbole

Über die drei heiligen Schätze, die Reichsinsignien Spiegel, Schwert und Juwel, wurde schon gesprochen. Auch über das schönste Symbol des Shinto, das Torii. Dazu treten eine Fülle anderer, denen der Ausländer allenthalben begegnet, ihre Bedeutung aber meist nicht kennt.

Shimenawa sind Reisstrohseile, an denen in regelmäßigen Abständen 7, 5 und 3 Strohsträhnen sowie in Zickzackform geschnittene weiße Papier- oder Stoffstreifen hängen. Shimenawa dienen dazu, einen heiligen Ort von seiner unheiligen Umgebung zu trennen, damit kein Übel und kein schlechter Gedanke den heiligen Bezirk der Reinheit entweihe. Die Anzahl der Strohsträhnen, heute schlichte Glückszahlen, repräsentierten einst sieben himmlische, fünf irdische und drei kaiserliche Götter. Die Zickzack-Papiere (Nusa) sind Symbole des Göttersegens. Es gibt dicke kurze und dünne lange Shimenawa. Man findet sie immer an Shinto-Schreinen, Hausaltären, bei Grundsteinlegungen, Schiffstaufen und dgl. Ihr Ursprung geht in die Vorgeschichte zurück. Schon im Kojiki heißt es, daß ein Shimenawa gespannt wurde, um die Rückkehr der Sonnengöttin in ihre Felsenhöhle zu verhindern. Berühmt ist auch das Shimenawa, das bei Futamigaura, südlich von Ise, zwei Felsen verbindet, welche die japanischen Urgottheiten Izanagi und Izanami repräsentieren.

Gohei, auch Nusa genannt, haben die gleiche Zickzackform und sind vom gleichen Material wie die Zickzack-Papiere, die vom Shimenawa hängen. Am Holz- oder Bambusstock befestigt, repräsentieren sie Opfergaben und Gebete ebenso wie deren Ergebnis, den Segen der Götter. Heute nur von Shinto-Priestern verwendet, dienen sie als Mittel der Reinigung, worauf auch ihr unbeflecktes Weiß hinweist. Die Art, wie diese Gohei vom Priester energisch über die Schulter nach hinten geschlagen werden, scheint anzudeuten, daß bei der Vertreibung alles Unreinen kein Pardon gewährt wird.

Sakaki. Zweige des immergrünen Sakaki-Baumes, einer sehr harten Kamelienart, werden mit oder ohne weiße Papierstreifen der Gottheit geopfert und sind stets mit dem vom Stamm kommenden Ende auf das Allerheiligste gerichtet. Der Baum genießt solche Verehrung, daß er nicht nur als symbolische Opfergabe dient, sondern stellenweise die Position des Kami selbst einnimmt. Ein Sakaki-Baum stand dem Mythos nach schon vor der Felsenhöhle der Sonnengöttin. Heute gibt es kaum einen größeren Schreinbereich ohne Sakaki, der im übrigen nach japanischer Auffassung der erste Baum war, der bei der Entstehung der Welt auf irdischer Erde gewachsen ist.

Shaku. Früher trugen Kaiser, Fürsten und Hofbeamte ein Shaku als eine Art Szepter und Symbol ihrer Würde. Heute wird es aufrecht vor die Brust gehalten und nur noch von Shintō-Priestern verwendet beim Zelebrieren heiliger Handlungen. Es ist aus wertvollem Holz (meist von Kunugi-, Hiiragi- oder Sakaki-Bäumen), ganz flach und schmal und etwa 40 cm lang.

Kamidana. In Japan ist es noch immer vielfach üblich, im Haus einen kleinen Shinto-Schrein zu haben, vor dem man sein morgendliches Gebet verrichtet, der Ahnen gedenkt und der Hausgottheit seine Verehrung bezeugt. Häufig ist der heilige Gegenstand darin ein Spiegelsymbol oder nur der Name der Gottheit, flankiert von zwei Sake-Flaschen und zwei Vasen mit Sakaki-Zweigen.

Mikoshi. Ein tragbarer Schrein, der jeweils ein Symbol enthält, durch das die Gottheit des eigentlichen Schreins repräsentiert wird. Bei Tempelfesten werden solche Mikoshi mit lautem Geschrei durch die Straßen getragen, meist von der Jugend, die es sich zur Ehre macht, die Gottheit in dem Trageschrein nach Kräften zu schütteln und umherzustoßen. Solche Mikoshi sind oft sehr kostbar dekoriert und ihre Größe hängt von der des Hauptschreins ab.

Miko. Nur größere Schreine können sich die ständige Beschäftigung von Schreinjungfrauen leisten. Ihre Aufgabe ist es, in ihren weiß-roten Gewändern zum Lobe der Götter zu tanzen und zu musizieren, d. h. Kagura aufzuführen. Der Ursprung solcher Kagura geht wieder auf die Felsenhöhle der Sonnengöttin zurück: Um sie daraus hervorzulocken, tanzte Ama no Uzume den ersten sakralen Tanz.

Das Wort Miko wird aber noch in anderer Bedeutung verwendet, und zwar im Rahmen des alten Volksglaubens. Hier sind es keine jungen Mädchen, sondern alte Frauen, die die Gabe des Wahrsagens und der Teufelsaustreibung haben und die man bei Not und Krankheit holt, weil sie auf geheimnisvolle Weise mit Toten und mit Geistern in Verbindung stehen. Obgleich solche Praktiken offiziell verboten sind, werden sie in ländlichen Bezirken noch heute geübt.

Ofuda. Jeder größere Schrein vergibt gegen ein kleine Opfergabe Holztäfelchen mit einem Bild oder nur mit Schriftzeichen, die dann auf dem Kamidana die entsprechende Gottheit repräsentieren. Zusammen mit den Omamori, kleinen Schutztalismanen, sind Ofuda in Japan äußerst verbreitet und beliebt.

Ema weisen den umgekehrten Weg: es sind Holztäfelchen, die dem Schrein geopfert werden mit dem Bild eines Pferdes, weil es sich nicht jeder leisten konnte, dem Schrein ein lebendes Pferd zu opfern, um seinem Gebet Nachdruck zu verleihen. Ursprünglich sollte so ein Pferd von der Gottheit selbst benutzt werden. Heute nennt man im übertragenen Sinne Ema (Bild-Pferd) auch solche Votivtafeln, die keine Pferde mehr darstellen, sondern Füchse, Tauben, Schlangen und dergleichen – je nachdem, an welche Gottheit man sich wendet.

Shinto-Sekten

Zur Zeit sind es rund 130. Die wichtigsten unter ihnen sind folgende:

Fuso-Kyo. Seit 1873. Zentrum: Shizuoka. 408 Kultstätten. 3179 Priester. 200 000 Gläubige. Merkmale: Anbetung des Fuji. Starke Betonung von Ritual und Meditation. Wahrsagerei. Fordert: »Betet für die Nation, nicht für euch selbst.«

Jikko-kyo. Seit 1564. Zentrum: Shizuoka. 216 Kultstätten. 1232 Priester. 156 000 Gläubige. Merkmale: Anbetung des Fuji. Praxis vor Ritual, d. h.: »Beweise den Glauben im täglichen Handeln.« Betont Einfachheit und Reinheit. Ziel: Bruderschaft aller Menschen.

Kurozumi-kyo. Seit 1814. Zentrum: Okayama. 385 Kultstätten. 2856 Priester. 651 000 Gläubige. Merkmale: gegründet von Fujiwara-Abkömmling Munetada Kurozumi. Hauptgottheit: Amaterasu. Erstrebt universale Bruderschaft. Gesundbeterei.

Misogi-kyo. Seit 1872. Zentrum: Tokio. 81 Kultstätten. 834 Priester. 114 000 Gläubige. Merkmale: Atemtechnik führt Körper und Geist zur Reinheit der mythischen Götter.

Mitake-kyo. Seit 1873. Zentrum: Nagano. 1196 Kultstätten. 6439 Priester. 668000 Gläubige. Merkmale: größte bergverehrende Sekte. Heiliger Berg: Mitake. Komplizierte Zeremonien mit Flammenritual. Spezialisiert auf Grundsteinlegung, Mannbarkeit, Hochzeit. Ziel: Pflege der Tugenden der alten Gottheiten. Wahrsagerei.

Shinri-kyo. Seit 1880. Zentrum: Fukuoka, Kyushu. 530 Kultstätten. 2733 Priester. 678000 Gläubige. Merkmale: fußt auf alten Mythen. Pflegt Musik, Tanz, Blumenstecken als heilige Handlungen.

Shinshu-kyo. Seit 1881. Zentrum: Tokio. 335 Kultstätten. 1631 Priester. 520000 Gläubige. Merkmale: strenges Festhalten am alten Mythus. Reinigungsriten entscheidend. Wahrsagerei.

Shinto-Shusei-ha. Seit 1876. Zentrum: Tokio. 180 Kultstätten. 1040 Priester. 52000 Gläubige. Merkmale: Hat den betonten Vorkriegs-Nationalismus fallenlassen. Hauptziel: Erfüllung der konfuzianischen ›fünf Beziehungen‹. Hält an Shinto-Baustil und Torii fest.

Shinto-Tai-kyo. Vorkriegs-Zusammenschluß zahlreicher kleiner Sekten. Zentrum: Tokio. 351 Kultstätten. 1519 Priester. 53000 Gläubige. Merkmale: fußt ganz auf Kojiki und Nihongi. Ziele: Reinheit, Loyalität, Dankbarkeit gegenüber Ahnen.

Shinto-Taisei-kyo. Seit 1870. Zentrum: Tokio. 59 Kultstätten. 256 Priester. 28000 Gläubige. Merkmale: kombiniert alten Shinto und Konfuzianismus zu praktischem Nationalismus. Basis: alte Mythologie. Betont Meditation, Atemkontrolle, Weissagerei.

Taisha-kyo. Seit ältester Zeit immer unter Führung der Familie Senge, der Erbpriester von Izumo-Taisha. Zentrum: Izumo-Taisha. 261 Kultstätten. 5797 Priester. 1168000 Gläubige. Merkmale: Hauptgott ist Okuninushi. Strenges Festhalten an alten Shinto-Riten. Aktiv in Erziehung und Sozialarbeit.

Tenri-kyo. Seit 1831. Zentrum: Tenri bei Nara. 27615 Kultstätten. 120118 Priester. 2570000 Gläubige. Merkmale: gegründet von einer Frau, Miki Nakayama. Tendenz: die zentrale Eltern-Gottheit will Glück und Wohlstand aller. Störend ist nur der ›Staub‹, das, was das Glück behindert. Praxis: freiwillige Arbeit. Glaube an Wiedergeburt und Gesundbeten.

Kurze Geschichte des ›Götterweges‹

Die Religion des Yamato-Volkes war primitiver Animismus, verbunden mit Ahnen- und Heroen-Kult. Diese zunächst unorganisierte Verehrung von Kräften der Natur verband sich mit lokalen Legenden und Gebräuchen. Die Götter dieser Religion waren meist Schutzgötter von Familien und Bezirken. In jedem Falle war es die Religion eines Bauernvolkes, für das die Fruchtbarkeit des Ackerbodens Zentralproblem des Lebens war.

Ersten Niederschlag fand diese Religion in Japans zwei ältesten Geschichtswerken, dem Kojiki und dem Nihongi. Sie wurden verfaßt, nachdem Buddhismus und chinesische Kultur längst ins Land gedrungen waren. In beiden Werken ist also der alte Kern vom importierten Beiwerk zu unterscheiden. In beiden Werken wird außerdem deutlich, daß sich inzwischen neben den mehr lokalen Kulten mit Magie, Gesundbeterei und Fruchtbarkeitsriten eine sozusagen offizielle Form mit nationalpolitischem Charakter herausgebildet hatte. Dieser offizielle Mythus war wie geschaffen, die Einheit der Nation zu beweisen und die Stammesfürsten von Yamato als die einzig berechtigten Herrscher zu legitimieren und zu glorifizieren. Die Geschichte des Shinto ist (nach Anesaki) eine einzige Reihe von Reaktionen zwischen diesen beiden Formen: der primitiven Volksreligion und dem nationalpolitischen Kaiserkult.

Im Laufe seiner Entwicklung hat der Shinto zahlreiche Elemente vom Festland übernommen: Chinas Yin-Yang-Dualismus etwa, magische und schamanistische Elemente des Taoismus, Grundzüge der konfuzianischen Ethik und dergleichen. Vor allem wurde er selbst vom Buddhismus ›vereinnahmt‹. Kaum ein Tempel ohne einen kleinen Schrein, kaum eine Shinto-Gottheit, die nicht zur Erscheinungsform des buddhistischen Pantheons erklärt worden wäre, zur ›Nachgelassenen Spur‹ (suijaku) der wahren, eigentlichen Gestalt (honji). Diese Doppelgesichtigkeit des Shinto, Ryobu-Shinto genannt, war nur möglich dank der ungewöhnlich geschickten Toleranz des Buddhismus, der es seit je verstanden hatte, sich nationalen Traditionen anzupassen. Vor allem die Shingon-Sekte Kobo Daishis war eifrig bemüht, den Ryobu-Shinto zu pflegen. Damit fand die ursprüngliche Spannung innerhalb des Shinto zwischen offizieller Vorderseite und geheim okkulter Rückseite gleichsam eine neue Form: nach außen sichtbar blieb das shintoistische Gesicht, dahinter verborgen als eigentliches Wesen wirkte Buddha. Auch die okkulte Seite des Shinto lebte fort u.a. im Kreis der Yamabushi, jener Bergpriester, die in En no Gyoja ihr großes Vorbild sahen.

Erst in der Tokugawa-Zeit begann der Shintoismus wieder Zeichen eigener Selbständigkeit zu zeigen. Zunächst im 17. Jahrhundert in Verbindung mit der konfuzianisch orientierten Mito-Schule. Die dort gepflegte Betonung nationaler Momente, die Forderung von Loyalität vor allem dem Kaiserthron gegenüber und die halbreligiöse Verehrung, die dem Tenno selbst entgegengebracht wurde, waren eine wesentliche Belebung auch des Shinto. Zu seiner sogenannten Erneuerung kam es erst im 18. Jahrhundert durch Mabuchi Kamo († 1769), ›Norinaga Motoori‹ († 1801) und Atsutane Hirata († 1843). War bis dahin Shinto-Gedankengut lediglich vom Buddhismus oder vom Konfuzianismus her interpretiert worden, griff man nun auf die Quellen selbst zurück. Die alte Gedichtsammlung ›Manyoshu‹ und die Mythen des Kojiki wurden neu gedeutet. Was Norinaga als Philologe erarbeitete und als patriotischer Theoretiker herausstellte, hat Atsutane Hirata als Propagandist verbreitet: Japan ist das Land der Götter! In den alten Mythen zeigt sich die Reinheit des Urzustands der Menschheit. Was später hinzugekommen ist, ist nichts als fremde Dekadenz! Von ihr braucht man sich nur zu befreien, um die beste Form des Menschseins zurückzugewinnen, eben jene Form, die aus der Zeit der Götter überliefert ist.

Parallel zum Aufleben des ›offiziellen‹ Shinto erstarkte auch die primitive Volksreligion, nun in Form des sogenannten Sekten-Shinto. Als Bruderschaften frommer Bergpilger (Kosha) hatten sich manche Gruppen durch die Zeiten strenger Regierungsaufsicht halten können. Jetzt, da diese Aufsicht nachließ, konnten sie auch öffentlich in Erscheinung treten.

Die Shinto-Erneuerung war ein wesentlicher, fördernder Faktor für den Zusammenbruch des Tokugawa-Regimes, für die Rückkehr Japans zur direkten Herrschaft des Tenno und damit zur Meiji-Reform. Mit den neuen Ideen einer neuen Zeit, mit der sozialen Unruhe und den individuellen Freiheiten war auch für den ›Weg der Götter‹ eine neue Epoche angebrochen. Der Versuch, nach 1868 zu seinen Gunsten den Buddhismus zu Fall zu bringen, war allerdings schon nach wenigen Jahren gescheitert. Man mußte sich damit begnügen, beide Religionsformen wieder säuberlich voneinander zu trennen. Man wollte den Shinto in seiner alten Reinheit wiederherstellen. Ganz gelungen ist das bis heute nicht, zumal die Verstaatlichung des Shinto, seine Erhebung über den Religionsstatus hinaus zum allgemeinverbindlichen Kult, nie recht populär war.

Die Überspitzung des Staats-Shinto in der sogenannten Showa-Restauration hat zu einer grotesken Vergottung des japanischen Staates selbst geführt. Dem hat 1945 die Besatzungsmacht ein Ende bereitet. Seitdem hat der Shinto zeigen müssen, daß er auch ohne Staatszuschüsse lebensfähig ist. Die Vermutung, daß er lediglich von Militaristen und Chauvinisten getragen würde, hat sich als falsch erwiesen. Wenn nicht alle Zeichen trügen, steht er vor neuem Aufstieg, neuer Blüte.

Buddhismus

Buddhismus überall

Jedem Ausländer, dem der Alltag des Landes noch nicht zur Gewohnheit geworden ist, fallen auf Schritt und Tritt Merkmale des Buddhismus ins Auge. Er sieht die Fülle der Tempel und Buddha-Figuren: nicht nur in den Kaiserstädten Nara und Kyoto, sondern überall. Er sieht in den Häusern die Hausaltäre (butsudana), er erlebt die Tempelfeste, zu denen sich Tausende von Menschen zusammenfinden, er sieht das ganze Volk den Allerseelen-Tag, Obon, begehen, er sieht, wie täglich Hunderte von Autobussen Pilger, Schüler und Touristen zu den berühmten Kunstschätzen und Kultstätten des Buddhismus bringen. Er hört den tiefen sonoren Klang der Tempelglocken, die auch in der Großstadt allenthalben vom Glauben künden. Er vernimmt, wenn er des Abends durch die Gassen seitlich des Hauptverkehrs schlendert, aus Häusern und Versammlungshallen den monotonen Rhythmus von Trommeln und Gebetsformeln. Er liest von Studentengruppen, die sich zu mehrtägigen Meditationsübungen in Zen-Tempeln zusammenfinden, er erfährt, daß man noch immer zu den althistorischen Pilgerstätten wallfahrtet, etwa zu den achtundachtzig Stätten Amidas. Zu diesen Pilgern zählt nicht nur das einfache Volk. Einer der bekanntesten Pilger der letzten Zeit war der frühere Ministerpräsident Ikeda, der als gläubiger Buddhist durch so eine fromme Pilgerfahrt Befreiung von einer jahrelangen schweren Krankheit erlangte. Und längst weiß das Ausland, daß eine der modernen Sekten mit ihrer viele Millionen zählenden Anhängerschaft, die Sokagakkai, sogar eine politische Partei, die Komeito, das heißt Partei für anständige Politik, gegründet hat, die im Parlament zur viertstärksten Fraktion geworden ist.

Wer in Japan mit einem ›Interi‹ über den Buddhismus spricht, wird oft ein abfälliges Lächeln ernten. Was der Ausländer für

Religion halte, sei, so wird es heißen, weiter nichts als Äußerlichkeit, als Bräuche und Formen, die man nur aus Gedankenlosigkeit noch immer praktiziere. Die Tempel mit ihren Buddhas und Pagoden seien höchstens noch Attraktionen für den Fremdenverkehr. Als Beispiel für den Niedergang der Religiosität führt der Interi jene Priester an, die des Geldes oder der Publizität wegen im Fernsehen bei der Wahl von Schönheitsköniginnen mitwirken oder anrüchige Romane über sexuelle Ausschweifungen in Klöstern verfassen. Immer wieder wird die ironische Bemerkung wiederholt, daß man hierzulande shintoistisch geboren werde, shintoistisch heirate und lediglich buddhistisch beerdigt werde.

Es ist richtig, daß der Buddhismus in ganz Ostasien eng verknüpft ist mit dem Totenkult: erstrebenswertes Ziel des Menschen ist es, so schnell wie möglich im Westlichen Paradiese Amidas wiedergeboren zu werden. Seit das Orakel des Shinto-Schreins von Miwa im Jahre 616 erklärt hatte, daß buddhistische Priester am ehesten zur Durchführung von Begräbnisriten geeignet seien, ist ihnen dieses Vorrecht bis zur Meiji-Zeit, ja eigentlich bis heute geblieben. Auch der buddhistische Brauch, die Toten zu verbrennen und dann erst die Asche beizusetzen, stammt aus der frühen Nara-Zeit: die erste Verbrennung eines Tenno, des Kaisers Jito, fand im Jahre 701 statt.

Selbst ein Interi mit seinem ›fortschrittlichen‹, meist marxistisch orientierten Denken wird jedoch zugeben, daß sich die Bedeutung des Buddhismus keineswegs auf den Totenkult beschränkt. Mit großer Intensität bekümmert er sich um das, was den Shinto überhaupt nicht interessiert: um jeden einzelnen Gläubigen und seine metaphysische Situation: um seine Errettung aus dem Kreis des Leidens in dieser Welt. Dazu kommt in jüngster Zeit eine ausgesprochen sozialethische Tendenz, die stark ins Politische hineinspielt. Vielleicht ist das einer der Gründe dafür, daß sich heute Millionen von Menschen um die ›modernen‹ Religionen scharen.

Je tiefer man in diese Bereiche eindringt, desto vielschichtiger und verwirrender scheinen sie zu werden. Trotzdem soll versucht werden, einen gewissen Überblick zu gewinnen.

Ursprünglich, daran ist kein Zweifel, kam der Buddhismus als etwas Fremdes ins Land, als etwas, das dem japanischen Wesen diametral entgegengesetzt zu sein schien. Erstaunlich rasch aber ist er heimisch geworden und hat latente Kräfte geweckt, mit deren Hilfe eine Kulturform entstand, die so ganz japanisch wurde, daß sie kaum noch dem Mahayana-Buddhismus chinesischer Prägung vergleichbar ist. Diese vor 1400 Jahren geweckten Kräfte sind noch heute wirksam. Das zu leugnen wäre etwa dasselbe, wie das Wirken des Christentums in Deutschland bestreiten zu wollen.

Fünf Merkmale

Der Sinn für das Morbide. Das buddhistische Gesicht Japans hat fünf Merkmale, die so sehr zum Wesen der Nation geworden sind, daß der buddhistische Ursprung nur den wenigsten bewußt sein dürfte. Das erste dieser Merkmale betrifft den ausgeprägten Sinn für die Flüchtigkeit und Vergänglichkeit alles Irdischen. Die buddhistische Lehre vom illusorischen Schein aller Dinge gab dem natürlichen Empfinden für das unablässige Auf und Ab, für das Vergehen und Wiedererstehen, wie es im Gegensatz von Herbst und Frühling so sinnfällig ist, einen ausgesprochen melancholischen Unterton. Immer wieder begegnet uns in Japan die bisweilen fast morbide Freude am Wandel und Wechsel, an der wehmütigen Schönheit des Vergehens. Immer wieder sind die zu raffinierter Schlichtheit verfeinerten Künste umweht vom zarten, leisen Klang der Trauer. Es ist kein Zufall, wenn in Japan nicht so sehr der aktive, zur Tat rufende Frühling, sondern weit häufiger der passive, zum sinnenden, duldenden, genießenden Betrachten auffordernde Herbst in Erscheinung tritt, wenn nicht – wenigstens bisher – die stürmende, tatfrohe Jugend, sondern das durch lange Erfahrung zu Weisheit und Tiefe gereifte Alter als Inbegriff menschlichen Seins gewertet wird.

Tendenz zum Geheimnisvollen. Diesem Gespür für die morbide Schönheit des Welkens, die in der Sonne des Lebensabends noch einmal aufleuchtet, diesem Wissen um die Vergänglichkeit irdischen Glanzes verbindet sich als zweites Merkmal der Sinn für die geheimnisvollen Bereiche des Überweltlichen, die in keiner Weise weltfeindlich sein müssen.

Für die japanische Religiosität gelten beide Ableitungen des

Wortes Religion: religere und religare. ›Religere‹, im Gegensatz zu negligere, heißt: Beachtung der Gebote; und ›religare‹ heißt: Verbundensein mit dem Übermenschlichen, dem Göttlichen.

Man kann ohne Übertreibung sagen, daß es in Japan wenig gibt, was nicht irgendwie auf esoterischem Grunde ruhte. Die Neigung zum Geheimnisvollen scheint tief verwurzelt zu sein in der Mentalität des ganzen Volkes. Sie geht im Alltag bis zur Geheimniskrämerei, sie äußert sich bei der Kunst im Geheimhalten der letzten Prinzipien, z.B. bei Ikebana, No und Teezeremonie; sie zeigt sich im religiösen Bereich in den Geheimlehren, die sich auf das schönste mit dem Aberglauben jeglicher Schattierung verbinden. Besonders die Shingon-Sekte besitzt bis zur Gegenwart trotz ihrer komplizierten Riten eine außerordentliche Popularität. Sie verkündet eine Lehre, die die Hintergründigkeit der sogenannten Wirklichkeit durchleuchtet, die die Diskrepanz von Schein und Wahrheit aufzeigt und dennoch alle Dualität im Goethischen Sinn als »offenbares Geheimnis« begreift: Mancher sieht nur das Äußere, das, was offen zutage tritt. Ihm ist der Baum nicht mehr als Rohstoff Holz. Wer aber das Geheimnis kennt, wer das »Lied« hört, das nach Eichendorff in allen Dingen schläft, sieht im Baum nicht nur Holz, sondern zugleich jenen Bezug zum Außer- und Übermenschlichen, der auch in Japan als ein Wesenszug der Religiosität anerkannt wird.

Stille und Versenkung. Zu solcher Transparenz aller Erscheinungen tritt als drittes Merkmal die Tendenz zur Stille und Versenkung, zum einsamen Sich-verlieren in die Unendlichkeit des Alls. Nicht der Mensch steht im Mittelpunkt solcher Versenkung. Nicht um Selbsterkenntnis geht es, nicht um ein Wichtignehmen menschlicher Einsichten und Standpunkte, sondern ganz im Gegenteil um das Bemühen, von ihnen abzusehen und dem Menschen seinen bescheidenen Platz im Harmonie-Gefüge des Ganzen zuzuweisen. Denn die Versenkung, der Blick nach innen, kennt kein Gegenüber, keine Trennung von Subjekt und Objekt. Versenkung ist das genaue Gegenteil von Tat und Streben. Worum es ihr geht, ist das Wissen um die Relativität aller Realitäten. Der eigentliche Wesensgrund ist das ›Ku‹, die Leere, in der alle Dinge geborgen sind. Dieses Wissen bemüht sich nicht um Äußerlichkeiten und Besonderheiten unserer Wirklichkeit.

Ist, um ein berühmtes Beispiel zu nennen, das Verhalten jenes Affen nicht töricht, der den goldenen Mond in der Pfütze erfassen will und damit nicht nur das klare, schöne Bild zerstört, sondern den ganzen Schmutz, der sich zu Boden gesetzt hat, aufrührt und das Wasser trübe macht? Sind nicht, um ein anderes Beispiel zu nennen, alle Aufregung, alle Wellen und Wogen der Meere, nur äußerliches Oberflächengekräusel, während der Ozean in seiner Tiefe unbeweglich ruht und auch von dem gewaltigsten Sturm nicht in seiner tiefen Stille angetastet wird? Solche Einsicht, die von den äußeren Besonderheiten absieht und als Wesen der Dinge ihr ›Ku‹, ihr ›Leersein‹ erkennt, wird durch nichts falscher charakterisiert als durch das Wort Nihilismus. Die Leere allen Seins ist nicht etwa das Nichts. Sie ist vielmehr das ›Nicht‹, das Nicht-Positive und das Nicht-Negative, das Nicht-Aktive und Nicht-Passive. Sie ist die Mitte, in der alle Kräfte zum Ausgleich gekommen und damit latent in ihr enthalten sind. Wie in der Null plus eins und minus eins potentiell sozusagen vorhanden sind, so enthält die Leere das Sein und das Nichtsein, die Fülle und den Mangel. Nur ein Sich-lösen aus der Spannung der Wertungen, aus Begehren und Negieren, aus Liebe und Haß führt wahrhaft zur Null, zur Leere, zur Mitte, zum Wesen.

Das Anhäufen von Kredit. Um dieses ›Ku‹ zu erreichen, bedarf es bei den meisten Formen des Buddhismus auch heute noch der unablässigen Bemühung und Unterweisung, kurz der Erziehung. Es wird viel zuwenig beachtet, daß dem Shinto ein pädagogisches Element völlig fehlte. Erst der Buddhismus hat sich – und damit ist ein viertes Merkmal genannt – in den Tempelschulen, den tera-koya, der Bildung des Volkes angenommen. Lange Zeit war er ein Synonym für Fortschritt und Kultur schlechthin. Auf religiösem Gebiet hat er ferner ein Ethos geschaffen, das nicht nur zwischen Gut und Böse unterscheidet, sondern auf Grund der Wiedergeburtslehre auch die künftigen Leben des Menschen mit der Nachwirkung seiner Taten in dieser Welt belastet. Wie er für Böses bestraft wird, wird er für gute Taten belohnt. Er vermag sogar diese Belohnung zu horten, vermag ›Kredit‹ anzuhäufen und diesen nicht nur für sich, sondern auch für andere zu nutzen: für die Allgemeinheit in der Abwehr von

Pestilenz, Dürre und Hungersnot und für den einzelnen, besonders für Eltern, Fürsten und Kaiser, zum Wohl von deren Seelenheil.

Diesem Anhäufen von ›Kredit‹ liegt offenbar ein gesundes kaufmännisches Denken zugrunde. Das gleiche gilt für die ›praktische‹ Methode, mit der man zu der Anhäufung gelangen kann. Beim Rezitieren der Sutren und Gebete kann man sich die Mühe, den vollen Text zu sprechen, getrost sparen. Es genügen ein paar Zeilen vom Anfang, von der Mitte und vom Ende (tendoku: Überblättern und Lesen) – der Rest versteht sich von selbst. Eine ähnliche Methode praktizieren manche Pilger, etwa bei den 88 heiligen Stätten Shikokus. Sie besuchen statt der vielen nur einen einzigen Tempel, den auf dem Jishikokuyama. Dort berühren sie voll Ehrfurcht die 88 Steinbilder Kobo Daishis, deren jedes einzelne eine der 88 Stätten des Heils repräsentiert. Beides, das Anhäufen und die Kurzmethode, ist rein buddhistisch und gilt nicht nur für das alte Japan. Es ist unvermindert auch heute üblich.

Neigung zum Kompromiß. Der Sinn für das Praktische hängt eng mit einer Tendenz des japanischen Geistes zusammen, die auch in den Alltäglichkeiten des Lebens immer wieder deutlich wird. Es ist die Neigung, Schwierigkeiten und harten Auseinandersetzungen, wenn irgend möglich, aus dem Wege zu gehen. Man kennt hier nicht die Freude an der Dialektik. Man strebt stattdessen lieber von vornherein einen Ausgleich an. Ein Kompromiß erscheint in jedem Falle klüger, kräftesparender und eleganter als Kampf und Streit. Solche Haltung – und damit ist das fünfte Merkmal genannt – ruht auf der außerordentlichen Toleranz, die dem Buddhismus seit jeher eigen ist und sich seit Jahrhunderten bewährt hat.

Ohne Toleranz wäre das nahezu reibungslose Neben- und Miteinander, wäre vor allem jener erstaunliche Synkretismus nicht möglich gewesen, der in den Geschichtsbüchern Ryobu-Shinto (zweifältiger Shinto) genannt wird: Kaiser Saga (810-823) soll damit zum ersten Mal die Lehren Kobo Daishis, des großen Schöpfers der Shingon-Sekte, charakterisiert haben. Gerade die Shingon-Lehre, die das ganze Universum als eine Manifestation Buddhas betrachtet, war wie geschaffen dazu, auch das Pantheon des Shinto als Erscheinungsform Buddhas einzubeziehen. Wie nahezu vollendet das gelungen ist, zeigte 1614, also 600 Jahre später, ein Erlaß des Tokugawa-Shogunats: »Japan wird das Land Buddhas genannt. Nicht ohne Grund: Kami und Buddha unterscheiden sich dem Namen nach, doch ihre Bedeutung ist die gleiche. Japan ist das Land der Kami und das Land Buddhas. Es ehret die Kami und verehrt Buddha.«

Beide, Shintoismus und Buddhismus, haben von dieser wechselseitigen Amalgamierung profitiert. Der Shinto hat den Buddhismus stark beeinflußt, z. B. mit seinem Ahnenkult, der Buddhismus aber hat eben mit dem Ryobu-Shinto geholfen, die zeitlosen Werte des Shinto zu bewahren. Wie man noch heute im Bezirk vieler Tempel einen Shinto-Schrein findet, so war es keine Seltenheit, daß beide Religionsformen in ein und demselben Heiligtum gepflegt wurden. Man nannte es auch entsprechend ›Schrein-Tempel‹, miya-tera oder jinguji. So eng die Verbindung war, sie war nicht so unlösbar, daß sich beide Religionen nicht hätten trennen lassen, z. B. als die Shinto-Erneuerung in der 2. Hälfte des 19. Jahrhunderts den Buddhismus an die Wand spielte oder als der Buddhismus seinerseits nach dem Zweiten Weltkrieg auf säuberliche Trennung pochte.

Im Bewußtsein des Volkes wurden die Worte Buddha und Kami zu nahezu gleichwertigen Bezeichnungen. Das ging um so leichter, als die Gottheiten des Shinto eindeutiger Bestimmtheit, klarer Gestalt und fester Charakteristiken meist entbehrten. Sie als etwas bloß Majestätisches, Verehrungswürdiges in ein anderes System einzugliedern, bot sich gleichsam an: es war ein Kunstgriff, mit dem die absolute Wahrheit dem jeweiligen Intelligenz-Stand der Menschen angepaßt wurde.

Da ferner die großen Gestalten der japanischen Geschichte im Shinto-Bereich stets in den Rang überirdischer Wesen rücken, konnte auch hier der Buddhismus nicht zurückstehen. Verstorbene Kaiser und Staatsmänner erhielten den ›Titel‹ eines Bosatsu, die Sonnengöttin wurde zur Erscheinungsform des Dainichi-Buddha und Kaiser Ojin-Hachiman – um nur diese zu nennen – zum Amida-Buddha.

Man empfindet es in Japan nicht als unnatürlich, Buddhist und Shintoist zugleich zu sein. Das beweist allein das statistische Jahrbuch. Nach ihm bekennen sich 87,8 Millionen Japaner zum

Buddhismus und 89 Millionen zum Shinto. Zusammen wären das 63 Millionen Gläubige mehr, als es überhaupt Japaner gibt. Frömmigkeit wird schlicht und unkompliziert empfunden als Verehrung für etwas, das oberhalb oder jenseits der menschlichen Existenz ruht, als Bereitschaft, sich diesem Geheimnisvollen und Verehrungswürdigen unterzuordnen und ihm Opfer zu bringen. Diese Frömmigkeit hat nie zu Religionskriegen, nie zu blutigen Auseinandersetzungen um des Glaubens willen, nie zu Verfolgung und Geringschätzung eines sogenannten Heidentums geführt.

Religion in Japan – das haben viele große Buddhismus- und Shinto-Forscher bestätigt – ist niemals exklusiv: sie ist wahrhaft tolerant und unparteiisch und darum stets zur Anpassung bereit. Diese Anpassung erwartete man natürlich auch von anderen. Wer nicht dazu bereit war, galt – etwa in dem Edikt von 1614 – als antisozial, als ›Feind des Reiches‹, als ›Gegenstand der Feindseligkeit von seiten des Volkes‹. Hier liegt eine der Hauptursachen für die Christenverfolgung. Nach jahrzehntelanger Duldung setzte sie erst im 17. Jahrhundert mit härtester Grausamkeit ein: aus politischen, nicht aus religiösen Beweggründen.

Religion und Verfassung

Die Anpassungsfähigkeit des japanischen Buddhismus, die charakteristisch für alle Perioden der japanischen Geschichte ist, hat also nicht nur einen religiösen, sondern auch einen politischen Aspekt – und zwar von Anfang an bis heute. Nur die Blickrichtung hat sich jeweils verschoben.

Die japanische Verfassung von 1947 hatte alle religiösen Organisationen von jeder Bevormundung durch den Staat befreit; sie hat sie aber auch jeder Unterstützung durch ihn beraubt. Artikel 20 der Verfassung verbietet der Regierung, irgendeiner Religionsgemeinschaft irgendwelche Sonderrechte zu gewähren oder sich selbst mit religiöser Erziehung zu befassen. Artikel 89 verhindert ausdrücklich, daß religiöse Organisationen aus öffentlichen Geldern Nutzen ziehen: Staat und Religion sollen voneinander getrennt bleiben.

In Wirklichkeit sieht die Lage ganz anders aus. Richtig ist, daß keineswegs alle buddhistischen Religionsgemeinschaften politischen Einfluß haben. Nahezu alle aber erstreben diesen Einfluß schon wegen der so wichtigen Jugenderziehung. Sehr viele Gruppen sind darüber hinaus ein aufnahmebereiter und fruchtbarer Boden für politische Beeinflussung. Und einige sind heute bereits in der Lage, starken politischen Druck auszuüben: zum Beispiel die Sokagakkai.

Die Macht des Buddhismus

Bereits im Jahre 553, als der Buddhismus als ›Geschenk‹ des koreanischen Staates Pekche in Japan eingeführt wurde, geschah das nicht etwa in missionarischer Absicht: er kam mit einer politischen Empfehlung: er hätte sich als nützlich für den Staat erwiesen, und er sollte nun die Allianz Korea-Japan festigen. Später wurde der Buddhismus geradezu zur Staatsinstitution. Er unterstand einem der fünf Regierungsämter, das nicht nur Tempel, Priester und Mönche überwachte, sondern seltsamerweise auch für Musik, Staatsbegräbnisse und Betreuung von Ausländern zuständig war. In den Tempeln wurde das Personenstandsregister der Bevölkerung geführt. Allein dem Kaiser stand es zu, Äbte zu ernennen und Titel (vor und nach dem Tode des Betreffenden) zu verteilen, ein Recht, das ihm nur gelegentlich von einigen wenigen Sekten bestritten worden ist.

Schon eine der großen frühen Sekten, die Tendai-shu, wollte nicht weniger sein als die moralische und religiöse Repräsentanz der Regierung, mit anderen Worten: der Staat in religiöser Form. Dengyo Daishi, dem Gründer dieser Sekte, schwebte etwas wie eine Nationalkirche vor, ein Gedanke, der später von Nichiren und von der Shin-Sekte aufgenommen und zum zentralen Anliegen ihrer Lehre gemacht wurde. Besonders zur Zeit des Mongoleneinfalls, Ende des 13. Jahrhunderts, wuchs der Buddhismus in eine Rolle hinein, die er in anderen Ländern kaum je gespielt hat: in die Rolle einer national-patriotischen Religion. Genau das ist auch heute wieder das Ziel zahlreicher buddhistischer Gruppen. Am stärksten wird es vertreten von der Sokagakkai, der wohl am straffsten organisierten unter den modernen Massenreligionen.

Als Kaiser Shomu den großen Buddha von Nara schaffen ließ und Yoritomo nahezu 500 Jahre später den großen Buddha von Kamakura in Auftrag gab, geschah das zweifellos nicht nur aus frommer Ehrfurcht. Die beiden Kolossalstatuen waren auch Symbole der staatlichen Macht. Indem man die Kirche förderte, stützte man – wie im europäischen Mittelalter – zugleich das Anliegen der Politik.

Die Förderung der Klöster erwies sich indessen als äußerst zweischneidig. Nur um Haaresbreite entging Japan zu Zeiten des Mönches Dokyo, der es unter der Kaiserin Koken/Shotoku bis zum Reichsverweser gebracht hatte, der Gefahr, ein Kirchenstaat wie Tibet zu werden. Sechzehn Jahre später, 785, konnte sich Kaiser Kammu der Machtfülle der Klöster nur durch die Flucht entziehen: er verlegte die Hauptstadt erst nach Nagaoka, dann nach Heian, dem jetzigen Kyoto: die Nara-Klöster blieben in einer plötzlich bedeutungslos gewordenen Provinzstadt zurück. Doch drei Jahrhunderte später waren die Mönche auch in Kyoto wieder übermächtig.

Die politisch-militärischen Ambitionen mancher Klöster führten zu ständigen Zusammenstößen. Alle diese Kämpfe von Kloster zu Kloster, von Sekte zu Sekte (wie zum Beispiel von Tendai gegen Nichiren und Honen) waren jedoch niemals entscheidend belastet mit irgendwelchen Glaubensskrupeln. Bei ihnen ging es fast nur um die Macht, um die Macht über Menschen und um die Macht im Staate. Wäre es anders, hätte nie der Gründer einer ›feindlichen‹ Sekte im Tempel seiner Gegner verehrt werden können, wie zum Beispiel Kobo Daishi im Jodo-in der Tendai-Sekte, hätten nie die so hart verfolgten Ansichten von Honen-Shonin unangefochten mitten in Kyoto an neutraler Stelle, im Kiyomizu-Tempel der Hosso-Sekte, als Gastlehre vertreten werden können. Bis die politische Macht der Klöster gebrochen wurde, vergingen Jahrhunderte. Erst am Ende des 16. Jahrhunderts zerstörte Nobunaga mit erbarmungsloser Grausamkeit die Tendai-Tempelstadt auf dem Hieisan, vernichtete Hideyoshi den großen Shingon-Tempel Negoro.

Während der Tokugawa-Zeit gelang es dem Buddhismus, uneingeschränkt als Staatsreligion zu fungieren. Aber mit der Meiji-Restauration sah er sich erneut harter Verfolgung ausgesetzt. Wiederum nicht aus religiösen, sondern aus politischen Gründen. Er wurde mit dem Regime der Vergangenheit identifiziert, und das hatte abgewirtschaftet. Doch die offene Feindseligkeit der Regierung – Priester durften nicht einmal um Almosen bitten, viele Tempel wurden zerstört und ihre Schriften verbrannt – dauerte nur bis 1875. Man erkannte rasch wieder die Möglichkeit, den Buddhismus politisch zu nutzen: sei es gegen das Christentum, sei es als patriotische Kraft, sei es als geistlichen Vortrupp für imperialistische Ambitionen auf dem Festland.

Sokagakkai

In der Zeit nach dem Zweiten Weltkrieg war es vor allem die Sokagakkai, die den politischen Aspekt des Buddhismus als erste aufgriff. Lange bevor sie 1964 eine eigene Partei gründete, die Komeito, hat sie am konsequentesten den sozialethischen Impuls der buddhistischen Lehre in sozialpolitische Stoßkraft verwandelt. Leben, so lautet ihre simple Wertlehre, ist Streben nach Glück. Glücklich ist, wer erreicht, was ihm am meisten wert ist. Höchster Wert aber ist das Wohl der Gesamtheit. Zur Erreichung dieses Ziels hat jeder eine Aufgabe in der Gesellschaft: jeder soll ein Bosatsu im kleinen sein. Zum Wesen eines Bosatsu gehört es, freiwillig auf die letzte Stufe des Heils so lange zu verzichten, bis auch das letzte aller Wesen dafür reif geworden ist. Aufgabe eines Sokagakkai-Mitgliedes ist es also, das eigene Heil zugunsten aller anderen zurückzustellen. Es darf nicht eher ruhen, als bis ›alle‹ gewonnen, alle ›glücklich‹ sind.

Zu diesem sozialpolitischen Moment kommt das nationale. Denn der religiöse Anspruch der Sokagakkai ist eng mit der Forderung verknüpft, daß Japan Mittelpunkt der Lehre ist. Diese nationalistische Zielsetzung stammt von dem größten Eiferer und unduldsamsten Kämpfer des japanischen Buddhismus, von Nichiren. Er hat vor 700 Jahren zum ersten Mal von der großen Weltmission Japans gesprochen. Er wollte seine Lehre zur Staatsreligion und Japan zum Zentrum einer Universalkirche gemacht wissen. Genau das, mit ausdrücklicher Berufung auf Nichiren, will auch die Sokagakkai. Genau wie Nichiren im 13. Jahrhundert ist sie heute bestrebt, die geistliche Wohlfahrt des Volkes mit den nationalen Interessen des Staates in Einklang zu bringen. Zur Erfüllung ihrer Aufgabe ist die Sekte nahezu militärisch straff organisiert. Wer erlebt hat, mit welch strahlender Begeisterung die Mitglieder der Sokagakkai bei der Sache sind, mit welch fanatischer Beharrlichkeit und Rücksichtslosigkeit sie ihr Ziel anstreben, mit welch nationalem Stolz sie sich zu ihrer Gemeinschaft bekennen, kann verstehen, daß manche mit Sorge und Mißtrauen auf die politischen Entwicklungsmöglichkeiten eines derart exakt organisierten Systems blicken.

Die Sokagakkai (1937 entstanden, 1940 mit etwa 500 Anhängern, heute mit 10-15 Millionen Mitgliedern) ist unter den buddhistischen Sekten nur eine aus dem engeren Kreis der 42 Religionsgemeinschaften, die sich auf Nichiren berufen. Sie vor allem war es, die nach dem Kriege den Anstoß gab zu neuer buddhistischer Aktivität. Erst im Gegenstoß gegen die ›Neuen Religionen‹, die sich zu einer Art Union, der Shinshuren, zusammengeschlossen hatten, erst aus der Abwehr heraus, besannen sich auch die drei anderen Gruppen des Buddhismus – die alten Mönchsorden, die Volksreligion um den Erlöser-Buddha Amida und die Zen-Klöster – auf ihre wahren Kräfte. Auch sie schlossen sich zur ›Zen Nihon Bukkyo Kai‹ (kurz: Zen-Nichi-Butsu), zum Verband des gesamtjapanischen Buddhismus, zusammen.

Innerhalb und außerhalb dieses Verbandes, dem auch zahlreiche Mitglieder des Parlaments angehören, wird nun ein zäher, innenpolitischer Kampf geführt. Es geht um die Entschädigung für die Landenteignung der Tempel nach dem Kriege; es geht um die Gebühren für den Begräbnisplatz; es geht aber auch um das Echo bei der Bevölkerung und vor allem um einen Einfluß auf die Jugenderziehung.

Politische Ziele

Der verfassungsmäßige Ausschluß der Religionsgemeinschaften von jeder Einflußnahme auf die Schulerziehung sei, so argumentiert man immer nachdrücklicher, eine Fehlentscheidung. Bei der Abschaffung des Moralunterrichts habe man bei der Begründung: so etwas gebe es ja auch in Amerika nicht, ganz übersehen, daß die Unterrichtung der amerikanischen Jugend in praktischer Ethik zwar nicht in der Schule, wohl aber in der Sonntagsschule erfolge und das ganze Familienleben bis zum Alltäglichsten von religiösen Prinzipien durchdrungen sei. In Japan hingegen sei die Nachkriegsjugend in ein geistiges, mo ralisches und religiöses Vakuum hineingewachsen. Die Folgen zeigten sich erschreckend in der hohen Jugendkriminalität. Dagegen, sagt Zen-Nichi-Butsu, biete der Buddhismus eine ebenso wirksame Stütze wie gegen linksradikale politische Tendenzen.

Solche Forderungen sind – und damit folgen wir Gedanken, die in letzter Zeit vor allem Ernst Benz ausgesprochen hat – keineswegs die einzigen politischen Aspekte des japanischen Buddhismus. Das letzte und höchste Ziel, das Nirvana, das auf dem Wege der meditativen Bemühung erstrebt wird, setzt eigentlich einen idealen Wohlfahrtsstaat voraus: ohne daß mindestens Nahrung und Unterkunft für alle garantiert ist, kann man sich nicht tatenloser Meditation hingeben. Der Buddhismus hat daher eine politische und soziale Ethik entwickelt, die sich in vielen Staaten Ostasiens ausgewirkt hat. Burma zum Beispiel ist ein ausgesprochen sozialistischer Wohlfahrtsstaat geworden. Die Nationalisierung des Ackerbodens wurde dort 1948 ausdrücklich mit buddhistischen Prinzipien begründet. Buddhistische Sozialethik beherrscht weite Bereiche auch der Kulturpolitik nicht nur in Burma, sondern zum Beispiel auch auf Ceylon.

Im japanischen Buddhismus hält man die Augen solchen Möglichkeiten gegenüber keineswegs verschlossen. Die aktive Beteiligung an der modernen sozialistischen Bewegung setzte allerdings erst verhältnismäßig spät ein: sozialistische Ideen kamen nach Japan nicht über den Buddhismus, sondern über christliche Missionen und marxistische Propaganda. Gerade für letztere zeigen heute zahllose buddhistische Tempel eine unverhohlene Aufnahmebereitschaft. In den Bibliotheken buddhistischer Universitäten stellen die Sowjetrussen das bei weitem größte Kontingent europäischer Zeitschriften.

Starke Beunruhigung in aller Welt haben die entsetzlichen Szenen hervorgerufen, die zu Anfang der sechziger Jahre aus Süd-Vietnam berichtet wurden im Zusammenhang mit dem sogenannten heiligen Krieg der Buddhisten gegen die Christen und gegen die Regierung. Auch in Japan ist oft die Frage aufgetaucht, inwieweit hinter den buddhistischen Aktionen kommunistische Hilfe, kommunistische Iniative stecke. Man hat daran erinnert, in wie erstaunlicher Weise bisweilen Buddhismus und dialektischer Materialismus auf einen Nenner gebracht worden sind.

In der Sowjetunion hat man sich sogar zu der These versteigen können: kommunistische und buddhistische Lehre seien eigentlich identisch: Buddha sei ein Vorläufer Lenins. Der berühmte Buddhologe Oldenbourg erklärte in den zwanziger Jahren: der Buddhismus sei eine Religion der Unterdrückten, die die Gleichheit aller Lebewesen verkünde. Er sei eine Errungenschaft auf dem Wege zur Völkerversöhnung und damit ein Schrittmacher sowjetischer Ideale.

Diesen Gedanken, der von der früh-sowjetischen Fachliteratur immer wieder aufgenommen worden war, hat Stalin verworfen. Statt dessen hieß es in der Sowjet-Encyclopädie: der Buddhismus diene lediglich als Deckmantel für die Aggression des japanischen Imperialismus. Mit Hilfe der buddhistischen Lehre von der Passivität versuchten die Japaner den Widerstand der Völker Asiens zu unterwandern und zu schwächen.

Diese offizielle Stellungnahme der Sowjetunion – auch darauf weist Ernst Benz hin in seinem Buch ›Buddhas Wiederkehr‹ – ist deshalb besonders interessant, weil das, was hier die Sowjetunion den Japanern vorwirft, heute von der Volksrepublik China praktiziert wird: der außenpolitische Einsatz von scheinbaren Ähnlichkeiten zwischen Buddhismus und Kommunismus zur Gewinnung buddhistischer Völker und Staaten.

Buddhismus und Kommunismus

Bei den Versuchen, Buddhismus und Kommunismus auf einen Nenner zu bringen, fällt zweierlei ins Auge: die Betonung des Altheismus und der ständige Hinweis auf den ›wissenschaftlichen‹ Charakter beider Lehren. Der Buddhismus, heißt es, habe vom Kommunismus nichts zu fürchten, denn Buddhisten seien auch Atheisten, ihre Haltung berühre sich aufs engste mit der Weltanschauung des dialektischen Materialismus. Andererseits stimme Buddhas Lehre mit den Ergebnissen der modernen Naturwissenschaft überein. Buddhismus, so wird argumentiert, sei gar keine Religion, die auf Glauben und Bekenntnis ruhe; er fordere nicht Anerkennung einer göttlichen Offenbarung und bestimmter kirchlicher Dogmen. Im Gegenteil: Buddhas Lehre setze eine wissenschaftliche Einstellung zur Wirklichkeit voraus und appelliere lediglich an Einsicht und Erfahrung – sie verlange also nicht, an etwas zu glauben, was außerhalb der normalen Ordnung liege.

Solche Gedankengänge machen sich auch japanische Buddhisten zu eigen. Einer von ihnen, ein Professor an einer buddhistischen Universität in Tokio – um nur ein Beispiel von vielen zu nennen – knüpfte daran die Bemerkung: »Die Weltkultur verlangt heute eine religiöse Weisheit, in der wissenschaftliche Erkenntnis als Führer dienen kann. Die Rationalität des Buddhismus ist ein aktuelles Erfordernis unserer Zeit.«

Daß solche Auffassung nicht allein herrscht, daß sie auch unter führenden Buddhisten Opposition findet, ist verständlich. Denn die Behauptung einer Übereinstimmung von Buddhismus und moderner Wissenschaft muß für eine Religion verhängnisvoll sein. Deshalb gibt es viele Stimmen, die betonen, daß Buddhismus entschieden mehr sei als bloße wissenschaftliche Erkenntnis, daß die letzte Wirklichkeit auch bei ihm ein Numinosum sei, das nicht einfach ›erfaßt‹ und sachlich analysiert werden könne.

All-Buddhismus

In wie hohem Maße solche Auseinandersetzungen politischen Zündstoff enthalten, zeigt sich immer wieder bei dem Bestreben, die buddhistischen Völker zu einer allbuddhistischen Gemeinschaft zusammenzufassen. Dieses Bemühen ist ursprünglich von Japan ausgegangen. Japan war es, das nach dem russisch-japanischen Krieg 1904 unter den buddhistischen Völkern und Stämmen Asiens mit der Parole eines ›All-Buddhismus‹ politische Propaganda trieb. Es war damit so erfolgreich, daß sich das zaristische Rußland entschließen mußte, seinen buddhistischen Nachbarn gegenüber, vor allem Tibet und der Mongolei, weit größeres Entgegenkommen zu zeigen, als ursprünglich geplant war. 1935 schließlich, im Zuge der japanischen Expansion auf das Festland, versuchte man den japanischen und den chinesischen Buddhismus mit Hilfe einer gemeinsamen buddhistischen Gesellschaft, der Nikka Bukkyo Kyokai, zu einen.

Heute sieht sich Japan selbst der allbuddhistischen Propaganda ausgesetzt – von der Volksrepublik China her. Dort sollte ursprünglich der Buddhismus mit Stumpf und Stiel ausgerottet werden: von 130000 buddhistischen Tempeln gab es 1955 nur noch hundert. Bald jedoch schlug die Ablehnung in offizielle Förderung um. Heute zahlt die chinesische Volksregierung mit gleicher Münze zurück, was China einst von Japan erfahren hatte. Jetzt ist es China, das die traditionellen Verbindungen zwischen japanischem und chinesischem Buddhismus politisch manipulieren möchte. Jetzt ist es der chinesische Kommunismus, der sich als großer Schirmherr des Buddhismus in ganz Asien aufspielt und damit auch in Japan Erfolg hat.

Selbst wenn die politische Absicht solch allbuddhistischer Propaganda klar erkannt wird, ist es für japanische Buddhisten schwer, sich ihr zu entziehen oder ihr gar entgegenzutreten, zumal der Buddhismus vom Festland her nach Japan gekommen ist. Charakteristisch für diesen Zwiespalt ist der von Benz zitierte Bericht über eine offizielle japanische Delegation, die sich 1961 an Ort und Stelle über die Lage des Buddhismus in China informiert hat. »Einige der Informationen«, so hieß es, »erwecken den Eindruck, daß der Buddhismus dort einer harten Unterdrückung ausgesetzt ist ... Andrerseits ... ist ein Land, das den Buddhisten schuldigen Respekt entgegenbringt, Teil des Buddha-Landes, ob es nun kommunistisch ist oder nicht. Wir glauben, daß der Tag kommen wird, an dem Buddhisten aller Länder der Welt Hand in Hand an der Verwirklichung des Weltfriedens mitwirken werden ...«

Für den Kommunismus Chinas ist es verhältnismäßig leicht, buddhistische Organisationen vor den eigenen Wagen zu spannen. Für so erdumspannende Parolen wie Weltfrieden und Weltkultur sind die Buddhisten asiatischer Länder besonders aufgeschlossen. Man sollte deshalb die Bedeutung, die der politische Einsatz und damit Mißbrauch des Buddhismus hat, nicht unterschätzen.

Geschichte und Geschichten

Die Lehre

Bei dem Bemühen, einen Überblick über die Fülle der 169 buddhistischen Sekten zu gewinnen, die es heute in Japan gibt, fällt zunächst auf, daß es sich bei ihnen in der Regel nicht um grundlegende konfessionelle Unterschiede handelt. Oft spiegelt sich in der Aufsplitterung und in dem Festhalten an Besonderheiten nur die Neigung des Japaners zu Sonderbündelei und Geheimniskrämerei. Vor allem im alten Buddhismus sind die Unterschiede lediglich Differenzen, wie sie in Europa zwischen verschiedenen philosophischen Schulen im Bereich der Geisteswissenschaften bestehen.

Alle Sekten haben zumindest die Grundlage gemeinsam: die Einsicht, daß die Welt ein unablässiger Strom von Geburt und Tod und Wiedergeburt und damit voller Leiden ist, daß es gilt, sich aus diesem Strom zu lösen und von dem Leiden zu befreien. Es bedarf nur der Erkenntnis, daß die sogenannte Wirklichkeit eine Welt der Illusion ist, und daß die Möglichkeit besteht, sich aus der Verstrickung in Unrast und Irrtum zu befreien. Mit der Lehre vom Achtfachen Pfad weist der Buddhismus dazu den Weg, an dessen Ende die Erlösung steht, das Nirvana, das bewegungslose absolute ›Nicht‹.

Als der Buddhismus nach Japan kam, war er tausend Jahre alt und nicht mehr die Religion des alten Indien. Aus der kühlen Strenge des Hinayana (›kleines Fahrzeug‹), in dem die Erscheinungswelt der Illusionen und des Leidens dem ›Nicht‹ schroff gegenüberstand, und das Heil nur einigen wenigen durch einsam strenge Weltabkehr zugänglich war, war eine Religion für das Volk geworden, das ›große Fahrzeug‹, Mahayana.

Aus dem Gegensatz war ein Wechselspiel geworden, ein Aufeinander-Bezogensein: die Welt des Leidens war zur Vorstufe aufgestiegen, zum Wegzeichen auf dem Pfad des Heils. Und dem Menschen, bei seinem Streben, dem Leiden zu entfliehen, waren himmlische Hilfskräfte erwachsen: die Bosatsu. Der Buddhismus war zur Gnadenreligion geworden. Sein Himmel hatte sich zum Götter-Pantheon belebt.

Den verschiedenen Graden auf dem Wege der Erkenntnis entsprachen die verschiedenen Grade der Heiligkeit, der Teilhabe am Absoluten. In abgestuftem Maße waren die höheren Wesenheiten ›getrübten Glanzes dem Staube gesellt‹. An sie alle konnte sich der Mensch um Rat und Hilfe wenden. Trotzdem blieb er in seinem Heilsstreben zu einem wesentlichen Teil auf die Intensität seines eigenen Bemühens angewiesen. Im Vergleich zu den popularisierten und damit simplifizierten Formen des späteren Buddhismus waren und sind in den alten Sekten Glaube und Gnade allein keineswegs ausreichend. Strenge Disziplin, harte Zucht und konzentrierte Kraft der Meditation blieben selbstverständliche Voraussetzung allen Erleuchtungsstrebens.

Für den japanischen Buddhismus von heute ist es charakteristisch, daß nicht etwa die populär vereinfachten Formen die komplizierteren verdrängt haben, sondern daß auch die alten Sekten lebendig geblieben sind – nicht nur bei wenigen Sonderlingen, sondern durchaus als Massenbewegung. Die Shingon-Sekte hat noch heute 12000 Tempel, Tendai verfügt über zwei Millionen Anhänger und 5000 Tempel – und Zen ist über den Charakter einer Sekte so weit hinausgewachsen, daß man seine Grundhaltung mit dem japanischen Volkscharakter geradezu identifiziert hat.

Es mag erlaubt sein, zur Vereinfachung des Überblicks eine Einteilung zu benutzen, die auch der Buddhismus selbst kennt. Er unterscheidet vor allem zwei Methoden auf dem Wege zum Ziel: Jiriki und Tariki – das Sich-Verlassen auf eigene und das Vertrauen auf fremde Kraft. Für Jiriki ist die Anwendung harter religiöser Übung und strengen geistigen Trainings, also der ganze Einsatz aller menschlichen Kräfte, unerläßlich. Tariki hingegen verläßt sich im wesentlichen auf göttliche Gnade, auf fremde Hilfe, auf außermenschliche Kräfte.

Zu Jiriki gehören die Reste der alten Nara-Sekten, gehören Tendai und Shingon, die großen Sekten der Heian-Zeit, und eigentlich auch alles, was unter dem Namen Zen zusammengefaßt wird. Zu Tariki rechnet die große Laien-Religion des Amida-Glaubens, rechnen die 42 Nichiren-Sekten und die sogenannten ›modernen‹ Religionen, sofern sie buddhistisch geprägt sind.

Hosso. Unter den Sekten der Frühzeit hat vor allem eine mit bemerkenswerter Kraft alle Stürme der Zeiten überstanden: die Hosso-shu. Der Horyuji, die älteste und schönste Tempelanlage Japans und zugleich der älteste Holzbau der ganzen Welt, ist noch immer ihr Hauptsitz. Auch so bedeutende Nara-Tempel wie Kofukuji und Yakushiji gehören zu Hosso. In Kyoto war es der Kiyomizu-dera, von wo aus Hosso als älteste buddhistische Sekte Japans weite Verbreitung fand. Jahrhundertelang stand sie in hoher Geltung – allein schon deshalb, weil sie sich streng auf ihre religiösen Aufgaben beschränkte.

Die erlösende Erkenntnis besteht nach Hosso darin, den dreifachen Aspekt der Welt zu erkennen: Erstens, daß sie Illusion ist – wie etwa ein Strick nur scheinbar eine Schlange ist; zweitens, daß sie bedingte Realität hat – wie ein Strang von einzelnen Hanffasern einen Strick bildet; drittens, daß sie unbedingte Realität besitzt – wie der Strick seinem ›Wesen‹ nach Hanf ist. Hosso hält nach wie vor daran fest, daß diese Erkenntnis und damit der Weg zur Buddhaschaft keineswegs allen zugänglich ist. Streng teilt sie die Menschen in fünf Klassen, deren Unterschiede unverwischbar sind.

Einen wesentlichen Schritt weiter in dem Bemühen, zwischen dem Absoluten und der nichtigen Welt der Erscheinungen eine Brücke zu schlagen, gingen die großen Sekten der Heian-Zeit, Tendai und Shingon. Man hat sie die Krönung des alten Buddhismus genannt.

Tendai. Diese Sekte ist eine Schöpfung des großen Mönchsgelehrten Saicho, dem später der Ehrenname Dengyo Daishi zugesprochen wurde. Sie hat noch heute ihr Zentrum im Enryakuji, der Tempelstadt auf dem Hieisan bei Kyoto. Das Ziel, das Saicho erstrebte und erreichte, war, alle bisherigen Lehren zu einem gewaltigen scholastischen System zusammenzufassen. Es war eine Lehre, die der Staat als seine beste und sicherste Grundlage betrachten sollte. Fast alle späteren Reformer und Vereinfacher des Buddhismus sind aus der Tendai-Schule hervorgegangen.

Der zentrale Kern dieses auf Totalität gerichteten Systems ist die Lehre vom rechten Verhältnis zwischen dem Absoluten, dem Nicht-sein, und der Vielfalt der Erscheinungswelt. Beides – so erklärte Tendai – ist weder ein und dasselbe noch ist es verschieden voneinander. Wie Wasser und Welle läßt sich keines vom anderen trennen. In einer Haaresspitze, in einem einzigen Sandkorn ist der gesamte Kosmos, sind alle Wesen, alle Buddha lebendig. Daraus ergibt sich für Tendai die dreifache Wahrheit (San Dai): erstens es ist falsch, an die reale Existenz der Unterschiede dieser Welt zu glauben: alles ist leer; zweitens es ist ebenso falsch, die Erscheinungswelt für leer und eitel zu halten: es kommt ihr vorläufige Existenz zu; drittens es ist falsch, einseitig nur eine dieser Wahrheiten zu betonen. Beide gehören zusammen: die Leere tritt in der Erscheinungswelt hervor und die Erscheinungswelt ist nichts als das Leere (zitiert nach Gundert). Wer diese drei Wahrheiten in einem einzigen Gedanken (Isshin Sandai) zu erfassen vermag, ist auf dem rechten Wege zur Erkenntnis.

Shingon. Noch einen Schritt weiter als Tendai ging der Mönch Kukai, der jedem Japaner als eine der größten Persönlichkeiten seiner Vergangenheit unter dem Ehrennamen Kobo Daishi bekannt ist. In der von Kukai begründeten Sekte, der Shingonshu, wird die illusorische Erscheinungswelt ohne weitere Umschweife zum religiösen Wert, zum göttlichen Mysterium erklärt. Für Shingon sind die Dinge selbst die Wahrheit. Der ganze Kosmos, jedes Stäubchen, jedes Wort und jede Erscheinung – alle haben Buddha-Natur. Worauf es ankommt, ist, das Geheimnis der offen vor uns liegenden Welt aufzuschließen. Das kann allein die Shingon-Sekte. Damit die magische Kraft der Welt sich entfalte, hat Shingon ein gewaltiges System magischer Praktiken entwickelt, eine Fülle von Zauberregeln und Gebetsriten, deren Praktizierung nur wahrhaft Eingeweihten möglich ist, deren peinlich genaue Beachtung aber unerläßlich ist für die Erreichung des Heilszieles.

Die Lehre fand vom 9. Jahrhundert an in Japan außerordentliches Echo, offenbar nicht zuletzt deshalb, weil sie für alle nur denkbaren Ziele und Zwecke Nothilfe zu leisten verstand, und weil die Bevölkerung bis zum heutigen Tage viel Sinn für Ritus und Geheimnis hat. Selbst am Kaiserhof fand Kukais Lehre Eingang. Trotzdem war dieser klug genug, das Zentrum seiner Sekte nicht in die Hauptstadt selbst zu legen. Er zog sich in die weltenferne Stille der Berge zurück – erst an den Takao-san im Nordwesten, dann an den Koyasan im Süden von Kyoto.

Zen. Im Rahmen des Buddhismus sind die Zen-Sekten am wenigsten an Dogma und Lehre gebunden. Sie lehnen beides sogar ab. Das ist der Grund, weshalb Zen besonders bei den Samurai Anklang fand. Eine Lehre, die jede Bücherweisheit für überflüssig hält und statt dessen Todesmut, Schlichtheit und Härte zu Grundvoraussetzungen der erstrebten Erleuchtung erklärt, schien ihnen geradezu auf den Leib geschnitten.

Zen lehnt jede Dogmatik und jede philosophische Spekulation ab, weil sie auf dem Wege zum eigentlichen Ziel nicht helfen, sondern höchstens hinderlich sind. Zen-Sekten suchen die Erleuchtung (Satori) ohne Umwege, ausschließlich mit Hilfe der Versenkung: Zen heißt eigentlich Zazen gleich Meditation. Auch die Versenkung, die mit äußerster Strenge durchgeführt wird und von dem Zen-Jünger ein Höchstmaß an Disziplin verlangt, gilt nicht bestimmten Wahrheiten, Lehren und Gedanken – im Gegenteil: Es kommt darauf an, sich von der Unruhe des Denkens zu befreien, es völlig auszuschalten, damit die ›stille Leerheit‹ das Innere erfüllen kann. Erst von solcher Basis aus ist das Grundprinzip der Zen-Tradition anwendbar: die Übermittlung von Geist zu Geist, die Ausschaltung jeder schriftlich fixierten und fixierbaren Lehre. Solche Form der Lehre noch buddhistisch zu nennen, würde schwerfallen, könnten sich die Zen-Sekten zu ihrer Legitimation nicht darauf berufen, daß Buddha selbst es war, der ihre Methode praktiziert hat: Schweigend saß er im Kreise seiner Jünger und drehte eine Blume zwischen seinen Fingern. Alle blickten ihn fragend an, nur einer lächelte still. Ihm übergab der Erhabene die Blume, er hatte ihn verstanden. Buddha selbst, meint außerdem die Zen-Tradition, habe nach 40jährigem Predigen erklärt, seit seiner Erleuchtung kein einziges Wort gesprochen zu haben. Warum sollte dann Zen der Worte und Buchstaben bedürfen?

In Japan unterscheidet man die rauhe und die sanfte Zen-Schule. Erstere wird in der Rinzai-, letztere in der Soto-Sekte praktiziert. Viele Meister der Rinzai-Schule sind auch heute noch wegen ihrer genialen Grobheit berühmt: Sie beschimpfen ihre Schüler, brüllen sie an, schlagen sie unvermutet und schmerzhaft – alles nur, um ihnen das Erlebnis der Erleuchtung, die unberechenbar und plötzlich das Innere erfüllt, zu erleichtern. Die Erleuchtung selbst entzieht sich jeder Beschreibung. Sogar Daisetsu Suzuki, der eine Unzahl von Büchern über Zen geschrieben hat, weist darauf hin, daß eine solche Beschreibung vergleichbar wäre mit jemandem, der einen andern auf den Mond deuten sieht, selbst aber immer nur auf den Finger starrt statt auf den Mond.

Trotz aller Buchstabenlosigkeit kennen auch die Zen-Schulen gewisse kanonische Schriften. Am bekanntesten ist das Hekiganroku, das besonders in der Rinzai-Schule gepflegt wird. Es enthält Hymnen und Anekdoten, Sprüche der Meister und vor allem Koan, jene berühmten, absurd scheinenden Problemstellungen, die den meditierenden Geist von der irrigen Welt der Erscheinungen wegführen soll zur Erkenntnis der wahren Buddha-Natur. Zwei Beispiele (zitiert nach Dumoulin): »Gestern abend wieherte ein hölzernes Pferd und ein steinerner Mann machte Luftsprünge.« Und: »Wenn beide Hände zusammenschlagen, so entsteht ein Ton. Horch auf den Ton der einen Hand!«

Die berühmtesten Rinzai-Klöster sind noch heute: Kenchoji und Engakuji in Kamakura, Nanzenji und Daitokuji in Kyoto. Die entsprechenden Klöster der Soto-Schule sind Eiheiji bei Fukui, Daijiji bei Kumamoto und Sojoji auf der Noto-Halbinsel.

Tariki-Gruppe

Im Gegensatz zu der komplizierten Theologie der Tendai-Sekte und zu der Umständlichkeit der magischen Shingon-Riten stand das Bedürfnis des Volkes nach einer auch schlichten Gemütern zugänglichen Laienreligion. Diesem Bedürfnis trugen in der Kamakura-Zeit vor allem drei Männer Rechnung: Honen, Shinran und Nichiren. Ihnen ist es zuzuschreiben, daß der Buddhismus wirklich populär wurde, daß er als echte Volksreligion bis in die tiefsten Schichten der Gesellschaft drang.

Jodo und Shin. Honen und sein Schüler Shinran sind die Schöpfer des sogenannten Nembutsu-Buddhismus, des Glaubens, daß es vollauf genüge, die unermeßliche Gnade des Amida-Buddha anzurufen, um ins ›Reine Land‹ (Jodo) seines westlichen Paradieses wiedergeboren zu werden. Honen soll die allein seligmachende Formel ›Namu Amida Butsu‹ (Verehrung für Amida Buddha) 6000-7000mal täglich wiederholt haben.

Honen nannte seine Sekte ›Jodo-shu‹ (Reines-Land-Sekte), Shinran: ›Jodo-Shinshu‹, kurz: Shinshu (neue Sekte des reinen Landes). Beide Sekten gibt es noch heute, nur daß der Zweig Shinrans sechsmal so gewaltig ist und 1970 rund 12 Millionen Anhänger zählte.

Mit Honen, vor allem aber mit Shinran, der sogar den Mönchsstand verließ, war die letzte Bindung an den Buddhismus der Heian-Zeit gelöst: Jede Form der Meditation, der harten Selbstdisziplin, jeder Gedanke an eine Rettung mit Hilfe eigener Kraft (Jiriki) wurde schroff abgelehnt. Zum Heil, so hieß es, führe ausschließlich das Vertrauen auf die Kraft eines anderen (Tariki), der Glaube an die Gnade Amidas. Shinran starb fast 90jährig, von allen hochgeehrt in Otani bei Kyoto. Seine Enkel übernahmen den Namen seiner Grabstätte als Familiennamen: Noch heute gehören die Otani zu den angesehensten Äbten Japans. Sie machten Shinrans Grab, über dem sich heute der Nishi-Honganji in Kyoto erhebt, zum Mittelpunkt der Sekte.

Nichiren-Sekten. Seit Nichiren, der fanatische Prophet aus dem 13. Jahrhundert, zu der Erkenntnis gekommen war, daß das Lotos-Sutra (Myoho Renge Kyo, kurz: Hoke-Kyo) die ganze und alleinige Wahrheit des Buddhismus enthalte und nur die ehrfürchtige Anrufung dieses Sutras das Heil herbeiführen könne, war er von seiner Mission besessen. Bis heute, über 700 Jahre hinweg, hat Nichirens Lehre, die keinerlei Toleranz kennt, nichts an Stoßkraft eingebüßt: mindestens 20% des Volkes, also mehr als 20 Millionen Menschen, bekennen sich zu ihr.

Was Nichiren wollte und seine Anhänger auch heute wollen, soll hier und jetzt verwirklicht werden. Nichiren war es, der zum erstenmal von der großen Mission Japans gesprochen hat: Es sollte die ganze Welt unter der Losung ›Namu Myoho Renge Kyo‹ – ›Verehrung dem Lotos-Sutra‹ einen.

Das Lotos-Sutra. Auch vor Nichirens Zeiten war das Lotos-Sutra eine der wichtigsten Schriften des Mahayana-Buddhismus. In ihm hat die späte Lebensperiode des historischen Buddha und damit seine letzte und tiefste Erkenntnis Niederschlag gefunden. Aber erst seit Nichiren ist dieses Sutra, ja sein Titel allein, zum Zauberwort geworden, dessen gläubige Nennung die in jedem Menschen verborgene Buddha-Natur zum Vorschein bringt. Wie das makellose reine Weiß der Lotosblüte, einem Wunder gleich, aus Schlamm und Moder emporwächst, bleiben diejenigen, die die Wahrheit erkannt haben, makellos und rein inmitten dieser trostlosen Welt.

Unter den vier Menschenarten, die das Lotos-Sutra unterscheidet, steht der Mensch der Masse auf der niedrigsten Stufe. Auf der höchsten steht der Bosatsu. Er denkt nicht an sich, er denkt nur an die anderen. Ein solcher Bosatsu – das ist das Neue und wahrhaft Revolutionierende seit Nichiren und auch die Begründung für den kämpferischen Missionseifer seiner Anhänger – kann und soll jeder sein, auch die ›gewöhnlichen Leute‹.

Religionen der Hoffnung. Unter den sogenannten ›modernen Religionen‹, d.h. jenen Sekten, die nach dem Zweiten Weltkrieg ungeheuren Zulauf erhielten, ist die Sokagakkai die größte und aktivste von drei großen Religionsgemeinschaften, die sich zu Nichiren bekennen. Weniger im Vordergrund, aber keineswegs weniger wirksam sind die beiden anderen sozialethisch orientierten Lotos-Bewegungen, die Reiyukai (fast 4 Millionen Anhänger) und die Rissho Kosei Kai (fast 3 Millionen Anhänger).

Allen dreien sind drei Grundzüge gemeinsam: Erstens, sie sind Laienbewegungen, d. h. geradezu naiv anspruchslos in dogmatischer und metaphysischer Hinsicht; zweitens, sie sind ausnahmslos ›Religionen der Hoffnung‹, die sich vor allem an die ›Mühseligen und Beladenen‹ der unteren Volksschichten wenden; drittens, ihre Gründer werden wie ›Götter des Volkes‹, wie ›lebende Himmelsboten‹ verehrt.

Eine Erwartung, die man den modernen Religionen gegenüber des öfteren ausgesprochen hat, hat sich bisher nicht erfüllt: Sie sind nicht zusammengebrochen trotz des wachsenden Wohlstands auch in den Kreisen der früher Besitzlosen. Sie existieren weiter und vergrößern die Zahl ihrer Anhänger. Damit allein wird bewiesen, daß den religiösen Massenbewegungen der Gegenwart ein echter religiöser Kern zugrunde liegt, aus dem sie ihre missionarischen Kräfte beziehen.

Die Nachkriegszeit mit ihrer ganzen Ernüchterung und Entidealisierung hat dem Buddhismus, der sich seit der Meji-Zeit keiner besonderen Förderung erfreuen konnte, nicht etwa den letzten Rest an Boden entzogen, sondern ihm im Gegenteil gewaltigen Auftrieb gegeben. Zu den 54 alten sind 115 neue Sekten getreten. Wer gesehen hat, mit welcher Inbrunst die Menschen vor den heiligen Stätten im Gebet versunken sind, wer weiß, wie hart das geistige und körperliche Training ist, zu dem sich das ganze Jahr über in großen Zen-Tempeln nicht etwa nur Mönche, sondern auch Laiengruppen zusammenfinden, wer miterlebt hat, mit welcher fast fanatisch zu nennenden Begeisterung die aktiven Nichiren-Sekten ihren Glauben bekunden, der muß all denen widersprechen, die der Meinung sind, Japan sei ein areligiöses Land, die behaupten, der Buddhismus sei hier überlebt.

Religion auf Probe

Es war ein Kampf auf Tod und Leben. Die einen, die ›konservativen‹ Geschlechter der Mononobe und Nakatomi sahen in dem Geschenk eines koreanischen Königs, einer Buddha-Statue, eine freche Herausforderung an die alten Shinto-Gottheiten. Sie sahen den Bestand des Reiches bedroht. Der Koreaner hatte empfohlen, es anzunehmen, da seine Verehrung sich auf dem Festland als nützlich erwiesen habe. Die Mononobe und mit ihnen das alte Priestergeschlecht der Nakatomi waren jedoch strikt dagegen: »Wir haben unsere eigenen Landesgötter. Wir erzürnen sie, wenn wir fremde zulassen.« Die anderen, vor allem in der ›modern‹ denkenden Familie der Soga, sahen in dem Bildwerk und seiner Verehrung eine willkommene Gelegenheit, ihre Fortschrittlichkeit und Zugehörigkeit zur zivilisierten Welt zu bekunden: »Alle auf dem Festland verehren Buddha, wir dürfen ihnen nicht nachstehen« (Zitate: Naberfeld). Der Streit dauerte 35 Jahre.

Die Soga wurden beauftragt, den fremden Kult zunächst probeweise im Rahmen ihrer Familie zu übernehmen. Das geschah im Jahre 552. Doch kaum war der Soga-Sitz in einen Tempel umgewandelt worden, brach eine Seuche aus. Die Soga-Gegner hatten es leicht, die neue Religion dafür verantwortlich zu machen. Mit kaiserlicher Genehmigung ging das Soga-Haus, in dem die erste Buddha-Figur Japans stand, in Flammen auf und das Bildwerk wurde im Naniwa-Kanal versenkt. Der Ort ist noch heute bekannt als Horie-machi in Osaka. Hier wurde die Statue von frommer Hand herausgefischt und nach Nagano gebracht, wo sie noch heute im Zenkoji verehrt wird.

Die Soga-Familie gab sich indessen nicht geschlagen. Neue Bildwerke, Sutren und andere heilige Gegenstände kamen als ›Tribut‹ aus Korea. Ein neuer Tempel wurde errichtet. Wieder brach eine Seuche aus, wieder wurden Tempel und Bildwerke vernichtet. Aber die Seuche war damit nicht gebannt. Im Gegenteil, sie griff nur um so heftiger um sich. Nun wandte sich die Stimmung gegen die alten Götter: War die Pestilenz gar die Strafe für die Vernichtung der Buddha-Figur? Der neue Glaube drang bis ins Kaiserhaus und Kaiser Jomei war der erste Tenno, der als Buddhist gestorben ist.

Nach seinem Tode kam der Streit zu offenem, kriegerischem Ausbruch. Die Mononobe wurden erschlagen und die Führer der Gegenseite, Umako Soga und der spätere Kronprinz Shotoku, mußten ihre Gelübde wahrmachen: Beide hatten für den Fall des Sieges versprochen, einen Tempel zu errichten. Umako Soga baute den Hokoji bei Nara, Prinz Shotoku den Shitennoji im heutigen Osaka. Damit war der Buddhismus in Japan etabliert.

Shotoku Taishi

Eine der zentralen Gestalten der japanischen Geschichte ist Shotoku Taishi. Eigentlich hieß er Prinz Umayado (Pferdestalltür), weil seine Mutter angeblich mit ihm vor den Stallungen niederkam. Mit 19 Jahren wurde er Regent der Kaiserin Suiko. Was er in den darauffolgenden 30 Jahren bis zu seinem Tode (621) alles geschaffen haben soll, geht über die Kraft eines einzelnen hinaus. Auf jeden Fall war er eine ungewöhnliche Persönlichkeit, der sich sogar ein großer, aber skrupelloser Mann wie Umako Soga gebeugt hat. Noch heute gilt Kronprinz Shotoku als eigentlicher Vater des japanischen Buddhismus. Als er starb gab es bereits 816 Priester, 569 Nonnen und 40 Tempel, unter denen der Horyuji – 607 gegründet – der schönste und berühmteste wurde. Er lag unmittelbar neben dem Palast des Kronprinzen, an dessen Stelle heute die achteckige Yumedono (Traumhalle) steht: Dort, wo Shotoku zu meditieren pflegte.

Der Kronprinz förderte nicht nur den Tempelbau. Er war zugleich der größte Gelehrte seiner Zeit. Er las und interpretierte die Sutren, soll zahlreiche Plastiken geschaffen haben, sorgte für regen Kontakt mit dem chinesischen Buddhismus und war darüber hinaus ein großer Bewunderer der Festlandkultur. Er führte in Japan ein Rangsystem ein, die sogenannten Mützenränge für die Beamtenschaft, um der Postenvererbung Einhalt zu bieten und zugleich den Beamten eine Sonderstellung zu geben, was bis heute wirksam geblieben ist. Schließlich verfaßte er die berühmten ›17 Artikel‹. Sie sind zwar nicht die erste Verfassung Japans, wie oft behauptet wird, sondern Moralgebote und Ermahnungen an das Volk. In ihnen aber wird zum erstenmal die These von der absoluten Herrschaft des Kaisers formuliert, ein Anspruch, der von da an fortbestand. Shotoku war auch um die Pflege diplomatischer Beziehungen zu China bemüht. In dem dabei geführten Briefwechsel kommt das Gefühl der Gleichberechtigung und Selbständigkeit gegenüber dem Festland klar zum Ausdruck, und zum erstenmal erscheinen dabei die Zeichen ›Nihon‹ für Japan.

Ganjin und das Gelehrtenschiff

Auf das dringende Bitten japanischer Mönche hin entschloß sich der 55jährige chinesische Abt Ganjin, die Überfahrt nach Japan zu wagen. Elf Jahre sollte es dauern, bis das Wagnis gelang. Fünfmal trat er die Reise an, fünfmal scheiterte sie: an wilden Stürmen, an rohen Piraten, an verständnislosen Behörden und schließlich auch noch am Schiffbruch, der dem Abt nicht nur die Gesundheit, sondern auch das Licht beider Augen kostete. Dennoch ließ er von seinem Entschluß, Japan zu erreichen, nicht ab. Als er endlich im Alter von 66 Jahren eintraf, wurde er hochgeehrt: In Anwesenheit des gesamten Hofstaats wurde ihm im Todaiji die Würde eines Bosatsu verliehen. Ganjin gründete die Risshu-Sekte und das Kloster Toshodaiji in Nara, das als Ort strenger Mönchszucht und als oberste Stätte der Priesterweihe

11

Das Gion-Fest (Gion-no-matsuri), das seit 876 jedes Jahr im Juli in Kyoto stattfindet, gehört noch heute zu den schönsten shintoistischen Schreinfesten Japans. Es entstand aus einer Bittprozession zum Wind- und Regengott Susanoo anläßlich einer Pestepidemie.

Detail eines Wandschirmes der Kan'ei-Periode (1624-44). Tusche, Farben, Kalkspat, Gold und Silber auf Papier.

Köln, Museum für Ostasiatische Kunst

für das ganze Land zentrale Bedeutung gewann. Noch heute wird hier sein Bild bewahrt und nur einmal im Jahr öffentlich gezeigt. Ganjin war es auch, der zum erstenmal in der Geschichte Japans einen Kaiser (Shomu Tenno) zum Priester weihte.

Dieser blinde Würdenträger war nicht der einzige fromme Fremdling in Nara. Er stand in enger Verbindung mit dem großen Kreis von Gelehrten aus Indien und Zentralasien, aus China und Korea, die damals in der Hauptstadt Japans versammelt waren. Mittelpunkt des ganzen Kreises war der indische Bischof und Sanskrit-Lehrer Bodhisena. Er, dessen ganzes Leben – nicht nur, wie bei Ganjin, elf Jahre lang – ein einziges Reiseabenteuer war, war nach vielen Irrfahrten mit jenem berühmten Gelehrtenschiff eingetroffen, das gleichsam symbolisch ist für die bis heute gültige geistige und kulturelle Verbundenheit Japans mit dem übrigen Asien. Auf dem gleichen Schiff kam aus Kambodscha der Priester, Musiker und Lehrer religiöser Tänze Fo T'ieh (jap.: Buttetsu), kamen aus China der politisch ehrgeizige Abt Gembo, der Gründer der Kegon-Sekte Dosen und vor allem Kibi no Makibi, der bei Bodhisena Sanskrit gelernt hatte, angeblich die Katakana-Schrift erfand, die Brokatweberei und das Go-Spiel einführte und bei der Kompilation der ersten großen Gedichtsammlung Japans, des Manyoshu, eine führende Rolle spielte.

Die Beziehungen Japans zum Festland, die heute in der Politik Asiens eine so wichtige Rolle spielen, ziehen sich durch die ganze Geschichte des Landes. Ihre Anfänge gehen zurück bis in die Zeiten des Mythos. Ihren ersten Höhepunkt erreichten sie zur Nara-Zeit. Damals waren Buddhismus und Gelehrsamkeit gleichsam identisch. Die Hauptquellen allen Wissens flossen damals in China. Der Weg von China her aber führte vorwiegend über Korea. Koreaner brachten die chinesische Schrift, machten die Kalligraphie populär, übermittelten den Buddhismus. Seitdem sind die Beziehungen zum Festland immer enger geworden, sooft sie auch unterbrochen wurden.

Der große Buddha von Nara

Es war einer der feierlichsten Augenblicke in der Geschichte des japanischen Buddhismus, als die gigantische Figur des Buddha Dai Nichi und die ihn bergende Halle des Todaiji im April 752 mit großem Pomp geweiht wurden. Der gesamte Hofstaat war erschienen, alle Würdenträger der Regierung, 5000 Nonnen und Mönche aus Nara selbst und weitere 5000 aus dem ganzen Land. Gekrönt wurde das Fest durch die Anwesenheit der regierenden Kaiserin und ihrer Eltern, des Extenno Shomu und seiner Gemahlin Komyo, die sich inzwischen beide ins Klosterleben zurückgezogen hatten. Noch heute wird im Schatzhaus Shosoin der Pinsel aufbewahrt, mit dem dem großen Buddha ›die Augen geöffnet‹ wurden, eine Zeremonie zum Zeichen dafür, daß nun Buddha-Figur und Buddha-Geist eins geworden sind.

Sieben Versuche für den Bronzeguß waren in 12jährigem Bemühen fehlgeschlagen. Erst mit dem achten gelang das große Werk, für das man fünfzig Tonnen Kupfer, acht Tonnen Zinn sowie Gold, Silber, Blei u. a. verwendet hatte. Die 16 m hohe Figur war ein Symbol der Macht und Größe des Buddhismus. Sie war aber auch ein Symbol für die Macht und Größe des Kaiserhofes und damit zugleich von ganz Japan.

Natürlich ist es phantastischer Unsinn, wenn die Fremdenführer dem staunenden Touristen angesichts der gewaltigen Figur einreden wollen, daß die Nasenlöcher des Kopfes, der allein 4,85 m hoch ist, so groß seien, daß man mit aufgespanntem Regenschirm darin emporklettern könne, und daß sich Ishikawa Goemon, ein notorischer Bösewicht Japans, lange Zeit im rechten Nasenloch versteckt gehalten habe, bis man ihn endlich fand und grausam tötete. Richtig bleibt, daß die Ausmaße selbst für gegenwärtige Verhältnisse außerordentlich sind. Die Halle, heute das größte Holzbauwerk der Welt, war ursprünglich nahezu doppelt so groß, wie ja auch das Nara von heute höchstens ein Zehntel der Fläche bedeckt, auf der damals die Hauptstadt des Landes stand. Wie hoch der künstlerische Wert der Riesenstatue selbst gewesen sein muß, kann man nur ahnen, wenn man die gleichzeitig entstandene zauberhafte Tempellaterne betrachtet, die vor der Halle steht. Von dem ursprünglichen Daibutsu existiert heute kaum mehr als der Sockel und ein Teil des Gewandes. Alles andere ist mehrfachen Erdbeben, Feuersbrünsten und ›Reparaturarbeiten‹ zum Opfer gefallen. Allein der Kopf ist dreimal ersetzt worden: zum erstenmal nach 48 Jahren, nachdem ihn ein Erdbeben zu Fall gebracht hatte; die beiden anderen Male war er im Feuer von Tempelbränden geschmolzen. Der Schöpfer des großen Buddha war Kaiser Shomu, wohl der religiöseste unter den Tenno Japans. Doch er war nicht nur ein großer Förderer des Buddhismus. Unter seiner Herrschaft nahm Japan einen Aufschwung wie nie zuvor. Als er nach 25 Jahren die Regierung an seine Tochter abtrat, sich selbst das Haupthaar scheren ließ und als Mönch in das Yakushiji-Kloster übersiedelte, gab er damit ein Beispiel, dem viele Kaiser und regierende Fürsten später folgten – nicht jedoch aus Frömmigkeit, sondern weil sie aus der Zurückgezogenheit um so ungehemmter ihren Einfluß geltend machen konnten. Keine kaiserliche Gemahlin aber folgte dem Beispiel Komyos, der Gattin Shomus. Sie lebte den Rest ihres Lebens als Nonne im Hokkeji, in dem man noch heute den Badeplatz zeigt, an dem sie sogar lepröse Bettler gepflegt hat.

Die eigentliche geistige Kraft jener Zeit war der große Hosso-Meister Gyogi, ein leidenschaftlicher Prediger, der zugleich Brücken baute und Häfen schuf, Wälder rodete und Straßen anlegte, den Armen und den Kranken half, der das Vertrauen des Kaisers hatte und ihn überredet haben soll, Mönch zu werden. Als es darum ging, in Nara den großen Buddha zu schaffen, wurde Gyogi nach Ise gesandt, um dort das Urteil der Sonnengöttin, der kaiserlichen Ahnherrin, darüber zu erfragen. Er brachte ihr eine Buddha-Reliquie zum Geschenk, und das Orakel lautete, daß Amaterasu selbst nichts Geringeres als eine Erscheinungsform Dai Nichi Nyorais sei, eben jenes Buddha, dessen Bronzebild man im Todaiji, im Osttempel, errichten wollte.

Kobo Daishi

Im Jahre 808, als Pest und Hungersnot die Stadt Heian hart bedrängten und der Kaiser nicht mehr ein noch aus wußte, wie er seinem geplagten Volk helfen sollte, wurde der Mönch Kukai gerufen (sein späterer Ehrentitel war Kobo Daishi). Er bestieg den Berg im Osten der Stadt und entzündete auf ihm ein gewaltiges Feuer in Gestalt des Schriftzeichens für ›Größe‹ (›Dai monji‹). Er tat das genau an der Stätte, wo die Buddha-Figur des Jodo-in unversehrt gefunden worden war, nachdem ein Feuer den Tempel selbst völlig zerstört hatte. Dieses erste Daimonji-Feuer war in ganz Kyoto zu sehen, das Volk erstarrte in Ehrfurcht, und kurz danach waren Pest und Hungersnot überwunden. Seit dieser Zeit haben Daimonji-Feuer im ganzen Land dem Volk geholfen, und noch heute wird es in Kyoto zur Zeit der O-Bon-Feste entzündet.

Es gibt in Japan kaum einen Ort, an dem Kobo Daishi nicht gewesen sein soll: So zahllos sind die Legenden, die sich auf ihn beziehen. Sie sprechen von der Ehrfurcht, die ihm das Volk auf seinen vielen Pilgerfahrten entgegenbrachte. Selbst nach seinem Tode soll er von dem Umherziehen nicht gelassen haben: Wenn alljährlich am 21. April das Gewand seiner Statue auf dem Koyasan gewechselt wird, ist regelmäßig der untere Saum der Kleidung ausgefranst und schmutzig vom Staub der Straßen, auf denen er noch immer in die entlegensten Dörfer zu Fuß läuft.

Eines Tages kam er auch nach Tokio, dorthin, wo heute der kleine Teich im Ueno-Park liegt. Dieser Teich verdankt wie viele andere Brunnen und Quellen Japans seine Existenz dem großen Kobo Daishi. Er sah, wie eine alte Frau selbst in der Nacht noch mühsam ein Wassergefäß von weither auf ihrem Kopf daherschleppte. Er hatte tiefes Mitleid mit der Alten, stieß seinen Wanderstock in den Boden und alsbald glitzerte das Wasser im Schein des Mondes und war überdies heilkräftig gegen Krankheiten aller Art.

Als Kobo Daishi wieder einmal seinen Bambusstab in den Boden steckte und ihn vergaß, geschah ein Wunder. Der Stab schlug nicht nur Wurzeln; aus ihm wuchs ein ganzer Bambushain, der im ganzen Land bekannt wurde, weil nicht nur seine Wurzeln, sondern auch die Zweige von oben nach unten wuchsen: der berühmte Sakasadake, der ›Von-oben-nach-unten-Bambus‹. Dieser Hain steht noch heute hinter dem Seibo-Tempel der Stadt Toyano in der Provinz Niigata. All das geschah nicht nur einmal, sondern an mehreren Stellen des Landes.

Kobo Daishi ist für jeden Japaner jeden Alters ein Begriff: Er ist eine der ganz großen Persönlichkeiten, die mehrere hundert Jahre lang gelebt haben müßten, wenn sie all das, was ihnen zugeschrieben wird, getan haben sollen. Aber auch das, was Kobo Daishi wirklich geleistet hat, zeigt, daß er wahrhaft universal war: ein großer buddhistischer Priester und Gründer der Shingon-Sekte, deren magische Riten selbst die Zukunft zu beschwören wissen; ein unerhört fleißiger Schriftsteller, der, wie es scheint, zum Schöpfer der Hiragana-Silbenschrift wurde; und nicht zuletzt ein großer Helfer und Kulturpionier, der bei seinen vielen Wanderungen in die entlegensten Provinzen nicht nur den Kranken half (die noch heute verbreitete Heilmethode mit Moxa, japanisch ›O-Kyu‹ genannt, geht auf ihn zurück), sondern auch Brücken baute, Straßen anlegte und das Land zu kultivieren wußte.

Sosehr er das Inbild der Vollkommenheit ist, so sehr wird er doch stets als Mensch gesehen. Ein Sprichwort heißt: Kobo demo Fude ni ayamaru – selbst Kobo macht beim Schreiben Fehler.

Kobo Daishis wahrhaft überragende Persönlichkeit ist so tief ins Bewußtsein des Volkes gedrungen, daß sein Name mit dem des Dichters Kiyomaru, mit Yakushi, dem Buddha der Heilkunst, ja sogar mit den Tempelbereichen des Koya und des Takao zu einer Einheit verschwimmt. Seine Jünger glauben, er sei mit 61 Jahren nicht etwa gestorben, sondern warte auf dem Koyasan auf den kommenden Buddha, auf den Anbruch einer neuen Zeit: Das ist der Grund, weshalb noch heute so viele bemüht sind, in der Nähe dieses großen Geistes im Klosterbereich des Koyasan bestattet zu werden.

Im 15. Jahrhundert – das wissen wir aus einem No-Spiel – zählte man auf dem Koyasan 990 Tempel. 1886 waren es noch 680. Inzwischen ist die Zahl der nach dem Großbrand des Jahres 1887 auf 123 zusammengeschrumpft. Jedem gebildeten Japaner, der das Wort Koyasan hört, steht sofort die rührende, auch auf der Bühne oft gespielte Geschichte von Ishidomaru vor Augen. Ein Fürst von Fukuoka hatte eines Tages sein Schloß verlassen und war Mönch geworden, ohne zu wissen, daß ihm inzwischen ein Sohn geboren worden war. Sobald dieser Sohn Ishidomaru laufen konnte, gingen Mutter und Sohn den Vater suchen. Die Spur führte zum Koyasan. Da Frauen dort keinen Zutritt hatten, betrat der Sohn allein das Kloster, fand den Vater, aber dieser gab sich nicht zu erkennen. Vielmehr erklärte er,

Ishidomarus Vater sei nicht mehr am Leben. Enttäuscht verließ der Sohn das Kloster. Doch draußen war inzwischen die Mutter gestorben. Da kehrte er erneut zurück und wurde Schüler bei seinem Mönch-Freund. Der Ort, wo beide lebten, Karukayado, wird immer noch gezeigt.

Kobo Daishi wurde 774 auf Shikoku geboren: Der Zentsuji dort ist noch heute nächst dem Koyasan die wichtigste Wallfahrtsstätte aller Shingon-Buddhisten. Erst mit 25 Jahren wurde Kobo Mönch. In drei Jahren China-Aufenthalt hatte er sich eine so erstaunliche Fülle von Wissen auf allen Gebieten angeeignet, daß er nach der Rückkehr sofort persona gratissima bei Hofe war. Doch im Gegensatz zu seinem Zeitgenossen, dem großen Dengyo Daishi, der die Klosterstadt auf dem Berge Hiei, ganz in der Nähe der Hauptstadt, gründete, zog sich Kobo Daishi in die Einsamkeit der Berge zurück: seine Tempel entgingen so in der Mehrzahl den vielen Brandschatzungen der Zeit, weil sie sich meist von politischen Händeln fernhielten und ihre Mönche, wie Kobo selbst, nicht nach kämpferischer Auseinandersetzung, sondern nach Ausgleich, Kompromiß und Harmonie strebten. Es ist daher kein Wunder, daß man Kobo Daishi – was historisch allerdings nicht richtig ist – auch zum Vater des Ryobu-Shinto gestempelt hat.

Militante Mönche

»Drei Dinge sind es, die dem Willen eines Menschen nicht gehorchen: die Wasser des Kamo-Flusses, die Würfel des Sugoroku-Spiels und die Mönche des Hieisan.« Dieser Stoßseufzer stammt vom Tenno Shirakawa, der nach 15 Regierungsjahren dem Thron entsagte und sich 1086 in ein Kloster zurückzog. Die Mönche vom Hieisan – in damals über 3000 Tendai-Tempeln – waren zu einer Landplage geworden. 600 Jahre lang hielten sie Japan in Atem, bis Nobunaga sie restlos vernichtete. »Wenn ich sie jetzt nicht ausrotte« – erklärte er – »wird das Ärgernis nie aufhören. Diese Priester verletzen ihr Gelübde: sie essen Fisch und stinkendes Gemüse, sie halten sich Weiber und öffnen nie ihre heiligen Bücher. Wie können solche Leute wider das Übel wachen und das Rechte pflegen? Umzingelt ihre Räubernester, brennt sie nieder! Und duldet nicht, daß auch nur einer darin am Leben bleibt!«

Die Plage, die so 1571 ihr Ende fand, begann 960 unter dem Tendai-Abt Ryogan. Er sammelte auf dem Hieisan Klostersöldner (Sohei) um sich und ließ sie unter Priester-Kommandeuren gegen andere Klöster zu Felde ziehen, um seine Ansprüche durchzusetzen. Der Miidera zum Beispiel wurde innerhalb von zwei Jahrhunderten neunmal niedergebrannt. Vom Kampf gegen Klöster bis zum Kampf gegen Regierung und Tenno war es nur ein kurzer Schritt. Was im übrigen dem Enryakuji auf dem Hieisan recht war, war anderen Klöstern billig, vor allem Miidera, Kofukuji und Todaiji. Sie wurden zu Garnisonen von Abenteurern und haltlosem Gesindel: ein ideales Refugium für Kriminelle und Asoziale aller Art.

Wenn eines der Klöster etwas erreichen wollte oder sich schlecht behandelt fühlte, sandte es seine Heere, oft mehrere zehntausend Mann, nach Kyoto und belagerte die Minister und den Kaiserhof. Die Banden bedienten sich dabei eines beliebten Tricks: Sie trugen vor sich her ein heiliges Emblem (wenn sie vom Hieisan kamen, das Mikoshi der Shintogottheit Sanno). Wer solchem Heiligtum den nötigen Respekt versagte oder gar sich ihm widersetzte, war des Sakrilegs schuldig und mußte beseitigt werden. Die Macht des Söldnermobs war so groß, daß die im Lande um die Macht kämpfenden Gruppen und Familien nur dann Aussicht auf Erfolg hatten, wenn sie sich die Unterstützung der stärksten Klöster sicherten.

Da die Klöster miteinander rivalisierten, waren sie sehr um ihr Prestige besorgt. Dafür war es zum Beispiel wichtig, zu welchem Tempel sich die Kaiser, die abgedankt und sich ins Klosterleben zurückgezogen hatten, ihre Pilgerfahrten machten. Als einer der Kaiser zu keinem von ihnen, sondern nach Miyajima, zum Sitz des Taira-Geschlechtes, reiste, waren alle vier großen Waffentempel empört. Gemeinsam sannen sie auf Rache gegen die Taira. Doch die Taira waren schneller und die geschlossene Front der Klöster brach auseinander: Die Mönche des Hieisan waren bestechlich; sie entgingen der Vernichtung. Nur Miidera, Kofukuji und Todaiji wurden von Shigehira Taira niedergebrannt. Das freilich mußte dieser büßen. Als die Taira von den Minamoto vernichtend geschlagen worden waren, wurde Shigehira an die Tempel ausgeliefert und am Ort der Brandschatzung hingerichtet.

Selbstverständlich waren nicht alle Mönche jener Zeit Krieger. Zen-Klöster waren nie an solchen Händeln beteiligt. Viele Mönche waren außerdem als Regierungsschreiber in der Provinz tätig. In den Händen des geistlichen Standes lag zeitweise ferner ein Geschäft, das ebenso unkriegerisch wie unkirchlich war: Handel und Schiffahrt. Als Takauji Ashikaga aus einem alten Palast den Tempel Tenryuji machte, sandte er den Abt Soseki zum Einkauf buddhistischer Utensilien nach China. Das Schiff, auf dem er reiste, nannte man ›Tenryujibune‹. Dieser Name übertrug sich auf alle Schiffe, die fortan mit China (frommen) Handel trieben.

Honen und Shinran

Unter den ›Heiligen‹ Japans steht Honen Shonin in vorderster Linie. Sein unermüdliches Ringen um die religiöse Erkenntnis, sein zähes Festhalten an der einmal erkannten Wahrheit, sein tolerantes gütiges Wesen und sein fester, bei aller Gelehrsamkeit schlichter Charakter haben ihn schon zu Lebzeiten zu einer von Mythen umrankten Persönlichkeit gemacht, die allgemeine Verehrung genoß. Als seine Lehre auch bei Hofe Fuß faßte, als hohe Staatsbeamte zu ihm hielten, als sogar bedeutende Priester anderer Sekten zu ihm übergingen und seine Erweckungsbewegung das ganze Volk zu ergreifen begann, da schien es den Äbten der anerkannten Sekten an der Zeit, der Abwanderung aus den eigenen Tempeln Einhalt zu gebieten: Sie erwirkten beim Kaiser Honens Verbannung in das ferne Tosa. Aber selbst das focht ihn nicht an. Seine trauernden Jünger beruhigte er mit den Worten: »Ich wollte immer schon mal aufs Land, um den Leuten auch dort zu predigen. Nie bisher ging dieser Wunsch in Erfüllung. Jetzt endlich ist es soweit dank der großen Güte seiner Majestät.«

Als Honen neun Jahre alt war, wurde er zum Studium auf den Hieisan gesandt. Das Empfehlungsschreiben, das er mitbekam, lautete: »Hiermit sende ich Euch ein Abbild des großen allverehrten Monju.« Monju, der Begleiter Amidas, ist ein Bosatsu der Weisheit. Der Priester, der Honen empfing, suchte vergebens nach dem Abbild. Da war nur der Knabe. Wollte man Scherz treiben mit den berühmtesten Mönchen Japans?

Was das Schreiben versprach, hat der Knabe durch ungewöhnliche geistige Fähigkeiten gerechtfertigt. Sein Wissensdurst, sein religiöses Streben trieben ihn dazu, den gesamten Sutren-Kanon, etwa 5000 Bände, fünfmal hintereinander durchzuarbeiten. Die erhoffte Klarheit aber gewann er dadurch nicht. Erst, als er erkannte, daß alle theologische Gelehrsamkeit nur Beiwerk ist, daß die gläubige Anrufung Amidas zum eigentlichen Ziel führt, war er zur eigenen Mitte vorgedrungen. Täglich 6000-7000mal soll er fortan das ›Namu-Amida-Butsu‹ (Verehrung dem Amida Buddha) wiederholt haben.

Honen hatte hohe Fürsprecher. Es war für seine Gegner nicht einfach, seine Lehre offiziell bannen zu lassen. Da half ihnen ein Zufall. Zwei Hofdamen waren in die Stadt gekommen, um Honen predigen zu hören. Statt seiner aber sprachen zwei seiner Jünger, Anraku und Joren. War es nun Liebe oder religiöse Begeisterung: Die beiden Damen ließen sich das Haupt scheren und wurden Nonnen. Darüber zeigte sich der Tenno Go Toba, der den beiden besonders zugetan war, so empört, daß die beiden Priester hingerichtet wurden und die beiden Damen sich aus Gram das Leben nahmen. Das war der Beginn einer lange dauernden Verfolgung.

Trotzdem war der ›Amidaismus‹ nicht mehr aus der Welt zu schaffen. Was Honen begonnen hatte, setzten seine Jünger fort. Einer von ihnen, Shinran Shonin, übertraf nicht nur seinen Meister an Erfolg und Berühmtheit, er ging in zwei Punkten auch über ihn hinaus. Erstens lehnte er Honens Toleranz ab: Allein die Amida-Verehrung war nach seiner Überzeugung der rechte Weg. Zweitens durchbrach er konsequent die Trennwand zwischen Priestertum und Laienschaft: Er aß nicht nur Fleisch, sondern heiratete auch, sogar zweimal, und hatte fünf Söhne und eine Tochter. Auf Shinran ist es zurückzuführen, daß heute, auch in den Zen-Sekten, alle buddhistischen Priester heiraten dürfen. Trotzdem werden diese Priesterfrauen – vielfach auch jetzt noch – nicht mit Okusan, was im Deutschen etwa der Anrede ›Gnädige Frau‹ entspricht, sondern mit Daikokusan angeredet. Das geht auf die Zeit zurück, da die Priesterehe noch nicht legalisiert war und die Haushälterin lediglich für die Küche zu sorgen hatte: Dort aber regierte der Glücksgott Daikoku, der Gott des Wohlstands und der Nahrung.

Am 17. Oktober 1271 sollte er wegen Hochverrats hingerichtet werden. Schon holte der Scharfrichter aus, um ihm den Kopf abzuschlagen, da schoß von Südwesten nach Nordosten über den ganzen Himmel hinweg ein riesiger Feuerball. Entsetzen packte den Scharfrichter, das Schwert fiel ihm aus der Hand, und wilde Verwirrung ergriff alle. Der Himmel hatte gegen die Regierung entschieden: Nichiren, der unerschrockene Eiferer gegen Obrigkeit und Andersgläubige, wurde zu bloßer Verbannung nach Sado begnadigt.

Es war das zweitemal, daß ihn die Machthaber des Staates entfernten. Schon am ersten Tag nach seiner ersten Predigt hatte er sein Domizil fluchtartig verlassen müssen. Seine Gegner verbrannten sein Haus, die Regierung warnte und ermahnte ihn. Er aber hörte nicht auf zu predigen, zu drohen, alles und jedes mit beißender Schärfe zu kritisieren und vor allem wider die anderen Sekten zu wettern, wider die falschen Propheten, die es mit Feuer und Schwert zu vernichten gelte. Beim erstenmal wurde er nach Ito, auf die Izu-Halbinsel, verbannt. Doch durch Verfolgung fühlte er sich nur bestätigt. Als er aus dem Exil zurückkehren durfte, war er noch kühner, aggressiver, lästiger. Drei Jahre, bevor die Mongolen kamen, sagte er ihren Ansturm in genialer Prophetie voraus. Nur wenn man sofort seine Lehre übernähme und alle anderen unterdrücke, seien Pest und Hungersnot abzuwenden, seien Revolution und Mongoleneinfall zu vermeiden.

Solch offene Opposition gegen die herrschende Ordnung, solch unverhüllte Drohung mit Umsturz und Vernichtung, konnte die Regierung nicht länger dulden. Zur Genugtuung all seiner Feinde machte man Nichiren den Prozeß. Als dann die Mongolen 1274 und 1281 wirklich kamen, als man ihn beschämt begnadigte, blieb Nichiren ungerührt. Nur seine Taktik änderte er. Er zog nicht mehr als Wanderprediger durch die Straßen von Kamakura, sondern zog sich in die Nähe des Fuji in die Einsamkeit des Berges Minobu zurück, dem heutigen Zentrum aller Nichiren-Anhänger. Dort und in Ikegami (heute einem Stadtteil Tokios), wo er sechzigjährig am 12. Oktober 1282 starb, zog er sich eine Reihe von Schülern groß. Ihnen pflanzte er nicht nur seine Lehre, sondern auch seinen kompromißlosen Eifer derart ein, daß die Nichiren-Sekten noch heute, 700 Jahre nach Nichirens Tod, wegen ihres Fanatismus eine einzigartige Stellung im Rahmen des sonst so toleranten Buddhismus einnehmen. Den Namen Nichiren kennt in Japan jeder. Er ist und bleibt eine der großen Persönlichkeiten der Nation. Er war Sohn eines Fischers in der Provinz. Mit elf Jahren war er Novize, mit siebzehn Priester geworden. Nie hat er den Boden Japans verlassen. Stets hat er andere verfolgt und wurde von ihnen verfolgt. Er selbst hat sich den ›unfügsamsten Mann‹ seines Landes genannt.

Er war das genaue Gegenteil von dem, was man im allgemeinen an Japanern zu bewundern pflegt: Er war nicht zurückhaltend und ausbalanciert, sondern schroff und aggressiv; er war nicht passiv und bescheiden, sondern von überschäumendem Temperament und hochfahrendem Selbstbewußtsein. Sein offener Haß galt aller Leisetreterei, weil er überzeugt war, daß sie die Vitalität des Volkes untergrabe und den Staat korrumpiere.

Es ist kein Wunder, daß solch kämpferisch-schwärmerische Haltung immer dann in Japan in den Vordergrund trat, wenn es galt, nationale Interessen zu fördern, zuletzt also vor und während des Zweiten Weltkrieges. Nicht wegen seiner religiösen Impulse, sondern auf Grund seiner auf ein größeres Japan hinweisenden Gedanken wurde ihm an seinem 700. Geburtstag am 16. 2. 1922 unter lebhafter Beteiligung der japanischen Marine und des Nationalhelden von Tsushima, Admiral Togo, vom Taisho Tenno der Ehrentitel Rissho Daishi – wahrer, aufrichtiger, großer Meister – zugesprochen und damit Bezug genommen auf Nichirens wichtigste Schrift ›Rissho Ankokuron›.

Volksschullehrer Makiguchi

Ein Volksschullehrer, der ständig Streit hatte mit Vorgesetzten und Kollegen und deshalb von einer Schule zur anderen versetzt werden mußte, ein Erzieher, der alles besser wußte und dauernd am Schulsystem, das damals am deutschen Vorbild orientiert war, herumkritisierte, war seiner vorgesetzten Behörde ein äußerst ärgerlicher Mann. Doch erst, als er seine Theorien unter dem Titel ›Soka Kyoikugaku Taikai‹ (Erziehungslehre zur Schaffung von Werten) veröffentlichte, bot sich die erwünschte Gelegenheit, ihn aus dem Schuldienst zu entfernen. Dieser Volksschullehrer Tsunesaburo Makiguchi gründete wenige Jahre später, 1937, mit seinem Freunde Yosei Toda, einem vielseitigen und erfolgreichen Geschäftsmann, die Sokagakkai.

Makiguchi hat es nicht mehr erlebt, daß seine ›Gesellschaft zur Schaffung von Werten‹ zur Millionenbewegung wurde. Er starb 1944 an Entkräftung im Kerker des Polizeigefängnisses von Sugamo. Die Anklage gegen ihn lautete auf Gefährdung der Staatssicherheit und auf Blasphemie. Er aber weigerte sich zu widerrufen und betete täglich 2000mal das ›Namu Myoho Renge Kyo‹.

Hauptsitz der Sekte, deren Anhängerzahl heute mit 10-15 Millionen angegeben wird, ist der Daisekiji, gegenüber dem Berg Minobu, wo Nichiren im 13. Jahrhundert sechs seiner Meisterschüler zu seinen Nachfolgern bestimmt hatte. Einer von ihnen, mit Namen Nikko, habe sich, so heißt es, aus dem Kreis gelöst und sich auf der anderen Seite des Fuji-Flusses, am Ort des heutigen Daisekiji, niedergelassen. Seitdem besteht unter den Nachfolgern Nichirens Feindschaft und keinerlei Zusammenarbeit.

Tempelglocken

Im Kultvollzug des Buddhismus spielen Tempelglocken eine große Rolle. Die kleinen Glöckchen an den Dachtraufen künden der Welt die wahre Lehre, und der sonore, tiefe und lange nachhallende Klang der großen vertreibt das Böse und trägt Segen und Erlösung in alle Welt. Besonderes Heil verheißend ist es, wenn, wie zum Beispiel zu Neujahr, die Tempelglocke 108mal angeschlagen wird, entsprechend den 108 Gliedern des buddhistischen Rosenkranzes: durch das 108malige Anschlagen der Glocke werden die 108 weltlichen Bindungen gelöst.

Die kraftvolle Größe der Tempelglocken ist besonders eindrucksvoll durch ihre strenge Schlichtheit und durch die Sparsamkeit ihrer Ornamentierung. Der Schmuck ist meist auf den Kopf beschränkt, dort also, wo die Glocke aufgehängt wird. Und dieser Schmuck hat meist die Gestalt eines Drachen. Der Drache aber ist ein uraltes Tierkreiszeichen. Der Drachenfürst ist Hüter der Schätze, Hüter auch über das Geheimnis vollkommener Erkenntnis. Er steht ebenfalls in Verbindung mit dem niederen Element des Wassers, mit Meer und Regen. Ob es damit zusammenhängt, daß nach alter Tradition die Glocken tönen, wenn ein Regensturm bevorsteht?

Unter den vielen Geschichten, die sich um Tempelglocken ranken, ist die vom Dojoji am bekanntesten. Eines der noch heute viel gespielten No- und Kabuki-Stücke heißt Dojoji. In seinem Mittelpunkt steht eine Tempelglocke. Einst übernachtete der fromme Mönch Anchin auf seiner Pilgerfahrt nach Kumano im Hause eines Dörflers. Dieser Mann hatte eine Tochter, Kiyohime, die sich derart in den schönen Pilger verliebte, daß sie nachts in seine Kammer schlich und ihn bedrängte. Anchin, der sein Gelübde nicht brechen wollte, floh und versprach wiederzukommen. Als Kiyohime merkte, daß das nur eine Ausflucht war, entbrannte sie vor Zorn und ihre schöne Gestalt verwandelte sich in einen wilden Drachen. Als Anchin sah, daß der Drache hinter ihm herjagte, suchte er voller Angst Zuflucht im Tempel Dojoji, wo man ihn unter der großen Tempelglocke verbarg. Als der Drache sich derart um seinen Raub gebracht sah, schlang er seinen Leib um die Glocke und brachte sie feuerschnaubend zum Schmelzen. Jahre und Jahrzehnte vergingen. Der Tempel sollte eine neue Glocke haben. Streng ordnete der Abt an, keine Frauen zu der Glockenweihe zuzulassen. Da erschien eine hübsche Tempeltänzerin. Sie allein wurde zugelassen unter der Bedingung, daß sie einen Weihetanz vollführe. Schon bei diesem Tanz wurde den Mönchen unheimlich zumute. Unter neunmaligem Kostümwechsel wandelte sie sich schließlich, erneut das Kloster bedrohend, zu eben jenem Drachen, der einst den frommen Anchin verfolgt hatte. Doch mit Gebet und Kampf gelang es, die wiedererstandene Drachen-Kiyohime zu besiegen.

Yamabushi

Wer durch Kyotos Straßen schlendert, trifft hin und wieder auf Gruppen seltsam gekleideter Männer, übriggeblieben wie von einem historischen Umzug, mit gelben Landsknechtgewändern, einem flachen Käppi auf dem Kopf und einem Muschelhorn, das ihnen vom Hals herabhängt. Wer sich nach ihnen erkundigt, erfährt, daß man sie ›Yamabushi‹ nennt, asketische Wanderpriester, die in den Bergen wohnen. Einer ihrer Haupttempel ist der Daigoji in Kyoto. Sie gehören zu einer esoterischen Sekte ›Shugendo‹, in der sich Wahrsagerei und Magie, Taoismus und Geomantik, Mystik und Askese, Shintoistisches und Buddhistisches zu seltsamer Mischung verbunden haben. Diese ›Sekte‹ geht zurück auf jenen Mann, der in der Gegenwart plötzlich wieder zu aktuellem Leben erwacht ist: »En no Gyoja« (der Asket En) ist sein Name und zugleich der Titel einer modernen Oper von Kan Isshii, die auch in Europa viel von sich reden macht. En no Gyoja lebte im 7. Jahrhundert u.a. dreißig Jahre lang in einer Berghöhle. Durch Askese gewann er Zauberkräfte, flog auf Wolken daher, vertrieb Dämonen oder zwang sie in seinen Dienst – kurz, er wurde wegen Zauberei verbannt, bald aber wieder begnadigt, weil das Volk ihm blind ergeben war. Er entsann sich, wie er erklärte, zahlreicher früherer Leben: u.a. wollte er ein Schüler Buddhas und einer der frühen Kaiser Japans gewesen sein.

Steingärten

Es gibt ein neueres Buch über den Fernen Osten, in dessen Japan-Kapitel das ganze Wesen des Landes aus dem Geist des berühmten Steingartens Ryoanji erläutert wird. Es gibt Autoren, die behaupten, daß Zen-Buddhismus sublimster Ausdruck des japanischen Charakters sei. Solcher Formulierungen sind nur Ausländer fähig, die dem Wesen des Zen ebenso fernstehen wie der Vielschichtigkeit der japanischen Kultur.

Gar zu oft wird Zen mit raffinierter Ästhetik verwechselt. Myocho, um nur ein Beispiel zu nennen, war einer der frühen Zen-Äbte, der zwei Tenno (Hanazono und Godaigo) zu seiner Lehre bekehrt hat und Begründer des großen Daitokuji wurde. Myocho war alles andere als ein feinsinniger Ästhet: zwanzig Jahre lang lebte er mit den Bettlern zusammen unter der Gojo-Brücke von Kyoto.

Im Garten des Ryoanji liegen fünfzehn Steine verschiedener Größe inmitten von sorgsam geharktem Kies. Ein wenig Moos und eine ungepflegte Lehmwand, die das Ganze begrenzt – das ist alles. Was die Steine bedeuten? Inseln im Meer? Berge im Wolkendunst? Tiger? Drachen? Tempel in der unendlichen Stille der Einsamkeit? Der Zen-Mönch wird auf solche Fragen nur lächeln. Er wird vielleicht an die Koans erinnern, jene berühmten paradoxen und scheinbar sinnlosen Meditationsaufgaben, zum Beispiel. »Einer fragte: Was ist Buddha? Die Antwort lautete: Drei Pfund Hanf.« Die Sinnlosigkeit der Koan, die ein einziger Hohn sind auf die Gesetze der Logik, hat dennoch einen tiefen Sinn: Sie soll den Menschen lösen von der Gebundenheit, von der Gespanntheit logischen Denkens. »Laßt den Geist nichts tun, nichts beachten, nichts erstreben, nichts behalten: das ist Buddha.« Ein Mönch sagte zum Meister: »Ich habe Buddha gesucht, aber ich weiß nicht, wie ich mein Suchen fortsetzen soll.« – »Es ist dasselbe«, lautete die Antwort, »wie wenn man den Ochsen sucht, auf dem man reitet.« Zu Gensha kam ein Mönch und wollte wissen, wo der Eingang zum Pfad der Wahrheit sei. »Hörst du das Murmeln des Baches?« fragte Gensha. »Dort ist der Eingang.«

Müssen die Steine des Ryoanji einen ›Sinn‹, eine symbolische Bedeutung haben? Sie könnten sie haben, aber sie wäre belanglos für ihren religiösen und ihren ästhetischen Wert. Sie wäre ebenso belanglos wie die ›Bedeutung‹ des nicht minder berühmten Steingartens im Zen-Tempel Daisen-in (im Daitokuji, Kyoto). Dieser ›Garten‹ ist geschaffen worden rund um einen einzigen Stein, der einst dem Shogun Yoshimasa gehörte. Es ist ein Stein, der aussieht wie ein Schiff. Das Schiff – das Glücksschiff Takarabune, das Lebensschiff – kommt von fernen Bergen (der Steingruppe im Nordosten), fährt zwischen Inseln und Strudeln hindurch, hat gerade die letzte Brücke zwischen dieser und jener Welt passiert und segelt nun in die stille Weite des unergründlichen Meeres hinaus – hin zu dem einzelnstehenden Sarasoju-Baum in der entlegenen Ecke des Südgartens: unter einem Sarasoju-Baum ging Buddha ein in das Nirwana.

Die Buddha

Aus dem Pantheon des Mahayana-Buddhismus ragen in Japan vor allem vier Buddha-Gestalten hervor, die in der Kunst immer wieder dargestellt worden sind: Shaka, Amida, Yakushi und Dainichi. Oft ist es gar nicht leicht zu sagen, welchem von ihnen man sich gegenübersieht. Selbst ein so vielseitiger Kenner ostasiatischer Kunst wie Dietrich Seckel bekennt, wie schwer es sei, sie zu bestimmen, denn nur manchmal hülfen dabei die Mudra (magische Handhaltungen) oder die Begleitfiguren.

Nur einem Buddha kommt der Ehrentitel ›Nyorai‹ zu. Nur ein Nyorai hat das Ziel der Lehre, das Nirvana, erreicht. Er steht jenseits aller irdischen Aktivität und aller materiellen Wünsche. Sein Blick wird durch nichts Weltliches mehr aufgehalten. Er schaut nach außen wie nach innen und verbreitet, zeitlos in sich ruhend, Würde und tiefe Stille zugleich.

Die wichtigsten der für einen Buddha charakteristischen »32 Merkmale des Übermenschen« sind ›Urna‹, ›Ushnisha‹, Locken und Ohrläppchen.

Die Urna ist ursprünglich eine rechtsherum gedrehte weiße wollige Locke, »weich wie Baumwolle und ähnlich einer Jasminblüte, dem Mond, dem Blütenfaden einer Lotosblume, der Milch der Kuh oder einer Eisblume.« Von dieser Locke strahlt vielfarbiges Licht. In der Kunst wird sie meist als Edelstein oder als Punkt zwischen den Augenbrauen dargestellt – einem der drei Lebenszentren neben Brust und Bauch. Erst spät wurde die Urna als »drittes Auge«, als Auge der Weisheit, interpretiert, weil diese Stelle in der Yoga-Praxis als Sitz bedeutender physischer und geistiger Kräfte gilt.

Ushnisha, wörtlich Turban, ist die Erhöhung auf dem Kopf, Sitz und Symbol höchster Weisheit.

Die Locken auf dem Kopf, kurz und rechtsgedreht, sind nicht nachgewachsen, seit Buddha, bevor er Asket wurde, sich mit dem Schwert das Haar gestutzt hatte.

Die langen Ohrläppchen sind Zeichen einer hochstehenden Persönlichkeit, hervorgerufen durch schweren Ohrschmuck, den nur Fürsten sich leisten konnten.

Shaka. Die historische Persönlichkeit Gautama Buddhas (Sanskrit: Shakyamuni) ist im Laufe der Jahrhunderte zu einem absoluten Wesen gesteigert worden, das sich eines irdischen Leibes nur vorübergehend bedient hat. Shaka ist die bisher letzte irdische Erscheinungsform Buddhas. Ihm sind in früheren Zeitaltern und in anderen Welten zahllose andere vorangegangen und weitere unendliche werden ihm folgen.

Für die irdische Wirklichkeit bleibt Shaka dennoch von zentraler Bedeutung. Auch im japanischen Buddhismus beruft man sich auf seine historische Persönlichkeit und vor allem auf das, was er gesagt hat oder gesagt haben soll, in erster Linie auf die Sutren.

Die Zen-Sekten erheben Anspruch, Gautamas geistiges Erbe am reinsten bewahrt zu haben.

Die Jodo- und Shin-Sekte lassen Shaka höchstens als Inkarnation Amidas oder als Lehrer der Lehre gelten. Eine bildliche Darstellung von ihm gibt es in ihren Tempeln nicht.

Nichiren und seine Nachfolger hingegen stellen Shaka und sein Lotos-Sutra in den Mittelpunkt ihrer religiösen Verehrung.

Sein Geburtstag, seine Erleuchtung und sein Tod werden zusammen am 8. April, also zur Zeit der Kirschblüte, gefeiert: Man gießt süßen Tee (Amacha) über eine kleine Buddha-Statuette, über der ein kleiner Blumentempel (Hanamido) errichtet wird. Dem Tee werden, nachdem er die Buddhagestalt berührt hat, Heilwirkungen zugesprochen; oft reibt man sich damit auch die Augen ein, um so auch das geistige Auge zu klären.

In der Kunst wird Shaka vergleichsweise selten dargestellt. Häufig ist lediglich seine Statuette als Kind, jene berühmte Szene darstellend, als er gleich nach seiner Geburt zum Staunen seiner Umwelt sieben Schritte tat und mit der einen Hand nach oben, mit der anderen nach unten weisend ausrief: »Ich bin der Erhabenste im Himmel und auf der Erde!«

In der Malerei sind Szenen aus seinem Leben häufig, vor allem bei der Erleuchtung unter dem Bodhi-Baum und bei seinem Tode.

Am häufigsten ist Shaka dargestellt mit Monju- und Fugen-Bosatsu oder mit Amida (rechts, Westen) und Yakushi (links, Osten).

Berühmt: Shaka-Trinität im Horyuji, Nara.

Amida. Dieser gnadenreiche Buddha (Sanskrit: Amitabha) herrscht im »westlichen Paradies« (Gokuraka) bzw. im »Reinen Land« (Jodo). Kanonische Grundlage für seine Verehrung sind drei Sutren, die den Buddha des unermeßlichen Lichtes und sein Paradies verherrlichen: nach unseren Begriffen also »etwa eine Hypostase des in Buddha und seiner Lehre erschienenen, Leben spendenden und daher gnadenvollen und Rettung bietenden Lichtes« (Gundert).

In alten Texten kaum genannt, gewinnt Amida im japanischen Buddhismus schon bei der Tendai- und der Shingon-Sekte große Bedeutung. Zur zentralen Gestalt, zum Retter der Menschheit, wird er erst bei den Nembutsu-Sekten, die so weit gehen, alle anderen Buddha-Gestalten aus ihren Tempeln zu verbannen.

Mit dem Amida-Buddhismus vollzieht sich in Japan der große Wandel von der Meditation zum Glauben. Zugleich verändert sich die Tempel-Anlage: da Amidas Paradies im Westen liegt, sind die Tempel nicht mehr von Süden nach Norden, sondern von Osten nach Westen orientiert. Außerdem verzichten alle Amida-Sekten auf Pagoden, weil sie auf Reliquienverehrung keinen Wert legen.

Die wichtigste Manifestation Amida-Buddhas ist Kannon-Bosatsu.

Noch heute ist es üblich, zur Zeit der Tag- und Nachtgleiche Wallfahrten zu den »Roku Amida«, den sechs Bildwerken Amidas, zu unternehmen, die angeblich vom Priester Gyogi geschaffen wurden. Da der Brauch sehr populär war, beanspruchten immer mehr Tempel, ihre Buddha-Figuren zu den »Roku Amida« zu zählen. Dargestellt wird Amida meist sitzend und in tiefer Meditation. Seine häufigsten Begleiter sind Kannon-Bosatsu und Seishi-Bosatsu.

Berühmt: »Großer Buddha« in Kamakura und der Amida im Byodoin, Uji bei Kyoto.

Yakushi. Der heilende Buddha (Sanskrit: Bhaisajyagura) hilft nicht nur Kranken, sondern ist ein Nothelfer bei jeder Art von Pein, sei sie geistiger oder physischer Art. Bei allen Sorgen, die ein Mensch nur haben kann, weiß Yakushi immer Rat und ist daher bis heute äußerst populär.

Meist wird er dargestellt mit erhobener rechter Hand, während die linke offen im Schoß liegt und ein Medizingefäß hält. Sehr häufig erscheint er in Begleitung des Sonnen- und des Mond-Bosatsu (Nikko, Gakko). Bisweilen ist er selbst neben Amida ein Begleiter Shakas. Außerdem sind ihm die ›Zwölf himmlischen Generäle‹ (besonders schön im Shinyakushiji, Nara) als Leibgarde zugeordnet.

Berühmt: Yakushi im Yakushiji, Nara.

Dainichi. In wörtlicher Übersetzung ist er der »Große Sonnen-Buddha« (Sanskrit: Mahavairocana). In Wahrheit aber ist er »mehr eine philosophische Konzeption als ein Heiland« (Charles Elliot).

Nach der Trinitätslehre des Mahayana-Buddhismus ist der geschichtliche Buddha die niedrigste unter den drei Erscheinungsformen Buddhas: er ist nur sein ›Schattenleib‹. Höher steht die durch Verdienste erworbene Buddhaschaft, der ›Vergeltungs-Leib‹, repräsentiert zum Beispiel durch Amida. An höchster Stelle steht der ›Dharma-Leib‹, das wahre absolute Sein, die Gesamtheit der wahrhaft seienden metaphysischen Substrate des Weltbestandes. Das Maha-Vairocana-Sutra (jap.: Dainichikyo) gilt als eine gar nicht an Menschen gerichtete, sondern völlig spontane Selbstäußerung des Dharma-Leibes. Dieser mit der Welt identisch gedachte und personifizierte Dharma-Leib wird unter dem Namen Maha Vairocana Tathagata gleich Dainichi Nyorai verehrt. In Japan ist es vor allem die Shingon-Sekte, die diese Lehre vom Ineinander und von der Identität des Einen-Absoluten mit der in fünf Elemente zerlegten Welt dem beschränkten menschlichen Erkenntnisvermögen zu erschließen versucht.

Die häufigste Erscheinungsform des Dainichi-Buddha und gleichsam sein Amtsvollstrecker ist der Lichtkönig Fudo Myoo.

In der Kunst wird Dainichi niemals anders als sitzend dargestellt.

Berühmt: Großer Buddha im Todaiji, Nara.

Weltzeitalter und Chiliokosmen

Der Mahayana-Buddhismus ist keine Religion, deren Offenbarungswert allein auf diese Erde beschränkt ist. Er galt, so heißt es, schon vor Äonen von Jahren, längst ehe unser Weltsystem entstand, und er wird gelten, wenn unser Kosmos längst verschwunden ist. Im Mahayana wird selbst die Ewigkeit von Zeit und Raum noch unterteilt und der Fülle von Welten und Weltaltern sind ebenso zahlreiche Buddha als Erleuchter zugeordnet.

Ein schlichter Tendai-Tempel außerhalb von Kyoto ist heute berühmt wegen seines Gartens. Sein Name aber, Sanzenin, weist hin auf die ins Unendliche deutende Kosmologie, deren großartigste Vision das Lotos-Sutra enthält: ›Sanzen‹ ist eine Abkürzung für ›Sanzen Daisen Sekai‹, d. h. 3000mal 1000 Welten.

Der Mahayana-Buddhismus spricht von einer Milliarde großer Chiliokosmen. Jeder solche Kosmos besteht aus 1000mal 1000 Welten wie etwa der unseren. Ein großer Chiliokosmos ist die Erscheinungsebene eines Buddha. Die entsprechende zeitliche Zuordnung ist ein Mahakalpa, ein Weltzeitalter. Ein solches Weltzeitalter besteht aus 160 Juga, deren jedes nach uralter Berechnung 4,32 Millionen Jahre umfaßt.

Unter dem Aspekt solcher Räume und Zeiten steht das berühmte 11. Kapitel des Lotos-Sutra. Dort predigt Buddha, umgeben von der großen Zahl seiner Schüler, als plötzlich aus der Tiefe eine Pagode auftaucht, aus der eine Stimme ertönt und Buddhas Worte bestätigt. Es ist die Stimme des ältesten Ur-Buddha, der vor Äonen von Jahren in einem längst erloschenen Weltsystem gelebt hat. Als alle diesen Ur-Buddha zu sehen wünschen, erklärt Shaka, daß das auf Grund eines Gelübdes nur möglich sei, wenn zugleich alle Buddhas, die von diesem ältesten Ur-Buddha emaniert sind, sich am gleichen Ort zur gleichen Zeit versammeln. Und nun beseitigt Shaka alle Trennungen durch Raum und Zeit, läßt aus dem weißen Flaum auf seiner Stirn einen Lichtstrahl nach dem anderen in die Weite strahlen. In diesem Licht erblickt man überall – im Süden, Norden, Westen, Osten – die Tausende von Buddhas in den nach Millionen-Milliarden zählenden Gefilden. Alle diese Buddhas nähern sich, dem Ur-Buddha ihre Ehrfurcht zu bezeugen, und immer weitere Buddhas erscheinen aus den 3000fältigen großen Chiliokosmen. Als alle versammelt sind, öffnet sich die Pagode, Shaka wird aufgefordert, neben dem Ur-Buddha Platz zu nehmen, und von hier aus verkündet und erläutert er das Sutra vom heiligen Lotos.

»Mit dieser grandiosen Vision« – so formulierte es Erwin Rousselle – »hat der östliche Geist einer den Blick dumpf auf die Erde richtenden Welt als ein flammendes Fanal die Gipfel der Ewigkeit beleuchtet und den Blick auf eine Höhe gezogen, von der aus alles Entstehen und Vergehen ganzer Weltsysteme nur wie das leichte Aufblinken und sofortige Wiedererlöschen eines Funkens ist, den der Pilgerstab des Welten-Dharma, des Ur-Buddha, aus dem nächtlichen Pfade schlägt.«

Die Bosatsu

Zu der Fülle der Buddha tritt im Mahayana-Buddhismus die Fülle der Bosatsu (Sanskrit: Bodhisattva). In Japan sind es meist fünf, die bevorzugt dargestellt werden: Kannon, Miroku, Jizo, Monju und Fugen. Die Verehrung der Bosatsu bedeutet einen wesentlichen Wandel im Heilsstreben der Gläubigen. War bis dahin das Ziel, durch eigenes asketisches Streben dem Ideal eines Rakan (Sanskrit: Arhat), eines Buddha-Jüngers, nahezukommen, so konnte man nun auf die Erlösung durch die Hilfe eines Bosatsu bauen: er hatte freiwillig auf den letzten Schritt ins Nirvana verzichtet, um zuvor erst allen anderen dazu zu verhelfen.

Kannon (Sanskrit: Avalokitesvara). Dieser Bosatsu ist eine Transformation des erbarmungsvollen und gnadenreichen Amida. Meist für weiblich gehalten, ist Kannon dem Wesen nach über alle geschlechtlichen Merkmale erhaben, gilt aber als besonders gnadenreicher Helfer zu leichter Geburt. Berühmt ist das 24. Kapitel des Lotos-Sutra, in dem auf Kannon als Nothelfer in allen Lebenslagen die wunderbarsten Verheißungen gesetzt sind. Bevorzugte Pilgerstätten sind die 33 Kannon-Tempel Kyotos und die 88 Pilgerstationen von Shikoku. Es heißt, daß Kannon 33 verschiedene Lebensformen angenommen habe, um die Fülle der Lebewesen besser erlösen zu können. Dem gleichen Zweck dienen die vielen Köpfe (bevorzugt elf Köpfe – Juichimen-Kannon) und Arme der Kannon-Darstellungen.

Mit Seishi (Sanskrit: Maha-Sthamaprapta), der Verkörperung von Amidas Weisheit, ist Kannon häufig ein Begleiter Amidas. Selbst wird Kannon oft von zwei Myo-o begleitet, von Fudo und Aizen.

Aus der Zeit der Christenverfolgung sind Darstellungen von kinderliebenden (Koyasu-) und kindertragenden (Komochi-) Kannon bekannt. Eine Parallele zu der christlichen Muttergottes verbietet sich jedoch schon deshalb, weil die Kannon-Kinder nicht eigene, sondern fremde sind.

Ganz anderer Herkunft, wenn auch formal oft ähnlich, ist Kariteimo (Sanskrit: Hariti), die durch Buddha aus einem kinderfressenden Dämon zur Kinderbeschützerin gewandelt wurde.

Berühmt: Kannon in der Yumedono (Horyuji, Nara); die Darstellung soll von Shotoku Taishi stammen, der selbst als Inkarnation Kannons gilt.

Fülle der Kannon-Figuren im Sanjusangendo, Kyoto.

Kannon von Asakusa, Tokio. Diese Figur wird nie gezeigt, so daß viele glauben, es gäbe sie überhaupt nicht. Man sagt, zu Beginn der Meiji-Zeit hätten sich Regierungsbeamte einmal den Anblick des Bildwerks erschlichen: alle seien danach unter geheimnisvollen Umständen zu Tode gekommen.

Miroku (Sanskrit: Maitreya). Noch ist er Bosatsu, »Buddha im Wartestand«. Da er jedoch bereits als Buddha der kommenden Weltperiode gilt und nur wie einst Shaka, bevor er irdische Gestalt annahm, auf seine Stunde wartet, wird er vielfach bereits zu den Buddha gerechnet.

Häufig gilt der Glücksgott Hotei (ursprünglich ein buddhistischer Heiliger aus China namens Pu Tai) mit seinem mächtigen nackten Bauch und dem großen Sack auf dem Rücken als Erscheinungsform Mirokus.

In der Kunst wird er meist dargestellt in meditativer Haltung, den einen Fuß übers Knie gelegt und das Haupt leicht auf Hand und Arm gestützt. Manchmal zusammen mit Dipamkara (Buddha der Vergangenheit) und Shaka (Buddha der Gegenwart).

Berühmt: Miroku im Chuguji bei Nara und Miroku im Koryuji, Kyoto.

Jizo (Sanskrit: Kshitigarbha). Er ist der Heilige und Schutzpatron der Seelen toter Kinder. Wenn diese – so lautet die Legende – zum Totenfluß, dem Sai no Kawara, kommen, werden sie von dem gnadenlosen Weibsteufel Shozuka no Baba und ihren Gesellen geplagt. Man stiehlt ihnen die Kleider und läßt sie Steinberge errichten, um das heilige Paradies zu erreichen. Aber die Steinhaufen werden von den Teufeln ebenso schnell zerstört, wie sie von den Kindern errichtet werden. Da kommt der mildtätige Jizo, vertreibt die Dämonen und schützt die Kinder in seinem Mantel: Jeder Stein auf dem Schoß eines Jizo hilft den Kindern, jedes Stück Stoff am Jizo hilft, sie wieder zu kleiden.

Jizo-Bildwerke findet man besonders an den Wegen in Gestalt eines kahlgeschorenen Mönchs: in der Rechten den Rasselstab (Shakujo) zur Verscheuchung des Getiers, auf daß es nicht getreten werde, in der Linken ein Juwel zum Zeichen dafür, daß er aus Mitleid jederzeit alles herzugeben bereit ist.

Fugen und Monju (Sanskrit: Samantabhadra und Manjusri). Beide sind Repräsentanten der Weisheit Buddhas. Fugen reitet meist auf einem oft weißen Elefanten; Monjus Symbole sind Löwe und Schwert. Beide sind Begleiter Shakas: Fugen zur Rechten, Monju zur Linken. Als Inkarnation von beiden gelten Kanzan und Jittoku, jene beiden heiteren Weisen aus China, denen alles Wissen der Welt eitel Narrheit war.

Weitere Symbole und Begriffe

Nur einige von ihnen müssen hier genannt werden, weil sie bis zum heutigen Tage populär sind und in Japan eine Rolle spielen.

Fudo (Sanskrit: Acala). Er ist der wichtigste der 23 Lichtkönige (Myo-o), Gottheiten aus dem indisch-tantrischen Bereich, sozusagen personifizierten magischen Formeln. In Japan gilt Fudo als Erscheinungsform und Sachwalter des Dainichi-Buddha.

Wegen seines feuerroten, erschreckend wilden Äußeren, das von Flammen umlodert ist, wird er oft mit dem Feuergott verwechselt. Die Flammen ebenso wie Schwert und Seil, die er in Händen hält, dienen jedoch nur dazu, das Böse zum Schutz der Gläubigen zu vernichten.

Berühmt: Fudo von Narita (östlich von Tokio). Die Figur soll ursprünglich aus Indien stammen und von Kobo Daishi aus China in das Bergkloster auf dem Takao bei Kyoto gebracht worden sein. Da sie besonders wirksam gegen Übel aller Art war, brachte man sie vorübergehend auch nach Narita. Als dort aber der Feind geschlagen war und die heilige Figur nach Kyoto zurückkehren sollte, war sie nicht vom Fleck zu bewegen.

Ni-O. Diese ›Zwei Könige‹ sind die gewaltigen Wächter aller Tempeltore: sie wehren dem Bösen den Zutritt in den heiligen Bereich. Der eine (A-Kongo) wird mit offenem, der andere (Un-Kongo) mit geschlossenem Munde dargestellt. A-Kongo (links vom Tempel) spricht die magische Sanskrit-Silbe ›A‹:

das Gute zum Eintritt auffordernd; Un-Kongo formt die Silbe ›Hum‹: das Böse bannend. Beide Silben zusammen bilden das geheimnisreiche Wort OM – die letzte Einheit aller Gegensätzlichkeit. So sind die beiden ›Könige‹ Symbole der Dualität dieser Welt, die erst auf der höchsten Stufe der Erkenntnis, in der ›Nicht-Zweiheit‹, wieder aufgehoben ist.

Berühmt: Ni-O im großen Südtor des Todaiji, Nara.

Daruma ist die japanische Bezeichnung für Bodhidharma, den Patriarchen der Zen-Sekten. Er war der dritte Sohn eines indischen Königs, studierte vierzig Jahre lang den Buddhismus und ging dann im Jahre 520 nach China. Dort saß er in einer Höhle und starrte neun Jahre lang eine Wand an, bis ihm die Erleuchtung kam. In den neun Jahren des Sitzens hatte er aber auch den Gebrauch seiner Beine verlernt: daher die Stehaufmännchen-Form der populären Daruma-Figuren in Japan. Aus lidlosen Augen starrt er auf allen Bildern den Beschauer an: Als er einst bei seinen Meditationsübungen eingeschlafen war, riß er sich selbst die Lider ab. Kannon verwandelte diese in den Teestrauch, der seitdem den Schlaf bei der Meditation vertreiben hilft. Darumas Lippen sind eingefallen, weil ihm nach einem Giftmordversuch seiner Feinde sämtliche Zähne ausgefallen waren. Oft wird er stehend dargestellt – barfuß mit einem Schuh in der Hand. Mit diesem Schuh wanderte er nach seinem Tode über die Berge zurück in seine indische Heimat. Auf der Höhe des Passes traf er einen kaiserlichen Gesandten und schenkte ihm den Schuh. Danach löste er sich in Nebel auf, und der Gesandte erkannte zu seinem Entsetzen, daß er mit einem Toten gesprochen hatte. Als man sein Grab öffnete, war es leer. Nur der andere der beiden Schuhe war darin.

Obwohl Buddhismusforscher festgestellt haben, daß Daruma historisch nichts mit Bodhidharma zu tun hat, bleibt der Volksglaube, der beide miteinander identifiziert, bestehen. Daruma in Stehaufmännchen-Form ist das Symbol konzentrierter Zähigkeit, die durch nichts umzuwerfen ist. Eng verbunden damit ist das Sprichwort: »Jinsei wa nana korobi ya oki«: »Menschenleben das heißt: siebenmal hinfallen, doch das achte Mal aufstehen!«

Mandara, ursprünglich eine Art magischer Zirkel, mit dem Götter und Geister beschworen wurden, wandelte sich im buddhistischen Bereich zum Meditations-Schaubild, zur schematisch-bildlichen Meditationshilfe, die dem Gläubigen die Gesetzmäßigkeit der geistigen Welt vor Augen führt. In mathematisch exakter Gliederung werden die verschiedenen Heilsgestalten zu einem Zentrum in Beziehung gesetzt. Das Zentrum muß keineswegs immer ein Buddha sein. Alles und jedes kann Mittelpunkt eines Mandara sein. Besonders die Shingon-Sekte hat die symbolischen Möglichkeiten, das Geheimnis dieser Welt durch Mandara zu offenbaren, immer wieder genutzt.

Pagode und Sotoba. »Die Pagode, das heiligste Heiligtum des Buddhismus, leitet sich her von dem altindischen, vorbuddhistischen Stupa, der ursprünglich ein Grabmonument ist« (Seckel). In Japan birgt sie als innersten Kern stets Reliquien und dadurch wird sie symbolisch identisch mit Buddha selbst und mit dem Ort, an dem er die Erleuchtung gewann, d.h. mit dem Bodhi-Baum, dem Zentrum der Welt.

In anderer Deutung sind die Geschosse der Pagode gleich den Stufen des in höchste Bereiche aufsteigenden Weltenbaus, des Weltberges Sumeru. In seinen verschiedenen Himmelssphären wohnen, abgestuft nach dem Grade ihrer Erkenntnis, die Götter und die Bosatsu. Der Mittelpfeiler der Pagode aber ist die Achse der Welt schlechthin.

Ebenfalls auf die Stupa zurück geht, wie das japanische Wort bereits sagt, das Sotoba, das Grabmonument. Es baut sich aus fünf verschieden geformten Steinen auf, jeder – von unten nach oben – eines der fünf Elemente verkörpernd: Erde (gelb), Wasser (weiß), Feuer (rot), Luft (schwarz) und Äther (grün). Diesen fünf ›sinnlichen‹ Elementen steht auf der ›geistigen‹ Seite das sogenannte sechste Element, das Bewußtsein, gegenüber. Beim Sotoba wird es durch den umgebenden Raum symbolisiert. Alle sechs zusammen sind das absolute Sein, sind Dainichi Buddha selbst.

Lotos. Man bewundert die makellose Reinheit der großen weißen und roten Blüten der Lotos-Pflanze (Hasu), man ißt ihre Wurzeln (Renkan), vor allem sieht man in ihr ein Symbol des Buddhismus. Der Legende nach wurde Buddha in einer Lotosblüte geboren. Auf Bildwerken sitzt er in erhabener Ruhe auf ihren Blüten und Blättern. »Namu Myoho Renge Kyo«: »Verehrt sei das erhabene Lotos-Sutra«, beten die Anhänger Nichirens. Lotos repräsentiert das Nirwana schlechthin.

»Wie der Buddha sich in allen Welten manifestiert, so entfaltet sich die Blüte seines Thrones in tausend Blättern. Symbol für den wahren Wesenskern, der von allem Samsara-Dasein so unbefleckt bleibt wie ihre schneeweißen Blätter, die aus dem Schlammteich emporwachsen und von denen aller Staub der Welt so spurlos abgleitet wie Tau- und Wassertropfen« (Seckel).

Obon. Mitten im Sommer, in der Regel vom 13. bis 15. Juli, feiert man in Japan Obon: Man bekommt von der Regierung oder von seiner Firma einen Extra-Bonus, und jung und alt vereint sich an Schreinen und Tempeln zum populären Bon-Odori, dem schlichten Volkstanz, der von Jahr zu Jahr wieder populärer wird. Berühmt vor allem sind die Tänze in Tokushima (Awa-Odori), Ise (Kanko-Odori), Gifu (Gunji-Odori) und Sado (Okesa-Odori). Ursprünglich ist Obon ein Allerseelenfest des Buddhismus: Zu kurzem Besuch kommen die Seelen der Abgeschiedenen auf die Erde zurück. Damit sie den Weg nicht verfehlen, zündet man ihnen Laternen an und macht ihnen zu Liebe das Fest so fröhlich wie möglich, um ihnen den schuldigen Respekt zu zollen und zugleich, um ihnen eine Freude zu machen.

In Kyoto finden die Obon-Tage festlichen Abschluß mit dem großen Daimonji-Feuer, bei dem das Schriftzeichen (Mon) für »Gross« (Dai) flammend am Hang über der Stadt steht.

Samurai

Wer heute Japaner auf ihre soldatische Vergangenheit anspricht, wer sie nach dem weltberühmten Samuraigeist fragt, wird meist auf verlegenes Schweigen stoßen. Falls er doch eine Antwort bekommt, wird er den Eindruck gewinnen, daß Japan ein Land überzeugter Zivilisten und Pazifisten ist, die geradezu allergisch sind gegen die bloße Erwähnung des Wortes Militär.

Darin bestärkt sie die eigene Verfassung. Der berühmte Artikel 9 lautet: »Das japanische Volk wünscht aufrichtig einen internationalen Frieden, bei dem Gerechtigkeit und Ordnung die Grundlage bilden, und verzichtet auf ewig auf Krieg als Mittel der Staatsgewalt und auf Drohung mit Waffengewalt und auf Verwendung von Waffengewalt als Mittel zur Beilegung von internationalen Auseinandersetzungen. Um den Zweck des vorangehenden Abschnitts zu erreichen, werden keine Land-, See- und Luftstreitkräfte oder sonstiges Kriegspotential unterhalten. Das Recht auf Kriegführung durch den Staat wird nicht anerkannt.«

Auch wenn die Einsicht wächst, daß Japan künftig mehr für seine Verteidigung tun müsse, bleibt der Soldat unpopulär. Man hat die 3,1 Millionen Toten des Krieges nicht vergessen, auch nicht die Brand- und Atombomben, mit denen 87 Städte in Japan vernichtet wurden. Mit unendlicher Geduld ist Japan bemüht, im Kreise der ostasiatischen Nachbarstaaten sein ›image‹ aufzubauen: das ›falsche‹ Bild vom militärischen Tyrannen und Eroberer in das ›richtige‹ vom guten Nachbarn und hilfsbereiten großen Bruder umzuwandeln.

Ist damit das Ideal des harten, disziplinierten Samurai, der gebändigte Kampfgeist des Schwertes völlig verblaßt? Über Nacht, so hieß es einmal bei der Schilderung des Kriegsendes, habe sich der Japaner vom Tiger in ein Lamm verwandelt. Kann man angesichts der Plötzlichkeit dieser Veränderung die Möglichkeit ausschließen, daß sich dieses Lamm eines Tages in einen Tiger zurückverwandelt?

Der Weg in die Katastrophe

Es ist richtig, daß Japan, wie die meisten Nationen dieser Erde, durch Eroberungen groß geworden ist. Es war einer unter mehreren Stämmen, der Stamm von Yamato, der alle anderen unter seine Botmäßigkeit zu bringen wußte. Doch diese Eroberungen beschränkten sich auf die eigenen Inseln. Immer dann, wenn Japan versuchte, seinen Herrschaftsbereich mit militanter Gewalt auf das Festland auszudehnen – die ersten Versuche unternahm bereits in der Frühgeschichte die Kaiserin Jingu Kogo –, endeten die Unternehmungen mit eklatantem Mißerfolg.

In der Neuzeit begann es mit der ›Befreiung‹ und späteren Annektierung Koreas. Es folgte die Besetzung der Mandschurei und am 7. 7. 1937 fingen die militärischen Auseinandersetzungen im japanisch-chinesischen Konflikt an. Damit war der Weg in die Katastrophe von 1945 vorgezeichnet. Er war gekennzeichnet durch die Überheblichkeit des Militärs, und er begann mit der Vernichtung der letzten Samurai-Streitmacht.

Als Takamori Saigo, einer der besten Köpfe der frühen Meiji-Zeit, zum Kampf gegen die nach seiner Auffassung zu radikale Verwestlichung, zu radikale Preisgabe altjapanischer Werte aufrief, richtete sich seine Revolte nicht gegen den Tenno. Im Gegenteil: Um des Tenno willen kämpfte er, ein Exponent des Satsuma-Clans, gegen die fremdenfreundlichen Berater des Kaisers. 1877 unterlag er gegen Aritomo Yamagata aus dem Choshu-Clan.

Der Gegensatz Satsuma – Choshu ist bis 1945 als Gegensatz Marine – Heer lebendig geblieben. Auch den Boden für die Machtergreifung des Militärs, für die sogenannte Showa-Restauration in den dreißiger Jahren, hat Aritomo Yamagata gelegt. 1910 setzte er eine kaiserliche Verordnung durch, daß Kriegs- und Marine-Minister jeweils aktive Offiziere zu sein hätten. Damit trug er nicht nur den Gegensatz Satsuma-Choshu in das Kabinett hinein, sondern gab vor allem dem Militär die Möglichkeit, die Regierungspolitik zu sabotieren und jedes Kabinett, das den Wünschen des Heeres oder der Marine nicht entsprach, zu Fall zu bringen. Das Militär wurde sich der Macht, die ihm damit zufiel, rasch bewußt. Doch erst in den dreißiger Jahren, die von japanischen Historikern »Kurai Tanima«, die »Zeit des dunklen Tals«, genannt wird, gelang es, die bürgerlichen Kräfte, die Parteien und das Parlament, an die Wand zu spielen. Ihr Repräsentant, Ministerpräsident Tsuyoshi Inukai, bezahlte seinen mannhaften Protest am 15. Mai 1932 mit dem Leben.

Fortan lag die Regierungsführung nur noch in den Händen von Generälen, Admirälen oder deren Gefolgsleuten. Daß dennoch die Ministerpräsidenten noch rascher wechselten als zuvor, lag in der Hauptsache an der Rivalität zweier militär-interner Aktivistengruppen, der Kodo-ha (Kaiserweg-Gruppe) und der Tosei-ha (Kontroll-Gruppe). Die eine sah das Ziel im Kampf gegen Rußland, die andere im Kampf gegen China. Die Tosei-ha siegte: 1937 begann Japan den Krieg gegen China. Gefügiger Premierminister war damals Prinz Konoe. Er stand noch einmal an der Spitze der Regierung, als die Achse Berlin–Rom–Tokio zustande kam und Japan im Dezember 1941 mit dem Angriff auf Pearl Harbour in den Zweiten Weltkrieg eintrat.

Nach gewaltigen Anfangssiegen – vor allem die Eroberung Singapores durch General Yamashita fand die Bewunderung der ganzen Welt – wandte sich das Blatt sehr schnell. Entscheidend war bereits im Juni 1942 die Schlacht von Midways. Ihr folgten die Schlachten von Imphal und Saipan, der Zusammenbruch an der Assam-Burma-Front und schließlich die erbitterten Kämpfe von Iwojima und Okinawa. Obwohl Japan mit beispielloser Härte kämpfte, obwohl die berühmten Kamikaze-Flieger selbst ihre Bombenlast in die feindlichen Schiffe flogen, war die Vernichtung Japans nicht aufzuhalten.

Am 6. August 1945 fiel die Atombombe auf Hiroshima.

Am 8. August trat Rußland in den Krieg gegen Japan ein.

Am 9. August fiel die zweite Atombombe, diesmal auf Nagasaki.

Am 13. August erlebte Tokio den schwersten Bombenangriff durch über 1500 Flugzeuge.

Am 15. August verkündete der Tenno über den Rundfunk seinem Volk das Ende des Krieges.

Bereits 1937, bei der Auseinandersetzung mit China, hatte Japan den Bogen überspannt. Politisch-militärischer Dünkel hatte den sonst so ausgeprägten Sinn für Maß und Grenze verdunkelt. Es war fast eine Ironie, daß man die eigene Maßlosigkeit mit der Forderung nach Maßhaltung begründete – allerdings nur für die anderen. Denn die erklärten Ziele des Krieges waren keineswegs Eroberung und Unterjochung. Was man laut verkündete, war: Auch die anderen Völker Asiens sollten an den Segnungen der eigenen hierarchischen Ordnung teilhaben, einer Ordnung, die jedem einzelnen und jeder Nation den ihnen angemessenen Platz im großen Gefüge zuwies. Man war so felsenfest von der Überlegenheit dieser Ordnung überzeugt, daß es in den Handbüchern für das Militär kurz und lapidar hieß: »Lies das und der Krieg ist gewonnen.«

Um so erstaunlicher war es für die Besieger Japans zu sehen, wie diese Haltung von einem Tag auf den anderen nie vorhanden gewesen zu sein schien. Dem Amerikaner und dem Europäer schien das unbegreiflich. In beiden Kontinenten tritt man für Prinzipien ein. Wenn man kämpft, kämpft man aus Überzeugung. Und wenn man unterliegt, dann fügt man sich wohl oder übel dem Sieger, aber man fällt ihm nicht um den Hals. Eine solche Handlungsweise würde man charakterlos nennen.

Wer so denkt – das hat u. a. die Amerikanerin Ruth Benedict überzeugend dargelegt – wird die japanische Kapitulation nie verstehen. Die Richtigkeit des eigenen Verhaltens im Kriege wie im Frieden wird hier nicht gemessen an der Treue zu einer Weltanschauung oder einem Ideal, sondern vor allem daran, ob man sein Gesicht wahrt oder nicht.

Für dieses ›Gesicht‹ gelten bestimmte Regeln aus der konfuzianischen Philosophie, die richtungweisend geworden sind auch für den Moral-Kodex der Samurai. Es waren die Bindungen durch ›Giri‹ und ›Chu‹. ›Chu‹ vor allem ist die höchste Form der Loyalität dem Herrscher gegenüber. Solche Bindungen gelten jedoch lediglich, solange kein Gesichtsverlust befürchtet werden muß. Solange der Kaiser Krieg führte, wäre es das höchste Maß an Gesichtsverlust gewesen, die Waffen zu strecken. Genauso aber, wie ein treuer Vasall es seinem ›Gesicht‹ schuldig war, seine Treue übergangslos ins Gegenteil zu verkehren, wenn seine ›Ehre‹ auf dem Spiele stand, so mußte und konnte 1945 die ganze Nation von Kriegsbegeisterung auf Kriegsfeindschaft ›umschalten‹. Eben wegen ›Chu‹. Nach der Kapitulationserklärung des Tenno wäre es selbst für den militantesten Nationalisten undenkbar gewesen, weiterhin die Prinzipien zu vertreten, für die er bis dahin bedenkenlos sein Leben eingesetzt hatte. ›Chu‹ verlangte, das Gesicht der Nation zu wahren, und dieses Gesicht war ein Gesicht des Friedens.

Nur aus diesem Blickwinkel heraus ist es zu verstehen, daß man Kriegsversehrte, die aus ihrer Versehrtheit Kapital schlagen und um Almosen betteln, verachtet. Sie seien, so erklärt man, geschmacklos und schamlos zugleich; sie hätten nicht nur für sich selbst das Gesicht verloren, sondern beleidigten auch noch die gesamte Nation. Solches Denken mag absonderlich erscheinen. Es erklärt aber manches, was sonst noch absonderlicher wäre. Im übrigen schließt es theoretisch die Möglichkeit, daß aus dem Lamm eines Tages wieder ein Tiger werde, keineswegs aus. Praktisch scheint diese Gefahr weitgehend gebannt. Die kriegerische und künstliche Überhitzung der Chu-Verpflichtung ist inzwischen völlig abgekühlt. Die demokratischen Kräfte haben – nicht nur in Parlament und Presse – so feste Wurzeln geschlagen, daß eine alles beherrschende Ausuferung in politische Extreme ebenso undenkbar scheint wie ein kriegerischer Expansionismus.

Unbeantwortet ist noch die Frage, ob der sogenannte Samuraigeist die eigentlich treibende Kraft des nationalistischen Militarismus war, ob der ›Kult des Schwertes‹ für die Auswüchse des expansiven Ultra-Patriotismus verantwortlich gemacht werden kann, ja ob überhaupt der Sinn für Treue, Ehre und Härte als etwas so Negatives zu betrachten ist, daß er mit Recht verdiente, bekämpft zu werden.

Abschaffung der Samurai

Als mit der Meiji-Restauration (ab 1868) die Vorrechte und Grenzen aller Stände abgeschafft wurden, war das eine Umwandlung gewaltigen Ausmaßes. Um so erstaunlicher ist es, wie glatt und ohne allzu großes Blutvergießen sie vor sich ging – von einigen wenigen Revolten abgesehen. Die Leidtragenden dieser Restauration waren die Bauern, die Landesfürsten und vor allem die Samurai. Jahrhundertelang waren sie der einzige zum Schwerttragen berechtigte Stand: 1,75 Millionen Krieger, das heißt etwa 5% der 34 Millionen starken Gesamtbevölkerung. Sie waren »Mitglieder einer Parasitenklasse« (R. Benedict), die ihre Einnahmen aus den Steuern bezogen, die die Bauern aufzubringen hatten. Diese ›Pensionen‹ waren bescheiden genug: sie langten häufig kaum zur nackten Existenz. Es war also kein Wunder, daß unter den Tugenden, die ein Samurai zu pflegen hatte, dem sparsamen Haushalten besondere Bedeutung zukam. Er lebte vor allem von dem stolzen Bewußtsein, einer privilegierten Minorität anzugehören. Seit Ieyasus Dekret, also seit dem Anfang des 17. Jahrhunderts, galt der Grundsatz, daß gewöhnliches Volk, das sich ungebührlich benahm und einem Höheren nicht den schuldigen Respekt erwies, »auf der Stelle« niedergeschlagen werden konnte. Damit war es nun vorbei. Zwei Schläge waren es, die den Samurai zutiefst erschütterten und viel schwerer trafen als die Tatsache, daß er nun den Bauern und Bürgern, den Handwerkern und Kaufleuten gleichgeordnet war. Der eine Schlag war das Verbot, weiterhin ein Schwert zu tragen. Dieses Recht stand nur noch der Polizei und dem Militär zu. Der zweite Schlag war die Einführung der allgemeinen Wehrpflicht: Der Zugang zu den exklusiven Tugenden eines Samurai wurde der breiten Masse des gesamten Volkes geöffnet. Schlichte Bauernburschen erhielten die Chance, es den edlen Samurai gleichzutun, ja sie zu übertreffen.

Der Samurai-Stand war mit einem Federstrich abgeschafft worden. Aber wie die japanische Geschichte an zahlreichen Beispielen zeigt: abgeschafft werden kann immer nur eine äußere Form, nicht der Geist, der dieser Form zugrunde liegt. Sich der neuen revolutionierenden Sozialordnung anzupassen, war nur ein Teil der Samurai fähig. Dieser Teil aber war es, der die Meiji-Restauration wirklich durchführte. Einstige Samurai waren die ersten Beamten des neuen Staates. Von ihrem Geist war der ganze Staatsapparat durchdrungen. Ihr konfuzianisches Lebensprinzip war ›Chu-Ko‹, Loyalität dem Herrn und Kindesliebe den Eltern gegenüber. Eben dieses Prinzip wurde auch der Kern des berühmten Erziehungsedikts, das vom 30. Oktober 1890 an zur Grundlage aller japanischen Erziehung gemacht wurde.

Als Neubelebung konfuzianischen Denkens war es zugleich eine Bremse für allzu eifrige westlich orientierte Neuerer, vor allem eine solide Sicherung gegen jede liberale Auslegung der Verfassung. Hinzu kam, daß an allen Mittelschulen und höheren Schulen Offiziere als Instrukteure tätig waren. Schulpflicht und Militärpflicht haben aus Japan eine Nation von Patrioten gemacht. Zur Härte und Tugend eines Samurai und gegen die Verweichlichung eines laschen Hedonismus wollte General Nogi aufrufen, als er mit seiner Gattin dem Meiji-Tenno freiwillig in den Tod folgte.

Noch ein zweites Mal wurde der Samurai totgesagt: am Ende des Zweiten Weltkriegs. Die Kamakura-Zeit, das 12. und 13. Jahrhundert, in dem der Geist des Samurai, des streitbaren Wehradels (Buke) gegenüber der ästhetischen Verweichlichung des Hofadels (Kuge), seine Prägung gefunden hatte, sei nun wirklich vorbei. Sie habe, so hieß es, definitiv auf dem amerikanischen Schlachtschiff ›Missouri‹ am 2.9.1945 bei der Unterzeichnung der bedingungslosen Kapitulation ein Ende gefunden. Diese Feststellung mag richtig sein, sofern man das ›Gesicht des Samurai‹ mit der Vokabel ›Bushido‹ (Weg des Ritters) identifiziert. Das Wort, in der jahrhundertealten Samurai-Tradition bedeutungslos, war eine Aufbauschung der Neuzeit. Es wurde ausstaffiert mit altberühmten Sentenzen (»Nach dem Siege bindet den Helm fester!«), umwoben mit einem Mythus des Schwertes (»Das Schwert ist die Seele des Samurai«) und schließlich hochgereizt zu einem Heldentum, wie es die »drei lebenden Bomben« (1931 vor Shanghai) und die Kamikaze-Flieger im Zweiten Weltkrieg repräsentierten.

Wieder hatte ein Stand versucht, den ›Geist des Samurai‹ für sich allein zu beanspruchen. Wieder war er gescheitert. Denn der Kult mit Bushido war künstlich. Es war ein Schlagwort der Militaristen, das mit ihnen verschwand. Nicht verschwunden aber – auch nach 1945 – ist der Geist, der den Samurai beseelte, der Geist der Treue, der Härte, der Selbstdisziplin. Er scheint im Gegenteil durch die Auflösung und Vernichtung seiner äußeren Formen erst wahrhaft frei geworden zu sein: frei von den Bindungen an kriegerische, militante Gruppen, frei für das ganze Volk.

Von diesem Geist spricht heute weder der Kaiser noch die Regierung, weder die Parteien noch die Presse. Er wird nicht wie vor dem Kriege in Massenkundgebungen zur Schau gestellt und nicht öffentlich propagiert. Aber er lebt. Nicht trotz, sondern mit dem Pazifismus. Nicht trotz, sondern im Rahmen der Demokratie – einfach deshalb, weil er ein Teil des japanischen Wesens ist: seine rauhe, maskuline, seine kämpferisch-asketische Komponente. Das Rittertum war hervorgegangen aus dem stehenden Heer von 50000 Mann, das Kammu-Tenno bereits im 9. Jahrhundert geschaffen hatte als Sicherung gegen die Unbotmäßigkeit nordöstlicher Provinzen. Alle jene Adelsfamilien, die sich dem Druck der mächtigen Fujiwara in der Hauptstadt nicht beugen wollten, suchten Kontakt zu den Militärgouverneuren im Osten. Die mächtigsten unter den Militäradels-Sippen waren die Taira und die Minamoto, bei deren Machtkämpfen das japanische Rittertum seine gleichsam klassische Form gefunden hat.

Inzwischen ist die männlich-rauhe Komponente des japanischen Wesens nicht mehr auf Kamakura beschränkt und mindestens ebenso wichtig wie Tee-Zeremonie und Supertanker, wie Sokagakki und Kaiserkult. Auch wenn das Militär als politische Institution zur Zeit unpopulär ist, auch wenn große Teile der Jugend Schnulzensänger und Filmstars anbeten und im Drogenrausch Ausgleich für die innere Leere suchen – die breite Masse des Volkes ist längst zu den alten bewährten japanischen Helden zurückgekehrt und pflegt, wie M. Piper ironisch bemerkt, »das Fünkchen Heldenmut in seiner Bürgerseele«.

Der einfache Mann in Stadt und Land kennt auch heute noch die berühmten Geschichten vom Heldenkampf der Taira und der Minamoto, von Michizane Sugawara und Hideyoshi, von den 47 Ronin und dergleichen. Das Fernsehen brachte 1966 jeden Sonntag, mehr als 55 Folgen lang, die Geschichte von Yoritomo und Yoshitsune aus dem 12. Jahrhundert. In den Theatern sind nach wie vor die Samurai-Stücke hochbeliebt. Filme darüber sind Kassenschlager. Romane aus der alten Zeit sind Bestseller und laufen ein bis zwei Jahre lang in Fortsetzungen durch die Zeitungen. Bei dem Kinderfest am 5. Mai wird den Knaben nach wie vor ritterliche Tugend an Symbolen wie Karpfen und Irispflanze deutlich gemacht: Den Karpfen verehrt man wegen seiner zähen Kraft, die vor keinem Hindernis zurückschreckt, und die Iris-Blätter scheinen zu beweisen, daß auch die friedliche Natur die Form des Schwertes kennt. Kriegsfilme und Kriegsbücher können nicht realistisch genug sein. Und martialische Sportarten wie Kendo und Judo, Bogenschießen und Karate gewinnen immer neue, immer mehr Anhänger.

In all diesen Niederschlägen des Samuraigeistes mag man nichts weiter als Veräußerlichungen, ja vielleicht sogar nur recht zweifelhafte Surrogate dieses Geistes sehen. Daß sie aber überhaupt möglich sind, in einer Nachkriegszeit, die von Natur aus jeder militanten Gebärde mit größter Zurückhaltung gegenübersteht, darin allein schon zeigt sich die Lebenskraft jener Werte, die das Gesicht des Samurai geprägt haben und weiterwirken.

Samuraigeist ist es, der bis in die Gegenwart hinein Ultra-Nationalisten und Links-Extremisten erfüllt. Unter ersteren macht besonders Akao Bin viel von sich reden. Unter letzteren sind die militanten radikalen Studenten zu nennen. 1960 bekamen sie es mit ihren Demonstrationen fertig, den Ministerpräsidenten zu stürzen, und noch heute wird man nicht mit ihnen fertig. Das Volk verurteilt ihre Handlungen, aber es sympathisiert mit ihren selbstlosen, ›edlen‹ Motiven. Das war beim Aufstand der ›Byakkotai‹, der ›Weißen Tiger von Aizu‹, zu Beginn der Meiji-Zeit ebenso wie 1960, als der Sozialistenführer Asanuma vor den Augen Tausender auf offener Bühne von einem ›Idealisten‹ ermordet wurde.

Vorbild vieler solcher Extremisten ist noch heute der kaisertreue Rebell der siebziger Jahre des 19. Jahrhunderts Takamori Saigo. In seinem Geiste verbreitete um die Jahrhundertwende die ›Kokuryukai‹, die ›Gesellschaft zum schwarzen Drachen‹, Angst und Schrecken; in seinem Geiste wirkten Mitsuru Toyama und Kita Ikki, die Gründer des japanischen Faschismus. In seinem Geiste kam es zu einer Fülle politischer Morde in den dreißiger Jahren, deren Höhepunkt die Meuterei junger Offiziere am 26. 2. 1936 war.

Nicht nur die Gruppen politischer Hitzköpfe – auch die Halbstarken, ja selbst die Gangster-Banden in Japan scheinen Ausdruck des rauhen Samurai-Gesichts zu sein. Als im Jahre 1960 der berühmte Riki Dosan dem Messer einer Gegenbande zum Opfer fiel, war das Begräbnis dieses ›Helden‹ nahezu ein Volksfest. Keiner, der Rang und Namen hatte, konnte und wollte ihm fernbleiben. Riki Dosan war zum Idol geworden: Sumo-Kämpfer, Freistilringer, Besitzer zahlreicher Nachtbars und Gangleader.

Angesichts dieses weiten Spektrums gilt es zu fragen, was denn für den so vielzitierten Samurai außer der Tatsache, daß er zwei Schwerter tragen durfte, wirklich charakteristisch ist. Unter seinen ›Tugenden‹ fallen vier besonders ins Auge: Treue, Ehre, Härte und Todesverachtung. Wenn als Beispiele vorwiegend solche aus der Vergangenheit genannt werden, dann deshalb, weil sie zu Mustern schlechthin geworden sind, nach denen man – bewußt oder unbewußt – den eigenen Maßstab orientiert.

Treue

Von zentraler Bedeutung für die Treue sind die nun schon oft genannten Begriffe aus der konfuzianischen Moralphilosophie: ›Chu‹, die Verpflichtung dem Herrscher gegenüber, und ›Giri‹, das eigene Ehrgefühl, meist in so überspitzter Form, wie es auch in Deutschland in Studentenkreisen um die Jahrhundertwende üblich war. Ein paar Beispiele.

Eine der berühmtesten Gestalten der japanischen Vergangenheit ist Benkei, der Mönchskrieger, der mit seiner riesigen Figur und seiner gewaltigen Körperkraft sprichwörtlich geworden ist – seine Eisen-Geta stehen vor der Kyomizudera in Kyoto. Keinem wollte er sich beugen, allen nahm er im Kampf die Schwerter ab, bis er an einen jugendlichen Kämpfer geriet, der ihn besiegte. Es war der strahlende Held par excellence: Yoshitsune Minamoto. Ihm hat Benkei sich gebeugt und bis zum bitteren Ende durch dick und dünn die Treue gehalten: das ‹Giri› Yoshitsune gegenüber war durch nichts zu erschüttern.

Als ein Provinzialfürst vom Reichsverweser aufgefordert wurde, einen Feind, dem er Schutz gewährt hatte, herauszugeben, lehnte der Fürst die Zumutung empört ab: Wie könne der Reichsverweser solche Verletzung des ›Giri‹ erwarten. Die persönliche Treueverpflichtung stand ihm höher als ›Chu‹.

Den Konflikt zwischen ›Giri‹ und ›Chu‹ zeigt die Geschichte

von dem Fürsten, der beleidigt war, weil nicht sein Kandidat, sondern ein anderer Reichsverweser geworden war. Um diese ›Schmach‹ zu rächen, plante er dessen Vernichtung. Ein Besuch des Reichsverwesers sollte ihm dazu Gelegenheit bieten. Sein Schloß ließ er so blockieren, daß kein Ausweg daraus möglich war. Dach und Wände wurden so hergerichtet, daß sie auf das Haupt des Gastes niederprasseln konnten. Schließlich wurde ein Samurai beauftragt, zu Ehren des Gastes einen Kriegstanz zu tanzen und an dessen Höhepunkt den Reichsverweser zu erschlagen. Doch der Samurai war von Gewissensbissen geplagt. ›Giri‹ verlangte bedenkenlose Durchführung des Befehls. ›Chu‹ hingegen verbot ihm, die Hand gegen den Repräsentanten des Tenno zu erheben. Diesen Gewissenskonflikt spiegelte der Tanz, die innere Unruhe des Tänzers teilte sich den Zuschauern mit. Der Mord fand nicht statt. Das Haus brach zusammen, aber der Samurai führte die Gäste auf unterirdischen Wegen in die Freiheit. Zum Dank sollte er sie begleiten. Doch er konnte nicht. Sein ›Giri‹ zog ihn in die Ruinen, in den Tod (nach R. Benedict).

Hier siegte Chu über Giri. Diese Tendenz wurde seit dem Beginn der Meiji-Zeit bis zum Ende des Zweiten Weltkriegs betont gepflegt: Über den Gehorsam und die Verpflichtung dem Tenno gegenüber ging nichts. Das kaiserliche Reskript an Soldaten und Matrosen sprach es offen aus: Es war ein falscher Weg, den manche Helden der Vergangenheit gegangen waren, wenn sie den »wahren Pfad der öffentlichen Pflicht« aus dem Blick verloren, wenn sie Giri wichtiger als Chu genommen hatten.

Die berühmteste Darstellung der japanischen Treue-Pflicht ist Chushingura, das Heldenlied von den 47 Ronin. Es existiert in zahlreichen Versionen und ist nicht nur ein Beispiel, sondern eine wahre Kette von Beispielen für Giri und Chu. Aus argloser Ahnungslosigkeit hat der junge Fürst Asano verabsäumt, dem älteren Lord Kira seine Dankespflicht zu bezeugen. Der Ältere blamiert daher den Jüngeren öffentlich. Der Jüngere kann die Schande nicht auf sich sitzen lassen, seine Ehre verlangt Genugtuung. Doch im Palast des Shogun ist jede Auseinandersetzung mit der blanken Waffe verboten: Giri steht gegen Chu, doch Giri ist stärker. Fürst Asano zieht das Schwert. Die Verletzung des Chu kann nur durch Harakiri, in Japan Seppuku genannt, gesühnt werden. Der Besitz des Jüngeren wird eingezogen, seine

Samurai sind herrenlos, sind Ronin geworden. Ihre Treuepflicht verlangt Rache – also wieder einen Verstoß gegen das Chu. Als Ausweg bleibt nur der Tod. Auf Rat ihres gewitzten Führers Yuranosuke beschließen die Ronin, beides zu tun. Um aber die Aufmerksamkeit der Behörden wie der Gegner von sich abzulenken, begehen sie aus Giri einen Verstoß nach dem anderen gegen Giri. Sie besuchen Freudenhäuser, liegen betrunken in der Gosse, verstoßen ihre Frauen, lassen sich treten und anspucken, entehren die eigene Familie, verkaufen die Schwester als Konkubine – alles Dinge, die ein Samurai niemals tut. Dann in einer Winternacht stürmen sie den Palast des Gegners, erschlagen ihn und bringen das Haupt zum Grab ihres Herrn. Ihr Giri ist erfüllt. Nun bleibt noch die Sühne für ihr Verschulden gegen Chu: Auf Befehl des Schogunats geben sich alle 47 Ronin in zeremonieller Weise selbst den Tod.

Eine andere, nicht minder berühmte Geschichte ist die von einem einfachen Mann und seinen drei Söhnen. Sie alle sind dem Kanzler des Reiches, Michizane Sugawara, verpflichtet. In freundlichster Weise hatte er sich ihrer angenommen, als sie noch Kinder waren. Einer der Söhne aber steht nun im Dienst eines Mannes, der sich offen gegen den Kanzler erklärt, als dieser in Ungnade fällt und verbannt wird. Giri hält den Sohn in seiner Dienstpflicht, Giri bindet ihn an den Kanzler. Den Ausweg aus dem Zwiespalt findet er, indem er sich von seinem Vater verstoßen läßt (um die Familie von jeder Verpflichtung für sein Handeln zu befreien) und dann den Befehl, den Sohn des ehemaligen Kanzlers zu töten, dadurch umgeht, daß er seinen eigenen Sohn an Stelle des anderen opfert.

Um Giri und Chu kreisen alle Samurai-Geschichten auf No- und Kabuki-Bühnen, im Film, im Fernsehen und in Romanen. Selbst dort, wo man sich darüber lustig macht, bei den Kyogen im No-Theater oder in den bürgerlichen Räuberdramen: die Treue mag gebrochen werden dem Freund, dem Herrn, dem Gläubiger gegenüber – die Treue zum Blutschwur geht bis in den Tod. Von hier ist es nur ein kurzer Schritt zum Treueschwur der ›gangs‹, deren die japanische Polizei von außen her nicht Herr werden kann, weil das japanische Gefühl für Giri sie schützt und stützt.

Auch für das japanische Ehrgefühl ist Giri von zentraler Bedeutung. Dieses Ehrgefühl ist äußerst leicht verwundbar und ebenso empfindlich Beleidigungen wie unmäßigen Wohltaten gegenüber. Wohltaten verpflichten. Und jemanden zum Verpflichtetsein zu zwingen, ist fast eine Beleidigung. Das Gleichgewicht ist gestört. In jedem Fall ist Revanche geboten.

In früheren Zeiten war Revanche einfach: man nahm Rache. Dafür gab es ganz bestimmte vorgeschriebene Formen. Blutrache mußte vorher frist- und stilgerecht gemeldet werden. Dann konnte sie vollzogen werden. Aber es gab auch andere Gründe, um verletzte Ehre zu rächen. Ein Fürst hat ein kostbares Schwert. Um die Sachkenntnis seiner Vasallen zu prüfen, fragt er drei von ihnen, von welchem Meister das Schwert stamme. Einer von ihnen weiß und sagt es. Das empfinden die beiden anderen als grobe Beleidigung, die nur durch den Tod des dritten zu sühnen ist.

Man kennt aber auch wesentlich sublimiertere Formen der Rache. Ein Knabe namens Heihachiro hat die Holzsandalen seines Herrn an seiner Brust gewärmt, denn es ist kalt vor dem Haus, während man drinnen tafelt und trinkt. Der Herr aber schlägt, als er heraustritt, dem Jungen die Sandalen um die Ohren, bis sie blutbeschmiert vor seinen Füßen liegen – wie hat er es als Niederling wagen dürfen, auf herrschaftlichen Sandalen zu sitzen! Heihachiro findet keine Gelegenheit, seinen Rachedurst zu stillen, bis er, inzwischen angesehener Abt eines Klosters geworden, seinem früheren Herrn wieder begegnet. Mit einer tiefen Verbeugung gibt er, nun selbst ein Würdenträger, die blutbeschmierten Sandalen zurück.

Es wäre falsch, die Haltung, die Giri zugrunde liegt, einfach mit dem deutschen ›Ehrgefühl‹ zu identifizieren. Dafür ist Giri zu vielschichtig. Z. B. ist es Giri durchaus nicht abträglich, daß nahezu alle japanischen Götter und Helden, wie Lily Abegg feststellt, durch schlaue Hinterlist und scharfsinnigen Betrug zum Ziel gekommen sind. Es war auch kein Verstoß gegen die Ehre, als die Provinz Satsuma, deren Hauptstadt 1862 von den Engländern zur Strafe für die Ermordung Richardsons schwer bombardiert worden war, den Angreifern nicht ewige Rache schwor, sondern im Gegenteil um ihre Gunst warb: Die Überlegenheit des Gegners war erwiesen, also mußte man von ihm lernen. Man möge, so zitiert Ruth Benedict einen englischen Kommentator, zu solcher Verwickeltheit der Motivation stehen, wie man wolle: den Realismus und den Gleichmut, den solche Handlungsweise bezeuge, müsse man respektieren.

Im Vergleich zu früher sind heute die Möglichkeiten, sich als Japaner in der Ehre gekränkt zu fühlen, keineswegs geringer geworden. Die Empfindsamkeit der leicht verwundbaren Seele ist unwahrscheinlich groß. Beschränkter sind nur die Möglichkeiten der Revanche: ein nahezu unerschöpfliches Thema für zahllose Novellen und Romane. Nicht nur die Gesetze sprechen dagegen, auch die eigene Tatkraft fehlt zur aktiven Rache. So frißt man sie passiv in sich hinein, quält sich, ohne es merken zu lassen, wird mißtrauisch und scheu, bis die Neurose vollkommen ist. Die einzige noch verbleibende aktive Form der Rache ist der Selbstmord. Mit ihm befreit man sich auf durchaus ehrenhafte Weise von jeder Form der Beleidigung – sei es durch das Schicksal, sei es durch andere Menschen. Kürzlich beging ein Halbwüchsiger Selbstmord, weil sein Vater ihm die Haare scheren ließ: Er glaubte, die Schmach nicht überleben zu können. Ein anderer, zehn Jahre alt, gab sich stillschweigend den Tod, weil er von seiner Mutter getadelt worden war. Ein dritter beendete sein Leben, weil er nicht in der Lage war, vor dem Neujahrstag seine Schulden zu begleichen: Nur durch den eigenen Tod konnte er das verlorene Gesicht für sich und seine Familie zurückgewinnen.

Sicher ist nicht allen, die auf diese Weise ihrem Leben ein Ende setzen, bewußt, daß der Mensch, buddhistischem Denken entsprechend, nach dem Tode das Ziel seiner Rache leichter erreichen kann als unter Lebenden: Der gewaltige Taira-Held Tomomori windet sich angesichts des Versöhnung bietenden Feindes ein mächtiges Ankertau um den Leib und stürzt mit dem Anker in die Tiefe. Was ihn das Leben nicht erreichen ließ, die Stillung wilden Rachedurstes, wird ihm nach dem Tod vergönnt sein.

Die Zahl der Selbstmorde in Japan liegt höher als in vielen Ländern. Das Thema selbst ist in Japan sehr beliebt: Hunderte von Novellen und Filmen behandeln es. Es gehört zu Japan, seiner Seele, seinem Ehrbegriff. Die Ehre verlangt, daß man ständig um den nötigen Respekt besorgt ist: den Respekt vor den anderen ebenso wie den der anderen vor einem selbst. Dieser Respekt ist sozusagen unabhängig von der menschlichen Persönlichkeit. Er gilt vor allem der Stellung, die man repräsentiert.

Man hat sich lustig gemacht über die Titelsucht in Deutschland. Sie ist ein Kinderspiel gegenüber der vom Ehrenkodex umlauerten Rangstufen-Bewußtheit Japans. Stets muß man darauf achten, mindestens so viel zu scheinen wie zu sein und dem anderen mindestens so viel Ehre anzutun, wie ihm zusteht – aber um Himmels willen nicht zuviel, weil das ebenfalls eine Beleidigung wäre, ein Verstoß gegen Giri.

Die strenge Beachtung dieser Formen hat sich nach dem Kriege sehr gelockert. Aber es wäre ein Irrtum zu glauben, daß sie ganz verschwunden wären. Noch immer hat man Sorge, es könnte irgendwo und irgendwann an der nötigen Ehrerbietung fehlen: sei es Japan gegenüber als einer großen Nation, sei es Herrn Suzuki gegenüber als dem Vizepräsidenten, nicht etwa Direktor der Firma xy, sei es Frau Tanaka gegenüber, deren Mann kürzlich Abteilungschef geworden ist und seitdem vom Firmenwagen ins Büro abgeholt wird. Solche Rangstufen-Bewußtheit, die sich bis heute in dem Winkel und der Dauer spiegelt, bis zu denen man sich vor anderen verbeugt, ist das Ergebnis der strengen Sozialordnung vor der Meiji-Zeit. Daß sie durch Giri bis zur Gefährdung der Ehre hochgereizt worden ist, ist zweifellos dem Samuraigeist und seinem Standeskodex zu verdanken.

Härte

Treue und Ehrgefühl sind die spektakulärsten, aber gewiß nicht die nachhaltigsten Eigenschaften, die einen japanischen Ritter auszeichnen. Was die ganze Welt an einem Samurai bewundert, sind vor allem seine Härte und Disziplin, seine Genügsamkeit und seine Todesverachtung. Es war kein Zufall, daß gerade in Kamakura, dem Zentrum des waffenfrohen Wehradels, auch der Zen-Buddhismus Schutz und Pflege fand, obwohl er alles andere als militant war. Was beide zusammenführte, waren die gleichen Methoden, mit denen sie ihre verschiedenen Ziele anstrebten

Beide legten in hohem Maße Wert auf Selbstdisziplin und Konzentration. Beide strebten danach, die eigene Ich-Bezogenheit stufenweise bis zur völligen Selbstlosigkeit zu bannen und alle Möglichkeiten einer Ablenkung nicht etwa von außen, sondern von innen her zu eliminieren, bis der Geist ›leer‹ geworden war und damit frei von allen Bindungen an Tod und Leben. Erst dann hatte der Ritter den Stand erreicht, der ihn zur Erfüllung seiner Treuepflicht befähigte. Hier liegt eine der wichtigsten Wurzeln für die Symbolik des Schwertes: Es ist nicht nur Waffe und edle Form, es ist zugleich Symbol der Überwindung – der Überwindung des Feindes und des eigenen Ichs.

Stoizismus und Selbstbeherrschung sind zu Selbstverständlichkeiten für einen Samurai geworden. Man schreit nicht, wenn man Schmerzen hat. Man gerät nicht in eine Panik bei einem Erdbeben und einem Taifun. Zumindest: Man bemüht sich darum. Je höher man steht, desto größer ist die Verpflichtung dazu, desto größer ist die Gefahr, sein Gesicht zu verlieren. Als Beispiel wird oft die Geschichte vom Grafen Katsu erwähnt. Er starb 1899. Als er ein Kind war, biß ihm ein Hund in die Hoden. Während der Operation durch den Arzt hielt ihm sein Vater ein Schwert vor das Gesicht: »Wenn du auch nur einen einzigen Schrei tust, sollst du wenigstens auf eine Weise sterben, die keine Schande über dich bringt.«

Ist der Samurai grausam? An seinen Schwertern wird gerühmt, »daß sie Stahlhelme durchschneiden und die Köpfe von hundert Feinden abschlagen konnten, ohne schartig zu werden.« In diesem Zusammenhang werden dann oft Geschehnisse aus Kriegsgefangenen-Lagern berichtet. Eines jedenfalls wird ebenfalls aus diesen Lagern bestätigt: der Japaner war und ist nicht grausamer gegen andere als gegen sich selbst. Die Möglichkeit, in ein Gefangenenlager zu kommen, schied für den japanischen Soldaten auf Grund seiner Schulung im Grunde aus: als Toter wie als Gefangener war er für Japan erledigt; sein Name war ausradiert, er war nicht mehr existent. Im Nord-Burma-Feldzug war das Verhältnis zwischen Gefangenen und Gefallenen 142 zu 17166, also 1 : 120. Nach westlicher Auffassung ist es gewöhnlich 3 : 1, d.h. eine Truppe hält meist nicht länger durch, als bis ein Viertel ihrer Stärke vernichtet ist. Alle sogenannte Grausamkeit hatte das eine Ziel: die eigene Härte zu festigen. Berühmt sind die Berichte vom militärischen Training in den dreißiger Jahren. Bei den 50-60-km-Märschen war es streng verboten, zwischendurch zu essen oder zu trinken. Bei einem solchen Marsch waren 20 Mann vor Durst und Erschöpfung ausgefallen. Fünf von ihnen starben. Bei der Untersuchung ihrer Feldflaschen stellte sich heraus: sie waren voll. Nicht einer hatte auch nur einen Tropfen getrunken.

Bei Dauer- und Gewaltmärschen, die bis zu drei Tagen und zwei Nächten ohne wesentliche Unterbrechung dauerten, wurde der Truppe nicht einmal zu schlafen erlaubt, als man endlich ein Biwak bezog. Alle ohne Ausnahme wurden auf Posten und Patrouillen eingesetzt. Auf seine erstaunte Frage, ob nicht wenigstens umschichtig die einen oder anderen schlafen könnten, erhielt der amerikanische Begleitoffizier die Antwort, das sei nicht nötig: »Schlafen, wie man das macht, wissen die Leute schon. Aber wie man wach bleibt, das muß geübt werden.«

Bekannt ist auch die Anwendung von Kälte und eisigem Wasser zur Stärkung des Charakters, etwa kalte Duschen tags und nachts mitten im Winter oder das Sitzen im eiskalten Wasser eines Wasserfalls. Das alles wird von manchen auch heute noch praktiziert und dient dem Training. Es wird so lange fortgesetzt, bis man keinerlei ›Mißbehagen‹ mehr verspürt.

Noch in einer anderen Hinsicht unterscheiden sich westliche und japanische Helden-Auffassung. Wer sich durchsetzt, gegen die Konvention rebelliert und allen Schwierigkeiten zum Trotz sein Glück gewinnt, gilt in Japan nicht etwa als starker, sondern als schwacher Charakter: Er hat seine persönlichen Belange wichtiger genommen als seine Pflicht. Er hat gegen die Ordnung verstoßen und sein Gesicht verloren. Ein ›Held‹ zieht sein privates Glück überhaupt nicht in Betracht. Stark sein heißt, sich selbst in Zucht nehmen. Charakterstärke, so formuliert es Ruth Benedict, zeigt sich in der Anpassung, nicht im Rebellieren. Darum war auch der Typ des Berserkers, des rohen Gewaltmenschen, niemals in Japan populär. Wahre Stärke zeigt nur das zu ausgewogener Selbstbeherrschung geläuterte Rittertum, das »nie einen Niederen verachtet, nie einen Höheren fürchtet«.

Das Wirtschaftswunder unserer Gegenwart mit seinem Streben nach Luxus und Erfolg hat solche Ideale in den Hintergrund gedrängt. Daß sie dennoch nicht verschwunden sind, zeigt sich allenthalben. Musterbeispiel ist der Sport. In rastlos hartem Training unterwirft sich hier nahezu ganz Japan einer Selbstdisziplin, die bewundernswert ist. Am Anfang, so heißt es immer wieder, möge das Training lästig, langweilig und sinnlos scheinen. Später führe es zur mühelosen Beherrschung und damit auch zur Herrschaft über sich selbst, zu wahrer Lebensfreude. Dafür gilt die gleiche Regel, die schon dem Samurai zur Richtschnur wurde: Wie das Schwert poliert wird, damit es keinen Rost ansetzt, so muß auch der Körper vom Rost befreit und freigehalten werden.

Zu solchem ritterlichen Bemühen gehört das Streben nach Genügsamkeit, nach spartanischer Einfachheit, nach karger Schlichtheit. Auch hier trifft sich der Samuraigeist mit dem Zen-Buddhismus, der diesem Streben weithin wirkenden Ausdruck gegeben hat.

Die oft beschriebene Todesverachtung der Japaner ist weder ein Ziel noch eine Tugend. Sie ergibt sich aus der Haltung, zu der ein Samurai erzogen wird. Da der Weg zur Selbstdisziplin über die Auslöschung aller individuell-egoistischen Wünsche führt, ist auch der Wille zum Leben auf ein Minimum reduziert. Familie, Freunde, materielle Güter haben keine Anziehungskraft mehr: Sie sind belanglos angesichts der Aufgabe, der Verpflichtung, der Idee, der man sich verschrieben hat. Auch der Tod hat für den Samurai nichts Erschreckendes. Er ist genauso bedeutungslos geworden wie das Leben. Der gläubige Buddhist vermag in ihm sogar etwas Erstrebenswertes zu sehen: die ersehnte Befreiung aus der Welt des Scheins in die schöne Wirklichkeit des westlichen Paradieses.

Das vielgenannte Harakiri (Seppuku) ist lediglich eine Sonderform des Todes, den sich der Samurai bei der zeremoniellen Selbstentleibung gibt: Er stößt sich selbst das Schwert ins Lebenszentrum, in den Leib, und zieht die Klinge langsam von links zur Leibesmitte und zwei Zoll hinauf. Diese Todesform – oft auch als Protest gegen die herrschende Politik von einzelnen und ganzen Gruppen zelebriert, etwa am Ende des Zweiten Weltkriegs oder 1970 durch den weltbekannten Dichter Yukio Mishima – wird heute meist nur noch auf dem Theater gezeigt, wo ihre fast zur Kulthandlung gewordene Verinnerlichung alle Zuschauer tief bewegt. Am berühmtesten in der japanischen Geschichte ist jenes Massen-Seppuku, mit dem die große Zeit Kamakuras unter den Hojo am 5. Juli 1333 ein Ende nahm. Als die Niederlage nicht mehr abzuwenden war, entleibte sich Takatoki Hojo mit 800 seiner Anhänger und 6000 andere folgten später ihrem Beispiel – so groß war die Loyalität ihrem Herrn gegenüber.

Jieitai

So seltsam es nach dem Gesagten klingen mag: Die Soldaten des heutigen Japan, die sogenannten Selbstverteidigungsstreitkräfte (Jieitai), zeigen zur Zeit am allerwenigsten irgendwelche Gemeinsamkeiten mit dem ›Gesicht des Samurai‹. Die Jieitai – von Militär wird der Verfassung wegen nicht gesprochen – sind betont zivil, zurückhaltend und unkriegerisch. Sie sind wahrhaft Bürger in Uniform. Sorgsam werden Parallelen zwischen ihrem Soldatenhandwerk und den Nationaltugenden eines Samurai vermieden. Allen Möglichkeiten, etwa wegen ›undemokratischen‹ Verhaltens in der Öffentlichkeit angegriffen zu werden, sucht man vorzubeugen.

Die Jieitai verfügte 1977 über 152000 Mann beim Heer, 39040 Mann bei der Marine und 422000 Mann bei der Luftwaffe. Das ist kaum das Fünffache von der Stärke des Heeres, das Kammu-Tenno bereits im 9. Jahrhundert unter Waffen hielt, aber noch nicht einmal ein Siebentel von den 1,75 Millionen Samurai, die noch vor einem Jahrhundert das Recht und die Pflicht hatten, zwei Schwerter zu tragen. Alle Diskussion über eine wesentliche Vergrößerung der Verteidigungsstreitkräfte bleibt so lange theoretisch, als im Volk die Verteidigungsbereitschaft nicht mindestens so groß wird, daß wenigstens der gesetzlich erlaubte Bedarf an Soldaten durch freiwillige Meldungen gedeckt werden kann.

Vorläufig verläßt sich Japan auf den Schutz durch die Vereinigten Staaten. Als Beitrag zur Sicherheit des eigenen Landes hat Japan den amerikanischen Security Forces Stützpunkte überlassen. 1952 waren es genau 2824; 1978 waren es nicht einmal mehr 100. Selbst gab Japan 1977 nur 5,9% des Budgets und 0,8% des Volkseinkommens für die eigene Verteidigung aus. Selbstverständlich sind Bewegungen im Gange, die den Verteidigungsetat erhöhen, die Verteidigungsbereitschaft des

Volkes stärken, das Verteidigungsmaterial (sprich Waffen und Militärgerät) im Lande herstellen und den Paragraphen 9 der Verfassung geändert sehen möchten. Was 1964 noch undenkbar war, ist heute längst möglich: Man spricht bereits über die eigene Verteidigung, ja – angesichts der wachsenden Atomkraft Chinas und trotz Hiroshima und Nagasaki – sogar über die Möglichkeit einer japanischen Atombewaffnung.

In Japan hat man die Repräsentanten des verlorenen Krieges nie verfolgt. Auch hier gab es einen amerikanischen Kriegsverbrecher-Prozeß. Die sieben Verurteilten aber wurden nach ihrem Tode nicht mit Haß und Empörung bedacht. Man setzte ihnen Denkmäler. Die Öffentlichkeit fühlte sich dadurch nicht im mindesten gereizt. Diejenigen, die dem ›purge‹ zum Opfer fielen, waren nach ihrer Entlassung aus dem Gefängnis ebenfalls nicht verfemt, sondern durchaus angesehene Persönlichkeiten. In Japan hat es so etwas wie eine »Bewältigung der Vergangenheit« nicht gegeben. Man hat nicht einmal den Versuch dazu gemacht. Man hat statt dessen die Dinge ruhen lassen und die Vergangenheit in aller Stille anerkannt: nicht als etwas, was zu preisen wäre, aber auch nicht als eine Schande. Selbst von den fast immer links orientierten Intellektuellen Japans wird der Pazifische Krieg heute als Schicksal interpretiert, dem sich der einzelne nicht entziehen konnte.

Bei dem Bemühen, die heutigen Selbstverteidigungsstreitkräfte aufzuwerten, treffen zwei Tendenzen zusammen. Die eine ist rein militärischer Natur. Man könne sich – so wird argumentiert – schon heute ausrechnen, wann Japan, falls Amerika seinen Atomschirm zurückziehe, einer militärischen Erpressung von seiten Pekings hilflos ausgeliefert und zu nationalem Selbstmord gezwungen sein werde. Die zweite Tendenz ist politischer Art. Sie empfindet die militärische Abhängigkeit von Amerika als national unwürdig. Um in Asien eine Rolle spielen zu können, müsse man selber stark und unabhängig sein. Das Prestige nach außen und der nationale Stolz nach innen gebiete eine ausreichende Verteidigung aus eigener, nicht aus fremder Kraft.

Da das ›Gesicht des Samurai‹ nur eines unter vielen Gesichtern Japans ist, braucht es nicht zu verwundern, daß es in einer typischen Nachkriegsepoche wie heute nicht beherrschend in Erscheinung tritt. Daß es trotzdem wirkt, unterliegt keinem

Zweifel. Die Ideale des Samurai, vor allem Härte und Disziplin, sind nach wie vor lebendig. Niemand wird leugnen wollen, daß Japan unter den Kulturnationen in der ersten Reihe steht. Kultur aber ist ohne strenge Form und Disziplin nicht denkbar. Wo sie aufhören, hört auch Kultur auf, wirksam zu sein.

Geschichte und Geschichten

Kirschblüte

Seit Jahrhunderten ist die Kirschblüte in Japan edelstes Symbol des Rittertums. Nicht alle, die heutzutage unter solchen Blüten und mit reichlich Sake den Frühlingsanfang feiern, denken an diese Symbolik. Aber sie wissen davon. Wie sich vom Kirschbaum schon nach kurzer strahlender Blütezeit die schlichten, zarten Blütenblätter leicht und ohne Klage lösen, so soll sich auch der Ritter vom Leben lösen, wenn es nötig ist. Die feinsinnig zarte Ästhetisierung des kämpferischen Rittertums ist zweifellos eine Konzession an das höfische Lebensideal der vorangegangenen Epoche. Zum Wesen eines Ritters gehört nun einmal mehr Kraft als Zartheit, mehr Selbstüberwindung als sublime Naturmystik. Zugleich ist diese bis heute gültige Symbolisierung ein Beweis dafür, wie beide Ideale, das kriegerisch Maskuline und das ästhetisierend Feminine, in Japan einander durchdringen und durchaus gleichberechtigt sind.

Bokuden der Schwertmeister

Einer der berühmtesten Schwertmeister seiner Zeit war Bokuden. Einst fuhr er unerkannt über den Biwa-See. Unter den Mitreisenden war ein wild aussehender und laut daherredender Samurai, der hochmütig mit seinen Heldentaten prahlte. Bokuden tat so, als höre er ihn nicht. Das reizte den Wilden. Er trat auf ihn zu und fragte herausfordernd: »Ihr tragt ja auch zwei Schwerter – warum sagt Ihr nichts?« Bokuden blieb gelassen. »Weil meine Kunst nicht Eure Kunst ist. Die meine besteht darin, andre nicht zu besiegen, aber auch selbst nicht besiegt zu wer-

15 Berge und Wasser charakterisieren die japanische Landschaft: Ernte auf den Teeplantagen von Shizuoka

Fassade eines Bauernhauses 16 →

17 Der Fuji nach Sonnenuntergang über der Bucht von Sagami

18 Der Fuji hinter dem hochmodernen Shinkansen-Expreß

19 Wasserfall. Lavierte Tuschmalerei von Kano Motonobu (1476-15

ra, Museum Yamato-Bunkakan

20 Regen in den Bergen. Tuschmalerei des ›Literatenmalers‹ Uragami Gyokudo (1745-1820), der der Kaste der Samurai angehörte. Kurashiki, Sammlung S. Ohara

21 Nebel in den Bergen. Hervorgerufen durch zahlreiche Quellen und Flüsse sowie häufige Regenfälle, gehören Nebelschwaden – für den Japaner Symbol der Vergänglichkeit – zum typischen Erscheinungsbild des Landes

Setonaikai – die Inlandsee zwischen Hondo und Shikoku 22 →

den.« Das schien dem anderen eine Herausforderung. »Welche Schule vertretet Ihr?« fragte er barsch. »Die meine«, erklärte Bokuden mit weicher Stimme, »heißt ›Mutekatsu‹ (ohne Hand siegen): man siegt, ohne das Schwert überhaupt zu berühren.« »Wozu tragt Ihr dann ein Schwert?« »Als Mahnung zur Selbstlosigkeit: andre nicht zu töten!« Das brachte den Samurai derart in Wut, daß er Bokuden zum Kampfe forderte. »Warum nicht?« meinte dieser und riet, zu einer entfernten kleinen Insel zu fahren – dort könnten andre von dem Kampf nicht in Mitleidenschaft gezogen werden. Der Samurai wars zufrieden, sprang, kaum daß man ankam, an Land und zog sein Schwert. Bokuden aber bat den Bootsmann, sein Schwert zu halten, bis er selbst ausgestiegen sei, ergriff aber plötzlich das Ruder und stieß vom Ufer ab, wo der Samurai wütend gestikulierte. »Das ist«, rief Bokuden lächelnd zurück, »Mu-Te-Katsu« (nach Suzuki).

Bokudens Meisterschaft war weit mehr als nur Können und Geschicklichkeit. Das zeigt folgende Begebenheit. Eines Tages wollte er sehen, wieweit es seine eigenen Söhne in der Meisterschaft des Schwertes gebracht hätten. Er nahm ein kleines Kissen und legte es über den Vorhang am Eingang seines Zimmers. Schon die leiseste Berührung des Vorhangs mußte das Kissen zu Fall bringen. Zuerst rief er den ältesten Sohn. Als dieser kam, bemerkte er sofort das Kissen, nahm es herab und legte es wieder an seine Stelle, nachdem er das Zimmer betreten hatte. Nun wurde der zweite Sohn gerufen. Er berührte den Vorhang, und wie er das Kissen fallen sah, griff er danach und legte es sorgsam an seinen Platz zurück. Jetzt kam der dritte Sohn. Rasch trat er ein, das Kissen fiel, aber noch ehe es den Boden erreicht hatte, hieb er es mit dem Schwert in zwei Stücke. Bokuden tadelte ihn streng und nannte ihn ein Unglück der Familie; den zweiten hieß er weiter üben und nur den ersten nannte er einen wahren Meister (nach Suzuki).

Kiyomori Taira

Der kometenartige Aufstieg des Taira-Clans begann, als Kiyomori 1153 an seine Spitze trat. Innerhalb von sieben Jahren gelang es, die mit ihm rivalisierenden Minamoto zu vernichten. Nur drei noch unmündige Söhne seines Widersachers Yoshitomo Minamoto ließ er am Leben, weil er Gefallen fand an deren Mutter Tokiwa Gozen. Tokiwa, einst Hofdame bei Kaiser Konoe, dann Nebenfrau Yoshitomos, erhandelte für ihre Liebe von Kiyomori die Erlaubnis, daß der eine ihrer Söhne, der 13-jährige Yoshitsune, ins Kloster gehen und der ältere Yoritomo nach Izu verbannt werden durften – jene beiden, die später das Schicksal der Taira besiegelten. Doch bis dahin mußten 25 Jahre vergehen.

Zu Lebzeiten Kiyomoris stieg die Macht der Taira ins Ungemessene. Nahezu alle hohen Ämter im Staat lagen in ihrer Hand. Kiyomori selbst setzte die Tenno ab und ein nach seinem Gutdünken, verheiratete seine eigene Tochter mit einem von ihnen und setzte deren Sohn, seinen eigenen Enkel also, kurz danach auf den Thron. Es war Antoku Tenno, der achtjährig in den Armen seiner Großmutter bei der Schlacht von Dan no Ura in den Fluten des Meeres versank. Das war 1185.

Vier Jahre zuvor war Kiyomori gestorben. Sein Tod war grauenhaft. Sein Körper, so berichtete man, wurde so heiß, daß man sich ihm kaum nähern konnte. Kaltes Wasser, das man über ihn goß, um seinen Todeskampf zu erleichtern, begann sofort zu dampfen und zu kochen. Schon vor seinem Ende hatte Kiyomori den Bogen seiner Macht überspannt. Dadurch, daß er seinen Schwiegersohn, den Vater des Antoku-Tenno, veranlaßte, die übliche Pilgerfahrt zurückgetretener Kaiser nicht zu den herkömmlichen Tempeln zu machen, sondern zum Familienschrein der Taira auf Miyajima, zog er sich den tödlichen Haß der militanten Klöster Miidera, Kofukuji und Todaiji zu, obwohl er selbst schon 1168 Mönch geworden war und seitdem den Klostertitel ›Nyudo‹ führte. Kiyomoris Sohn Shigehira, der die Klöster später niederbrannte, mußte diesen Frevel mit dem Leben bezahlen: Er wurde den Klöstern ausgeliefert, die grausam an ihm Rache nahmen.

Mit dem Augenblick, da Kiyomori starb, verfiel auch die Macht der Taira. Man hat darauf hingewiesen, daß Kiyomoris Mutter Hofdame des Kaisers Shirakawa war. Sie wurde eines Tages dem Tadamori Taira präsentiert als Lohn für große Tapferkeit. Doch zu dieser Zeit war sie schon schwanger. War das Kind, das sie gebar und das Kiyomori genannt wurde, kaiserlichen Geblüts? Erklärt sich daraus die Tatsache, daß die Taira keinen Mann hervorgebracht haben, der den Platz Kiyomoris auch nur annähernd hätte einnehmen können?

Ichi no Tani

Die Taira waren geschlagen und aus der Hauptstadt verdrängt. Weiter südlich, bei Ichi no Tani, an der Westecke des heutigen Kobe, hatten sie ein Lager bezogen. Es war nahezu uneinnehmbar: von Süden gesichert durch das Meer, von Nord und West geschützt durch hohe, steil abfallende Berge. Der einzige Zugang zur Lagerfestung, der von Osten her, war durch schwerbewaffnete Ritter blockiert. Doch Yoritomo hatte befohlen, die Taira zu verfolgen. Yoshitsune und sein Bruder Noriyori setzten ihnen mit der Minamoto-Streitmacht nach. Bei Ichi no Tani kam es zur Schlacht (1183). Als kluger Taktiker versuchte Yoshitsune das Lager von hinten zu umgehen. Doch im Dunkel der Berge verloren seine Leute Weg und Steg. Nur ein Jäger wurde aufgetrieben. Der lachte bloß: Der Abhang sei so steil, daß kein Baum, ja nicht einmal ein Grashalm darauf wachse. Und Wild? Gibt es hier keine Hirsche? Die gebe es, gewiß, und im Winter wagten sie sich sogar nach Ichi no Tani hinunter. Da leuchteten Yoshitsunes Augen: »Was ein Hirsch kann, können auch wir!« Als die Reitertruppe an den steilen Hang kam, graute der Morgen. Im Lager der Feinde wehten die roten Taira-Banner in der Morgenbrise und weiter nach Osten hin zeigten brennende Fackeln, daß Noriyori auf das Zeichen zum Angriff wartete. Oben am Berghang aber scheuten die Pferde. Da ließ Yoshitsune zwei von ihnen an den Rand des Abgrunds stellen, ein weißes und ein braunes; dann stieß er sie hinab. Das weiße, unten angekommen, stand auf aus Schutt und Geröll und wieherte nach oben: Weiß war die Farbe der Minamoto, die sich nun, dem Schimmel nach, in die Tiefe stürzten.

Dieser kühne Angriff vom Rücken her traf die Taira völlig unerwartet. Von zwei Seiten aufgerieben, erreichten nur wenige die rettenden Schiffe.

Helden-Ehre

Nach der Schlacht von Icho no Tani läuft der junge Atsumori Taira ins Lager zurück, weil er seine Lieblingsflöte, die ›Aoba no Fue‹, vergessen hatte. Er wird von Naozane Kumagai, einem Unterfeldherrn Yoshitsunes, gestellt. Da er so jung ist, will Kumagai ihn laufenlassen. Atsumori aber besteht auf seinem Tod, und Kumagai kann sich den näher kommenden Kampfgenossen gegenüber keine Blöße geben. Zur Sühne für seine blutige Tat läßt sich Kumagai das Haupt scheren und wird Mönch.

Das Theaterstück ›Ichi no tani futaba gunki‹ von Sosuke Namiki (18. Jahrhundert) kompliziert und dramatisiert den Vorfall: Kumagai tötet nicht Atsumori, sondern den eigenen Sohn Kojiro. Er weiß, daß Yoshitsune, in Erinnerung an seine eigene Jugend, die Taira-Jugend geschont wissen möchte. Er weiß aber auch, daß Yoshitsune dem Bruder Yoritomo gegenüber das Haupt des Atsumori vorweisen muß. So wird beim ›Kubi Jiken‹, bei der Besichtigung des abgeschlagenen Hauptes, der Kopf Kojiros vom eigenen Vater und von der eigenen Mutter (Sagami) als der Atsumoris ausgegeben: »... um der Ehre meines Herrn und der eigenen Ehre willen ...«

Yashima

Im Hause eines Fährmanns übernachtet Yoshitsune bei der Verfolgung der Taira auf Shikoku. Es kommt zur Seeschlacht bei Yashima: Yoshitsune packt die Taira von hinten – frontal greifen zum Schein nur leere Schiffe an.

Am Abend nach der Schlacht ereignet sich folgende Episode, ›Ogi no Mato‹ genannt. Kurz vor Sonnenuntergang entfaltet in einem Taira-Boot eine junge Hofdame aufreizend provokativ einen Fächer und stellt ihn seelenruhig, als hätte nicht eben erst eine Schlacht getobt, dem Feinde zu am Bug des Bootes auf. Empört gibt Yoshitsune Befehl, den Fächer unverzüglich abzuschießen. Ein 17jähriger Ritter schwingt sich aufs Pferd, reitet ins Wasser und schießt. Er trifft genau die Stelle, an der ein Stift den Fächer zusammenhält: wie ein getroffenes Tier springt der Fächer hoch in die Luft und versinkt im Wasser. Die atemlose Spannung auf beiden Seiten, bei den Minamoto wie bei der

Taira, löst sich in begeistertem Rufen und Händeklatschen.

Tomomori Taira hat die Schlacht verloren. Geschwächt von den Kämpfen und dem Blutverlust wird er gefangen. Er war der Fährmann, der Yoshitsune Obdach gegeben hatte. Unter dem gleichen Dach hatte auch das von den Taira mitgeführte Kind Antoku Tenno gewohnt, dessen habhaft zu werden eines der Hauptanliegen Yoshitsunes war. Dennoch will Yoshitsune den Tomomori freigeben, falls er bereit sei, Mönch zu werden und Antoku Tenno zu beschützen. Doch Tomomori sinnt allein auf Rache. Da er als Lebender zu schwach dazu geworden ist, glaubt er die Rache vom Jenseits aus besser durchführen zu können. Er bindet sich das Tau eines gewaltigen Ankers um den Leib und stürzt mit ihm von hohem Felsen aus ins Meer.

Benkei

Er ist der treueste der Freunde Yoshitsunes. Er leidet mit ihm unter dem ewigen Mißtrauen Yoritomos und ergreift bereitwillig jede Gelegenheit, seinem Herrn zu helfen. Wenn es Benkei, so hieß es einmal, gelänge, dem mächtigen Yoritomo das Haupt von Yoshitsunes Gemahlin Kyo no Kimi zu bringen – als Treuebeweis brüderlicher Ergebenheit –, wären Yoritomos Zweifel an Yoshitsunes Loyalität beseitigt. Benkei beschließt sofort, den Beweis zu erbringen. Aber er ist gerührt von Kyo no Kimis Schönheit. Er will statt dessen die Kammerzofe Shinobu töten. Doch die Mutter erhebt Einspruch: da müsse auch der Vater gefragt werden, der aber habe sich nach der Liebesnacht vor 18 Jahren nicht mehr sehen lassen. Nur ein Ärmelstück von seinem Gewand habe sie noch. In dem Augenblick, da sie den Stoff hervorholt, sinkt Shinobu tödlich getroffen zusammen. Der Todesstreich war die Antwort Benkeis – er war der Vater. Um die Wahrheit zu erhärten, daß Shinobus Haupt dasjenige von Kyo no Kimi sei, entleibt sich auch deren Betreuer: diesen Treuebeweis wäre er seinem Herrn schuldig gewesen, wenn dessen Gemahlin getötet worden wäre. Mit zwei Köpfen am Gürtel macht sich Benkei auf den Weg.

Ataka

Eines der großartigsten No-Spiele voller Dramatik ist ›Ataka‹. So heißt die Grenzstation zwischen West- und Ostjapan. Hier haben die Wachen Auftrag, besonders auf Yamabushi, auf wandernde Bergmönche, zu achten; denn Yoshitsune, der von seinem Bruder Yoritomo Verfolgte, soll mit elf Begleitern in Yamabushi-Verkleidung auf der Flucht nach Norden sein. Und so geschieht es: Yoshitsune kommt in der Tat nach Ataka, aber nicht als der strahlendste Held der japanischen Geschichte, sondern als der Geringste der ganzen Gruppe, als ihr Packträger. Trotzdem sind die Grenzwachen mißtrauisch. Aber Benkei, der Riese, der zum Schein die Schar anführt, weiß den Argwohn zu zerstreuen. Geistesgegenwärtig zieht er eine Schriftrolle hervor, ihre mönchische Harmlosigkeit zu beweisen: das Kanjincho, den Aufruf des Nara-Tempels, Gelder zu sammeln, deren Stifter auf der gleichen Rolle eingetragen werden. Die Rolle in Benkeis Hand enthält von all dem kein Wort: sie ist völlig unbeschrieben. Doch Benkei liest den frei erfundenen Text so überzeugend, daß Grenzhauptmann Togashi die Gruppe freigibt. Im Augenblick der tiefsten Entspannung erhebt sich erneut höchste Gefahr. Die vornehme Zartheit des Packträgers erregt Verdacht. Da tut Benkei das Unglaubliche: Er schlägt den Bettelmönch, er vergreift sich an seinem eigenen Herrn. Damit beseitigt er augenblicklich jeden Verdacht, daß der zarte Jüngling womöglich doch Yoshitsune, der Held, sein könnte. Den Herrn, den Fürsten zu schlagen, ist undenkbar. Der geniale Einfall Benkeis hat der Gruppe das Leben gerettet. Aber er ist zugleich ein ungeheuerlicher Verstoß gegen Ritterehre und Vasallenpflicht, ein Verstoß, über den Benkei selbst untröstlich bleibt.

Shizuka Gozen

Unter den Frauengestalten Japans ist Shizuka Gozen von Sage und Dichtung besonders liebevoll umrankt. Sie, deren Grab auf der Insel Awaji liegen soll, war zu Lebzeiten eine Tempeltänzerin. Vor allem war sie die Geliebte Yoshitsunes. Auch in Not und Gefahr, auch auf der Flucht vor dem großmächtigen Yoritomo ist sie an seiner Seite. Ergreifend ist daher die Abschiedsstunde in den Bergen von Yoshino, als Benkei seinen Herrn drängt, die Flucht ohne die Geliebte fortzusetzen. Kaum sind die Männer in einem Boot auf See (Funa Benkei), wird Shinzuka gefangen und vor Yoritomo geschleppt: Vor ihm und seinem Hofstaat soll sie tanzen. Sie weigert sich, doch sie besinnt sich. Was sie damals zu Füßen des Hachiman-Schreins tanzte und sang, wurde zum berühmtesten Tanz der japanischen Geschichte.

Es war kein gewöhnlicher Tempeltanz, es war auch alles andere als eine Huldigung für Yoritomo. Was sie besang, war der Abschiedsschmerz, als sie von Yoshitsune scheiden mußte, war das Hohelied der Liebe, war die Hoffnung auf die Wiederkehr des Glücks. Der Tanz war eine unerhörte Herausforderung der Yoshitsune-Feinde. Doch Yoritomo ersparte ihr den Tod. Das Kind, das sie wenig später gebar, der Sohn Yoshitsunes, wurde am Meeresstrand ausgesetzt. Sie selbst durfte in die Vergessenheit zurückkehren.

Sanetomo – das Ende der Minamoto

Einer der berühmtesten Ginko-Bäume steht in Kamakura. Sein Umfang mißt sieben Meter und sein Alter über tausend Jahre. Unter seinen Zweigen fand das mächtige Geschlecht der Minamoto sein unrühmliches Ende. Oberhalb der riesigen Baumkrone hatte Yoritomo seiner Schutzgottheit Hachiman den großen Tsurugaoka-Schrein errichten lassen. Er wollte sich dankbar zeigen für die großen Erfolge, die ihm die Götter beschert hatten. Mit 13 Jahren war er Shogun, Generalissimus, geworden. Die Militär-Regierung, die er schuf, das Bakufu, bestand 150 Jahre lang. Aber es waren nicht seine Nachkommen, die es führten: Hachiman übertrug seine Gunst nicht auf die anderen Minamoto.

Seit Yoritomo die Geliebte seines Bruders gezwungen hatte, unter dem Ginko-Baum vor ihm und seinen Leuten zu tanzen, seit das Haupt Yoshitsunes in Sake konserviert nach Kamakura gesandt worden war, sank ein Minamoto nach dem anderen dahin. Seinen Bruder Noriyori ließ Yoritomo noch selbst ermorden im Onsen Shuzenji auf der Izu-Halbinsel. Sein Sohn und

Nachfolger Yoriie erlitt das gleiche Schicksal am gleichen Ort. Sein zweiter Sohn war Sanetomo, der große Dichter. Er ›regierte‹, zunächst unter der Vormundschaft seines Onkels, 15 Jahre lang. Dann ereilte auch ihn das Schicksal. Als er an einem stillen Winterabend nach einer Dankesfeier die Stufen des Schreins herabschritt, löste sich aus dem Schatten des Ginko-Baums eine Gestalt, zog das Schwert und schlug dem kaum 26-jährigen den Kopf ab. Unerkannt konnte der Mörder mit dem blutigen Haupt entkommen. Doch bald wurde er gefaßt: Es war der Neffe des Ermordeten, der den Tod seines Vaters Yoriie rächen wollte. Das war das Ende der Minamoto. Sanetomo scheint es vorausgefühlt zu haben. Allen Rat, sich zu bewaffnen, sich begleiten zu lassen oder wenigstens die Schrein-Zeremonie auf eine Zeit bei Tageslicht zu verschieben, schlug er in den Wind. Nach seinem Tode fand man auf seinem Schreibpult ein Gedicht, gerichtet an den Pflaumenbaum in seinem Garten: Er solle nicht vergessen, im Frühjahr wieder zu blühen, auch wenn sein Herr nicht mehr da sein sollte.

Das alles berichten Bücher und Fremdenführer. Die Wissenschaft jedoch hat festgestellt, daß der berühmte Ginko-Baum zur Zeit von Sanetomos Tod noch gar nicht existiert hat. Uns bleibt es zu entscheiden, was wichtiger ist: die nüchterne historische Tatsache oder die im Volksbewußtsein fortlebende Legende.

Kamikaze

Kamikaze-Fahrer nannte man noch in den sechziger Jahren die tollkühnen Taxifahrer Tokios, die wie besessen auf den entgegenkommenden Wagen zuzurasen schienen. Kamikaze-Flieger waren im Krieg die Himmelfahrts-Piloten, die sich zusammen mit ihrer Bombenlast auf die feindlichen Schiffe stürzten. Bei beiden ist das Wort Kamikaze entlehnt. Es stammt aus dem 13. Jahrhundert, aus jener Zeit, in der dem japanischen Reich die einzige Gefahr von außen vor dem Beginn der Neuzeit drohte. Diese Gefahr waren die Mongolen.

Sie hatten Osteuropa bis nach Liegnitz hin erobert, sie hatten China und Korea unterworfen. Nun wollten sie auch Japan. Sie schickten Briefe und Gesandte. Die Briefe blieben unbeantwortet, die Gesandten wurden zurückgeschickt. 1274 kamen keine

Gesandten mehr, sondern eine Flotte mit 30-40000 Mann. Sie eroberten die Insel Tsushima, bei der 631 Jahre später Admiral Togo die russische Marine schlug. Im 13. Jahrhundert wurden die dort stationierten Japaner mit Mann und Maus vernichtet. Die Mongolen fuhren weiter. Sie landeten auf Kyushu bei Hakata, damals das traditionelle Ein- und Ausgangstor Japans nach China. Nur mit Mühe konnte das Samurai-Heer dem Andrang standhalten. Da fiel der Mongolenführer einem japanischen Scharfschützen zum Opfer. Ein aufkommender Sturm vervollständigte die Ratlosigkeit und Konfusion der Mongolen. Schleunigst suchten sie die hohe See und kehrten heim.

Kublai Khan, der Mongolenherrscher, aber ließ nicht ab. Wieder schickte er Gesandte und forderte Unterwerfung. Wieder sandte man sie zurück – allerdings nur die Köpfe, wohlverpackt in kleine Holzkistchen.

1281 kamen die Mongolen erneut. Diesmal mit 150000 Mann. »Sie kamen von China« – so hieß es in einer zeitgenössischen Darstellung – »auf einer Brücke von 10000 Schiffen«. Trotz der von Tokimune wohlorganisierten Verteidigung gegen die wohl gewaltigste amphibische Invasion vor dem Zweiten Weltkrieg fieberte und betete ganz Japan in banger Sorge. Wieder landeten die Mongolen auf Kyushu, wieder gelang es ihnen, einen Brükkenkopf zu bilden. 53 Tage dauerte der Kampf. Schon begann die Verteidigung zu erlahmen, schon ermattete der Feind durch Dezimierung und Krankheiten – da griffen erneut die Götter ein: Ein plötzlich aufkommender Taifun vernichtete das riesige Mongolenheer und seine Flotte. Zum Dank heißt dieser Taifun noch heute Kamikaze – Götterwind. Mit diesen Ereignissen zusammen kamen damals die ersten Nachrichten über Japan nach Europa. Sie stammten von Marco Polo. Er war gerade am Hofe Kublai Khans und berichtete vom sagenhaften »Goldland Zipangu«.

Masashige Kusunoki

Er und sein Sohn gelten als leuchtende Vorbilder edlen Rittertums und unwandelbarer Kaisertreue. Als im 14. Jahrhundert Takauji Ashikaga wider den Godaigo Tenno um die Macht im Staate rang, standen sie auch auf verlorenem Posten treu zu ihrem Tenno. Masashige unterlag der Übermacht des Gegners in der Schlacht am Minatogawa (im heutigen Kobe). Als die Lage hoffnungslos wurde, entschloß er sich mit seinen Mannen zur Selbstentleibung. Die letzten, berühmt gewordenen Worte wechselte er mit seinem Bruder Masasue: »Nun, was sind deine letzten Gedanken?« Der Bruder antwortete: »Siebenmal wiedergeboren werden, um siebenmal die Rebellen gegen den Tenno zu bekämpfen.« – »Genau das denke ich auch.« Kurz vor der Schlacht hatte Masashige in der sicheren Vorahnung, daß er nicht heimkehren werde, sein bestes Schwert dem damals 13jährigen Sohn Masatsura übergeben mit der Mahnung, dem Kaiser sein Leben zu weihen. Mit 22 Jahren erfüllte der Sohn das Versprechen: 1348 starb auch er im Kampf gegen Takauji.

Auf Rache aber für den Tod des Vaters sann die Tochter Chikayahime. Sie lauerte dem Landesfürsten Hikoshichi Omori auf, weil sie ihn für den Mörder hielt. Auf dem Weg zu einem Tempelfest bot Omori ihr seinen Schutz. Doch sie setzte eine Teufelsmaske auf und zog den Dolch. Mit einem Fächer konnte sich Omori des Mädchens erwehren. Als sie schließlich ihre Identität preisgab, erklärte er ihr den wahren Sachverhalt: Er hatte den Vater nicht getötet – im Gegenteil: Statt ihn gefangenzunehmen, gab er ihm ritterlich Gelegenheit zum Seppuku. Dafür bekam er den Auftrag, Masashiges Schwert der Familie zuzustellen. Dieses Schwert mit einer Botschaft des Vaters nahm nun Chikayahime entgegen.

Katsumoto Hosokawa und der Ryoanji

Unbeachtet von den Besuchern, die zu Tausenden durch den Ryoanji strömen, um dessen berühmten Steingarten zu sehen, befindet sich im Dunkel des Altarraums eine lebensgroße Plastik jenes Mannes, der hier einst residierte und dessen Wohnsitz dem Testament gemäß nach seinem Tode in einen Zen-Tempel umgewandelt wurde: Katsumoto Hosokawa.

Seine Familie war eine von den dreien – Hosokawa, Hatakeyama und Shiba –, aus denen der Shogun sich seinen Ministerpräsidenten zu wählen pflegte. Katsumoto erhielt das hohe Amt zum ersten Mal mit 15, zum zweiten Mal mit 22 Jahren. Er war 12, als sein Vater starb und er damit das Oberhaupt der Familie wurde, der u.a. nahezu ganz Shikoku gehörte und eine eigene Armee von einigen 60000 Mann. Trotz seiner Jugend gelang ihm, was andere Familien nicht schafften: mit eiserner Hand unterdrückte er allen zersplitternden Faktionalismus innerhalb der eigenen Reihen.

Seit seinem 13. Jahr lebte er unter nur einem einzigen Shogun, dem Ästheten Yoshimasa. Dieser hatte wenig Sinn für Politik. Und da er keine Kinder hatte, suchte er nach einem Nachfolger. Er fand ihn in seinem Bruder Yoshimi, und Katsumoto wurde ihm als Kanzler beigegeben. Kaum war das geschehen, bekam Yoshimasa doch einen Sohn. Er zögerte keinen Augenblick, die Nachfolge-Erklärung an Yoshimi rückgängig zu machen. Doch der Bruder seinerseits war nicht dazu bereit. Es kam zum offenen Streit.

Zwei Jahre nach der Geburt des Sohnes standen sich innerhalb von Kyoto zwei Heere gegenüber: Katsumoto auf seiten Yoshimis mit 100000 Mann und Katsumotos Schwiegervater, Sozen Yamano, der sogenannte »rote Mönch«, auf seiten des Shoguns. Es war der Beginn eines über 100jährigen Bürgerkrieges (Onin no Ran). Nach sieben Jahren starben sowohl Katsumoto wie Sozen Yamano. Kyoto war nahezu vernichtet, aber der Krieg ging weiter, setzte sich auf dem Lande fort und breitete sich schließlich über ganz Japan aus. Erst 103 Jahre nach Beginn der Kämpfe, bei denen kaum noch einer wußte, wofür oder wogegen er eigentlich zu Felde zog, gelang es Nobunaga Oda, den Frieden zu erzwingen und dem Land wieder Ruhe zu geben.

Auch der Ryoanji, einst Wohnsitz Katsumotos, war ein Raub der Kriegsflammen geworden. Niemand weiß, wer ihn neu errichtet und wer den berühmten Steingarten geschaffen hat. Nur Katsumoto sitzt noch immer in Lebensgröße im Dunkel des Hauses und überblickt skeptisch, aber mit wachen Augen, den wirren Lauf der Zeiten und die Fülle fremder Gäste, die sein Haus füllen, aber von ihm selbst nicht das Geringste wissen.

Nobunaga Oda

Vom kleinen Provinzfürsten stieg er auf zum mächtigsten Mann des Landes. Er machte dem Bürgerkrieg ein Ende und begann das Werk der Reorganisation, als er, erst 48 Jahre alt, dem Pfeil des Verräters Mitsuhide Akechi zum Opfer fiel. Er war ein Mann des Schwertes, aber er griff zu ihm zunächst nur zur Verteidigung gegen den machthungrigen einstigen Mönch Imagawa Yoshimoto.

Nobunagas Ruhm drang bis nach Kyoto, wo der Tenno und der Shogun um seine Hilfe baten. Er half beiden und vernichtete zugleich einen seiner Hauptgegner: die Mönche des Hieisan. Ihre Tempel brannte er nieder, sie selbst ließ er töten ohne Ausnahme. Als schließlich der Shogun aus Angst vor solch gewalttätigem Beschützer gegen ihn paktierte, wurde auch er abgesetzt. Das war das Ende des Ashikaga-Shogunats, das 280 Jahre überstanden hatte.

Nobunaga war ein genialer Krieger, aber kein großer Politiker. Sein Spott war brutal und rücksichtslos und machte aus vielen seiner Anhänger erbitterte Gegner. Mitsuhide Akechi war der größte unter ihnen. Jahrelang nährte er seinen Haß unter der Maske ergebener Loyalität. Dann schlug er zu. Statt mit 30000 Mann dem General Hideyoshi zu helfen, der die Mori in Takamatsu belagerte, führte er seine Truppen nach Kyoto, vernichtete Nobunagas Residenz Azuchi am Biwa-See und traf diesen selbst im Honnoji, wo Nobunaga Quartier bezogen hatte. Vom feindlichen Pfeil getroffen legte Nobunaga mit eigener Hand Feuer an das Haus und gab sich selbst den Tod. Das geschah im Jahre 1582.

Hideyoshi

Es war das erste und einzige Mal in Japan, daß ein nahezu ungebildeter Bauernbursche bis zur höchsten Macht gelangte. Was Nobunaga begonnen hatte, vollendete Hideyoshi: die Einigung des Reiches nach einem Jahrhundert blutiger Fehden. Ein genialer Heerführer, ein gerissener Politiker, zivilisiert und barbarisch, großzügig und grausam, so häßlich, daß man ihn hinter seinem Rücken den ›Affen‹ (Saru-san) nannte, und doch ein galanter Frauenheld: ein Mann voller Widersprüche – einer der größten Söhne Japans, der unter dem Ehrentitel eines Taiko in die Geschichte eingegangen ist.

Sein Stiefvater hatte ihn zur Erziehung in ein Kloster gesteckt. Doch mit 15 Jahren brannte er durch und nahm Dienst bei einem kleinen Landesfürsten. Als dieser ihn eines Tages be auftragte, in seinem Namen in der Nachbarprovinz Rüstung und Waffen zu kaufen, tat er das, doch er lieferte sie nicht ab. Er legte sie selbst an und begab sich in den Dienst Nobunagas. Dort begann er seine steile Laufbahn als Hideyoshi Hashiba. Immer wieder hat er seinen Namen gewechselt. Den Familiennamen Toyotomi erhielt er erst auf der Höhe seines Ruhms.

Als sein Lehnsherr Nobunaga dem Pfeil Mitsuhides zum Opfer gefallen war, machte er kurzen Prozeß mit dem Mörder und beendete dessen nur 13tägige Herrschaft (Jusan-Kubo). Mit eiserner Faust vernichtete er aufsässige Klöster, wie das in Negoro, dem damals 2700 weitere Tempel unterstanden, unterwarf die letzten oppositionellen Fürsten (in Satsuma und Odawara) und gewann sie zugleich durch großzügige Politik. Er baute elegante Paläste wie den in Fushimi, er schuf gewaltige Klöster wie Daitokuji, Samboin und Godaiji, und er errichtete alles beherrschende Schlösser wie das in Osaka.

Seiner einfachen Herkunft entsprechend hatte er keinen Sinn für die zurückhaltenden ästhetischen Werte von Tee-Zeremonie und Zen-Kult, für die morbide Schönheit höchster Geschmacksverfeinerung. Sein Sinn stand nach lautem Genuß, nach Reichtum der Formen und Farben, nach rauschender Pracht und üppiger Fülle. Hideyoshi war die eigentliche Zentralfigur einer der großartigsten Kunst-Epochen Japans: der Momoyama-Zeit, so genannt nach dem Berg, an dessen Hang sein Palast stand.

An Hideyoshis Namen knüpfen sich nicht nur Glanz und Gloria. Auf sein Konto gehen auch die grausamen Christenverfolgungen und die mißglückten Korea-Feldzüge, die Hunderttausenden von Japanern das Leben kosteten. Die Christenverfolgungen begannen wenige Monate vor Hideyoshis Tod. Am 5. Februar 1597 wurden 26 Christen, darunter sechs Spanier, dort hingerichtet, wo heute in Nagasaki die lustige spanische Kirche und das Denkmal der 26 Märtyrer steht. Den Anstoß zu dieser rein politischen Maßnahme gab das spanische Schiff ›San Philippo‹. Durch Unwetter war es nach Japan verschlagen worden. Deshalb verlangte man die Auslieferung der Fracht. Der Kapitän aber weigerte sich und drohte mit der Macht Spaniens, das sich die ganze Welt erobert habe – mit Hilfe der Missionare. Diese Äußerung führte zu schärfster Unterdrückung des offenbar gefährlichen christlichen Glaubens, sie war auch mitbestimmend für die jahrhundertelange Abschließung Japans gegen alle Einflüsse von außen.

So segensreich sich Hideyoshis Machtentfaltung für die Befriedung des Reiches ausgewirkt hatte, so sehr gefährdete sie diesen Frieden mit den koreanischen Abenteuern. War es Größenwahn oder sah er nicht mehr die Grenzen der japanischen Möglichkeiten: Im Frühjahr 1592 setzten 150000 Mann nach Korea über. Der berühmteste unter Hideyoshis Feldherren, Kiyomasa Kato – später eine beliebte Gestalt auf der Kabuki-Bühne –, drang bis an Chinas Grenze vor. Doch die Überlegenheit des Feindes war offensichtlich. Es kam zum Friedensvertrag: Eine chinesische Gesandtschaft sollte u.a. den koreanischen Kronprinzen als Geisel nach Japan bringen. Was sie mitbrachte, waren jedoch nicht Geiseln, sondern nur ein Brief.

Viel beschrieben wurde die Audienz der Chinesen bei Hideyoshi. Ein buddhistischer Gelehrter hatte den Brief übersetzt, in dem Hideyoshi als ›König von Japan‹ bezeichnet wurde: Man mutete ihm zu, ein Usurpator der Macht und außerdem dem »Kaiser« von China untertänig zu sein. In höchstem Zorn zerriß Hideyoshi den Brief, jagte die Gesandten aus dem Schloß und der Feldzug begann von neuem. Berühmt aus diesem Krieg ist das sogenannte ›Ohren-Grab‹ (Mimizuka). Der japanische Feldherr Yoshihiro Shimazu hatte 38000 Gegnern Ohren und Nasen abschneiden lassen, die von Hideyoshi dann vor dem Daibutsuden in Kyoto beigesetzt wurden. Die echten Erfolge des Krieges jedoch waren bescheiden und die Verluste gewaltig. Erst Hideyoshis Tod im August 1598 beendete den Feldzug.

Sein Tod beschwor neues Unheil herauf. Bevor Hideyoshi sein koreanisches Abenteuer begann, hatte er seinen Adoptivsohn Hirotsugu zum Nachfolger eingesetzt. Als Hideyoshi schließlich doch noch ein eigener Sohn geboren wurde, verlor Hirotsugu den Schutz des Taiko – er mußte im Kloster des Koyasan Selbstmord begehen. Um dem Sohne Hideyori jede Erbkonkurrenz aus dem Weg zu schaffen, ließ seine ehrgeizige Mutter Yodogimi alle Frauen und Kinder Hirotsugus ohne Erbarmen hinrichten, und zwar unter dessen Haupt, das man auf eine Stange gesteckt hatte. Hideyoshi selbst nahm auf dem Sterbebett seinem fähigsten General das Versprechen ab, Hideyori zu schützen und zu stützen. Dieser General war Ieyasu Tokugawa.

Ieyasu

Sein Spitzname war »alter Fuchs«. Man wußte nie, was er plante, bevor es ausgeführt war. Er war vorsichtig, bedacht und sparsam bis zum Geiz. Moderne Historiker lassen wenig gute Haare an seinem Charakter; denn er brach bedenkenlos Eide und Versprechen, wenn sie ihm im Wege waren. Die Geschichte aber erkennt ihn an als einen der größten Staatsmänner seiner Zeit. Seine Geduld war sprichwörtlich. Er konnte warten. Er wurde 74 Jahre alt. Aber wenn er zuschlug, war er des Erfolges sicher. Denn er handelte nur nach sorgfältiger Berechnung seiner Chancen. Was Nobunaga begonnen und was Hideyoshi erreicht hatte: den Frieden im geeinten Reich, befestigte Ieyasu für zweieinhalb Jahrhunderte und sicherte seiner eigenen Familie zugleich die Herrschaft. Er schuf das strenge System, das Japan fast hermetisch nach außen abschloß, nach innen aber mit Hilfe eines raffinierten Spitzelsystems so ausgeklügelt war, daß jede Unbotmäßigkeit unmöglich wurde bzw. sofort geahndet werden konnte.

Ieyasu war sieben, als sein Vater, und acht Jahre alt, als seine Mutter starb. Aber er war zäh und geschickt genug, sich durchzusetzen. Erst gegen, dann mit Nobunaga. Erst gegen, dann mit Hideyoshi. Erst mit, dann gegen Hideyori. Als sein ältester Sohn in den Verdacht geriet, gegen einen Mann zu konspirieren, zu dem er gerade hielt, zwang ihn der eigene Vater zum Selbstmord.

Ieyasus Ziel war die Macht. Er gewann sie – der Zeit gemäß in vielen Kämpfen. Zwei davon wurden weltberühmt. Seinem Versprechen gemäß schützte er als Vormund Hideyoshis Sohn, das Kind Hideyori. Aber nur mit Worten. In Wirklichkeit besetzte er alle entscheidenden Positionen im Staat mit eigenen Leuten. Das führte zur Empörung. Es kam zur Schlacht von Sekigahara (1600). Sie wurde trotz großer zahlenmäßiger Unterlegenheit (80 000 gegen 130 000) zum glänzenden Sieg dank eines vorher verabredeten Verrats auf der Gegenseite. Ieyasu wartete weitere 16 Jahre. Dann holte er zum letzten großen Schlage aus: zur Zerstörung des Schlosses von Osaka, zur Vernichtung der Toyotomi.

Dank seines feinen Gespürs für das gerade Richtige vermied

er den Fehler seiner Vorgänger: Er residierte nicht in Kyoto. Dort baute er nur das Nijo-Schloß als Repräsentanz seiner Macht. Für sich selbst baute er die Burg von Edo, dem heutigen Tokio, aus mit Mauern, die noch immer stehen und den Kaiserpalast umfrieden.

In Japan ist Ieyasu bekannt als Gongen-sama. Gongen ist eine zeitgebundene Manifestation Buddhas. Dieser Titel wurde ihm posthum verliehen, da er sein Leben lang ein großer Förderer des Zen- und vor allem des Jodo-Buddhismus war. Als er, ein 18jähriger, von seinen Gegnern verfolgt in einem Jodo-Tempel seiner Heimat Rat und Zuflucht suchte, tröstete ihn der Abt mit den Worten: »Wie kann ein Mann wie du, der doch aus einer Jodo-Familie stammt, sich verhalten wie ein Feigling?! Wer könnte dir widerstehen, wenn der Geist Amidas dir innewohnt? Wer etwas zu verlieren fürchtet, verliert es sicher. Wer aber bereit ist, es aufzugeben, der wird es erst richtig gewinnen.« Im Alter gab er selbst solchen Rat. Berühmt sind seine Sentenzen über das Leben: »Es ist wie eine lange Reise, auf der du mit schwerer Last bepackt bist. Darum haste nie. – Nie wirst du dich zu beklagen haben, wenn du einsiehst, daß Mangel und Entbehrung dein Los sind. – Denke an die Zeiten der Not, wenn extravagante Wünsche dich bewegen. – Geduld führt dich zu sicherem und gesundem Leben. Zorn hingegen ist dein Feind. – Zuviel Erfolg und zuwenig Mißerfolg erweisen sich am Ende als vom Übel. – Tadle dich, nicht andere. – Zuwenig ist stets besser als zuviel.«

Im (heute shintoistischen) Tempelbezirk von Nikko ist Ieyasu beigesetzt. Sein Enkel, Iemitsu ›der Großartige‹, baute dort dem Gongensama ein prächtiges Mausoleum.

Senhime

Ieyasu ist nunmehr fest entschlossen, die Sippe der Toyotomi zu vernichten, obwohl seine eigene Familie durch enge Verwandtschaft mit ihr verbunden ist: die Frau seines Sohnes Hidetada ist eine Schwester Yodogimis und die blutjunge Tochter Hidetadas, die zärtlich geliebte Enkelin Senhime, ist Gattin Hideyoris. Trotzdem: Ieyasus Beschluß steht fest. Mit einem Heer von 70000 Mann erscheint der 72jährige Tokugawa-Fürst vor dem Schloß in Osaka. Doch statt die Angriffe durchzuhalten, bietet er freien Abzug unter einer Bedingung: zum Beweis des Friedenswillens sollen die äußeren Schloßgräben zugeschüttet werden. Die Bedingung wird angenommen. Kaum ist sie erfüllt, kommt es erneut zum Streit und nun ist es für Ieyasu ein leichtes, das Schloß in Brand zu setzen. Yodogimi und ihr Sohn Hideyori kommen in den Flammen um.

Nur die bildhübsche 19jährige Senhime soll gerettet werden. Dem, der sie aus den Flammen befreit, wird sie als Gattin versprochen. Einem gelingt die kühne Tat. Er heißt Sakasaki. Er bekommt ein Lehen und wird Fürst von Tsuwano. Aber Senhime bekommt er nicht. Die Brandwunden haben ihn so entstellt, daß sie sich weigert, ihn zu heiraten. Damit nicht genug: Sie heiratet Tadatoki aus der großen Familie Honda. Sakasakis Ehre steht auf dem Spiel. Der Versuch, sie aus dem Hochzeitszug zu rauben, mißlingt. So bleibt ihm nur noch das Harakiri. Andre Version: Das Shogunat läßt ihn vorsorglich aus dem Wege räumen. Auch Tadatoki stirbt bald nach der Hochzeit. Senhime aber lebte fünfzig Jahre lang als Witwe bis in das hohe Alter von 69 Jahren.

Räuberehre

Eines der berühmtesten Stücke von der Räuberehre ist das von den ›Drei Kichisa‹. Sie haben sich Treue geschworen, begaunern sich aber trotzdem gegenseitig und handeln im übrigen, frei von jeder Moral, nach dem Grundsatz: Was auch immer geschieht, ihr eigenes Karma oder das ihrer Opfer läßt gar keinen anderen Ausweg als den, den sie selbst für nützlich halten. Das einzige Gesetz, das sie anerkennen, ist das selbstgeschaffene: die Treue zum Blutschwur. Freiwillig liefern sie sich schließlich alle drei den Behörden aus. Sterben? Eine Bagatelle.

1860

Sieben Jahre zuvor hatten die Amerikaner unter Commodore Perry die Öffnung Japans erzwungen. Ganz auf ihrer Seite stand damals der Ministerpräsident, der Tairo Naosuke Ii. Er war davon überzeugt, daß Japan nur im Austausch mit der Welt, nicht in der Abschließung von ihr Bestand haben konnte. Doch mit dieser Ansicht stieß er überall auf Widerstand, und schließlich fanden sich einige Verschwörer, meist Samurai aus Mito und Kagoshima, die schworen, ihn aus dem Wege zu räumen und die Handelshäuser der Fremden niederzubrennen.

Am Morgen des Puppenfestes, am 3.3.1860, fiel ungewöhnlich dichter Schnee, als Naosuke Ii in seiner Sänfte das Sakurada-Mon des Edo-Schlosses passieren wollte. Plötzlich traten 18 entschlossene Männer hervor und erstachen den Mann in der Sänfte. Obgleich er von Wächtern umgeben war, gelang es einem der Verschwörer, er hieß Jizaemon Arimura, den verwundeten Tairo aus der Sänfte zu zerren und zu enthaupten.

Shogitai

Während Rintaro Katsu, der Repräsentant des sanftmütigen Shoguns, mit Takamori Saigo vor den Toren Edos Frieden schloß, um sinnloses Blutvergießen zu vermeiden, sammelten sich junge Hitzköpfe unter Hachiro Amano, um die Sache des Shoguns nicht unwidersprochen preiszugeben. Sie waren davon überzeugt, daß die siegreichen Samurai aus dem Westen – aus Satsuma, Choshu, Tosa und Hizen – den Tenno nur vorschoben zur Deckung der eigenen Usurpation. Diese Westler waren also die eigentlichen Verräter, sie selbst, die Shogun-treuen aus Mito, Sendai und Shonai aber die wahrhaft Loyalen. Sie nannten sich ›Shogitai‹, das Korps der Gerechtigkeit. Sie lieferten den Truppen Saigos eine erbitterte Schlacht am Ueno-Hügel rings um den Kanei-ji, den der Shogun, der dort Zuflucht gesucht, längst verlassen hatte. Der Kampf, der Hunderte von Menschenleben kostete, dauerte einen Tag und eine Nacht. Von den Shogitai blieb nicht ein einziger am Leben.

Byakkotai

Die letzten, die sich den Truppen des Tenno widersetzten und treu zum Shogunat standen, waren die Daimyo von Sendai und von Shonai. Ihr Widerstand brach zusammen, als die Besatzung des Schlosses von Aizu Wakamatsu der Hungerblockade nicht länger standhalten konnte. Trotz inständiger Bitten hatte man die Jungen unter 18 Jahren von der Teilnahme am Kampf aus geschlossen. Als sie das Schloß in Flammen aufgehen sahen, glaubten sie den Kampf verloren. Gemeinsam begingen sie im Anblick der Flammen das feierliche Seppuku. Noch heute pilgern Tausende zu ihren Gräbern. Die Stadt Rom und ein deutscher Patriot setzten den tapferen Byakkotai (Schar der weißen Tiger) daselbst ein Denkmal.

1868

In den Jahren vor der Meiji-Restauration ging es nicht nur um den Machtkampf zwischen Shogunat und Kaisertreuen, es ging auch um pro oder contra Landesöffnung, für oder wider die Fremden. Das Shogunat förderte den Fremdenhandel; doch im Lande kam es immer wieder zu Übergriffen, zu Morden und regelrechten Gefechten: zum Beispiel am Ikuta-Schrein von Kobe. Der Daimyo von Okayama war auf dem Wege, sich dem Kampf gegen das Bakufu anzuschließen. Er mißachtete den Befehl, die Fremdenansiedlung von Kobe zu meiden, und seine Samurai, die ihm vorauseilten, riefen wie üblich: »Auf die Knie!« zu allem vorüberkommenden Volk. Auch zu den Ausländern. Als einer von ihnen, ein Franzose, verwundet wurde, verlor der japanische Offizier, der die Schutzwache des Settlements kommandierte, den Kopf. Er befahl zu schießen, und in dem Gefecht wurde, wie es hieß, im Umkreis von hundert Metern alles und jedes getroffen, nur keiner der Kämpfer selbst. Trotzdem ordnete der Tenno auf Veranlassung des Shogunats scharfe Bestrafung an. Der Kommandeur, Zenzaburo Taki, mußte seinem Stand als Samurai entsprechend Harakiri begehen – in Anwesenheit hoher japanischer und eines ausländischen Repräsentanten. Die Exekution fand im Eifukuji statt. Der Augenzeugenbericht des daran teilnehmenden Engländers A. B. Mitford lautet: »Bedächtig und mit ruhiger Hand ergriff er den Dolch, der vor ihm lag. Gedankenverloren, fast liebevoll sah er auf ihn hernieder. Für einen Augenblick schien er sich zu sammeln, dann stieß er das Messer tief in den Leib, links unter der Gürtellinie. Langsam zog er es nach rechts hinüber und, mit einer Drehung in der Wunde, leicht nach oben. Während der ganzen grausam schmerzhaften Prozedur bewegte sich nicht der leiseste Muskel in seinem Gesicht. Als er den Dolch herauszog, lehnte er sich nach vorn und senkte den Kopf. Ein Ausdruck von Schmerz flog über sein Gesicht, aber er gab keinen Laut von sich. In diesem Augenblick sprang der Assistent auf, der die ganze Zeit an der Seite gesessen und jede Bewegung genau beobachtet hatte. Eine Sekunde lang schien sein Schwert in der Luft zu schweben. Dann – ein Blitz, ein schwerer dumpfer Aufschlag. Mit einem Hieb war das Haupt vom Körper getrennt.«

Takamori Saigo

Er gehörte zum engsten Kreise jener wenigen, die die Meiji-Restauration geplant und durchgeführt haben, den großen Wandel vom Feudalstaat zur modernen Demokratie. Sein Denkmal steht noch heute, je eines in Tokio und in Kagoshima, obwohl er als Rebell und Hochverräter sein Leben beendet hat. Takamori Saigo stammt wie sein großer Rivale Okubo aus dem südlichsten Zipfel des Landes, aus Kagoshima. Er war ein Riese an Gestalt und ebenso gewaltig war sein Charakter. Als es 1867 beim Fall des Shogunats galt, den letzten Widerstand gegen die Restauration der Kaiserherrschaft zu brechen, stand Saigo an der Spitze der kaiserlichen Truppen. Sein Feldherrengenie und seine Persönlichkeit garantierten nahezu schon den Sieg. Das zur Hauptstadt auserkorene Edo fiel fast ohne Schwertstreich, von den Kämpfen mit den Shogitai bei Ueno abgesehen. Saigo konnte es sich sogar leisten, dem besiegten Gegner die Waffen zu lassen und ihn in die Heimatprovinzen zurückzuschicken, damit das Land nicht ohne Schutz bliebe.

Saigo war Mitglied der Regierung. Er bekam, 44 Jahre alt, die höchste Belohnung, mehr als seine Mitstreiter Okubo und Kido, ja er bekam einen Hofrang, der ihn höher stellte als selbst seinen Landesfürsten Hisamatsu Shimazu, den Chef des Satsuma-Clans. Dennoch scheiterte er wenige Jahre danach nicht etwa an seinen Gegnern, sondern an seinen Freunden. Er kehrte dem Faktionalismus, der mit seiner Cliquenwirtschaft schon damals den Regierungsapparat beherrschte, den Rücken und zog sich grollend nach Kagoshima zurück. Hier gründete er eine Schule, um die sich allmählich alle scharten, die in Widerspruch standen zu den Maßnahmen der Regierung. Dennoch hielt Saigo, streng und aufrecht wie eh und je, eisern auf Disziplin: Die Treue zum Tenno stand ihm über allem Parteienstreit.

Es heißt, daß außenpolitische Gründe zu seinem Ausscheiden aus der Regierung führten. Wie Japan zwanzig Jahre zuvor unter dem Druck der Schwarzen Schiffe des Admirals Perry seine Häfen hatte öffnen müssen, so sollte Korea das jetzt unter japanischem Druck tun. Korea aber widerstand dem Ansinnen. Um es zu ›bestrafen‹ und zugleich das Prestige des neuen Japan zu fördern, verlangte Saigo die Entsendung einer Strafexpedition. Der Regierung erschien ein solches Unternehmen verfrüht. An der Zeit erschien es ihr jedoch, den Kriegerstand der Samurai durch ein stehendes Heer zu ersetzen, zu dem jedermann Zutritt hatte, nicht nur eine privilegierte Klasse. Dieser Entschluß mußte Saigo in tiefster Seele zuwider sein. Dennoch beteiligte er sich weder am Saga-Aufstand, an dessen Spitze sein einstiger Kollege im Staatsrat, Shimpei Eto, stand, noch an der Rebellion der sogenannten Shimpuren, der ›Götterwind-Vereinigung‹, ein Wort, das sich offensichtlich an das vom Kamikaze, vom Götterwind der Mongolenzeit, anlehnt.

Saigo wartete auf einen wirklichen Notstand des Reiches. Er sah ihn voraus, aber die Zeit schien noch nicht reif dafür. Seine Tragik war es, daß er zum Eingreifen gezwungen wurde, bevor er es selbst für richtig hielt. An der Spitze eines Ritterheeres von 40 000 Mann trat er an zum letzten Gefecht der Samurai. Mit der Eroberung des Shiroyama, des Schlosses von Kagoshima, durch die neuartige, von Franzosen ausgebildete Kaiserarmee, die von seinen früheren Kabinetts-Kollegen Prinz Arisugawa und General Yamagata geführt wurde, war Saigos Schicksal besiegelt: Mit den letzten seiner Freunde gab er sich selbst den Tod.

Zwölf Jahre später, bei der Verkündung der neuen Verfassung, wurde ihm das Verbrechen verziehen und sein Haus in die zweithöchste Stufe des Adelsstandes, in den Rang der Marquis, erhoben. Noch heute gilt Takamori Saigo, zu dessen Grab alljährlich Tausende in Neugier und Verehrung ziehen, als Inbegriff der Härte, der Treue und der Loyalität. Sein Leben und sein Tod sind gleichsam zum Muster geworden für alle jene, deren Patriotismus so groß ist, daß sie glauben, im Namen des Prinzips gegen dessen offizielle Vertreter zu Felde ziehen zu müssen – im Falle Saigos: im Namen des Tenno gegen dessen schlechte Beamte und Berater.

Seit jeher standen japanische Ministerpräsidenten auf gefährlichem Posten. 1921 war Satoshi Hara auf dem Bahnhof Tokio dem Messer eines Rechtsextremen zum Opfer gefallen. Neun Jahre später, ebenfalls im November und ebenfalls im Hauptbahnhof, wurde der ›Löwe‹ Hamaguchi von seinen Gegnern niedergeschossen. Am berühmtesten aber wurde »go ichi go« (fünf eins fünf), der 15. Mai 1932.

Es war Nachmittag, etwa 17.30 Uhr. Der Tag war ungewöhnlich warm. Der Hausherr trug einen leichten Yukata und wartete auf die Suppe: Heute wollte er mit seinen Enkeln essen. Nur seine Schwiegertochter war noch anwesend. Seine Frau war zu einer Hochzeit gefahren, sein Sohn geschäftlich unterwegs. Da ertönte Lärm in der Residenz des Ministerpräsidenten Inukai. Der Leibdiener kam und rief: »Schnell weg, Exzellenz! Gangster sind im Haus.« Die Schwiegertochter drängte zur Flucht; doch der Alte weigerte sich zu gehen: »Ich werde mit den Kerlen sprechen.«

Inukai war berühmt für seine geistige Überlegenheit, seine scharfe Zunge, seine unerschütterliche Couragiertheit. Dabei war er klein, trug einen großen weißen Bart und bei offiziellen Gelegenheiten einen viel zu großen Anzug und einen absurd langen Stock – jeder kannte ihn, zumindest von der Fülle der Karikaturen über ihn.

Plötzlich standen die Kerle im Zimmer. Einer schoß, traf nicht. »Moment«, sagte Inukai ruhig. »Zum Schießen ist noch Zeit genug. Erst wollen wir rübergehen und hören, was ihr zu sagen habt.« Offenbar wollte er sie von den Kindern und den anderen, die inzwischen aufgetaucht waren, entfernen. Kaum war Inukai mit seinen »Gästen« im Empfangszimmer, stürmte von der andren Seite eine Gruppe von vier Mann in den Raum, einer schrie »Feuer!« und während noch die Schüsse verhallten, verschwanden die Mörder in wilder Eile. Inukai ließen sie zurück. Mit beiden Ellbogen stützte er sich auf den Tisch. Blut lief ihm über Stirn und Gesicht. Als erste betrat die treue Dienstmagd Teru den Raum. »Gib mir Feuer«, befahl er, doch die Zigarette war schon voller Blut. Dann sagte er, obwohl tödlich getroffen: »Rasch, hole die Kerle zurück. Ich will mit ihnen reden, dann werden sie verstehen.« Noch am gleichen Abend erlag er den Schußwunden.

Ni-ni-roku – 26. Februar 1936

»Ni-ni-roku« ist in Japan ein Begriff: – die Revolte vom 26. Februar 1936. Der Coup war sorgsam geplant. Bewaffnete Truppen der kaiserlichen Armee sperrten in den frühen Morgenstunden das gesamte Regierungsviertel von Tokio. Als erstes galt es, die Regierung auszuschalten. Einer nach dem anderen wurden die liberalen Politiker aus dem Wege geschafft, u.a. der allbeliebte, über 80jährige Finanzminister Korekiyo Takahashi. Auch der Generalinspekteur für die Militärerziehung, General Watanabe, und der Lordsiegelbewahrer, Admiral Saito, wurden dem Plan gemäß ermordet. Doch der Plan hatte Lücken. Statt des Ministerpräsidenten wurde dessen Sekretär, der ihm ähnlich sah, umgebracht. Der Regierungschef überlebte, verborgen in einem Kleiderschrank. Die Rebellen wollten das Kriegsministerium, den Generalstab und das Parlament besetzen und den Kriegsminister zwingen, ihren Coup durch den Kaiser sanktionieren zu lassen. Das mißlang.

Am Tage darauf trat das Kabinett zusammen: Über die Stadt wurde der Belagerungszustand verhängt. Erst am 28. Februar befahl der Kaiser die sofortige Rückkehr der Truppen in ihre Quartiere. Der Befehl wurde nicht beachtet. Die Sache stand auf des Messers Schneide. Auch in höchsten Militärkreisen sympathisierten viele mit den Aufständischen. Am dritten Tage endlich wurden Truppen von außerhalb mobilisiert. In langen Marschkolonnen rückten sie an und brachten ihre Kanonen im Hibiya-Park in Richtung auf das Parlament in Stellung. Mit eisernen Gesichtern lagen loyale und illoyale Truppen einander gegenüber. Die Schlacht schien unmittelbar bevorzustehen. Nach einem spannungsgeladenen Tag rückten die Rebellen plötzlich ab, feierlich, schweigend, diszipliniert. Nur einer, Leutnant Shiro Nakano, beging traditionellen Selbstmord. Von den 1400 Rebellen wurden 16 vor ein Kriegsgericht gestellt und erschossen. Sie alle waren Opfer eines Wunschtraumes geworden: Sie hatten von der ›guten, alten Zeit‹ geträumt, sie wollten den Kaiser von schlechten Mitarbeitern befreien. In Wirklichkeit erreichten sie, daß der Griff der Militärmachthaber fester und jede zivile Opposition unmöglich wurde.

August 1945

Der Krieg war verloren. Immer noch sträubten sich blinde Fanatiker, die bittere Tatsache anzuerkennen. Außenminister Shigemori Togo ließ nichts unversucht, die Fanatiker auszumanövrieren. Doch der Kriegsrat blieb blockiert: 3:3. Ministerpräsident Suzuki, Marineminister Yonai und Außenminister Togo auf der einen, Kriegsminister Anami, General Umezu und Admiral Toyota auf der anderen Seite. Hinter ihnen standen, das wußte jeder, nicht das Volk, sondern militante Hitzköpfe, die keinen Zweifel daran ließen, daß sie auch zur offenen Revolte bereit waren. Dazu kam es noch in letzter Minute.

Am 9. August erwies sich der oberste Kriegsrat erneut als beschlußunfähig. Er tagte in Anwesenheit des Kaisers. Nach zweistündigem heißem Debattieren erhob sich plötzlich Ministerpräsident Suzuki und schlug mit leiser Stimme vor, die Entscheidung dem Kaiser zu überlassen. Es war ein unerhörter Vorschlag ohne Vorgang. Keiner wagte zu widersprechen. Der Kaiser entschied sich für den Frieden, für Anerkennung der Potsdamer Erklärung.

Doch wie einst bei der Meiji-Restauration gaben sich die Fanatiker nicht geschlagen. Unter Führung von Oberst Hatanaka und Major Koga verlangten sie am 14. August von General Mori, dem Kommandeur der kaiserlichen Garde, daß der Kaiser seine Entscheidung nullifiziere. Als Mori ablehnte, erschossen sie ihn auf der Stelle. Dann fälschten sie einen Befehl an die kaiserliche Garde: der Palast sei zu besetzen und die Grammophonplatte mit der Stimme des Kaisers sicherzustellen. Mit dieser Platte sollte am 15. August die Kapitulation dem ganzen Volk über das Radio verkündet werden. Schon marschierte das erste Garde-Regiment in den Palast, als General Tanaka in aller Eile eintraf. Es gelang ihm, den Regimentskommandeur zu überzeugen, daß der Befehl gefälscht war. Auch im Regierungsviertel versuchten die Aufständischen die Geschichte aufzuhalten. Da beging – es war vier Uhr morgens – General Anami nach alter Samurai-Tradition Seppuku. Das war das Ende des Widerstands. Hunderte von Fanatikern folgten dem Beispiel des Generals.

Dann sprach der Kaiser: am 15. August 1945 mittags 12 Uhr. Ein deutscher Journalist schrieb darüber folgendes: »Kein Ereignis – weder Siege noch Niederlagen noch die Atombombe – hat die japanische Volksseele mehr erschüttert als diese Botschaft. Im majestätischen, schwerverständlichen Stil der kaiserlichen Erlasse erfuhr Japan von dem ganzen Ausmaß der Katastrophe, das nur den wenigsten bekannt war. Der Kaiser umschrieb sie mit den Worten, daß ›die Kriegslage sich nicht notwendig zu Japans Gunsten entwickelt‹ habe. Aber der Sinn wurde dann eindeutig klar: ›Gemäß dem Gebot von Zeit und Schicksal haben Wir beschlossen, den Weg zum großen Frieden für kommende Generationen zu bahnen, das Unerträgliche ertragend und das Unleidliche leidend.‹«

Ein neues Kabinett unter Prinz Higashi Kuni vollzog die Kapitulation, die Togos Nachfolger, Mamoro Shigemitsu, am 2. September 1945 mit seiner Unterschrift auf dem amerikanischen Schlachtschiff ›Missouri‹ besiegelte.

Ampo Hantai – Sturm auf das Parlament 1960

Der Zengakuren, der militante linksextreme Studentenverband, hatte zum Sturm auf das Parlament geblasen. Es war ein offener Aufstand. Doch der Aufstand brach nicht aus, er wurde zelebriert. Ziel war das Seitentor zum Parlament. Um 3 Uhr sollte der Angriff beginnen. Um 2 Uhr erschienen Presse und Fernsehen. Sie gingen an optisch günstigen Stellen in Position. Um 2.30 Uhr kam die Polizei. Sie bezog hinter dem Tor Stellung. Im demokratischen Japan durfte sie erst eingreifen, wenn sie tätlich angegriffen wurde. Punkt 3 Uhr rückten die Studenten an. Immer mehr kamen, immer stärker wurde der Druck auf die schweren Eisentore. Bequem hätte man neben dem Tor über den kaum 30 Zentimeter hohen Zaun steigen können. Aber darum ging es nicht. Es ging um eine Demonstration. Hunderte wurden verletzt. Eine Studentin, die Tochter eines Professors, zu Tode gequetscht. Als das Tor schließlich nachgab, war es der Polizei nach den ersten erlittenen Verletzungen ein leichtes, der aufgehetzten Jugend Herr zu werden. Aber die Jugend hatte trotzdem gesiegt. Als Folge ihrer aggressiven Demonstrationen mußte die Regierung Kishi zurücktreten und der Besuch von

Präsident Eisenhower wurde abgesagt. »Ampo Hantai«, das Schlagwort »Gegen den Sicherheitsvertrag mit Amerika«, war erfolgreich gewesen.

Asanumas Tod, 1960

Wie ein Lauffeuer ging es durch alle Büros im Hause: »Schnell, schnell – gleich wird er ermordet!« Wer irgend konnte, rannte dorthin, wo ein Fernsehapparat die Ermordung des Sozialistenführers Asanuma übertrug. Vor Tausenden von Augen, während einer öffentlichen Rede Asanumas, löste sich ein junger Mann aus dem Hintergrund und sprang mit offener Klinge den Redner von der Seite an. Ehe auch nur einer zu Hilfe eilen konnte, brach Asanuma tödlich getroffen zusammen. Ganz zufällig hatte das Fernsehen diese Szene aufgenommen, die es nun, eine Sensation ohnegleichen, wiederholte.

Der Mörder war ein Rechtsextremist. Er machte seinem Leben während der Untersuchungshaft selbst ein Ende. Diese Tat fand Anerkennung im Volke. Sosehr man den Mord verurteilte – man sympathisierte mit dem jungen Mann; denn der Mord, so hieß es, war aus ›guten‹ Motiven erfolgt und überdies durch den eigenen Tod gesühnt.

Rund hundert Jahre sind es her, seit der Samurai-Stand aufgelöst wurde. Wer aber vermöchte angesichts der hier genannten Beispiele zu behaupten, daß auch der Samurai-Geist der Vergangenheit angehöre?

Japanischer Kampfsport

Bei den Olympischen Spielen 1966 und 1970 setzten die Japaner die Welt in Erstaunen. Mit fanatischem Ehrgeiz, verbissenem Trainingsfleiß und einem Siegeswillen ohnegleichen hatten sie versucht, sich trotz ihrer körperlichen Unterlegenheit gegen die hochgezüchteten Athleten der ganzen Welt zu behaupten. Wo es gelang, war die Begeisterung groß. Wo es nicht gelang, ist auch nicht ein einziger Fall bekannt, bei dem sie sich als schlechte Verlierer erwiesen hätten. Konzentration und rücksichtsloser Einsatz, der Geist des alten traditionellen Sports, der Geist des Samurai, hat sie dazu befähigt.

Die Hauptarten des alten Kampfsports sind Judo und Kendo. Judo hieß früher Jujutsu – Kunst der Geschmeidigkeit. Es war eine kriegerische Kunst der Selbstverteidigung, die später zu einem Sport ausgeformt wurde, bei dem es nicht nur um Angriff und Verteidigung, sondern zugleich um Harmonie der Bewegung geht.

In der Fechtkunst benutzte man bis 1750 richtige Schwerter. Dann erst ging man zum Bambus-Schwert über: aus Ken-Jutsu wurde Kendo. Erhalten aber blieb der Geist der alten Übung: Es galt, den Feind mit gleichsam schlafwandlerischer Sicherheit zu treffen und zugleich den Kämpfer selbst zu höchster Konzentration und höchster Selbstdisziplin zu befähigen.

Heute gibt es außer Judo und Kendo noch eine Reihe weiterer martialischer Sportarten: Iaido – eine Sonderform des Schwertkampfes; Naginatado – der Frauenkampfsport mit der Hellebarde; Kusarigama – eine Kampfform, die mit Seil und Sichel den Gegner kampfunfähig macht; Kyudo – der berühmte Sport des Bogenschießens; schließlich Karate (wörtlich: mit leerer Hand) – eine Methode waffenloser Selbstverteidigung; und Aikido – eine wesentlich gefährlichere Abart des Judo.

Kunst und Künstler

Japanische Künstler beklagen oft, vom Ausland verkannt und nicht angemessen bewertet zu werden. Japanische Kunst sei im Bewußtsein Europas und Amerikas auf völlig einseitige Vorstellungen eingeengt: auf die Maßstäbe des alten Teekults, der Zen-Malerei, des Blumensteckens. Auf alles, was aus Japan komme, lege man die Schablone der Vergangenheit.

Wer in Japan eine moderne Kunstausstellung besucht, sieht mindestens ebenso viele Ölgemälde wie Tuschbilder und eine Fülle von Plastik, Dinge, die es früher überhaupt nicht gab. Japans Architekten bauen nicht mehr in Holz, sondern überwiegend in Beton. Die Dichtung zeigt harten Realismus und ist weit entfernt von der morbiden Zartheit eines Haiku. Selbst der Holzschnitt hat keine Spur mehr von der farbenfrohen Eleganz des Ukiyoe, er ist abstrakt und problemgeladen wie im Westen. Der moderne Künstler, so wird erklärt, habe heute in Japan teil am internationalen Kunstgeist; nur von ihm aus sei er zu beurteilen.

Hat damit die Kunst Japans ihren typisch japanischen Charakter verloren? Im letzten Jahrhundert hat Japan von Europa und Amerika eine Fülle von Werten und Methoden übernommen. Es hat sich modernisiert – aber es blieb trotzdem japanisch: es ist nie selbst ein westliches Land geworden. Japan hat fast alle großen Impulse seiner Kunst von außen aufgenommen, aber es ist nie in den Flutwellen der Rezeption untergegangen. Wie heute bei der Westernisierung gab es auch früher Jahrhunderte, in denen ausländisches Geistesgut geschätzt war. Es gab Zeiten, in denen man es zum Beispiel als höchstes Lob empfand, wenn die eigenen Bilder als ›chinesisch‹ angesprochen wurden.

Japan hat nie ein Hehl daraus gemacht, daß die meisten Quellen seiner Kunst nicht im eigenen Lande liegen, sondern in China, in Indien, im Buddhismus, im Konfuzianismus, in Europa, in Amerika. Was man aber aus diesem fremden Material ge macht hat und immer wieder macht, wie es adaptiert, verdaut und verarbeitet wird, bis etwas völlig Neues und vom Original Verschiedenes entsteht, das gibt der japanischen Kunst ihren unverwechselbaren Charakter und reiht sie als eine der führenden Stimmen in den Chor der Weltkulturen ein.

Typisch Japanisch

Wenn von modernen Künstlern so sehr das westliche Interesse betont wird, bedeutet das noch lange nicht, daß die Bindung an den Strom der Vergangenheit zu existieren aufgehört hat. Diese Bindung liegt weder im Material noch im Inhalt. Sie liegt nahezu ausschließlich im ›Wie‹, in der Art und Weise, im ›approach‹.

Der Ausländer bemerkt dabei vor allem das Äußere, die Form. Von ihr aus betrachtet liegt das ›Japanische‹ vor allem in der Fähigkeit zur Konzentration, zur Verknappung bis zum Äußersten, zur letzten Verdichtung und Vereinfachung. Das gilt für Vergangenheit und Gegenwart: von der Kalligraphie bis zum Film, von der Architektur bis zum Alltagsgerät.

Japanische Experten betonen statt dessen als charakteristisch: Schlichtheit und Klarheit, Harmonie und Natürlichkeit. Sie greifen damit eine Seite japanischer Kunst heraus, wie sie beispielsweise in Ise, im Yamato-e, in der Volkskunst Niederschlag gefunden hat. Nicht minder wichtig ist die Tendenz zu wehmütiger Stille, zu gedämpfter Verfeinerung, zu zurückhaltender Noblesse. Aber auch das genaue Gegenteil: Die Lust an barocker Lebensfreude, die Fähigkeit zu visionärer Ekstatik, der Sinn für gespenstische Phantastik gehören zum Wesen des Japaners und haben entsprechend auch in seiner Kunst Niederschlag gefunden.

Wenn man geglaubt hat, feststellen zu können, daß ein Hauptmerkmal des deutschen Geistes sein Hingegebensein an »nur Gedachtes« sei, dann könnte man in Japan vom Hingegebensein an »nur Gefühltes« reden. So erklärt sich am besten das japanische Bekenntnis zum Symbol, das nie erfaßbar, immer nur ahnbar bleibt. So erklärt sich die Neigung – etwa bei der Malerei –, die Dinge mitten in die Unendlichkeit, mitten in die Leere zu stellen, so daß sie seltsam im Verschweben bleiben wie Töne, die einsam im Raum verhallen.

Das ist es, was in den so typisch japanischen Begriffen ›wabi‹ und ›sabi‹ mitschwingt: die bewußte Pflege des Ärmlich-Einsamen, die morbide Schönheit des Edelrostes, die lautlose Stille herbstlichen Verfalls. Wer in diesem Sabi-Wabi-Kult, in dieser Betonung nach innen gerichteter ästhetischer Werte einen »Akt reiner Verzweiflung« sieht, weil man die Größe chinesischer Vorbilder nicht zu erreichen vermochte, sieht Japan völlig falsch. Das Bemühen um das Vorbild ist immer nur die erste Stufe einer Rezeption. Entscheidend ist die zweite Stufe. Erst auf ihr erfolgt die Adaptierung, die Umformung, die Japanisierung. Nicht weil das Vorbild unerreichbar blieb, sondern weil es lediglich dazu gedient hat, dem eigenen Wesen weiterzuhelfen. Erst auf der Stufe der Japanisierung entstanden jene Höchstleistungen, die einzigartig sind in der ganzen Welt.

Internationale Maßstäbe

Offen ist die Frage, ob es überhaupt einen universellen Maßstab für die Beurteilung von Kunst gibt. Ist das Vokabular der euro päischen Kunstkritik, der alten wie der neuen, wirklich allge meingültig? Ist es auch auf Japan anwendbar? Pablo Picasso ha die wahre Kunst im Gegensatz zum angewandten Kunsthand werk als »nobles Spiel« definiert. Gilt dieses Wort überhaupt fü Europa? Gilt es für Japan? Sind Beethovens Symphonien, is die Sixtina in Rom, sind die Zen-Bilder Japans »nobles Spiel«? Ist der »sensus communis aestheticus« Kants für alle Nationen gültig? Hat er, wenn er ein Urteil fällt, »auf jedermanns Bei stimmung rechtmäßigen Anspruch«?

Eines der Hauptkriterien europäischer Aesthetik für die Be wertung großer Kunst ist der Begriff der Schönheit. Ihre we sentlichen Merkmale sind seit Thomas von Aquino ›proportio und ›integritas‹, ›consonantia‹ und ›claritas‹. Darüber hinau deutet Mendelssohn das Schöne als »undeutliche Vorstellung eines Vollkommenen«. In der Schönheit, so erklären die Kunst gelehrten, ist alle Polarität zum Ausgleich gekommen. Das Un sichtbare und das Sichtbare, das Göttliche und das Stofflich Materielle sind verschmolzen: Im Schönen ist der höchste Gip fel des Irdischen und zugleich das geheime Zentrum in der Wel des Sinnlich-Wahrnehmbaren erreicht. Hier liegt – für den, de

»Ohren hat zu hören«, für den, der gewillt ist, sich zur ästhetischen Lebensform zu bekennen – das, was das Leben eigentlich erst lebenswert macht, die letzte Sinnerfüllung unseres Seins. Denn, sagt Hölderlin, »das Schöne ist auch das Heilige«.

Wer den Versuch machte, solche Kategorien auf die Kunst Japans anzuwenden, müßte hoffnungslos scheitern. Wenn irgendwo, dann ist hier »alles anders«. Das Material ist anders (Lack, Tusche, Zwergbaum, Stein, um nur die zu nennen), die Herkunft ist anders, die Gesinnung ist anders. Ohne deren Kenntnis aber bleibt die Kunst Japans, auch die seiner modernen Künstler, weitgehend unerschlossen. Schon das Nichtvertrautsein des Ausländers mit dem Leben und der Geschichte des Landes beschränkt sein Verständnis auf Oberflächlichkeiten. An der Fülle der Bezüge zu Literatur, Geschichte, Religion und Mythus geht er vorbei: nicht weil er sie nicht begreift, sondern weil er überhaupt nicht bemerkt, was jedem Japaner selbstverständlich ist. Es gehört ganz einfach dazu, auch wenn es nicht ausdrücklich gemalt oder gesagt wird.

Werkgesinnung

Ein weiterer Unterschied zu Europa ist die stärkere Bindung der Kunst an das Handwerkliche. In Europa erwartet man von jedem Kunstwerk Einzigartigkeit – hier wiederholen alle die gleichen Sujets: Bambus, Pflaume, Kiefer und dergleichen. In Europa ist jedes Kunstwerk eine einmalige, neue, individuelle Schöpfung – in Japan drückt es eher ein kollektives Fühlen aus. Die Meinung, daß jeder Künstler ein Genie sein müsse, daß er ›begnadet‹ oder zumindest überspannt sei, ist ebenso wie das Postulat der ›reinen‹ Kunst eine moderne Erfindung. Sie galt nicht in vergangenen Zeiten, und sie gilt auch heute in Japan nur sehr bedingt. Allein in Europa ist die Bindung zwischen Kunst und Handwerk während des letzten Jahrhunderts nahezu verlorengegangen. Die Hochschätzung, ja Überschätzung, wie sie dort der Künstler genießt, kannte man weder in Griechenland noch in Ägypten, weder in Peru noch in ganz Asien.

Auch heute noch trennt man in Japan nicht scharf zwischen angewandter und reiner Kunst. Ein bemalter Byobu (Setzschirm), eine edle Keramik, ein holzgeschnitzter Daruma, ein geflochtener Korb, ein Lackteller oder eine Metallschale rangieren auf der gleichen Ebene wie ein Ölgemälde oder ein Emaki (Querrollbild), ein Musikwerk oder ein Blumen-Arrangement. Entscheidendes Kriterium für alle ist allein der Grad der Vollkommenheit, des Gekonntseins. In Japan wird der Künstler noch immer vor allem als Handwerker gewertet. Das aber heißt, daß seine Kunst einen Zweck hat. Ein Handwerk ohne Zweck ist sinnlos. Was man an einem Kunstwerk bewundert, ist nicht allein die Kunst, sondern in gleichem Maß die Kunstfertigkeit.

So gesehen ist nahezu jeder Japaner ein Künstler. Das Blumenstecken lernen die Mädchen auf der Schule; in jedes Tokonoma eines Hauses gehören ein Rollbild und ein Blumenkunstwerk; jeder Garten ist ein kunstvolles Arrangement von Strauch und Stein; Kalligraphie ist ebenfalls ein Schulfach. Jeder Kimono ist ein Kunstwerk in sich; die Kunst der Teezeremonie wird auch von der Jugend geübt; im Publikum, das zu Tausenden die Kunstausstellungen besucht, ist wohl jedermann ein strenger Fachkritiker; die japanischen Maler und Plastiker spüren das Echo und fühlen sich vom Volk verstanden. Selbst die Art und Weise, wie man hierzulande Geschenke und Alltagsdinge, Eßwaren und Kunstgegenstände einzupacken weiß, ist Kunstfertigkeit: Sie zeigt eine ungeheure Stilsicherheit, mit der Funktion und Form zu harmonischem Einklang gebracht werden. Darüber hinaus strahlen die kleinen Packwunder einen Zug echt japanischen Wesens aus: raffinierte Vornehmheit und künstlerische Eleganz.

Wo es Handwerk gibt, da gibt es Meister. Wo Meister sind, sind auch Lehrlinge und Gesellen, an die das Können, die Tradition und oft auch das besondere ›Geheimnis‹ der Werkstatt weitergegeben werden. In Ostasien, speziell in Japan, kommt es häufig vor, daß ein Meister das streng gehütete Geheimnis nicht seinem Sohn und Erben übermittelt, sondern einem Fremden, einem besonders befähigten Gesellen, sofern er nur als sicher annehmen kann, daß es bei ihm besser aufgehoben ist und reichere Frucht trägt als bei dem eigenen unbegabten Sohn. Es handelt sich dabei selten um einen technischen Kniff, um ein Äußerliches, etwa eine Farbenmischung zur Erreichung einer besonders schönen Wirkung. Es geht fast immer um ein Geistiges, um eine

Form der Konzentration, der inneren Haltung, wenn es gilt, die letzte Hand ans Werk zu legen. Das liest man nicht nur in alten Geschichten, das gibt es noch heute – etwa in der Töpferkunst, in der Kalligraphie, im Kabuki, im No. Wer behauptet, daß echte Werkgesinnung auch in Japan im Schwinden sei, beweist nur, daß er lange nicht in Ostasien war. Die Geschmacklosigkeit der Fabrik-Massenware, von der man fürchtete, daß sie der Tod des edlen Handwerks wäre, ist längst auf dem Rückzuge. Das handwerkliche Können wird allenthalben wieder hochgeschätzt und die Werkgesinnung ist dabei, sich weitere, neue Bereiche in der Architektur, in der Technik, in der Welt der Kunststoffe zu erschließen.

Die höchste Ehre, die in Japan einem Kunstwerk widerfahren kann, ist, daß es von Amts wegen in den Kreis der ›Schätze der Nation‹ (Kokuho) eingereiht wird. Zu diesen Kokuho gehören nicht nur Bilder und Gebäude, alte Teeschalen und kostbare Lackgefäße, sondern auch lebende Menschen: Künstler und Handwerker, deren Können als unschätzbarer Wert für die ganze Nation erachtet wird. Zu den lebenden Kokuho – insgesamt sind es etwa 50 – zählen Maler und Töpfer, Musiker und Puppenmacher, Architekten und Meister in der Verarbeitung von Bambus. Keiner von ihnen, die gewissermaßen unter Denkmalschutz stehen, wird auf den Gedanken kommen, sein Schaffen in den luftleeren Bereich der reinen Kunst zu stellen; jeder wird nur bescheiden von seiner ›Arbeit‹, von dem Werk seiner Hände reden.

Tradition

Von der Pflege handwerklichen Könnens untrennbar ist die Pflege der Tradition. Sie ruht auf einer Haltung, die allen persönlichen Ehrgeiz hinter das Werk zurückstellt und sich bewußt einer Norm unterwirft, die für alle verständlich und für alle verbindlich ist. Hoch über dem Streben nach Originalität steht die dienende Ehrfurcht vor dem Meister. Solche Treue zum Überlieferten, solch betonte Orientierung an den überkommenen Werten der Vergangenheit bedeutet nicht die Auslöschung aller Persönlichkeit. Wahre Freiheit individuellen Ausdrucks erreicht ein Künstler immer erst jenseits allen Könnens, jenseits aller Meisterschaft, wenn durch die Norm, durch die strenge verbindliche Form hindurch der eigene Duktus spürbar wird, »wie ein großer Dirigent, der eine klassische Komposition in treuer Hingabe an das ... Werk und doch ›persönlich‹ zur Darstellung bringt« (Schinzinger).

Das Streben, großen Meistern und Vorbildern nachzueifern, wird oft als Mangel an schöpferischer Kraft gedeutet und als bloße Nachahmung abgetan. In Japan würde man das Wort nicht einmal als Vorwurf auffassen. Hier haftet ihm keineswegs der negative Klang an, den es in Europa hat. Im Osten bedeutet Nachahmung vielmehr ein Eingehen, ein Untertauchen in den geistigen Strom, der aus der Vergangenheit kommt. Solches Festhalten an den Gedanken und Gefühlswerten der Väter und Vorväter ist oft ein schwerer Ballast, ist Hemmung jungen schöpferischen Lebens durch eine starre Welt der Formen und Formeln. Es bedeutet aber auch ein ungeheures Kraftreservoir, einen unverlierbaren Schatz an Werten, auf den man jederzeit zurückgreifen kann, ohne fürchten zu müssen, gleich eines geistigen Diebstahls beschuldigt zu werden. Denn Nachahmen ist mehr als bloßes Kopieren. Nachahmen bedeutet Nacheifern, bedeutet immer wiederholtes Bemühen, eine Meisterleistung nachzuvollziehen. Man muß sie sich derart zu eigen machen, muß sie selbst so ›können‹, daß sie schließlich zum Ausdruck auch des eigenen Wesens wird.

Moralische Kunst

Mit der hohen Bewertung geistiger Zucht hängt auf das engste die Betonung zusammen, die in Japan die ethisch-moralische Seite der Kunst findet. Der große Landschaftsmaler Gyokudo Kawai hat das einmal so formuliert: »Die Kunst dient der gleichen sittlichen Erhebung, wie es die religiösen Symbole höchster menschlicher Kultur tun. Das Bild in seiner Nische ist nicht nur dazu da, das Zimmer zu verschönen, sondern zugleich auch die sittliche Atmosphäre des Hauses zu heben.« Man geht sogar noch einen Schritt weiter: Bei der Beurteilung eines Kunstwerks spielt nicht nur die ethische Interpretation seines Inhalts eine Rolle – eines Gemäldes, eines Ikebana, eines Gartens, einer Teeschale –, sondern auch die moralische Tugend des Künstlers. »Edle Kunst kann nur von edlen Menschen kommen« – dieses

Wort des englischen Kunstkritikers John Ruskin paßt genauso nach Japan wie das Bekenntnis Hölderlins im ›Hyperion‹: »Ich will mich rein halten, wie ein Künstler sich hält.«

Künstler, die bekannt sind wegen ihres Charakters und ihrer vornehmen Gesinnung, werden daher besonders geschätzt. Je größer, tiefer, künstlerischer ihre Persönlichkeit ist, desto größer – so sagt man in Japan – ist auch ihr Fühlen und damit das Kunstwerk, dem sie dieses Fühlen eingeben. Je höher ein Künstler sittlich steht, desto tiefer blickt er in die Geheimnisse, desto reiner deutet sie seine Kunst.

Sosehr sich solche Haltung unter der Einwirkung falsch verstandener westlicher Ideen gelockert haben mag, entwurzelt ist sie bei weitem nicht. Der heute lebende Baumeister Kunio Maekawa wurde von einer Fachjury an die erste Stelle unter den Architekten der Gegenwart gesetzt wegen seines »persönlichen Charakters«.

Noch gilt der Grundsatz: Um etwas zu schaffen, muß man erst etwas sein. Das bedeutet für den Künstler die Verpflichtung nicht nur zur Schulung und Vertiefung seines Könnens, sondern auch zur Schulung seiner eigenen Person. »Große künstlerische Schöpfung«, so formulierte es ein Japaner, »bedeutet eine Art Weltaskese. Ihr Ziel ist letzten Endes nicht die Vollendung des Kunstwerks, sondern die Selbstvollendung der Persönlichkeit.«

Nur noch Fremden-Attraktion?

Hier mögen viele einschalten, daß solch verstiegene Hochwertung von Kunst und Künstler unzeitgemäß geworden sei. Heute sei alles nüchterner. Für den Ausländer insbesondere sei Japan enttäuschend. Er komme in das Land in der durch viele Bücher genährten Erwartung, ein Paradies der Kunst zu finden, eine durch und durch ästhetisch geformte, schmetterlingshaft beflügelte, poetisch verklärte Kultur. Was er jedoch in Wahrheit finde, sei wie überall in der Welt: qualmende Fabriken und ohrenbetäubender Lärm, verstopfte Straßen, häßliche Städte und im Durchschnitt Menschen voller Unrast, die nicht von weitem auch nur das geringste von Ästhetik gehört haben. Kunst sei offenbar auch in Japan nichts weiter als eine Ware, die man an der Börse (Auktionen) handele und in Markthallen (Ausstellungen) verkaufe. Kunst sei bestenfalls eine Fremden-Attraktion, ein musealer Rest aus der Vergangenheit, gerade gut genug zur Unterhaltung für ein paar Spezialisten, ohne Wert für das Volk.

Nun – die Praxis der Gegenwart beweist für die moderne wie für die alte Kunst, daß solche ›Wahrheit‹ nur eine halbe ist. Hinter all den Enttäuschungen, hinter der Oberfläche der lauten Industriewelt lebt die künstlerische Welt unbeschadet fort, und zwar keineswegs ein zurückgezogenes Dasein fern aller Spannungen und Zerrissenheiten.

Man kann im Gegenteil sagen: Gerade dank des Zusammenpralls mit dem Westen, gerade wegen der ständigen Konfrontierung mit neuen Ideen, Formen, Möglichkeiten ist sich die japanische Kunst ihres besonderen Charakters bewußt geworden. Trotz oder mit oder neben aller Modernität – etwa in der Architektur, in der Blumenkunst, in der Malerei – gelten die alten ästhetischen Grundprinzipien fort, ja sie wirken dank der Erziehung und der Massenmedien heute auf jedermann.

Obwohl die Pflege und das Verständnis geistiger Werte in der Kunst immer einem kleinen exklusiven Kreis vorbehalten war und bleiben wird, obwohl es gar nichts über den Wert oder Unwert eines Kunstwerks sagt, ob mit ihm auch die breite Masse angesprochen wird – die Wirkung der Kunst auf das Leben des Volkes war und ist außerordentlich stark. Nur dank seiner Aufgeschlossenheit ist es möglich, der Pflege der alten Kunst weites Interesse zu sichern, alte Kunstformen – in der Töpferei, im Holzschnitt, in der Architektur – neu zu beleben und die moderne Kunst, etwa die Ölmalerei, mit japanischem Empfinden zu durchdringen. Dieses Empfinden spiegelt sich in so neuen Ausdrucksmöglichkeiten wie dem Film und der modernen Industrieform, aber auch im ganzen Bereich der Alltagsgeräte, die in zunehmendem Maße ein japanisches Gesicht suchen und damit wieder zurückwirken auf den Benutzer.

In Japan hat man es verstanden, die im Westen gewonnenen Anregungen mit der überlieferten Technik der Holz- und Lackbearbeitung zu einer alt-neuen Einheit zu verbinden, die auf den ersten Blick international modern erscheint, sich aber schon beim zweiten Blick als unverwechselbar japanisch erweist.

Natur als Symbol

Welchem Gebiet aus Kunst und Kultur man sich in Japan zuwendet, überall stößt man auf eine nahezu unübersehbare Fülle von Symbolen. Der größte Teil von ihnen mag aus China stammen oder vom Buddhismus ins Land gebracht worden sein. Fest steht, daß sich das japanische Volk mit besonderer Liebe diesen Symbolen zugewandt hat und bis auf den heutigen Tag mit ihnen verknüpft ist – vor allem mit solchen aus dem Bereich der Natur. In ihr und mit ihr fühlt man Werte, die das Auge, besonders das des Europäers, meist nicht sieht. Für den Japaner ist also keineswegs nur das Sichtbare, das Reale, das, was im Vordergrund steht, bedeutsam. Mindestens ebenso wichtig ist ihm das, was man nicht sieht, der Hintergrund, das, was mit dem Dargestellten ›außerdem‹ gesagt wird. Denn Kunst – so meinte einmal Paul Klee – gebe nicht das Sichtbare wieder, sondern sie mache sichtbar.

Mit anderen Worten: Die äußere Form wird zum Symbol. Zu dem Außen gehört ein Innen, oft sogar eine unsichtbare Idee: Man denke an die Kirschblüte, man denke an den Karpfen.

Bambus, Kiefer und Farnkraut dürfen zu Neujahr in keinem japanischen Haus fehlen. Nicht weil der Japaner gerade diese Pflanzen liebte und durch ihre Heranziehung zur Neujahrsfeier seine Liebe zur Natur dokumentieren wollte, sondern weil sie ihm besondere Eigenschaften repräsentieren: Zähigkeit, Beständigkeit und weitverzweigtes Fortkommen. Ihre natürliche Schönheit interessiert erst in zweiter Linie.

Reiher und Schildkröte verheißen ein langes Leben; Nachtigall und Pflaume sind ›die‹ Boten des Frühlings; der Kuckuck weist auf unerwiderte Liebe; Wildgänse sind Vögel der Sehnsucht; zwei Brautenten repräsentieren eheliche Liebe; Tau und Dunst sind ganz allgemein Hinweise auf die Vergänglichkeit des Lebens. Daß mit solchen Auslegungen jeweils nur eine und nur die gröbste Deutung genannt ist, versteht sich von selbst.

Wie vielseitig die Deutungsmöglichkeiten, wie verschlungen die Fäden sind, die den einzelnen Gegenstand mit seinem Hintergrund verknüpfen, wie poetisch der Japaner in ›Blüten‹ sprechen kann, weil ihm Natur und Mensch, Geschichte und Politik zusammenfließen zu einer gefühlsmäßigen Einheit, das mögen die Worte eines japanischen Dichters illustrieren, die der Philosoph Kitaro Nishida zitiert: »Die Gerechtigkeit in der Welt konzentriert sich in dem Götterland Japan. Wenn sie sich verkörperte und alles überragte, würde sie der ewig emporragende Fujisan sein. Wenn sie sich verkörperte und flösse, würde sie zum weiten Meer, das grenzenlos um das Land Japan fließt. Wenn sie sich verkörperte und blühte, würde sie zur Kirschblüte, deren unendliche Blütenzahl das Auge nicht überschauen kann und deren Schönheit unvergleichlich ist. Wenn sie sich verkörperte und gerönne, würde sie zum gut gehärteten Stahl, so scharf, daß er den härtesten Helm durchschneiden kann.«

Die Natursymbolik Japans führt sogar noch einen Schritt weiter zu einem Bereich, der in der modernen Vorgeschichts- und Mythenforschung eine zunehmend wichtige Rolle spielt: zum Totemismus, zur Wahlverwandtschaft des Menschen mit Tier und Pflanze. Daß solche innere metaphysische Bezogenheit, solches instinktive Wissen um »innere Entsprechungen« auch in der Kunst Japans stark sind, bedarf kaum besonderer Betonung. Man denke an die heiligen Tiertänze bei Tempelfesten und beim No. Man denke an die Forderung an den Künstler: Wenn er eine Blume male, müsse er erst selbst zur Blume werden. Man denke an die Volksfeste und ihre Symbole, an die Verbindung von Pfirsichblüte und Mädchentugend beim Hina-matsuri (Mädchenfest am 3.3.), von Iris, Schwerteskraft und Knabenideal beim tango no sekku (Knabenfest am 5.5.). Hier liegt eine der Wurzeln des sogenannten Aberglaubens; denn auf der inneren Verwandtschaft von Mensch und Natur bzw. Naturgottheit beruht es ja, daß sich die Menschen die Kräfte ihrer Götter nutzbar machen wollen. Aber auch dort, wo die Bindung zum magischen Bereich der Natur weniger deutlich ist, zeigt sich, daß das Leben in Japan bis in die schlichten Formen des Alltags durchdrungen ist von Kräften, die dem oberflächlichen Betrachter verschlossen bleiben.

›Naive‹ Kunst?

Von Schiller stammt die berühmte Unterscheidung zwischen dem ›naiven‹ und dem ›sentimentalischen‹ Dichter. Die naiven Dichter, meint er, »sind Natur«, während die sentimentalischen »die verlorene Natur suchen«.

»Die Natur«, sagt er weiter, »macht den Menschen mit sich eins, die Kunst (Kultivierung) trennt und entzweit ihn, durch das Ideal kehrt er zur Einheit zurück«. Man hat oft behauptet, in diesem Gegensatz naiv – sentimentalisch sei der Unterschied zwischen westlicher und japanischer Naturauffassung zu erkennen.

In Deutschland – heißt es – wird Natur vor allem als etwas Schöpferisches erlebt, als etwas Dynamisches, als »natura naturans«. Der Mensch ist sich – oft schmerzlich – seines inneren Abstands von dem ursprünglichen, naiven Naturzustand bewußt. Er ist bemüht, sich aktiv gestaltend auf dem Wege durch die Welt eine neue Einheit mit der Natur zu erobern oder doch wenigstens danach zu streben.

In Japan hingegen scheint solches Streben völlig unbekannt. Das Ziel liegt nicht in einem ringenden Vorwärts- und Weiterstreben, sondern in einer Rückkehr, einer Rückgewinnung des Ursprünglichen, des ›Naiven‹, d.h. eines vollkommenen Naturzustandes im Sinne Schillers: »Die Natur macht den Menschen mit sich eins.« Der Weg dazu führt mitten in die Natur hinein. Eine ›wirkliche‹ Blume kann als Künstler nur darstellen, wer selbst innerlich zur Blume wird, wer mit ihr, in ihr selber lebt. Der Maler Taikan Yokoyama sprach von einer »Durchdringung bis ins wahre Herz der Dinge«, ein Dichter wie Basho sprach schlicht von »mono ni iru«, vom Eingehen in die Dinge. Es wäre indessen absurd, bei einer so stark durchgeistigten Naturauffassung, wie sie in Japans Kunst die Regel ist, wo Baum und Stein, Wasser und Strauch in geradezu raffinierter Weise auf gewollte, symbolhaltige Formen gebracht sind, von einem ›naiven‹ Verhältnis zur Natur zu reden.

Nicht einmal die japanische Poesie kann als Beweis für ein unmittelbares Naturverhältnis herangezogen werden. Trotz allen Stimmungsgehaltes und aller Gefühlsbetontheit ist die klassische Form der Dichtung (Waka und Haiku) durch den Zwang zu strenger Sprachform und durch die Begrenzung auf eine bestimmte Auswahl von Inhalten äußerst regelgebunden. Auch hier vollzieht sich das In-Verbindung-Treten mit der Natur auf einer sehr gehobenen, bereits gereinigten, verfeinerten und kultivierten Basis. Roman und Novelle der Gegenwart schließlich handeln in überwiegendem Maße von der Zerrissenheit des

Menschen, der zwischen Formenzwang und Gefühlsneigung, zwischen Tradition und Moderne den Mittelweg nur selten findet.

Will man das deutsche Naturgefühl als unmittelbar, als ›allumfassend‹ bezeichnen, so muß man das japanische in seiner Beschränkung auf bestimmte, allgemeingültige Formen ›filtriert‹ nennen. Dieses filtrierte Naturgefühl reicht jedoch in lyrische Tiefen, die in Europa Ausnahmen, in Japan die Regel sind. Außerdem ist es bis in die sozial tiefsten Schichten im ganzen Volk verbreitet – eine Tatsache, die einzigartig in der ganzen Welt ist.

An anderer Stelle haben wir festgestellt, daß die Natur als Ganzes den Japaner meist erstaunlich kalt läßt. Der streng geformte Extrakt der Natur hingegen stellt bei ihm jene intuitive Bindung her, von der schon oft die Rede war. Solch ein Extrakt bedeutet ihm sogar eine ›Steigerung‹ der Natur. Bei der Blumenkunst zum Beispiel gibt es verschiedene Schulen. Eine davon nennt man die ›natürliche‹. Selbst für diese natürliche Richtung gilt die Natur nur insoweit als Vorbild, als ihre Formen geeignet sind, eine geistige Einheit auszudrücken. Auch bei ›natürlich‹ gestellten Blumen ist die Natürlichkeit gewollt, das heißt geistig geformt.

Nicht etwa von Europa, sondern von Japan heißt es in einer japanischen Darstellung: »Gestaltung der Natur bedeutet ein Forträumen der störenden Faktoren, damit die Natur ihre wahre Natürlichkeit ungehindert entfalten kann ... In Japan tastet der Mensch die Natur nur an, um sie noch natürlicher zu machen.« Mit anderen Worten: Die Natur wird berichtigt, und zwar nach der Seite hin, die der Mensch für ihr eigentliches, wahres Wesen hält.

Man hat darauf hingewiesen, daß sich Japan und Deutschland im Hinblick auf die Naturdarstellung in der Kunst gegenüberstünden wie die Worte ›intensiv‹ und ›extensiv‹. Ist beispielsweise der Garten in Deutschland ein Bewegungsraum, dann ist er in Japan ein Bild von in sich ruhender Geschlossenheit. Besteht die deutsche Kulturtendenz in einer extensiven Steigerung des Ursprünglichen, so ist die japanische umgekehrt auf intensive Verfeinerung dieses Ursprünglichen bedacht. Der Unterschied in der beiderseitigen Naturauffassung liegt also nicht so sehr in der Verschiedenheit des Zieles: Hier wie dort geht es um die Einheit von Natur und Mensch. Der Unterschied liegt vielmehr in der Verschiedenheit der Wege zu dem Ziel. Der deutsche Weg führt (mit Schiller) aus der Einheit des Ursprungs durch Entzweiung zur Einheit im Unendlichen. Die japanische Methode sucht den Umweg über die Erkenntnis zu vermeiden. Sie strebt zurück zum Eigentlichen und Ursprünglichen. Sie sucht die Einheit mit dem All mit Hilfe des Gefühls in der Geborgenheit des eigenen Herzens.

Für die durch den Zen-Buddhismus vertiefte Form der Naturbetrachtung liegt das wahre Leben nicht außer-, sondern innerhalb der Dinge. Für solche Seins- und Wesensschau bedarf weder die Natur noch das Kunstwerk der äußeren realen Vollständigkeit. Eine einzelne Blüte bereits enthält und repräsentiert das ewige Leben von Natur und Mensch. Nicht das, was man sehen kann, ist das Entscheidende, sondern gerade das, was nicht zu sehen ist, und das große Geheimnis liegt im Unvollendeten.

Gärten, Ikebana, Bonsai

Gärten. Es ist bekannt, daß es schon vor der chinesisch-buddhistischen Kulturwelle in Japan Gärten gab. Doch erst das chinesische Vorbild bürgerte sie wirklich ein. Sie fanden zahllose philosophisch-religiöse Interpretationen, die sich im esoterischen Buddhismus schließlich zu undurchdringlichem Gewölk verdichteten. Erst der Zen-Buddhismus gab der Gartenkunst die Form und den Gehalt, die noch heute gültig sind.

Ein Landschaftsgarten hat stets das ganze Universum zu repräsentieren, symbolisiert durch die fünf Elemente Erde, Wasser, Feuer, Wind und Äther: chi – sui – ka – fu – ku. Die Erde wird dargestellt durch Hügel und Inseln, das Wasser durch den Teich, das Feuer durch Blüten und Bäume, der Wind durch die unsichtbare Macht, die die Blumen blühen und sich wieder aussäen läßt, und der Äther schließlich durch die ungreifbare Farbe von Pflanzen und Baumblättern. Dieses Prinzip ›go-rin‹ – dasselbe, das u.a. auch bei der Grabsteinform erkennbar ist – findet sich oft verschmolzen mit dem taoistischen Gedanken des ›gogyo‹ oder anderen Symbolen. So deutet man beispielsweise die Erde als den Herrscher, die Felsen als seine Ratgeber und das

Wasser als seine Untertanen. Am wichtigsten für die Gartenkunst war aber wohl das Prinzip des In-Yo, des alten chinesischen ›yin‹ und ›yang‹, der polaren Gegensätze von Schatten und Licht, Kalt und Heiß, Negativ und Positiv, Weiblich und Männlich, Passiv und Aktiv, Nacht und Tag, Tod und Leben und was dergleichen Möglichkeiten mehr sind. Es gibt nichts, was solche Elemente nicht enthielte, nichts, was ihrer harmonischen Verbindung nicht überall Wert gäbe. Harmonischer Kontrast – das ist wohl eines der Hauptmerkmale japanischer Gartenkunst, japanischer Kunst überhaupt.

Bäume und Pflanzen, Gräser und Steine, Bäche und Teiche sind nicht so sehr um ihrer selbst willen da, wegen der Schönheit ihrer Farben, Linien und Bewegungen. Sie stellen vor allem etwas dar, und sie sind an Regeln gebunden, die nicht zu beachten nur Unfähigkeit beweist. Wie der Maler seine Landschaft auf ein Stückchen Seide komponieren muß, so komponiert man eine Landschaft in den engen Raum eines Gartens. Die herkömmlichen Requisiten dazu sind Sträucher, kleine Bäume, fließendes Wasser, kleine Brücken, eine Steinlaterne und vor allem große Steine. Wer kein Gefühl dafür hat, daß auch Steine einen Charakter haben, daß sie Töne, Färbungen, Werte haben, daß sie laut und leise, heiter und herb sein können, für den ist es unmöglich, den künstlerischen, ja den seelischen Wert eines japanischen Gartens zu begreifen.

Ikebana. Der dieser Kunst zugrunde liegende raffiniert verfeinerte Umgang mit der Natur gelangt zu Höhepunkten ebenso im Ikebana und im Bonsai. 1300 Jahre ist es her, daß die Kunst des Blumensteckens in Japan Eingang fand. Heute beschäftigen sich mindestens fünf Millionen Menschen damit. Und noch immer ist Ikebana Pflichtfach in den Mädchenschulen. Das Wort ist eine Zusammensetzung aus Hana: Blume und ikeru: lebendig erhalten. Unter Ikebana versteht man in Japan aber nicht nur ein Kunstwerk aus Blüten. Mindestens ebenso wichtig sind Blätter und Zweige, Gräser und Äste. Nicht das Leuchten der Blütenfarbe ist entscheidend, sondern die Form, das Spiel der Linien die gen Himmel wachsen und der Erde verhaftet sind, die sich kreuzen und verschlingen und das Bewegungsspiel des Astwerks nicht verschleiern.

Als Shotoku Taishi, der große Prinzregent zu Beginn der japanischen Geschichte, starb, zog sich der Mönch Ono no Imoko in sein Gartenhaus zurück und beschloß, den Rest seines Lebens für Shotoku zu beten und sich der heiligen Handlung des Blumenstellens zu widmen. Ono war als kaiserlicher Bote nach China gesandt worden und hatte von dort nicht nur die Garten-, sondern auch die Blumenkunst mitgebracht. Das Gartenhaus, in das er sich im Jahre 621 zurückzog, hieß »Tempel am See«, Ikenobo – so heißt noch heute die älteste Schule des Ikebana. Noch heute gilt das Prinzip, das Ono praktizierte: die Darstellung der Harmonie von Himmel, Mensch und Erde. Den Himmel repräsentiert das Zentrum des Kunstwerks. Ihm gebührt der wichtigste, der stärkste Ast. Die Linie des Menschen weicht vom Zentrum ab und neigt sich doch dem Hauptstamm wieder zu; aber sie erreicht höchstens zwei Drittel seiner Höhe. Die Erde ist dem Boden am meisten verhaftet – sie hat den kürzesten Zweig, den, der der Basis der beiden anderen gegenüberliegt. Damit nicht genug: Die Blüten und Zweige, die Gräser und Blätter symbolisieren im strengen Rikka-Stil der Ikenobo-Schule alle etwas Besonderes. Der unerläßliche Kiefernzweig zum Beispiel repräsentiert Fels und Stein, die weiße Chrysantheme bedeutet Bach und Strom, und in gleicher Weise werden Sonnenschein und kühler Schatten, Jahreszeit und Wetterstimmung dargestellt.

All diese Symbolik wird von den Blumenmeistern in den Ikebana-Schulen nicht etwa unterrichtet. Keiner der Schüler erfährt darüber auch nur ein Wort. Es wird nicht theoretisiert, es wird praktisch geübt. Dabei gibt es neben Ikenobo zahlreiche andere Schulen, Stile und Methoden.

Die Nageire-Methode zum Beispiel geht zurück auf eine Geschichte aus dem 16. Jahrhundert. Der große Feldherr Hideyoshi stand am Vorabend einer Schlacht. Er rief seinen Teemeister Sen no Rikyu und hieß ihn, Tee zu zelebrieren. Zur rechten Teezeremonie gehört ein Ikebana. Zu kunstvollem Arrangement blieb dabei keine Zeit. Rikyu nahm eine Irisblüte, die am Lagerrande wuchs, befestigte an ihrem Stiel mit einem kleinen Messer wenige Irisblätter und ›warf‹ das Ganze in eine Vase. Es war ein Meisterwerk. Von dem Tage an heißt diese freie und flexible Form des Blumensteckens ›Hineingeworfenes‹ : Nageire. Bei dieser Art ist es den Blüten und Zweigen sogar erlaubt, auf dem Rande der Vase zu ruhen, was bisher streng verpönt war und bei Ikenobo bis heute noch ist.

Viel genannt wird heute die Sogetsu-Schule von Teshigahara. Sie hat dem Ikebana eine hypermoderne Note gegeben und es seinem eigentlichen Material, der Pflanze, weitgehend entfremdet. Teshigahara verwendet sogar Draht und Blech, Kunststoffe und rostige Rohre. Seine surrealistisch wirkenden Werke sind oft raumfüllende Gebilde.

Alle aber, auch Teshigahara, sind bis heute dem Grundprinzip des Dreiecks Himmel-Mensch-Erde treu geblieben. Ebenso betonen alle, daß das Ikebana mehr ist als nur ein künstlerischer Zimmerschmuck.

Bonsai. Im Gegensatz zum Ikebana geht es bei der Bonsai-Kunst ausschließlich darum, Bäume zu züchten, und zwar in ihrer ›echten‹, natürlichen Form, nur im Kleinformat. Als Höchstmaß gelten 90 cm, als Mittelmaß 54 cm. Der künstlerische Wert eines Bonsai liegt in der edlen Eleganz seiner Form. Der Vorwurf der Grausamkeit, den man erhoben hat, weil die Kunst des Bonsai den natürlichen Wuchs der Pflanze künstlich verkrüppele, übersieht, daß Bäume auch in Europa beschnitten und Hecken sogar zu völlig unnatürlichen Formen gebracht werden durch einseitige Hemmung von Höhen- und Seitenwuchs.

Ein Bonsai hat bei guter Pflege mindestens die gleiche Lebensdauer wie ein ›echter‹ Baum. Um zur ›Reife‹ zu kommen, braucht er 30, zur Schönheit mindestens 50 Jahre. Es gibt unendlich viele Bonsai-Freunde in Japan, ja, ganze Dörfer, die sich ausschließlich mit Aufzucht und Verkauf dieser Zwergbäume beschäftigen. Wer nach dem Preis besonders schöner Stücke fragt, erfährt, daß sie 100 oder 200 Jahre alt sind und ›nur‹ 1000 oder 2000 DM kosten. Ein sehr berühmtes Bonsai stammt noch aus der Sammlung des Shogun Tokugawa Iemitsu. Es ist also rund 400 Jahre alt und völlig preislos. Ein anderes gehörte dem früheren Ministerpräsidenten Yoshida. Es ist 160 Jahre alt und wird mit 20000 DM bewertet.

Natürlich gibt es Hunderte von Bonsai-Stilen. Allein unter den Hauptstilen unterscheidet man 32 verschiedene Arten. Für alle gilt genau wie für das Ikebana das Dreiecksprinzip: die Repräsentanz von Himmel, Mensch und Erde. Darüber hinaus gelten zwei Grundregeln. Die eine lautet: Die oberste Spitze sollte sich über die Basis nach vorn neigen und der dritte Zweig sollte ›hinten‹ sein, dort, wo er hingehört, damit der untere Teil des Stammes gut sichtbar wird. Die zweite Regel heißt: Im Tokonoma repräsentiert das Kakemono den Himmel, der allgemeine Schmuck die Erde und das Bonsai den Menschen. Es darf also an Größe und Form nicht über diese Mittlerfunktion hinausgehen und hat sich bescheiden einzupassen.

Tee

»Als ich jung war«, äußerte kürzlich eine japanische Politikerin, »schien es mir lächerlich und eines modernen Menschen unwürdig, um ein ästhetisierendes Nichts wie die Teezeremonie so viel Theater zu machen. Ich war selbstverständlich dagegen, ja, ich haßte alles, was damit zusammenhing. Inzwischen habe ich erkannt, daß es keinen vollendeteren Ausdruck japanischer Wesensart gibt als die Teezeremonie.«

Kult der Veredelung. Angesichts solcher Spannung zwischen Haß und Bewunderung ist es erstaunlich, daß sich dieser subtile Kult, den schon ein falscher Farbklang, ein lautes Geräusch, eine unpassende Gebärde, ein in der Ecke liegender Fotoapparat zu stören vermag, selbst im Zeitalter der Massenparties und der Kommerzialisierung seine alte Form erhalten hat und unvermindert wirksam ist. Echte Teezeremonie – cha-no-yu – ist Ausdruck einer Lebenshaltung, konzentriert auf eine einzige symbolisch-ästhetische Form: das Zubereiten, Servieren und Trinken von Tee. Sie ist ein von der milden Reife des Alters überstrahlter Kult der Reinheit und Veredlung. Sie ist die Kunst, den Menschen von der Verkrampfung in seiner Alltagswelt zu lösen und die stille Schönheit des Seins mitten im tristen Grau der Dinge zum Leuchten zu bringen.

Wer sagt, der Kult des Tees sei in Japan vorherrschend und die geistigen Kräfte des Volkes würden noch oder wieder vom Wesen des Tees genährt, übertreibt maßlos. Genauso falsch aber wäre es, den Teekult antiquiert zu nennen und als Faktor im geistigen Gefüge des Landes zu übersehen. Prominente Politiker betrieben ihn in der Stille, Zeitungsmagnaten wie Matsutaro Shoriki waren große Förderer, Industriebosse wie Matsushita betonen seine Bedeutung für den Alltag auch des Arbeiters und Angestellten.

Drei Hauptschulen des Chanoyu gibt es heute und mindestens 30 Ablegerschulen von diesen Hauptrichtungen. Die Ableger beschränken sich jedoch auf höchstens 20% aller Teeschüler. Der ganze Rest von 80% wird von den drei ›eigentlichen‹, den Senke-Schulen, beherrscht. Ursprung aller Schulen ist der große Meister Sen no Rikyu (1521-1591). Seine Enkel entwickelten Sonderrichtungen. Der eine wohnte im Vorderhaus: Seine Schule heißt bis heute Omote-(Vorder-)Senke. Sein Bruder wohnte nach hinten hinaus: Seine Schule heißt Ura-(Hinter-)Senke. Der Jüngste trennte sich ganz vom Haus; seine Schule nennt sich Mushakoji-Senke. Zu Ura-Senke gehören rund eine Million, zu Omote-Senke mindestens 500000 Schüler. Dabei ist es gar nicht einfach, zum Range eines Teelehrers aufzurücken. Man muß 13 verschiedene Rangstufen durchlaufen. Wer es bis zum Lehrer bringt, hat damit noch lange nicht den Stand wahrer Meisterschaft erlangt.

In Japan trinkt man Tee bei jeder Gelegenheit. Beim Einkauf im Laden, im Polizeirevier, in der Zeitungsredaktion, im Wartezimmer eines Ministeriums – überall. Der Tee ist unfermentiert, hat eine hellgrüne Farbe und alle möglichen Geschmacksrichtungen. Von ihm unterscheidet sich der Tee bei einer Teezeremonie erheblich. Seine Blätter sind zu hauchfeinem Staub zermahlen, und dieses Pulver wird in großen henkellosen Schalen mit heißem Wasser aufgegossen und schaumig geschlagen.

Ursprünglich galt der Tee als Medizin. Später wurde er von buddhistischen Mönchen bei nächtlichen Meditationsübungen verwendet: Er regte an, ohne zu berauschen. Wie der Buddhismus kam auch der Tee aus China. Während der Sung-Zeit war das Trinken von Pulvertee dort üblich. Zen-Meister Eisai brachte diesen Brauch 1191 nach Japan. Noch heute gilt der Tee, der seitdem in Uji bei Kyoto angebaut wird, als der beste im ganzen Land.

Zu einem raffinierten Kult verfeinert wurde der Teegenuß erst in der Ästheten-Klause des Ginkakuji in Kyoto, dem Wohnsitz des großen Kunstmäzens und Shoguns Yoshimasa, also im

15. Jahrhundert. Während die Stadt ringsum in Asche sank, während feindliche Gruppen in blutigen Schlachten einander vernichteten, ging Yoshimasa mit seinen Freunden den Künsten nach und gab ihnen ein Gesicht, dessen edle, auf letzte Schlichtheit gebrachte Schönheit zu einem der wesentlichen Züge japanischer Kultur geworden ist. Ein Charakteristikum dieser Higashiyama-Zeit war auch die Teezeremonie. Hundert Jahre später, mit Sen no Rikyu, erreichte sie ihren bisherigen Gipfelpunkt.

»*Cha no Yu*« – gemeinhin mit dem Worte Teezeremonie übersetzt – heißt weiter nichts als »heißes Wasser für den Tee«. Genauso einfach und unprätentiös ist der Ablauf der Zeremonie. In die sorgfältig gereinigte Teeschale füllt der Gastgeber aus kleinem Teegefäß mit einem schmalen Bambuslöffel etwas Teepulver und gießt darüber mit einem Bambusschöpfer heißes Wasser. Es stammt aus einem alten Eisenkessel, der währenddessen über glühenden Holzkohlen summt – ein Geräusch, das für die Atmosphäre des ganzen Teeraums äußerst wichtig ist. Denn das Summen des Kessels, das durch eingelegte Eisenstücke abgestimmt ist, erinnert den Gast an fernes Meeresrauschen, an den Wind, der durch die Abendkiefern streicht, oder auch an den Sommerregen, der auf die schmalen Blätter des nahen Bambus-Wäldchens trommelt. Nach dem Aufgießen schlägt der Gastgeber mit einem rasierpinselartigen Bambusbesen die trüb-grüne Brühe zu hellem Schaum und reicht sie den Gästen, einem nach dem anderen. Diese empfangen die Schale mit Ehrfurcht, halten sie mit beiden Händen und trinken ihren bitter-herben Inhalt der Vorschrift gemäß mit dreieinhalb Schlucken. Schließlich werden Schalen und Geräte mit wohlgesetzten Worten bewundert. Das ist alles. Und dauert zwei Stunden und mehr.

Die bei der Teezeremonie verwendeten Utensilien haben oft einen ungeheuer hohen Liebhaberwert. Besonders für Trinkschalen werden sagenhafte Preise gezahlt. Noch vor dem Zweiten Weltkrieg soll auf einer Auktion für eine einzige alte Schale der Preis von 375 000 Mark erreicht worden sein. Auf den ersten Blick erscheinen dem Ausländer solche irdenen, schweren und oft unbeholfen wirkenden Gefäße äußerst anspruchslos. Nicht einmal durch eine besonders elegante, vollendete Form sind sie ausgezeichnet. Im Gegenteil: Die Abweichung von der edlen

Rundung, das Unfertige der Glasur, der Bruch in der Brennform machen die Schale erst recht begehrenswert. Nur ein rustikales Produkt ist »wie die Natur selbst«. Seine Schlichtheit atmet Ruhe und Gelassenheit. Es wirkt über Hand und Auge auch auf den, der es benutzt. Gerade im sogenannten Fehler, in der scheinbar ›primitiven‹ Urtümlichkeit empfindet man die wahre ästhetische Vollendung. Höchster Wert wird jenen Schalen beigemessen, die geflickt und repariert sind. Sie haben eine besondere Patina und ihre ›Narben‹ künden von Vergangenheit.

Nicht nur den Tee, die Schalen und Geräte genießt der Gast einer vollkommenen Teezeremonie. Er genießt zugleich auch die gelöste Harmonie aller Bewegungen. Hier herrscht kein strenger, von dunklen Geheimnissen umwobener Ritus, sondern eine heitere, entspannte Atmosphäre, die Geist und Körper gleichermaßen erfrischt. Von den täppischen, verkrampften, weil gewollten Bewegungen des Anfängers bis zum »unangestrengten Ganz-bei-der-Sache-Sein«, wie ein Kenner das formuliert hat, ist ein weiter Weg. Nur der vermag solchen Weg zu gehen, der nicht mehr von der Form beherrscht wird, sondern diese selbst beherrscht: der Chajin, der Meister des Tees. Nur er vermag dem strengen Formenkult, der jede, auch die kleinste Bewegung genauestens vorschreibt, die ungezwungen selbstverständliche Natürlichkeit zu geben. Auch für den Teekult gilt der Satz, daß wahre Kunst erst dort beginnt, wo sie aufgehört hat Kunst zu sein.

Es gibt heute Teezeremonien unter freiem Himmel, Teezeremonien für Massenparties oder als Attraktion für Ausländer, ja sogar Teezeremonien auf Stühlen. Das alles hat mit wahrem Chanoyu nichts zu tun. Dafür ist und bleibt das Chashitsu, der Teeraum, ebenso unerläßlich wie die Atmosphäre der Stille und Abgeschiedenheit. Haus, Garten und Steine haben ebenso Anteil am Chanoyu wie Gäste und Gastgeber. Sie wirken als durchaus gleichberechtigte Faktoren mit: Erst wenn alles zusammenklingt, ist die Weite des Universums voll repräsentiert.

Einen Teeraum von nur viereinhalb Matten Größe zu bauen, ist oft kostspieliger als ein ganzes großes Haus. Nicht weil er prächtiger ist, sondern weil keine Kosten und keine Mühe gescheut werden, die erlesensten Materialien zusammenzutragen. Mit ih

III

Zwei Kurtisanen.

Farbholzschnitt von Kitagawa Utamaro (1735 bis 1806), dem vornehmsten und elegantesten Künstler des Ukiyo-e (Malerei der fließenden Welt).

Privatbesitz.

nen aber wird genau das Gegenteil von Pracht und Aufwand geschaffen: eine Atmosphäre kultivierter Armut und einfachster Unscheinbarkeit. Das Leichte und Zerbrechliche, das Flüchtige und scheinbar Unsorgsame kontrastiert im Chashitsu mit peinlichster Sauberkeit, in der der wenige Schmuck – das Bild an der Wand, die einfache Blüte in der groben Bambusvase, der ehrwürdige Kessel über dem Feuer, die kostbaren Trinkschalen mit dem mattleuchtenden Grün ihres Teeschaums – wie edle Blüten wirken, die sich zum ersten Male öffnen. Jede Farbe, jede Form Im Raum darf es nur einmal geben. Ist der Kessel rund, muß das Wassergefäß eckig sein; ist die Teeschale rot glasiert, darf die Teebüchse nicht ebenfalls rot sein. ›Laute‹ Blumen sind von vornherein verpönt. Nicht einmal ein weißer Pflaumenzweig ist erlaubt, wenn das Weiß sich wiederholt im Schnee des Gartens.

Die wenigen Gäste, die zu einem Chanoyu geladen werden, warten zunächst im Machiai, einer schlichten Hütte mit einer oder zwei Bänken. Ein verabredetes Zeichen, ein ferner Glockenklang etwa oder der Duft einer Räucherkerze, ruft sie von dort zum Teeraum. Der Weg zum Chashitsu führt durch einen winzigen Teegarten. Er ist von erlesen strenger Schlichtheit und hat als solcher eine festumrissene Funktion: Er soll das Gefühl der Einsamkeit, der Abgeschiedenheit von Welt und Zeit hervorrufen, poetischen Stimmungen entsprechend, wie sie zu Hunderten die japanische Dichtung beherrschen, zum Beispiel »Schlichte Hütte am Meeresstrand im Dämmerlicht eines stillen Herbstabends« oder »Fahler Abendmond, ein Stückchen See gesehen durch das Geäst von ein paar Kiefern«. Mit dieser Loslösung vom Lärm der Welt wird der Mensch zugleich wieder an den Platz gestellt, der ihm nach asiatischer Auffassung zusteht. Es ist ein Platz nicht etwa im Mittelpunkt von Welt und Sein und nicht dazu angetan, ihn zum Maß aller Dinge zu machen. Es ist ein Platz, der sehr bescheiden ist und ganz am Rande des großen kosmischen Geschehens liegt. Der Roji, der kurze und doch so weite Weg aus der lauten Welt in die Stille des Tees, führt an seinem Ende durch eine kleine Tür zum Chashitsu. Es ist ein betont niedriger Einlaß, mehr einem Loch in der Wand vergleichbar. Jeder, sei er hoch gestellt oder niedrig, kommt – gleichsam als Mahnung zur Demut – nur gebeugten Hauptes hindurch. Der Weg vom Machiai zum Chashitsu ist also mehr als nur ein schöner Gartenpfad. Er ist ein Weg der Läuterung und Selbstbesinnung. Von einem Chajin, einem Teemenschen, erwartet man, daß ihm nicht allein ästhetische, sondern auch ethische Werte etwas bedeuten. Jene vier Kanji, die immer wieder beim Chanoyu in Erscheinung treten: Harmonie, Respekt, Sauberkeit und Stille sind jedem Tee-Jünger eine innere Selbstverständlichkeit.

Shibui. Das entscheidende Kennwort des Chanoyu ist neben Wabi und Sabi vor allem das Wort Shibui. Shibui heißt ursprünglich: herb, rauh, karg. Es steht in der Mitte zwischen Laut und Still, zwischen Glatt und Rustikal. Im Laufe der Jahrhunderte jedoch hat es, besonders im Bereich der Kunst, eine Bedeutung bekommen, die das ganze innere Wesen des herben, grünen Tees zu spiegeln scheint. Es bedeutet eine Einfachheit, die alles andre ist als simpel, die auf-das Wesentliche konzentriert durch Ausschaltung alles Überflüssigen. Es bedeutet rustikale Ärmlichkeit, hinter der sich Kostbares verbirgt. Es bedeutet wie die Patina äußerlicher Verfall über edlem Metall – im ganzen eine Schönheit, die sorgsam bemüht ist, Schönheit zu vermeiden.

Auch die Kunst des Tees zeigt jenen für alle große Kunst in Japan charakteristischen Doppelcharakter, stets etwas anzudeuten, was über das Sichtbare hinaus auf ein »nachklingendes Mehr« hinweist, das, auch wenn es nicht gezeigt wird, immer mitgemeint ist. Auch in Japan hat die Wirklichkeit einen numinosen und einen ›bloß‹ empirischen Aspekt, eine Art ›essentia‹ im Gegensatz zur reinen ›existentia‹. Wer nur empirisch sieht, sieht nie den lebendigen Baum, sondern nur Holz und Blätter, nie ›Mutter Erde‹, sondern nur Sand und Steine.

Ein großer Zen-Meister Asiens sagte: »Bevor einer Zen studiert, sind ihm Berge und Gewässer Berge und Gewässer. Wenn er aber eine Einsicht in die Wahrheit des Zen bekommt, dann sind ihm Berge nicht mehr nur Berge und Gewässer keine bloßen Gewässer mehr. Schließlich, wenn er wirklich zum Ort der Ruhe gelangt ist, sind ihm Berge wieder Berge und Gewässer Gewässer« (Nach Suzuki – Große Befreiung). Erst auf der Höhe der Meisterschaft erschließt sich jene Gelassenheit, die sich durchaus der Hintergründigkeit des Seins bewußt ist und dennoch seine irdisch-empirische Wirklichkeit anerkennt; die mitten im brodelnden Gewühl die Stille spürt; die das Lied, das in den Dingen schläft, durchaus hört, ohne den Boden des Alltags damit unter den Füßen zu verlieren. Letzten Endes ist alle Kunst symbolisch: Sie repräsentiert etwas, was sinnlich eigentlich nicht faßbar ist, was wirklicher ist als diese Wirklichkeit. Auch die Kunst der Teezeremonie bekommt nur vor diesem Hintergrund ihren eigentlichen Sinn.

Sprache

Sprache, darüber gibt es heute keinen Zweifel, ist mehr als nur ein Mittel der Kommunikation. Sie ist adäquater Ausdruck einer Gemeinschaft. Ihre Formen bestimmen und begrenzen von vornherein die Möglichkeiten der Interpretation. Die oft gestellte Frage nach dem Verhältnis zwischen der Kultur eines Volkes und seiner Sprache wird allgemein dahin beantwortet, daß die Kultur sich nicht nur in der Sprache spiegelt, sondern auch in hohem Maße selbst von ihr beeinflußt wird. Die Sprache ist also ein passives und zugleich ein aktives Kulturphänomen. Das wird in Japan besonders deutlich. Trotz noch so starker Überfremdung durch das Chinesische hat die japanische Sprache ihre Identität bis heute behalten. Trotz aller Standardisierung und Modernisierung in den letzten hundert Jahren hat das Japanische mehr traditionelle Qualitäten bewahrt als aufgegeben.

Ursprung. Über seinen Ursprung gibt es bisher nur Hypothesen. Neuerdings scheint sich die Theorie zu erhärten, daß das Japanische zusammen mit dem Mongolischen, Tungusischen und Türkischen einen gemeinsamen altaischen Ursprung hat. Wenn sich die Untersuchungen bestätigen, die besonders von japanischen Gelehrten betrieben werden, wären sie eine weitere Stütze für die Hypothese mancher Archäologen, die glauben nachweisen zu können, daß Kulturströme seit vorgeschichtlicher Zeit immer wieder von den heutigen Steppen nördlich der Wüste Gobi ausgegangen sind.

Allen Sprachen der ural-altaischen Gruppe sind wichtige Merkmale gemeinsam: Die Verben haben meist Suffixe, die Suffixe können kombiniert werden, es gibt statt Prae- nur Postpositionen, und das Verb steht am Ende eines beliebig langen Satzes. Gegenüber diesem Grundcharakter der Sprache ließen sich die lexikalen Ähnlichkeiten zu anderen Sprachgruppen, zum Beispiel zur malaiisch-polynesischen, zur austro-asiatischen und zur tibeto-burmesischen, durch langjährigen Kulturkontakt und wechselseitige Beeinflussung erklären. Auf jeden Fall erreichte das Japanische seine Wesensmerkmale lange bevor der chinesische Einfluß begann. Die Trennung von der Ainu-Sprache wird in die Zeit vor 7000-10000 Jahren zurückverlegt, diejenige von den Ryukyu-Dialekten erst in die Zeit vor etwa 1800 Jahren.

Der chinesischen Sprache, die vom 3. Jahrhundert an auf Japan weit stärker Einfluß nahm als etwa das mittelalterliche Latein auf Deutschland, verdankt das Japanische bis heute viel. Sie hat zur Erweiterung des phonetischen Systems, zur Bereicherung der Grammatik und zur Ausweitung des Vokabulars – besonders in den Bereichen der Philosophie, der Religion und der Politik – Entscheidendes beigetragen. Das japanische Lexikon ›Genkai‹, das zum ersten Mal 1884 erschien, zählt rund 13000 Wörter chinesischen Ursprungs gegenüber 22000 Wörtern japanischen Ursprungs.

Zum Chinesischen traten später das Portugiesische und Holländische, das Deutsche und Französische, das Englische und Amerikanische. Heute bereits sind die dort entlehnten Worte dem Japaner so selbstverständlich, daß es ihm schwerfiele zu sagen, welcher Sprache sie ursprünglich entstammen: zum Beispiel Pan (Brot) und Tabako aus dem Portugiesischen, Biru (Bier) aus dem Holländischen, Arubaito (Gelegenheitsarbeit) aus dem Deutschen, Aweku (Freundin) aus dem Französischen, Gubai (good bye) aus dem Englischen und Suto (Streik) aus dem Amerikanischen. Die Sprache erwies sich offenbar als flexibel genug, um die ganze moderne Begriffswelt nicht nur zu übernehmen, sondern sie auch zu japanifizieren. Im politischen Bereich zum Beispiel mußten für ein neues Denken ganz neue Worte geschaffen werden. Worte wie Nation und Volk, Persönlichkeit und Bürger, Freiheit und Rechte, Individuum und Partei gab es bis dahin nicht. Ein anderes Beispiel: das Vokabular der Medizin. Bis weit ins 20. Jahrhundert hinein blieben die entscheidenden Worte in einer medizinischen Dissertation deutsch. Heute sind sie alle japanisch. Die Sprache hat sich als fähig erwiesen, die Fülle fremder Begriffe zu absorbieren und doch japanisch zu bleiben.

Welchen Schwierigkeiten sich andererseits ein Übersetzer japanischer Begriffe gegenübersieht, zumal wenn sie in die Geheimnisse buddhistischer Weltanschauung hineinreichen, zeigt ein Hinweis in der Einleitung zu Suzukis Buch ›Zen und die Kultur Japans‹. Es geht dort um ein einziges Zeichen: »Es heißt chinesisch Hsin und japanisch Shin, wörtlich Herz oder Eingeweide, und bezeichnet das lebendige Kraftzentrum allen geistigen und seelischen Lebens im Einzelmenschen, mag dieser bewußt oder unbewußt sich vollziehen. Man kann es mit Herz oder Seele oder Geist, mit Denken, Wille, Bewußtsein, Gesinnung oder Gefühl wiedergeben, alle diese Worte sind nicht erschöpfend, da das eine wie das andere oder vielmehr sie alle zugleich in ihrem ungeteilten Wesen gemeint sind. Im englischen Text wird zumeist das Wort ›mind‹ dafür gebraucht, ein Mittelwort zwischen ›spirit‹ und ›soul‹, das wir nicht haben... Für die Übersetzung wurde die wörtliche Übertragung ›Herz‹ gewählt, obgleich die Bedeutung ›Bewußtsein‹ vielleicht näher zu liegen schien, da hier nicht allein das bewußte, sondern ebenso auch das unbewußte Verhalten der zentralen Geistes- und Seelenkraft und nicht nur die aktive Kraft, sondern ebenso das passive Empfangen gemeint ist.«

Offene Unbestimmtheit. Die japanische Sprache verzichtet von vornherein auf das rhythmische Mittel von Hebung und Senkung: Alle Silben sind ihr gleichwertig. Komplizierte und einsilbig erscheinende Wortgebilde anderer Sprachen, wie zum Beispiel ›Herbst‹, löst sie mit Hilfe des flüchtigen, fast stimmlosen ›u‹ in seine Elemente auf, d.h. nach japanischer Auffassung in fünf Silben: He-ru-pu-su-to.

Ein weiteres Charakteristikum ist der äußerst nuancenreiche und differenzierte Wortschatz. Was dem Japanischen an Klangreichtum und Dynamik abgeht, wird wettgemacht durch eine Fülle von Ausdrucksmöglichkeiten, für die in europäischen Sprachen selten mehr als ein einziges Wort zur Verfügung steht. Allein für das Wort Regen gibt es ein gutes Dutzend verschiedener Ausdrucksmöglichkeiten. Vergleicht man überdies Worte wie Herbst und Frühling, Farbe und Blume mit den entsprechenden Aki, Haru, Iro, Hana, dann kann man nur mit Wilhelm Gundert feststellen, daß sie in ihrer offenen, schlichten Klarheit unübertrefflich sind, »gerade so hingehaucht, wie ihr Gegenstand geschaut ist«, sozusagen »Klang gewordene Farbe«.

Die offene Unkompliziertheit des japanischen Wortes zeichnet auch den Satzbau und die Grammatik aus. Es gibt weder Artikel noch Pronomina, es gibt kein ›pedantisches‹ Fragen nach wer, was und wieviel. Ein Wort wie ›yuku‹ heißt gehen, kann aber auch ich gehe, du gehst, er sie es geht, wir gehen und gehend heißen. Ein Subjekt gehört nicht unbedingt dazu. Es wird gedacht, aber es bleibt, wie so vieles in Japan, unausgesprochen. Diese Neigung zum Umkomplizierten und Offenen in Wort und Satzbau spiegelt einen Realismus, der nicht das Harte, Gewaltige und Kraftstrotzende, sondern stets die zarten und leichten Töne bevorzugt. Der japanische Wirklichkeitssinn deutet mehr an, als daß er fest bestimmt, ja er vermeidet es mit Vorliebe, sich festzulegen, um lieber im Allgemeinen und Unpersönlichen zu verschweben.

Wenn es richtig ist, die lateinische und die deutsche Sprache mit einem Baum zu vergleichen, dessen organisches Wachstum sich vielfältig nach allen Seiten hin verzweigt, dann müßte die japanische Sprache mit einer Treppenflucht oder einer Bilderfolge verglichen werden, bei der sich Bild an Bild, Perle an Perle reiht – beliebig lang. Nicht logische Klarheit, nicht organischer Aufbau, nicht solide Bestimmtheit sind Merkmale dieser Sprache, sondern ihr leichtes, grenzenloses Schweben, ihre nuancenreiche Farbigkeit und ihre offene Unbestimmtheit. Sie scheint der ideale Mittler für das zu sein, was der Engländer ›emotional approach‹ nennt: Geradezu unwahrscheinlich ist die Fähigkeit der japanischen Sprache, den nuanciertesten Stimmungsgehalt einer Situation und eines flüchtigen Augenblicks mit größter Lebendigkeit einzufangen.

Rangstufen. Die große Veränderung im sozialen Gefüge Japans, die seit dem Ende der Feudalzeit, also seit etwa hundert Jahren, im Gange ist, spiegelt sich selbstverständlich auch in der Sprache. Bis zum Ende des Tokugawa-Shogunats galt es als ernstes Vergehen und noch in der Meiji-Zeit mindestens als geschmacklos, nicht auch in der Sprachform genau dem Verhältnis zu entsprechen, in dem der Sprechende zum Angesprochenen stand: nach ›unten‹ redete man anders als zwischen gleich und gleich, nach ›oben‹ anders als nach ›ganz oben‹. Wie das Volk war auch die Sprache in ›social compartments‹ aufgeteilt. Man wußte, was sich gehört, man bestand auf dem, was einem selbst und anderen zustand. Seitdem hat sich vieles an der strengen Form geändert und gelockert. Die Wehrpflicht und der Schulzwang (beide ab 1873), die einheitlichen Volksschullesebücher (von 1905 bis 1945), die Zeitung und der Film, das Radio und das Fernsehen haben das ihre dazu beigetragen, die Sprache zu egalisieren und viele der Sozialparzellen einzuebnen.

Trotzdem: Noch immer lebt das feudalistische Rangbewußtsein auch im sprachlichen Bereiche fort. Noch immer gibt es eine Fülle von Reservaten, die nicht jedem zugänglich sind. Noch immer ist es ein großer Unterschied, ob der Sohn zum Vater oder der Vater zum Sohn, der Lehrer zum Schüler, der Chef zum Angestellten, der Abt zum Novizen spricht. Noch immer weiß man, wann man für gehen ›iku‹ oder höflicher ›irassharu‹ sagt, für Mutter ›haha‹ oder ›okasan‹, für sehen ›miru‹ oder ›haiken itasu‹ und dergleichen. Unter der Fülle der Honorifika, die es bis zum heutigen Tage gibt, sind manche so zur Selbstverständlichkeit geworden, daß die höfliche Vorsilbe ›o‹ oder ›go‹ gar nicht mehr vom Wort gelöst werden kann: etwa bei ›Ocha‹ (Tee), ›Gohan‹ (Reismahlzeit), ›Okane‹ (Geld), ›Ohayo‹ (guten Morgen) u.a.

Nahezu jeder sprachliche Ausdruck ist auf einen Sozialnexus bezogen, auf ein Gegenüber – je nachdem, ob es höher, auf gleicher Ebene oder tiefer steht. Doch trotz ausgesprochener Gruppenbindung – vom Sektierertum bis zum Kaiserkult, vom Familiensinn bis zum Faktionalismus der Parteien – meidet die Sprache alles Direkt-Persönliche, sagt nicht ›ich‹ und nicht ›er‹, nicht ›wir‹ und nicht ›sie‹, sondern überläßt es jedem zu ahnen, wer oder was gemeint ist.

Am zählebigsten sind die Gruppensprachen, das Spezialvokabular der Berufe, der Schauspieler, der Geishas oder die Sprachen der Intelligenz, der Geschäftswelt und des kaiserlichen Hofes. Freilich geht man heute nicht mehr so weit, bei schriftlichen Verlautbarungen das Zeichen ›Chin‹, das kaiserliche ›Wir‹ vom anderen Text gebührend zu isolieren, um schon dadurch den sozialen Abstand zu demonstrieren. Aber die Sprache ist nach wie vor deutlich eine andere, wenn man zum Tenno spricht. Eifersüchtig wachen alle Gruppen über den Bestand ihrer Sondersprachen, die völlig verschieden sind von dem, was in den Schulen als Japanisch gelehrt wird. Nimmt man dazu die Fülle der Dialekte, dann wird vollends deutlich, daß Japan von dem, was den Verfechtern der Hyojungo, der Standard- und Einheitssprache, vorschwebt, weit entfernt ist.

Schrift

Ob die Japaner schon eine Schrift besaßen, bevor die chinesischen Zeichen hier heimisch wurden, ist nach wie vor ein Rätsel. Sicher ist nur, daß sie, kaum daß die chinesische Schrift offiziell eingeführt war, darangingen, sie zu vereinfachen, und aus den komplizierten Zeichen nicht nur eine, sondern gleich zwei Silbenschriften entwickelten: das kantige Katakana und das flüssigere Hiragana. Beide Kana-Schriften mit je 53 Zeichen gelten bis heute. Mit ihnen beginnt der Unterricht auf den Volksschulen: Sie sind das Abc Japans. Katakana wird vor allem zur Umschrift von Fremdwörtern und ausländischen Namen verwendet. Hiragana ist bevorzugt die Schrift der Frauen und der Dichtung: Die ganze Literatur der Heianzeit, die Hofdamen-Romane einer Murasaki Shikibu und einer Sei Shonagon, sind in Hiragana verfaßt.

Die Kompliziertheit der Schrift beginnt für den Lernenden erst mit den Kanji, den chinesischen Schriftzeichen. Man nutzte ie auf dreifache Weise. Erstens: Für das japanische Wort, sagen wir ›Berg‹, nahm man das chinesische Zeichen für Berg und prach es nach wie vor japanisch aus: Yama. Zweitens: Mit dem Zeichen kam auch die chinesische Aussprache: ›San‹. Fortan gibt es also zwei Aussprachemöglichkeiten für ein einziges Zeichen: Yama und San. Drittens: Für manche Worte, für die man kein chinesisches Symbolzeichen wußte, übernahm man ein Kanji, das zwar etwas anderes bedeutete, dessen chinesische Aussprache aber so ähnlich klang wie die des japanischen Wortes; man nahm es nicht als Bedeutungs-, sondern als Lautzeichen.

Die Konfusion wurde zusätzlich dadurch erhöht, daß die chinesischen Zeichen zu verschiedenen Zeiten nach Japan kamen.

Da sich auch in China die Sprache wandelte, sprach man je nach Jahrhundert die Zeichen verschieden aus. Diese Veränderung übertrug sich entsprechend auf Japan.

So kommt es, daß manche Zeichen eine Fülle von Aussprachemöglichkeiten haben. Welche jeweils die richtige ist, entscheiden die Übung und das Sprachgefühl. Ein Beispiel: Das Zeichen für ›unten‹ kann ausgesprochen werden: kudasu, kudaru, oriru, orosu, sageru, sagaru, shita, shimo, ka und ge. In Verbindung mit dem Zeichen für ›Hand‹ heißt es: heta, shimote, shitade oder gete. Andererseits gibt es eine Fülle von Homonymen, Worte mit gleicher Aussprache, aber ganz anderer Schreibung und Bedeutung. Für das Wort ›Kikan‹ zum Beispiel führt ein Taschenlexikon zwölf, ein großes Lexikon vierzig verschiedene Schreib- und Übersetzungsmöglichkeiten an.

Zur Veranschaulichung des Gesagten mag ein einfacher Satz dienen: ›Endlich ist es uns gelungen, Professor Watanabe zum Eintritt in unseren Klub zu gewinnen.‹ Auf Japanisch heißt das: ›Yatto, Watanabe sensei o wareware no kurabu e haitte kudasaru yoni tokifusemashita.‹ Den grammatikalischen Aufbau des Satzes zeigt der beigefügte Text. Er wird je Zeile von oben nach unten und die Zeilen von rechts nach links gelesen. Im japanischen Text werden drei verschiedene Schriftarten verwendet

漢字 Kanji

片仮名 Katakana

平仮名 Hiragana

die sino-japanischen Kanji, die Katakana- und die Hiragana-Silbenschrift. Die Aussprache der Silbenschriftzeichen unterlieg keinem Zweifel. Die Kanji hingegen können, einzeln gesehen sehr verschieden ausgesprochen werden. Das ›sen‹ in sense (Professor) zum Beispiel kann auch ›saki‹ gelesen werden ode

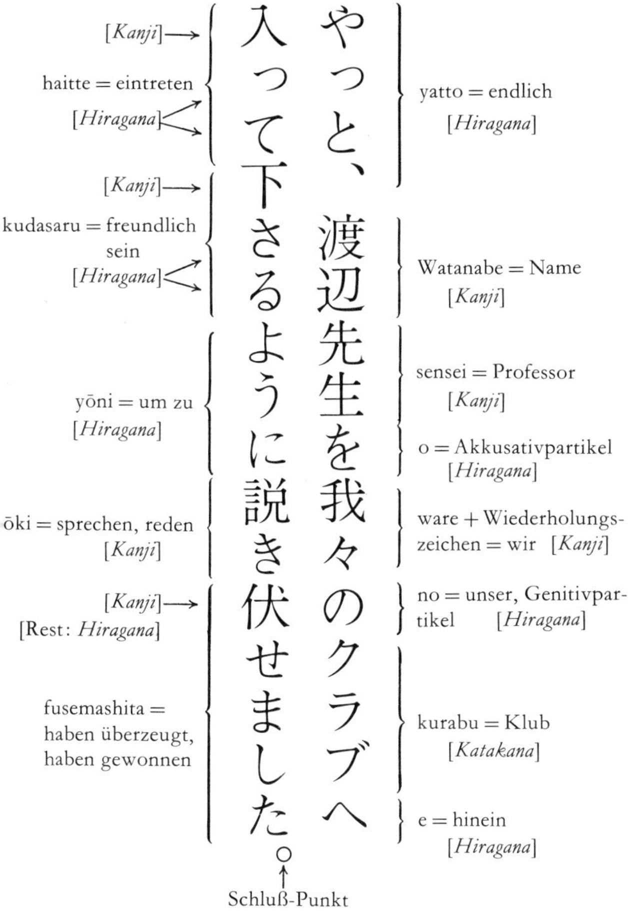

eispiel für japanische Schreibschrift. Wiedergegeben ist der schon er-
ähnte Satz: ›Endlich ist es uns gelungen, Professor Watanabe zum Ein-
itt in unseren Klub zu gewinnen‹. Die Schriftzeichen werden von oben
ach unten und von rechts nach links geschrieben, wobei Kanji-Zei-
hen, Katakana-Zeichen und Hiragana-Zeichen abwechseln. Katakana
ird in der Regel für Fremdwörter verwendet.

›masu‹. Das ›sei‹ von sensei kann auch ›sho‹, ›eru‹, ›hayasu‹, ›ikasu‹, ›ikeru‹, ›narasu‹, ›shojiru‹, ›umu‹ und ›nama‹ gelesen werden. Welche dieser Aussprachen am Platze ist, muß man eben wissen. Oft ergibt sie sich aus dem Zusammenhang oder aus den die grammatikalische Position bestimmenden Hiragana-Zeichen. In den meisten Fällen aber hilft nur die Übung.

Es ist verständlich, daß es in Japan eine Fülle von Versuchen gegeben hat, die Schrift zu vereinfachen oder die Kanji sogar ganz abzuschaffen und durch das römische Alphabet zu ersetzen. Vollends in unserer Zeit scheint das komplizierte Schriftsystem wenig geeignet als Mittel moderner Massenkommunikation. Das Lernen der chinesischen Schriftzeichen allein erfordert drei volle Studienjahre eines japanischen Schülers.

Dennoch haben sich in Japan – trotz des türkischen Beispiels, wo die arabische Schrift 1928 ganz abgeschafft wurde – die Neuerer nie ganz durchgesetzt. Immer ist es bei einem Kompromiß geblieben zwischen der Tradition und den Erfordernissen der modernen Zeit. Der letzte Kompromiß war die Reduzierung der ›gebräuchlichen‹ Kanji von 3000 auf 1850 (Toyokanji), von denen nur 881 an Volks- und 969 an Mittelschulen gelehrt werden. Auch die Chinesen sowohl auf dem Festland wie auf Taiwan haben ihre Zeichen reduziert und vereinfacht, aber verschieden voneinander, so daß keiner mehr die Texte des anderen ohne Schwierigkeiten lesen kann.

Viele Japaner beklagen den Verlust, den ihre Sprache durch die wachsende Vereinfachung ihrer Schrift erlitten hat. Ein moderner Schriftsteller wie Yukio Mishima war der Meinung, daß mit dem Verlust der Kanji die ganze Feinheit, Eleganz und Subtilität der Sprache verlorengehe. Er hielt daher an der alten Schreibweise fest. Das Ergebnis zeigte ein Test, der kürzlich an einer Universität und an einer Mittelschule durchgeführt wurde: 40 ausgewählte Zeichen aus dem Mishima-Roman ›Brandung‹ wurden 200 Studenten vorgelegt. Nur 21 von ihnen konnten 25 Zeichen lesen, nur 19 brachten es auf 30 Zeichen. Unter 20 Mittelschulabsolventen waren sogar nur neun der 40 Zeichen bekannt.

Kalligraphie. Wer durch die alten Straßen japanischer Städte geht, dem muß auffallen, wie oft er auf das Schild ›Schreibschule‹

stößt. Wer Kunstausstellungen besucht, wird mit Erstaunen feststellen, einen wie hohen Prozentsatz darin die Kalligraphie beherrscht. Ebenso auffällig ist es, wie hoch im öffentlichen Ansehen ein Schreibmeister im Vergleich zum ›bloßen‹ Maler steht. Nur China und Japan haben aus ihrer Schrift mehr gemacht als eine nützliche Reihe von Zeichen. Natürlich kann man sie lesen wie jede andere Schrift auch. Darüber hinaus aber hat man sie zu einem ästhetischen Vergnügen, zu einer abstrakten Kunst, ja zu einer Art Charakterschule verfeinert.

Die Kanji waren in China ursprünglich eine Bilderschrift. Sie bedeuteten das, was sie darstellten: eine Hand, einen Berg, einen Fluß. Erst allmählich hat das Kanji seine Bildhaftigkeit verloren: Es wurde zum Zeichen, zum Symbol. Es war und ist nicht Laut-, sondern Bedeutungsträger. Wie eng noch heute Bild und Zeichen verknüpft sind, sieht man zum Beispiel bei fast allen der etwa 200 Familien-Wappen, den ›Mon‹. Die meisten Motive entstammen der Natur. Sie zeigen Pflanzen und Tiere in strenger Stilisierung. »Mit der elementaren Begabung des Japaners für graphische Werte werden diese Motive durch- und umgeformt und dabei vereinfacht, vergeistigt und auf ihre letzte, reine Grundgestalt gebracht: das Bild wird zu einer Formel kristallisiert« (Seckel). Vergleicht man etwa ein genial verkürztes Kranich-Mon mit der Kurzform des Schriftzeichens für ›lang‹ – der Kranich ist seit alters ein Symbol für langes Leben –, dann wird deutlich, wie nahe Zeichen und Bild einander stehen, wie Schriftzeichen und Naturwesen, Wort und Sinnbild, Gedanke und Anschauung in unlöslicher Einheit« miteinander verbunden sind (Seckel).

Der Übergang vom Bild zum Zeichen wird dadurch erleichtert, daß die Schriftzeichen für die korrekte Schreibung, für die Schönschrift sozusagen, eine exakt bestimmte Form haben, daß jedoch ein Schriftmeister daran nicht gebunden ist. Er hat viele Möglichkeiten, sich mit dem weichen Pinsel auszudrücken: Er kann die Zeichen schnell oder langsam, breit oder schmal, naß oder trocken schreiben, ihm stehen alle Helligkeitsstufen und die verschiedensten Strichqualitäten zur Verfügung, und er kann die Zeichen bis zur Grenze der Unlesbarkeit verkürzen. Gebunden bleibt der Meister lediglich an das letzte strukturelle Element, an den abstrakten Bedeutungskern. Ihm prägt er durch

Pinselduktus und Farbgebung seinen persönlichen Stil auf. So wird das Schreiben wie das Lesen solcher Sinngebilde aus schwarzen Punkten, Wischern und Strichen zum ästhetischen Vergnügen an einer Liniensprache, die weit über den bloßen Mitteilungscharakter hinausgeht. Wie die abstrakte Malerei sich von den Fesseln der Naturschilderung befreit hat, hat sich die Kunst des Pinsels schon vor Jahrhunderten von funktionellen Gebundenheiten gelöst. In der Kalligraphie hat die Kunst am weitesten die Grenzen sinnlicher Betrachtung hinter sich gelassen, ist am tiefsten in den vergeistigten Bereich der reinen Form eingedrungen, die der gegenständlichen Bezüge auch nicht andeutungsweise mehr bedarf. Ein Schriftkunstwerk, so heißt es, enthüllt das Wesen dessen, der es schuf; alle Gemütsbewegungen spiegelt es wider vom sensibelsten Hauch bis zum ekstatischen Schwung. Beständige Übung in der Kunst der Schrift gilt seit Jahrtausenden und auch heute noch als beste Schulung des Charakters; denn die abstrahierende Kraft der Form wirkt auf den zurück, der sie gestaltet. Nur ein durch die Form geprägter Charakter ist nach asiatischer Erkenntnis zu hoher, reiner Formgestaltung reif.

Literatur

Als Yukio Mishima, eine der bedeutendsten Erscheinungen de[r] Nachkriegsliteratur, über den Einfluß der europäisch-amerikanischen Dichtung auf Japan befragt wurde, sprach er schlechthin von »heilloser Konfusion«. »Wir alle«, sagte er, »tragen diese Konfusion in uns und tun nur so, als gäbe es sie nicht. Warum sollte nicht auch der Schriftsteller die gleiche Konfusion in seinem Werk zum Ausdruck bringen?«

Westliche Schulen. In der Tat haben in den letzten acht Jahrzehnten die verschiedensten ›westlichen‹ Schulen vom Realismus bis zum Naturalismus, von Neoromantik bis Neoklassizismus, vo[m] Expressionismus bis zum Symbolismus auch in Japan einande[r] abgelöst und tiefe Spuren hinterlassen. Bedenkt man ferner, wie eng hier die Verbindung von Literatur und akademischem Leben ist: Über ein Viertel aller japanischen Pen-Klub-Mitgliede[r] sind Hochschullehrer, vermutlich, weil sich ihnen so am eheste[n] der Zugang zur Weltliteratur erschloß. Bedenkt man, wieviel höher in Japan ein Autor steht als anderswo, wie schier unendlich die Fülle der Buchläden ist, wie die Zahl der Neuerscheinungen weit vor denen der Vereinigten Staaten rangiert und der Lese- und Informationsdurst des Volkes kaum zu stillen ist – erst dann kann man ermessen, wie stark der Einfluß westlichen Denkens in der Literatur Japans auf die Bevölkerung war und st.

Alte Werte. Wenn solche Einsicht bedeuten würde, daß die literarischen Werte und ästhetischen Normen der japanischen Vergangenheit heute beiseite gedrängt und zum Aussterben verlammt wären, dann bedürften sie hier keiner Erwähnung; denn nicht um eine Geschichte der Literatur geht es hier, sondern llein um das, was heute ist und gilt. Und das Alte gilt noch immer, vielleicht weil es zum Wesensbestandteil der japanischen Kultur geworden ist. Mit der wachsenden nationalen Selbstbeinnung ist auch die Besinnung auf die Werte, die früher galten, tärker geworden. So komplizierte und mit Vergangenheit und Bildung belastete Normen wie ›Mono-no-aware‹, wie ›Wabi‹, Sabi‹ und ›Shibui‹, um nur diese vier zu nennen, gelten gewiß icht mehr ausschließlich, aber sie wirken mit, sie gelten als Krierien, sie sind einbezogen in die noch so moderne Diktion, in die och so gewagte Thematik. Ohne Kenntnis der alten Werte leibt dem fremden Leser auch die modernste Literatur unerchlossen, weil er das typisch Japanische darin, das also, was den iesigen Leser sofort vertraut anspricht, gar nicht bemerkt.

Die Literatur eines Volkes, sagt man, spiegele seine Gedanen und Gefühle. Für Japan ist es charakteristisch, daß diese Gedanken und Gefühle kaum etwas von ihrem Aktualitätswert ingebüßt haben, auch wenn sie vor Hunderten von Jahren geußert worden sind. Mit anderen Worten: Die Dichtung der Verangenheit ist mehr als nur ein historisches Dokument. Alle vor em Beginn der Neuzeit liegenden vier Hauptepochen der janischen Literatur sind bis heute lebendig, weil sie noch immer mögliche Ausdrucksformen des japanischen Lebensgefühls sind. Vas für die alten buddhistischen Sekten gilt, scheint auch im terarischen Bereich wirksam zu sein: In Japan ist niemals etwas irklich überholt. Es kommen neue Strömungen, neue Tendenzen; aber die alten gehen deshalb nicht zugrunde. Sie existieren fort und werden gepflegt: Sie sind und bleiben Stimme.

Überblick. Die am weitesten zurückliegende Literatur-Epoche ist die der Nara-Zeit. In ihr entstand das Manyoshu, die älteste Gedichtsammlung Japans. Ihr folgt, vor etwa 1000 Jahren, die Heian-Zeit. Ihr Hauptwerk, das Genji-Monogatari der Hofdame Murasaki Shikibu, gehört heute dank der englischen und deutschen Übersetzungen zur Weltliteratur. Dem Japaner sind die vielen Liebesabenteuer der Prinzen Genji und Kaoru, die in lockerer Folge und ohne eigentliche Handlung aneinandergereiht sind, auch durch zahlreiche Bühnenstücke und Novellen, durch Malerei und Tanz völlig vertraut.

Was damals in Heian, dem heutigen Kyoto, geschaffen wurde, eine Kultur erlesenen Geschmacks, durchstrahlt mit seinem zarten Zauber noch heute das Land. Kein anderes Ideal galt als das der schönen Form, kein Gebot war zwingender als das des ästhetischen Taktes. Was diese Epoche höfisch verspielter Eleganz charakterisiert, »sind die zarten Seelenseufzer, die feuchten Augen einer weiblich-weichen Zeit, die sich in Glanz und Leichtsinn doch der Sehnsucht nach dem Ewigen nicht entschlagen kann und darum jeglicher Erscheinung mit empfänglichem Gemüt gegenübersteht, bereit, sich von deren besonderer Stimmung erfassen und rühren zu lassen« (Gundert). Das ästhetische Prinzip der Heian-Zeit heißt »Mono no Aware«, das heißt die Stimmung zu spüren, besonders die Wehmutsstimmung, die allen Dingen anhaftet. Ohne »Mono no Aware« zu kennen, ohne Wissen um den einzigartigen Zauber der höfischen Kultur sind heute weder No noch Haiku, weder die Romane Tanizakis noch die Kunst des modernen Films voll verständlich.

Was auf die subtile Verfeinerung der Heian-Zeit folgte, war vom Ende des 12. bis zum Anfang des 14. Jahrhunderts, der männlich rauhe Geist von Kamakura, die Zeit der Krieger und Helden. Es war eine Epoche der Unruhe, in der Sieg und Tod des einzelnen, Aufstieg und Untergang ganzer Geschlechter sich vor dem buddhistisch gefärbten Hintergrund der Unbeständigkeit alles Irdischen abspielten. Das große Ringen ehrgeiziger Sippen wie der Taira und der Minamoto spiegelt sich in sprachlich nahezu schmucklosen Zeitdokumenten, den wuchtig groß artigen Heike-Monogatari und Gempeiseisuiki. Die Taten und Leiden der dort geschilderten Helden, der Geist der Härte, der im Konflikt steht mit den zarten Regungen der Seele, leben bis heute fort auf Kabuki- und Bunraku-Bühnen, in ungezählten Fernseh-Dramen und Zeitungsromanen – beide mit unendlichen Fortsetzungen: bis zu einem Jahr und mehr.

Eine neue Blüte aufs höchste verfeinerter Kultur erwuchs in der Muromachi-Zeit (1333-1568). Während in Stadt und Land die Bürgerkriege tobten, sammelten die Shogune Yoshimitsu und Yoshimasa Ästheten und Künstler, Schauspieler und Dichter um sich, um im Kinkakuji und Ginkakuji einem Kunstgenuß zu frönen, dessen Ziel es war, Erlesenheit und Pracht im Gewande raffinierter Schlichtheit und umwittert von der buddhistischen Melancholie abgeschiedener Einsamkeit zu genießen. Edelstes Erzeugnis dieser Kulturepoche ist das No-Spiel und sein größter Repräsentant ist Motokijo Seami. Die literarische Grundlage dieser Bühnenkunst, die ursprünglich nur dem Adel vorbehalten war, nennt Gundert »ein Gewebe aus den schönsten Stellen altbekannter Gedichte: ein paar Worte reichen, die Erinnerung eines ganzen Gedichtes hervorzurufen und das letzte Wort des Zitates ist das ›Türangel-Wort‹ für den Anfang eines neuen ... Ein berauschtes Schwelgen in dem, was hinter den Worten an Bildern und Stimmungen in der Peripherie des Bewußtseinsfeldes anklingt – ein überlegenes Spiel, in dem die Sprache mehr den Gesetzen der Malerei oder der Musik als denen des Verstandes folgt.« Im Bereich solchen Kunstschaffens und -genießens sind die vielschichtigen und transparenten Worte angesiedelt, die für einen wesentlichen Teil der japanischen Kunst fortan bestimmend sein sollten: ›Sabi‹ und ›Wabi‹.

Der letzte prämoderne Großabschnitt der japanischen Literatur fällt zusammen mit der Tokugawa-Zeit (1600-1868), die dem Land mit eiserner Strenge einen Frieden sicherte, der zweieinhalb Jahrhunderte dauerte. Diese Epoche hat nur noch wenig Sinn für die verspielte Eleganz der höfischen Kultur, wenig Verständnis für die asketisch gebändigte Kraft der Ritterzeit und kaum Kontakt zum hintergründigen Farben- und Bildungsrausch der No-Spiele. Sie war statt dessen ganz auf den Geschmack des einfachen Bürgers eingestellt, des Handwerkers und Kaufmanns, der in den Romanen, die er las – es gab welche, die brachten es im Laufe von 27 Jahren bis zu 106 Bänden! –, und in den Stücken, die er auf der Bühne sah, seine Welt, seine Sorgen, seine Freuden wiedersehen wollte, der von der Literatur vor allem Rührung und Genuß verlangte, und wäre es nur der »süße Genuß an der Bitterkeit des Lebens«.

Die Dichtung dieser Zeit war äußerst populär, weil sie das Volk zeigte und sich an das Volk wandte, das zwischen Pflicht und Neigung, Ethos und Sinnlichkeit hin und her gerissen war. Zu ästhetischen Maximen und dichterischen Höhepunkten kam es nur in der Kunst des Haiku, dessen genialer Meister Matsuo Basho war. Die anderen beiden großen literarischen Repräsentanten der Tokugawa-Zeit sind Saikaku und Chikamatsu. Der eine ist Verfasser erotischer Romane, die noch gelesen und übersetzt werden, der andere genialer Dramatiker, der bis heute den größten Teil des klassischen Theater-Repertoires bestreitet.

Fragt man nach dem Wesen der Literatur in der Gegenwart, so bleibt über Mishimas Feststellung einer »heillosen Konfusion« hinaus immerhin zu sagen, daß auch sie Leistungen von Weltrang geschaffen hat. Unter den ›Alten‹, denen also, die um die Jahrhundertwende schrieben, steht neben Ryonosuke Akutagawa und Kan Kikuchi der große, noch heute gefeierte Soseki Natsume an erster Stelle. Unter den Späteren sind Yasunari Kawabata, Junichiro Tanisaki und Masuji Ibuse sogar im Ausland bekannt geworden. Unter den Jüngsten stand Yukio Mishima auf einsamer Höhe. Inzwischen haben ihm Kenzaburo Oe und Kobo Abe den Platz streitig gemacht, und schon drängen ›ganz Junge‹ wie Yumiko Kurahashi und Takeshi Kaiko nach. Sie alle schrieben beziehungsweise schreiben Romane. Was das heißt, mag der große Kenner der japanischen Gegenwartsliteratur, Joseph Roggendorf, selbst erläutern: »Impulse von außen mögen den japanischen Roman ausgelöst haben, aber Empfindung und Ausdruck sind im wesentlichen alten Denkweisen verpflichtet geblieben. So entspricht denn der Roman nicht unseren traditionellen Anforderungen an Glaubwürdigkeit, Charakterzeichnung, Knotenschürzung, Abwicklung. Ein japanischer Roman liest sich oft wie eine Sammlung von Novellen, die Novelle wie eine Vignette, und der Übergang von einer Novelle oder Vignette zur anderen wirkt willkürlich so wie auch das Ende.«

Charakteristisch für die Haltung der meisten modernen Autoren ist ihre Haltung zur Welt: Sie erscheint ihnen weder durchschaubar noch bezwingbar – sie kann nur resigniert überstanden werden, zumal wohl jeder Schriftsteller heute unter dem Gefühl der Vereinsamung, dem Nichtfertigwerden mit dem Wandel aller Werte leidet. Er ringt mit dem Wandel, er spiegelt ihn in seinem Werk und findet (wie etwa Kawabata und Tanisaki) eine gewisse Balance in der Anknüpfung an Traditionen der Vergangenheit. Eines jedenfalls ist sicher: Weder im Gedicht noch im Drama, weder im Kabuki noch im No hat die japanische Literatur bisher versucht, sich mit den drängenden Fragen der Gegenwart auseinanderzusetzen. Das geschieht bisher ausschließlich im Roman.

Vier Elemente. Dieses Ringen ist freilich kein literarischer Wert an sich und auch keineswegs auf Japan beschränkt. Trotzdem sind die Romane unverwechselbar japanisch. Wenn man fragt, worin dieses »wesentlich Japanische« beruhe, stößt man immer wieder auf vier Elemente.

Genauso wie die Sprache wenig geeignet scheint zur Darstellung von Kraft und Größe, Ernst und Pathos, zeigt auch die Literatur eine ausgesprochene Neigung zum Schlichten, Einfachen und Kleinen. Sie liebt das Leichte, flüchtig Verschwebende, das skizzenhaft dem Augenblick Verhaftetsein und drückt schon damit ihren Sinn aus für die Vergänglichkeit allen Seins.

Eng damit zusammen hängt der zweite Wesenszug japanischer Literatur. Überschaut man sie als Ganzes, so ist geradezu auffällig das Fehlen von Werken philosophisch-theoretischen Charakters. Was auf diesem Gebiet in der Neuzeit geschrieben worden ist, stellt der Übersetzung ungeahnte Schwierigkeiten in den Weg, weil Schriftzeichen und Sätze mit Gefühlen und Empfindungen feinster Schattierung behaftet sind. Es ist schließlich kein Zufall, daß die Forderung nach ›Wahrheit‹ oder ›charakteristischer Kunst‹ in der japanischen Dichtung bei weitem nicht in dem Maße erhoben wurde wie etwa in Deutschland, daß sie vielmehr nach ihrem Stimmungs- und Gefühlsgehalt bewertet wurde, mit dem, was seit der Heian-Zeit »Mono no Aware« genannt wird. Die Stimmung zu verstehen und nachzuempfinden, die jedem Ding und jeder Situation anhaftet, ist eine Kunst, die Japan zur Perfektion ausgebildet hat. Hier kommt der offene Sinn für das harmlos Heitere, für unbeschwerte Lebensfreude und sinnenfrohe Leichtigkeit des Seins zum Einklang mit der zarten Wehmut über die flüchtige Vergänglichkeit aller Erscheinungen: In die Freude über den Farbenrausch des Herbstes mischt sich unübersehbar der Wermutstropfen leiser Trauer über das Sterben der Natur. Überall dort, wo Lebensheiterkeit und Wehmut sich zusammenfanden, hat die japanische Literatur unvergleichliche Werke hoher Kunst hervorgebracht.

Von hier aus ist es nur ein kurzer Schritt zum dritten Element, zu ›Wabi‹ und ›Sabi‹. Ursprünglich bedeutet ›Wabi‹: sich elend, einsam und verloren fühlen. Diese Haltung wandelte sich zur Freude an der Herbheit des Einsam-Stillen. Aber erst in Verbindung mit ›Sabi‹: alt sein, Patina zeigen, Reife besitzen, entstand jene kaum übersetzbare Begriffseinheit, die für die Kunstbewertung in Japan zum zentralen Kriterium wurde. »Nicht die offenkundige Schönheit ist nunmehr das Höchste, sondern die verhüllte, nicht der unmittelbare Glanz der Sonne, sondern der gebrochene des Mondes. Nicht das Blanke, Jugendlich-Feurige, sondern die kühle, milde Reife des Alters. Der bemooste Fels, das grasbewachsene Strohdach, die knorrige Kiefer, der leicht berostete Teekessel, der gedämpfte Baß, die zögernde Bewegung – das und ähnliches sind die Symbole dieses Schönheitsideals ... Der Ausdruck bedeutet ursprünglich wohl »Rost«, umfaßt aber weit mehr als unser »Edelrost« oder auch »Patina«, nämlich jene ganz eigenartige Stimmung der Hoheit, die sich in der Hülle des Unscheinbaren verbirgt, der herben Schlichtheit, die dem Verstehenden doch alle Reize des Schönen offenbart« (Gundert). »In den Wäldern drüben, tief unter der Last des Schnees, ist letzte Nacht ein Pflaumenzweig erblüht« – erst wenn man in diesem berühmten Vers das ›Sabi‹ und das ›Wabi‹ spürt, hat man Zugang zu den scheinbar unscheinbaren Werten japanischer Poesie.

Zu dem Sinn für das Leichte und Schlichte, zu »Mono no Aware« und ›Sabi‹ tritt noch ein viertes Element: das Beladensein der Worte mit Symbolik, mit doppelsinniger Allegorie und poetischen Assoziationen, die Kommentatoren und Übersetzer zur Verzweiflung treiben, die aber das haben, was man Atmosphäre nennt, ein unklares Mitschwingen von Empfindungen, die weit mehr sagen wollen und können, als das magere Wort an sich beinhaltet. Worte wie zum Beispiel Frosch und Pflaumenblüte, Herbstmond und Fuji, Kirsche und Leuchtkäfer sind gleichsam identisch mit festgefügten und weitschichtigen Erlebniskomplexen: Ein einziges Wort genügt, um eine Fülle von Assoziationen, Erinnerungen, Erlebnissen und Gefühlen auszulösen.

Haiku und Waka. Diese vier ›Elemente‹ zeigen, wie wenig japanische Literatur allein vom ›face value‹ her beurteilt werden kann, wie oft es eines Schlüssels bedarf, um ihre subtilen Reize und Schönheiten würdigen zu können. Diese Voraussetzung gilt vor allem für die Kurzgedichte, für Haiku und Waka, die als Inbegriff japanischer Dichtung gepriesen werden.

Ein Haiku scheint kaum mehr als ein Hauch, ein Klang, ein zartes Nichts: In strenger Beschränkung läßt es nicht mehr als 5 + 7 + 5, also 17 Silben zu. Dank der Assoziationsfülle japanischer Worte sind diese wenigen Silben bei aller offenen Klarheit zugleich derart bildungs-, gefühls- und geschichtsträchtig, daß es eines ganzen Buches bedürfte, um die Fülle der Bezüge zu erfassen, die in ihnen mitschwingen. Man hat auf die geistige Verwandtschaft der Haiku mit jenen Tuschbildern hingewiesen, bei denen das Nicht-Dargestellte, die weiße Fläche, mindestens ebenso wichtig ist wie das, was tatsächlich zu sehen ist: Ein paar mit leichter Hand hingeworfene Striche reichen vollauf, um eine ganze Welt zu repräsentieren.

Zunächst war es ein Spiel, bei dem es galt, entgegen der üblichen Weitschweifigkeit der Sprache auch in äußerster Kürze etwas auszusagen, ein Bild, einen Gedanken, ein Gefühl auf knappste Form zu bringen und sozusagen blitzartig zu erfassen. Aus solchem Spiel erwuchs eine Kunst, deren größter Meister, Matsuo Basho, es verstand, die schlichtesten Alltagserlebnisse in den »Rahmen des Universums« zu stellen, den »Erdenstaub in das farbige Spiel des Absoluten« zu verwandeln (Gundert).

Heute ist aus dieser Kunst eine Art Volkssport geworden – nicht zuletzt dank allerhöchster Förderung durch das Kaiserhaus. Hauptereignis dieses Sports ist die jährliche Neujahrs-Gedicht-Lesezeremonie im Kaiserpalast. An ihr nehmen das Kaiserpaar, die kaiserlichen Prinzen und Prinzessinnen und erlesene Gäste teil. Bei dieser feierlichen Rezitationsstunde, die auf jahrhundertealter Tradition basiert, werden nicht nur die Gedichte des Kaisers und der Kaiserin, des Kronprinzen und der Kronprinzessin verlesen und später veröffentlicht, sondern auch die der 16 Preisträger.

Alljährlich wird ein anderes Thema ausgeschrieben: ›Erde‹ zum Beispiel oder ›Stimme‹ oder wie 1942, also mitten im Kriege, ›Neujahr im Bauerndorf‹. Die Teilnehmer an diesem Wettbewerb, bei dem es allerdings nicht um Haiku, sondern um die noch strenger gebunden 31silbigen Waka geht, sind keineswegs auf arrivierte Dichter, Literaten und Hofpoeten beschränkt. Die Zahl der Einsendungen, jährlich 30000-40000, beweist das volksweite Interesse. Eine der Preisträgerinnen des Jahres 1966 war Ritsuko Uemura, ein 42 Jahre altes Dienstmädchen in einem kleinen Vorstadthotel von Tokio. Selbst wenn man so etwas als Unikum bewerten will, bleibt die Tatsache, daß es wohl kaum ein Land gibt, in dem die Dichtung so populär ist wie in Japan, wo Gedichtsammlungen Bestseller sind mit Auflagen von weit mehr als 50000 Exemplaren und wo es gar nicht auffällt, wenn berichtet wird, daß ein Boß der aggressiven Sozialistischen Partei einem Schlaganfall erlag, als er gerade unterwegs war zu einer Lesung japanischer Gedichte.

Architektur

Ise, Katsura, Tange. Wer nach der Architektur fragt, die am echtesten japanisch ist, erhält meist drei scheinbar grundverschiedene Antworten. Die erste lautet: Die Urform des japanischen Geistes hat im Shinto-Schrein von Ise edelste und zugleich schlichteste Gestalt gefunden. Die zweite heißt: Gipfel und leuchtendes Vorbild für alles japanische Bauen ist Katsura, die kaiserliche Sommervilla bei Kyoto. Die dritte Antwort läßt nur die Gegenwart gelten, sie spricht von Stahl und Beton, und wenn sie alles in einen Namen fassen will, dann nennt sie den international bekannten Architekten Kenzo Tange. Alle drei Antworten bestehen zu Recht. Alle drei: Ise, Katsura und Tange, repräsentieren Tendenzen, die heute gelten und im Bauwerk Gestalt finden.

Das Heiligtum von Ise wird seit Jahrhunderten alle zwanzig Jahre neu gebaut im gleichen Stil, mit den gleichen Maßen, im gleichen Geist. Was in Ise geschieht, spiegelt sich in der Fülle der Torii und Shinto-Schreine im ganzen Land: Bei aller blockhaften Wucht atmen sie vor allem Klarheit, Einfachheit und Reinheit.

Der Palast von Katsura gilt als Höhepunkt maßvoller Beschränkung und ästhetisch durchformter Eleganz. Mit einer Geschmackssicherheit ohnegleichen sind Raum und Fläche, Haus und Garten zu erlesener Harmonie miteinander verbunden. Alle japanischen Wohnbauten aus Holz sind bis zum heutigen Tage nach Katsura hin orientiert.

Neu in der Neuzeit ist die Verwendung von Stein, Stahl und Beton. Seit sich das Durcheinander ›westlicher‹ Stile und Stillosigkeiten zu legen beginnt, setzt sich mit erstaunlicher Konsequenz ein Baugesicht durch, das die Technik westlicher Architektur mit japanischen Elementen verbindet. Ise und Katsura werden nicht mehr als überholt negiert, ihre Baugesinnung wird auch im Stahl- und Betongewand spürbar.

Was heute in Japan an Bauwerken steht, läßt sich in drei Gruppen teilen: in das ›Alte‹, in den Wohnbau und in die modernen Gemeinschaftsbauten.

Das Alte. ›Das Alte‹ sind vornehmlich Schreine und Tempel, Paläste und Festungen. Wie Dome, Burgen und Schlösser nicht aus Europa, so sind Torii und Pagoden, Wehrtürme und Burganlagen nicht aus Japan fortzudenken. Trotz Erdbeben, Taifunen und Feuersgefahr stehen hier die ältesten Holzbauwerke der Welt (Horyuji). Das Schloß von Himeiji ist einzigartig nicht nur in Ostasien. Und die Fülle herrlicher Tempel zeugt von der Lebendigkeit dessen, was ganz irrigerweise oft schon der Vergangenheit zugerechnet wird. Als Staatsschätze werden die wertvollsten Baumonumente sorgsam gepflegt. Andere werden im alten Stil neu errichtet – bisweilen sogar in Beton mit aufgemalter Scheinkonstruktion, als ob alles wie einst aus Holz gefügt und kein Metallnagel, der in der Feuchtigkeit des Klimas rosten könnte, verwendet worden wäre: Das Schloß von Osaka ist heute ein Betonbau, ebenso die Haupthalle des Zen-Tempels Kenchoji in Kamakura.

Der genormte Wohnbau. Musterbeispiel für das, was man zähe Traditionskontinuität genannt hat, ist das japanische Wohnhaus. In den Großstädten beginnt es, dem ›Wohnsilo‹, dem Appartementhaus, zu weichen. Überall sonst aber baut man nach wie vor in Holz, wie es die Väter und Ahnen vor Hunderten von Jahren taten. Nichts liegt näher, als in der Bauweise die Spiegelung wesentlicher Züge des japanischen Volkes zu erkennen. Vier dieser Wesenszüge werden meist hervorgehoben: die Klarheit und Aufrichtigkeit, mit der die Bauelemente in Erscheinung treten; die praktische Einfachheit, mit der das Haus den Erfordernissen seiner Bewohner dient und sie zugleich selbst formt; die ästhetische Normung aller Maße und Flächen, die dennoch der Gefahr symmetrischer Langeweile sorgsam aus dem Wege geht; schließlich die allseitige Offenheit des Raumes, die dem Haus aller Norm zum Trotz ein Höchstmaß an Variabilität und Anpassungsfähigkeit gibt.

Bei einem japanischen Haus wird weder innen noch außen etwas verschleiert, gestrichen oder vorgetäuscht. Es gibt keine Fassaden und keinen Verputz. Man schätzt die Natürlichkeit des Materials, des Holzes, der Binsenmatten, der mit Papier bespannten Schiebewände. Man pflegt den Eigenwert aller Bauelemente, ihre Farben, Formen und Strukturen. Man liebt das Echte und empfindet alle Beschönigung als unaufrichtig. Japanische Häuser und Paläste sind nicht gebaut, um auf den Betrachter zu wirken, sondern um seinen Bewohnern zu dienen. Man verbirgt sie hinter Bäumen und hohen Zäunen, und nur die Größe des Tores läßt die Bedeutung und den Wohlstand seiner Bewohner ahnen.

Immer wieder wird darauf hingewiesen, wie ungeeignet das japanische Haus für die Benutzung im Winter ist, wie die leichte Bauweise jede solide Beheizung unmöglich macht, weil es innen durch hundert Ritzen zieht und windet. Das Haus scheint ganz auf subtropische Wärme eingestellt zu sein – eine Tatsache, die vielen genügt, um die Herkunft nicht nur des Hauses, sondern auch des Volkes aus dem südwestlichen polynesischen Raum zu ›beweisen‹.

Sicher ist, daß der Japaner jahrhundertelang die Kälte des Winters offenbar gern in Kauf genommen hat angesichts der Fülle von Vorteilen, die ihm sein Haus sonst bietet. Die großen und weiten Öffnungen fangen im Winter so viel Sonnenschein wie möglich ein und geben dem Haus im feuchten Monsun-Klima ein Maximum an Durchlüftungsmöglichkeit. Bei Erdbeben und Bränden ist man im Nu im Freien. Und die vielseitige Verwendungsmöglichkeit eines Tatami-Raumes als Eßzimmer, Schlafzimmer, Wohnzimmer, das Überflüssigsein von Möbeln und Tapeten, von Gardinen und Teppichen macht das japanische Haus zur fast idealen Behausung. Eines freilich läßt es überhaupt nicht zu: private Absonderung. Räume, die keine festen Wände haben, die nur durch leichte Schiebetüren voneinander getrennt sind und die der Belüftung wegen durch offene Holzornamente oberhalb der Türen akustisch stets miteinander verbunden sind, verhindern jegliche ›privacy‹. Sie zwingen alle Bewohner zu äußerster gegenseitiger Rücksichtnahme, Etikette und Disziplin, die es fertigbekommt, auch im engsten Beieinanderleben weder andere zu stören noch sich selbst stören zu lassen.

Ähnlich strenger Formung, der der Mensch durch Sitte und Moral unterliegt, ist auch das Haus unterworfen, in dem er wohnt. Grundlage der Normung ist das Tatami, die Binsenmatte, die gerade einem Menschenmaß entspricht, 180 × 90 cm.. Wie beim Tatami ist das ganze Haus auf menschliches Maß zugeschnitten: die Stütz- und Querbalken, die Höhe der Fusuma, die Größe der Shoji, die Breite der Roka, der Veranda usw. Für Neubauten, auch im Wohnsilo, gilt noch immer dieses Menschenmaß: Eine Wohneinheit beträgt 12 Tatami, rund 20 qm.

Heute im Zeitalter der Industrialisierung hat man die Normung des japanischen Hauses neu entdeckt und in ihren Grundzügen als hochmodern gefeiert. Einer der ersten Bewunderer war der deutsche Architekt Bruno Taut, der vom Katsura-Palast so fasziniert war, daß er vom »Weltwunder der japanischen Architektur« schwärmte und zu der Erkenntnis kam, daß »die größte Kunst in der größten Einfachheit« liege. Verblüffend sind die Parallelen zu den Theorien des Dessauer Bauhauses und zu den Flächenordnungen Mondrians. Die Einheitlichkeit der Maße läßt weitgehende Präfabrikation zu und läßt dennoch genügend Freiheit für individuelle Gestaltung. Die Anpassungsfähigkeit an jede Situation, die Verschiebbarkeit aller Wände, die Möglichkeit, sie ganz zu entfernen, große Räume und kleine Räume mit einem Handgriff zu schaffen, hat auch in der modernen Architektur Europas und Amerikas Schule gemacht. Die Liebe zum beweglichen Raum ist Ausdruck eines Allraumgefühls, das die Möglichkeit haben will, sich nach allen Seiten zu öffnen. Das japanische Haus ist kein Kastenraum, in dem man sich von der Außenwelt absondert. Es ist im Gegenteil bemüht, die Grenzen von Innen und Außen, von Menschenwelt und Natur zu überspielen. Haus und Garten sind gemeinsam geplant, beide gehören zueinander. Manchmal scheint es sogar, als ob das Haus nur ebenso viel notdürftigen Schutz gegen Wind und Wetter bieten will, als der Mensch benötigt, um ungestört seinen Garten zu betrachten.

Man sollte jedoch nicht übersehen, wie wichtig dem Japaner seine Bauten sind. Wie ›architekturbewußt‹ man ist, zeigt – worauf besonders Sadler hinweist – die Sprache und die Fülle der Worte, die noch heute darauf Bezug nehmen: Okusama: Gattin bedeutet »die aus dem inneren Gemach«; Gobo: Mönch heißt »ehrenwerte Zelle«; Heika: Majestät bedeutet »unter den Stufen des Palastes«; Oheyasama: Konkubine eines Adligen heißt wörtlich »das geehrte Zimmer«; Meimon: Adelsfamilie heißt »Haustor von Rang«.

Konglomerat der Stile. Mit dem Jahre 1868 begann für Japans Architektur die Zeit der westlichen Einflüsse. Das Ergebnis ist noch heute allenthalben sichtbar: ein faszinierendes Konglomerat europäischer Stile und Geschmacklosigkeiten. Es war erwachsen aus den Notwendigkeiten der Technifizierung und Industrialisierung; für Bahnhöfe und Fabriken reichte die traditionelle Leichtbauweise mit Holz nicht aus. Der Siegeszug des Ziegels ergriff auch Japan. Er wurde von der Regierung nach Kräften gefördert: Ihr stilles Nebenziel war, eine Hauptstadt aufzubauen, die sich neben London und Paris sehen lassen konnte – man wollte stolz sein können nicht nur auf Kyoto, Japans alte, sondern auch auf Tokio, Japans neue Metropole. In der Hauptsache waren es englische Architekten, die man nach Japan verpflichtete. Aber auch Deutsche, wie Ende und Böckmann, hielten es für überflüssig, sich um Klima, Topographie und Gebräuche zu kümmern. Sie verpflanzten einfach die Bauweise der Gründerjahre in die Subtropen: Neo-Barock war Japans große Mode zur Zeit der Jahrhundertwende.

Nach dem Ersten Weltkrieg kam dann die zweite Welle der Rezeption: Die Schüler der ausländischen Architekten waren selbständig geworden. Man brauchte nichts mehr zu importieren, man konnte es selbst. 1932 erbaute Togo Murano das Sogo-Kaufhaus in Osaka, das erste Beispiel des sogenannten ›Internationalen Stils‹ in Japan. Man war soweit, ebenso frei und emanzipiert zu bauen wie in Europa und Amerika. Gropius und Corbusier, Raymond und Frank Lloyd Wright waren auch für Japan die großen Vorbilder. Wie sie bemühte man sich um einen Baustil, der für alle Welt gültig war. Man schuf nicht für ein Volk und seine Umwelt, man schuf gleich für die ganze Menschheit. Man baute in Japan, aber man baute nicht japanisch.

Gemeinschaftsbauten. Mittlerweile hatte sich der Aufgabenbereich der Architektur gewandelt. Zu Bahnhöfen und Fabriken, zu Schulen und Verwaltungsbauten trat die Architektur für die Gemeinschaft, für das Volk. Bis 1868 hatte dieses ›Volk‹ überhaupt nichts zu sagen. Die einzigen Stätten, wo es zusammenkam, waren Theater und Badehäuser. Seit es aber eine Verfassung, seit es Wahlen, seit es eine Selbstverwaltung des Volkes gab, erwuchs auch die Notwendigkeit, Rathäuser und Stadthallen, Sportstätten und Ausstellungshallen zu bauen. Das waren Aufgaben, an denen die japanische Architektur zu sich zurückfand.

Seit dem Ende des Zweiten Weltkriegs ist die Zeit der bloßen Anpassung an die Bauweise des Westens überwunden. Die modernen Architekten Japans fanden Formen, den Funktionalismus der internationalen Architektur mit dem Geist der japanischen Tradition zu verbinden. Sie fanden oder erstrebten einen gemeinsamen Nenner für Stahl und Beton auf der einen und für ›Katsura‹ und ›Ise‹ auf der anderen Seite. Die Bewegung, das Neue und das Alte zu nahtloser Einheit zu verbinden, ging von Kenzo Tange aus, dessen Olympia-Bauten von 1964 ihn in der ganzen Welt bekannt machten.

Heute spielen Begriffe wie ›Shibusa‹ und ›Sabi‹ wieder eine Rolle – sicher nicht nur deshalb, weil sich auch das Ausland dafür interessierte. Heute beherrschen japanische Baumeister die moderne Bautechnik vollkommen. Sie haben vom Westen die Methoden übernommen, diese mit eigenem Wesen erfüllt, und nun wirken sie ihrerseits auf den Westen zurück. Der älteren Generation der Kenzo Tange, Kunio Maekawa und Junzo Yoshimura folgt bereits eine jüngere, unter anderem Takamasa Yoshizaka, Kenji Hirose und Makoto Masuzawa, die sich der Beherrschung der modernen Mittel und der Verwurzelung in der alten Tradition so sicher weiß, daß ihre Schöpfungen auch im Stahl- und Beton-Gewand unverkennbar wieder japanische Architektur sind.

Malerei

Wer die japanische Kunstkritik der Nachkriegszeit durchblättert, muß zu dem Schluß kommen, daß sich Malerei und Graphik in Japan in einem Übergangszustand befinden, vergleichbar dem tiefgreifenden Wandel, dem auch die Sozialstruktur des Landes unterworfen ist. Das zeige sich, so wird argumentiert, rein äußerlich schon in dem konträren Verhältnis von Tusch- zu Ölmalerei, also von ›alt‹ zu ›neu‹. Hinzu kommt, daß sich viele Künstler weigern, das zu pflegen, was man im Ausland für japanisch hält: Asien-Exotik und Geisha-Romantik. Ihnen erscheint bereits das Festhalten an alten Sitten und Gebräuchen, an alten Normen und Formen als sentimentaler Luxus, der sie nur unnötig aufhält auf dem Wege zu ihrem Ziel: Stimme der Menschheit zu sein.

Nun, noch leben die meisten japanischen Künstler in Japan und sind allein deshalb dem Formen- und Ausdrucksbereich Asiens verbunden. Und jene Künstler, die im Ausland wohnen, vor allem in Paris und in New York, sind dort in erster Linie interessant wegen ihres ›japanese touch‹, wie etwa Kumi Sugai. In jedem Falle ist die Kunst – das wird auch von der avantgardistischen Kunstkritik zugegeben – am interessantesten überall da, wo es zu einem Brückenschlag, einem Kompromiß, einer Verschmelzung von altem Geist und neuen Mitteln, von neuem Geist und alten Mitteln gekommen ist, wo Tradition und Gegenwart einander durchdrungen haben – etwa bei Shiko Munakata, Kiyoshi Saito und Koshiro Onchi, um nur diese drei zu nennen.

Es wird oft darauf hingewiesen, daß mit dem Ende der Feudalzeit der Maßstab aristokratischen Geschmacks verlorengegangen sei und statt dessen etwas Neues begonnen habe: Mit dem Brauch, Kunstausstellungen zu veranstalten, das heißt mit der Ausrichtung auf jedermann, auf Effekte, auf Verkauf, sei auch in Japan die Kunst auf neue Bahnen gekommen und habe nunmehr Anteil am internationalen Geist der Kunst.

So richtig das ist, wäre dennoch zweierlei dazu zu sagen. Zunächst: Auch in Europa hat sich dieser Wandel vom Geschmack einer Elite zum Geschmack der Masse vollzogen, ohne daß die Kunst dadurch sehr wesentlich verändert worden wäre. Große Kunst war immer exklusiv und wird es wohl auch bleiben. Im übrigen setzte das Sich-wenden an die breite Masse auch in Japan nicht etwa erst 1868 ein, sondern bereits zwei Jahrhunderte früher, als die Kunst aus den Händen von Dilettanten in die von Berufskünstlern überging, als die Massenproduktion der Kano-Schule Japan mit ihren Werken überschwemmte. Ferner, auch in Japan ist es keinem Künstler vergönnt, völlig ›neu‹ zu beginnen, immer wieder wird er mit Traditionellem konfrontiert, und zwar bei weitem mehr als in Europa und Amerika. Auch wenn er es wollte – er könnte sich den Formen, Werten, Namen und Begriffen des japanischen Bildungsraumes nicht entziehen. Durch Elternhaus und Schulerziehung sind sie ihm zur Selbstverständlichkeit geworden. Auf sie wird Tag für Tag in Literatur und Presse, in Film und Fernsehen Bezug genommen. Sie sind dank der Massenkommunikationsmittel im Volk weit mehr verbreitet als je zuvor.

Yamato-e. Im Bereich der japanischen Malerei und Graphik waren und sind es vor allem fünf Wege, fünf Möglichkeiten, der Welt zu begegnen. Die erste ist die des Yamato-e, das heißt der ›japanischen Malerei‹, die die nationale Eigenart am stärksten ausdrückt. Sie ist erfüllt von daseinsfroher Weltlichkeit, von unbekümmerter Wirklichkeitsnähe und kraftvollem Leben, von farbenbuntem Gewimmel und reichster Bewegung.

Yamato-e, damit bezeichnete man ursprünglich Bilder mit Szenen aus dem japanischen Volksleben im Gegensatz zu Kara-e, jener ›chinesischen Malerei‹, die das Studium der chinesischen klassischen Vorbilder voraussetzte. Das Japanische daran war zunächst die Thematik, die japanische Form dieser Bilder ergab sich erst im Laufe der Jahrhunderte, wie sich ja auch die japanische Silbenschrift erst allmählich aus den von China übernommenen Schriftzeichen entwickelte. Yamato-e gab es zuerst auf Stellschirmen (byobu) und auf Fusuma (papierbespannten Schiebewänden). Sie spielten und spielen bei der offenen Bauart japanischer Häuser eine große Rolle: Mit ihnen kann man von einer Minute zur anderen große oder kleine Räume, je nach Bedarf, schaffen. Leider sind nur wenige dieser alten Stell- und Schiebewände erhalten: Sie wurden fast alle zusammen mit den Häusern, in denen sie standen, ein Raub der Flammen. Wir wissen jedoch, und all die vielen Byobu aus späterer Zeit bestätigen das, daß die Bildkunst auf ihnen im wesentlichen auf zwei Themenkreise beschränkt war: auf Shiki-e und Meisho-e, das heißt auf die Darstellung der vier Jahreszeiten mit den in ihnen stattfindenden Festen und auf die Darstellung berühmter Stätten. Bei den Shiki-e stand die Natur, bei den Meisho-e das menschliche Geschehen, das Genre, im Vordergrund.

Ein dritter Zweig am Baum des Yamato-e waren die Bildrollen und Bildbücher (Emaki und Soshi-e). In der überwiegenden Mehrzahl waren es Bilderzählungen, Illustrationen zu Romanen und Legenden; am berühmtesten wurden das Genji-Monogatari-Emaki, das Shigisan-Engi-Emaki und das Ippen-Shonin-Eden.

Schon in der Frühzeit zeigte sich beim Yamato-e eine Tendenz, die in scharfem Gegensatz zum später so beherrschenden Sumi-e (Tusche: jap. Sumi) steht: die Neigung zum endlosen Plaudern über Menschen und Geschehen, einer Neigung, der auch der japanische Satzbau entspricht: Szene reiht sich an Szene, jede historisch bezogen, überreich an Geschehen und Menschen.

Das Yamato-e und das später daraus hervorgegangene Genre-Bild spiegeln jeweils das Hier und Jetzt im Leben des Volkes: In der Feudalzeit das Leben des Adels, in der Kamakura-Zeit außerdem noch die Taten der Samurai. Damals wandelte sich der Buddhismus von einer Religion der strengen Askese einzelner zu einer Gnadenreligion für alle. Etwa nach 1600 trat der Kaufmannsstand hervor und wollte sich und seine Freuden dargestellt sehen. Es war die Zeit, in der dem Aristokraten-Theater des No das populäre Volkstheater des Kabuki gegenübertrat. Dieser Wandel schuf zugleich die Basis für die volkstümliche Holzschnittkunst, für die Fülle der Schauspieler und Kurtisanen-Bilder.

Man spricht, etwa bei den großartigen Schauspieler-Porträts eines Sharaku, bisweilen von Expressionismus. Wenn damit gemeint ist, daß Farben und Formen als Ausdrucksträger für seelisches Empfinden eingesetzt werden, daß darin eine subjektive Deutung der Welt im Gegensatz zur Tradition deutlich wird, dann trifft diese europäische Stilbezeichnung auf die japanische Kunst nicht zu. Denn selbst die so expressionistisch wirkenden Schauspielerporträts Sharakus waren vor allem als Werbe-Plakate gedacht. Sie wollten nicht Ausdruck, sondern Abbild sein. Sie stellten den Schauspieler in seiner Maske höchst realistisch dar: So tritt er auf, so will er sich gesehen wissen, nur so verkörpert er seine Rolle ›echt‹. Was bei diesen Porträts auf den Europäer karikierent, übertreibend, ›unnatürlich‹ wirkt und für expressionistisch gehalten wird, ist nicht das geniale Werk des Bildkünstlers, sondern des Schauspielers bzw. der Rolle, die ihm so und nicht anders auszusehen vorschreibt.

Streng genommen gilt die Bezeichnung ›Yamato-e‹ nur für die Malerei der Heian-Zeit (9.-12. Jh.), also für die ästhetisierende Kunst der frühmittelalterlichen Feudalzeit. Doch das Yamato-e fand seine zweite Blüte in der Tosa-Schule des 13. Jahrhunderts. Von da an läßt es sich durch die ganze Geschichte der japanischen Kunst verfolgen über die deftigen Farbholzschnitte des Ukiyo-e und die humorvolle Volkskunst der Edo-Zeit bis zur abstrakten Farbenfreude unserer Gegenwart.

Sumi-e. Der zweite ›Weg‹, die weltverlorene Schwarz-Weiß-Kunst der Tusch-Malerei (Sumi-e), führte erst in der Muromachi-Zeit, im 15. Jahrhundert, zu ihrem ersten großen Gipfel. Sie wurzelt in der asketischen Haltung der Zen-Mönche und arbeitet mit den sparsamsten Mitteln: Sie will mehr andeuten als aussprechen. In ihrer Weltdistanziertheit ist sie gleichsam der Gegenpol zur lebensfrohen Kunst des Yamato-e.

Von Sesshu und Motonobu Kano führt der Weg des Sumi-e über Miyamoto Musashi direkt in unsere Gegenwart, in der das Werk eines Taikan Yokoyama nahezu schon klassisch ist. Wenn noch immer eine verhältnismäßig große Zahl von Japanern diese Kunst der schwarzen Tusche als einen wesentlichen Ausdruck japanischer Kultur preist, so fußt solch Urteil wohl weniger auf der Popularität des Sumi-e als vielmehr auf einer Ehrfurcht, die durch weltanschauliche Tiefe und künstlerische Größe geweckt und durch lange Bildungstradition gefestigt worden ist.

Wie die Schreibkunst erfordert auch die Kunst des Sumi-e hochgradige Beherrschung des Materials: Jeder Pinselstrich mit der zarten, ausdrucksstarken schwarzen Tusche ist auf Seide wie auf Papier unwiderruflich. Das hat in Ostasien zu einem außerordentlichen Feingefühl für den Ausdruckswert der Linie geführt. Wie die Form eines Schriftzeichens bereits seinen inneren Gehalt zum Ausdruck bringt, so soll die Pinselführung auch eines Tuschbildes schon von seinem Wesen sprechen. Es gibt wenigstens 17 verschiedene, namentlich bezeichnete Arten von Linien, die alle ein verschiedenes Gefühl ausdrücken und auslösen. Das eigentliche Zauberwort der Tuschmalerei aber heißt Notan, tiefe und leichte Töne. Von jedem Künstler wird erwartet, daß er mit seiner schwarzen Tusche mindestens den gleichen Reichtum an Tönen zu schaffen vermag wie mit der Fülle bunter Farben. »Wenn man die schwarze Tusche geschickt behandelt«, so lautet ein bekanntes Meisterwort, »dann ergeben sich die fünf Farben ganz von selbst.«

Noch wichtiger ist das andere: Dadurch, daß die Dinge aller Farbe entkleidet und aus dem Zusammenhang mit ihrer Umwelt gelöst werden, wird ihre innere, gleichsam geistige Struktur sichtbar, ihr ›wirklicher‹ Charakter kommt zum Vorschein. Je sparsamer die Mittel der Darstellung, je fragmentarischer das Ganze zu werden scheint, desto bedeutender und hintergründiger wird der Ausdruck der Linie. Mehr noch: Desto eindringlicher spricht aus den Linien etwas, was nicht an den Dingen sichtbar wird, sondern was in und hinter ihnen steht.

Dekorative Kunst. Die dritte Ausdrucksmöglichkeit japanischer Kunst ist die sogenannte dekorative Kunst. Sie ist auf keine Schule beschränkt und tritt zu allen Zeiten in Erscheinung – häufig in der Form, in der sie besonders starken Niederschlag gefunden hat, in der Form der Momoyama-Zeit, das heißt in lautem, aufdringlichem Prachtstreben. Hier wurde das Gold zur eigentlichen Farbe. ›Das‹ Vorbild für dekorative Ausstattung repräsentativer Räume blieb bis heute Eitoku Kano mit seinen streng geformten monumentalen Kiefern und den meist dazugehörigen stolzen Adlern.

Höhepunkte erreichte die dekorative Kunst indessen überall dort, wo sich die beiden erstgenannten Wege, Yamato-e und Sumi-e, kreuzten, wo sich sinnlich heitere Farbenkunst und asketische Wesensschau zu neuer Einheit verbanden. Das geschah vor allem bei dem dekorativen Dreigestirn Sotatsu-Korin-Hoitsu, die weder durch Schülerschaft noch durch Zeitnähe miteinander verbunden waren – sie lebten jeweils durch ein Jahrhundert voneinander getrennt –, deren Werke aber gleichen Geist atmen. Spielerische Eleganz, raffinierte Stilisierung, leuchtende Farbenkraft und Simplizität der Formen sind ihre Hauptcharakteristika. Auch sie beschränken sich streng auf das Wesentliche – nicht im Sinne einer religiös fundierten Konzentration, sondern mehr im Sinne einer Kunst, die Picasso »nobles Spiel« genannt hat. Bei Korin vor allem ist es bald ein snobistisch verächtliches Spielen mit der Rezeptgerechtigkeit der Kunstphilister, bald ein geniales Spiel mit Können, Kunst und höchst ironischer Noblesse. Aus solchem Spiel sind Kunstwerke erwachsen von allerhöchstem Rang. Die dekorativen Meister haben es verstanden, mit den Elementen der Wirklichkeit und dennoch weit entfernt von aller bloßen Realität Bilder zu schaffen, die das Wesen der Dinge auf höherer Ebene sichtbar und transparent machen und sie als Sinnbilder einer gleichsam musikalischen Welt der Schönheit erscheinen lassen.

Realismus. Der vierte ›Weg‹ der japanischen Malerei ist der des Realismus. Erst seit Okyo Maruyama und seinem Schüler Rosetsu Nagasawa, die beide an chinesischer und an europäischer, von den Holländern ins Land gebrachter Kunst geschult waren, gibt es in Japan Studien nach der Natur und lebenden Modellen, gibt es Schatten und Perspektive. Doch so eifrig sich japanische Künstler der ›Richtigkeit‹ im europäischen Sinn angenommen haben, dem Volksempfinden blieb solcher Realismus im Grunde fremd. Alle kühl und sachlich beobachtende Objektivität liegt dem Japaner wenig. Stets wird die Welt auf das Gefühl desjenigen bezogen, der sie betrachtet; stets wird versucht, die Dinge von innen her zu fassen. Die Unabhängigkeit eines wechselnden und gleichsam schwebenden Blickpunktes aufzugeben zugunsten einer einzigen, zufälligen und noch dazu von außen an die Dinge herangetragenen Blickrichtung ist unjapanisch. So gilt auch der Schatten in der Kunst Ostasiens eher als ein Schmutzfleck, der die Dinge im Irdisch-Realen festhält und nur vom engen, einseitig menschlichen Gesichtswinkel her gelten läßt.

Bunjinga. Die fünfte unter den Möglichkeiten, die Welt zu betrachten, ist die der eigenwilligen, oft manirierten Bunjinga, der Literaten-Malerei. Sie verdankt ihr Entstehen dem Protest gegen den Realismus und gegen den erstarrenden Formalismus der Kano-Schule. Ihr Ziel ist die Hinwendung zu geistigem Adel und feinstem ästhetischem Empfinden, zu einem ganz persönlichen und eigenwilligen Naturerleben. Darüber hinaus schmückt man die Bilder oft mit Gedichten und schlägt damit Brücken zur Literatur und dem ganzen symbolgeladenen Erlebnisbereich asiatischer Kultur. Diese Richtung ist keineswegs auf Buson, Tani Buncho Taiga und ihre Zeitgenossen beschränkt. Sie tauchte mit ähnlicher Zielsetzung im 20. Jahrhundert im Künstlerbund Nihon Nongain wieder auf, und sie gibt es auch heute.

Genormte Themen. Seien es zarte, aus unbestimmtem Nebel aufsteigende Landschaften, seien es frische Blüten, die aus morschem, längst erstorben scheinendem Stamm hervorbrechen, sei es ein einsamer Vogel auf schwankendem Zweig – niemals, so heißt es immer wieder, wenn von japanischer Malerei die Rede ist, kommt es darauf an, Abbilder der Wirklichkeit zu geben, Darstellungen ihrer sinnlichen Schönheit. Gerade das will diese Kunst vermeiden, denn die Wirklichkeit ist ihr zunächst vollkommen gleichgültig. Wenn sie sich trotzdem bis zu einem gewissen Grade an deren Formen hält – denn wo ein Kunstwerk durch das Auge verständlich werden will, muß es auch Formen wählen, die dem Auge sichtbar und begreifbar sind –, so nur, um damit etwas anzudeuten, was jenseits aller sinnlichen Erscheinung liegt.

Die meisten Themen der Darstellung sind gleichsam genormt, sie werden mit bestimmten Gefühlen, Gedanken oder Begriffen identifiziert. Die Darstellung eines Fischerbootes etwa weckt im Betrachter sofort das Empfinden von Einsamkeit, Stille und tiefem Frieden. Ein schlichter Vogel auf einem Ast ist das ideale Sinnbild allen Seins. So gelassen das Tier auf schwankendem Zweige ruht, so wach und sprungbereit ist es zugleich, bereit, sich jederzeit federnd zu lösen: gelöst und doch gespannt, ruhend und doch zu blitzschneller Tat bereit – ein wahres Vorbild für den Menschen.

Eineckstil. Daß vieles in der Kunst unausgesprochen, ungemalt bleibt, nennt man in der Fachsprache den ›Eineckstil‹ und bezieht sich damit auf ein Wort von Konfuzius: »Wer nicht danach strebt, dem teile ich nichts mit. Wer nicht um den Ausdruck ringt, dem eröffne ich ihn nicht. Ich zeige eine Ecke, und wenn man nicht mit den drei anderen antwortet, dann wiederhole ich mich nicht.« Damit wird, so kommentiert Werner Speiser, »die Meinung vertreten, daß jedes wirkliche Verständnis vorhergegeben sein muß, daß die eigentliche Wesenswirkung auf einer Andeutung beruhe, daß eine Geste, ein Ausschnitt genügen könne, um das Ganze, das doch stets über den Worten steht, anklingen zu lassen.« Auf die Malerei übertragen heißt das: Das Gewicht einer Ecke verlangt das Hinausgreifen über den Rand und Rahmen des Bildes, das Nichtgemalte muß vom Beschauer selbst ergänzt werden – es weitet sich von selbst zur Weite des Alls.

Vereinfachung. Ein weiteres Merkmal nennt Minamoto in seiner Geschichte der japanischen Kunst. Er sieht das Ursprüngliche, typisch Japanische in dem Streben nach Vereinfachung, in der Betonung einer gewissen Zweidimensionalität. Das heißt: ein Sich-zurückziehen aus der verwirrenden Fülle der dreidimensionalen Welt in eine einfachere, auf das Wesentliche beschränkte Welt der Formen, wie das seinen höchsten künstlerischen Niederschlag im Sumi-e gefunden hat. Damit soll nicht gesagt sein, daß alle Kunst in Japan zweidimensional wäre. Aber der Geist der Zweidimensionalität, wenn man einmal so sagen darf, strahlt aus den meisten ihrer Werke. Eine der schönsten Früchte solchen Denkens war auch der japanische Holzschnitt, der im 19. Jahrhundert die europäische Malerei und die Kunst des Jugendstils stark beeinflußt hat.

Nur dort, wo Innen- und Außenwelt von überlegen schaffender Meisterhand zu neuer Einheit gefügt werden, wo die Formen der Dinge nicht Selbstzweck sind, wo sie dienen und nur benutzt werden, wo sie zu ›Bildkürzeln‹ werden, mit deren Hilfe man etwas eigentlich nicht Sichtbares sichtbar macht, nur dort erreicht die Kunst ihre höchsten Gipfel. Solche Bildkürzel sind gleichsam komprimierte Wirklichkeit, und ihre Form ist um so vollendeter, je weiter sie sich von den Einzelheiten des bloßen Stoffes zu lösen vermag, je mehr sie zur Chiffre wird, zur reinen Form.

Die Welt der Bühne

Als im Jahre 1963 die Deutsche Oper Berlin mit ihrem gesamten Ensemble einschließlich des Orchesters, des Chores und der Bühnenarbeiter zum ersten Mal in Tokio gastierte, war das ein ungeheurer Erfolg. Die Begeisterung der Japaner war überwältigend – nicht zuletzt deshalb, weil die Oper die wohl einzige Form des Theaters ist, die es in Japan nicht gibt bzw. noch in den ersten Kinderschuhen steckt.

Sonst gibt es alles, was sich an Bühnenkunst nur denken läßt – vom Märchenerzähler bis zum Revuetheater. Selbst die Vorstadien des Theaters werden noch immer praktiziert. Auch heute noch wird das, wovon die Entwicklung der Bühnenkunst ausgegangen ist: der einfache, ja primitive, aber heilige Kagura-Tanz mit Musik in den Shinto-Schreinen gepflegt. Auch heute noch gibt es bei Hofe die zeremoniellen Gagaku-Tanzspiele, die vor rund einem Jahrtausend in Japan heimisch wurden. Es gibt aber genauso auch das moderne Ausdruckstheater, bei dem japanische, europäische und amerikanische Stücke gespielt werden bis zu Sartre, Brecht und Tennessie Williams. Da diese Stücke selbstverständlich in japanischer Sprache aufgeführt werden, bleibt dem Ausländer die Existenz dieser Theaterform meist verschlossen.

Wenn der Europäer von japanischem Theater spricht, denkt er gewöhnlich nur an das altjapanische Theater, an Kabuki, Bunraku und No. Er denkt an bezaubernde Masken, kostbare Gewänder und heroische Tanzszenen. Er denkt an Frauenrollen, die von Männern angeblich besser gespielt werden als von weiblichen Darstellern. Er denkt an die faszinierenden, fast lebensgroßen Puppen, an herbe, archaisch wirkende Musik und an den unbeweglich sitzenden Chor, der in wechselnder Stimmhöhe das Geschehen auf der Bühne begleitet oder erläutert.

Noch vor einigen Jahren konnte man in der Presse lesen, daß

alle drei – Kabuki, Bunraku und No – zum Sterben verurteilt seien. Einerseits fänden sich kaum noch Schauspieler bereit, das komplizierte, Jahrzehnte währende und äußerst anstrengende Training auf sich zu nehmen – für den No-Nachwuchs beginnt es nach altem Brauch im Alter von sechs Jahren, sechs Monaten und sechs Tagen, beim Kabuki gar schon im 3. oder 4. Lebensjahr. Andererseits ginge das Interesse des Publikums ständig zurück. Die Jugend, hieß es, habe überhaupt kein Verständnis mehr dafür, und für die Alten lohne der Aufwand nicht. Inzwischen sind die Kabuki-, Bunraku- und No-Theater wieder überfüllt, und zwar mindestens zur Hälfte durch die junge Generation. Auch an Schauspieler-Nachwuchs herrscht kein Mangel.

Dabei verstehen selbst Japaner oft kaum jedes dritte Wort, das auf der Bühne gesprochen wird. Darauf kommt es auch gar nicht an. Man geht nicht des literarischen Genusses wegen ins Kabuki. Den Inhalt der Stücke kennt man ohnehin. Was fasziniert, ist nicht das ›Was‹, sondern das ›Wie‹, die Atmosphäre, die bis in kleinste Nuancen gekonnte Kunst der Darstellung und der Bewegung. Dieser Kunst gibt nicht die schöpferische Persönlichkeit eines großen Schauspielers das Gepräge, sondern eine jahrhundertealte Tradition, die jede Geste, jede Fußbewegung, jede Kopfhaltung vorschreibt. Nicht der Schauspieler, der ›etwas ganz Neues‹ aus einer Rolle macht, erntet den größten Beifall, sondern im Gegenteil der, der an der genau vorgeschriebenen Stelle die genau vorgeschriebene und von allen Zuschauern erwartete Bewegung, den erwarteten Ausruf, den erwarteten Schmerz am besten darstellt.

Kabuki – Männer in Frauenrollen. Im Gegensatz zum aristokratischen No-Spiel ist das Kabuki Volkstheater schlechthin: Noch vor hundert Jahren war es für die oberen Stände ausdrücklich verboten. Kabuki ist eine Art Nationalkunst, die seit dem Anfang des 17. Jahrhunderts existiert und sich seitdem nur unwesentlich gewandelt hat. Selbst das feudalistisch-patriarchalische Familiensystem mit seiner strengen Regelung von Pflichten und Rechten lebt unter den Schauspielern der Kabuki-Welt nahezu unverändert fort.

Trotz seiner Popularität, trotz hochmoderner Drehbühne – erfunden übrigens 130 Jahre vor Deutschland –, trotz gewaltiger

Gefühlsausbrüche und dramatischer Tanz- und Kampfszenen bleibt das Kabuki für das Auge des Ausländers strenges Stil-Theater. Seine Wurzeln reichen tief in die mythologische Vergangenheit zurück (Tanz vor der himmlischen Felsenhöhle). Selbst die Texte, meist in exaltiert gekünstelter Sprechweise vorgetragen, werden in einer Sprache gesprochen, die heute kaum noch verständlich ist. Aber obwohl nahezu alle Stücke von ›klassischen‹ Zeiten berichten, von Helden und Samurai und dem Bürgerstolz der japanischen Feudalzeit, obwohl sie längstvergangene Epochen beschwören, sind die Szenen, die sie zeigen, die Menschen, die in ihnen agieren, und die Gefühle, die sie darstellen, allen Zuschauern noch heute wohlvertraut und bis in kleinste Einzelheiten gegenwärtig.

Eine Kabuki-Vorstellung – natürlich in prächtigen historischen Gewändern und in zum Teil phantastischen Schminkmasken – dauert vier bis fünf Stunden. Noch im vorigen Jahrhundert war ein Besuch des Kabuki-Theaters eine Sache, die den ganzen Tag in Anspruch nahm. Man aß, man trank, man schwatzte während der Vorstellung, und das Ganze war ein herrliches Volksvergnügen. Heute gibt es täglich zwei Programme: je fünf Stunden lang. Zu jedem Programm gehören in der Regel vier bis fünf Stücke, die sorgsam aufeinander abgestimmt sind: ein Heldendrame, ein bürgerliches Sittenstück, einen Dämonentanz und ein Geisterstück. Korrekter gesagt: Aus jedem dieser Stücke wird eine Szene aufgeführt, so daß man das ganze Programm mit einem Diner aus lauter Vorspeisen verglichen hat. Solche Auswahl ist um so leichter zu treffen, als es sich bei den Kabuki-Stücken nicht etwa um streng und geschlossen aufgebaute Dramen im europäischen Sinn handelt. Sie bestehen vielmehr aus einer nur locker verbundenen Folge einzelner Szenen. Trotzdem sind auch diese Einzelszenen voll dramatischer Kraft. Fast immer entsteht die Dramatik aus dem tragischen Konflikt zwischen dem persönlichen Fühlen und Freiheitsstreben des Individuums auf der einen und der Pflicht zu Gehorsam und Loyalität auf der anderen Seite.

Populär geworden ist das Kabuki-Theater durch eine Frau, die Shinto-Tänzerin Okuni aus dem Schrein von Izumo. Sie entwickelte aus dem sakralen Tanz die erste Volksbühne. Um sie scharten sich Gleichgesinnte, und ihr Erfolg war so gewaltig, daß sie es wagen konnte, von Kyoto nach Edo zu gehen, dorthin, von wo aus der Shogun das Land mit strenger Hand regierte. Hier, im heutigen Tokio, wurde ihr Theater 1692 verboten: weil die Schauspielerinnen die Moral des Landes gefährdeten.

Das Verbot für weibliche Schauspieler galt bis zur Mitte des 19. Jahrhunderts. Aber noch heute gibt es im Kabuki und No, wenn sie echt und traditionstreu sind, keine Frauen. Alle weiblichen Rollen werden von Männern gespielt – meist so phantastisch in Gestik und Mimik, daß selbst die ärgsten Spötter und Skeptiker überwältigt sind. Aus der Not des Verbotes hatte das Kabuki eine hohe Kunst entwickelt, die zu gestalten keine Frau, sondern nur ein Mann fähig sein kann: das Weibliche bis zum Liebreiz einer zarten Geste, bis zum verlorenen Lächeln einer verlassenen Geliebten, ja über das Natürliche hinaus zu steigern zu nahezu abstrakter Vergeistigung.

Bunraku – zwei Drittel Lebensgröße. Es gab eine Zeit, in der das Kabuki-Theater an Popularität und Kraft weit überflügelt wurde durch Bunraku, das Puppenspiel. Das geschah im 18. Jahrhundert. Damals lebte der berühmte Dramatiker Monzaemon Chikamatsu, der allein über hundert Stücke geschrieben hat, die meist dem Bunraku galten und noch heute zum ständigen Repertoire des japanischen Theaters gehören. Ursprünglich kam das Puppenspiel aus China. Da es in Japan aber die Darstellung dramatischer Balladen mit Musik und Chorgesang verband, wurde es bald zu einer beliebten Unterhaltung für die Masse.

Eine dieser Balladen, die von einer Liebesaffaire des japanischen Nationalhelden Yoshitsune mit der Fantasiedame Joruri berichtet, wurde so populär, daß seitdem die ganze Gattung solcher Erzählungen ›Joruri‹ genannt wird. Daß diese Joruri häufig auch ›Gidayu‹ heißen, liegt an dem berühmten Sprecher gleichen Namens († 1714): Er trug die Joruri so faszinierend vor, daß sein Name mit ihnen identisch wurde.

Es gibt zwei Arten von Puppenspielen in Japan. Für die eine benutzt man Puppen, die etwa 30 cm groß sind. Sie werden wie Marionetten an Fäden von oben bewegt. Die andere Art hat zwei Drittel Menschengröße. Sie werden von hinten bewegt, und zwar bei den Hauptpuppen von je drei Spielern. Wer einmal gesehen hat, wie diese in kostbare Gewänder gekleideten Puppen dank der genialen Kunst der Puppenspieler wie lebende Wesen agieren, wie sie durch ihr hölzernes Antlitz hindurch klagen und zürnen, lachen und scherzen können, wie man von ihrem Spiel mitgerissen wird und völlig die durchaus sichtbaren Akteure hinter ihnen übersieht, der wird verstehen, daß die Kunst des Bunraku von vielen Kennern hoch über die des Kabuki-Theaters gestellt wird. Bei keiner anderen Bühnenkunst ist es so wie hier möglich, nicht Menschen, sondern Typen zu zeigen, nicht Wirklichkeit, sondern das Wesen dieser Wirklichkeit. Auch die Gestalten der Kabuki-Bühne und noch mehr die des No-Spiels sind ja zu puppenhafter Maske gesteigerte Typen. Viele Experten sind daher der Meinung, daß das Puppenspiel Japans die sublimierteste Form der Darstellung überhaupt ist, daß sie hier ihre höchste, abstrakteste Vergeistigung gefunden hat.

No heißt »Können«. Eine der wohl bedeutendsten und interessantesten kunstkritischen Schriften der Welt stammt aus der Feder des großen Schauspielers und Dichters Motokiyo Seami. Er und sein Vater haben vor 500 Jahren aus lyrisch-religiösen Tempeltänzen und kultischen Verwandlungsspielen eine der edelsten Blüten der Theaterkunst geschaffen, das No. Daß diese Blüte sich in unveränderter Frische ein halbes Jahrtausend lang erhalten hat, verdanken wir der Exklusivität, mit der das No nur in aristokratischen Kreisen gepflegt wurde, und den kunstkritischen Schriften Seamis, vor allem dem Hauptwerk ›Kadensho‹ – dem »Buch vom Überliefern der Blüte« –, das wie ein hohes Geheimnis edler Handwerkskunst nur von Meister zu Meisterschüler weitergegeben wurde.

Wenn man schon das Kabuki mit seinen oft wilden Gefühlsausbrüchen und ekstatischen Tänzen ein strenges Stiltheater nennen muß, so gilt das in noch höherem Maße für das No. Es wird noch heute so gespielt und gesprochen, wie es im 15. Jahrhundert üblich war: eine feierliche opernartige Aufführung, die aus Musik und Bewegung besteht und vom Rezitieren archaisch wirkender Texte begleitet wird.

Auch bei einer No-Aufführung sind wie im Kabuki mehrere Stücke sorgsam aufeinander abgestimmt – aber nicht auszugsweise wie dort, sondern vollständig. Obgleich sich der Text eines No-Stücks auf 5-6 Schreibmaschinenseiten aufzeichnen läßt, dauert seine Aufführung mindestens 30 bis 40 Minuten. Alles atmet äußerste Einfachheit und Sparsamkeit. Die nach drei Seiten offene, bedachte Bühne ist aus rohem, unbemaltem Holz. Die einzige Dekoration ist eine auf die Rückwand der Bühne gemalte, in der Art der Kano-Schule stilisierte Kiefer. Selbst die Requisiten beschränken sich auf Andeutungen. Mit dieser schon fast raffinierten Schlichtheit kontrastiert der Zauber herrlicher, kostbarer Gewänder.

Das Orchester besteht aus Flöte, großer und kleiner Trommel. Ein Chor sitzt unbeweglich zu seiten der Bühne und begleitet oder erläutert die Handlung mit monotoner Stimme wie der Chor im griechischen Drama.

No ist die einzige Theaterform in Japan, bei der Masken getragen werden, allerdings meist nur vom Hauptspieler. Diese holzgeschnitzten Masken strahlen eine derart faszinierende Lebendigkeit aus und sind von einer so herrlichen Delikatesse, daß für sie, weil echte alte Masken selten sind, von exklusiven Sammlern sehr hohe Preise gezahlt werden.

Wer je erlebt hat, wie ein No-Spieler mit seinem gewaltigen Gewand, das allein oft Tausende von Mark wert ist, in feierlich gemessenem Schritt über einen langen bedachten Korridor die Bühne betritt, wie er mit den leisesten Bewegungen und nahezu ohne Requisiten ein Seelendrama gleichsam zelebriert, der begreift, daß sich diese Kunstform, in der nichts ausgespielt, alles nur angedeutet wird und bis ins kleinste symbolträchtig ist, niemals wie das Kabuki an die breite Masse des Volkes gewandt hat. Es genügt zum Beispiel, daß ein Schauspieler die Hand in Augenhöhe hält, um zu zeigen, daß er weint. Es genügt, daß er scharf irgendwo hinsieht, um die Existenz des Gegenstandes, von dem er eben sprach, zu ›beweisen‹. Jeder bloße Realismus ist verpönt. »Es gibt keinen zufälligen Schritt, keine unbewachte Handbewegung, keinen Moment nachlässiger Entspannung« (Gundert). Jede Geste, jede Kopfbewegung ist aufs knappste reduziert. Nicht der Individualisierung, sondern der Typisierung gilt die Darstellung. Das wird durch die Masken unterstrichen. Sie bedeuten alles andere als Verkleidung. Sie bedeuten, daß der Schauspieler als Persönlichkeit völlig hinter seine Maske zurücktritt, daß er nicht sich, sondern seine Rolle spielt, daß er nicht Person ist, sondern Typus wird.

No – ein Wort, das selbst nichts weiter heißt als ›Können‹ – war immer exklusiv. Es ist ein Juwel, das sich auch heute nur einem kleinen, kultivierten Kreis von Kennern erschließt, obwohl der No-Gesang in Mittel- und Oberschichten des Volkes fast Mode geworden ist und sich fünf verschiedene Schulen oder besser ›Zünfte‹ um die ›richtige‹ Auslegung und Darstellung streiten. Das Wesen dieses No hat Seami in ein einziges Wort zusammengefaßt. Dieses Wort heißt ›Yugen‹, das Zart-Verborgene, das Schwebend-Edle, die nicht ausgesprochene, hintergründige Schönheit, alles das, was über das bloß Sicht- und Greifbare hinausgeht und doch das Sicht- und Greifbare entscheidend bestimmt.

No ist in Japan mehr als nur Theater. Es ist eine Gesinnung. No – so hat das einmal die Dichterin Ilse Langner in einem Aufsatz formuliert – »ist das Antitempo zu unserer Zeit. Es wird zelebriert, wir hingegen hasten. No rastet und ruht in jeder Gebärde, noch beim Tanz. Es stellt das hinter den Erscheinungen waltende Geheimnis in Erscheinungen von gewöhnlicher Art dar – wir hingegen sind die profanen Spieler eines banalen, entgeheimnisten Daseins.«

Die vielfältigen Verknüpfungen und Querverbindungen von historischen Persönlichkeiten, Poesie und Natur, von Symbolen, Kultstätten und nüchterner Realität gehören für jeden gebildeten Japaner zum stets gegenwärtigen lebendigen geistigen Besitz. Im No-Stück werden diese Verknüpfungen und Querverbindungen derart vielfältig, daß sogar die Grenzen zwischen Wirklichkeit und Traum, zwischen Geschichte und Phantasie, Sichtbarem und Unsichtbarem, Erdenwelt und Geisterwelt vollkommen hinfällig werden. Eines greift ins andere, und das kleinste Ding kann zum Mittelpunkt des Alls werden.

Das No ist eine der höchsten, tiefsten und am meisten vergeistigten Formen des Theaters überhaupt. Tanz, Musik und Wort, Farbenpracht und letzte Abstraktion, Schlichtheit und höchste Disziplin sind hier zu einer Einheit gebunden, wie sie die Welt nie wieder erreicht hat.

Modernes Theater. Gegenüber dem Kabuki, dem Bunraku und dem No-Spiel hat das moderne Theater einen schweren Stand. Ihm fehlt es nicht nur an Tradition, an einem Stammpublikum, an festen Bühnen, ständigen Schauspielern und Geld – ihm fehlt es auch an geeigneten Autoren.

Die Geschichte des modernen Theaters beginnt in der frühen Meiji-Zeit. Die traditionelle Kabuki-Bühne war, so empfand man, unzureichend, um den zeitgenössischen Gefühlen Ausdruck zu geben. Das abendländische Theater wurde erstrebenswertes Vorbild. Die Bühnensprache war die Sprache des Alltags, die Themen der Dramen waren Themen der Gegenwart. Das Bemühen um neues Theater schlug sich zuerst im ›Shimpa‹, dann im ›Shinkokugeki‹ und schließlich im ›Gendaigeki‹ nieder: jeweils neuen, aufeinanderfolgenden Theaterstilen und -formen, jeweils ein Schritt weiter in der Loslösung vom Kabuki-Theater. Doch so neu das immer war, ein durchschlagender Erfolg blieb aus.

Für den Mangel an Zuschauerbegeisterung hat man viele Gründe angeführt. In Japan sei der Theaterenthusiasmus zu exklusiv; man interessiere sich für Kabuki oder für No oder für Bunraku oder für modernes Theater, nie für alle zusammen. Das Theater sei auch kein Bildungsfaktor, es spiele in der Schulerziehung überhaupt keine Rolle, es gebe keine Schülervorstellungen und kein Lesen von Dramen. Während sich das Kabuki mit großartigen Bildern, Masken, Szenen und Kostümen vor allem an das Auge wende, wende sich das moderne Drama mit Gedanken und Ideen vor allem an das Ohr und das geistige Verständnis. Außerdem sei die ältere Generation höchstens am ›Shimpa‹ interessiert, an den Stücken aus der guten alten Zeit der Gründerjahre, und lediglich die Jugend sei für das Moderne zu entflammen.

Hinzu kommt das Fehlen einer ausreichenden Anzahl fester Bühnen. Von den rund 45 Schauspielertruppen, die es in Tokio gibt, hat nur eine einzige ein eigenes Theater. Die anderen müssen sich Säle, Cafés und dergleichen für jeweils kurze Zeit mieten. Im Gegensatz zu den vielen Theatern, etwa in Paris, München oder London, hat sich Japan in der größten Stadt der Welt erst 1966 ein erstes Staatstheater geschaffen, in dem u. a. auch die ›moderne‹ Bühne zu Wort kommen soll.

Ein weiteres Problem sind die Schauspieler. Meist werden moderne Stücke nur ein paar Tage lang gespielt. Bei solchen ›Instant-Dramen‹ stehen Berufs- und Amateur-Schauspieler gemeinsam auf der Bühne vor einem Publikum, das aus Freunden, Verwandten und Klubmitgliedern besteht. Selbst die vier größeren Schauspielertruppen (Bungakuza, Haiyuza, Mingei und Geihitsu Gekijo) können sich keinen Film- oder Fernsehstar leisten. Das aber heißt im Star-bewußten Japan: Zu einem Theaterschlager kann es nie kommen. Daß ein Schauspieler wie in Europa heute eine moderne, morgen eine klassische Rolle spielt, ist in Japan völlig undenkbar. Beide Fächer sind streng voneinander getrennt.

Schließlich mangelt es am Geld. Das Kabuki-Theater ist ein Geschäft. Es gehört der Shochiku AG und der Toho AG. Sie betreiben die Theater nach rein kaufmännischen Prinzipien. Das moderne Theater aber ist selbständig, erhält von Stadt und Staat keine Subventionen und steht daher finanziell auf äußerst schwachen Füßen, zumal die Vergnügungssteuer, die vom Kartenverkauf noch abgeht, sehr hoch ist. Meist müssen die Schauspieler durch Nebeneinnahmen bei den drei ›F‹ (Film, Funk und Fernsehen) das Defizit der Theateraufführungen decken. Es ist verständlich, daß die Unterstützung durch Roen, durch die Theaterorganisation der linksorientierten Gewerkschaften, sehr geschätzt ist, weil sie wenigstens ein gewisses finanzielles Minimum garantieren und den Theatergruppen mit ihren meist sozialkritischen Stücken außerdem Tourneen in die Provinz ermöglichen. Das Kernproblem des modernen Theaters in Japan aber sind die Dramen selbst: Es fehlt an geeigneten japanischen Autoren. Es fehlt an einem Dichter, der das könnte, was der berühmteste unter den Kabuki-Autoren, Chikamatsu, einst fertigbrachte: eine Alltagstragödie, die das Volk bewegt, innerhalb von neun Tagen auf die Bühne zu bringen und das Auditorium über Wochen hin zum Vergießen von Tränenströmen hinzureißen.

Das an Europa orientierte Theater begann mit Übersetzungen. Die Aufführung von Ibsens ›John Gabriel Borkman‹ 1909 und Shakespeares ›Hamlet‹ 1911 sind berühmte Marksteine. Noch heute stammt mindestens die Hälfte aller aufgeführten Stücke von ausländischen Autoren, meist deutschen, französischen und amerikanischen. Doch sowohl die Geisteswelt, der diese Stücke entstammen, als auch ganz äußerlich Gesten und Ausdrucksformen – das Achselzucken und das Händeringen zum Beispiel – sind dem Japaner wesensfremd. Sie wirken nur intellektuell, aber sie gehen nicht »unter die Haut«. Gewiß gibt es heute bereits anerkannte Autoren – Junji Kinoshita und Chikao Tanaka, Tsuneari Fukuda und Yukio Mishima zum Beispiel – aber keinem ist bisher ein Durchbruch, ein wirklicher Erfolg gelungen.

Das moderne Theater spekuliert auf die Zukunft. Wenn die heute Älteren gestorben sind, wird, so glaubt man, das Interesse am ›neuen‹ Theater wachsen. Japan ist auch mit anderen Kulturformen fertig geworden, hat sie umgeformt und seinem Wesen angeglichen. Auch mit dem modernen Drama wird es fertig werden. Denn, so formulierte es der Theaterwissenschaftler Professor Iwabuchi, »es kann erwartet werden, daß sich die Kraft der Japaner, Fremdes einzuschmelzen, auch bei dieser Aufgabe bewähren wird«.

Film

Eine japanische Filmindustrie gibt es seit etwa sieben Jahrzehnten. Der Durchbruch zum Weltniveau erfolgte erst vor 15 Jahren, als der Film ›Rashomon‹ in Venedig preisgekrönt wurde. Seitdem jagt ein internationaler Preis den anderen und Regisseure wie Akira Kurosawa und Kon Ichikawa oder Schauspieler wie Toshiro Mifune und Machiko Kyo haben Weltrang. Die berühmtesten, auch in Europa und Amerika viel gespielten Filme der letzten zwei Jahrzehnte sind ›Rashomon‹, ›Jigokumon‹, ›Ikiru‹, ›Nobi‹, ›Harakiri‹, ›Enjo‹, ›Onibaba‹ und ›Suna no Onna‹. Was all diesen Filmen gemeinsam ist, ist nicht nur die meisterhafte Kameraführung und die glänzende Fotografie. Entscheidend ist wohl die Disziplin, mit der nicht ein Star herausgestellt, sondern ein Werk geschaffen wird, in dem jedes Bild und jede Szene, jede Geste und jeder Lichteffekt auf ein künstlerisches Ziel hin orientiert sind, in dem unausgesprochen Hintergründiges und glasklare Durchsichtigkeit einander durchdringen. Trotz Funk und Fernsehen hat Japan seinen Rang als Land, das nicht nur viele, sondern mit die besten Filme der Welt produziert, nun schon seit Jahren halten können.

Musik

Wer sich einen Überblick verschaffen will über die Vielfalt des japanischen Musiklebens in der Gegenwart, braucht nur die Programme von Funk und Fernsehen während einer beliebigen Woche zu studieren: vom amerikanischen Schlager bis zu russischer Volksmusik, von Bach und Beethoven bis zu Stockhausen, vom modernen Jazz bis zum feierlichen No-Gesang, von der alten Mundorgel bis zum Saxophon – in Japan gibt es alles, vom Ältesten bis zum Neuesten, und alles wird mit lebendiger Intensität betrieben.

Die älteste Musik – Gagaku – steht unter dem Schutz des Kaiserhauses. Sie war früher nur innerhalb des kaiserlichen Palastes zu hören. Heute wird sie auch öffentlich aufgeführt – sei es zu religiösen Zeremonien, sei es zu den ältesten, aus China her überlieferten Tänzen. Dort haben sie längst zu existieren aufgehört. In Japan aber werden sie in treuer Ehrfurcht und aus Freude am Altüberlieferten weiter gepflegt. Aus dieser Gagaku-Musik entwickelte sich im 15. Jahrhundert die Musik des No-Spiels, die ›Utai‹ oder ›Yokyoku‹ mit der dazugehörigen Begleitung durch Trommeln und Flöte.

Die frühe Musik entzieht sich jeder Notierung im westlichen Stil. Ihre Instrumente waren Trommeln verschiedener Größe, Blasinstrumente wie Sho, Hichiriki, Otaki und Komabue oder Zupfinstrumente wie Biwa und Koto. Blechinstrumente kannte man nicht. Die No-Musik ist der des Gagaku gegenüber primitiver. Sie benutzt nicht nur weniger Instrumente, sondern diese dienen lediglich zur allerdings faszinierenden Akzentuierung des Rhythmus.

Neben dieser alten Musik gibt es drei Instrumente, deren Musik jeder Japaner als echt- und altjapanisch ansprechen wird: die Musik der Koto, der Shamisen und der Shakuhachi. Die Koto, ein liegendes Zupfinstrument mit 13 Seidensaiten und einem hölzernen Resonanzboden, der fast 2 m lang ist, kam ursprünglich ebenfalls aus China. Doch sie hat sich in Japan so eingebürgert, daß sie zum eigentlichen Instrument der Hausmusik geworden ist. Im Gegensatz zu allen anderen Instrumenten war die Koto das Instrument der Frau. Aber auch hier diente es meist nur zur Begleitung von Liedern und kurzen Balladen. Das gleiche gilt von der dreisaitigen, mit Katzenfell bespannten Shamisen, einer Art rechteckigem Banjo mit sehr langem Hals. Auch die Shamisen kam aus China, allerdings erst im 16. Jahrhundert. Aber sie wurde sogleich derart populär, daß sie gleichsam ›das‹ Instrument der damals aufblühenden Puppen- und Kabuki-Spiele wurde.

Das dritte ›japanische‹ Instrument ist die Shakuhachi, die Bambusflöte, die ihren Namen von ihrer Länge her erhalten hat: Sie mißt ein Shaku und acht (hachi) Sun. Japanische Priester brachten im 13. Jahrhundert diese Flöte aus China mit, und in buddhistischen Klöstern wurde ihre Musik besonders von den Komuso, den Wandermönchen mit dem Korbhut, gepflegt. Erst im 19. Jahrhundert wurde sie auch außerhalb der buddhistischen Orden bekannt und beliebt.

Gegenüber dieser japanischen Musik ist die des Westens in Japan ganz jung. Sie wurde erst am Ende des 19. Jahrhunderts eingeführt, fand aber dank ihrer Aufnahme in das Erziehungsprogramm der Schulen und dank ihrer Verwendung bei Militär und Marine weiteste Verbreitung, die heute durch Funk und Fernsehen ins Tausendfache verstärkt wird.

Trotz der Begeisterung für Bach und Beethoven, für Jazz und elektronische Musik hält auch die moderne Generation an ihren alten Musikformen fest. Man ist sich bewußt, auf dem Gebiet der westlichen Musik keine Schöpfungen von internationalem Rang hervorgebracht zu haben. Aber man träumt von einer Synthese der westlichen und der östlichen Musik, von einer Harmonisierung dieser beiden Ausdrucksformen. Das, so meint man, wäre ein echter Beitrag zur Musik der Welt, und nur Japan wäre in der Lage, diese Aufgabe zu lösen.

Geschichte und Geschichten

Kakitsubata

Als Beispiel für die vielfältigen Verknüpfungen und Querverbindungen im kulturellen Leben Japans seien drei Kunstwerke Ogata Korins herausgegriffen. Sie alle sind Illustrationen zu ein und derselben Textstelle aus dem Ise-Monogatari. Der Text, um den es sich handelt, hat in freier Übersetzung etwa folgenden Wortlaut: »Ein vornehmer Herr macht mit ein paar Freunden eine Reise in die östlichen Provinzen. Da sie den Weg nicht genau kennen, verirren sie sich und kommen an einen Bach, der sich spinnennetzartig geteilt hat, so daß man acht kleine Brücken hatte schlagen müssen, um ihn überschreiten zu können. An dieser Acht-Brücken-Stelle lassen sich die Freunde nieder und beginnen ihre trocknen Reisklöße zu verzehren. Nun wachsen in dem sumpfigen Bachgelände Kakitsubata, Schwertlilien, in großer Zahl, die gerade jetzt so herrlich blühen und duften, daß einer vorschlägt, man sollte ein Gedicht machen, bei dem die Anfangssilben der Verse zusammen das Wort ›Kakitsubata‹ ergäben. Darauf dichtete einer folgende Verse:

Karakoromo Kitsutsu narenishi Tsuma shi areba Harubaru kinuru Tabi wo shi zo omou	(In der fernen Heimat lebt eine mir nah vertraute Frau, die immer prächtige Hofgewänder trägt. Denke ich an sie, so fühle ich besonders schmerzlich, wie sehr weit ich nun gereist bin).

Diese Verse rühren die Freunde zu Tränen, die nun auf den Reis tropfen und ihn angenehm feucht machen.« Soweit der Text des Ise-Monogatari. Der vornehme Herr, der die Reise macht und von dem das Gedicht stammt, ist Narihira Ariwara, ein Hofmann und Dichter der Heian-Zeit, dessen Name in Japan einen ähnlichen Klang hat wie in Europa der eines Don Juan. All das wird lebendig und beginnt zu klingen, sobald die Namen Yatsubashi (Achtbrücken) oder Kakitsubata, Narihira oder Ise-Monogatari fallen. Ja noch mehr. Es gibt auch ein No-Spiel mit dem Namen ›Kakitsubata‹. Auch diesem No-Spiel liegt der genannte Text zugrunde. Doch hier werden, wie überhaupt im No, die Verknüpfungen und Andeutungen derart vielfältig und hintergründig, daß Erdenwelt und Geisterwelt gleichsam nahtlos ineinander übergehen.

So etwas muß man in Japan wissen beziehungsweise fühlen und im Blut haben. Auch die Kunstwerke Korins zeigen davon nichts: Sie sind nur Hinweise, sie deuten an. Auf dem Bild ›Ise-Monogatari‹ sitzen drei Männer in alter Hoftracht am Rande eines Gewässers, über das eine Brücke zu führen scheint. Jeder der Männer hat ein kleines Tablett mit Reis vor sich stehen. Doch weder die Männer noch der Reis, noch die Brücke scheinen wichtig zu sein: Alle drei starren auf etwas, was augenscheinlich im Wasser liegt, auf etwas links außerhalb des Bildes. Das Bild und die Menschen darauf sind also gar nicht wichtig. Wichtig ist vielmehr etwas Unsichtbares, etwas, was nicht gemalt ist und nicht gemalt zu werden braucht, weil jeder es weiß und in sich fühlt. Würden wir sagen, die Blumen sind es, die Kakitsubata, auf die die drei Männer ihre Blicke richten, so wären wir nur im Kreis gegangen. Denn die Blumen sind es nicht, oder doch nicht allein. Sie weisen ihrerseits nur zurück auf den Titel des Bildes ›Ise-Monogatari‹ und damit auf Narihira, der sichtbar in dessen Mitte sitzt. Das, worauf es ankommt, ist nicht diese oder jene reale Erscheinung. Ankommt es vielmehr auf etwas Unsichtbares, das jedoch all den Erscheinungen gemeinsam innewohnt und sie miteinander verbindet.

Bei Korins Yatsubashi-Kasten fehlen gar die Menschen ganz. Und beim Kakitsubata-Schirm, der von japanischen Fachkennern als Korins größtes Werk gepriesen wird, ist nicht einmal mehr von der Brücke etwas zu sehen. Und doch ist sie da. Man weiß eben, daß sie dazugehört wie auch Narihira und sein Gedicht und die ganze Atmosphäre des Ise Monogatari. Man weiß eben, daß es auf Einzelheiten gar nicht ankommt, daß alles zu einem Ganzen zusammenklingt auch dann, wenn nur Teile dieses Ganzen sichtbar werden, und daß diese Teile gleichsam gegeneinander auswechselbar sind: Die leiseste Andeutung genügt, um einen ganzen Gefühlskomplex präsent zu machen.

Hier öffnet sich das eigentliche Geheimnis aller ostasiatischen Kunst, jene unsichtbare Grenze, an der Form und Gehalt, Außen und Innen einander durchdringen. Hier steckt jede Kleinigkeit voll tiefer Bedeutung und ist doch zugleich weiter nichts als eben eine Kleinigkeit.

Mond und Affe

Zahlreich sind in der Kunst Japans Bilder, die einen oder mehrere Affen zeigen. Sie sitzen auf oder hängen an den Zweigen eines Baumes. Jeder Japaner, der solche Bilder sieht, weiß, was dieser Affe tut und denkt und wo er sitzt: nämlich nicht nur auf einem Zweig, sondern über einem Tümpel. Er weiß auch, was der Affe sieht: Er sieht das Spiegelbild des Mondes. Der Mond symbolisiert für den Buddhismus die höchste Weisheit in ihrer ganzen schlichten Klarheit. Der Tümpel unserer irdischen Existenz kann den Mond erst dann deutlich und rein widerspiegeln, wenn sich das von Wünschen und Wollen, von Zorn und Begierde aufgewühlte Trübe gesetzt hat, wenn die von Leidenschaft bewegte Oberfläche unseres Seins zur Ruhe gekommen ist. Der Affe gleicht dem Menschen, der zur wahren Weisheit noch nicht vorgedrungen ist: Er sieht die höchste Wahrheit wohl, doch er möchte auch noch nach ihr greifen und sich ihrer bemächtigen. Er hat noch nicht begriffen, daß er das reine Bild durch Aktivität niemals erlangen, sondern nur zerstören kann. Erst im ›Mu‹, im reinen ›Nicht‹, im schwerelosen Raum zwischen Plus und Minus, ist des Mondes Klarheit rein zu sehen.

Ur-Hahn

Ein hoher Gönner, so heißt es, hatte einen berühmten Künstler beauftragt, ihm einen Hahn zu malen. Ein Monat nach dem anderen verging. Der Auftraggeber wurde immer unruhiger und kam schließlich selbst, sich nach dem bestellten Bild zu erkundigen. Der Künstler entschuldigte sich vielmals, holte Pinsel, Papier und Tusche, sammelte sich und malte in Sekundenschnelle mit einigen wenigen Strichen das Bild des Hahns, ›den‹ Hahn schlechthin, ein Meisterwerk. Der hohe Gönner war hocherfreut und doch zugleich verärgert. Wenn der Künstler in wenigen Augenblicken ein solches auf das Wesentliche beschränkte und doch so lebendige und ausdrucksstarke Meisterwerk habe schaffen können, warum habe er ihn dann monatelang warten lassen? Statt einer Antwort holte der Künstler aus dem Nebenzimmer Stapel um Stapel mit Bildern vom Hahn. Alle hätten ihn nicht befriedigt. Es sei eben nicht der Hahn gewesen, der ihm geistig vor Augen gestanden habe. Die Bilder zeigten wohl Hähne, aber eben nicht ›den‹ Hahn.

Pflaumenblüten

Seit alter Zeit ist die Pflaumenblüte in der japanischen Malerei und Dichtung verherrlicht worden: als erster Frühlingsbote und als Symbol unverwüstlicher Lebenskraft. Während ringsumher Schnee und Frost die Natur noch winterlich gefangenhalten, sprossen aus den knorrigen, längst erstorben scheinenden Ästen des alten Pflaumenbaumes frische, zarte Blüten. Sie künden vom Sieg ewig jungen Lebens über die erstarrende Macht der Kälte. Auch heute noch gehört die Pflaume neben Kiefer und Bambus zum althergebrachten Neujahrsschmuck (Sho-Chiku-Bai).

Wer immer in Japan Pflaumenblüten sieht, denkt an den altberühmten Kanzler Michizane Sugawara, der noch heute als Tenjin-Sama, als Gottheit der Gelehrsamkeit, allerorts verehrt wird. Er liebte die Pflaume so sehr, daß ihre Blütenzweige aus der fernen Hauptstadt bis nach Dazaifu, dem fernen Ort seiner Verbannung, geflogen kamen.

Das aber ist nicht alles. Die Pflaume ist zugleich Sinnbild der großen Weltpolarität, des Gegensatzes von Yang und Yin, von Plus und Minus, Hell und Dunkel. Die Blüten vertreten den Himmel, das positive, aktive, männliche Prinzip; der Stamm ist das Symbol der Erde, des weiblichen und passiven Prinzips. Man ›weiß‹ ferner, daß es edle und niedere Bäume, ritterlich harte und sanftmütig weiche Äste zu unterscheiden gilt, daß große Blüten als die Herrscher, kleine hingegen als die Untertanen bezeichnet werden. Man weiß auch, daß die Farben der weißen und der roten Blüten, jene beiden in Japan so besonders wichtigen Farben, tief hineinführen in die Symbolik kosmischer Kräfte. Weiß ist das Symbol des Windes, Symbol der unsichtbaren Macht, die die Blumen blühen und sich wieder aussäen läßt, oft auch das Symbol des Herbstes, des Wassers und des Westens. Rot hingegen ist das Symbol des Feuers, Symbol der Blüte schlechthin, des Sommers und des Südens.

Ideal: Bambus

Unter den Pflanzen Japans nimmt der Bambus eine besondere Stellung ein: nicht nur wegen seiner symbolträchtigen Bedeutung, sondern auch auf Grund seiner vielseitigen praktischen Verwendbarkeit. Es gibt in der Schweiz ein Museum, in dem man zusammengetragen hat, was man alles aus Bambus machen kann. Der Katalog umfaßt über tausend Gegenstände vom Pinsel bis zur Regenrinne, vom Spazierstock bis zur Grammophon-Nadel, vom stahlartig elastischen Möbel bis zum Fächer und zur Flöte. Sogar eßbar ist der Bambus: Seine wie Spargel gestochenen Sprossen sind als zarte Delikatesse hochgerühmt. Neben seinem großen praktischen Wert hat der Bambus aber für Ostasien zugleich eine hohe künstlerische und symbolische Bedeutung. Immer und immer wieder findet man ihn im Bereich der Malerei. Bambus im Regen, Bambus im Sturm, Bambus und der Tiger, Bambus im Schnee und dergleichen mehr. Um eine Bambus-Darstellung ›richtig‹ zu sehen, genügt es nicht, daß man sich an der Schönheit seiner Formen und Farben, an der Eleganz der Komposition, an der Exaktheit der Linien oder an der vorbildlichen Naturtreue erfreut. Zum richtigen Sehen gehört in Japan ein großes Wissen und ein weites, aufnahmebereites Fühlen. Es gehört dazu vor allem eine enge Vertrautheit mit der ostasiatischen Philosophie, ihrer Ethik und Metaphysik.

Gerade der Bambus repräsentiert einige der wesentlichen Seiten des ostasiatischen Menschenideals. »Sein gerader Stamm mit den regelmäßigen Knoten deutet auf Geradheit und Unbeirrbarkeit des sittlichen Charakters, das Ausdauern seines Blattwerks über den Winter hinweg auf Treue und Beständigkeit; seine glatte Faserstruktur, die es erlaubt, ihn mit einem einzigen Schnitt von unten bis oben zu spalten, zeigt innere Geradlinigkeit, aufrechte und aufrichtige, schlichte und offene Gesinnung an, sein elastisch sich im Winde beugender, doch äußerst fester und harter Stamm verträgliche Nachgiebigkeit ohne charakterlose Selbstaufgabe« (Dietrich Seckel). Scheinbar gegensätzliche Züge sind im Bambus zu spannungsreicher Harmonie gebunden; nachgiebige Biegsamkeit und harte Widerstandskraft; zähe, nicht nachlassende Stärke und zarte Anmut; tausendfältige Brauchbarkeit und unvergleichliche Schönheit.

Bambus ist außen fest und dennoch innen ›leer‹, wie es die Zen-Lehre auch für den Menschen erstrebt. Im Bambus sieht man seit jeher ein Sinnbild menschlichen Wesens: Wie er unter schwerer Schneelast sich zur Erde neigt, den Schnee aber, wenn er allzu drückend wird, plötzlich abschüttelt und federnd zur aufrechten Haltung zurückschnellt – so ist auch der Mensch bereit, harte Not und seelische Bedrückung hinzunehmen; doch wenn diese das äußerste Maß des Erträglichen überschreiten, schlägt auch er unversehens und mit aller Kraft zurück. Das alles ist gemeint, wenn man in Japan ›Bambus‹ sagt oder malt.

Sen no Rikyu

Der große Feldherr Hideyoshi hatte dem Teemeister Sen no Rikyu 3000 Koku Reis ausgesetzt, nur damit er in seine Dienste trat – eine Jahresrente, ausreichend für das Leben eines wohlhabenden Samurai. Rikyu begleitete daraufhin den großen Kriegsherrn sogar auf seinen Feldzügen zur Einigung Japans.

Eines Tages wollte Hideyoshi Rikyu in Verlegenheit bringen. Er zeigte ihm eine flache goldene Schale mit Wasser und einen blühenden Pflaumenzweig und hieß beides zu einem Ikebana zu komponieren – eine Aufgabe, die bei der Flachheit der Schale unmöglich schien. Rikyu jedoch besann sich keinen Augenblick. Er nahm den Zweig, streifte die Blüten mit der Hand ab und ließ sie durcheinander ins Wasser fallen. Es war ein herrliches Bild: die geöffneten und die noch geschlossenen Blüten über goldenem Grund.

Ein andermal sah Rikyu seinem Sohne Shoan zu, wie er den Garten fegte und den Pfad sprengte. »Nicht rein genug«, sagte Rikyu, als Shoan fertig war. Eine Stunde verging – nun schien wirklich nichts mehr zu tun, die Steinstufen waren zum dritten Mal gewaschen, das Moos leuchtete in strahlender Frische, die Steinlaterne war abgesprengt und kein Blatt mehr am Boden zu sehen. »Närrischer Junge«, rief der Meister, »so soll man keinen Garten fegen.« Ging und schüttelte einen Baum, daß die herbstlich goldenen Blätter über Moos und Sträucher stoben: Nicht einmal Sauberkeit dürfe wider die Natur sein! Eines Morgens hatte sich bei Rikyu ein hoher Gast angesagt, um die Schönheit seines Gartens zu bewundern, in dem die Winde gerade in voller

Blüte stand. Rikyu aber nahm einen einzigen Zweig mit einer einzigen weißen Blüte, umgeben von ein paar Blättern, auf denen noch die Tautropfen perlten. Diesen Zweig stellte er in eine alte Bronzevase ins Tokonoma, in die Bildnische. Im Garten aber vernichtete er all die Hunderte von Blüten und Zweigen mit Stumpf und Stiel, streute dafür Sand und Kies, um damit – als wirksamen Kontrast zur einen strahlenden Blüte – die Stimmung einer Meeresküste anzudeuten.

Trotz der Freundschaft vieler Jahre kam es eines Tages zur Entfremdung zwischen Hideyoshi und Rikyu. Das nutzten seine Widersacher und Neider. Sie beschuldigten ihn des geplanten Verrats: Mit vergiftetem Tee habe Rikyu seinen Herrn töten wollen. Für Hideyoshi war schon ein Verdacht Grund genug zu einem Todesurteil. Es gab nur eine Gunst für Rikyu: Er durfte durch eigene Hand sterben. An dem dafür ausersehenen Tage bat er seine engsten Schüler zur letzten Teezeremonie. Eine Welle edlen Weihrauchs drang vom Teeraum herüber – zum Zeichen, daß er die Gäste bat, einzutreten. Reihum wird der Tee gereicht, reihum leert jeder schweigend seine Schale, der Sitte gemäß. Dann werden die Geräte bewundert. Jeder der Gäste erhält eines zum Geschenk. Nur die eigene Teeschale hält Rikyu zurück. »Nie wieder soll dies von den Lippen des Unglücks besudelte Gefäß von Menschen gebraucht werden.« Und er zerschlägt die Schale in tausend Stücke. Nur mit Mühe halten die Gäste ihre Tränen zurück, als sie letzten Abschied nehmen. Nur einer darf bleiben und Zeuge sein vom Ende. Rikyu entledigt sich des Teegewandes, faltet es sorgsam zusammen. Es hatte bis dahin das makellos weiße Totenkleid verborgen. Versonnen blickt Rikyu auf die blitzende Klinge, dann spricht er: »Froh grüße ich dich, du Schwert der Ewigkeit! Durch Buddha und Dharma gleichermaßen hast deinen Weg du dir gebahnt.« Und ohne Klage oder Schmerz ging Rikyu in den Tod (nach Suzuki und Okakura).

Eine Bambus-Vase

Ein Teemeister namens Iehara Jisen besaß eine Vase um die ihn viele beneideten. Sie stammte von Sen no Rikyu. Während der monatelangen Belagerung des Schlosses von Odawara wollte Hideyoshi eine Abwechslung haben durch eine Teezeremonie.

Rikyu wurde damit beauftragt. Doch ein passendes Gefäß für das Ikebana war nirgends aufzutreiben. Rikyu ging in den nächsten Bambushain, fand einen geeigneten Stamm und schnitt mit eigener Hand eine Vase daraus. Es war ein genialer Einfall, denn bis dahin hatte man Bambus dafür nie verwendet. Später, als der Bambus austrocknete, bekam die Vase einen Sprung, der sie nun erst wahrhaft kostbar machte. Man nannte sie Onjoji-Gefäß in Parallele zu der Tempelglocke im Onjoji am Biwa-See, die ebenfalls wegen ihres Sprungs berühmt geworden war.

Diese Onjoji-Vase besaß Iehara Jisen. Einst kam sein Freund Nomura Soji aus Nagoya zu ihm nach Kyoto, um das Gefäß zu sehen. Doch Iehara lehnte ab. Er solle übers Jahr wiederkommen. In dieser Zeit baute er mit viel Aufwand und Mühe ein neues Teehaus, für das auch nicht die kleinste Spur von Bambus verwendet werden durfte. Das Gefäß im Tokonoma sollte der einzige Bambus sein. Als Nomura Soji nach einem Jahr wiederkam und das Werk seines Freundes sah, war aller Kummer über die einstige Abweisung vergessen. Nun sah er, was sein Freund sich dabei gedacht hatte, und wußte seine künstlerisch empfundene Ehrfurcht vor dem großen Rikyu dankbar zu würdigen (nach Suzuki).

Ein Tee-Gefäß

Ein Teemeister aus Sakai besaß eine Teedose, die unter Kennern sehr bekannt und geschätzt war. Kein Wunder, daß ihr Eigentümer stolz war auf die schöne Töpferarbeit. Eines Tages lud er Sen no Rikyu ein und benutzte die Dose bei der Teezeremonie. Doch Rikyu beachtete sie überhaupt nicht. Der Besitzer war verzweifelt und in seinem Gram zerschlug er das Gefäß zu lauter Scherben. Ein Freund jedoch sammelte die Bruchstücke auf, kittete sie sorgsam zusammen und fand, daß die Dose immer noch ein ganz hübsches Stück sei. Auch er lud eines Tages Rikyu zum Tee und benutzte dabei die gekittete Dose. Rikyus scharfes Auge erkannte sie sofort. »Die habe ich doch erst vor kurzem gesehen? Jetzt ist sie wirklich ein Stück voller Wabi.« Die Dose hat danach oft ihre Besitzer gewechselt. Sie kam dabei in die Hände eines Feudalherren. Der Teemeister Kyogoku Anchi aber hätte sie für sein Leben gern gehabt. Ein Freund hörte das und da er den Feudalherrn kannte, erzählte er beiläufig von Anchis

Sehnsucht. Der Fürst aber lachte nur: »Wenn er zwei Ladungen Gold dafür bezahlt, kann er sie haben!«

Anchi nahm den Ausspruch ernst. Als das der Fürst erfuhr, war er zutiefst entsetzt. Nie war es ihm in den Sinn gekommen, die kostbare Dose zu verkaufen, um keinen Preis der Welt! Jeder der Beteiligten aber betrachtete nun die Angelegenheit als Ehrensache. Alle Teemeister des Landes nahmen Anteil an dem Streit, und jeder versuchte zu vermitteln. Schließlich kam es zu einer Lösung: Anchi zahlte die zwei Ladungen Gold (nach heutiger Währung etwa 200000 DM) – aber nicht für die Dose, sondern für die Armen des Landes. Und der Fürst gab ihm die Dose – umsonst: Eine so kostbare Dose hatte keinen Preis.

Der gerettete Sesson

Durch die Unachtsamkeit eines zum Hüter bestellten Samurai gerät der Palast des Fürsten Hosokawa in Brand. Das berühmte Bild Dharmas von Sesson ist gefährdet! Entschlossen, das kostbare Kakemono auf jeden Fall zu retten, stürzt der Samurai in das brennende Haus und reißt das Bild an sich. Da sieht er, daß das Feuer ihm alle Ausgänge abgeschnitten hat. Doch er denkt nur an das Bild. Er reißt sich einen Ärmel vom Gewand, wickelt die Rolle darein, dann schlitzt er sich selbst den Leib auf und preßt das Bild in die klaffende Wunde. Als das Feuer gelöscht ist, wird seine Leiche halbverkohlt geborgen. In seinem Innern war das Kunstwerk unversehrt geblieben (nach Okakura).

Asagao

»Asagao ni tsurube torarete morai mizu« – »Von einer Windenblüte ist mein Brunneneimer fest umschlungen – so bitt ich halt um Wasser.« So lautet eines der reizenden Haiku der Dichterin Chiyo. Sie will des Morgens Wasser aus dem Brunnen schöpfen, da sieht sie, daß die Winderanken der Asagao, des ›Morgengesichts‹, ihren Schöpfeimer gefesselt haben. Ist der Anblick nicht zauberhaft? Nur Frevlerhände vermöchten die zarte Schönheit zu zerstören um eines so prosaischen Bedürfnisses willen wie dem des Wasserschöpfens. Das läßt sich auch beim Nachbarn machen. Man muß ihn nur drum bitten und sich zu seiner zarten Künstlerseele bekennen.

Teegerät

Der große Krieger Hideyoshi Toyotomi pflegte nach einer gewonnenen Schlacht als Belohnung nicht Ländereien, sondern Teeschalen zu vergeben. Es ist kein Fall bekannt, daß etwa einer der Empfänger damit nicht zufrieden war. Er selbst, so heißt es, war zu Tränen gerührt, als er in jungen Jahren von seinem damaligen Herrn Nobunaga Oda für seine Leistungen einen Satz kostbaren Teegeräts bekam.

Derselbe Nobunaga Oda verlangte einst von einem seiner Gefolgsleute, dem Samurai Hisahide Matsunaga, die Überlassung eines wertvollen alten Kessels. Matsunaga aber weigerte sich, vernichtete den Kessel und tötete sich selbst. In welchem anderen Land der Erde wäre es denkbar, daß ein Krieger eher sein Leben hergäbe als einen alten halbverrosteten Kessel?

Genji-Monogatari

Im Mittelpunkt des nun fast 1000 Jahre alten Romans – einer lockeren Folge episch breit und poetisch zart geschilderter Liebesabenteuer – stehen zwei Männer: der edle und schöngeistige Prinz Genji, dem keine Frau widerstehen kann, und der ebenso schöne Prinz Kaoru, der zaghaft und schüchtern einen Mißerfolg nach dem anderen hat und stets von seinem rücksichtslosen Nebenbuhler, dem Prinzen Niou, beiseite gedrängt wird. Der Zeit entsprechend war es das höchste Ziel jeder Dame von Rang, Mutter eines künftigen Kaisers zu werden. Kein Wunder also, daß es keinen Widerstand gegen das Werben eines kaiserlichen Prinzen gab: Er war wie geschaffen, über 54 Kapitel hin alle Formen und Leiden der Liebe zu exemplifizieren.

Mit zartem Sinn für die lyrische Schönheit der Natur wie der Menschenseele schildert die Autorin Murasaki Shikibu eine Fülle zauberhafter Frauengestalten, die alle durch zahllose Gedichte, Novellen, Romane, Bühnenwerke und in Hunderten von Bildern in der Kunst der folgenden Jahrhunderte wiederkehren und mit allen Regungen und Konflikten ihrer Herzen jedem Japaner wohlvertraut sind.

Doch dieses unsterbliche Meisterwerk einer Hofdame ist mehr als nur eine Folge lyrisch-pikanter Abenteuer. Es ist das

Gemälde einer ganzen Zeit, in der Bildung und Geschmack höher standen als Macht und Politik, in der das Leben selbst zum Seelenspiel geworden war, allerdings eng umgrenzt von den strengen Regeln eines ästhetisch höfischen Zeremoniells.

Charakter steht höher als Können

Vor einigen Jahren veröffentlichte eine japanische Zeitschrift das Ergebnis einer Umfrage unter Kritikern und Fachleuten. Es galt, die ›besten‹ unter den modernen Architekten zu nennen. Alle stellten Kunio Maekawa an die Spitze. Er hatte großartige Bauten geschaffen, jeder kannte seinen Namen. Das aber war, wie sich herausstellte, nicht das allein Entscheidende. Mindestens ebenso wichtig war: Er wurde allgemein geachtet. Sein Charakter war es, der höher zählte als technisches Können und sicheres Urteil: Man verehrte ihn – so hieß es wörtlich – »wegen seiner humanistischen und demokratischen Haltung zum Leben.« Als Beispiel wurde erzählt, wie Maekawa, bei einer Preisverteilung geehrt, vorgetreten sei und, auf seine Frau deutend, erklärt habe: »Sie würden mir eine besondere Ehre erweisen, wenn Sie mir erlauben würden, Ihren Beifall mit ihr zu teilen.« Das Publikum, so hieß es in dem Bericht, war von solcher Haltung sichtlich bewegt.

Yukio Mishima

Seine Werke standen jahrelang in der Bestseller-Liste. Er war Kandidat für den Nobelpreis, seine Romane und Novellen wurden in fremde Sprachen übersetzt. Er selbst war heiß umstritten. Die einen machten ihm zum Vorwurf, er sei zu klassizistisch-romantisch, die anderen warfen ihm Exzentrik und Nihilismus vor, die dritten fanden ihn dekadent. Eines ist sicher: Seine Werke haben Weltruf. ›Kamen no kakuhaku‹ (Bekenntnisse einer Maske), ›Shiosai‹ (Brandung), ›Kinkakuji‹ (Tempelbrand) und die Modernisierung klassischer No-Spiele sind die berühmtesten. Mishima wurde 1925 als Sohn eines hohen Beamten geboren, sein jüngerer Bruder ist Diplomat. Aber aus dieser gutbürgerlichen Atmosphäre hatte sich Mishima gelöst. Er legte seinen eigentlichen Namen Kimitake Hiraoka ab, arbeitete nur nachts von 12 bis 3, und Einladungen zu einem Mittagessen lehnte er aus Prinzip ab: Um diese Zeit pflegte er noch zu schlafen. Dem Ruf, ein wilder Bohemien und Extrovert, ›säurezüngig‹ und Frauenfeind zu sein, trat er entgegen, indem er 1958 heiratete. Yoko ist 12 Jahre jünger als Yukio, ist die Tochter des bekannten Malers Sugiyama Yasuhi, und aus der Ehe gingen eine Tochter und ein Sohn hervor. Im Alter von 45 Jahren, im November 1970, nahm sich Mishima in theatralisch zeremonieller Weise durch Harakiri das Leben, nachdem er vergeblich die Selbstverteidigungsstreitkräfte zu einem nationalistischen Umsturz aufgerufen hatte.

Kenzo Tange

Schüler von Kunio Maekawa ist Tange der wohl im In- und Ausland am bekanntesten gewordene Architekt Japans. Er baute Rathäuser, Regierungsgebäude und Museen, die ungewöhnliche katholische Kathedrale von Tokio und schließlich zusammen mit dem Ingenieur Yoshokatsu Tsuboi das ›atemraubende‹ olympische Schwimmstadion. Sein Stahlbetondach, Tausende von Tonnen schwer, scheint in kühnem, konkavem Schwung gleichsam zu schweben. Tange, Jahrgang 1913, ist jetzt Professor an der Universität von Tokio. Er hat viele Schüler, noch mehr Bewunderer. Er hat sich eingehend mit der altjapanischen Architektur beschäftigt und darüber zwei Bücher veröffentlicht: eines, zusammen mit Walter Gropius, über ›Katsura‹ (1960), das andere über ›Ise‹ (1962). Alle Kenner seines Könnens sind sich darin einig, daß er »die reinsten japanischen Tempelkonstruktionen mit den fortschrittlichsten Ingenieurmethoden zu verbinden« weiß, das heißt Stahl, Glas und Zement eine nationale Sprache sprechen zu lassen.

Er selbst antwortete auf die Frage eines deutschen Journalisten, ob künftige Städte Japans noch typisch japanische Bauformen bewahren würden, mit »Nein«. Bis vor zehn Jahren hätten Japans Architekten noch sorgfältig die traditionellen Formen beachtet. »Doch die Gesellschaft verändert sich rasch. Wie sollten die Architekten in dieser dynamischen Realität noch traditionell bauen können?«

Die patriarchalische Tradition

Im Lauf der letzten hundert Jahre hat Japan zwei Entscheidungen getroffen, die darauf zielten, das alte, jahrhundertelang gültige Sozialsystem umzuwerfen: Zu Beginn der Meiji-Zeit wurde der ständische Aufbau des Staates beseitigt, und nach dem Zweiten Weltkrieg wurde das Familiensystem abgeschafft. Beides waren Eingriffe von umwälzender Bedeutung. Dennoch: Was so lange gegolten hat, war nicht mit einem Federstrich zu beseitigen. Es muß gar nicht alles angeboren sein, was die Zeiten überdauert. Auch unter dem Druck der Verhältnisse – etwa unter dem polizeistaatlichen Druck der Tokugawa-Zeit – können sich Eigenschaften und Gesinnungen entwickeln, die selbstverständlich werden. Dazu gehören auch das Familiensystem und der nach Rang und Gruppe sorgsam gegliederte Aufbau der Gesellschaft. Beide sind trotz aller Abschaffung noch immer wirksam.

Die Familie

Unter dem alten System war die Familie eine patriarchalische Gruppe, die Gehorsam forderte, aber allen, die dazugehörten, auch Schutz und Sicherheit bot. Was der einzelne erstrebte und erreichte, schuf er nicht als Individuum, sondern als Mitglied seiner Familie. Umgekehrt: Kam einer in Not und Gefahr, trat die Großfamilie automatisch für ihn ein und nahm sich schützend seiner an. Auch die Altersversorgung war kein Problem: Es war selbstverständlich, daß jede Familie die Betreuung ihrer Alten übernahm. Das geschah nicht aus Mitleid, sondern aus einem gar nicht in Frage stehenden Bewußtsein der Familienverantwortung.

Eine Großfamilie – ›ie‹ genannt – ist eine weit umfassendere Einheit als nur Eltern und Kinder. Durch bloße Heirat entstand noch keine Familie. Wie verzweigt die Großfamilien sind, zeigt sich heute noch an den Familientagen, zu denen man von weither zusammenströmt. Noch immer steht die Pflege verwandtschaftlicher Beziehungen hoch im Kurs. Noch ist es vielfach ungeschriebenes Gesetz, daß das Urteil des Familienrates mehr gilt als Wunsch und Wille des einzelnen. Noch immer herrscht die vertikale Ordnung, die das Alter ehrt und Ahnen wie Enkel einbezieht. Wichtig in dieser Familien-Ordnung ist das rechte, alle bindende Verhalten, das von Ehrfurcht und Güte geprägte Verhältnis zwischen Eltern und Kindern (oyabun – kobun), nicht jedoch das auf individueller Liebe basierende Verhältnis zwischen Mann und Frau.

Nach konfuzianischer Auffassung ist der Mensch niemals isoliert. Immer steht er in Beziehung zu anderen, zu Eltern und Geschwistern in der Familie, zu Arbeitskollegen im Beruf, zu über oder unter ihm Stehenden, zur Gesamtheit seiner sozialen Gruppe, zu Gewerkschaften und Parteien, zum Staat. Jeder steht an seinem Platz, der ihm das gebührende Verhalten zumißt. Alles individuelle Streben gilt nur so weit, als es in Harmonie mit der sozialen Ordnung steht.

Diese Ordnung gilt offiziell nicht mehr. Die Verfassung von 1947 verlangte neue Gesetze auf der Basis der Gleichberechtigung der Geschlechter und der persönlichen Würde jedes einzelnen. Von Pflicht und Verantwortung, von Ein- und Unterordnung ist keine Rede mehr. Um so mehr ist in den Öffentlichkeitsmedien die Rede von Spannungen und Familienkrisen, von Ehe- und Erziehungsproblemen, von der Sorge um den Lebensabend. An die Stelle der Wohlausgewogenheit im alten System sind Unruhe und Unsicherheit getreten. Die Statistik beweist, daß Industrialisierung und Verstädterung zu einer ›Atomisierung‹ der Familie geführt haben: Die Zahl der Kleinfamilien mit nur 1-2 Kindern herrscht vor. Nach einer Verlautbarung des Justizministeriums bestand die Durchschnittsfamilie schon 1975 nur noch aus 3,44 Personen.

Das Verhältnis zum Kind. So wichtig solche Zahlen sind, sie sagen wenig über den Geist, der in den Familien herrscht. Das zeigt sich besser im Verhalten der Familie zum Kind. In Deutschland wird das Kind von seinen ersten Lebenstagen an dazu erzogen, ein auf sich selbst gestelltes Individuum zu sein: In Babykorb, Laufstall und Kinderzimmer wird es isoliert, wo es sich »mit Daumenlutschen über die Einsamkeit des Herzens hinweghelfen«, wo es seine Liebe an Puppen und Teddybären verschwenden, wo es beizeiten lernen muß, daß »man als Großer auch nicht alles tun darf, was man möchte« (Sano). Anders in Japan. Hier wird das Kind niemals isoliert, immer ist die Mutter bereit, alle Wünsche werden ihm erfüllt. Es lebt und spielt auf Tatami, auf der gleichen Ebene, auf der sich das Leben der Erwachsenen abspielt. Wie selbstverständlich wächst es in ihre Welt hinein, weil es nie aus ihr verbannt war. Dem Kind gehört alles, es darf alles anfassen und mit allem spielen, genauso wie das Kind allen gehört und alle mit ihm spielen.

In diesem Prozeß unbewußter Sozialisierung entwickelt sich ein Gefühl der Familien-Zusammengehörigkeit und des Voneinander-Abhängigseins, das seine Grenzen sichtbar und spürbar nur dort hat, wo die eigne Familie aufhört und die andere, fremde beginnt. Während die westliche Erziehung danach strebt, die Entdeckung des eigenen Ich zu fördern, führt sie in Japan zur Identifizierung des einzelnen mit der Gemeinschaft: mit der der Familie und mit der der Gruppe. Das ist nach wie vor konfuzianisch.

Wer Japan kennt, weiß, wie wichtig das Oben und Unten des Alters bereits unter Kindern ist. Die Sprache hat eigene Wörter für »großer Bruder« (niichan) und »große Schwester« (neechan). In dem Augenblick, in dem ein zweites Kind geboren wird, rückt das erste um eine wichtige Stufe auf und damit in Verantwortung und Pflichten. Man wächst so selbstverständlich in diese Ordnung hinein, daß das in ihr herrschende patriarchalische Prinzip gar nicht in Frage steht. Die ihm diametral entgegengesetzte westliche Vergötzung von Freiheit und Gleichheit blieb in Japan völlig theoretisch, weil ihr im Denken und Fühlen des Volkes zunächst jeder Resonanzboden fehlte.

Mittomonai. Bereits das Kind lernt in Japan, daß es Hauptaufgabe des Lebens ist, seinen Verpflichtungen nachzukommen, das heißt sich so zu verhalten, wie die andern es erwarten. »Mittomonai«, sagt die Mutter zum Kind: »Das tut man nicht.« Ursprünglich heißt »mittomonai«: Das sieht nicht gut aus. Dann bekam es die Bedeutung: Damit gewinnt man nicht die Sympathie der anderen, damit verstößt man gegen die notwendige Rücksicht auf ihre Empfindlichkeit. Es ist erstaunlich, wie rasch Kinder ein sicheres Gefühl für ›mittomonai‹ bekommen, das eng verbunden ist mit dem in Japan so wichtigen Wort ›haji‹, Scham.

Man schämt sich nicht aus moralischen Gründen, etwa weil man sich einer Schuld bewußt ist. Auch Schamlosigkeiten im Bereich des Liebeslebens sind nichts, wogegen japanische Behörden einschreiten. Sie kämpfen nicht gegen die Sündhaftigkeit eines Lasters, sondern allein für die Erhaltung der öffentlichen Ordnung. Man schämt sich nur dann, wenn man gegen Spielregeln verstoßen hat, gegen den guten Geschmack, gegen etwas, was ›man‹ tut oder nicht tut. Eine solche Haltung fragt nicht nach ›gut‹ oder ›schlecht‹, sondern nach ›richtig‹ oder ›falsch‹. Ihr ist die Wahrung des ›Gesichts‹ wichtiger als Charakter und Moral.

Ein- und Unterordnung in den Rahmen der Familie ist alles andere als ein sklavisches Sich-beugen unter die Tyrannei eines Familienältesten. Leute, die mit eiserner Faust ›durchgreifen‹, schätzt man in Japan wenig: Auch das wäre ›mittomonai‹. Man ordnet sich der Gemeinschaft ein, nicht weil es befohlen wird, sondern weil es selbstverständlich ist und sich so gehört.

Autorität. Was für die einfachste Form der Gemeinschaft, für die Familie, gilt, gilt erst recht für die Sippe, für die Gruppe und schließlich für den Staat. »Ein Haushalt ist die rechte Lenkung mehrerer Personen, die dem Haupt einer Familie Gehorsam schulden … Demnach ist die wohlgeführte Familie ein wahres Abbild des Staates und die häusliche Gewalt erscheint der souveränen vergleichbar. Auch zeigt sich die rechte Lenkung des Hauses als das wahre Modell der Regierung des Staates. So wie es dem Körper gut geht, wenn alle Glieder ihre Schuldigkeit tun, so wird auch der Staat gedeihen, wenn die Familien wohl regiert werden.«

Diese Sätze des Philosophen Jean Bodin († 1596) hätte genauso ein japanischer Staatsrechtslehrer formulieren können. Auch Comte, der Begründer der Soziologie, sah die Grundeinheit der Gesellschaft nicht im Individuum, sondern in der Familie. In ihr werden »Begierden und Triebe kultiviert, in ihr erfahren die Menschen, daß es der Zucht und des Gehorsams bedarf, um Mensch zu sein.« Die grundlegende Vermittlung von Werten, das gilt auch für Japan, erfolgt immer zuerst im Rahmen der Familie, in der gegenseitigen Erziehung. Hier lernt das Kind die Spielregeln, die Sitten und Gebräuche, hier wird der jeweils verbindliche Umgangsstil geprägt.

Es wäre Unsinn zu behaupten, daß sich seit der Tokugawa-Zeit, in der das konfuzianische Familienprinzip seine reinste Ausprägung gefunden hat, nichts geändert habe. In diesem Bereich ist heute alles im Fluß. Davon zeugt das zeitgenössische Schrifttum. Eine japanische Tageszeitung brachte kürzlich eine ganze Seite über das Thema: »Hat das Prestige des Vaters gelitten?« In der Absicht, die moderne kurzsichtige Art der Erziehung lächerlich zu machen, wurde folgendes Beispiel genannt. Ein Angestellter hat mit Frau und zwei Töchtern eine Zwei-Zimmer-Wohnung. Er will umziehen: drei Zimmer und Wohnküche. Als er seinen Entschluß bekanntgibt, protestieren die Töchter, acht und zehn Jahre alt: Sie wollen sich nicht von ihren Freundinnen trennen, und überhaupt hätte der Vater erst seine Töchter fragen müssen. Daß er das verabsäumt habe, sei unverzeihlich, ein Verstoß gegen das Prinzip der Demokratie. In der Schule hätten sie gelernt, daß in einer Demokratie niemand einem anderen seine Meinung aufzwinge, nicht einmal ein Vater, geschweige denn ein Ehemann. Jede Entscheidung müsse einstimmig erfolgen, denn alle, Erwachsene wie Kinder, hätten gleiche Rechte. Das Ergebnis des Disputes: Die Familie zog nicht um; sie blieb in der Enge ihrer zwei Zimmer – wegen der Demokratie.

Dieses Beispiel ist nur eines von vielen. Es zeigt, daß in der Öffentlichkeit der Ruf nach Ordnung immer lauter wird, der Ruf nach Wiederherstellung der Autorität in der Familie. Nach der nachkriegsbedingten allgemeinen Unsicherheit erkennt man wieder zunehmend, daß das alte Familiensystem durchaus nicht in Bausch und Bogen verdammenswürdig war, daß es nicht nur traditionelle Werte gepflegt hat, sondern auch äußerst praktisch war und ist. Bei aller Modernisierung äußerer Formen blieb die alte konfuzianische Gesinnung weitgehend erhalten. Die Instrumente im Zusammenspiel des heutigen Alltags haben im

Vergleich zu früher gewechselt und an Zahl erheblich zugenommen; die Orchestrierung ist sogar hochmodern – aber die Melodie blieb die gleiche.

Die Gruppe

Wenn es das Ziel war, mit der Zerschlagung des Familiensystems den demokratischen Geist zu fördern und die patriarchalische Gesinnung auszulöschen, so ist letzteres auf jeden Fall nicht erreicht worden. An die Stelle der Großfamilie ist längst die noch größere Firmen-Familie getreten. In dem komplizierten System ihrer Gruppengebundenheit blieb der patriarchal-soziale Geist lebendig. Hier gelten noch immer die konfuzianischen Prinzipien des ›Chu‹ und ›Ko‹, der Loyalität und der Ehrfurcht. Hier sind ganze Konzerne »familiarisiert« und stehen damit unter dem Zwang der Gruppenmoral, aus der auszubrechen für den einzelnen sozialer Selbstmord wäre.

Firmen-Familie. Um sich von dieser Familiarisierung ein Bild zu machen, besuchte 1964 ein deutscher Journalist zwei Großbetriebe: das Transistorenwerk ›Sony‹ und das Kamerawerk ›Canon‹. In seinem Bericht heißt es: »›Wir sind hier wie eine Familie‹, sagt Ingenieur Yoshida. Damit hat er das Stichwort für die soziale Organisation der ganzen japanischen Industrie gegeben. Sie ist familiär, sie besteht aus vielen tausend mehr oder weniger großen Firmenfamilien. In diese Familien tritt man in jungen Jahren ein, wenn das Berufsleben beginnt. Und man bleibt Mitglied der Familie, bis man 55 Jahre alt ist und pensioniert wird. Man fühlt sich für ihren guten Namen verantwortlich, respektiert ihre Traditionen und bangt um ihren wirtschaftlichen Erfolg. Nur ganz wenige Japaner kommen auf die Idee, die Firma zu wechseln, durch geschickte Sprünge Karriere zu machen. Denn die Höhe des Gehalts richtet sich nach der Dauer der Betriebszugehörigkeit, nicht nach der Leistung im Betrieb. Und wer die Firma wechselt, gefährdet seinen guten Ruf. Er wird für unzuverlässig und kapriziös gehalten.

Für den Abend hat mich Takeshi Mitarai, der Präsident von ›Canon‹, dem größten Kamerawerk der Welt, zu einer kleinen Betriebsfeier eingeladen. Der alte Herr führt die Firma mit väterlicher Strenge. »Wenn eure Männer abends bummeln und nicht rechtzeitig nach Hause kommen«, sagte er kürzlich zu den Frauen seiner Arbeiter, »dann ruft mich an, dann werde ich ihnen einheizen«. Er führt mich hinauf in die Betriebskantine des Verwaltungshauses. Dorthin sind alle Angestellten, die in diesem Monat Geburtstag hatten, mit ihren Angehörigen eingeladen. Respektvoll schweigend stehen sie vor den weißgedeckten Tischen.

Präsident Mitarai hält eine kleine Ansprache und stellt den neuen Chef der Canon-Exportorganisation in den USA vor. Dem hartgesottenen amerikanischen Geschäftsmann, der mit den Händen in den Hosentaschen neben mir steht, werden plötzlich die Augen naß, als Mitarai ihm das ›Canon‹-Firmenabzeichen ans Jackett heftet und feierlich verkündet: »Hiermit nehme ich Sie in die große Canon-Familie auf!« Die Geburtstagsgäste heben begeistert die bunten Limonadengläser.

Dann tritt ein junger Mann ans Mikrofon und spricht im Namen der Belegschaft. »Der Konkurrenzkampf wird immer härter«, sagt er und schaut auf seine Schuhspitzen. »Deshalb müssen wir alle arbeiten. Die Firma muß Kapital ansammeln und sich stärken. Wer schwere Lasten tragen will, muß einen gesunden Körper haben. Laßt uns ›Canon‹ gesund erhalten!«

Die Angestellten klatschen Beifall. Dann singen sie zackig und laut das Canon-Lied. Und ihre Gesichter drücken Entschlossenheit aus, als gelte es, für Canon in die Schlacht zu ziehen und zu sterben.

Bei einem anderen Konzern (Matsushita) singt die gesamte Belegschaft tagtäglich vor der Arbeit das Firmenlied: »Für das neue Japan laßt uns Kraft und Geist vereinen und die Produktion uns steigern. Endlos sei der Strom der Güter, die der Sturzbach unseres Fleißes bringt den Völkern dieser Erde!« Soweit der Bericht.

Vereinsmeierei. Die Zertrümmerung des patriarchalischen Familiensystems durch die Besatzungsmacht war für die meisten der Betroffenen alles andere als eine Befreiung. Zu der bitteren Erfahrung, zum ersten Mal in der japanischen Geschichte von einer fremden Macht besiegt worden zu sein, kam die innere Verlorenheit und Nachkriegsleere. Nun sahen sich die Menschen auch noch des bis dahin festen Haltes der Familie beraubt. An selbständiges Denken und Handeln waren sie bis dahin nicht gewöhnt. Es war kein Wunder, daß sie neuen Halt suchten in Bünden, Vereinen und Sekten. Sie gaben ihnen das Gefühl, geborgen zu sein, nicht hoffnungslos allein dazustehen, sondern irgendwo dazuzugehören, Glied eines größeren Ganzen, einer mächtigen Bruderschaft zu sein. Die Absage an das Patriarchalische in der Familie hat das Patriarchalische in der Gruppe nicht auch zu Fall gebracht, sondern im Gegenteil gefördert.

Es gibt nur wenige Länder auf der Erde, in denen sich die Menschen mit solcher Begeisterung und Loyalität zu kleinen Klubs zusammenschließen: zu Fotoklubs und Haiku-Gesellschaften, zu Vereinen der Go-Spieler und Blumensteckmeister, der Karate- und Judo-Sportler, der Liebhaber von Teezeremonie und No-Spiel, der Anhänger religiöser Sekten oder politisch extremer Doktrinen.

Es ist charakteristisch für Japan, daß es bis heute den Begriff der Freundschaft im europäischen Sinn nicht gibt. ›Tomodachi‹ ist nicht der Freund, den man sich wählt, auf den man sich als Mensch verlassen kann. Er ist einer aus der Gruppe, zu der man selbst gehört: ein Klassenkamerad, ein Mitstudent, einer aus der Bürogemeinschaft oder der Berufsgruppe. Was in Japan bindet, ist nicht das Persönliche, sondern die Beziehung zur Gruppe. Etwas Persönliches würde die Harmonie der Gruppe eher stören oder gar gefährden. Eine Gruppe in Japan ist deshalb keine Summe von Individuen. Die Gruppe ist immer übergeordnet. Sie ist sozusagen eher da als der einzelne, der, ob er will oder nicht, in die Gruppe hineingeboren wird. Verantwortlich ist deshalb auch nicht der Einzelmensch, sondern fast immer die Gemeinschaft. Nicht die individuelle Leistung, sondern die Gruppe, zu der man gehört, gibt dem Menschen seinen Rang. Herr Tanaka – wer ist das schon? Herr Tanaka von Mitsui – wer sich so vorstellen kann, findet von vornherein Respekt. Was für den einzelnen gilt, die Tendenz zur Gruppe, gilt auch für die einzelne Gemeinschaft. Auch sie zeigt bei aller Wahrung geheimbündlerischer Besonderheiten häufig die Neigung zur Einordnung in einen Großverband. Industrieverbände, Mittelstandsgruppen, Frauenverbände, Kirchen, Sportverbände bis hin zu den politisch wirksamen Gewerkschaftsgruppen – sie alle bilden zusammen mit dem Riesenapparat der Verwaltungsbehörden ein System der Bindungen, Beziehungen und Verpflichtungen, das in seiner komplizierten Verflochtenheit für Außenstehende nahezu unentwirrbar ist.

Das Bandenwesen muß ebenfalls hier einbezogen werden. Es ist mustergültig organisiert. Für alles, was schnell, geräuschlos und ohne staatliche Bürokratie erledigt werden soll, sind die ›gangs‹ zu haben: zur Eintreibung von Schulden und ausstehenden Mieten, zum ›Schutz‹ von Nachtbetrieben, zur Information über Persönlichkeiten und Organisationen, zu allem, was man mit Erpressung, Überredung oder Einschüchterung bequemer als auf normalem Wege erreichen kann. Die enge Beziehung, die namhafte Politiker und Wirtschaftsführer zu solchen gangs unterhalten und daraus gar kein Hehl machen, zeigt, wie nützlich selbst die Unterwelt einsetzbar ist, wenn es gilt, auf die örtliche Politik, auf die Wahlen oder auf wirtschaftliche Interessen Einfluß zu nehmen. Die Polizei, die bisweilen sogar freundschaftlich mit den gangs zusammenarbeitet, bezifferte die Mitgliederzahl der aktiven Banden auf etwa 180000, die sich auf rund 5000 Gruppen verteilen. Jede Gruppe ist streng patriarchalisch organisiert: Jeder, der ihr angehört, ist zu Treue und Gehorsam bis in den Tod verpflichtet. Sowenig sich diese Banden mit niederen Verbrechen wie Raub oder Diebstahl beschäftigen, so wenig werden sie von der Polizei radikal bekämpft oder von der Bevölkerung in Bausch und Bogen verdammt. Die Angst vor ihnen mischt sich romantisch-sentimental mit offenem Respekt und heimlicher Bewunderung.

So häufig es vorkommt, daß große Gangs sich auflösen und davon nicht nur der Polizei, sondern auch der Öffentlichkeit durch entsprechende Trauerfeiern in namhaften Tempeln Kunde geben, so häufig sind solche formvollendeten Gesten nur Tarnmanöver zur Bildung neuer wirksamerer Gruppen. Selbst die Amerikaner sahen während der Besatzungszeit sehr bald ein, daß es praktischer und bequemer war, sich der Mitarbeit der ›Gangster‹ zu versichern, statt sich in aussichtslose Kämpfe mit ihnen zu verwickeln. Auch hier aber klagen die ›alten‹ Gangs über zunehmende Disziplinlosigkeit der ›jungen‹ Gangs.

Nachbarschaften. Noch eine andere wirksame Form der Gruppe kennt man in Japan: die Nachbarschaft. Jeweils fünf Häuser einer Stadt waren zu sogenannten Fünferschaften zusammengeschlossen. Es war die kleinste Einheit der Bevölkerung, in der jeder für jeden verantwortlich war. Solche Nachbarschaften gab es – als staatspolitische Forderung zum Zweck gegenseitiger Überwachung – bereits im alten China: Jeder war verpflichtet, des anderen Verbrechen anzuzeigen. Wer das nicht tat, wurde so bestraft, als hätte er das Verbrechen selbst begangen. Dieses Prinzip – in Japan schon um 700 bei der Taiho-Gesetzgebung vorgesehen – wurde erst in der Tokugawa-Zeit Grundpfeiler eines ausgeklügelten Systems von Kontrollen und Gegenkontrollen. Durch gegenseitige Hilfe und gemeinsame Verpflichtung wurden einerseits Ordnung und sozialer Frieden aufrechterhalten. Andererseits konnte man durch den Zwang zur Bespitzelung anderer jede Opposition im Keim ersticken. Sieben Jahrzehnte lang schien das System der Nachbarschaften völlig vergessen. Da lebte es im Zweiten Weltkrieg wieder auf: im System der ›tonarigumi‹ der Nachbarschaften von fünf bis zehn Häusern. Auch hier blieb die gegenseitige Kontrolle ein wichtiges Moment, auch wenn das offiziell nicht zugegeben wurde. Im Vordergrund stand der Gedanke wechselseitiger Hilfe bei Feuer-, Sturm- und Wassergefahr. Wenn zur Zeit wieder niemand mit dem Gedanken der Tonarigumi spielt, heißt das noch lange nicht, daß er nicht eines Tages wieder auftaucht und widerspruchslos von der Bevölkerung akzeptiert wird.

Das Wohl der Gruppe. Die Gruppengebundenheit des Japaners ist keine Nachkriegserscheinung. Sie ist seit Jahrhunderten allein schon durch die Form der Landwirtschaft bedingt: Der Reisbau mit seiner weiträumig verflochtenen Wasserwirtschaft zwingt zur Zusammenarbeit größerer Gemeinschaften, zwingt zur Unterordnung familiärer Belange unter das Gesamtwohl einer Gruppe. Er fördert damit auch die Entwicklung des feudalen Clanwesens sowie die Bildung von Klassen und Kasten. Trotz Abschaffung des Lehnswesens zu Beginn der Meiji-Zeit lebt das Zusammengehörigkeitsgefühl dieser in jahrhundertelanger Tradition gewachsenen Gruppen fort. Bis in den letzten Weltkrieg hinein haben zum Beispiel die Clane von Choshu und

Satsuma, der eine als Repräsentant der Armee, der andere als Kern der Marine, eine hochpolitische Rolle gespielt. Oft wurde diese Rivalität sogar blutig ausgetragen. Noch heute geht ein stolzes Leuchten über die Gesichter, wenn sich zwei Männer als Angehörige des gleichen Clans erkennen und bekennen.

Vom Beginn seiner Geschichte an war Japan eine hierarchisch streng gegliederte Klassen- und Kasten-Gesellschaft. Während der Tokugawa-Zeit wurde dieses System bis in kleinste Einzelheiten ausgebaut. Die Kleider, die man tragen, die Nahrung, die man sich leisten durfte, die Form des Hauses, das einem zustand – alles hing ab von der Gruppe und vom Rang, in den der einzelne hineingeboren worden war.

Anders als bei Plato, der nur drei Stände gelten ließ: den Lehr-, den Wehr- und den Nährstand, unterschied man in Japan jahrhundertelang vier streng gegeneinander abgegrenzte Stände: die Samurai, die Bauern, die Handwerker und – auf niederster Stufe – die Kaufleute. Darüber gab es nur die Kaiserfamilie und den Hochadel. Alle anderen waren offiziell nicht vorhanden. Man sah sie nicht, man sprach nicht von ihnen, man erwähnte sie in keiner amtlichen Statistik. Sie standen außerhalb aller Gemeinschaft, waren die ›outcasts‹, die man nicht zählte und nicht berührte. Ihre größte Gruppe sind die ›Eta‹ (vgl. Seite 366), die bis heute ihre Integration nicht voll erreicht haben.

Die anderen, die als Japaner anerkannten Samurai und Bauern, Handwerker und Kaufleute, waren indessen alles andere als gleichberechtigt. Ein Stand sah auf den anderen herab. Eine gewaltige Kluft trennte vor allem die Samurai vom übrigen Volk, obwohl sie kaum mehr als 5-7% der Gesamtbevölkerung waren.

Erwähnt werden muß schließlich noch ein Punkt, von dem wir schon in der Einleitung sprachen, der aber ebenfalls mit der Gruppengebundenheit des Japaners zusammenhängt: seine Abneigung, ein Problem, eine Person oder eine Sache isoliert zu betrachten. Von Kindesbeinen an, in der Familie und später in der Gruppe, ist jedermann abhängig von anderen. Darum sind Kontakte so wichtig, darum will keiner mehr sein als nur ein Glied in einer starken Kette. Daran aber liegt es auch, daß man Probleme und Dinge nie ›objektiv‹, sondern immer nur im Rahmen ihres Zusammenhangs sehen kann. Wert hat nach dieser Denkweise nichts für sich allein. Alles erhält Bedeutung erst durch seinen Bezug auf anderes, auf Hintergrund und Vordergrund zugleich.

Entscheidungsscheu? Der Sinn für Ein- und Unterordnung, heißt es, liege den Japanern gleichsam im Blut. Das mag übertrieben sein. Immerhin wird die These durch eine von ihnen selbst beobachtete Tatsache gestützt: Vielen erscheint das Leben in festgefügtem Rahmen wesentlich bequemer, als wenn man selbst die Verantwortung dafür übernehmen muß. Jeder, der es einmal versucht hat, weiß, wie schwer es ist, bei einer japanischen Firma eine rasche Entscheidung zu erwirken. Je größer die Firma, desto schwerer. Oft ist daher die Frage diskutiert worden, ob die Entscheidungsscheu aus Angst vor Verantwortung komme. Wenn man dem Urteil von Experten folgen darf, dann ist die Frage bereits falsch gestellt; denn es handelt sich überhaupt nicht um eine Frage des persönlichen Mutes. Es geht allein um die Frage der Zuständigkeit. Je größer ein Betrieb, desto enger ist der Zuständigkeitsbereich jedes einzelnen. Innerhalb dieses Bereiches entwickelt jeder ein hohes Maß an Selbstgefühl und an Verantwortung. Hier herrscht er wie auf einer Insel, ohne sich im mindesten um die anderen Inseln rings um ihn herum zu kümmern. Straff organisierte Befehlslinien, die die Inseln zu einem Organismus koordinieren, fehlen in der überwiegenden Mehrzahl der Betriebe. Entscheidungen werden dank der japanischen Gruppenbezogenheit fast immer von Gremien gefällt. Dadurch wird die Verantwortung auf mehrere verteilt und die Gefahr vermieden, daß ein einzelner etwas falsch machen und sein Gesicht dabei verlieren könnte. Der einzelne zieht sich in die Anonymität zurück, er tritt als Person zurück hinter die Gruppe, hinter das ›man‹.

Flucht vor Freiheit. Eine vom Erziehungsministerium 1963 durchgeführte Umfrage hat ergeben, daß sich nur eine bescheidene Minderheit gegen Gruppengebundenheit und für persönliche Freiheit ausgesprochen hat. Ein japanischer Psychologe war sogar der Meinung, daß im Volk »eine deutliche Sehnsucht nach Autorität und Disziplin« zu spüren sei. »In einer autoritären Gesellschaft«, schrieb er, »leiden die Menschen, aber gleichzeitig können sie unbekümmert leben, indem sie einfach den Befehlen der Behörden gehorchen ... Im Gegensatz dazu bedeutet die demokratische Gesellschaft eine Art Herausforderung, weil die Individuen sich in dieser ihren Weg selbst suchen müssen. Diejenigen, die diese Herausforderung nicht ertragen, sehnen sich nach Autorität. Das ist es, was ›Flucht vor der Freiheit‹ genannt wird.«

Aus solchen Erkenntnissen zog 1968 ein deutscher Journalist folgenden Schluß: »Den wirtschaftlichen Aufschwung verdankt Japan zu einem großen Teil der Gruppenmentalität und Loyalität ... Der einzelne ist kein isoliertes Individuum, sondern Mitglied einer Gruppe, mit der ihn unbedingte Treue verbindet. Er gehört einem Volk an, das nach seiner Vorstellung allen anderen überlegen ist. Darüber darf die große Bescheidenheit, ja scheinbare Demut, mit der selbst mächtige Männer den Fremden behandeln, nicht hinwegtäuschen.

Mit dieser Gruppenmentalität ist es auch zu erklären, warum die japanische Wirtschaft wohl die bestplanifizierte dieser Erde ist. Unter einer Art Staatspaternalismus arbeitet ein eng miteinander verflochtenes System von Ministerialbürokratie, Verbänden, Banken und Unternehmen.«

Es mag eine Schwäche des Gruppendenkens sein, nicht alles auf einen Gesichtspunkt konzentrieren, nicht logisch und abstrakt argumentieren zu können. Sicher aber ist es eine Stärke, alles in die Vielfalt gesellschaftlicher Zusammenhänge einordnen und im Bewußtsein der Übereinstimmung mit dieser Gemeinschaft handeln zu können. Diese Fähigkeit geht den Menschen der europäischen Kulturen in der Regel leider ab.

Muster der Hierarchie. Sosehr im politischen Leben Japans nach Demokratisierung und Gleichberechtigung gerufen wird, innerhalb der Gruppen, auch der politischen, herrscht nach wie vor eine hierarchisch-patriarchalische Haltung, die klassisch genannt werden kann. Sie entspricht nahezu der Idealform des hierarchischen Gesellschaftsbildes, wie es Ralf Dahrendorf formuliert: Es ist »eindeutig abgeleitet vom Gedanken einer bürokratischen Hierarchie, in der jeder seinen wohldefinierten Platz über und unter anderen hat. Das Ganze ist ein geordnetes, wohlorganisiertes System ..., mit einer anerkannten institutionalisierten Rangordnung von Symbolen, Titeln und Positionen.«

In Japan ist dieses Gesellschaftsbild vom Konfuzianismus geprägt. Auch er ordnet jedem Menschen seinen Platz im Sozialgefüge zu. Nicht auf Umsturz, sondern auf Bewahrung zielt das System, nicht auf Wandel und Veränderung, sondern auf Erhaltung des status quo. »Wer seine Eltern und Geschwister liebt«, so heißt es im Lun Yü, »wird nichts Böses gegen seine Oberen tun. Wer nichts gegen seine Oberen zu unternehmen plant, wird kein Interesse daran haben, Konfusion zu stiften.«

Mit dieser aufs Praktische gerichteten Lehre verbindet sich die Ansicht, daß Mensch und Gesellschaft nach vollkommenen Prinzipien geformt sind: Alle niederen irdischen Formen sind Reflexe höherer Formen. Das zu erkennen, ist Aufgabe des Menschen. Nicht das primitiv-naive Volksempfinden, nicht der sogenannte gesunde Menschenverstand ist die Basis für ein geordnetes Zusammenleben, sondern das Wissen: »Um den Staat in Ordnung zu halten, gilt es, zuerst das Familienleben zu regeln. Um das Hauswesen zu regeln, muß man zuvor die eigene Person vervollkommnen. Um die eigene Person zu vervollkommnen, muß zuerst das Herz rechtschaffen sein. Um das Herz rechtschaffen zu machen, gilt es, aufrichtig im Denken zu sein. Um aufrichtig im Denken zu sein, muß man zuvor sein Wissen so weit wie möglich vervollständigen.«

Kein Wunder, daß das Regime der Tokugawa-Zeit diese Lehre, die so unmißverständlich soziale Stabilität, Ethik und Metaphysik in Beziehung zueinander zu setzen weiß, nach Kräften gepflegt hat. Kein Wunder aber auch, daß solch patriarchal-hierarchischer Geist, der so beruhigend auf Zufriedenheit und Beharrung, auf Ordnung und Integration ausgerichtet ist, bis heute seine Anziehungskraft und Wirksamkeit nicht verloren hat.

Normative Persönlichkeit. In seiner Schrift ›Maske und Wesen‹ hat Robert Schinzinger darauf hingewiesen, daß Erziehung im alten Japan vor allem Standeserziehung war: Der einzelne wurde zur Lebensform und sittlichen Haltung seines Standes erzogen und so konsequent zum Typus gebildet. In dem Maße, in dem ein Mann sich der ihm zugemessenen Maske unterwarf – und das heißt sich auf seine wesentliche Aufgabe konzentrierte und sich nicht an tausend Unwesentlichkeiten verlor –, gewann er an Persönlichkeit.

Solche Persönlichkeit ist anderer Art als in Europa. Sie wird nicht nach dem Grade der Selbstbehauptung, sondern umgekehrt, nach dem Grade der Selbstverleugnung gemessen. Man sagt nicht ›ich‹ sehe, höre, verstehe, sondern dies und das wird sichtbar, hörbar, verstehbar. Für welche Person es sichtbar wird, bleibt völlig offen. Selbstachtung (jicho) heißt in Japan nicht, auf seinem Recht zu bestehen, sondern im Gegenteil: alles zu vermeiden, was innerhalb der Gruppe, der man angehört, Ärgernis verursachen könnte. Bis zum Kriegsende und meist auch heute noch gilt es, aus dem Bereich, in dem man wirkt, nicht etwa hervorzuragen, sondern mit allem, was man kann und hat, in ihn einzutauchen. Berufsziel ist nicht, ein hervorragender Herr Suzuki zu werden, sondern der ideale Repräsentant der jeweiligen Berufsgruppe, sei es die des Handwerkers, Kaufmanns oder Beamten. Solche Haltung mag im Zeitalter der Demokratie, der Freiheit des Individuums, veraltet erscheinen. Verschwunden ist sie bei weitem nicht. Unter der Jugend ist die wachsende Ablehnung der Bindungslosigkeit besonders auffällig.

Wenn in Europa seit der Renaissance die ›genialische‹ Persönlichkeit als Idealtyp gilt, so ist es in Asien die ›normative‹, eine Persönlichkeit also, die sich in freier Entschließung den geltenden Normen unterwirft. Sie wächst nicht in dem Maße, in dem sie durch genial schöpferische Leistungen vom Durchschnitt absticht, sondern indem sie sich der Norm, der Form, dem, was ›man‹ erwartet, unterwirft und in den Dienst des ›wir‹, der Gemeinschaft, der Gruppe, stellt. Welche Form der Persönlichkeit höher zu werten ist, die ›genialische‹ oder die ›normative‹, ist eine offene Frage. Goethe sah im Wandel von der genialischen zur normativen Persönlichkeit einen Prozeß der Reifung.

Problem: Erziehung

Zentralismus und Individualismus. Zwei Erziehungstendenzen liegen in Japan miteinander im Kampf: Die eine ist zentralistisch auf den Staat gerichtet, die andere erstrebt Dezentralisierung und ist auf die Entwicklung individueller Vielseitigkeit bedacht. Beide Richtungen wechseln seit der Meiji-Reform einander ab. Im Augenblick ist die auf den Staat gerichtete gerade wieder im Kommen.

Beide Tendenzen sind keineswegs Erscheinungen erst der Neuzeit. Es gibt sie seit dem Beginn der japanischen Geschichte. Bis zum Ende der Feudalzeit lag das Bildungsmonopol ausschließlich bei der Aristokratie: Nur über die von den Landesfürsten unterhaltenen ›Hongaku‹ führte der Weg zum Aufstieg in die Beamtenklasse. Entscheidend für die Zulassung zu diesen Schulen waren weder Wissen noch Leistung, sondern allein die Herkunft. Ziel der Erziehung war nicht die Kultivierung der Einzelpersönlichkeit, auch nicht die Schaffung einer Elite. Wissen wurde nur erworben zur Erhaltung der bestehenden Ordnung, zur Sicherung der Macht.

Trotzdem gab es in Japan neben der streng hierarchischen Tendenz immer auch den Hang zur Individualisierung, zur Pflege ganz persönlicher Werte und Kräfte. Selbst in der Feudalzeit war das möglich in den privaten Schulen der buddhistischen Tempel, der sogenannten Terakoya. Sie gab es schon zur Zeit von Kobo Daishi (9. Jahrhundert). Sie standen offen für jedermann und erfreuten sich solcher Beliebtheit, daß man ihre Zahl nach fundierten Forschungen auf 40 000 schätzt.

Beide Tendenzen gerieten seit der Meiji-Zeit zunehmend in Konflikt miteinander. Es begann mit der Proklamierung der Erziehungsreform im Jahre 1872. Ihr Erfolg war gewaltig. Bereits 30 Jahre danach gab es dank des Schulzwanges keinen Analphabeten mehr. Was man nach französischem Vorbild damals erstrebte, formulierte das kaiserliche Dekret: »Um sich einen Beruf zu wählen, den Lebensunterhalt zu erwerben, seinen Fleiß zu entwickeln und damit sein Lebensziel zu erreichen, hat der Mensch keine anderen Möglichkeiten als die Disziplinierung seiner selbst, die Erweiterung seines Wissens und die Pflege seiner Talente.« Durch die Betonung der individuellen Fähigkeiten glaubte man am ehesten den Standard der westlichen Welt erreichen zu können.

Schon 18 Jahre später, markiert durch das Erziehungsreskript des Kaisers Meiji (1890), trat die andere Tendenz in den Vordergrund. Sie war auf den Staat und seine hierarchische Struktur gerichtet. »Was geschieht«, so formulierte es Erziehungsminister Arinori Mori, »geschieht nicht zum Wohle der Schüler, sondern zum Wohle des Landes.«

Der französisch beeinflußten ›Pestalozzi-Welle‹ war die deutsch beeinflußte ›Herbart-Welle‹ gefolgt: Der idealistische Philosoph Johann Friedrich Herbart, der den Moralunterricht in den Mittelpunkt der Erziehung gestellt wissen wollte, schien am ehesten geeignet, altbewährtes konfuzianisches Gedankengut neu zu beleben. Der Individualismus, meinte man jetzt, sammle nicht, sondern verstreue die Energien des Staates. Den Staat gegen die Konkurrenz der westlichen Mächte zu stärken, schien das Gebot der Stunde. Das Ergebnis war die autoritäre, streng zentralisierte Militär-Diktatur der Showa-Restauration.

Gleich nach dem Kriege, 1947, sah sich Japan genötigt, erneut die Richtung zu ändern und sich wiederum wie 1872 dem Ausland anzupassen. Es war, wie man es nannte, »die zweite Öffnung des Landes für die schwarzen Schiffe« (mit denen der amerikanische Commodore Perry 1854 die Öffnung Japans für den fremden Handel erzwungen hatte). Unter dem Druck der amerikanischen Besatzung wurde die Erziehung durch Verlängerung der Schulpflicht ›demokratisiert‹. Der das Nationalbewußtsein stärkende Moralunterricht wurde abgeschafft und der Zentralismus durch Schaffung autonomer Provinz-Schulbehörden gebrochen.

Auch diese Welle ist wieder im Abebben. Immer deutlicher wird die Tendenz, auch bei der Erziehung, »wieder der wirklichen Situation Japans zu entsprechen«, immer unverhohlener das Streben des Staates, seinen Einfluß auf das Ausbildungswesen zu stärken und es erneut zu zentralisieren.

Die kleinen Schritte. Mit bemerkenswerter Beharrlichkeit haben alle Regierungen seit 1953 eine Fülle von kleinen Schritten unternommen, um im Erziehungsbereich das Volk aus der sogenannten »Konfusion der Nachkriegszeit« herauszuführen. Gleich nach dem Abschluß des Friedens von San Francisco setzte der Erziehungsminister Amano bei den Amerikanern durch, daß in den Schulen wieder die Flagge der Nation gehißt und die Nationalhymne gesungen werden durfte. 1958 stieß die teilweise Wiedereinführung des Moralunterrichts auf den erbitterten Widerstand der Lehrergewerkschaft Nikkyoso. Die Wiederaufnahme eines wenigstens beschränkten Geschichtsunterrichts war ein Problem. Wenig später trat der damalige Ministerpräsident Ikeda mit dem Plan des ›Hitozukuri‹ hervor. Es war ein völlig neues

Wort, eine Erfindung der Regierung. Wörtlich übersetzt heißt es soviel wie »Schaffung von (besseren) Menschen«. Man wollte von der heiß umkämpften Moralerziehung ablenken und dennoch die gleiche Wirkung erzielen: den sittlichen Halt des Volkes auf demokratischem Wege zu festigen. ›Hitozukuri‹ ist ein Begriff, in den man alles mögliche hineinlegen kann. Er soll daran erinnern, daß es gilt, nicht nur die körperlichen und geistigen, sondern auch die seelischen Fähigkeiten zu entwickeln, daß es gilt, neben den Tendenzen der Gegenwart auch den Werten der Vergangenheit ihr Recht zu lassen.

Moralunterricht. Außenstehenden fällt es oft schwer zu verstehen, warum der Kampf um den Moralunterricht so wichtig genommen wird. Als dieses Unterrichtsfach (Shushin) als »Hort des Nationalismus« von den Amerikanern verboten und die bis dahin verwandten Unterrichtsbücher eingestampft wurden, überlegten sie nicht, daß sie damit der japanischen Jugend jeglichen moralischen Halt entzogen; denn eine dem amerikanischen Brauch entsprechende Unterweisung durch Sonntagsschulen und durch das Familienleben gab es in Japan nicht. Wachsende Disziplinlosigkeit der Schüler und Studenten und eine von Jahr zu Jahr steigende Jugendkriminalität waren die Folge. Um so erstaunlicher ist die Harmlosigkeit der meisten so heiß umkämpften Themen des Moralunterrichts: »Respekt vor dem Leben«, »Menschenrechte«, »Persönlichkeit«, »Umgang mit Älteren«, »Achte auf deine Kleidung« und dergleichen. Es standen Geschichten zur Diskussion wie: Taube läßt Blatt in Teich fallen, um Ameise zu retten; Ameise beißt Jäger, der auf Taube schießen will. Oder es ging um den Inhalt einer berühmten Novelle von Akutagawa: Ein Räuber stirbt und kommt in der Hölle in einen Teich voll Blut. Da er trotz aller Grausamkeit eine Spinne, die er einst am Boden sah, nicht totgetreten hatte, läßt Buddha in seinem unendlichen Mitleid einen Faden zu ihm herab – nicht stärker als ein Spinnenfaden. Der Räuber klammert sich daran. Als sich aber auch andere an den Faden hängen wollen, schreit er: »Der Faden ist nur für mich!« Im gleichen Augenblick reißt der Faden.

Noch ist der Kampf um den Moralunterricht nicht abgeschlossen. Einer der letzten Vorstöße der Regierung war der

1963 in Auftrag gegebene und 1966 veröffentlichte Report über den Ideal-Japaner. Drei Jahre lang hatten sich prominente Erzieher, Politiker und Publizisten darum bemüht. Als er bekanntgegeben wurde, wirkte er wie eine Bombe; denn er sprach sich ganz offen für eine Stärkung des nationalen Selbstbewußtseins aus, das in Übereinstimmung stehen müsse mit der Tradition Japans. Wieder war es vor allem die Lehrergewerkschaft Nikkyoso, die den Report verwarf. Wenn man, so fürchteten die Lehrer, den dort geforderten Ideal-Japaner zum Maßstab der Erziehung mache, wäre die Rückkehr zum Konformismus, zu Kontrolle und Reglementierung durch den Staat besiegelt. Darum betrachten sie den Beschluß, die alten Götter- und Heldenmythen wieder in die Schullesebücher aufzunehmen, als weiteren Schritt auf diesem Wege.

Demokratisierung. Als die Amerikaner 1945 darangingen, das gesamte Schulsystem umzukrempeln, wollten sie damit eine Geisteshaltung ausschalten, die nach ihrer Ansicht schuld war an der Beteiligung Japans am Zweiten Weltkrieg. »Die Ideologie des Ultra-Nationalismus«, so formulierte es der Rektor einer Universität in Tokio, »sollte innerlich überwunden werden durch eine überzeugendere, umfassendere Idee vom Menschen, durch ein Erziehungsideal, das dem wahren Wesen des Menschen entspricht.« Die neuen Ziele des 1947 ratifizierten Erziehungsgrundgesetzes waren: sozialer Humanismus und rationale Demokratie.

Die von den Amerikanern geforderte Demokratisierung der Erziehung wurde so gründlich durchgeführt, daß sie noch heute Grundlage ist für den Widerstand vor allem der Junglehrer. Bisher ist es der Regierung nicht gelungen, die Mehrzahl von ihnen für ihre Pläne zu gewinnen. Auch wenn nur höchstens 10% der im Nikkyoso gewerkschaftlich organisierten 50000 Lehrer der kommunistischen Partei angehören, auch wenn sich 1963 eine zweite weniger extreme Lehrergewerkschaft gebildet hat: Der größte Teil der Lehrerschaft steht links und damit in Opposition zur Regierung.

Alle vom Kultusministerium beschlossenen Maßnahmen und empfohlenen Bücher bedürfen des Lehrers, der sie ausführt und benutzt. Er ist jederzeit in der Lage, die Maßnahmen zu boykottieren und die Texte so auszulegen, daß sie den Zielen der Regierung strikt zuwiderlaufen. Außerdem trägt die Tatsache, daß der Lehrerberuf ein Mangelberuf geworden und die Bezahlung noch immer äußerst niedrig ist, nicht dazu bei, die Lehrerschaft für die Wünsche der Regierung aufgeschlossener zu machen. Früher entschädigte das gesellschaftliche Ansehen, das der Sensei, der geehrte Lehrer, genoß, für das geringe Gehalt. Heute werden meist nur diejenigen Lehrer, die auch nach zwei- und dreimaligem Anlauf die Aufnahmeexamen zu den Universitäten nicht schaffen. Kein Wunder, so formulierte es ein Journalist, »daß sie den Beruf nicht anziehend machen können, von dem sie selbst nicht angezogen wurden«.

Sorgen der Privat-Universitäten. Ebenfalls um die Demokratie geht es den Studenten. Doch ihre Streiks und Demonstrationen haben andere Ursachen. Im Gegensatz zu den staatlichen Hochschulen sind die Gebühren bei den Privat-Universitäten – und das sind 70% aller japanischen Hochschulen – außerordentlich hoch. Trotzdem ist der Andrang der Studenten gewaltig. Die Universitäten müssen sich vergrößern, sie brauchen neue Gebäude, neue Lehrer, neue Dormitorien. Dafür müssen sie höhere Gebühren erheben. Im Durchschnitt betrugen 1977 die Gebühren an den Privatuniversitäten für die geisteswissenschaftlichen Fächer rund 2300 DM im Jahr, für künftige Ingenieure rund 3500 DM und für Mediziner gar 7–8000 DM. Eine Erhöhung dieser Gebühren bedeutet jeweils eine erhebliche Mehrbelastung. Dagegen protestierten die Studenten. Ihr Protest wurde von politischen Scharfmachern ausgenutzt, um die allgemeine Unruhe zu schüren.

Die privaten Universitäten fordern Finanzhilfe vom Staat. Der aber ist zurückhaltend. Er beruft sich auf die Verfassung und auf die Tradition. Artikel 89 der Verfassung sagt ausdrücklich: »Keine öffentlichen Gelder oder sonstiges öffentliches Vermögen dürfen zur Verfügung, Nutzung oder Aufrechterhaltung von religiösen Organisationen oder Körperschaften oder aber auch für Zwecke der Wohltätigkeit, Erziehung oder Mildtätigkeit, die nicht der öffentlichen Kontrolle unterstehen, ausgegeben oder zur Verfügung gestellt werden.«

Außerdem besteht seit jeher ein traditioneller Gegensatz zwischen staatlichen und privaten Universitäten: Erstere stellten in der Regel die Elite der Beamtenschaft, letztere pflegten bewußt den Geist der Unabhängigkeit, der Freiheit und der Kritik. Sie deckten deshalb vor allem den Nachwuchs der Politiker und Publizisten. An der Spitze dieser Privatuniversitäten stehen noch immer die Universitäten Keio und Waseda.

Unter einer Bedingung wäre der Staat bereit, einen Weg zur Finanzhilfe zu finden. Diese Bedingung heißt: Kontrolle und Einfluß von seiten des Staates. Das aber wollen weder Universitäten noch Studenten. Im Namen der Demokratie laufen sie Sturm gegen die Gebühren, im Namen der Demokratie protestieren sie dagegen, daß der Staat diese Gebühren übernimmt, weil sie davon eine Einbuße ihrer akademisch-demokratischen Freiheit befürchten.

Rebellische Jugend. Wie überall in der Welt ist auch die akademische Jugend Japans heute rebellisch. Noch stärker als anderswo ist es in Japan das unbestrittene Recht der Studenten, in einer geistigen Welt zu leben, die frei ist von allen sozialen Rücksichten und Verantwortlichkeiten. Jugend ist hier im besonderen Maße eine Zeit der Opposition und des sozialen Gerechtigkeitsfanatismus. Auch in Japan gibt es, von den Radikalen einmal abgesehen, organisierte Jugendgruppen, die sogenannten Seinendan (4,5 Millionen), die Rot-Kreuz-Jugend (750000), die christliche Jugend (39000). Sie alle spielen im politischen Leben keine Rolle. Von sich reden machen nur die Studenten. Ihnen ist es völlig gleichgültig, ob ihre Ideale realisierbar sind und ob sich die Systeme, in denen sie etwa Niederschlag gefunden haben, bewährt haben oder nicht. Ihnen geht es allein um die Frage, ob die Ideale selber gut sind oder nicht.

Daß nach Abschluß des Studiums der Übergang von der Theorie zur Praxis hart ist, wird in Japan seit jeher in Kauf genommen. In Kauf genommen aber wird auch, daß der oft wirklichkeitsfremde Idealismus der akademischen Jugend leicht zu politischem Extremismus führt, wie zum Beispiel bei den Zengakuren-Studenten, mit denen die Unruhe begann.

›Zengakuren‹ ist eine Abkürzung und bedeutet »Vereinigung studentischer Selbstverwaltungskörper«. Diese Vereinigung ist extrem linksradikal, aber einig in sich selbst ist sie nicht. Sie ist vielfach gespalten, und ihr größter Teil steht unter dem direkten Einfluß der Kommunistischen Partei. Aktiv und militant in Erscheinung traten aber nicht die kommunistischen Gruppen (Yoyogi-Leute, nach dem kommunistischen Hauptquartier im Tokio-Stadtteil Yoyogi), sondern die Anti-Yoyogi-Leute, vor allem die sogenannten Sampa-Rengo-Studenten. Sie beschimpften ihre parteigebundenen Kommilitonen als lahm und kraftlos. Sie warfen dem Kommunismus vor, nicht radikal genug zu sein. Wie in Europa und Amerika sind die radikalen Studenten voller Verachtung für das ›Establishment‹: Sie fühlen sich vor der Weltgeschichte verpflichtet, es wegen seiner Mangelhaftigkeit mit Stumpf und Stiel zu vernichten. Aber auch sie wissen nicht, was dann geschehen soll. Sie ergreifen jede Gelegenheit, der Polizei eine Schlacht zu liefern, es gelingt ihnen, gewaltige Massendemonstrationen zu organisieren, und immer wieder tragen sie Unruhe in die Öffentlichkeit.

Ihre Bedeutung darf jedoch nicht überschätzt werden: Ihre Zahl liegt unter 10000 und ihren Aktionen fehlt das politische Konzept. Außerdem sind sie gar nicht so bindungslos, wie immer behauptet wird. Die auf ganz anderer Grundlage gewachsenen Werte des europäisch-amerikanischen Liberalismus sind nach Kriegsende gleichsam beziehungslos auf Japan übertragen worden. Sie haben auf die Jugend gewaltige Anziehung ausgeübt vor allem, weil sie ihr scheinbar Befreiung brachten von Zwang und Autorität. Aber selbst in den ersten Nachkriegsjahren blieben die Studenten gebunden, und zwar in doppelter Hinsicht. Obgleich es in Japan so etwas wie die deutschen Korporationen nicht gibt, waren die Studenten gebunden an die Solidarität, an die Bereitschaft zum Mitläufertum, auch wenn diese Form der Solidarität durch noch so oberflächliche Schlagworte geschaffen war.

Sie waren ferner gebunden an den ›Sensei‹, den Lehrer und Mentor, dem sich seit je auch der revolutionärste Japaner gehorsam unterwirft. Hier liegt die Quelle für die Macht agitatorisch begabter Studentenführer, hier liegt aber auch die Möglichkeit zu positiver Einwirkung. Daß neuerdings von den Super-Extremen, die sich selbst ›Gewalt-Studenten‹ nennen, auch der Sensei nicht mehr geachtet und beachtet wird, ist ein Moment, das zur allgemeinen Verwirrung nur noch beiträgt.

Im Grunde seines Herzens ist der japanische Normal-Student weder gefährlich noch revolutionär. Die Problematik liegt darin, daß sein argloses Offensein für die geistigen Kräfte der Welt auf der einen, und die Bereitschaft, sich kritiklos einer Idee zu unterwerfen, ihn zu heller Begeisterung befähigen. Diese Begeisterung kann in Krisenzeiten gefährlich sein, weil sie blind ist. Bei allem Freiheitshunger zeigt sich in der japanischen Studentenschaft aber mindestens ebenso deutlich die Neigung zur Flucht vor der Freiheit, das Nichtfertigwerden mit den Erfordernissen des demokratischen Lebens, mit dem »Sich-seinen-Weg-selber-suchen-Müssen«. Treue Gefolgschaft, sei es einer Gruppe, sei es einem Sensei gegenüber, ist immer zugleich auch Scheu vor einem Selbst-entscheiden-Müssen, ist Sehnsucht nach Führung und Autorität.

Inflation der höheren Ausbildung. Die Zahl der Hochschulen und Studenten in Japan wächst noch immer. Im August 1945 gab es 48 Daigaku (Hochschulen). 1961 waren es 525, und die amtliche Zahl vom Jahr 1976 lautet 934 – das ist ein Wachstum um fast das Zwanzigfache in nur 30 Jahren. Mehr als die Hälfte dieser Hochschulen sind allerdings keine Universitäten im deutschen Sinne, sondern Fachhochschulen. Ähnliche Wachstumszahlen hat die Studentenschaft.

Sie sind allein von 1961 bis 1976 um mehr als das Dreifache gestiegen: von 650000 auf 2 Millionen. 31% davon sind Wirtschaftler und Soziologen, 19% Techniker, der Rest fällt auf die anderen Fakultäten. Angesichts dieser Inflation der höheren Ausbildung ist es verständlich, wenn man mit Sorge festgestellt hat, daß das Gesicht der japanischen Universität nicht mehr von wenigen Eliteschülern, sondern von der Masse dritt- und viertrangiger Institutionen bestimmt wird, an denen einen akademischen Grad zu erwerben kaum noch ein Privileg ist.

Der Hochschulboom hängt zusammen mit dem Schulsystem der Nachkriegszeit. Es erhöhte den Schulzwang von sechs auf neun Jahre – einerseits um die Kinder von der Straße zu holen und sie von der Ausnutzung als billige Arbeitskräfte zu befreien, andererseits um die Bildung zu demokratisieren: Der theoretisch gleiche Lehrstoff wird in allen Lehranstalten an alle Schüler herangetragen, damit eine möglichst große Zahl am höheren Standard teilhaben kann. Dieses Bemühen, nicht eine Elite zu züchten, sondern das Allgemein-Niveau zu heben, wirkte sich auch auf die Hochschulen aus. Nach den neun Jahren des Schulzwangs (sechs Jahre Volks-, drei Jahre Mittelschule) folgen für 60% der Mittelschulabsolventen drei Jahre auf der Kotogakko, der höheren Schule, und weitere zwei Jahre auf der Universität. Bis zu deren Abschluß ist der Unterrichtsstoff für alle Schüler und Studenten gleich. Jegliche Spezialisierung beginnt erst im dritten und vierten Universitätsjahr. Nach vier Universitätsjahren kann der Student lediglich den ›Gakushi‹ machen, was dem amerikanischen Bachelor of Arts entspricht. Die eigentlich wissenschaftliche Ausbildung kommt erst in einem zusätzlichen zweijährigen ›Master-course‹. Will man vom ›Shushi‹ (master) zum ›Hakase‹ (Dr.) aufsteigen, müssen weitere zwei bis drei Jahre zugesetzt werden.

Das ganz der amerikanischen Praxis angepaßte Erziehungssystem der Nachkriegszeit hat sich zweifellos positiv auf den unteren Stufen ausgewirkt. In den höheren wird zunehmend ein Sinken des Niveaus beklagt. In japanischen Fachkreisen werden die Schulen bereits ›educational factories‹ genannt. Das Prinzip der »gleichen Chance für alle« hat zugleich eine Nivellierung gefördert und zu einer Eingleisigkeit geführt, die den modernen Forderungen nach Spezialisierung nicht gerecht wird. Wie in aller Welt ist auch in Japan der sogenannte Bildungsnotstand ein vieldiskutiertes Problem und die Hochschulreform eines der wichtigsten Anliegen. Der im Mai 1970 von einem zentralen Erziehungsrat vorgelegte Entwurf für eine Änderung des ganzen Erziehungssystems plant eine Hebung des Niveaus, bessere Auswahl von Spezialisten, bessere Vorschulung in Kindergärten, bessere Aufteilung in den Hochschulen zwischen allgemeiner Ausbildung, Fachausbildung und Forschung. Obwohl alles noch Plan ist, hofft man in Fachkreisen mit Veränderungen wenigstens in absehbarer Zeit.

Meritokratie der Diplome. An der Tokio-Universität fallen bei den Aufnahme-Examen in der Regel mehr als 75% der Bewerber durch. Im Landesdurchschnitt gelingt es nur 66% der Bewerber, die enge Pforte einer Hochschule zu durchschreiten. Die scharfe Auslese, die im Gegensatz steht zum demokratischen Prinzip der gleichen Bildungschance für alle, ist nicht auf Universitäten beschränkt. Sie gilt für alle Schulen und beginnt bereits im Kindergarten. Daß die Aufnahmeprüfung in manchen Schulen schwerer ist als in anderen und daß trotzdem der Andrang zur schweren Prüfung erheblich größer ist als zur leichten, zeigt zweierlei. Einmal, daß die einheitlich gedachte Ausbildung je nach Schule offenbar recht unterschiedlich ist. Zum anderen geht daraus hervor, daß der Drang zur ›besseren‹ Schule und ihrem Abschluß-Diplom nach wie vor groß ist. Nur wem es gelingt, in den ›richtigen‹ Kindergarten, die ›richtige‹ Volksschule, die ›richtige‹ Universität zu kommen, ist auf dem rechten Weg zu den leitenden Berufen in Wirtschaft, Wissenschaft und Politik, zum Aufstieg in jenen Bereich, den Dahrendorf die »Meritokratie der Diplome und Berechtigungsscheine« nennt. Trotz aller Dezentralisierung, trotz aller Versuche, die frühere Rangordnung unter den Hochschulen zu zerschlagen, rangieren nach wie vor einige von ihnen an vorderster Stelle. Das Studium an diesen bevorzugten Schulen bedeutet eine Art Garantieschein für die künftige Karriere: an der Todai (Tokio-Universität), zum Beispiel für die höhere Beamtenlaufbahn, an der Hitotsubashi-Universität für Wirtschaftler, an der Waseda für Politiker. Bereits lange vor dem letzten Semester bemühen sich Ämter und Wirtschaftsunternehmen um die junge Elite und engagieren sie einander weg. Nur zu den ›Ekiben‹-Universitäten gehen keine Werber, zu jenen Hochschulen, bei denen man sozusagen auf der Durchreise wie ein Eki-Bento, ein Bahnhofsfrühstück, die Abschlußurkunde erwerben kann. Es gibt Mittel- und höhere Schulen, die geradezu darauf spezialisiert sind, ihre Schüler auf die Prüfung für die ›besseren‹ Hochschulen zu drillen. Doch es ist schwer, in solchen ›richtigen‹ Schulen Aufnahme zu finden, da jeder dort zur Schule gehen muß, wo seine Eltern wohnen. Will man das umgehen, bedarf es eines zweiten Wohnsitzes der Eltern, und das kostet Geld, in erster Linie doppelte Steuern.

Bei allem Bemühen, die Bildung zu vereinheitlichen, ist das Streben nach Zugehörigkeit zur ›Elite der Nation‹, nach sozialem Aufstieg mit Hilfe der Universität, geblieben, weil es einer der wenigen Wege ist, die durch Herkunft gesetzten Grenzen zu überschreiten. Deutlicher vielleicht als sonstwo zeigt sich an den Hochschulunterschieden, wie sehr Japan noch immer von einem aristokratischen Klassenbewußtsein beherrscht ist. In Regierung und Industrie, Religion, Gewerkschaft und Partei sind die Bereiche sorgsam gegeneinander abgegrenzt, jeder in sich eine eigene Hierarchie, wo weder der Untere noch der Obere ungestraft den ihm zugemessenen Rahmen sprengt. Nur vom Bereich der Universitäten her sind diese Grenzen überschreitbar.

Sonderfall: die japanische Frau

Kaum etwas hat sich in Japan nach dem Kriege so geändert wie die Frau und ihre Stellung in der Gesellschaft. Vor 1945 war es selbstverständlich, daß sie ihrem Ehemann im gebührenden Abstand von drei Schritten Bündel und Pakete nachschleppte, während der Herr der Schöpfung unbelastet vorneweg stolzierte. Natürlich stand sie in Autobus und Straßenbahn, weil das männliche Geschlecht die Sitzplätze besetzt hielt. Und beim täglichen Bad zu Hause war die Hausfrau erst an der Reihe, wenn sämtliche Männer der Familie vom Großvater bis zum jüngsten Sohn gebadet hatten. Die allgemeine Minderbewertung der Frau, an der Buddhismus und Konfuzianismus wesentlich Anteil hatten, wurde erst durch die Verfassung 1947 beseitigt.

Im öffentlichen Leben. Was damals theoretisch postuliert wurde, ist heute nahezu Wirklichkeit geworden. Die Frau hat angefangen zu denken und zu handeln, wie sie es wünscht. Sie liebt und heiratet nach ihrer Neigung. Sie ist nicht mehr das zarte Püppchen von einst, die gehorsame Ehefrau, die unterwürfige Dienerin. Die Zeiten strenger Unterordnung und blinden Gehorsams sind vorbei. Heute demonstrieren Frauen erfolgreich gegen überhöhte Preise, rauchen und trinken in aller Öffentlichkeit, entscheiden durch hohe Wahlbeteiligung über die Zusammensetzung des Parlaments, beherrschen weitgehend die wichtigen Programme des Fernsehens, erzwingen ein Anti-Prostitutions-Gesetz, fahren Auto, bekleiden öffentliche Ämter und erlangen Weltruhm im Schwimmsport und beim Volleyball. Sie stehen selbständig auf eigenen Füßen und spielen eine ständig wachsende aktive Rolle in Politik und Management. Sie treten hervor als Ärztin und Rechtsanwältin, als Künstlerin und Publizistin, als

Lehrerin und selbständige Geschäftsfrau. Das alles im Laufe von zwei Jahrzehnten – wahrhaftig eine Revolution!

Ist Japan auf dem Wege, seinen Ruf als Männerstaat zu verlieren? Viele Wissenschaftler sind der Ansicht, daß Japan auch in den ersten Jahrhunderten seiner Geschichte alles andere war als ein Männerstaat. Die führende Shinto-Gottheit, sagen sie, die Sonnengöttin Amaterasu, die zugleich Ahnherrin des Kaiserhauses ist, ist weiblichen Geschlechts. Also hat wahrscheinlich in vorgeschichtlicher Zeit bei den Stämmen, die diese Gottheit verehrten, das Matriarchat geherrscht. Noch in geschichtlicher Zeit gab es – zum Beispiel in der Nara-Zeit – mehrfach Kaiserinnen. Noch in der Heian-Zeit, in der Epoche verfeinerter Hofkultur um das Jahr 1000, war der weibliche Einfluß nahezu beherrschend. Selbst in der kriegerischen Kamakura-Zeit konnte eine so überragende Frau wie Masako, die Gattin Yoritomos, weit über den Tod ihres Mannes und ihrer Söhne hinaus ihrer Zeit den Stempel ihrer Persönlichkeit aufdrücken.

Onna Daigaku. Erst die schwertgewohnten Ritter dieser Zeit verdrängten den weiblichen Einfluß und machten aus Japan einen Männerstaat. Die Frau wurde zu »dreifachem Gehorsam« verdammt: zum Gehorsam gegenüber den Eltern in der Jugend, zum Gehorsam gegenüber dem Mann in der Ehe, zum Gehorsam gegenüber dem Sohn im Witwenstand. Die konfuzianische Moral, der sie unterworfen war, fand im 19. Jahrhundert im Sittenkodex »Onna Daigaku« (Hohe Schule der Frauen) ihre klassische Prägung.

Dort heißt es: »Eine verheiratete Frau darf nie aufhören, am Morgen wie am Abend ihren Schwiegereltern den schuldigen Respekt entgegenzubringen; sie darf sich nie dagegen sträuben, sie zu bedienen, darf sich nie auflehnen ...; selbst wenn es dem Schwiegervater oder der Schwiegermutter in den Sinn kommen sollte, sie zu schlagen oder zu demütigen, darf sie keinen Zorn aufkommen lassen oder auch nur murren ... Eine Frau muß ihren Mann als ihren Herrn betrachten. Sie muß ihm von ganzem Herzen und voller Bescheidenheit dienen; nie darf sie ihn tadeln oder ihn mißachten. Die erste Pflicht der Frau, die sie ihr ganzes Leben hindurch begleitet, heißt Gehorsam ... Die fünf schlimmsten Krankheiten, die den weiblichen Geist befallen können, sind Ungehorsam, Widerwillen, Unausgeglichenheit, Eifersucht und Dummheit. Leider besteht kein Zweifel, daß 70-80% aller Frauen diese fünf Krankheiten haben. Daraus bereits ergibt sich ihr geringerer Wert ...«

Inzwischen hat sich die Lage geändert. Seit 1947 haben die Frauen das aktive und passive Wahlrecht: Im Oberhaus sind sie auf 16, im Unterhaus auf 7 Sitzen vertreten. Über die Hälfte aller Frauen vom 15. Lebensjahr an aufwärts stehen im Berufsleben: Sie stellen mehr als ein volles Drittel der werktätigen Bevölkerung. Noch erhalten sie kaum mehr als die Hälfte des Lohnes ihrer männlichen Kollegen. Diese offensichtlichen Ungerechtigkeiten in Lohngefälle und Stellenbesetzung nehmen die Frauen Japans heute nicht mehr stillschweigend hin.

Artikel 14 der Verfassung erklärt ausdrücklich, daß alle Menschen gleich seien vor dem Gesetz. Also fordern die Frauen auch gleichen Lohn für gleiche Arbeit. Sie haben sich zu Verbänden zusammengeschlossen und kämpfen ohne Hemmungen um ihre Rechte. Als besonders gefürchtete, und das heißt anerkannte Macht gilt der Hausfrauenverband mit über 3,5 Millionen Mitgliedern. Jeder Verband verfügt überdies über eine eigene Zeitschrift, mit der er wirksam (Auflagen-Durchschnitt 500000) an die Öffentlichkeit tritt.

Liebe und Ehe. Noch vor 30 Jahren gab es in den Kinos selbst der Großstädte betretenes Schweigen oder gar Lacherfolge bei langen Liebesszenen westlicher Filme. Man empfand so etwas als zumindest unästhetisch. Heute ist das Küssen ›modern‹. In Frauen-Magazinen erscheinen darüber seitenlange Abhandlungen mit detaillierten Vorschlägen. Früher schritt bereits die Polizei ein, wenn ein Ehepaar Arm in Arm über die Straße ging. Heute geben auch japanische Liebespaare ihre Zärtlichkeiten ungeniert allen Blicken preis. Man ist emanzipiert. Man wird nicht mehr verheiratet, man heiratet selbst. Oft sogar, wie es heißt, aus Liebe.

Ein Irrtum aber wäre es zu glauben, daß die Liebe erst von den Amerikanern nach Japan gebracht worden wäre. Dramen und Romane der Vergangenheit sind voll davon. Häufig endet der Konflikt zwischen Liebe und Pflicht mit dem Freitod eines oder beider Partner. Auch die schöne Vorstellung von der fügsamen

Dienerin ihres Ehemannes war in Japan schon früher meist ein Märchen. Die Frau herrschte uneingeschränkt im Haus, sie erzog die Kinder, sie verwaltete das Geld. Es gab nur einen Menschen, der ihr diese Stellung streitig machen konnte. Das war nie der Ehemann, sondern immer die Schwiegermutter. Die häufigste Forderung, die heute den Heiratsvermittlern von seiten der Jugend gestellt wird, ist daher: keine Schwiegermutter im Haus! »Die Ehe«, so heißt es in Artikel 24 der Verfassung, »soll nur auf dem gegenseitigen Einverständnis der beiden Geschlechter beruhen und im gemeinsamen Zusammenwirken auf der Grundlage der Gleichberechtigung von Ehemann und Ehefrau aufrechterhalten werden.« Die Verfassung fordert also die Liebesheirat. So etwas gab es vor 1945 in Japan nur in Ausnahmefällen. »Die Liebe«, hieß es allgemein, »stellt sich im Laufe der Ehe ein.« Heiraten hieß: die Verbindung zweier Familien. Das Ehepaar selbst spielte dabei die geringste Rolle. Man heiratete nicht aus Liebe, man heiratete die Mutter seiner Kinder.

Das geschah mit Hilfe eines Nakodo, eines Vermittlers, auf den sich die Eltern beider Ehekandidaten einigten. Ihm oblag es, gründliche Erkundigungen über beide Seiten einzuziehen. Auf direktem Wege war das nicht möglich: Es hätte leicht zu Peinlichkeiten oder gar zum Gesichtsverlust für die eine oder andere Seite führen können. Durch Einschaltung eines Mittelsmannes war das vermeidbar. Erst nachdem sich beide Familien über Charakter und Bedeutung der anderen Partei im klaren waren, kam es zum ersten Zusammentreffen der Kandidaten – natürlich unter Anwesenheit beider Eltern und des Vermittlers. War dieses erste sogenannte Miai zur allgemeinen Zufriedenheit verlaufen, wurden Verlobungsgeschenke ausgetauscht und damit das Heiratsversprechen besiegelt. Dann erst fand die Hochzeit statt.

In den ersten Nachkriegsjahren schien es, als ob Miai-Hochzeiten aus Japan verschwunden wären. Doch schon zehn Jahre später zeigte sich, daß kaum noch ein Drittel aller Eheschließungen auf Liebesbasis stattfand. Man war auch in den Großstädten zum alten Brauch des ›Miai‹ zurückgekehrt – allerdings meist in modernisierter Form: Die Paare kennen sich in der Regel schon.

Fünffach ist der Vorteil, wenn man einen Nakodo einschaltet:

Er gibt den Familien die Gewißheit, daß ihre Söhne und Töchter keine zweifelhafte Allianz geschlossen haben; er nimmt ihnen das komplizierte Zeremoniell der Hochzeit ab; er sorgt nicht nur für den rechten Partner, sondern auch für die Wahl des ›rechten‹ Tages: Der astrologisch bestimmte Glückstag ist für wichtige Beschlüsse jeder Art noch immer von eminenter Bedeutung; der Nakodo sorgt viertens dafür, daß die Ehe wirtschaftlich auf soliden Füßen steht, und kümmert sich schließlich um die Beschaffung einer Wohnung: In Tokio kommen noch heute über hundert Bewerber auf eine Normalpreis-Wohnung.

Wie sehr althergebrachte Vorstellungen noch immer herrschen, wie wenig Rausch und Verliebtheit eine ins Gewicht fallende Rolle spielen, zeigen die Erwägungen, die vor der Hochzeit des jüngsten Kaisersohnes, des Prinzen Yoshi (geboren 1935), in der Öffentlichkeit diskutiert wurden. Seine Braut, so hieß es, dürfe die Kronprinzessin und künftige Kaiserin keinesfalls überstrahlen: weder an Schönheit noch an Gewandtheit oder Bildung. Sie dürfe nicht größer sein als der Prinz (1,60 m), sie müsse reich sein, denn die Apanage des Prinzen sei gering, sie müsse mindestens ein, höchstens acht Jahre jünger sein als der Prinz und: Sie dürfe höchstens 55 kg wiegen. Diese schwierige Aufgabe hat das Kaiserliche Hofamt zur allgemeinen Zufriedenheit gelöst. Aber auch Hanako, die charmante spätere Prinzessin, stellte vor der Hochzeit, das heißt vor dem Miai, ihre Forderungen: Sie bat sich aus, auch »nein« sagen zu dürfen, falls ihr der Prinz nicht gefalle. Sie hat nicht nein gesagt, weil, wie sie später bekannte, die »Aufrichtigkeit« und der »gute Charakter« des Prinzen sie »beeindruckt« hatten.

Sehr beliebt sind heute ›Hochzeiten von der Stange‹: Heiratsgeschäfte nehmen den Brautleuten und ihren Familien alle Vorbereitungen ab: vom Brautgeschenk bis zu den Flitterwochen, von der Hochzeitsfeier bis zu den Möbeln für die neue Wohnung, von der Shinto-Zeremonie bis zum Leihen des Hochzeitskimonos. Die Hochzeiten finden statt in riesigen Hochzeitsinstituten (Tagesdurchschnitt an Glückstagen: 250 Paare), in großen Hotels oder auch in Warenhäusern. Die Preise für eine Durchschnittshochzeit schwanken je nach Zahl der Gäste zwischen 3000 und 10000 DM. In einem erstklassigen Hotel zahlt man allein für Zeremonie und Empfang bei nur 100 Gästen mindestens 10000 DM. Schon manche Familie hat sich allein der Hochzeit wegen nahezu ruiniert. Aber um des Gesichtes willen ist man Nachbarn und Verwandten solchen Aufwand schuldig.

Auch in Japan ist das Heiratsalter wie überall in der Welt gesunken. Den Stand der Nara-Zeit hat es indessen noch nicht wieder erreicht: Damals waren der Mann mit 15, die Frau mit 13 Jahren heiratsfähig. Zugenommen hat dagegen in den letzten zwanzig Jahren die Tendenz zur Selbständigkeit. Der Begriff der ›alten Jungfer‹ war in Vorkriegszeiten völlig unbekannt: Zu heiraten war eine Selbstverständlichkeit für jedes Mädchen. Ebenso steht das Recht zur Scheidung jetzt auch den Frauen zu. Früher wurde die Scheidung allein vom Manne ausgesprochen: Ein kurzer Dreieinhalb-Zeilen-Text (Mikudarihan) genügte: »Ich habe es mir überlegt: Du bist von nun an geschieden und frei, wieder zu heiraten.« Als hinreichende Gründe galten u.a. Unfruchtbarkeit, Wollust und Geschwätzigkeit.

Auch heute ist die Scheidung äußerst einfach, allerdings nur bei gegenseitiger Übereinkunft. Bei Benutzung des Rechtsweges kann die Entscheidung viele Jahre auf sich warten lassen. Es hat sich gezeigt, daß Miai-Heiraten besser halten als Liebesheiraten und die Scheidungsrate mit 1 pro Jahr auf 1000 Menschen gerechnet, nicht über dem europäischen Durchschnitt liegt. Nach Meinungsumfragen denken nur 5% aller Frauen an Scheidung, wenn ihr Mann nicht genug Geld verdient. 67,9% hingegen sind zur Trennung entschlossen, wenn der Mann zu ihnen ›unfreundlich‹ ist.

Neue Rolle. Die Veränderung im sozialen Status der Frau betrifft zunächst die Großstädte, die Musterbetriebe der Industrie, die Schauseite des Inselreiches. In den weniger im Vordergrund stehenden Landwirtschaftsgebieten Japans ist von Emanzipation und sozialer Befreiung der Frau kaum die Rede. Hier leistet sie noch immer Sklavenarbeit, hat einen Haufen Kinder und einen Mann dazu, den sie betreuen muß. Hier Wandel zu schaffen, gilt als eine der Hauptaufgaben der Sozialarbeit. Sie durchzuführen, ist nicht von heute auf morgen möglich, ganz abgesehen von der Traditionszähigkeit, die in ländlichen Bezirken besonders stark ist.

Die Stellung der Frau in der japanischen Gesellschaft kann

indessen nicht danach beurteilt werden, was noch nicht erreicht worden ist, sondern nur danach, was sich bereits geändert hat. Daß die Veränderung groß ist, steht außer Frage. Ebenso deutlich ist das Bemühen, mit der Angleichung an den internationalen Sozialstandard nicht zugleich das eigentliche japanische Gesicht zu verlieren. Die Frau in Japan, so schrieb kürzlich eine bekannte japanische Autorin, wäre überhaupt nicht der Erwähnung wert, wenn ihr die Charakteristika der japanischen Tradition genommen würden. Immer stärker spürt man, was ein radikales Abgehen von der alten Lebensordnung bedeuten würde. Die Entscheidung – auch das weiß man – fällt nicht am grünen Tisch, wird nicht durch Gesetz oder Diktat herbeigeführt. Die Entscheidung fällt vor allem in der Familie. Damit liegt sie zu einem guten Teil bei der japanischen Frau. Wenn auch nach wie vor das Ziel der Familie der Mann und der männliche Nachkomme ist, der den Bestand der Familie sichert – Mittelpunkt der Familie war, ist und bleibt die Frau.

Der kultivierten japanischen Frau ist es bisher gelungen, die hohen seelischen, sittlichen und ästhetischen Werte, die sie seit Jahrhunderten verkörpert, durch die Verwirrung der letzten Jahrzehnte zu tragen. Sie wird sich bei aller Emanzipation auch künftig nicht die dreifache Rolle nehmen lassen, die ihr keine andere Frau der Welt streitig machen kann: »liebende Sklavin, dienende Herrscherin und namenlos bleibende Künstlerin« zu sein.

Geschichte und Geschichten

Höflichkeit

Eine typische Erscheinungsform des Gruppendenkens ist die japanische Art der Höflichkeit. Auch sie fand ihre noch heute gültige Prägung in der Tokugawa-Zeit, vor allem durch Hakuseki Arai, den großen konfuzianischen Gelehrten und Staatsmann. Er war wie die alten Weisen Chinas der Meinung, daß Etikette und Sitte von entscheidender Bedeutung sind auch für das politische Leben. In der Mißachtung dieses Wissens sah er die Ursache für die Übel seiner Zeit, für ihre Frivolität und Extravaganz. Um Sitte und Etikette neu zu beleben, führte er zunächst am Hofe des Shoguns ein strenges Zeremoniell ein. Höchstpersönlich kümmerte er sich um Kleinigkeiten wie zum Beispiel die Durchführung einer minuziösen Kleiderordnung. Seine Vorschriften sind heute nicht mehr wirksam. Wirksam geblieben aber ist die ihnen zugrunde liegende Haltung, eben jene Höflichkeit, die Dietrich Seckel eine Freude am »Zelebrieren verwickelter Umgangsformen« nennt.

Die japanische Höflichkeit ist grundsätzlich anderer Art als in Europa. Dort will sie über die rein äußerliche Form hinaus Ausdruck persönlichen Herzenstaktes sein. In Japan hingegen steht sie ausschließlich im Rahmen der Gruppenbezogenheit: Man wahrt die Formen der Etikette, um seinen Verpflichtungen nachzukommen, um seine Zugehörigkeit zu einer bestimmten Gruppe zu dokumentieren, um sich und vor allem anderen Peinlichkeiten zu ersparen. Geht ein Bürochef, ein älterer Verwandter, ein prominentes Mitglied einer Religionsgemeinschaft, eines Hausfrauenvereins oder einer Gewerkschaft auf Reisen, gebietet es die Höflichkeit, seinen Kontakt mit der jeweiligen Gruppe zu bekunden und zum Abschied zu kommen.

Geschenke zu machen, ist üblich. Zu große Geschenke aber sind unhöflich: Sie bringen andre in Verlegenheit, und daraus könnte das Gefühl einer Schuld und damit die Notwendigkeit, die Schuld zu bereinigen, entstehen. Das aber würde wieder Ruhe und Ordnung im Gefüge der Gruppe stören.

Der Japaner ist mimosenhaft empfindlich. Nie sagt man ihm:

»Das hast du schlecht gemacht.« Er könnte dadurch in Verzweiflung geraten und womöglich Selbstmord begehen. Man sagt statt dessen: »Es war schon einmal besser«, und schon das ist ein grober Tadel. Man fragt das Dienstmädchen nie: »Hast du nicht irgendwo meine Handtasche gesehen?« Sie könnte glauben, man habe den Verdacht, sie hätte die Tasche absichtlich beiseite geräumt.

Japaner sind sich stets des Rahmens bewußt, in dem sie stehen. Fällt dieser Rahmen, dann benehmen sie sich – zum Beispiel in der Eisenbahn – in hemmungsloser Ungeniertheit: Es ist ja niemand da, den sie kennen, dem gegenüber eine Verpflichtung bestünde. Besucht man einen Abteilungsleiter in einem Ministerium, dann findet man ihn hemdsärmelig inmitten seiner ebenfalls hemdsärmeligen Leute sitzen. Er hat wohl bemerkt, daß man eingetreten ist. Aber weder er noch der Besucher sind vorhanden, ehe nicht die Tatsache des Besuchs durch ein Büromädchen, das am Eingang sitzt, offiziell gemeldet worden ist. Auch jetzt wird der Büroleiter dem Besucher, den er kennt, nicht zuwinken und ihn begrüßen. Das würde sich den anderen gegenüber nicht gehören. Sorgfältig liest er erst die Visitenkarte, erhebt sich und zieht seinen Rock an: Nun erst ist er da – der Besucher darf ihn begrüßen.

Alles, was im Rahmen einer Gruppe geschieht, ist an bestimmte Formen gebunden. Durch die Wahrung dieser Formen beweist man seine loyale Zugehörigkeit. In Europa gilt ›der‹ Mensch. Ihm ist man etwas schuldig, seiner ist etwas würdig oder unwürdig. In Japan ist man nie der Menschheit verpflichtet, sondern ausschließlich einem engbegrenzten Personenkreis, dem allein gegenüber das gilt, was man ›giri‹ oder ›ninjo‹ nennt: menschliches Verpflichtetsein.

In der Schule wird ein deutscher Text gelesen: Ein Schuster sieht von seinem Laden aus ein Mädchen, beladen mit Paketen, auf dem winterlichen Glatteis ausrutschen und hinfallen. Frage des ausländischen Lektors: »Was würden Sie tun?« Antwort: »Nichts.« – »Warum?« Antwort: »Nicht mein Mädchen.« Vor dem Betreten eines japanischen Hauses zieht man die Schuhe aus und betritt die Tatami nur in Strümpfen: Ein japanisches Zimmer ist mustergültig sauber. Es wäre ein schwerer Verstoß gegen ›giri‹, diese Sauberkeit nicht zu respektieren. Umgekehrt:

Wo man die Schuhe nicht auszieht, kann es mit der Sauberkeit und Ordnung nicht weit her sein. Hier gilt kein ›giri‹, man kann sich also formenlos benehmen.

Hier liegt die Ursache für den so oft kritisierten Mangel an öffentlicher Moral: Einem amorphen Begriff wie der ›Öffentlichkeit‹ schuldet man kein ›giri‹. Das erklärt, wie Kurt Brasch es formulierte, »warum das Verhalten der Japaner in der Öffentlichkeit auch heute noch oft für den verständnis-, ja fassungslos zusehenden Europäer von ›ungeniert‹ bis ›rücksichtslos‹ reicht.«

Eta

Vor einigen Jahren verlor ein junger Mann mit abgeschlossenem Hochschulstudium seine Stellung in Osaka, als herauskam, daß er ein Eta war. Ein junges Paar beging Selbstmord, weil die Familie des jungen Mannes unter keinen Umständen die Heirat gestatten wollte: »Man kann doch nicht eine Eta als Schwiegertochter haben!«

Obgleich die Eta 1871 von jeder Diskriminierung befreit wurden, sind sie nach wie vor ein ungelöstes soziales Problem. Am 18.8.1961 klagten sie in einer vom Parlament akzeptierten Petition, daß seit der Meiji-Zeit zwar gesetzlich aller Makel von ihnen genommen sei, die Gesellschaft sie aber noch immer ignoriere und ausstoße. Ein Ausschuß wurde eingesetzt, Kabinettsbeschlüsse gefaßt – die Haltung des Volkes blieb die gleiche.

Äußerlich unterscheiden sich die Eta durch nichts von der anderen japanischen Bevölkerung, weder anthropomorphisch noch kulturell. Trotzdem gelten sie nach wie vor als Paria. Bis zum Ende der Tokugawa-Zeit mußten sie bestimmte Kleidung tragen und das Haar mit Stroh binden. Sie durften nur in bestimmten Ghettos wohnen und nie die Schwelle des Hauses eines ›echten‹ Japaners überschreiten. Sich mit ihnen einzulassen, ja nur mit ihnen zu sitzen und zu rauchen, war undenkbar. Sie waren die ›Unberührbaren‹, deren bloße Gegenwart eine Gefahr für das normale Volk war. Ihnen blieben die ›unreinen‹ Tätigkeiten vorbehalten, alles, was mit Blut, Tod und Schmutz zu tun hatte. Ihre Hauptberufe waren Schlächter und Gerber, Abdecker, Totengräber und Müllkutscher.

Die Etikettierung als ›unrein‹ hängt mit religiösen Vorstellungen zusammen: mit der buddhistischen Lehre, die das Töten verdammt, und mit den Shinto-Begriffen von Reinheit und Tsumi. Weder die religiöse Basis noch die berufliche Differenzierung sind in der heutigen säkularisierten Industriegesellschaft ins Gewicht fallende Faktoren. Abstand und Diskriminierung sind dennoch geblieben.

Vor der Meiji-Zeit unterschied man generell zwischen ›guten‹ und ›niederen‹ Leuten (Ryomin - Senmin). Letztere teilte man in fünf Klassen, an unterster Stelle die Eta. Nach 1871 durfte das Wort nicht mehr gebraucht werden. Man nannte sie statt dessen Shinheimin, Shinhei, Suiheisha, Suihei und neuerdings Burakumin, weil die Siedlungen, in denen sie bevorzugt wohnen – besonders bei Kyoto, Osaka und Hiroshima –, ›Buraku‹ genannt werden.

Es war ein gewaltiger Erfolg der Eta-Befreiungsbewegung, als einer ihrer Führer, Jiichiro Matsumoto, 1936 ins Oberhaus gewählt und 1947 darin sogar Vizepräsident wurde. Berühmt geworden ist die unkonventionelle Art, mit der er kraft seines Amtes den Kaiser im Oberhaus willkommen hieß. Nicht ehrfurchtsvoll gesenkten Hauptes, nicht seitwärts mit ehrerbietig höflichen Schritten, sondern erhobenen Hauptes ging er direkt auf ihn zu und sagte schlicht: »Wir danken Ihnen für Ihr Kommen!« Welch ein Wandel gegenüber jener Magistratsentscheidung im Jahre 1859, als Recht gefordert wurde für den gewaltsamen Tod eines Eta. Damals erklärte der Richter: »Ein Eta ist ein Siebentel eines normalen Menschen wert. Um den Schuldigen bestrafen zu können, müßte er erst noch sechs weitere von euch Kerlen umbringen.«

Viele der jungen Buraku-Intellektuellen sind heute sehr von Marx beeinflußt. Ihre Emanzipationsbewegung (Kaiho Domei) ist eine der aktivsten linken Gruppen und zeigt starke Bindungen zur sozialistischen und kommunistischen Partei. Ihre Fahne ist schwarz mit einer roten Dornenkrone. Trotzdem ist das patriarchalische Oyabun-Kobun-Verhältnis unter den Burakumin – man spricht von etwa 3000000 (amtlich: 1,1 Million) – besonders ausgeprägt: Es schafft Zusammenhalt, es schützt, soweit das möglich ist, den einzelnen und verleiht der Gruppe Stoßkraft. Daß diese Stoßkraft auch politisch gefährlich werden kann, haben manche Aufstände der ›Unterwelt‹ gezeigt.

Madame Butterfly

Einen herrlichen Blick über den Hafen von Nagasaki hat das Glover-Haus, in dessen Nähe ein Denkmal der Madame Butterfly und eine Denkplakette für den Komponisten Giacomo Puccini stehen. Doch der reiche schottische Kaufmann Glover, der 1859 nach Japan kam, hat nicht das mindeste mit der weltberühmten Chocho-san zu tun. Man weiß nicht einmal sicher, ob sie überhaupt gelebt hat. Nur im Interesse des Fremdenverkehrs wird die Verbindung Glover-Butterfly bis heute eifrig gepflegt. Wahrscheinlich hat ein junger amerikanischer Marine-Leutnant in den letzten Jahren des Shogunats seine Geliebte aus einem Freudenhaus mittlerer Klasse freigekauft, etwas, was unter Japanern durchaus üblich war, nicht aber bei einem Fremden. Die Geschichte machte in der Ausländerkolonie die Runde und kam, inzwischen reich ausgeschmückt, auch dem amerikanischen Konsul zu Ohren. Der erzählte sie seinem Bruder, dem Schriftsteller John Luther Long; und Bruder John schrieb eine Novelle, die 1898 erschien und den Titel ›Madame Butterfly‹ trug. David Belasco dramatisierte den Stoff für eine Londoner Bühne, znd diese Aufführung inspirierte Puccini zu seiner Oper.

Tojin Okichi

Nicht besser historisch gesichert ist die Geschichte der Geisha Okichi, der zu Ehren jedes Jahr in Shimoda ein Fest gefeiert wird, das Tausende von Besuchern anzieht. Und das viel gespielte Drama ›Tojin Okichi‹ reißt die Theaterbesucher noch heute zu tränenreicher Rührung hin. Im Jahre 1856 schlug der erste amerikanische Konsul auf japanischem Boden, Townsend Harris, in dem kleinen Städtchen Shimoda sein Quartier auf. Die Verhandlungen zwischen Japan und den Vereinigten Staaten zogen sich über ein ganzes Jahr hin. Um Konsul Harris bei guter Laune zu halten, bestimmten die Behörden, daß die Geisha Okichi seinen Haushalt versorgen sollte. Wie weit ihre Dienste gingen, entzieht sich jeder exakten Kenntnis. Die Legende will wissen, daß sie ihn, als er krank war, lieben lernte. Der Dienst, den sie als loyale Dienerin ihres Landes und auf Befehl der eigenen Behörden pflichtgetreu ausführte, wurde ihr zum Verhängnis: Sie verfiel allgemeiner Verachtung, weil sie sich mit einem der verhaßten weißen Barbaren eingelassen hatte. Sie starb schließlich völlig isoliert an gebrochenem Herzen.

Aoi no ue

Hikaru Genji, der große Liebesabenteurer, Held des Genji Monogatari, hat Aoi no Ue, die Tochter des Kanzlers zur Linken, geheiratet. Liebesabenteuer aber haben ihn zur schönen Rokujo geführt, der jungen Witwe des kurz vorher verstorbenen Erbprinzen. Und bald wendet sich Genjis Herz der noch schöneren Yugao (Abendwinde) zu.

Die symbolische Blume des Kamo-Tempels ist die Stockrose Aoi. Alljährlich findet in Kamo das prächtige Stockrosenfest statt. Hoch und nieder strömt herzu, auch die Damen des Hofadels, aber inkognito in prächtigen Wagen und mit großem Gefolge. Aoi no Ue kommt diesmal mit besonders stattlichem Aufzug. Als Tochter des allgewaltigen Kanzlers kann sie sich solchen Prunk erlauben. Die Erbprinzessin, die nach dem Tode ihres Gemahls in einfachen Verhältnissen leben muß, hat nur einen recht bescheidenen Wagen und nur wenige Diener. Um Aoi no Ues Wagen Platz zu schaffen, schieben ihre Diener kurzerhand Rokujos Wagen auf die Seite. Die Erbprinzessin entbrennt darauf in wilder Eifersucht und abgrundtiefem Haß gegen die Rivalin (nach Bohner: ›No‹).

Schon im Genji-Monogatari wird angedeutet, daß die Krankheit, der Aoi no Ue nach diesem Vorfall verfällt, von einem »feindlichen Geist« herrühre, der von ihr Besitz ergriffen hat. Ja, die Stimme, die aus ihr spricht, ist es nicht die Stimme Rokujos, ihrer Rivalin? Diesen geheimnisvollen Vorgang, hervorgerufen durch brennende Eifersucht, steigert das No-Spiel zu dramatischer Höhe im Kampf der exorzierenden Priesterin mit dem dämonischen Geist der Rokujo, von dem Aoi no Ue besessen ist. Noch heute gehört dieses No zum ständigen Repertoire aller Bühnen: als klassisches Drama der Eifersucht.

Asagao Nikki

Dieses Stück ist seit jeher im Kabuki wie im Bunraku ›das‹ Liebesdrama schlechthin.

Asojiro, ein junger Samurai, rudert eines Abends mit Freunden auf dem Ujigawa, um sich an den Leuchtkäfern zu erfreuen.

Da hört er meisterhaftes Koto-Spiel aus einem großen Boot in der Nähe und eine Mädchenstimme, die dazu singt. Ein Windstoß treibt ihm einen seidenen Haarschmuck aus diesem Boot zu. Er eilt, ihn zurückzugeben, und wird zum Dank an Bord gebeten. Die junge Künstlerin ist Miyuki mit ihrer Mutter und ihrer Dienerin Asaka. Miyuki und Asojiro verlieben sich auf den ersten Blick. Zum Abschied soll er ihr einen Vers auf einen Fächer schreiben, auf den sie rasch ein paar Morgenwinden (Asagao) malt. Er schreibt: Wie schmerzlich, daß das volle Tageslicht die Asagao welken läßt. Jahre vergehen. Asojiro ist ein erwachsener Samurai und heißt jetzt Komazawa Jirozaemon. Miyuki aber ist von Hause fortgelaufen, immer auf der Suche nach Asojiro. Eines Tages ist dieser mit einem älteren Samurai, Iwashiro, auf der Rückreise nach Edo. In Shimada machen sie Station. Da sieht Komazawa einen Wandschirm mit einem Fächer: das Asagao-Bild mit seinen Versen. Seltsam – der echte Fächer ist doch in seinem eigenen Besitz! Er befragt den Wirt Tokuemon und der berichtet die traurige Geschichte von der Sängerin Asagao, die sich auf der Suche nach ihrem Geliebten blind geweint habe. Komazawa ahnt sofort, wer Asagao ist und läßt sie rufen. Doch Iwashiro findet das albern und läßt nicht zu, daß sie das Zimmer betritt. Sie singt und Komazawa erkennt sie. Doch er wagt es nicht, sich vor Iwashiro zu ihr zu bekennen. Asagao geht, Iwashiro drängt zum Aufbruch. So kann Komazawa für die Blinde nur eine Augenmedizin und den echten Fächer zurücklassen. Asagao aber hat gespürt, daß der stille Gast etwas Besonderes war. Sie kommt zurück und findet Medizin und Fächer. Rasch eilt sie dem Geliebten nach. Der Fluß ist inzwischen angeschwollen, die Überfahrt unmöglich. Verzweifelt will sie sich in die Fluten stürzen. Doch ihre Begleiter hindern sie daran. Und als Tokuemon – er entpuppt sich als Vater der Dienerin Asaka – erfährt, daß die Augenmedizin mit Blut gemischt werden muß, um wirksam zu werden, entleibt er sich in treuer Ergebenheit. Asagao aber wird wieder sehend und hofft auf baldige Wiedervereinigung mit dem Geliebten.

Motoko Hani

Die berühmteste Frau der Meiji-Zeit war Motoko Hani. Sie starb 1956 im Alter von 83 Jahren. Aus ihrem Leben berichtet

Marcel Giuglaris: »Nach bestandenem Schulexamen wurde sie zunächst Lehrerin und heiratete; aber sie wurde verstoßen, weil sie ihrer Gehorsamspflicht gegenüber der Schwiegermutter nicht genügt hatte. Sie ging als Kindermädchen in ein Krankenhaus. Dort war die Frau des Direktors die erste Ärztin Japans; von ihr wurde die erste medizinische Fakultät für weibliche Studenten gegründet. Sie war es, die ihrem jungen Kindermädchen, trotz der Vorbehalte, die man gegen eine verstoßene Frau hatte, wieder eine Stellung als Lehrerin vermittelte. Motoko mußte jeden Tag auf dem Weg zur Schule an dem Verlagsgebäude einer Zeitung, der ›Hochi Shimbun‹, vorbeigehen. Eines Tages suchte man dort einen Hauskorrektor für die Druckerei. Sie bewarb sich und erstaunlicherweise bekam sie den Posten. Achtzehn Jahre war sie damals alt. Ein Jahr darauf heiratete sie einen Redakteur des Blattes. Er hieß Hani und war 22 Jahre alt. Das Paar stürzte sich in ein erstaunliches Abenteuer. Als Gründer und Herausgeber einer Zeitschrift – ›Katei no Tomo‹, Freund der Familie, wenige Jahre später in ›Fujin no Tomo‹, Freund der Frau, umgetauft – machten sie sich zu Verfechtern des abendländischen Lebens, der freien Lehrtätigkeit, des Liberalismus und des Protestantismus. Kurz vor dem Ersten Weltkrieg eröffneten sie ein Gymnasium und übten bald starken Einfluß auf die wohlhabenden Familien aus. Es ist jetzt, nachdem die Hanis berühmt geworden sind, schwer vorstellbar: Aber in jener Zeit durchbrach alles, was sie taten, jahrhundertealte Verbote. Bald fanden sie Nacheiferer. Andere Frauenzeitschriften erschienen, weitere Mädchenschulen wurden gegründet. Aber kein Ehepaar wurde so berühmt wie das Ehepaar Hani.«

Mumeo Oku

Die ganze Frauenbewegung dieses Jahrhunderts spiegelt sich im Leben einer einzigen Frau: Mumeo Oku. Sie war Tochter eines Dorfschmieds, heiratete einen Übersetzer deutscher Sozialliteratur, wurde die Geliebte eines linksgerichteten Schriftstellers und begann schließlich selbst zu schreiben. ›Rodo Sekai‹, die Welt des Arbeiters, so hieß die Zeitschrift, der sie ihre Artikel anvertraute. Aber sie wollte nicht nur theoretisieren. Sie wollte die Sozialprobleme des Arbeiters aus eigener Erfahrung kennenlernen: Sie wurde Textilarbeiterin. Als sie 16 Jahre alt war, 1911, trat sie der Frauenbewegung bei. Diese Bewegung, ins Leben gerufen durch Raicho Hiratsuka, kämpfte für zwei Hauptziele: für das Stimmrecht der Frauen und für ihr Recht, keinen Syphilitiker heiraten zu müssen. Die junge Mumeo Oku wurde mit dem Syphilis-Problem betraut. Sie lief von Politiker zu Politiker, sie reiste nach Korea und Formosa, sie sprach auf Hunderten von Versammlungen. Sie war keine geborene Rednerin. Ihre Worte waren einfach und ungeschliffen, aber sie waren überzeugend. Sie reiste nicht etwa auf Verbandskosten. Mal mußte sie hier, mal dort arbeiten. Ihre Kleidung war schlecht und ihr Äußeres ungepflegt. Aber sie setzte sich durch. Sie gründete eine neue Frauenorganisation, schuf eine Zeitschrift ›Hataraku Onna‹ – die arbeitende Frau –, hatte bald über 1000 Anhängerinnen, bis das Militärregime ihre Tätigkeit untersagte. Erst als die Amerikaner ins Land kamen, konnte sie ihr zehnjähriges Schweigen beenden. Von den Frauenorganisationen, die nun wie Pilze aus dem Boden schossen, einigte sie rund 200 unter dem Namen ›Shufu Rengokai‹, Hausfrauenliga. Sie selbst wurde ins Oberhaus gewählt. Sie errichtete ihrer Liga ein fünfstöckiges Haus, das Shufu Kaikan: Es wurde das Hauptquartier einer Riesenbewegung, deren Einfluß auf alle Gebiete des hausfraulichen Alltags von eminenter Bedeutung ist. Sie hat sogar eine eigene Zeitschrift mit einer Auflage von mehr als 500000 Exemplaren (nach Giuglaris).

Prostitution

Auf Anregung der Besatzungsmacht – General McArthur hatte schon 1946 die Forderung gestellt – wurde die Prostitution 1958 gesetzlich abgeschafft. Während sie früher kein Problem war, ist sie seitdem eines geworden. Damals gab es etwa 35000 Bordelle im ganzen Land und die 130000 Damen darin waren der Polizei und den Gesundheitsbehörden bekannt. Das Gesetz, das ihr Gewerbe verbot, hat sie zugleich jeder Kontrolle entzogen und die Volksgesundheit in hohem Maße gefährdet. Es ist übrigens für die japanische Art blumenreicher Umschreibung charakteristisch, daß der Bordellbesitzer-Verband einst »Selbständiger Verband zur Verhütung venerischer Krankheiten« hieß.

Die Prostituierten von einst sind untergetaucht in anderen Berufen. Sie arbeiten heute als Bar-Hostessen, japanisch ›Nacht-

Schmetterlinge‹ genannt, als Teashop-Girls, als Masseusen, als Straßenmädchen. Bei dem Gesetz von 1958, dem auch das weltberühmte Yoshiwara-Viertel von Tokio zum Opfer fiel, ging es offenbar nur um eine Formalität, keineswegs um eine moralische Diffamierung der Prostitution. Denn das sogenannte »entertainment by women« in ihren eigenen Häusern ist ausdrücklich nicht verboten – Prostitution an sich gilt also gar nicht als Verbrechen.

Geisha

Der größte Wunsch vieler Ausländer, die zum ersten Mal nach Japan kommen, ist, an einer ›Geisha-Party‹ teilzunehmen. Wie es dort zugeht, schilderte ein Journalist mit folgenden Worten: »Ihr Gesicht war kalkweiß geschminkt, sie trug eine hochaufgetürmte, gelackte Frisur und einen sehr farbigen Kimono. Als sie den Raum betrat, kniete sie sich tief verbeugend auf den Boden. In dieser Haltung, die sie mit viel Grazie einzunehmen wußte, verharrte sie einige Zeit. Dann hob sie den Kopf, sah flüchtig, fast scheu die Gäste an und verbeugte sich wieder. Das junge Mädchen, das sich so devot und dezent näherte, war eine Geisha.

Die weiße Puderschicht verlieh dem Gesicht etwas Maskenhaftes. Deutlich erkennbar waren nur eine feingeschwungene, schmale Nase, die ovale Gesichtsform und zartgliedrige Hände. Sie sprach leise und neigte sich bei jeder Bemerkung etwas nach vorn. Selbst diese sparsamen Gesten vermochten die statuettenhafte Wirkung nicht ganz aufzuheben. Am Essen der vier Gäste beteiligte sie sich nicht. Mit ihren Stäbchen legte sie aber abwechselnd die dekorativ hergerichteten Scheiben rohen Fisches in die kleinen Schalen. Nach einigen Gläsern Reiswein war die Stimmung etwas angeregter. Vom Reiswein nahm sie ein Glas und trank es sehr langsam. Kurz nach dem Essen erhob sie sich, um einen klassischen japanischen Tanz vorzuführen. Eine etwas ältere unauffällig gekleidete Frau begleitete sie mit einem Saiteninstrument. Es klang sehr schrill. Der Tanz erschien uns völlig ausdruckslos, die Bewegungen waren auf ein Minimum beschränkt. Mit einiger Phantasie ließ sich eine gewisse Symbolik hinter den Gesten und Posen vermuten. Dem Tanz folgte ein Lied. Nach dem Gesang verbeugte sich unsere Geisha sehr tief und sehr oft. Dann ging sie. Die japanischen Gastgeber schmunzelten. Wir, zwei ausländische Besucher, zum ersten Mal in Japan, sahen uns leicht erstaunt an. Das also war eine Geisha-Party.«

Nicht jede Geisha-Party verläuft so steif und zeremoniell. Man macht auch Scherze und kindliche Gesellschaftsspiele. Aber im Prinzip bleibt alles im gleichen harmlos förmlichen Rahmen: »Von den phantasiereichen Vorstellungen, die im Ausland über Geishas bestehen, bleibt nichts übrig.«

Um eine wirkliche Geisha zu werden, bedarf es einer harten, langjährigen Ausbildung. Sie beginnt meist schon im siebten Lebensjahr neben dem allgemeinen Schulunterricht. Erst darauf folgt die Unterweisung in einer Art Hochschule: Tanz, Musik, Gesang und Dichtung, Teezeremonie und Blumenkunst, Beredsamkeit und Soziologie, Rechnen und sogar Englisch sind die Fächer. Die Disziplin ist äußerst streng. Erst wenn dieser Lehrgang absolviert ist, ist aus der kleinen Lehrtochter (Shikomu) und später, schon auf höherer Ebene, aus der Maiko eine richtige Geisha geworden, deren Aufgabe es ist, in die grob nüchterne Welt der Männer den Zauber zarter Poesie und den Reiz geistvoller Verfeinerung zu tragen.

Wenn ein wohlhabender Mann für seine Freunde eine Gesellschaft gibt – natürlich in einem guten Restaurant –, dann bestellt oft seine Frau die dafür geeigneten Geishas. Selbst tritt sie weder beim Essen der Gäste noch nachher in Erscheinung. Ein Abend von drei bis vier Stunden für vier Gäste und zwei Geishas kostet in einem der besseren Häuser 800 bis 1000 DM. Ist es eine größere Party – etwa dreißig Gäste und bis fünfzehn Geishas –, werden ohne Wimperzucken bis zu 8000 DM für den Abend bezahlt. Auch dann hat es sich nur um Geishas der oberen, nicht der höchsten Qualität gehandelt. Die teuren, exquisiten sind kaum erschwinglich. Man kann sie sich im besten Falle von einem reichen Freunde, der sich den Luxus einer Geisha leistet, ausleihen. Je älter eine Geisha ist, desto teurer ist sie auch, desto geschliffener und geistreicher ist ihre Unterhaltung, desto gehaltvoller ihre Kunst, desto reicher ihre Erfahrung.

Die Kleidung und der Schmuck, den eine Geisha trägt, einschließlich der kostbaren Perücke, schwankt zwischen 1000 und 3000 DM, ihre Gesamtausstattung zwischen 20000 und 30000 DM. Man trifft eine Geisha in der Regel nur im Teehaus oder im

Restaurant. Aber auch dort ist sie nicht ständig. Man läßt sie durch einen Anruf bei der zuständigen Geisha-Gewerkschaft zur Unterhaltung der Gäste kommen – stundenweise, je nach Zahlkraft des Gastgebers.

Japans teuerste Schau ist in jedem Frühjahr der Azuma-Tanz der Shimbashi-Geishas. Das Ereignis dauert 25 Tage, aber es ist kaum möglich, Plätze dafür zu bekommen, auch wenn man 100 DM dafür zu zahlen bereit wäre. Um diesen Azuma-Tanz zu sehen, strömen die Geishas aus ganz Japan nach Tokio, selbst die weltberühmten Gion-Geishas aus Kyoto.

Zu dem Azuma-Tanz, der vor 30 Jahren zum ersten Mal gezeigt wurde, tragen die Geishas von Shimbashi das Kostbarste, was sie haben: Kimonos, von denen jeder mindestens 3000 DM wert ist.

Aber das ist noch nicht das Teuerste. Um überhaupt teilnehmen zu können und eine gute Tanzrolle zu erhalten, muß die Geisha einen erheblichen Betrag ausgeben. Das kann sich nicht jede leisten. Sie braucht einen wohlhabenden Schirmherrn. Es ist keine Seltenheit, daß sich bereits ein gehobener Angestellter eine Nebenfrau leistet und womöglich glaubt, das seinem gesellschaftlichen Prestige schuldig zu sein. Es gibt in Tokio ganze Wohnblocks, in denen in der Mehrzahl solche Nebenfrauen wohnen.

Die Zahl der Männer aber, die in der Lage sind, eine Geisha zu finanzieren, denen es Freude macht, nicht nur ihre Unterhaltung und Gesellschaft zu genießen, sondern die auch das nötige Geld haben, damit sie ihre Berufsgenossinnen im Schmuck, in der Kleidung, in den Extravaganzen ausstechen kann – die Zahl dieser Männer wird immer kleiner.

Immerhin ist es auch heute dem Ruf eines prominenten Mannes keineswegs abträglich, wenn sein Name zusammen mit dem einer Geisha genannt wird. Im Gegenteil. Es ist ein Zeichen seines Wohlstandes, seines Einflusses und zugleich ein Beweis dafür, daß er, ein Mann von Welt, auch in den Kreisen der kultivierten Halbwelt zu Hause ist. Das berühmteste Beispiel der Nachkriegszeit ist der große Politiker Shigeru Yoshida, dessen langjährige Gefährtin eine bekannte Shimbashi-Geisha war.

Der Beruf einer Geisha ist mit dem amerikanischen Beruf einer Hosteß verglichen worden. »Beide stellen ihre Freundlichkeit, ihr Lächeln und ihre Gesellschaft zur Verfügung, ohne dabei ihr eigentliches Innenleben auch nur im geringsten mitschwingen zu lassen« (Maraini). Das heißt: Liebe gehört bei ihnen nicht zum Beruf, sondern ist uneingeschränkt Privatsache.

Geisha heißt der Schreibweise nach »gebildete Person«. Das ist auch, von der erlesenen Kleidung und dem gepflegten Makeup abgesehen, entscheidend für ihre Qualität. Geishas sind daher als Ehepartner sehr begehrt. Es kommt aber auch vor, daß sie einen Schönheitssalon, ein Restaurant, eine Tanzschule oder dergleichen aufmachen.

Daß man sie, besonders im Ausland, mit einer ›Joro‹, einer gewöhnlichen Prostituierten, verwechselt und den Begriff ›Geisha‹, der eine ganze Welt höchster Verfeinerung umfaßt, damit abwertet und seines zarten, ästhetisch nuancierten Zaubers beraubt, dieser Irrtum ist durch die Besatzungszeit verstärkt worden. Selbst wenn man in Rechnung stellt, daß der Übergang zum Liebesgewerbe, noch dazu bei einem Volk, das nicht mit dem Makel der Erbsünde behaftet ist, immer fließend war – in der Nachkriegszeit hieß alles Weibliche, das für die weißen oder schwarzen Soldaten zu haben war, »the little geisha-girl«.

Konfuzianismus in Japan

Hauptanliegen des Konfuzianismus ist die Harmonie von Himmel, Mensch und Erde. Wo diese Harmonie fehlt, bedarf es des Studiums der Werke von Konfuzius und seinen Schülern.

Als der Konfuzianismus nach Japan kam, war er von Taoismus und Buddhismus, von Mystik und Metaphysik stark überwuchert. Japan hat sich von allem nur einen einzigen Gesichtspunkt ausgewählt: die politische Komponente. Bereits die 17 Artikel Shotoku Taishis sind auf dieses politische Ziel gerichtet: auf Stärkung der Zentralregierung, auf Wahrung des rechten Verhältnisses zwischen Herrscher und Untertan, auf Erhaltung der Harmonie zwischen Oberen und Unteren.

Schon das Studium der konfuzianischen Schriften war politisch orientiert: Es war ausschließlich künftigen Regierungsbeamten vorbehalten. Sosehr die Kontakte mit China zunahmen, das demokratische Element der Lehre, die sich in China theoretisch an jedermann wandte, wurde nach Japan nicht übernommen. Hier blieb sie ein Privileg der Aristokratie und wurde zunehmend ein Monopol bestimmter Gelehrten-Familien, die auf das engste mit dem Kaiserhaus verbunden waren.

Je schwächer die Kaiser wurden, desto schwächer wurde auch der Konfuzianismus. Schließlich unterlag er dem Buddhismus ganz. Sein Schicksal schien besiegelt: Die metaphysische Hintergründigkeit des Buddhismus und der sozial orientierte Humanismus der konfuzianischen Lehre schienen unvereinbar. Dennoch hat der Konfuzianismus überlebt. Die gelehrten Priester der Heian- und Kamakura-Zeit nahmen sich seiner an und die Zen-Mönche haben ihn später aktiv gefördert. 500 Jahre lebte er gleichsam im buddhistischen Untergrund. Erst im 17. Jahrhundert gewann er seine Unabhängigkeit zurück. Kaiser Gokomyo bestimmte, daß die Kommentare aus der Han- und Tang-Zeit zu vergessen und die der neuen Sung-Zeit zu verwenden seien. Damit war die Basis für jene Form des Konfuzianismus geschaffen, die die ganze Tokugawa-Zeit beherrscht hat und die noch heute wirksam ist.

Der große Gelehrte Razan Hayashi (1583-1657) legte den Grund für die konfuzianische Schulung aller Tokugawa-Beamten. Er war enger Berater von Ieyasu und Iemitsu und hat ihnen die Überzeugung vermittelt, daß eine wirksame Verwaltung und Wahrung des Friedens nur mit Hilfe des Konfuzianismus möglich sei. Wie strikt dieser durchgeführt wurde, wie grausam sich die Trennung von unten und oben auswirkte, zeigt die Geschichte von Sogoro Sakura.

Unter 300 Dorfältesten war er derjenige, der es auf sich nahm, dem Shogun eine Bittschrift seiner Bauern zu überreichen. Das war dem niederen Volk bei Todesstrafe verboten. Aber die Bauern wußten keinen anderen Rat. Sie wurden von ihrem 23-jährigen Fürsten Masanobu Hotta bis aufs Blut gepeinigt. Alle Petitionen an ihn wurden mit neuer Tyrannei beantwortet. Mit immer neuen Steuern wurden sie zur Verzweiflung getrieben. Nun herrschte Hungersnot. Nicht ein einziges Saatkorn für die Felder war mehr aufzutreiben. Sogoro Sakura wußte, was er tat. Es war sein sicherer Tod. Als er am Kaneiji bei Ueno aus dem Dunkel heraustrat und auf den Zug zuging, der den Shogun Ietsuna Tokugawa begleitete, wurde er sofort von den Wachen ergriffen. Die Bittschrift aber fand ihren Weg: Masanobus Tyrannei wurde bestraft: Seine Güter wurden eingezogen, er selbst nach Tokushima verbannt. Doch zuvor traf den armen Sogoro die ganze Härte des Gesetzes, das »geschaffen war zur gnadenlosen Unterdrückung der Schwachen durch eine Klasse, deren Herrschaft auf Gewalt gegründet war« (Sansom). Sogoro Sakura, der alle ›Schuld‹ auf sich genommen hatte, wurde mit seiner Frau gekreuzigt, nachdem sie zuvor mit eigenen Augen hatten zusehen müssen, wie ihre Kinder enthauptet wurden (1655). Das ist die berühmteste unter vielen Hunderten von Bauern-Revolten, die die letzten hundert Jahre des Tokugawa-Regimes erschütterten. Selbst so scharfe Anti-Konfuzianer wie die Shinto-Erneuerer der Kokugaku- und der Mito-Schule griffen zur Stützung der Tenno-Idee auf die konfuzianischen Elemente von Chu und Ko zurück. Die Zahl der konfuzianischen Schulen blieb während der ganzen Tokugawa-Zeit minimal und auf den obersten Stand beschränkt. Von 1615-1789 gab es nur drei Regierungsschulen für den Beamten-Nachwuchs. Danach erhöhte sich die Zahl auf acht.

Mit dem wachsenden Einfluß westlicher Wissenschaft fühlte sich der Konfuzianismus zunehmend gefährdet. Er fürchtete die gleichen Schläge, denen einst in Europa die Scholastik von seiten der modernen Wissenschaft ausgesetzt war. Männer wie Kazan Watanabe und Choei Takano, die sich offen für das neue Wissen aus dem Westen einsetzten, wurden als Verräter interniert oder ins Gefängnis gebracht. Das Shibukawa-Edikt des Bakufu erlaubte schließlich den Ärzten, Holländisch zu lernen: Westliche Wissenschaft zu treiben, war nur im engsten Rahmen der Medizin gestattet.

Mit der Meiji-Restauration verschwand der Konfuzianismus völlig von der Bildfläche. Seine Schulen wurden geschlossen, seine Gelehrten und Repräsentanten starben einer nach dem anderen. Bis 1882 war das Studium der chinesischen Klassiker an der Teidai, der kaiserlichen Universität von Tokio, sogar verboten.

Trotzdem ist der Konfuzianismus damals nicht untergegangen. Das war das Verdienst vor allem eines Mannes: Eifu Motoda (1818-1891). Er hatte noch in der Tokugawa-Zeit den Konfuzianismus studiert, wurde Lektor am kaiserlichen Hofamt und gewann zunehmenden Einfluß auf Kaiser Meiji.

Sein großer Gegner war der Schöpfer der japanischen Verfassung Hirobumi Ito. Ito war davon überzeugt, daß Japan eine Weltmacht nur werden könne durch Absorbierung des westlichen Wissens. Motoda hingegen sah in diesem westlichen Wissen eine Bedrohung dessen, was ethisch und philosophisch Grundlage des japanischen Lebens war.

Die Wiederbelebung konfuzianischen Denkens fand Auftrieb durch eine Anti-Ausland-Bewegung, die durch das ganze Land ging, als 1887 der Versuch, die westlichen Nationen zur Aufgabe ihrer Sonderrechte zu bewegen, an deren Hochmut scheiterte. Vollends ein Sieg des Konfuzianismus war das Kaiserliche Reskript über die Erziehung vom 30. November 1890. Es wurde ein Jahr vor Motodas Tod veröffentlicht. Seine Idee war es immer gewesen, daß Japan eine ›nationale Doktrin‹ brauche, in der die konfuzianische Ethik dominiert. Trotzdem hat diese Doktrin keine beherrschende Rolle gespielt bis 1918. Erst damals erwachte der Konfuzianismus zu neuem Leben durch die Zusammenfassung verschiedener Gruppen zur sogenannten Shibunkai. Die von dieser Vereinigung ausgehenden Impulse führten zur verstärkten Beschäftigung mit chinesischer Literatur, zum Kambun-Studium an den höheren Lehranstalten, zum Moral-Unterricht an allen Schulen.

Der mandschurische Zwischenfall 1931 hatte das Verhältnis Japans zum Westen verschärft. Das wieder förderte die extreme Richtung des Konfuzianismus: Der Westen wurde mit oberflächlich-materialistischer Zivilisation, Asien und vor allem Japan mit wahrer Geisteskultur identifiziert. Konfuzianismus, japanischer Geist und traditionelle Gesinnung wurden als Einheit betrachtet. Der Weg zum militanten Nationalismus war auch von dieser Seite her geebnet.

Die Kapitulation 1945 brachte auch den Konfuzianismus zum Schweigen. Der Moral-Unterricht wurde abgeschafft. Das neue Ziel hieß Demokratie. Erst allmählich treten, zunächst noch schwach und unscheinbar, Tendenzen zutage, die einem von nationalistischer Überfremdung befreiten Konfuzianismus wieder das Wort reden.

Die sozialen Verhältnisse

Sozial rückständig? Japan ist unbestritten eine der führenden großen Industrie-Nationen der Welt. Trotzdem wird ihm vorgeworfen, hoffnungslos rückständig zu sein: Technologisch stehe es im 20., ideologisch im 19., sozial aber noch im 18. Jahrhundert. So bestechend solche Formulierung ist – solange sie nicht auf ihren sachlichen Gehalt geprüft wird, bleibt sie ein Vorurteil. Es gilt also zu fragen, ob das soziale Gesicht Japans wirklich so entscheidend anders ist als das anderer Länder.

Ein charakteristisches Merkmal der modernen Gesellschaft ist die Masse. Eine individuell kaum unterscheidbare Menge von Menschen wälzt sich tagaus, tagein in die Büros und Fabriken, wo sie in Massenproduktion Dinge herstellt und verwaltet, die wiederum von der Masse konsumiert werden: Das Gesicht der Großbetriebe bestimmt den Alltag unserer Zeit und umgekehrt: Der Massenkonsum des Alltags prägt das Gesicht der Masse, fabriziert das Einheitsgesicht von der Stange. Auch in Japan ist der Mensch Objekt der Reklame und der Massenmedien. Und doch scheint die Masse der Arbeiter und Angestellten von der in Europa und in Amerika zu unterscheiden. Drei Beispiele: Die Industrialisierung ist in Japan nicht gegen, sondern mit Zustimmung des Volkes möglich gewesen. Immer haben nationale Gesichtspunkte dabei eine Rolle gespielt. Auch in Japan gibt es die kapitalistisch organisierten Industrie-Konzerne, in denen sich Management und Arbeitermasse klar gegeneinander abheben. Doch der Gedanke, daß der ›Kapitalist‹ den ›Proletarier‹, unterdrücke und ausbeute, wird dem Arbeiter zwar suggeriert, aber er ist kein Glaube geworden, der seine Haltung und sein Handeln bestimmt. Auch in Japan gibt es Gewerkschaften, die sich bemühen, die Arbeiterschaft zu organisieren. Aber sie organisieren nicht horizontal nach Industriezweigen, sondern vertikal nach Einzelbetrieben. So ist das Gesicht der

Fabriken in weitem Ausmaß noch immer patriarchalisch bestimmt, eine Tatsache, die dem Arbeitnehmer – aller staatlichen Sozialfürsorge zum Trotz – erst das Bewußtsein sozialer Sicherheit gibt.

Die Drohung der Zahl

Mit fast 115 Millionen Einwohnern steht Japan in der Reihe der großen Völker an sechster Stelle nach China, Indien, der UdSSR, den USA und Indonesien. In Bezug auf die Bevölkerungsdichte wird es neben Bangla Desch, Südkorea, Holland und Belgien genannt. Doch dieser Vergleich ist irreführend; denn etwa 67% des ganzen Landes sind für Landwirtschaft und Siedlung nicht zu nutzen. Auf einem Sechstel des Landes also, noch nicht einmal so groß wie Bayern, drängen sich 1655 Menschen pro Quadratkilometer. Mit solcher Bevölkerungsdichte steht Japan an der Spitze aller Nationen.

Die »Drohung der Zahl« (odorokubeki kazu) war in Kriegs- und Vorkriegszeiten ein beliebtes politisches Druckmittel. Man sprach von »Volk ohne Raum«, von einer »Explosion der Bevölkerung«. 1930 waren es 90 Millionen in Großjapan und 64 Millionen auf dem heutigen Gebiet. Gleich nach dem Zweiten Weltkrieg stieg die Zahl der Geburten erneut zu schwindelhafter Höhe, so daß man noch heute vom »Baby-Boom« jener Jahre spricht.

Die Gefahr der Überbevölkerung traf Japan in einem denkbar ungünstigen Augenblick seiner Geschichte: Es hatte sein gesamtes Imperium, zwei Drittel seiner Überseemärkte und seine ganze Handelsflotte verloren. Aus dem weiten asiatischen Raum strömten die Japaner zu Hunderttausenden zurück in die alte Heimat. Zur Ernährung der Bevölkerung, der zuvor ganz Asien offenstand, mußte fortan der enge Raum auf den vier Hauptinseln ausreichen.

Gegen eine Überbevölkerung gibt es drei Möglichkeiten: Erweiterung des Territoriums, Auswanderung und Geburtenbeschränkung. Von einer Erweiterung des Territoriums, etwa im Sinne eines neuen Groß-Japan, träumen heute nicht einmal mehr ehrgeizige Chauvinisten. Sehr ernsthaft werden jedoch Pläne erwogen, dem Meer in noch größerem Maße als bisher Boden abzugewinnen oder die Großstadt-Bevölkerung auf schwimmende Wohninseln im Meer auszusiedeln: Auf riesigen Stahlplatten, mehrere Meter über dem Meeresspiegel, soll sich öffentliche Leben abspielen; in darunterliegenden großen Stahlzylindern wären komfortable Unterwasser-Wohnungen. Beides sind Pläne, die vorerst nicht realisierbar sind.

Die zweite Möglichkeit, eine Überbevölkerung zu vermeiden, ist die Auswanderung. Sie ist in Japan minimal und beträgt kaum 1% des jährlichen Bevölkerungszuwachses.

Blieb die dritte Möglichkeit, die Geburtenbeschränkung. Sie ging einher mit einem Wirtschaftsaufschwung ohnegleichen, das heißt mit einem wachsenden Bedarf an Arbeitskräften. Die Zahl der Geburten ist inzwischen auf 50% des Höchststandes zur Zeit des »Baby-Booms« zurückgegangen. Man rechnet damit, daß der Bevölkerungsstand auch nach dem Jahre 2000 bei der jetzigen Höhe von etwa 115 Millionen vorerst bleiben wird. Der Jahreszuwachs beträgt kaum mehr als eine Million Menschen, das sind 0,8% der Gesamtbevölkerung, noch nicht einmal die Hälfte des Durchschnittzuwachses in der Welt, der mit 1,9% errechnet wurde. Doch kaum ist die Gefahr der Bevölkerungsexplosion gebannt, tauchen zwei neue nicht minder ernste Gefahren auf: die Gefahr der Riesenstädte und die Untervölkerung der Landbezirke.

Die Zuwachsrate in den verschiedenen Teilen Japans ist sehr unterschiedlich. Die Einwohnerzahl wächst nur in sechs von 45 Präfekturen, in vielen ist sie stationär und in mehr als der Hälfte, in 26 Präfekturen, geht sie ständig zurück. Schon jetzt leben fast 50% in den und um die vier Großstadt-Konglomerate Tokio-Yokohama, Nagoya, Kyoto-Osaka-Kobe und Kita-Kyushu. Die ersten drei werden, so erwartet man in Japan, im Lauf der nächsten drei Jahrzehnte zu einer nahezu geschlossenen Megalopolis von Osaka bis Tokio zusammenwachsen und 70% der Bevölkerung an sich ziehen.

Das bedeutet: Untervölkerung im übrigen Japan. Schon 1977 wohnten nur 20% der Menschen in ländlichen Bezirken; 1948 waren es noch 47,3%, 1961 noch 30%. Wenn die gegenwärtige Tendenz der Landflucht anhält, wird nach Schätzungen der Statistik die Ernährungsbasis des Landes ernstlich gefährdet.

Wie sich der rasche Rückgang der landwirtschaftlich Tätigen (auf nur 6,3% des Volkes) auswirkt, kann man in den Zeitungen nachlesen. Schon jetzt liegt die bäuerliche Arbeit im wesentlichen nur noch in den Händen von Frauen und alten Männern. Die dadurch beschworen Gefahren für die Volksernährung liegen auf der Hand. Darüber hinaus werden Schulen geschlossen, Verkehrsverbindungen eingestellt, und die Ärzte wandern ab. Die Gemeinden wollen Abhilfe schaffen, aber sie können es nicht, da auch ihre Steuereinnahmen stetig zurückgehen.

Ein Rückgang der japanischen Bevölkerungszahlen im ganzen ist nicht zu erwarten, zumal die Menschen heute länger leben als früher. Allein in den letzten 25 Jahren hat sich die Lebenserwartung erheblich erhöht: von 50 auf 72,7 bei den Männern, von 55 auf 78 bei den Frauen.

Wichtiger ist, daß man in den nächsten Jahrzehnten mit einem fühlbaren Mangel an Arbeitskräften rechnet. Ganz abgesehen von dem schwachen Geburtennachschub wirkt sich hier der ständig wachsende Lebensstandard aus: Durch ihn wird das Mitverdienenmüssen der Hausfrau zunehmend überflüssig, und auch die Kinder gehen nicht mehr in die Fabrik, sondern auf die Hochschule. Es gibt bereits viele Stimmen, die in aller Öffentlichkeit fragen, ob die Geburtenregelung nicht vielleicht doch eine Gefahr für eine gesunde Wirtschaft und für den Fortbestand des Volkes ist. Die Bevölkerungspolitik, die sowohl eine Übervölkerung vermeiden wie einen Arbeitskräftemangel verhindern muß, ist daher nach wie vor eines der großen sozialen Anliegen Japans.

Tendenzen der Massengesellschaft

Japans einstiger Botschafter in Bonn, Füjio Uchida, meinte in einem Interview, daß die Rückbesinnung auf die Quellen der Tradition in seiner Heimat spürbar sei. Ob sie aber auch wirksam sei, schien er zu bezweifeln. In der ganzen Welt sei ein Auto ein Auto und ein Fernsehgerät ein Fernsehgerät: »Die Elemente des modernen Lebens prägen allen Menschen in Ost und West einen gewissen einheitlichen Stempel auf ... Tradition – ja. Aber es ist unmöglich, die Uhren der Zeit wieder zurückzustellen.«

Wer in Japan nur Tokio kennt, könnte versucht sein, zu glauben, daß alles typisch Japanische aus der von Lärm und Hast erfüllten Stadt gewichen sei, daß es eine Großstadt voller Mas-

IV

Die Dichterin Ko-ogimi. Bekannter noch unter dem Namen Kodai-no-kimi, gehört Ko-ogimi wie Murasaki zu den klassischen Dichterinnen der Heian-Zeit. Gestützt auf zeitgenössische Darstellungen, regte ihre Beliebtheit die Maler zu immer neuen Bildern an, die die Vorbilder jedoch nur gering variieren.

Malerei auf Goldgrund eines unbekannten Künstlers der Tosa-Schule. 1. Hälfte des 17. Jahrhunderts.

München, Staatliches Museum für Völkerkunde, Sammlung Preetorius senmenschen geworden sei, wie sie überall in der Welt zu finden sind. Gewiß: Die Uhren der Zeit lassen sich nicht zurückstellen, aber die Frage bleibt, ob es in Japan gleich ›spät‹ ist wie, sagen wir, in Amerika?

Auch für Japan gilt in zunehmendem Maße, was das Schlagwort von der ›Massengesellschaft‹ beinhaltet: die Tendenz zur Nivellierung, zum Ausgleich von ›oben‹ und ›unten‹. Früher, sagt die Sozialwissenschaft, stand in allen führenden Gesellschaften die Mehrzahl unten. Heute steht die überwiegende Mehrheit in der Mitte zwischen oben und unten.

In solcher Mitte ist auch in Japan der einzelne »zum ununterscheidbaren Sandkorn unter lauter anderen seinesgleichen« geworden: Er hat weite Bereiche seiner Individualität eingebüßt. Selbst Kinder werden heute schon zum Objekt der Reklame und der Massenkommunikationsmittel – von der Kleidung bis zum Spielzeug, vom Gemüse bis zur Schokolade. Durch die Standardisierung der Konsumgüter, durch die ständige Suggerierung von Bedürfnissen, durch die Schablonisierung von Wissen und Information wird auch in Japan der Mensch zunehmend zum Massenabnehmer gestempelt: Alle, so scheint es, »denken, fühlen und tun dasselbe in Arbeit und Freizeit«, weil ›man‹ eben so denkt und fühlt und handelt. Alles scheint »zum allgemeinen, grauen Brei der Uniformität« zu führen.

Uniformität und Masse sind in Japan jedoch keineswegs identisch. Normierung und kollektives Denken hat es hier immer gegeben: Sie sind sogar charakteristisch für eine vom Konfuzianismus geprägte Haltung, die jahrhundertelang das Leben des Volkes beherrscht hat. Schon lange vor der Industrialisierung war dieses Leben genormt: die Balken für den Hausbau, die Tatami, auf denen man lebte, die Futons, unter denen man schlief, die Haartracht, die einem zustand, die Kleidung, die jedermanns Stand charakterisierte. Noch heute trägt man sich im Onsen und im Gasthof gern kollektiv: Man trägt den gleichen Yukata wie jedermann im gleichen Haus, weil keiner etwas Besonderes, sondern nur Teil seiner Gruppe sein will.

Es ist kein Wunder, daß sich in Japan, wo das ›Gesicht‹, das, was man sich oder anderen schuldig ist, eine so große Rolle spielt, auch das, was ›man‹ im Sinn der Massenmanipulation zu denken und zu fühlen hat, mühelos durchzusetzen vermag. Man merkte zunächst überhaupt nicht den entscheidenden Übergang von der Tradition zur Manipulation, weil man gewöhnt war, geführt zu werden, weil man seit alters bestrebt war, sich geltenden Maßstäben anzupassen, weil man gar nicht auf die Idee kam, anders zu sein und anderes zu wollen als andere.

Hier liegen die Wurzeln für die Tatsache, daß sich die ›Masse‹ in Japan zunächst gar nicht im Gegensatz zur Führung und schon gar nicht unterdrückt und ausgebeutet fühlte. Wie selbstverständlich ordnete sich jeder ein und unter und ermöglichte dadurch die erstaunlich reibungslose Industrialisierung des Landes.

Aber auch der Schattenseiten einer Massengesellschaft, die hier erst Ende der zwanziger Jahre fühlbar zu werden begannen, war man sich frühzeitig bewußt. In einer berühmten Rede setzte sich u.a. der Nationalistenführer General Araki mit ihnen auseinander. Er brandmarkte sie als ernste Gefahr für die Nation, weil sie »den Menschen zur Maschine erniedrigen, ihn seiner Ideale und seiner Freiheit berauben und ihn zum Sklaven des Staates machen«. Man versuchte, die Gefahr durch Zwangs-Reaktivierung des Konfuzianismus wenigstens zu entschärfen; denn die Tendenz zur demokratischen Massengesellschaft war nicht mehr aufzuhalten.

Die großen Gleichmacher

Es entbehrt nicht eines gewissen Reizes, daß die gleiche Armee, die sich während der Showa-Restauration zum Hort der hierarchischen Ordnung machte, die erste Macht war, die sich gegen diese Hierarchie als großer demokratischer Gleichmacher ausgewirkt hat: In ihr allein wurde nach Verdienst und nicht nach Alter und Familie befördert, in ihr hatte jeder Soldat die gleichen Rechte und die gleichen Pflichten, die gleiche Uniform und die gleichen Waffen. Die größeren Gleichmacher wurden und bliezen freilich die sogenannten Massenmedien: Presse, Funk und Fernsehen. Ihr Einfluß auf die Lebensgewohnheiten des ganzen Volkes ist gewaltig. Sie vermögen des Denken und Fühlen, das Wollen und Sehnen von Millionen gleichsam sichtbar zu verändern. Jedem aufmerksamen Beobachter japanischer Zeitungen fallen drei Dinge vor allem auf.

Erstens: Es gibt in diesem Lande keine Boulevardpresse, das heißt keine Zweiteilung in Zeitungen für eine anspruchsvolle Minderheit und solche für eine anspruchslose Masse. Alle Zeitungen, auch die zwei großen 11 Millionen-Blätter, haben ein ausgesprochen hohes Niveau, obwohl sie, um die Masse besser zu erreichen, zunächst die japanischen Schriftzeichen vereinfacht und sie dann auf die Hälfte der vorher üblichen Zahl reduziert haben.

Zweitens: Es gibt keine Gesinnungspresse, das heißt Zeitungen, die an Parteien oder Gruppen gebunden wären (Ausnahme: die kommunistische ›Akahata‹ – Rote Fahne). Alle Zeitungen wenden sich stets an alle: Sie wollen keine bestimmte politische Meinung verkaufen, sondern Nachrichten, Anzeigen und Unterhaltung. Sie sind Handelsunternehmen. Sie haben die Zeitung vom Sprachrohr zum Bedarfsartikel umgewandelt. Sie müssen alles tun, um ihre Kunden zu interessieren, und alles meiden, was sie vor den Kopf stoßen könnte. Das bedeutet Zwang zu neutralem ›Weder-Noch‹, bedeutet Ausweichen vor hartem ›Entweder-Oder‹.

Drittens: Jede Zeitung bringt dasselbe. Trotz der hohen Gesamtauflage (über 62 Millionen Exemplare, d.h. über 0,5 Zeitungen pro Kopf der Bevölkerung – in Deutschland sind es rund 0,33) zeigt die Presse Japans eine erstaunliche Homogenität. Industrialisierung und Verstädterung haben nicht nur zur Vereinheitlichung der Sozialstruktur, sondern auch zur Standardisierung des Bildungsstandes und des Unterhaltungsbedürfnisses geführt. Dem haben sich die Massenmedien angepaßt und wirken nun ihrerseits kräftig dabei mit, das Leben, Denken und Fühlen des Volkes bis in die Bereiche der Kleidung und Ernährung, der Wohnung und des Familienlebens zu uniformieren.

Was Presse und Funk begannen, hat das Fernsehen zum System vervollkommnet. 27 Millionen Fernsehgeräte sind offiziell angemeldet, und die Zahl der nicht gemeldeten ist kaum noch abzuschätzen. Über ein durch Hunderte von Lokalsendern und Relaisstationen verzweigtes Fernsehnetz erreicht das ›Terebi‹ (japanische Abkürzung für Television) praktisch jede Familie. Alle, Eltern wie Kinder, lassen sich vom frühen Morgen bis zum späten Abend von einem der sieben Programme berieseln. Was das bei der unkritischen Haltung der Durchschnittsbevölkerung bedeutet, wie stark also der Einfluß auf die Meinungsbildung ist, kann gar nicht überschätzt werden.

Auch die Amerikanisierungswelle der Nachkriegszeit hat die Tendenz zur Massengesellschaft nicht unerheblich unterstützt. Das amerikanische Rezept für »packaged living« und »prepackaged personalities« schien dem gruppenbezogenen Denken Japans in idealer Weise entgegenzukommen. »Die Mitgliedschaft bei einer der anerkannten Gruppen« – so hieß es ironisch in einem japanischen Aufsatz über dieses Thema – »versorgt jedermann mit einer sauber vorgeformten Persönlichkeit, mit der gebotenen Gruppenmeinung, dem nötigen Gruppenvorurteil und sogar dem richtigen Gruppenbenehmen. Die politische Meinung wird dem Gruppenmitglied ebenso geliefert wie seine Ansicht über Sex, Drogen, Familienleben, Haartracht und moderne Kunst. Alles das erspart dem Bürger einen großen Teil eigenen Denkens und macht es ihm leicht, zwischen Gleichgesinnten und Andersgesinnten zu unterscheiden.«

In den Kreis der Gleichmacher gehören auch der Film, der Massensport und die am Massenkonsum interessierte Mode – ganz gleich, ob es sich um Kleidung oder Autotypen, um Berufswahl oder Schlager handelt.

Bedenkt man die von Ablenkung zu Ablenkung springende Oberflächlichkeit des Großstadtlebens, die Eintönigkeit stundenlanger Fahrten in überfüllten Verkehrsmitteln, die Enge überbelegter kleiner Etagenwohnungen, den Stumpfsinn kasernenartig aneinandergereihter Wohnblocks aus Beton, das starre Reglement einer in Formularen fast erstickenden Bürokratie – dann muß man ernsthaft fürchten, daß dem Einzelwesen bald kaum noch ein bescheidener Winkel bleibt zur Pflege und Bekundung seiner Individualität – selbst wenn man in Rechnung stellt, daß das Bedürfnis zu solcher Pflege und Bekundung in Japan stets begrenzt war. Jetzt aber scheint auch das gefährdet.

In seiner Schrift ›Die Macht‹ prägte Romano Guardini das böse Wort von der »Menschenbewirtschaftung«, von der Neigung, mit Menschen in gleicher Weise umzugehen wie die Maschine mit dem Material, aus dem sie ihre Produkte herstellt. Auch der Japaner wird immer mehr zu dem, was die moderne

Soziologie einen »außengeleiteten« Menschen nennt: »Er ist seinem Nächsten nicht nur vor Gericht, vor der Wahlurne und am Schalter des Wohlfahrtsamtes, sondern auch als Mensch gleich. Er teilt nicht nur seine Rechte und Pflichten, sondern auch seine Einstellungen und Handlungen mit jedem anderen« (Dahrendorf). Das Schielen auf den Nachbarn, der consensus omnium, die Meinungsumfrage werden zum allgemeinen Maßstab: Man will nicht aus der Reihe tanzen, es fehlt der Mut zur eigenen Initiative. Nicht nur im konfuzianischen Staat, auch in der modernen Massengesellschaft zielt alles darauf ab, den status quo zu erhalten und das Gleichgewicht nicht zu stören. Mit anderen Worten: Die Vermassung verhindert sich gleichsam selbst, scheut vor der letzten Konsequenz zurück, weil sie aus Beharrungsvermögen sich nicht von alten Formen trennen kann. Hier liegt einer der Hauptgründe dafür, daß sich die von der Verfassung postulierte Modernisierung so schwer durchsetzt, daß das vertikal-patriarchalische Prinzip noch immer über die horizontal-demokratische Sozialordnung triumphiert.

In dem Maße freilich, in dem das Gesicht der Fabriken internationalem Standard entgegenwächst, scheint auch das Gesicht der Arbeiter und Angestellten konformer zu werden: Es orientiert sich zunehmend an der allgemeinen Vermassung der Welt. Damit, mit der Abwendung von der patriarchalischen Betriebsgesinnung, setzt Japan seinen Vorteil aufs Spiel, den seine Industrie heute noch der Welt gegenüber hat. Wenn seine Regierung versuchen sollte, diesen Zeitpunkt so lange wie möglich zu verzögern, hätte sie zweifellos nicht nur den Profit der Zaibatsu, der Industrie-Konzerne, sondern genauso auch den Wohlstand und die soziale Sicherheit der arbeitenden Bevölkerung im Auge.

Soziale und wirtschaftliche Handicaps

Dieses Beharrungsvermögen ist auch Anlaß für den anfangs erwähnten Vorwurf sozialer Rückständigkeit. Zur Stützung solchen Vorwurfs wird vor allem auf vier Punkte hingewiesen: auf das Fehlen freizügiger Arbeitermobilität, auf die Entlohnung nach Alter statt nach Leistung, auf die soziale Ungerechtigkeit bei den Mittel- und Kleinbetrieben und auf die Unwirksamkeit der Gewerkschaften.

Betrachten wir zunächst die ersten drei dieser Vorwürfe. Erstens: »In Japan gibt es keinen freien Arbeitsplatzwechsel.« Nach der Schulzeit wählt man keinen Beruf, sondern eine Firma. Ihr gehört man an bis zum Pensionsalter von 55 Jahren. Wer nach dem 30. Lebensjahr seine Stellung wechselt, gilt als ausgesprochen suspekt. Auf dem Arbeitsmarkt gibt es also nur eine sehr begrenzte Fluktuation.

Die schwache Arbeiter-Mobilität hat erhebliche Nachteile dann, wenn Arbeitskräftemangel herrscht oder wenn es wünschenswert wäre, nicht florierende Industrien stillzulegen und die betroffene Arbeiterschaft anderen Industriezweigen zuzuführen. Eine Umschulung stößt auf nahezu unüberwindliche Schwierigkeiten – vor allem auf seiten der Arbeiter selbst. Sie fühlen sich, jahrhundertelangem Brauch entsprechend, zur Betriebsfamilie gehörig und pochen auf die Treue-Pflicht: Wie sie selbst ihr ganzes Leben in den Dienst der Betriebsfamilie stellen, hat diese auch für ihre Mitglieder zu sorgen. Selten kommt es vor, daß jemand, der erst einmal in einen Betrieb aufgenommen ist, wieder entlassen wird. Selbst wenn er sich als eine nur drittklassige Arbeitskraft entpuppt – das gilt laut Statistik für 6-8% aller Arbeiter und Angestellten –, wird er bis in sein hohes Alter durchgeschleppt.

Die patriarchalische Institution des ›permanent employment‹ hat aber auch große Vorzüge. Sie bietet jedem im Rahmen seiner Möglichkeiten einen gleichmäßigen Aufstieg, ein dem Dienstalter entsprechendes Gehalt und eine Fülle von ›Extras‹.

Darüber hinaus bedeutet ›permanent employment‹ soziale und wirtschaftliche Sicherheit der Beschäftigten und Schutz gegen Arbeitslosigkeit. Die so gewonnene Gruppensicherheit, das ›Heimatgefühl‹, wäre durch die ›Chance der Mobilität‹ ernsthaft gefährdet. Noch immer ist daher Betriebsfamilien-Gesinnung in Japan vorherrschend. Sie belastet den Betrieb lediglich zu Zeiten schlechter Konjunktur, weil sie ihn unelastisch macht. Dagegen hilft man sich jedoch durch die Beschäftigung von Tagelöhnern.

Diese Nicht-Stammarbeiter – zahlenmäßig gering bei den Großbetrieben, erheblich bei den Mittel- und Kleinbetrieben – erhalten keinerlei Sonderleistungen, gehören nicht der Betriebsgewerkschaft an und können jederzeit entlassen werden. Der einzige Vorteil, den sie haben, ist ihre Freiheit; doch diese tauschen sie, wenn irgend möglich, gern gegen den Status eines Stammarbeiters ein.

Ein weiterer Konjunkturpuffer ist das Heer der weiblichen Arbeiter, nahezu 40% aller im Erwerbsleben Stehenden. Ihr Lohn liegt bei gleicher Leistung noch immer sehr oft unter dem ihrer männlichen Kollegen. Sie gehören nur kurze Zeit, meist nur bis zu ihrer Verheiratung, dem Betrieb an und genießen darum auch in viel beschränkterem Maße den patriarchalischen Schutz durch Betriebsführung und Gewerkschaft.

Lediglich im Bereich der Kleinbetriebe ist die Fluktuation verhältnismäßig groß. Das hängt mit der Stellung zusammen, die diese Kleinbetriebe den Großunternehmen gegenüber haben: In Zeiten schlechter Konjunktur bleiben sie ohne Aufträge, so daß die wenigen Arbeiter, die sie haben, entlassen werden müssen. Die Fluktuation hängt zum anderen aber auch damit zusammen, daß viele Arbeiter die unsicheren Kleinbetriebe nur als ersten Unterschlupf betrachten, als Sprungbrett für den besseren Job eines Stammarbeiters.

Zweitens: »In Japan wird nach Dienstalter, nicht nach Leistung bezahlt.« Das gilt für die Mehrzahl der Betriebe, auch für die meisten Großunternehmen. Das ist Tradition und hängt mit der konfuzianischen Grundhaltung zusammen, die die Erfahrung des Alters hoch bewertet und dem Leiter eines Unternehmens eine ähnliche Stellung zuweist wie (früher) dem Oberhaupt einer Familie. Auf dieser Basis ruht das Vertrauensverhältnis zwischen Betriebsleitung und Betriebsangehörigen. Sie ist Voraussetzung für das harmonische Betriebsklima, das nach japanischer Auffassung wichtiger ist als übersteigerte Leistung einzelner. Denn das Hervorragen einiger weniger führt leicht zu Neid und Mißgunst und ruft für das große Ganze leistungshemmende Spannungen hervor. Überspitzt gesagt: Leistungssteigerung und Initiative werden nicht gefördert, sondern gefürchtet. Selbst in einem Betrieb, der die Leistung eines Jüngeren höher honorieren wollte als die Erfahrung eines weniger aktiven Älteren, könnte der Jüngere gemeinhin die Auszeichnung gar nicht annehmen: Er hätte sich im Kreis seiner Kollegen menschlich unmöglich gemacht und wäre aus dem ihm angemessenen Kreis herausgetreten: Er hätte sein ›Gesicht‹ verloren.

Schon bei der Einstellung von Arbeitern und Angestellten wird genau geprüft, wie es um ihre menschlichen Qualitäten bestellt ist. Wo es gilt, einen Bewerber für die ganze Dauer seines Berufslebens an den Betrieb zu binden, bedarf es besonderer Vorsicht. Zeugnisse, Diplome und Leistungstests rangieren auch in modernen Großbetrieben erst in zweiter Linie hinter der Charakterprüfung. Über die Arbeitsämter, die es seit 1945 auch in Japan gibt, werden nur 10-15% aller freien Stellen vermittelt – in der Regel nur Tagelöhner. Alle anderen Stellen werden über persönliche Empfehlungen und persönliche Kontakte besetzt. Auf diese Weise ist im Laufe der Zeit ein ausgeklügeltes System von Rängen und Anciennitäten entstanden, das zur modernen Sachlichkeit nicht recht passen will und manchem westlichen Repräsentanten fortschrittlichen Managements antiquiert oder gar lächerlich erscheint. Daß dieses System indessen bis jetzt falsch und leistungshemmend gewesen sei, wird, angesichts der erstaunlichen Erfolge der japanischen Wirtschaft, niemand sagen können.

Drittens: »Die Fülle der Mittel- und Kleinbetriebe ist ein Hort sozialer Ungerechtigkeit.« Das Nebeneinander von ultramodernen, bis ins kleinste rationalisierten und automatisierten Industrieunternehmen auf der einen und von einer verwirrenden Fülle kleiner, ja winziger und primitiver ›Waschküchen-Betriebe‹ auf der anderen Seite erscheint manchem Ausländer kaum glaubhaft.

Das Verhältnis von Selbständigen zu unselbständig Arbeitenden ist in Japan 2 : 3, in Deutschland 2 : 8. Die amtliche Statistik nennt 9420000 Leiter von eigenen Betrieben, 6210000 mitarbeitende Familienmitglieder und 37690000 entlohnte Arbeiter und Angestellte.

Es ist eine Tatsache, daß 60% der gewerblich tätigen Bevölkerung in Klein- und Kleinstunternehmen tätig sind. Die Hälfte dieser Betriebe hat nicht mehr als drei Arbeitskräfte, das heißt unzählige können sich nicht einmal einen bezahlten Arbeiter oder Angestellten leisten. Die Kleinbetriebe dienen in der Hauptsache als Zulieferer für die Großindustrie und erreichen in der Regel kaum das Existenzminimum.

Es ist ebenfalls eine Tatsache, die in anderen Industrieländern undenkbar wäre, daß die Lohnhöhe in den Kleinbetrieben häufig nur die Hälfte von dem beträgt, was die gleiche Arbeit in Großbetrieben einbringt.

Diese Diskrepanz – auch Doppelstruktur der japanischen Wirtschaft genannt – wird in Japan offenbar als schicksalsgegeben hingenommen. Konfuzianismus und Buddhismus haben seit Jahrhunderten das Bewußtsein gefestigt, daß Ungleichheit und soziale Ungerechtigkeit unvermeidbar sind. Man nimmt es als selbstverständlich hin, daß jährlich fünf- bis siebentausend kleine Firmen Bankrott anmelden. Man hat eben Pech gehabt, wenn man den schlechteren Job erwischt hat. Man geht deswegen aber nicht auf die Barrikaden – schon deshalb nicht, weil niemand auf die Idee käme, für seine Person so etwas wie einen Anspruch auf besseres Leben zu haben. Überdies läßt das System des ›permanent employment‹ einer Abwanderung vom Klein- zum Großbetrieb kaum Möglichkeiten offen.

So beklagenswert die soziale Ungerechtigkeit bei dem Gefälle zwischen Groß- und Kleinbetrieb sein mag, bemerkenswert bleibt in jedem Fall, daß es in Japan kein Industrie-Proletariat gegeben hat wie etwa in Europa. Trotz aller Lohnstreiks und politischer Demonstrationen ist das Heer der japanischen Arbeiter und Angestellten bis heute erstaunlich diszipliniert. Dank der Bereitschaft zur patriarchal-hierarchischen Ordnung gibt es noch immer keinen nennenswerten psychologischen Gegensatz zwischen Bauern und Industriearbeitern. Seit dem Beginn der Industrialisierung kamen die Arbeitskräfte vorwiegend vom Lande und hatten dort dank des Familiensystems ihren Rückhalt. Auf diese Weise flossen die traditionellen Tugenden des Bauern, Sparsamkeit, Fleiß und Geduld ungehindert der Industrialisierung zu, die – und das ist wieder ein Gegensatz zum Westen – von den Massen nicht als Zwang und Ausbeutung, sondern als selbstverständliche, ja nationale Notwendigkeit empfunden wurde.

Zaibatsu

Das Wesen der japanischen Industrialisierung bleibt unverständlich ohne Kenntnis von den Zaibatsu. Sie waren die beherrschenden Faktoren der japanischen Wirtschaft vor dem Kriege; sie sind es – mit Unterschieden – heute wieder.

Zaibatsu, wörtlich: Finanzclique, sind jene Wirtschaftsblöcke, die in der Lage sind, Finanzwesen, Handel und Industrie im ganzen Land zu kontrollieren. Vor dem Kriege waren das vor allem die vier gewaltigen Familienunternehmen von Mitsui, Mitsubishi, Sumitomo und Yasuda. Heute sind es wieder die gleichen Namen und noch ein paar weitere mehr – nur sind die Aktien nicht mehr in Familienbesitz, sondern im Besitz des Publikums: wohl 50% aller Aktien sind heute in privater Hand.

Zwischen einst und jetzt lag die Besatzungszeit, in der die Zaibatsu zerschlagen wurden. Der Mitsui-Konzern zum Beispiel wurde in über 200 Einzelgesellschaften aufgelöst, und den anderen Konzernen ging es nicht anders. Das Antimonopol-Gesetz (1947) gab dem Besatzungsdekret die nachträgliche japanische Legalisierung.

Doch die Auflösung der Zaibatsu war nur eine äußerliche. Unter der Oberfläche blieben die Teile miteinander in Kontakt. Die Mitsui-Leute trafen und berieten sich regelmäßig in der sogenannten Getsuyo-kai, der ›Montagsgesellschaft‹, die Mitsubishi-Direktoren trafen sich in der ›Freitagsgesellschaft‹ (Kinyo-kai), und die Sumitomo-Herren hatten ihren ›Weiß-Wasser-Klub‹ (Hakusui-kai). Gleich nach dem Friedensschluß von San Francisco (1952) zeigte sich ganz offen die Tendenz zum Wiederzusammenschluß. »Wenn die Eltern tot sind«, so formulierte es ein Sumitomo-Direktor, »hindert das die Geschwister nicht, weiterhin zusammenzuarbeiten. Was ist natürlicher, als daß sich Brüder und Schwestern gegenseitig helfen und als eine Gruppe arbeiten?« Bis 1963 gab es bereits 20 Gesetze, die Ausnahmen vom Antimonopol-Gesetz zuließen: Die neue Konzentrationswelle war nicht mehr aufzuhalten. Sie wurde zur ›Strukturverbesserung‹ von der Regierung sogar gefördert und durch finanzielle Anreize unterstützt.

Bis 1945 war ein Viertel des gesamten japanischen Industrie-Potentials in der Hand der vier großen Zaibatsu. Heute beherrschen weniger als 0,4% aller 400000 sogenannten Gesellschaften weit über 65% des Kapitals dieser Gesellschaften. 4% aller gewerblichen Betriebe bestreiten 75% der Produktion, 96% der Betriebe teilen sich in das restliche Viertel. Mit anderen Worten: Die industrielle Macht liegt bei einigen ganz wenigen.

Es wird immer behauptet, daß sich die Industrialisierung

überall nach ihr immanenten Gesetzen abwickele, daß diese Gesetze also international Gültigkeit hätten. In Japan hat sich gezeigt, daß sie zumindest modifizierbar sind. Die Industrialisierung von 1945 hat sich hier nicht nur im Rahmen einer Gesellschaftsstruktur mit durchaus eigenen patriarchalischen Formen entwickelt, sondern sie hat nach dem Kriege sogar vom internationalen zum nationalen Gepräge zurückgefunden. Drei Beispiele aus dem Bereich der Zaibatsu sind dafür besonders charakteristisch: die kompromißbereite Neigung zu Absprachen und Zusammenschlüssen, die enge Bindung an Staat und Politik und die Minderbewertung des Profitstrebens. Der erste Punkt, die Tendenz zu Konzentration und Kartellisierung, entspricht in bemerkenswerter Weise dem japanischen Volkscharakter. Man liebt es nicht, mit anderen in offene Konkurrenz zu treten. Wie man im Alltagsleben meist den Kompromiß einer harten Auseinandersetzung, das ›sowohl als auch‹ einem ›entweder oder‹ vorzieht, macht man es auch im Wirtschaftsleben: man ›arrangiert‹ sich, man trifft Absprachen zur Marktaufteilung und zur Konzentration der Produktion. Die Rückverflechtung des Mitsubishi-Konzerns wurde ausdrücklich damit begründet, »überflüssige und unerwünschte Konkurrenz-Situationen zu vermeiden«.

Kommt es dennoch zu solcher Konkurrenz – zu dem also, was im Westen allgemein als höchst erwünschtes Stimulans der Wirtschaft gilt –, dann ist das ein Zeichen dafür, daß die letzten Kompromiß-Versuche fehlgeschlagen, daß die Gegensätze unüberbrückbar geworden sind und der Streit – wie in den Zeiten des Feudalismus – auf die Vernichtung einer der beiden Seiten abzielt.

Das zweite Charakteristikum der Zaibatsu ist ihre enge Bindung an den Staat. Das geht so weit, daß ein führender Wirtschaftswissenschaftler sagen konnte: Die Frage, wer wen im Verhältnis zwischen Wirtschaft und Politik beeinflusse, sei völlig müßig; denn einen Zwiespalt zwischen beiden, der im Westen selbstverständlich sei, gäbe es in Japan überhaupt nicht.

Wer heute ein großes Industrie-Unternehmen nach dessen Abhängigkeit von der Regierung befragt, wird auf empörte Zurückweisung schon der Frage stoßen. Wer im staatlichen Wirtschaftsplanungsamt Erkundigungen einzieht nach den Einflußmöglichkeiten des Staates auf die Leitung der Konzerne, stößt auf höfliche Bescheidenheit: Von Einfluß könne überhaupt keine Rede sein, zumal dafür jede gesetzliche Handhabe fehle. Alles Planen sei rein theoretisch, sozusagen nur ein Planspiel ohne Folgen. In der Tat beschränkt sich der direkte Einfluß der Regierung – zu ihr gehört ein Wirtschaftsplanungsamt, das stets unter der Leitung eines fachlich erstklassigen Direktors steht – lediglich auf ›Ratschläge‹. Doch diese Ratschläge werden meist aufgegriffen, als wären es Befehle.

Die Verbindung zwischen Regierung und ›busineß‹ wird verstärkt durch Ausschüsse und Ratgebergremien, mit denen sich die Regierung umgibt und zu denen prominente Persönlichkeiten aus allen Bereichen des Wirtschaftslebens zugezogen werden. Die Wirksamkeit dieser ›brain-trusts‹ darf man jedoch nicht überschätzen. Wichtiger sind private Besprechungen bei Sake und gutem Essen, die wiederum nur möglich sind dank der Homogenität der gesamten Führungsschicht: Alle haben den gleichen Ausleseprozeß durchlaufen und gehören damit auch gesellschaftlich zur ›Elite‹. Besonderes Gewicht haben dabei die Vertreter des Finanzministeriums.

Das hängt mit der ganzen Wirtschaftsstruktur Japans zusammen. Auch die großen Industrie-Unternehmen haben eine nach europäischen Begriffen völlig unzureichende Decke an Eigenkapital: durchschnittlich ein Zehntel von dem, was in Deutschland für einen unabhängigen Betrieb als unerläßlich gilt. Der Geldbedarf muß auf dem Kredit- und Anleiheweg beschafft werden. Die meisten Betriebe sind daher von den Banken abhängig, die dank informeller Teilhaberschaft ein entsprechendes Mitspracherecht haben. Aber auch die Banken haben kein ausreichendes Eigenkapital. Mit ihren Krediten für die Wirtschaft sind sie in hohem Maße vom Finanzministerium und der Bank von Japan, das heißt vom Staat, abhängig. Daraus ergibt sich automatisch die stete Präsenz der Regierung in jedem Unternehmen. Das alte Sprichwort, daß die Fürsten des Landes zittern, wenn die reichen Kaufleute von Osaka zürnen, hat sich umgekehrt: Wenn der Staat kein Geld gibt, bleibt die Wirtschaft machtlos.

Die enge Bindung zwischen Staat und Wirtschaft ist nicht etwa nur eine Erscheinung der Gegenwart. Sie besteht seit dem

Beginn der Industrialisierung. Die Regierung war es, die in den Jahrzehnten vor der Jahrhundertwende die Industrie überhaupt erst ins Leben rief und auch etwa schon vorhandene Betriebe in eigene Regie nahm (Ausnahme: Spinnereien in Süd-Kyushu). Um der Gefahr einer Drohung oder gar Kolonialisierung durch die Länder des Westens begegnen zu können, mußte sich Japan in das Wagnis stürzen, aus seinem ländlichen, mittelalterlichen Feudalstaat eine moderne Industriemacht zu machen.

Man war dabei zunächst ausschließlich auf das Ausland angewiesen: Bis 1870 lag der Außenhandel ganz in den Händen der ›gaijin‹, der Fremden; und bis 1914 mußte die gesamte Ausrüstung für die Industrie des Landes aus Amerika und Europa eingeführt werden. Erst als die Regierungsindustrien liefen, wurden sie an eine ausgewählte Finanz-Oligarchie, an einige wenige private Firmen, verkauft, die später so berühmten Zaibatsu. Es waren vertraute Helfer und Geldgeber, die sich wie Mitsui seit Jahrhunderten bewährt oder sich wie Mitsubishi bei Regierungsaufträgen sehr erfolgreich gezeigt hatten.

Die Industrie in Japan ist nicht entstanden, sondern vom Staat bewußt geschaffen worden. Sie war den Staatsmännern der Meijizeit viel zu wichtig, als daß man sie den Ungewißheiten von Angebot und Nachfrage ausgesetzt hätte. Man industrialisierte das Land, um es stark zu machen gegen eine mögliche Bedrohung. Man verkehrte die normale Entwicklung kapitalistischer Produktion in ihr genaues Gegenteil: Man begann nicht mit Konsumgütern und leichter Industrie, sondern umgekehrt mit Schwerindustrie, Eisenhütten, Schiffswerften und Eisenbahnen. Und man übergab sie zu Preisen, die nur als lächerlich bezeichnet werden können. Ein Beispiel: Die Shinagawa-Glaswerke hatten für ihren Aufbau Steuergelder in Höhe von 350000 Yen (damals etwa 320000 $) gekostet. Sie wurden 1885 für 80000 Yen verkauft mit einem Zahlungsziel von 55 Jahren. Das war die Methode, mit der sich die Regierung den Käufer verpflichtete: Verpflichtung war und ist nach alter Tradition eine viel stärkere Bindung als alle Verträge.

Darüber hinaus ergaben sich sehr bald ›Beziehungen‹ zwischen den Zaibatsu und führenden Persönlichkeiten der Regierung. Es dauerte nicht lange, und man identifizierte nahezu den Mitsui-Konzern mit dem großen Staatsmann Hirobumi Ito beziehungsweise mit der von ihm gegründeten konservativen Partei ›Seiyukai‹. Der Mitsubishi-Konzern stand dafür in enger Verbindung mit der damals ›progressiven‹ Partei, der späteren Minseito. Zu den Beziehungen traten verwandtschaftliche Bande durch Heiraten und Adoptionen – das Netz der Bindungen und Querverbindungen war selbst für den Eingeweihten bald kaum mehr zu entwirren. Wer dabei gerade den Staat und wer die Wirtschaft repräsentiert, ist bis heute selten eindeutig feststellbar.

Damit eng zusammen hängt die Tatsache, daß es bei den Großunternehmen keineswegs allein um den Profit geht. Japans Industrie-Kapitäne fühlten sich früher und auch jetzt fast immer mit einer Art ›nationaler Mission‹ beauftragt. Wichtiger als der Profit – dafür gibt es in Europa kaum eine Parallele – ist ihnen stets das Ansehen gewesen, das die Firma und damit Japan gewinnen oder verlieren konnte. Die Hausgesetze, wie sie in all den Firmen existieren – besonders berühmt sind die des Hauses Mitsui –, betonen ausdrücklich die Wichtigkeit des nationalen Interesses. Mit allen Kräften gilt es, aus einem einmal aufgegriffenen Projekt einen Erfolg zu machen – im Namen und für die Firma, aber niemals gegen das Gemeininteresse. In weit höherem Maße als in Deutschland werden hier Mittel dazu verwendet, den eigenen Betrieb zu modernisieren und konkurrenzfähig zu halten: mit rund 35% des jährlichen Sozialproduktes. In neuerer Zeit wurde einem großen Kreis von Firmenchefs die Frage vorgelegt: »Sind auch Sie der Meinung, daß der eigentliche und entscheidende Zweck eines Unternehmens der Gewinn ist?« Nur 34% haben mit ›ja‹ geantwortet. Die übrigen zwei Drittel hielten an alten Prinzipien fest: Das Ansehen der Firma, das Gemeinwohl und das nationale Interesse waren ihnen wichtiger.

Sozialversicherung

Mit seiner Sozialversicherung hat Japan einige Jahrzehnte später als Deutschland begonnen. Es war jedoch das erste Land in Asien. Das Gesetz über die Krankenversicherung der Arbeiter stammt aus dem Jahre 1922. Die staatliche Zwangsversicherung (Kranken-, Unfall-, Renten- und Arbeitslosen-Versicherung) ist im wesentlichen erst ein Ergebnis der letzten zwanzig Jahre.

Bei der Unfallversicherung werden auch in Japan die gesamten Beitragskosten von den Unternehmen getragen. Bei den anderen drei Versicherungsarten besteht Versicherungspflicht für alle Arbeitnehmer in Betrieben mit mehr als fünf Personen sowie das Prinzip der Beitragsteilung: die eine Hälfte zahlt der Arbeitnehmer, die andere der Arbeitgeber. Wie in Deutschland sind die Leistungen dieser Versicherungen an bestimmte Beitragszahlungen und Wartezeiten geknüpft.

Der Normalsatz für die Krankenversicherung ist 7% des Lohnes; dafür gibt es bei Arbeitsunfähigkeit 60% des Lohnes für die Dauer von maximal sechs Monaten. In den Genuß dieser Krankenversicherung kommen rund 2/3 aller Lohn- und Gehaltsempfänger. Das restliche Drittel, mehr als zehn Millionen Menschen, gehört zu den Betrieben, die weniger als fünf Arbeitnehmer haben. Dieses Drittel ist dennoch nicht ungeschützt. Seit dem April 1961 gibt es in Japan eine Gesundheitsversicherung für die Nichtbeschäftigten, die für alle die verbindlich ist, die durch keine andere Krankenversicherung geschützt sind. Trotzdem wird die Krankenbetreuung immer wieder als noch bei weitem unzureichend bezeichnet vor allem wegen der minimalen Honorarsätze für die Ärzte.

Auch bei der Renten-Pflichtversicherung gibt es zwei Arten: eine für Arbeitnehmer (seit 1942) und eine für die restliche Bevölkerung (seit 1959). Erstere erfaßt rund 23 Millionen Lohn- und Gehaltsempfänger, von denen nur circa 680000 alt genug werden, um in den Genuß der Rente zu kommen: seit kurzem im Durchschnitt 500 DM. Ein ernstes Problem entsteht dadurch, daß die Rente erst vom 60. Lebensjahr an zahlbar ist, während die normale Altersgrenze der Arbeiter und Angestellten mit 55 Jahren erreicht ist. Auf die Frage, wovon die Rentner ohne Rente bis zum 60. Lebensjahr leben sollen, hieß es im japanischen Wohlfahrtsministerium: von Nebenverdienst und von ihren Kindern. Trotz der offiziellen Unwirksamkeit des alten Familiensystems, das die Versorgung der Alten den Jungen zur selbstverständlichen Pflicht gemacht hatte, rechnet das Ministerium noch mit dem Fortbestand der alten Gesinnung. Erst im Laufe der nächsten Jahrzehnte, so hieß es, werde es nötig sein, die Rentengrenze auf das 55. Lebensjahr zurückzunehmen oder, was schon wegen des wachsenden Arbeitskräftemangels wahrscheinlicher ist, die Arbeitszeit offiziell bis zum 60. Lebensjahr auszudehnen.

Die zweite Rentenversicherung, die sogenannte Nationale Pension, erfaßt über 25 Millionen. Sie kommt all denen zugute, die nicht von der ersten Form geschützt werden, in der Hauptsache Witwen, vom 65. bzw. 70. Lebensjahr an. Die ausgezahlten Beträge überschreiten selten 1000 DM im Jahr.

Arbeitslosenversicherung (seit 1947) gibt es höchstens bis zu einem Jahr. Der Tageshöchstsatz beträgt 30 DM, der Durchschnitt liegt darunter. Ein Problem waren lange die Tagelöhner. Auch für sie ist inzwischen eine bescheidene Lösung gefunden worden.

Angesichts dieses weitgespannten Sozialversicherungs-Systems geht es sicher zu weit, wenn oft erklärt wird, Japan sei überhaupt kein Wohlfahrtsstaat, sondern beute schamlos seine Bevölkerung für die Interessen des Staates und der Zaibatsu aus. Im Vergleich zu Deutschland mögen die Leistungen gering erscheinen, für Japan ist es eine große Errungenschaft, daß der Staat bereits 1966 3% seines Nationaleinkommens für das Sozialversicherungssystem aufgewendet hat. Man muß immer bedenken, daß für die Regierung bis 1945 gar keine Notwendigkeit zu einer Sozialpolitik bestand. Mit sozialen Problemen, die im Gefolge der Industrialisierung auftauchten, hatten andere fertig zu werden. Das waren Dinge, die im Bereich des Familiensystems und des Betriebspaternalismus bestens aufgehoben waren. Sie sind es noch immer, wenn man an die Großbetriebe denkt. Sie sind es nicht in den Mittel- und Kleinbetrieben. Auch bei den zuständigen Stellen der Regierung rechnet man mit stetem Rückgang des Bewußtseins, im Rahmen der Familie für die Alten verantwortlich zu sein. Die Renten werden also entsprechend erhöht werden müssen. Pläne dafür liegen bereits vor. Bis zu ihrer Verwirklichung beschränkt man sich darauf, in Einzelfällen krasse Mißverhältnisse zu mildern.

Gewerkschaften

Unter den großen Gewerkschaftsverbänden Japans überragt einer die anderen bei weitem: Sohyo, das heißt Generalverband der Gewerkschaften.

Sohyo zählte 1976 trotz mancher Rückschläge noch immer 1,6 Millionen Mitglieder. Die jährliche Generalversammlung des Verbandes findet in der Presse stets große Beachtung. Immer wieder ist die Rede davon, daß nun der entscheidende Moment gekommen sei, sich von den nur politischen Parolen zu lösen, die einseitige Bindung an die Sozialistische Partei aufzugeben und sich für die wirtschaftlichen Interessen der Arbeiterschaft einzusetzen. Und immer wieder war angesichts solcher Erwartungen die Praxis des Alltags enttäuschend. Keiner der Dachverbände kann auf dem eigentlichen gewerkschaftlichen Gebiet – bei Lohnverhandlungen etwa oder bei der Gestaltung von Arbeitsbedingungen – aktiv tätig werden. Er muß deshalb, um Profil zu behalten, dem politischen Engagement den Vorrang vor aller wirklichen Sozialarbeit einräumen.

Neben dem links-sozialen Sohyo bestehen zwei weitere große Gewerkschaftsverbände: der rechts-sozialistische Domei (2209000 Mitglieder) und Churitsu Roren (1,35 Millionen Mitglieder), der neutral sein möchte. Bisher sind lediglich rund ein Drittel aller Arbeiter und Angestellten gewerkschaftlich organisiert und nahezu unübersichtlich in kleine und kleinste Interessengruppen aufgesplittert. Es gibt also nicht nur die drei genannten Dachverbände, sondern weitere 70036 Betriebsgewerkschaften. Industrie- und Branchen-Gewerkschaften wie etwa in Deutschland kennt man in Japan nicht (mit zwei Ausnahmen: bei den See- und bei den Bergleuten). Die Verbindung der Kleingewerkschaften zu den großen Dachverbänden ist nur locker. Die Kleinen interessieren sich weit mehr für das eigene Unternehmen, das ihnen Brot und Arbeit gibt, als für den Dachverband und dessen politische Ziele, die nur Geld kosten und womöglich den Arbeitsplatz gefährden. Die Loyalität dem eigenen Betrieb gegenüber ist allgemein stärker als die Bereitschaft, ›Befehlen‹ der Dachorganisation Folge zu leisten. Man will guten Lohn und soziale Sicherheit, nicht jedoch zum Prügelknaben politischer Interessen werden. Zahlreiche größere Gewerkschaftsgruppen – zum Beispiel Tekko Roren (Eisen- und Stahlarbeiter), Zendentsu (Telegraphenarbeiter) und Zenkokukinzoku (Arbeiter der Metall- und Engineering-Betriebe) – treten offen für wirtschaftliche und politische Unabhängigkeit ein. Sie wollen selbst entscheiden, welche Partei sie fördern. Sie wollen nicht mehr gebunden sein an einen von Sohyo ausgeübten Gewissenszwang. An der Sohyo-Spitze hat man für diese Wünsche Verständnis. Man fürchtet dort jedoch eine weit größere Gefahr: das Auseinanderbrechen der Dachorganisation, die – bisher wenigstens – im politischen Bereich ein Faktor war, der von der Regierung ernst genommen wurde.

Damit ist die oft gestellte Frage, warum die japanischen Gewerkschaften so stark politisch orientiert sind, angeschnitten. Im einzelnen ist folgendes dazu zu sagen: Auch bei den Gewerkschaften weiß man, daß die Industrie in Japan nicht von unten gewachsen, sondern von oben auf Regierungsbefehl entstanden ist. Bis heute sind Subvention und Anleihezuteilung wichtige Mittel der Regierungspolitik. Auch Löhne und Arbeitsbedingungen sind daher stark von ihr beeinflußt. Auf Löhne und Arbeitsbedingungen einzuwirken, gibt es zwei Wege: den von unten über die Betriebe und den von oben über die Politik. Der Weg von unten ist versperrt. Durch die patriarchalische Bindung des Arbeiters an ›seinen‹ Betrieb ist auch die Betriebsgewerkschaft in ihrem Wirken auf einen einzigen Betrieb beschränkt. Hinzu kommt, daß die Führerschicht in den Dachverbänden meist nicht aus Arbeiterkreisen stammt, sondern aus der Gruppe linksorientierter Intellektueller. Diese meinen, daß der Klassenkampf zwischen ›labor‹ und ›management‹ zwangsläufig und die Stärkung des Klassenbewußtseins ihre Aufgabe sei. Das Echo, das sie bei der Arbeiterschaft finden, ist gering. Diese fühlt sich bei der eigenen Firma, wenigstens in den größeren Betrieben, bestens aufgehoben. Sie bedarf der Dachverbände zur Wahrung ihrer Interessen gar nicht.

So bleibt den Gewerkschaftsverbänden nur der Weg ›von oben‹. Daher ihre enge Bindung an Parteien: Ohne die Gewerkschaften hätten die Parteien kein Geld und keinen Apparat für ihre Aktivität, ohne die Parteien hätten die Gewerkschaften keine Stimme im Parlament. Sohyo vertritt die These, alle Industrien müßten unter sozialistischer Führung nationalisiert werden; dieses Ziel sei nur erreichbar durch rücksichtslose Bekämpfung der Regierungspolitik. Domei will weniger radikal vorgehen. Er erstrebt eine vorsichtige teilweise Nationalisierung. Das Echo, das beide mit solchen Zielen bei den Arbeitern finden, reicht nicht weit. Trotz allen politischen Engagements kann also bei den Gewerkschaften von wirklich politischer Macht keine Rede sein. Trotz der nominell hohen Mitgliederzahl müssen sie immer wieder zugeben, daß sie nur gelegentlich etwas verhindern oder modifizieren, kaum je aber auch nur eines ihrer Ziele durchsetzen können.

Wer sich genauer mit der Gewerkschaftsbewegung beschäftigt, stellt fest, daß sie sich bisher mit ihrer Aktivität fast ausschließlich auf den begrenzten Sektor der großen Betriebe beschränkt hat. Alle anderen Unternehmen, die noch nach vorkapitalistischen Methoden arbeiten müssen und rund zwei Drittel der japanischen Arbeiterschaft beschäftigen, bieten den Gewerkschaften kaum Entfaltungsmöglichkeiten. Sie sind zu klein und die Löhne zu gering, als daß es möglich wäre, davon auch noch Gewerkschaftsbeiträge abzuzweigen.

Nicht einmal die Gewerkschaftsverbände bemühen sich darum, die vielbesprochene Doppelstruktur der japanischen Wirtschaft und damit die Aufspaltung in zwei Arbeiterklassen – in gut bezahlte und in schlecht bezahlte – auszugleichen. Für das Prinzip »Gleicher Lohn für gleiche Arbeit« setzen sich offenbar nur noch hoffnungslose Theoretiker ein. Selbst die Gewerkschaften haben erklärt, daß der Produktivitätsstand der Betriebe allzu unterschiedlich sei, um Tarifverträge ins Auge zu fassen, die für alle Unternehmen und Beschäftigten eines Industriezweiges verbindlich wären; sie wären, so hieß es in einer Gewerkschafts-Verlautbarung, »unzumutbar«. Der Möglichkeit, echte Industrie-Gewerkschaften zu bilden, ist mit einer solchen Einstellung jede Grundlage entzogen.

Was in Japan so aussieht wie Industrie-Gewerkschaften – etwa Tanro (Bergbau), Tekko Roren (Eisen und Stahl) oder Goka Roren (Kunststoff-Industrie) –, sind im Grunde weiter nichts als Verbände, unter deren Dach starke und selbständige Betriebs-Gewerkschaften locker verbunden sind. Ihnen fehlt bei weitem die Kraft, die Geschlossenheit und die finanzielle Basis, die für Industrie-Gewerkschaften in der westlichen Welt charakteristisch sind.

In Japan gehört es sich nicht, ›über den Zaun‹ zu schauen, festzustellen, was der Nachbar tut: Man blickt auf den eigenen Betrieb, sorgt für die eigenen Arbeiter – aber man interessiert sich überhaupt nicht für ›den‹ Arbeiter. Der Sinn für horizontale, übergreifende Verflechtungen ist noch immer selten. Auch die Gewerkschaften werden wohl noch auf lange Zeit an die vertikal-patriarchalische Ordnung der Betriebe gebunden und damit von Betriebsegoismus beherrscht sein.

Löhne

Obwohl es bisher nicht möglich war, Manteltarife für einzelne Industriezweige auszuhandeln, ist die Lohnpolitik eines der wenigen Gebiete, auf denen zumindest die Betriebsgewerkschaften echte Erfolge zu buchen haben. Jedes Jahr werden im Frühjahr mit viel Stimmaufwand große Lohnkampagnen angekündigt, und regelmäßig einigt man sich auf der Mitte zwischen Forderung und Zugeständnis. Der Arbeiter und Angestellte kann im allgemeinen mit einer jährlichen Lohnsteigerung bis zu 10% rechnen.

Nach den Berechnungen des Statistischen Amtes betrug 1976 der Durchschnittslohn eines japanischen Industriearbeiters 1835 DM. Daß solch Verdienst ein ›Hungerlohn‹ wäre, wird niemand mehr behaupten. Die häufig genannten Zahlen, die die schlechte Bezahlung des Japaners ›beweisen‹, beruhen meist auf einem Irrtum: Sie nennen nicht den Brutto-, sondern den Grundlohn, und das ist ein Unterschied von 5 : 1. Zum Grundlohn kommen zahlreiche Zulagen: Alterszulage, Befähigungszulage, Familienzulage, Kinderzulage, Produktionszulage, Überstunden und dergleichen, nicht zu vergessen der jährliche Bonus von 2-8 Monatsgehältern, der je zur Hälfte im Juli und im Dezember ausgezahlt wird.

Trotzdem sind zu dem Durchschnittslohn, den die Statistik errechnet, drei Einschränkungen zu machen.

Erstens: Nicht nur die Löhne steigen, sondern auch die Preise. So gewaltig das Sozialprodukt wächst, bei dem Pro-Kopf-Einkommen steht Japan hinter anderen Völkern weit zurück. Ferner gehört es zu denen mit so geringem Reallohn-Koeffizienten, daß Lohnerhöhungen kaum die Hälfte wert sind, weil die Lebenshaltungskosten inzwischen davongelaufen waren.

Zweitens: Die jährliche Lohnsteigerung trifft nicht alle Lohnempfänger. Von den 115 Millionen Japanern steht fast die Hälfte im Erwerbsleben. Davon wieder arbeiten rund dreißig Millionen im sogenannten »small and medium business« und verdienen maximal 60% von dem, was die restlichen zwanzig Millionen bekommen, die das Glück haben, in einem Großbetrieb zu arbeiten. (In Europa und in den USA ist der Lohn-Unterschied nur etwa halb so groß.

Drittens: In den vielen japanischen Kleinbetrieben gibt es weder einen Bonus noch die zahlreichen begehrten Vergünstigungen, deren sich die Stammarbeiter bei »big business« erfreuen dürfen: Kantine und billige Einkaufsmöglichkeiten, Werkswohnung und freie ärztliche Behandlung, Klubhäuser und Kinos, Übernahme der Schulkosten für die Kinder und kostenfreie Berufsfortbildung, Ferienhäuser, Sportanlagen und vor allem die hohe Ruhestandsabfindung im 55. Lebensjahr (meist: letztes Monatsgehalt multipliziert mit der Zahl der Dienstjahre). Der Wert solcher Vergünstigungen wird allerdings oft überschätzt, besonders im Vergleich mit anderen Ländern. Auch in Deutschland liegen die betrieblichen freiwilligen Nebenleistungen sehr hoch, wahrscheinlich sogar höher als in Japan. Hier fallen sie nur besonders ins Auge angesichts der großen Zahl derer, die diese Vergünstigungen nicht genießen.

Die Behauptung, Japan sei das Land der niedrigen Löhne, stimmt ebensowenig wie die gegenteilige These. Wer den wirtschaftlichen Aufstieg Japans mit »social dumping« erklären will, macht es sich zu einfach. Davon könne, so meinen die Japaner, ebensowenig die Rede sein wie in Westeuropa, das, von Amerika aus gesehen, auch erheblich billiger arbeite. Im übrigen beweise das amtlich festgestellte hohe Durchschnittseinkommen zugleich das hohe Lohnniveau. Andererseits ›beweisen‹ die starken Lohnsteigerungen in Japan nichts über die Kaufkraft dieses Lohns. Das zeigt erst der Reallohn-Koeffizient: Er liegt in Japan am tiefsten unter allen Industrieländern. Und das hohe Lohnniveau bei den Musterindustrien verschweigt den schlechten Lohn der Kleinbetriebe.

Seit es in Japan eine Gewerkschaftsbewegung gibt, ist sie bemüht, die Arbeiterschaft zu geschlossener Aktion zu einen. Sie tut das unter anderem mit dem Appell zum Klassenkampf und zur Arbeiter-Solidarität. Erfolg hat sie, wie dargelegt, damit nicht gehabt. Auch auf seiten der Regierung hatte man sich nämlich eingehend mit der Klassenkampf-These des Marxismus beschäftigt. Man sah deutlich die Probleme, die etwa in den Industrieländern des Westens aus der Existenz eines Industrie-Proletariats erwachsen waren. Japan traf deshalb sozusagen vorbeugend entsprechende Gegenmaßnahmen. Man mag diese Maßnahmen bejahen oder verneinen – auf jeden Fall haben sie dazu geführt, daß es bis heute weder Klassenkämpfe noch ein echtes Industrie-Proletariat gibt.

Man besann sich auf die traditionellen Kräfte des Konfuzianismus, der jahrhundertelang die Existenz konträrer Kasten gepflegt hatte, ohne daß es zum Kampf zwischen ihnen gekommen wäre. Seit alters war das Volk an die soziale Kluft gewohnt, die zwischen den einzelnen Klassen und Gruppen besteht. Der Neo-Konfuzianismus in der Zeit nach dem Ersten Weltkrieg hatte es daher leicht, auch die neu entstandene Schicht der Industriearbeiter kurzerhand als eigene Gruppe in sein korporatives Gesellschaftssystem einzubauen. Sozialprobleme betrachtete man ohnehin ausschließlich unter ethischen Gesichtspunkten: Streiks – so hieß es in den zwanziger Jahren – könne man schließlich noch verstehen (wenn auch nicht billigen). Aber Sabotage, das heißt bewußte Mißachtung treuer Pflichterfüllung, das sei etwas, was völlig außerhalb dessen läge, worüber man sprechen könne. In der konfuzianischen Ideal-Gesellschaft hat jeder seinen ihm angemessenen Platz mit den ihm zustehenden Rechten und Pflichten. Damit hat er in seinem Bereich auch teil an der Verantwortung, Frieden und Wohlstand zu sichern. Solchem konfuzianischen Idealbild gegenüber bleiben, wie sich gezeigt hat, Klassenkampf-Parolen wirkungslos.

Auch die Marxsche These von der zwangsläufigen Verschärfung der Klassengegensätze hat sich in Japan nicht bewahrheitet. Zu der Spannung zwischen ›Bürger‹ und ›Proletarier‹, die im 19. Jahrhundert ganz Europa beherrschte, ist es hier gar nicht erst gekommen. Dafür können drei Ursachen genannt werden. Erstens: Das Leben der verschiedenen sogenannten Klassen hat sich in zunehmendem Maße vereinheitlicht. Zweitens: Zwischen Bürger und Arbeiter hat sich beizeiten ein bei Marx nicht vorgesehener Mittelstand geschoben: die Angestellten, die mittlerweile die Arbeiter an Zahl weit überflügeln. Drittens: Die Lebensverhältnisse der Arbeiterschaft haben sich allenthalben so gebessert, daß von der sprichwörtlichen ›Verelendung‹ des Proletariats keine Rede mehr sein kann. Gerade das schien dem Gewerkschaftsverband Sohyo beklagenswert, weil es ein Mindestmaß an Klassenbewußtsein unter den Arbeitern verhindere: »Durch die wachsende Einkommenssteigerung und die damit verbundene Möglichkeit, arbeitsparende Elektrogeräte für den Haushalt anzuschaffen, verfällt etwa die Hälfte der Arbeiterschaft bereits dem Wahn, ihren Lebensstil für mittelständisch zu halten.«

Der breiten Masse des japanischen Volkes mit seinem traditionellen Gefühl für Autorität sind alle theoretisch-ideologischen Auseinandersetzungen fremd. In ihrem Leitartikel am 13. 8. 1968 stellte die Zeitung ›Yomiuri‹ lapidar fest: »Das ewige Geschwätz von ›Krisen‹, die keiner sieht außer den Parteiideologen, und der ständige Aufruf zum Klassenkampf stoßen immer mehr ins Leere. Das Volk wird dadurch nur gelangweilt. Der Wähler will nicht sozialistische Theorie, sondern praktische Lösung sozialer Probleme.« Die Forderung nach ›Klassenkampf‹ ist in Japan längst zum Anachronismus geworden. Auch das Wunschziel japanischer Gewerkschaftspolitiker, die Forderung nach Solidarität der Arbeiterschaft, erwies sich mittlerweile als unerfüllbar. Ein Wirtschaftswissenschaftler wie Mitsutani Ito verglich die Vertikalstruktur der japanischen Gesellschaft mit einer Orgel und der Fülle ihrer Pfeifen. Einige davon sind größer und lauter als die Vielzahl der mittleren und kleinen. Innerhalb der einzelnen Pfeifen, besonders innerhalb der großen, besteht ein starkes Zusammengehörigkeitsgefühl, das trennende Klassen- und Gehaltsunterschiede ohne Schwierigkeiten überwindet. Von einer Pfeife zur anderen aber, vor allem zwischen den Angehörigen der großen und denen der kleinen Pfeifen, existiert nicht das mindeste Gefühl einer Interessengemeinschaft. Das patriarchalische Treueverhältnis zwischen Arbeitgeber und Arbeitnehmer, das heißt die Vertikalstruktur, erübrigt (sagen die einen), verhindert (sagen die anderen) jede übergreifende Klassensolidarität. Der gewerkschaftlich organisierte Stammarbeiter eines Betriebes fühlt sich bereits privilegiert angesichts des Tagelöhners, der bei schlechter Konjunktur in die Primivitität der Waschküchenbetriebe oder gar in die Fron der Dorfarbeit zurück muß. Solche Privilegien gilt es zu verteidigen und nicht leichtfertig aufs Spiel zu setzen durch Solidaritätserklärungen mit den Nicht-Privilegierten.

Zu seiner Firma, seiner Fabrik hat der Arbeiter und Angestellte nicht so sehr ein sach-, sondern viel mehr ein personbezogenes Verhältnis: Er fühlt sich nicht als Arbeiter, sondern als Mit-Arbeiter. Betriebstreue ist überdies nicht allein Dankespflicht, sondern liegt zugleich im materiellen Interesse jedes einzelnen: Der Betrieb sorgt für Wohnung, vermittelt Ehen, sorgt für die Ausbildung der Kinder und dergleichen. Die Gewerkschaft achtet streng darauf, daß das Treueverhältnis von seiten des Betriebes gewahrt wird. Solange die Leitung eines Unternehmens ihren ›Vaterpflichten‹ als Haupt der Betriebsfamilie nachkommt – warum sollten dann die ›Kinder‹ auf die Barrikaden gehen? Hinzu kommt, daß sich das Gesicht innerhalb der Betriebsgewerkschaften schon jetzt vom »blue-collar-worker« zum »white-collar-worker«, vom geistig weniger wendigen Arbeiter zum geistig beweglicheren Angestellten verschoben hat. In $^{3}/_{5}$ aller Gewerkschaften sind beide gemeinsam organisiert. Lediglich 15% haben nur Arbeiter. Auch aus diesem Grunde kann von einer Arbeiter-Solidarität keine Rede sein.

Wenn man alles das in Betracht zieht, ergibt sich die Schlußfolgerung von selbst: Die sogenannte Arbeiterbewegung in Japan ist überhaupt keine Bewegung, sondern nur der Wunsch einer Intellektuellen-Gruppe. Für eine echte Bewegung fehlt es an der für alle verbindlichen Idee und an Gewerkschaften, die nicht nur für einige ohnehin Privilegierte, sondern für die Arbeiterschaft insgesamt einstehen. Bisher sind die Gewerkschaften kein gleichwertiger Partner für Organisationen des Managements wie Keidanren, Nikkeiren oder Keizaidoyukai.

Wie es keine öffentliche soziale Moral in Japan geben wird, solange man sich nicht als Mensch, sondern nur als Angehöriger einer Gruppe angesprochen fühlt (dem alle, die nicht dazugehören, völlig gleichgültig sind), solange man nicht bereit ist, über den Zaun (des eigenen Unternehmens) zu schauen, kann es auch keine Klassensolidarität geben. In Japan hat man bisher nur eine einzige Form der horizontalen Solidarität gekannt, die über die Gruppenbindung hinausgeht: die nationale. Solch eine übergreifende Verflechtung aber ist wertlos für die Ziele der japanischen Gewerkschaften: Ihnen kommt es nicht auf Verwischung, sondern auf Betonung der Gegensätze an.

Beginn eines Wandels

Wenn ein Soziologe wie Ralf Dahrendorf meint, das Wort ›Massengesellschaft‹ heute schon durch das Wort ›Leistungsgesellschaft‹ ersetzen zu können, so hat das für Japan noch keine Gültigkeit. Hier ist der Mensch noch lange nicht das, was er kann. Hier hat bei weitem noch nicht jeder gleiche Chancen. Noch fühlt sich die Belegschaft eines Unternehmens überwiegend solidarisch mit dem eigenen Betrieb; noch fühlt sich das Management zu seiner sozialen Rolle verpflichtet: freiwillig und aus Tradition – nicht weil es muß oder weil es ein entsprechendes Gesetz gäbe.

Fast könnte Japan als Musterbeispiel dafür gelten, was die Staatsphilosophie ›Kooperatives Sollen‹ nennt: Es liege, so heißt es, im Wesen des Menschen, daß er sozial und soziabel sei. Allein könne er gar nicht alle Aufgaben des Lebens bewältigen. Dazu brauche er Hilfe: Hilfe von seiten der Familie, der Sippe, der Gruppe, des Staates. Alle Teile des Staates seien daher auf ›Kooperatives Sollen‹ angelegt; denn der Staatsorganismus könne nur dann funktionieren, wenn alle Partner Solidarität bekundeten.

Dennoch ist ein Wandel auch in Japan im Gange. Die Veränderungen der Nachkriegszeit sind offensichtlich. Die wachsende Verstädterung, die beginnende Mobilität der Arbeiter und Angestellten, die noch zögernde Umstellung vom Alters- zum Leistungsprinzip, die wachsende Ungewißheit in bezug auf das, was man bisher aus Tradition oder aus Gewohnheit vom Leben erwarten konnte, die Unbekümmertheit, mit der die Jugend ungerührt alle bloße Überlieferung beiseite schiebt, die wachsende

Selbstverständlichkeit, mit der man vom Staat erwartet, daß er die Betreuungsfunktionen der Familie und der Betriebe übernimmt – all das sind Zeichen dafür, daß sich tiefgreifende Veränderungen ankündigen. Erst wenn das, was man heute noch dankbar als soziale Hilfe empfindet, zur sachlich kühlen Forderung wird, wenn der Paternalismus ›überwunden‹ und die Masse sich ihres Nicht-mehr-Geborgenseins bewußt geworden ist, dann ist die Zeit für eine echte Revolution auch der japanischen Sozialstruktur gekommen.

Japan ist heute das drittgrößte industrielle Ballungszentrum in der Welt. Es ist führend im Schiffsbau; es ist einer der größten Textilhersteller und Kamera-Exporteure der Welt. Es steht in der Autoproduktion an zweiter, in der Stahlproduktion an dritter Stelle. Es ist weltberühmt in allen Bereichen der Elektronik. Die Zeit, in der Japan für seine billige, aber schlechte Massenware berüchtigt war, ist längst vorbei. Das Zeichen ›Made in Japan‹ bürgt heute allgemein für hohe Qualität.

Japan begann nach dem Kriege mit dem Wiederaufbau seiner Industrie am Nullpunkt. 80% seiner Städte lagen in Schutt und Asche. Großzügige amerikanische Finanzhilfe (1,9 Mrd. $) und der Korea-boom (ab Juni 1951) halfen der Industrie wieder auf die Beine. Schon 1951 war der Produktionsstand der Vorkriegszeit erreicht. Seitdem ist die Industriekapazität in atemberaubender Weise gestiegen. Das Sozialprodukt wuchs durchschnittlich um das Doppelte, schneller als in Deutschland.

Schon sind wegen der Knappheit und Kostbarkeit des Bodens die Grenzen der Expansion auf den vier Hauptinseln erreicht: Schon werden, wie zum Beispiel in Nagoya und Oita, riesige Industrien auf Gebieten angesiedelt, die zu diesem Zweck dem Meere abgerungen wurden. Obwohl Japan hinsichtlich des Durchschnittseinkommens weit hinter anderen Ländern vergleichbarer Größe rangiert, ist es gelungen, das Volk in einen Konsumrausch ohnegleichen zu stürzen. Kaum ein Haushalt, und sei er noch so klein, der ohne Fernsehgerät, Kühlschrank und Waschmaschine auskommen kann: Der Lebensstandard ist außerordentlich gewachsen.

Ist das alles jedoch eine ausreichende Basis für eine sozial stabile Zukunft? Der Erfolg der japanischen Industrialisierung beruht zu einem guten Teil darauf, daß sie auf gesellschaftlichen

Traditionen fußte. Patriarchalische Betriebsführung, permanent employment und Betriebsgewerkschaften sind im Grunde unvereinbar mit den modernen Methoden der Produktivitätssteigerung. In Japan haben sich jedoch gerade die Traditionsreste als leistungsfördernd erwiesen. Es dürfte, so meinte der langjährige Leiter des Arbeitsinstituts (Rodo kyokai), Professor Ichiro Nakayama, sogar zu überlegen sein, ob das Familiensystem für die Industrialisierung wirklich nachteilig ist.

Bisher hatte das Sozialgesicht charakteristisch japanische Züge insoweit, als es sich – sogar im Rahmen der Massentendenzen – patriarchalische Elemente hat erhalten können. Doch die verwertbaren Besonderheiten der früheren Gesellschaftsordnung scheinen nahezu ausgeschöpft. Ersatz für sie durch neue, gültige Normen ist bisher nicht gefunden. Wenn die neuen Normen ganz dem internationalen Standard folgen sollten, dann freilich würde auch das Sozialgesicht Japans seine letzten eigenständigen Charakteristika einbüßen. Ob jedoch der sich jetzt anbahnende Wandel wirklich zu farblosem Internationalismus führen wird, der den einzelnen zum ›Sandkorn‹, zum außengeleiteten Massenmenschen macht, oder ob auch der neuen Sozialstruktur ein nationales Gepräge eigen sein wird, ist noch nicht zu übersehen.

Geschichte und Geschichten

Entwicklung der Gewerkschaftsbewegung

Die Vielfalt der Strömungen und Gegenströmungen innerhalb der japanischen Gewerkschaften wird übersichtlicher, wenn man einen Blick auf ihre Vergangenheit wirft. Vor dem Kriege war die Gewerkschaftsbewegung nur dem Namen nach vorhanden: 1936 wurden im ganzen Land lediglich 460000 Mitglieder gezählt. Bis zum Kriegsende hatten Arbeiter kein Recht, als Gruppe Tarifverträge auszuhandeln; sie waren als Verhandlungspartner noch nicht anerkannt. Seit der Besatzungszeit aber hat die japanische Arbeiterschaft drei neue Rechte: sich frei zu organisieren, gleichberechtigt mit den Arbeitgebern Verträge abzuschließen und zu streiken. Daraufhin schossen die Gewerkschaften wie Pilze aus dem Boden: Schon 1946 wurde ihre Zahl mit 17265 angegeben, die zusammen 4,85 Millionen Mitglieder hatten.

Gleich von Beginn an war zweierlei für die Bewegung charakteristisch: Erstens: Die Gewerkschaften waren auf Betriebsbasis und nicht auf Industrie-Zweig-Basis organisiert; zweitens: Die Gewerkschaften schlossen sich unter zwei Dachverbänden zusammen: damals ›Sodomei‹ und ›Sambetsu‹.

Als Folge eines von McArthur verbotenen Generalstreiks vereinigten sich die kommunistisch orientierten Gewerkschaftler – das waren damals 80% – zur starken ›Zenroren‹. Beim sogenannten ›Red Purge‹ (1950) wurde Zenroren aber wieder aufgelöst. Im Juli 1950 kam es zu neuem Zusammenschluß, diesmal unter demokratischem Vorzeichen: Der Verband hieß Sohyo und hatte 3 Millionen Mitglieder. Bald kam es wieder zu politischem Streit: Unter dem Namen ›Zenro‹ trennten sich die weniger linksorientierten Gewerkschaften von ›Sohyo‹. Seit 1965 ist Zenro mit zwei weiteren Gewerkschaftsgruppen unter dem Namen Zen-Nihon-Rodo-Sodomei, kurz ›Domei‹, vereint. Während Sohyo mit der sozialistischen Partei zusammenarbeitet, stützt sich Domei auf die Demokratischen Sozialisten.

Vor allem im Sohyo-Verband sind starke einander widerstreitende Kräfte vereint. Die jüngere Generation der Gewerkschaftsfunktionäre will sich von der politischen Orientierung der Älteren lösen. Ihr geht es wie der jungen Arbeiterschaft nicht so sehr um ideologische Parolen als um besseres Leben. Sie will nicht den Sündenbock für ehrgeizige Politik spielen, sondern sieht in der Gewerkschaft nur ein Instrument, ausreichenden Lohn sicherzustellen. Es scheint, als ob Domei mit der Forderung nach maßvoller Mitte zunehmend mehr Gehör findet als Sohyo mit seiner militanten Ideologie.

Herr Tanaka hat es gut

Er ist 40 Jahre alt, hat eine Frau, zwei Kinder und verdient bei seiner Firma 147 560 Yen, etwa 1480 DM im Monat. Dazu kommt der Bonus, im Juli und im Dezember zwei Monatsgehälter. Von diesem Bonus hat er kürzlich das neue Fernsehgerät gekauft, und zu Neujahr bekommt seine Frau endlich den ersehnten Waschautomaten. Mit der Wohnung hat er Glück gehabt. Sie gehört dem Werk und er zahlt nur 180 DM dafür, nicht wie sein Freund Hiroshi, der Tapezierer, der 370 DM für seine drei kleinen Zimmer bezahlen muß. Für das Essen braucht seine Frau, sie kann es drehen, wie sie will, Tag für Tag 20 DM, im Monat also 600 DM. Da ist kein Luxus dabei, aber es schmeckt. Sogar der Junge mit seinen 10 Jahren wird immer satt. Er selbst ißt eine Mahlzeit in der Werkskantine und zahlt dafür nur 1,50 DM. Gas, Strom und Wasser sind schon wieder erhöht worden. Unter 90 DM kommt man da selten weg. Für Kleidung muß man – die Kinder werden auch immer größer – mindestens 95 DM im Monat rechnen. Dann sind da Versicherungsprämien und die Schulden vom Begräbnis des Vaters: 110 DM. Auch eine Zeitung will man lesen, diese oder jene Zeitschrift, zum Friseur muß man und ab und an auch mal ins Kino: mit vier multipliziert sind das 180 DM. Zusammengerechnet bleiben 190 DM übrig für Notfälle, für den Arzt, für den Urlaub, für die Sparkasse, für ... Ein Glück, daß die Firma für die Berufsausbildung der Kinder sorgen wird. Von dem Bonus der nächsten Jahre möchte Herr Tanaka soviel zurücklegen, daß er sich bald einen kleinen Honda kaufen kann: Das Motorrad bei schlechtem Wetter ist auf die Dauer kein Vergnügen. Aber daran wagt er noch kaum zu denken. Erst muß seine Frau die Strickmaschine haben –

damit könne sie sogar noch Geld verdienen, sagt sie. Der Junge träumt von einem Fahrrad. Und Yuriko, die Zwölfjährige, ist auf Musik versessen; tagtäglich spricht sie von einer Geige – nun ja: der Bonus!

Einkommen und Lebenshaltungskosten werden sich erhöhen, doch die Grundgegebenheiten des Herrn Tanaka werden noch lange dieselben sein.

Die größten Handels- und Industrie-Imperien

Mitsui. Nach eigener Aussage das größte Handelshaus der Welt mit 10000 Angestellten. Kombiniert nach japanischer Darstellung »Handelsgenie und Krämergeist«. Wickelt etwa ein Zehntel des ganzen japanischen Im- und Exports ab.

Mitsubishi. Handels- und Industrie-Firma für ›alles‹: Kirin-Bier, Banken, Tanker, Flugzeuge, Plastik- und Textil-Industrie, Versicherungsgesellschaften, Schwerindustrie. Berühmt für ›Korpsgeist‹ und Organisation. Warenzeichen (wie der Name sagt): drei Diamanten.

Marubeni-Iida. Drittgrößtes Handelshaus. Erstrebt Gleichwertigkeit mit den beiden anderen »großen M«: Mitsui und Mitsubishi.

Ito. Viertgrößtes Handelshaus. Motto: »Laßt uns Marubeni überholen!«

Sumitomo. Zentrum in Osaka, Japans alter Handelsmetropole. Stahl, Hütten, Bergwerke (vor allem Kupfer). 172 Filialen allein bei Sumitomo-Bank, die ganz auf Leistungsprinzip aufgebaut ist. Strenge Konzern-Moral.

Ishikawajima-Harima. Zweitgrößte Schiffswerft hinter Mitsubishi: Hier werden die Supertanker von über 300000 t gebaut.

Hitachi-Zosen. Drittgrößte Werft.

Nippon Steel, Nihon Kokan, Kawasaki-Steel. In dieser Reihenfolge die größten Stahlkonzerne Japans.

Hitachi. Größte Elektrofirma.

Toshiba. Zweitgrößte Elektrofirma.

Matsushita. Schärfster Konkurrent von Hitachi und Toshiba. Sitz Osaka. Firmenzeichen ›National‹.

Sony. Weltberühmt für Transistoren.

Teijin. Mächtigste Kunstfaser-Fabrik.

Toyo Kogyo, *Toyota*, *Nissan*, *Honda*. Große Autofirmen.
Bridgestone. Autoreifen.
Takeda. Pharmazeutika.
Canon, *Yashika*, *Asahi*. Berühmte Fotofirmen.

Konosuke Matsushita schuf sein Elektroreich in der Nachkriegszeit. Er ist heute einer der besten Steuerzahler. Tageseinkommen von rund 15 000 DM. Herrscht paternalistisch über 42 000 Angestellte und ist äußerst populär. Bei der Jugend gilt er als einer der bemerkenswertesten Männer der Welt, weil er von ganz unten angefangen hat. Stammt aus ärmsten Verhältnissen und begann in winziger Werkstatt mit der Herstellung von Fahrradlampen. Dann ging er zu kleinen Radios über. Baut ganz auf den Ideen Henry Fords auf: Das Prinzip der »großen Serie zu billigem Preis« wurde gültig für alles, was er herstellt, von der Waschmaschine bis zu Fernsehgerät und Raumkühler.

Bridgestone beherrscht den japanischen Autoreifen-Markt. Der Name ist die englische Übersetzung des Firmen-Gründers Shojiro Ishibashi (ishi: Stein, bashi: Brücke). Er war ein kleiner Handwerker, der Strohsandalen für die Landbevölkerung produzierte. Da kam er auf die Idee, die Sandalen dadurch haltbarer zu machen, daß er sie mit Gummi besohlte. Er fand damit reißend Absatz. Erst in den dreißiger Jahren stellte er sich auf Reifen um für die damals noch im ersten Anfang stehende Autoindustrie. Heute produziert seine Firma jährlich nicht nur viele Millionen von Reifen, sondern besitzt eine eigene Kordweberei und macht den Gummi für ihre Reifen ebenfalls selbst.

Mitsui. Die Geschichte der Mitsui begann vor 300 Jahren mit einer Frau. Sie hieß Shuko, stammte aus reicher Familie und heiratete den Nachfahren einer Samurai-Familie namens Takahashi Mitsui. Während er von der Vergangenheit träumte, gründete sie einen Laden und verkaufte darin Kleidung. Der Laden hieß Echigoya. An seiner Stelle in Tokio steht heute das große Warenhaus, das seit 1908 Mitsukoshi heißt, noch heute eines der wichtigsten Unternehmen der Mitsui. Zum Echigoya kamen bald Geldverleih und Wechselstube – der Weg zum Zaibatsu war geebnet. Schon damals, vor drei Jahrhunderten, entstand der Familiengrundsatz: Das Vermögen darf nicht geteilt werden, es muß zentral für alle elf Familienzweige verwaltet werden. Die Mitsui trieben Handel mit China und Holland über Nagasaki und mit der übrigen Welt ab 1854 über Yokohama. Sie finanzierten die Soldaten des Kaisers im Kampf gegen den Shogun und blieben jahrzehntelang Bankiers der Regierung. Von ihr erwarben sie zu Spottpreisen vier Seidenfabriken und die Baumwollspinnerei Kanebo, die Elektrowerke von Shibaura (heute Toshiba), die Papierfabrik Oji. Das Unternehmen wuchs und wuchs. Gegen Ende des Krieges kontrollierte Mitsui 212 Groß-Unternehmen des Inlands und besaß 61 ausländische Filialunternehmen. Dann kam das Jahr 1946. Damals dekretierten die Amerikaner die ›Entflechtung‹ in über 200 kleine Gesellschaften. Heute, nach noch nicht einem Menschenalter, ist Mitsui wieder ein Weltbegriff. Nur wird die Firma nicht mehr von der Familie Mitsui, sondern von Generaldirektoren regiert, die den Mitsui für die Benützung ihres Namens eine bescheidene Rente zahlen.

Mitsubishi. Einer der streitbarsten Samurai-Clans war der von Tosa. Sein Vermögen lag in der Hand von Yataro Iwasaki, der damit elf Schiffe kaufte und die Reederei Mitsubishi gründete. Als die Regierung eine Strafexpedition nach Formosa senden und weder Engländer noch Amerikaner Schiffsraum zur Verfügung stellen wollten, war Mitsubishi zur Stelle. Kurz darauf, im Seinan-Krieg gegen den aufständischen Satsuma-Clan, mußten wieder Truppen transportiert und deren Versorgung sichergestellt werden. Wieder wurde Mitsubishi beauftragt. Die Mitsubishi-Flotte wuchs und wuchs. Das war den Mitsui und ihren Freunden ein Dorn im Auge. Man fürchtete ein Übergewicht von Tosa und gründete mit Regierungshilfe eine zweite Schiffahrtsgesellschaft. In dem nun einsetzenden mörderischen Konkurrenzkampf blieb Mitsubishi Sieger: Beide Gesellschaften wurden unter Mitsubishi-Führung zur nationalen NYK (Nippon Yusen Kaisha) fusioniert. Aus dieser Zeit stammt das ungeschriebene Gesetz, daß die Zaibatsu sich öffentlich keine Konkurrenzkämpfe liefern sollten. Zur Schiffahrt kam die Bank, zur Bank Industriebetriebe und Bergwerke, Versicherungsgesellschaften und Papierfabriken. Dann erst kam das wirklich große

Geschäft. Vor dem Kaiserpalast lag eine Wüste. Dort hatten in vergangenen Zeiten die Samurai ihre Manöver abgehalten, dort hatten die Daimyo aus der Provinz ihre Stadtwohnungen. Doch ein Feuer hatte alles zerstört und das Riesengelände von 400 000 qm war öde und wüst. Nicht einmal Kasernen konnte man darauf bauen, weil die Regierung kein Geld hatte. Man erwog daher, die Wüste zu verkaufen. Keiner wollte sie haben, auch Mitsui nicht. Der Preis von 1,5 Millionen Yen erschien zu hoch. Nach langem Zögern griff schließlich Mitsubishi zu. Der damalige Präsident, der jüngere Bruder des Firmengründers, nahm »das Opfer als patriotische Tat« auf sich. Das ›Opfer‹ hat sich gelohnt. Aus der Mitsubishi-Wüste von damals ist das Marunouchi-Zentrum von Tokio geworden, in dem die Bodenpreise nahezu unerschwinglich sind. Das teuerste Grundstück der Welt ist der Mitsubishi-Glasturm in der Ginza.

Millionäre

Wie wenig man in Japan einen Millionär für einen Mann hält, der seinen Reichtum zur Schau stellt und mit Geld um sich wirft, zeigt die stille Bewunderung und Verehrung, die man Großunternehmern wie zum Beispiel Mikimoto, Matsushita und Honda entgegenbringt. Typisch dafür ist auch die Geschichte des reichsten Mannes von Osaka. Er hatte weder einen Cadillac noch ein Heer von Dienern; er rauchte und trank nicht und besaß in den letzten 30 Jahren nur zwei Paar Schuhe. Als er 27 Jahre alt war, ging er mit 32 Yen in der Tasche nach Osaka, in der festen Absicht, die 300 000 Yen, die sein Vater an der Börse verloren hatte, doppelt wiederzugewinnen. Er trug nicht einmal Geta, aß nur einmal am Tag und legte jeden Pfennig beiseite. Neun Jahre später schon war das Ziel erreicht. Aber das Aktiengeschäft war ihm zu unsicher: Er suchte einen Job, wo er überhaupt nicht verlieren, sondern nur gewinnen konnte: er wurde Geldverleiher. Sein Vermögen: 5 Milliarden Yen. Er war, wie er sagte, »Sammler aus Passion: Ich sammle Geld – das ist mein Hobby!«

Riesenstadt Tokio

Als größte Stadt der Welt rangiert Tokio vor New York, London, Los Angeles, Chikago, Calcutta und Paris. Hier wohnen auf einer Bodenfläche von rund 2000 qkm 11,54 Millionen Menschen – gut 10% der Gesamtbevölkerung. In dieser Zahl sind nicht die 4-500000 Pendler enthalten, die täglich in oft 2-4stündiger Fahrt in überfüllten Zügen und Omnibussen zur Arbeit und wieder zurückfahren, weil sie in Tokio selbst keine Wohnung finden können.

Die Einwohnerzahl von Japans Hauptstadt wächst um etwa 500 Menschen pro Tag: ein Drittel davon durch Geburtenzuwachs, zwei Drittel durch Zuwanderung. Abgesehen von dieser ›amtlichen‹ Vermehrung gibt es noch den illegalen, den Zuwachs an sogenannten ›Gespenstern‹, das heißt den nicht registrierten Asozialen, Kriminellen und Vagabunden. Man schätzt ihre Zahl in Tokio allein auf 300000 und rechnet damit, daß sie sich in jedem Jahr um weitere 25000 vermehren.

Die ständig wachsende Bevölkerung stellt die Verwaltung Tokios vor kaum noch zu bewältigende Aufgaben. Für die Ausweitung der Stadt – sei es durch Satelliten-Städte mit Dezentralisierung der Behörden und Zwangsaussiedlung der Bevölkerung, sei es durch Zuschüttung der Tokio-Bucht – wären viele Milliarden Mark vonnöten.

Die Wasserversorgung, eine ständige Sorgenquelle für die Väter der Stadt, drohte im Sommer 1962 zur Katastrophe zu werden: Die Reservoire waren leer. Diese Gefahr droht noch immer bei Beginn der heißen Jahreszeit. Noch immer nicht ist das ganze Stadtgebiet von den Wasserleitungen erfaßt. Die Tageskapazität von 1,62 Millionen t Wasser reicht für Industrie und Bewohner bei weitem nicht mehr aus.

Nur ein Bruchteil der Stadt, man spricht von 30%, ist kanalisiert. Ratten sind in manchen Stadtteilen noch immer eine Selbstverständlichkeit. Die Müllabfuhr, die seit je im argen liegt, ist kaum noch zu bewältigen. Zur Zeit wird der Müll mit Schiffen, der sogenannten ›Goldenen Flotte‹, bis in die Gegend der Insel Oshima gebracht, was die Stadt täglich rund 7000 DM kostet.

Der Zentralmarkt, einst geplant gerade für die Hälfte der

jetzigen Bevölkerung, droht zu platzen: Die sachgemäße Versorgung der Großstadt mit Nahrungsmitteln ist gefährdet.

Immer kleiner wird auch der Raum für Grünflächen, für die ›Lungen‹ der Stadt. Selbst das Gelände des Kaiserpalastes, die größte ›Lunge‹ Tokios mit einer Fläche von 204328 qm, ist immer wieder in Gefahr, den Verkehrsverbesserern zum Opfer zu fallen. Dabei bietet Japans Hauptstadt kaum mehr als 1,1 qm Grünfläche pro Kopf seiner Bewohner; in Washington sind es 43,49 qm.

Tokio ist nach dem Kriege ohne jede Planung wiederaufgebaut worden. Erst seit den Olympischen Spielen 1964 wird das Versäumte allmählich nachgeholt, vor allem im Ausbau eines großzügigen Straßennetzes. Ziel ist es, die Straßenfläche wenigstens auf 15% des Stadtgebietes zu vergrößern. Damit soll wenigstens die Hälfte dessen erreicht werden, was viele europäische und amerikanische Städte dem Verkehr zu opfern bereit sind. Zur Zeit wächst die Zahl der Verkehrsmittel schneller als das Verkehrsnetz selbst. Zu den täglichen Stoßzeiten sind die Hauptstraßen hoffnungslos verstopft: 1977 waren in ganz Japan 29,14 Millionen Kraftfahrzeuge (davon 14,8 Millionen PKW) registriert; davon entfielen auf Tokio allein 2,65 bzw. 1,43 Millionen.

Paradies der Abtreibung?

Es sei höchste Zeit, daß endlich etwas geschehe, meinte kürzlich ein prominenter Politiker, sonst gehe Japan mit dem zweifelhaften Attribut eines »Paradieses der Abtreibung« in die Geschichte ein. Wohl ist es barer Unsinn, wenn gesagt wird, daß wohlhabende Ausländerinnen in Scharen nach Japan reisen, weil hier die Abtreibung nicht nur billig, sondern auch ›erlaubt‹ sei. Aber es ist eine Tatsache, daß in Japan in jeder Minute vier Schwangerschaftsunterbrechungen (legale und illegale) vorgenommen werden und daß ein Drittel aller abtreibenden Frauen unverheiratet ist. Im übrigen lassen sich in Japan jährlich etwa 40000 Menschen (38000 Frauen und 2000 Männer) sterilisieren. Bei Erbkrankheiten und Lepra ist dieser Eingriff gebührenfrei.

Nach der Babyflut der Nachkriegszeit hat Japan seinen vielgeneideten, viel angefeindeten Feldzug zur Geburtenbeschränkung begonnen. Der Feldzug war erfolgreich: Der Prozentsatz von Japans Geburtenzuwachs ist vom höchsten Asiens auf einen der niedrigsten in der Welt herabgesunken. Zwei Wege standen dafür offen: die sogenannte Familienplanung und die Schwangerschaftsunterbrechung.

Familienplanung – das heißt Beratung und Aufklärung über Empfängnisverhütung, über entsprechende Medikamente, über Zyklentheorie und dergleichen – wird in großem Stil und in aller Öffentlichkeit mit Wort, Bild und Film vom Wohlfahrtsministerium, von Hausfrauenverbänden und von vielen Großfirmen betrieben. Letztere verbinden das meist mit Eheberatung und Ehevermittlung, um auf diese Weise ihre Stammarbeiterschaft zu erhalten.

Zur Familienplanung gehört das Gebiet der künstlichen Befruchtung. Sie ist in Japan weder ungesetzlich noch religiös verpönt. Drei große Universitätskliniken (Keio-Daigaku, Kyoto-Daigaku und Osaka-Daigaku) haben in den letzten Jahren Hunderte von künstlichen Befruchtungen durchgeführt. Dabei war in etwa einem Drittel der Fälle der Ehemann Vater des Kindes. Bei den anderen Fällen waren es nur dem Arzt bekannte, nach eugenischen Gesichtspunkten sorgsam ausgewählte Spender. Den Kliniken stehen ständig Spender (meist Studenten) zur Verfügung, die sehr eingehenden Untersuchungen unterworfen werden.

Der Rückgang der Geburten seit 1949 ist jedoch nur zu einem geringen Teil das Ergebnis der Familienplanung. Entscheidender war die künstliche Unterbrechung der Schwangerschaft. Sie wurde bei Vorliegen »gesundheitlicher oder wirtschaftlicher Gründe« vom Hygiene-Schutz-Gesetz (1948) begünstigt, obwohl die §§ 212-216 des japanischen Strafgesetzbuches, nach denen Abtreibung mit Zuchthaus bestraft wird, nach wie vor Gültigkeit haben.

Dieses 1952 noch großzügiger revidierte Hygiene-Schutz-Gesetz ist immer wieder Gegenstand heftiger Diskussionen gewesen, zumal es die ursprüngliche Bestimmung, daß für eine Schwangerschaftsunterbrechung die Zustimmung von mindestens zwei Ärzten notwendig sei, fallenließ. Seitdem bedarf es nur einer Erklärung von seiten der Patientin, daß sie sich aus wirtschaftlichen oder gesundheitlichen Gründen kein Kind leisten könne – einer Erklärung, die die 10000 zu solchen Eingriffen ermächtigten Ärzte meist weder nachprüfen können noch wollen.

Die Zahl der gesetzlich registrierten Abtreibungen ist inzwischen unter die Millionengrenze gesunken. Doch zu den ›gesetzlichen‹ kommen nach amtlicher Schätzung im Jahr mindestens weitere 500000 ungesetzliche Schwangerschaftsunterbrechungen. Abtreibungen und Lebendgeburten halten sich in Japan seit Jahren ungefähr die Waage.

Die Mittel der Massenkommunikation: Presse, Funk und Fernsehen

Auflagegiganten. Japan steht sowohl als Produzent wie als Verbraucher von Zeitungspapier an dritter Stelle in der Welt. Es steht sogar an zweiter Stelle, was die Verbreitung von Zeitungen unter der Bevölkerung betrifft: während in Deutschland auf jede Familie 0,9 Zeitungen entfallen, sind es in Japan 1,23 Zeitungen.

Die Gesamtauflage der japanischen Presse betrug 1978 62221000 Exemplare. Von dieser Zahl geht allein über die Hälfte auf das Konto der großen Fünf (Asahi, Yomiuri, Mainichi, Nihon Keizai und Sankei); die ersten zwei mit Tagesauflagen von rund 11 Millionen, die letzteren von 3-7 Millionen. Allein die Zeitung ›Asahi‹ bringt täglich 10-16 verschiedene Ausgaben heraus sowie außerdem in ganz Japan 134 verschiedene Provinzbeilagen.

Den ›großen Vier‹ gegenüber steht der Block von vier Regionalblättern, den ›großen Kleinen‹ (mit Auflagen von je 600000 bis 1,2 Millionen), und rund 100 Lokalzeitungen, von denen die Hälfte ebenfalls Auflagen von über 100000 Exemplaren täglich hat.

Angesichts dieser Riesenauflagen spielen die vier englischsprachigen Zeitungen Japans für die Meinungsbildung überhaupt keine Rolle: Sie haben alle zusammen die Auflagenhöhe von 200000 noch nie überschritten. Aber sie geben durch ihren ausgezeichneten Nachrichtenteil und die wörtliche Übersetzung von Leitartikeln aus der japanisch-sprachigen Presse auch dem Ausländer ein annäherndes Bild von dem, was in Japan vorgeht.

Für europäische Verhältnisse nahezu unglaubwürdig ist die

Zahl der Redakteure, die in den 126 Zeitungen Japans arbeiten. Es sind fast 17000. Ein Drittel davon entfallen allein auf die drei Giganten unter den Zeitungen, auf Asahi, Mainichi und Yomiuri: Jede von ihnen hat einen Stab von rund 2000 Redakteuren. Allein in der Auslands-Abteilung dieser Zeitungen arbeiten je über 60 Redakteure.

Diese gewaltigen Redaktionsstäbe hängen mit einer Eigenart zusammen, die für Japan typisch ist: mit den sogenannten Presse-Clubs. Sie sind nicht, wie in anderen Ländern, Berufs-Interessenverbände, sondern sie dienen der Nachrichtenbeschaffung und -verteilung. Jedes Ministerium, jede Präfektur, jede Stadtverwaltung, jedes Bezirkspolizeiamt, kurz jede Behörde, die irgendwelche Nachrichten zu vergeben hat, besitzt einen eigenen Presse-Club. Nur über ihn gelangt die Nachricht an die Öffentlichkeit; zu ihm aber haben nur die dort akkreditierten Journalisten Zutritt. Allein um diese Clubs besetzt zu halten, bedarf es eines wahren Heeres von Journalisten.

Die Macht der Zeitungen. In Japan kann die Presse jeden Minister, jeden Staatssekretär und jeden Ministerialdirektor jederzeit um seine Stellungnahme bitten, selbst mitten in der Nacht. Keiner wird es wagen, diese Stellungnahme abzulehnen oder empört auf die Einhaltung des Dienstweges zu verweisen. Das würde ihm sofort den Vorwurf undemokratischen Verhaltens eintragen und ihn damit unweigerlich dem Trommelfeuer der gesamten Presse aussetzen. Dabei wiederum geht es gar nicht um sachliche Gesichtspunkte sondern darum, daß man »sein Gesicht verlieren« könnte. Ein solcher Verlust aber ist in einem so gruppenbewußten. gruppenbedingten Land wie Japan auch heute noch tödlich.

Daß die Presse Macht hat, hat sie des öfteren bewiesen. 1913 zum Beispiel bewirkte sie den Rücktritt der Regierung Katsura, 1918 war sie die treibende Kraft beim Volksaufstand gegen die Reispreiserhöhung, und zuletzt zeigte sich ihre Macht 1960 bei den großen Unruhen gegen die Revision des Sicherheitsvertrages mit Amerika, gegen die Regierung Kishi, gegen den Besuch des Präsidenten Eisenhower. Durch geschickte Nachrichtenpolitik hat die Presse damals die Unruhen zumindest gestützt, ohne sich die Möglichkeit zu nehmen, nach deren Ende unschuldsvoll zu erklären, sie habe nichts damit zu tun gehabt.

Auch in Japan ist die Frage gestellt worden, ob die Presse wirklich aus eigener Verantwortung handle oder ob sie ausführendes Organ sei, abhängig von Kräften und Mächten, die hinter ihr stehen und sie manipulieren.

Anders als in Deutschland gibt es in Japan keinen Journalistenverband, der für die Unabhängigkeit seiner Mitglieder zu kämpfen bereit ist. Hier sind Redakteure und Verleger in einem gemeinsamen Verband zusammengeschlossen (Japanischer Zeitungsverband – Nihon Shimbun Kyokai). Im allgemeinen sorgen die Verleger selbst dafür, daß ihre Redakteure in der freien Meinungsäußerung nicht behindert werden, denn eben diese Freiheit macht ja ihr Blatt für den Käufer interessant. Praktisch, das heißt bei der Einstellung von Redakteuren wie in Streitfällen, liegt die Entscheidung über die generelle Redaktionspolitik beim Verleger. Aber sein Wirken geschieht in Japan nicht direkt, sondern indirekt.

Selbst der Zeitungsmagnat Matsutaro Shoriki, der Zeitungsboß des Yomiuri-Konzerns, der immer wieder behauptete, die eigentlich treibende Kraft hinter allen Unternehmungen seines Konzerns zu sein, bestritt energisch, seinen Chefredakteuren auch nur die geringsten Anweisungen oder Hinweise gegeben zu haben, wenn es sich um redaktionelle Dinge handelte.

Ein wichtiger Machtfaktor innerhalb der Presse Japans sind die Zeitungsgewerkschaften. Ihr Einfluß beschränkt sich keineswegs auf Lohnpolitik und Arbeitszeitregelung. Die Gewerkschaften können durchaus auch auf die redaktionelle Gestaltung Einfluß nehmen, einfach deshalb, weil in ihnen nicht nur Arbeiter und Angestellte, sondern auch der Großteil der Redakteure organisiert sind. Die einzelnen Betriebsgewerkschaften, zum ›Verband der Zeitungsgewerkschaften‹ – Shimbun-Roren – zusammengeschlossen, umfassen also »blue-collar« und »white-collar«-Arbeiter, das heißt rund 65% der 17000 Redakteure, 19000 Arbeiter und 29000 Angestellte, 65000 Menschen also, von denen ohnehin etwa 10% in dem Augenblick nicht mehr gewerkschaftsfähig sind, in dem sie in die Bereiche des ›Managements‹ aufrücken.

Dieser Verband der Zeitungsgewerkschaften ist bekannt für seine betont linksorientierte und entsprechend aggressive Einstellung und ein Grund mehr für die traditionell ›progressive‹

und das heißt zugleich regierungskritische Einstellung der japanischen Zeitungen. Shimbun-Roren steht in enger Verbindung zur J.C.J. (Japan Conference of Journalists), die ihrerseits mit der kommunistischen Partei Japans und der ebenfalls kommunistischen »International Organisation of Journalists« zusammenhängt.

Die Uniformität der Presse hängt zusammen mit der Vereinheitlichung der redaktionellen Gestaltung. Dank der Technifizierung des Nachrichtenwesens, die der Provinzpresse wie der Großstadtpresse das Neueste gleich schnell zu liefern in der Lage ist, haben alle Zeitungen die gleichen Nachrichten. Da sie alle einen möglichst großen Leserkreis anstreben, sind sie auch in ihrer Redaktionspolitik an das gleiche Prinzip gebunden wie die Millionenblätter: an das Prinzip einer von Parteimeinungen freien Neutralität.

Die Zeitschriften. Unter den Zeitschriften – es gibt davon nach amtlichen Angaben in Japan über 11000 – unterscheiden sich Wochen- und Monatszeitschriften scharf. Die Wochenżeitschriften (einige von ihnen haben die Millionengrenze weit hinter sich gelassen) sind vorwiegend populär und haben den Charakter von anspruchslosen Magazinen. Unter den Monatszeitschriften aber gibt es einige, die nicht nur für die politische Meinungsbildung des Landes entscheidend sind, sondern in denen sich auch das geistige Leben der Nation spiegelt. Ihr hohes Niveau gestattet keine Konzessionen an den auf bloße Unterhaltung abzielenden Geschmack der Wochenmagazine. Um so erstaunlicher ist es, daß die zwei bedeutendsten unter ihnen ebenfalls gewaltige Auflagen haben: die konservative Zeitschrift ›Bungei Shunju‹ druckt 700000, die nach links tendierende Zeitschrift ›Chuo Koron‹ 500000 Exemplare.

»Meinungslosigkeit« der Presse? In- und ausländische Beobachter haben immer wieder behauptet, daß die Zeitungen Japans kein Spiegelbild der öffentlichen Meinung seien – einfach deshalb, weil sie keine Meinung hätten. Es gäbe nur einen einzigen Punkt, in dem sie eine Gesinnung bekundeten: ihre ständige Kritik an der Regierung. Diese Behauptung ist kein Vorwurf, sondern die Feststellung einer historisch begründeten Tatsache.

Seit dem Beginn der Meiji-Zeit, seit den sechziger Jahren des vorigen Jahrhunderts, gibt es Zeitungen in Japan. Sie waren samt und sonders Gesinnungsblätter, und zwar bis zum Jahre 1923, bis zu dem furchtbaren Erdbeben in Tokio und Yokohama. Diese Katastrophe überdauerten praktisch nur drei Blätter, die heutigen großen Drei (Asahi-Shimbun, Mainichi-Shimbun, Yomiuri-Shimbun), die ersten beiden vor allem deshalb, weil ihre Hauptbüros in Osaka lagen, während die Redaktionen fast aller anderen Blätter in Tokio und Yokohama vernichtet wurden.

Doch das ist nur der äußere Grund für das Verschwinden der Gesinnungspresse. Der innere Grund war ein ganz anderer. Die Zeitungen in Tokio hatten sich fast ausschließlich um Politik gekümmert. Das Für und Wider bei den Parlamentswahlen war ihr eigentlicher Lebensantrieb. Die beiden Osakablätter hingegen, die Mainichi und die Asahi, hatten sich stillschweigend von dem Streit der Parteien freigemacht.

Sie waren darangegangen, die Zeitung zu einem Bedarfsartikel zu machen und damit eine Entwicklung einzuleiten, deren Ergebnis die Presse von heute ist: Aus der Zeitung als dem Träger einer bestimmten politischen Meinung war ein Handelsunternehmen geworden, das seine Ware, nämlich Nachrichten, Anzeigen und Unterhaltung, verkaufen will.

Die Leserschaft jeder Zeitung ist heute in allen sozialen Bereichen des Volkes, in allen Parteien und in allen Altersschichten zu finden. In Japan ist man stolz darauf. Jeder, so heißt es, könne sich aus jeder Zeitung holen, was ihn interessiere. Inzwischen aber zeigen sich immer deutlicher Anzeichen für eine neue Entwicklung. Gerade weil alle Zeitungen heute die gleichen Nachrichten gleich schnell erhalten, müssen sie nach einer Möglichkeit suchen, sich voneinander zu unterscheiden. Diese Möglichkeit liegt nicht mehr im Inhalt, sondern allein noch in der Kommentierung der Nachrichten. Damit ist eine Entwicklung eingeleitet, die wieder zurückführen könnte zur Zeitung als dem Träger einer Meinung.

Das technische Wunder. Dank der scharfen Konkurrenz unter den Zeitungskonzernen hat sich Japans Presse die moderne Technik wie bisher kein zweites Land der Erde zunutze gemacht. Dabei hatte es ungleich größere Probleme zu lösen als Europa und

Amerika. Vor allem drei Schritte waren es, die den heutigen Stand ermöglichten.

Der erste Schritt war die Beschränkung und Vereinfachung der vielen chinesischen Schriftzeichen auf ein Mindestmaß von 1850, die möglichst häufige Verwendung der beiden japanischen Silbenschriften mit ihren je 53 Zeichen und die Bevorzugung der gesprochenen Sprache vor der mit vielen chinesischen Ausdrücken durchsetzten Schriftsprache. Bahnbrechend auf diesem Gebiet waren die beiden Zeitungen Asahi-Shimbun und Yomiuri-Shimbun, die bei der Masse der Leser damit solchen Erfolg hatten, daß alle anderen Blätter dem Beispiel folgen mußten.

Der zweite Schritt auf dem Wege zu den Riesen-Auflagen war die Erfindung einer Lochstreifenmaschine, die sowohl für den Nah- wie für den Ferndienst eingesetzt werden kann. Auf ihr können die 1850 chinesischen Zeichen, die zwei Silbenschriften und das römische Alphabet fast mit Schreibmaschinengeschwindigkeit geschrieben und augenblicklich im fernsten Winkel des Landes gelesen und auch automatisch gesetzt werden. Diese Erfindung (ab 1960) war epochemachend zugleich für das Nachrichtenwesen Japans. Die große japanische Nachrichtenagentur Kyodo versorgt heute bereits die Hälfte aller japanischen Zeitungen, das heißt 85% der Gesamtauflage, durch dieses Teletyp-System, an das beim Empfänger sofort die automatische Setzmaschine angeschlossen und damit 23% an Personal eingespart werden.

Der dritte Schritt war die Einführung des sogenannten ›Faksimile-Systems‹. Die fertigen Druckseiten der Zeitung wurden in die Provinzdruckerei elektrisch übertragen, so daß sich zum Beispiel zwischen dem Vorliegen der in Tokio und der in der Zweigstelle auf Hokkaido gedruckten Zeitung eine Zeitdifferenz von nur 15 Minuten ergab.

Der vierte Schritt ist der Übergang vom Bleisatz zum elektronischen Satzsystem und das Schreiben und Redigieren am Bildschirmgerät – beides Neuerungen, die der Rationalisierung dienen und Arbeitsplätze einsparen, bzw. gefährden.

Angesichts solcher Technisierung und Automatisierung ist es erstaunlich, daß sich bis heute ein Brauch erhalten hat, der noch aus den Anfängen des Zeitungswesens überhaupt stammt: die Zustellung der Zeitung durch Austräger.

Die Zeitung als Konzert-Agent. Die Ausgaben einer japanischen Zeitung betreffen heute zu 40% das Personal, zu etwa 20% Druck und Papier, zu 40% aber andere, meist völlig zeitungsfremde Zwecke. Trotz der Härte des Konkurrenzkampfes ist keine Zeitung in der Lage, diese oft äußerst kostspieligen Sonderkosten zu vermeiden. Dabei handelt es sich zum Beispiel um das Halten von eigenen Orchestern, die Veranstaltung von Konzerten international berühmter Künstler, die Entsendung von Himalaya- oder Antarktis-Expeditionen, die Schaffung von Golfplätzen, die Betreuung von riesigen Sportveranstaltungen, ja sogar den Abschluß von Kulturabkommen mit fremden Staaten. All das zu tun ist eine Zeitung ihren Lesern ›schuldig‹. Es dient der Stärkung ihres Prestiges. Aber es bringt ihr keinen Gewinn, sondern nur Kosten. Würde sie jedoch diese Kosten scheuen, dann verlöre sie ihr Gesicht und damit ihre Kunden.

Der Rundfunk in Japan wird in zunehmendem Maße vom Fernsehen in den Schatten gestellt. Da Rundfunkgebühren nur noch von den Haushalten kassiert werden, die kein Fernsehgerät besitzen, andererseits der Verkauf von Transistor-Radios weiterhin steigt, ist die Zahl der Rundfunkhörer nur zu schätzen: Man spricht von mindestens 33 Millionen. Sie werden versorgt von 783 Stationen der halbstaatlichen NHK (Nippon Hoso Kyokai) und rund 50 kommerziellen Rundfunkgesellschaften mit 180 Stationen. 33 dieser Gesellschaften betreiben Funk und Fernsehen gemeinsam; vier haben ein Netz, das ganz Japan überspannt.

Das Fernsehen wurde 1952 in Japan eingeführt und hat eine beispiellose Entwicklung genommen. Zur Zeit wird es in Tokio über 7 Kanäle in Farbe ausgestrahlt. Es erreicht über rund 27 Millionen gemeldete Fernsehgeräte 83% aller Haushalte. Die Gesamtzahl der benutzten Fernsehgeräte wird auf 30 Millionen geschätzt. Die Monatsgebühr fließt ausschließlich NHK zu, die drei Programme über 5254 Stationen ausstrahlt. Alle anderen Sender finanzieren sich durch Werbefunk. Neben den fünf großen kommerziellen Fernseh-Gesellschaften in Tokio gibt es weitere 41 im ganzen Land, die sich auf lokale Ausstrahlung beschränken und ihre Hauptprogramme von den fünf ›Großen‹

aus Tokio beziehen. Im ganzen arbeiten in Japan über 2000 private Fernsehstationen.

Angesichts der großen Verbreitung des Fernsehens – etwa 60% sehen NHK, der Rest verteilt sich auf die anderen Stationen – ist es erstaunlich, wie unterschiedlich die Qualität der Sendungen ist. Das mag auf das 18stündige Programm der Sender zurückzuführen sein. Neben sehr primitiven Unterhaltungsfilmen und Music Shows gibt es kulturelle Sendungen von hohem Niveau. Das Hauptinteresse des japanischen Fernsehens gilt dem Sport, das auch bei seinen Anfängen die Haupttriebfeder war. Aber auch politische Debatten im Parlament werden stundenlang übertragen.

Presse, Rundfunk und Fernsehen sind vom Staat unabhängig. (Nur die halbstaatliche NHK ist dem Parlament gegenüber zur Rechnungslegung verpflichtet.) Sie können einen bedeutenden innenpolitischen Machtfaktor darstellen. Die Regierung, alle Ministerien und öffentlichen Dienststellen sind bemüht, diesen Organen der öffentlichen Meinungsbildung keinen Anlaß zur Kritik zu geben. Denn so eifrig Presse, Funk und Fernsehen bemüht sind, ihre Identifizierung mit einer bestimmten Meinungsrichtung zu vermeiden, so befleißigen sich alle, die Regierungstätigkeit kritisch zu beobachten und zu kommentieren.

Die Politik

Der zentrale Apparat

Ziel jeder Regierung muß es sein, dem Volk die lebensnotwendige Ernährung zu sichern und ihm die Entfaltung aller seiner Fähigkeiten zu ermöglichen. Bei der Durchführung dieser Aufgabe hat sich in Japan die von China übernommene Form der zentralen Verwaltung ein Jahrtausend lang bewährt. Was im Jahre 604 der große Staatsmann Shotoku Taishi in seinen 17 Artikeln niedergelegt hat, was in der Taiho-Gesetzgebung (8./9. Jahrhundert) kodifiziert worden ist, wollte man noch im 19./20. Jahrhundert nicht aufgeben: die streng hierarchische Gliederung des Staates.

Die Macht blieb, wie schon im Yamato-Reich, in der Hand einiger weniger. Was später zum Rückgrat der inneren Ordnung wurde, der Konfuzianismus, galt schon zu Beginn des japanischen Staatswesens als äußerst wertvoll für die Stützung des zentralen Staatsapparats. Diese Tendenz, eine Morallehre für politische Zwecke zu nutzen, hat sich im Lauf der japanischen Geschichte verstärkt, bis es schließlich den Tokugawa-Shogunen möglich war, das ganze Land mit einem bis ins kleinste durchdachten Verwaltungsnetz zu überziehen. Man hat es »das beste der Welt« genannt einfach deshalb, weil es dem kampf- und streitgewohnten Land zweieinhalb Jahrhunderte ununterbrochenen Friedens beschert hat.

Der Anspruch des Tenno auf absolute Herrschaft ist Gesetz seit dem Taiho-Kodex. Verantwortlich für das Wohl des Landes und für die Abführung der Steuern waren ihm die Gouverneure der 66 Provinzen (heute sind es 45 Präfekturen). Privater Landbesitz wurde abgeschafft: Alles Land gehörte dem Tenno und wurde den früheren Besitzern nur als Lehen zugeteilt. Die Beamten für den Verwaltungsapparat rekrutierten sich aus der Oberschicht, aus dem Hof- und später auch dem Kriegeradel des Landes. Nur sie hatten Zugang zu den höheren Schulen, über die allein der Weg zur Beamtenlaufbahn führte.

Das System war perfekt. Doch auch den stärksten Persönlichkeiten unter den Kaisern und ihren Statthaltern ist es nie gelungen, ihm völlige Geltung zu verschaffen. Ständig wurde das Prinzip durch Ausnahmen und Sonderregelungen durchbrochen, durch Gewährung von Privilegien, durch Vergabe von Stiftungen, durch Anmaßungen lokaler Gruppen oder durch geschickte, aber skrupellose Familienpolitik einzelner Machthaber. Der Grundsatz »alles Land gehört dem Tenno« zum Beispiel war zeitweilig so bedeutungslos, daß, als Toba-Tenno starb, nur noch 1% des gesamten Bodens unter der Aufsicht der Provinzgouverneure stand. Doch so oft und so langdauernd solche Durchbrechungen in Erscheinung traten, die Grundprinzipien, absolute Tenno-Herrschaft, zentrales Verwaltungssystem und Hierarchie des Beamtenapparates, blieben.

Die Personen des Systems haben oft gewechselt, das System selbst nicht. Es hatte sich bewährt und war so fest verwurzelt, daß selbst nach der Niederlage im Zweiten Weltkrieg alle Versuche der amerikanischen Besatzung, den Verwaltungs- und Machtapparat zu dezentralisieren, mit völligem Mißerfolg endeten. Die ersten beiden Nachkriegsjahrzehnte sind geradezu charakterisiert durch die Tendenz, zur zentralen Lenkung zurückzukehren. Das trifft für die Wirtschaft und ihr Konzentrationsbestreben ebenso zu wie für die Verwaltung und für die Politik. Nach 1945 galt die Stärkung der lokalen Autonomie in den Präfekturen – mit je einem Gouverneur, einem Präfektur-Parlament sowie Stadt-, Orts- und Dorfgemeinden – gleichsam als Grundpfeiler der neuen Demokratie. Doch das wachsende Defizit der lokalen Finanzen, die Notwendigkeit, von der Zentralregierung in Tokio Unterstützung und Kredit zu erbitten, ließ die kaum gewonnene Selbständigkeit rasch wieder auf ein bescheidenes Maß zusammenschrumpfen. Selbst die lokale Polizeihoheit sah sich in fast allen Präfekturen genötigt, Hilfe von Tokio anzufordern und die Besetzung der führenden Posten der Regierung zu überlassen.

Die Feudalordnung der Tokugawa-Zeit war nur möglich dank einer gleichsam standardisierten Zentralverwaltung. Sie beruhte weniger auf militärischer Macht als auf geschickter Anwendung des altrömischen Prinzips »divide et impera«. Schon der erste Tokugawa-Shogun Ieyasu verstand es, das Land zu ›parzellieren‹, das heißt die lokalen Machtbereiche der Daimyo zu isolieren und etwa gefährlich werdende Verbindungen unter diesen Landesfürsten im Keim zu ersticken. An den Pässen zwischen den lokalen Machtbereichen standen Wachen, die den Grenzverkehr sorgfältig kontrollierten oder verhinderten und unliebsame Elemente verhafteten.

In der ständischen Gliederung des Volkes – dem sogenannten Shi-No-Ko-Sho-System, den Kriegern, Bauern, Handwerkern und Händlern – wurde genau auf strenge Scheidung zwischen den einzelnen Stufen und Gruppen gehalten. Man wußte sehr wohl, daß Typisierung das Traditionsbewußtsein fördert, der Ordnung dient und einem Umsturz entgegenwirkt. Im übrigen war das Volk durch solche ›compartmentalization‹ gut zu kontrollieren. Mit dem System der Nachbarschaften von jeweils fünf Häusern, innerhalb deren jeder für jeden verantwortlich war, kam das Prinzip gegenseitiger Kontrolle und Bespitzelung zu mustergültiger Vollendung.

In einem derart parzellierten Staat war die Polizei schließlich allmächtig. Noch heute ist die Tatsache, daß es offiziell kein Innenministerium gibt, dem früher auch die Polizei unterstand, in der Sorge vor einer möglichen Wiederbelebung des alten Polizeistaates begründet. Noch heute spiegelt sich die strenge Isolierung der Stände in der Isoliertheit der Gruppen, zwischen denen noch immer kaum nennenswerte Beziehungen bestehen. Das gilt für die ideologisch wie soziologisch bedingte Kluft zwischen Regierungs- und Oppositionspartei, es gilt ebenso für die vielen ›factions‹ innerhalb jeder einzelnen Partei, überhaupt für alle ›Gruppen‹, seien sie politischer oder wirtschaftlicher, kultureller oder religiöser Art.

Die Erhaltung des hierarchischen sozialpolitischen Systems hatte für die jeweilige Regierung einen nicht hoch genug einzuschätzenden Vorteil: Die absolute Gruppen-Loyalität machte es der Führung verhältnismäßig leicht, das Volk hinter bestimmte Ziele zu scharen: Der Gruppengehorsam war jederzeit ›einsetzbar‹: für Industrialisierung wie für Nationalismus, für Militarisierung wie für ›Demokratie‹.

Laut Verfassung, verkündet am 3. November 1946, ist Japan eine Demokratie. In der Präambel zu ihren 103 Artikeln heißt es ausdrücklich: »Die Regierung beruht auf dem ernsthaften Vertrauen des Volkes, ihre Autorität geht vom Volke aus, sie übt ihre Macht durch Vertreter des Volkes aus, und ihr Nutzen kommt dem Volke zugute. Das ist ein allgemeingültiges Prinzip der Menschheit, und die Verfassung beruht auf diesem Prinzip.«

Die Demokratie in Japan ist noch jung. Zwar wurde dem Volk bereits im Jahre 1881 die Schaffung eines Parlaments zugesagt (wozu es praktisch erst neun Jahre später kam); auch Parteien gab es damals schon: die Liberale Partei (Jiyuto) seit 1880 und die progressive Reformpartei (Kaishinto) seit 1881. Doch weder Parteien noch Abgeordnete hatten wirklich Einfluß, etwa auf die Ernennung von Ministern. Das Parlament war eine Stätte der Kritik, nicht der aktiven Arbeit. Die kurze Zeit einer annähernd demokratischen Regierung in den zwanziger Jahren nach dem Ersten Weltkrieg wurde bald von der Militärdiktatur der Showa-Reaktion abgelöst.

Die heutige japanische Demokratie existiert also praktisch erst seit 1945. In rasanter Folge gab damals das Generalhauptquartier der Besatzungsmacht einen Demokratisierungserlaß nach dem anderen heraus: über die gleichen Rechte von Männern und Frauen, über die Bildung von Gewerkschaften, über die Demokratisierung der Wirtschaft, über die Liberalisierung der Erziehung usw. Ein Demokratisierungsrausch ohnegleichen erfaßte das ganze Land. Es war der Beginn einer Entwicklung, die nichts Geringeres zum Ziel hatte, als das gesamte Gesellschaftgefüge radikal zu revolutionieren.

Demokratisierung in Japan bedeutete: Richtungsänderung nicht eines einzelnen oder einiger weniger, sondern Wendung eines Hundert-Millionen-Volkes um 90 Grad. Eine Nation, die seit Jahrhunderten an eine vertikale Ordnung gewöhnt war, sollte nun – sozusagen von heute auf morgen – in horizontalen Kategorien denken, sollte im Kaiser, im Familienoberhaupt, im Vorgesetzten, im Ehemann nicht mehr übergeordnete Instanzen sehen, sondern gleichberechtigte. Ein Volk, das gewohnt war, Pflichten zu haben, sollte nun plötzlich Rechte haben und mit diesen umgehen.

Es ist nur natürlich, daß solchem radikalen Wechsel Kräfte entgegengewirkt haben und noch immer entgegenwirken. In diesem Wechselspiel heterogener Tendenzen liegt der Hauptgrund dafür, daß man Japan ein Land des Umbruchs, ein Volk zwischen den Zeiten genannt hat. Hier ringen nicht nur alt und neu, rechts und links, sondern auch Asien und Europa beziehungsweise Amerika miteinander. Und die Spannung wird in jedem einzelnen ausgetragen, denn weit mehr als früher ist heute auch der sogenannte kleine Mann in das Kräftefeld der geistigen und politischen Auseinandersetzung einbezogen.

Unter den Faktoren, die sich Japan bei der Praktizierung einer Ideal-Demokratie hindernd, verzögernd, abschwächend in den Weg stellen, sind vor allem drei zu nennen: der Übereifer, der die ehrlich erstrebten Ziele diskreditiert, der im Gruppenbewußtsein verharrende Partikularismus und das nur erst sporadisch vorhandene Bewußtsein individueller politischer Verantwortung.

Mit wahrer Begeisterung stürzten sich Parteien und Gewerkschaften, politische Vereinigungen und Interessenverbände, radikale und gemäßigte Gruppen auf die neuen Möglichkeiten, die ihnen das demokratische System zu bieten schien: Das Recht des einzelnen auf Freiheit und Glück war durch die Verfassung ausdrücklich garantiert. War es ein Wunder, daß jeder glaubte, das machen zu können, was er für richtig hielt? Charakteristisch dafür ist eine Karikatur, die 1946 in einer japanischen Zeitung erschien: Ein Junge ist dabei, den Reis mit einer Gabel zu essen. Der Vater sitzt mißbilligend dabei und meint: »Nun hör endlich auf, so barbarisch zu essen: In Japan ißt man mit Stäbchen.« Darauf der Sohn: »Wir sind jetzt eine demokratische Nation – ich kann essen, wie es mir paßt!« Man übersah gern, daß die demokratischen Freiheiten des einzelnen dort aufhören, wo sie – und darauf verweist ausdrücklich auch die japanische Verfassung (Art. 13) – mit dem Wohl der Allgemeinheit in Konflikt geraten.

Die Hemmungslosigkeit der Freiheitsbekundung führte selbst auf höchster Ebene, im Parlament, zu regelrechten Krawallen, bei denen die Opposition mit erhobenen Fäusten auf ihre

Gegner einstürmte, den Sitzungssaal verbarrikadierte, Prügeleien inszenierte oder – und das geschieht noch heute – eine Abstimmung mit kindlichen Verzögerungstaktiken boykottiert, indem sie ihre Abgeordneten nur im Schneckentempo zur Abstimmungsurne in Marsch setzt. Anlaß zu solchen im Namen der Demokratie gemachten Szenen ist meist die Tatsache, daß die Regierungspartei es gewagt hat, ihrerseits von einem demokratischen Recht Gebrauch zu machen, von ihrer Majorität. Entgegen dem Verfassungsartikel 56 gilt in Japan das Pochen auf die Mehrheit als ausgesprochen undemokratisch. Mit Verachtung spricht man von der »Diktatur der Mehrheit«.

In dem ängstlichen Bemühen, alles zu vermeiden, was die Gefahr eines neuen Polizei- und Militärstaates heraufbeschwören könnte, öffnet und beläßt man heute die demokratischen Freiheitsrechte auch denen, die unverhohlen diese Demokratie in Frage stellen. Ein Beispiel dafür ist die Unsicherheit, mit der der Staat auf die Ausschreitungen seiner Studenten reagiert. Der bloße Vorwurf, ›undemokratisch‹ zu sein, gleich ob berechtigt oder nicht, lähmt vielfach noch immer jede Initiative.

Das zweite retardierende Faktum ist der Partikularismus. Wie nahezu alles in Japan wird auch das politische Leben in Gruppen und Grüppchen bestimmt. Da sich das Leben der Parteien ausschließlich im Parlament abspielt, stoßen hier die Gegensätze viel schärfer aufeinander als in Ländern, in denen es noch andere Ebenen politischer Auseinandersetzung gibt. Auch die Parteien sind in eine Fülle von ›factions‹ und politischen Klubs zerfallen, die – streng nach patriarchalischen Prinzipien aufgebaut – eifersüchtig darauf achten, daß ihren Sonderwünschen gebührende Beachtung gezollt wird. Sie alle zu gemeinsamem politischem Handeln zu bringen, beansprucht den Großteil der Energie in der Parteiführung. Ein freies Spiel der Kräfte ist praktisch unbekannt. Alles ist beherrscht von Rücksichtnahme auf ein vielfältiges und verschlungenes Netz von Verpflichtungen, Beziehungen und Verbindlichkeiten. Hier liegt die Ursache dafür, daß Entscheidungen auch im Parlament selten durch Debatten und Kampfabstimmungen fallen. Viel japanischer ist es, sich durch Kompromisse und Absprachen unter der Hand zu einigen und das zu erzielen, was man ›kollektiven Consensus‹ genannt hat.

Deshalb gelten auch Mehrheitsbeschlüsse als Verstöße gegen die geltende Moral. Genauso wie Prozesse selten zu einer Hauptverhandlung führen, sondern meist mit einer Schlichtung enden, setzt man sich auch in der Politik nicht über die Meinung der Minderheit hinweg. Man verwendet viel Zeit und Mühe darauf, sie durch diese oder jene Konzessionen zu berücksichtigen. Daß der Stärkere seine Stärke ausnutzt und dem Schwächeren gegenüber seinen Vorteil unbekümmert wahrnimmt, gilt nach konfuzianischem Denken noch heute als unfair und sittenwidrig.

Wer zur Elite, nach oben ins Parlament, vorgedrungen ist, bleibt weiterhin seiner Gruppe verantwortlich. Von der eigentlichen demokratischen Basis – ein zeitlich begrenztes Mandat des Volkes zu haben – hat er sich jedoch nahezu gelöst. Er ist in den Bereich der Hierarchie aufgestiegen und bleibt darin. In Japan ist Politiker ein Beruf: Wer ihn ergriffen hat, hält an seinem Posten in dieser oder jener Form sein Leben lang fest.

Das den Außenstehenden Verwirrende dieser japanischen Spielart der Demokratie ist das Verwobensein modernster Methoden politischer Organisation mit einem politischen Verhalten, das noch ganz in den Kategorien der traditionellen Gesellschaft wurzelt. Ein französischer Journalist hat dieses ganze System, das voller Widersprüche zu stecken scheint, aber offenbar dennoch funktioniert, treffend eine »feudalistische Demokratie« genannt.

Die Behauptung, daß das politische Bewußtsein in Japan nur spärlich entwickelt sei, gilt in keinem Falle für die Intelligenz des Landes, die weit intensiver politisch interessiert ist als etwa in Deutschland. Die Behauptung gilt aber in hohem Maß für die breite Masse des Volkes, für diejenigen also, bei denen (laut Verfassung, Artikel 1) »die souveräne Macht ruht«.

Da die Japaner ein ausgesprochen emotionales Volk sind, erliegen sie der Wirkung von Schlagworten und zündenden Parolen leicht: Ein Professor, so berichtete die Presse, der gegen die Regierungsvorlage eines Gesetzes mit dem Brustton der Überzeugung gewettert hatte, antwortete auf die Frage, was er denn an dem Gesetz im einzelnen zu beanstanden habe: Soviel Zeit, ein solches Schandgesetz auch noch zu lesen, habe er nicht.

Bei den Wahlen zum Parlament wählt der Durchschnittsbürger nicht etwa aus politischer Überzeugung diese oder jene

Partei; er wählt vielmehr diejenige Persönlichkeit, bei der die Gruppe, zu der er gehört, am besten zur Geltung kommt. Ein Beispiel aus dem Jahre 1962: Wahlen für das Oberhaus. Die Inukais waren immer Abgeordnete gewesen, der Großvater sogar Ministerpräsident. Jetzt sollte auch die Enkelin gewählt werden, eine Publizistin, die mitten im politischen Leben stand. Aber sie gehörte zur Opposition, und der Wahlkreis hatte bisher stets konservativ gewählt. Trotzdem bestand er auf der Publizistin: Die Parteizugehörigkeit sei, so hieß es, völlig gleichgültig, Hauptsache sei der Name: Inukai.

Angesichts solcher Haltung braucht es nicht zu verwundern, daß die verfassungsmäßige Legitimierung der Regierung durch die ›Volkssouveränität‹ – ein Begriff, der in Europa seit Montesquieu zur Selbstverständlichkeit gehört – in Japan noch immer wenig Echo. Einem Volk, das seit je daran gewöhnt war, die Regierung als hierarchische Autorität anzuerkennen, konnte mit den Worten, mit denen die Verfassung beginnt: »Wir, das japanische Volk«, wenig anfangen: Sie blieben ein Abstraktum ohne Beziehung zum wirklichen Leben der Gegenwart.

Die uralte Frage der Philosophie nach dem Naturrecht des Menschen, die Frage, wie die natürlichen Grundrechte des Menschen gegenüber dem Staat geschützt werden können – diese Frage ist in Japan kaum je gestellt worden. Wenn in der von der Besatzungsmacht veranlaßten Verfassung von »Menschenrechten« die Rede ist, so wurde stillschweigend vorausgesetzt, daß die These »alle Menschen haben gleiche Rechte« auch in Japan ebenso selbstverständlich akzeptiert wird, wie das im Westen zu geschehen pflegt. Das aber eben war in Japan nicht der Fall. Die konfuzianische Gesellschaftsordnung beruhte im Gegenteil auf der Einsicht, daß die Menschen nicht gleich, sondern ungleich sind und daß sie keine Rechte, sondern vor allem Pflichten haben, je nach der Stufe, auf der sie der himmlischen Ordnung entsprechend ihren Platz haben.

Es ist also nicht etwa Zufall, daß von den Rechten des Individuums in Japan nicht die Rede war. In der für das Abendland so charakteristischen ›Entdeckung des Ich‹ sah man hier nur eine Gefährdung der bestehenden Ordnung, eine Lockerung und Auflösung bindender Formen. »Mit dem Individualismus« – sagte schon 1899 Tetsujiro Inoue, Professor der Philosophie an der Kaiserlichen Universität Tokio und hervorragender Vertreter des Konfuzianismus – »werden ›Chu‹ und ›Ko‹, Loyalität und Pietät, vernichtet«. Nach europäischer Auffassung aber ist echte Demokratie überhaupt nicht möglich, ohne daß der Mensch sich seines Person-seins, seiner Individualität bewußt wird: Solange der einzelne nicht aus der Anonymität der Familie, der Gruppe, des Clans herauszutreten bereit ist, fehlt ihm die sittliche Reife, ein wahrer Demokrat zu sein.

Daß solche Auffassung keine Allgemeingültigkeit hat, beweist die japanische Form der Demokratie. In ihr wirken andere Kräfte als im Westen. Mit dem europäischen Denkschema allein ist sie nicht zu erfassen. Ihr ein baldiges Ende vorauszusagen, nur weil sie westlichen Vorstellungen nicht entspricht, hieße sie völlig mißzuverstehen. Ebenso falsch wäre es, sie nur als Zwangsinstitution aus der Zeit der amerikanischen Besatzungsmacht anzusehen; denn sie setzt Tendenzen fort, die bereits in den zwanziger Jahren klar in Erscheinung getreten waren. Die demokratischen Prinzipien sind heute im Bewußtsein des Volkes fest verankert. Weiter entwickeln aber werden sie sich in dem Maße, in dem zwischen der Gebundenheit an die alte Gesellschaftsordnung und der Notwendigkeit zu individuellem politischem Bewußtsein ein Kompromiß gefunden wird, der für das ganze Volk verbindlich ist.

Parlament und Parteien

Höchstes Organ des Staates ist heute das Parlament. Das ist es erst seit Inkrafttreten der jetzigen Verfassung am 3. Mai 1947.

Nur zögernd hatten sich einst die Väter der Meiji-Restauration entschlossen, dem Drängen einiger Mitglieder nachzugeben und auch in Japan das parlamentarische System einzuführen. Bis in die zwanziger Jahre des 20. Jahrhunderts schien es in Japan kaum vorstellbar, daß eine Opposition gegen die vom Kaiser bestätigte Regierung überhaupt legitim sein könne. Erst allmählich setzte sich der Ruf nach den »Rechten des Volkes« durch die Gründung von zwei Parteien durch. Dieses System zweier mehr oder minder konservativer Parteien hat sich – auch wenn die Namen mehrfach wechselten und in den dreißiger Jahren Minseito und Seiyukai lauteten – bis in die Nachkriegszeit erhalten.

1885 war es zur Bildung des ersten Kabinetts gekommen mit Hirobumi Ito als erstem Ministerpräsidenten. Vier Jahre später trat die von ihm nach preußischem Vorbild ausgearbeitete Verfassung in Kraft. Sie war eine gütige Gabe des Kaisers, ein Geschenk, keineswegs eine Konzession des Souveräns an einen etwa mächtigen Volkswillen. Das Geschenk legte fest, daß die Gesetzgebung künftig beim Volk zu liegen habe. Die wahren Machthaber des Staates waren jedoch ständig bemüht, dem Parlament bei der Ausübung seiner Macht Grenzen zu setzen – zum Beispiel durch das Oberhaus. Derselbe Mann, der das Parlament geschaffen hatte, Hirobumi Ito, erklärte es zur wichtigsten Aufgabe des Oberhauses, »die Despotie der Mehrheit im Unterhause zu verhindern« – ein Gesichtspunkt, der noch immer, wenn auch mit anderer Akzentuierung, im japanischen Parlamentarismus eine große Rolle spielt. Derselbe Ito war es aber auch, der zehn Jahre später, 1900, aus der liberalen Partei, der Jiyuto, eine neue Partei, die Seiyukai, machte, sie zur ›Kaiserpartei‹ stempelte und damit bekunden wollte, daß eine parlamentarische Demokratie in Japan vorhanden sei und auch von denjenigen unter den Oligarchen nicht ignoriert werden könne, die darin, wie Yamagata, »nur böses Gift« sahen.

Das Parlament, das allmählich in seine Aufgaben hineinwuchs und nach dem Ersten Weltkrieg deutlich Züge echter Demokratie gezeigt hatte, trat unter dem Druck des fanatischen Nationalismus in den dreißiger Jahren praktisch nur noch als Auditorium für Regierungserklärungen in Erscheinung. Jede Bekundung demokratischen Bürgersinnes wurde sogleich als staatsfeindlich beargwöhnt und zu »gefährlichem Denken« gestempelt. Sozialisten und Kommunisten wurden rücksichtslos verfolgt. Die Polizei wurde wieder wie einst in Tokugawazeiten zu einer vom Volk gefürchteten, gehaßten Macht. Dieser Entmachtung des Volkes machte die Besatzung 1945 ein Ende. Das Unterhaus (Shugiin, 491 Sitze) wird auf vier Jahre, das Oberhaus (Sangiin, 252 Sitze) auf sechs Jahre, letzteres jeweils zur Hälfte alle drei Jahre gewählt. Im Vergleich zu früher hat die Nachkriegsverfassung das Oberhaus weitgehend entmachtet. War es früher seine Aufgabe, zu weit gehenden Beschlüssen des Unterhauses Schach zu bieten, kann es heute Vorlagen des anderen Hauses in jedem Fall verzögern.

Mit Ausnahme einer kurzen, zehnmonatigen Unterbrechung durch zwei Koalitionsregierungen unter Katayama und Ashida haben die Konservativen seit über 20 Jahren allein regiert. Ihr berühmtester Repräsentant war Shigeru Yoshida, der acht Jahre lang die Geschicke des Landes lenkte und durch kluges Verhandeln mit der Besatzungsmacht bereits 1953 die volle Souveränität für Japan zurückgewinnen konnte. Seit 1955 sind die konservativen Kreise in der Liberaldemokratischen Partei (Jiyuminshuto, kurz Jiminto) zusammengefaßt. Bis 1959 schien es so, als wolle Japan bei seinem traditionellen Zwei-Parteien-System bleiben: Zwei Drittel wählten – grob gesprochen – konservativ, ein Drittel sozialistisch (Shakaito). Doch im Januar 1960 kam es zur Absplitterung der gemäßigten Gruppe der Sozialisten unter dem Namen Demokratisch-Sozialistische Partei (Minshushakaito). Ursprünglich der weltliche Arm einer neobuddhistischen Sekte ist die Komeito (Partei für saubere Regierung) 1964 ins Parlament eingezogen. Die Kommunisten, z.Z. die fünftstärkste Partei in Japan, schwanken in der Gunst der Wähler sehr. Eine sechste Partei gibt es erst seit wenigen Jahren, den sog. ›Neuliberalen Club‹. Ernst genommen werden auch die Extremisten auf der rechten wie auf der linken Seite, die nicht im Parlament und unberechenbar sind.

Für die vier großen Parteien Japans ist zweierlei charakteristisch: ihr schwaches Eigenleben und ihre mangelnde Einheitlichkeit. Ihre schwächste Stütze sind ihre eigenen Mitglieder: bei den Sozialisten zum Beispiel nur rund 50000. Ein aktives Parteileben gibt es in Japan außerhalb des Parlaments kaum – mit Ausnahme der Komeito und der Kommunisten. Die Parteien sind auf die finanzielle und organisatorische Hilfe anderer angewiesen. Die Jiminto wird von Industrie und Hochfinanz sowie von der Landbevölkerung und ihren Genossenschaften gestützt. Die Shakaito hofft, daß ihr die Hilfe der traditionsgemäß links orientierten Intelligenz sowie die des mitgliedstarken Gewerkschaftsverbandes Sohyo erhalten bleibt. Den Demokratischen Sozialisten hilft der gemäßigte Gewerkschaftsverband Domei. Nur Komeito und Kommunisten bedürfen keiner fremden Hilfe. Die Komeito kann sich auf die mustergültige Millionen-Organisation der buddhistischen Sekte Sokagakkai verlassen. Und die Kommunisten vertrauen auf ihre 300000 festen Mitglieder und auf die, die sie heimlich fördern.

Das zweite Charakteristikum ist der sogenannte Faktionalismus. Sowohl bei den Liberaldemokraten wie bei den Sozialisten ist die Partei im Grunde nur ein loser Zusammenschluß rivalisierender Politikerklubs, eben der Fraktionen. Die Partei zu führen, heißt in Japan vor allem: diese Klubs, ihre eigenwilligen Führer und die Gruppen, die hinter ihnen stehen, unter einen Hut zu bringen.

Wer regiert die Regierung?

Das politische Gesicht eines Staates wird repräsentiert durch seine Regierung. Das Kabinett besteht aus dem Ministerpräsidenten und 20 Ministern. Einen Innenminister gibt es seit Kriegsende nicht mehr. Sein Amt galt als Hauptstütze des Nationalismus. Der heutige Autonomie-Minister, dem unter anderem alle Präfekturen Japans unterstehen, hat aber auf seinen englischen Visitenkarten bereits seit Jahren wieder stehen: Minister of Home Affairs.

Das Kabinett ist dem Parlament Rechenschaft schuldig, eine Verpflichtung, die von den Abgeordneten in rigoroser Weise ausgenutzt wird. Das Kabinett hat dafür das Recht, das Parlament aufzulösen, falls dieses der Regierung das Vertrauen verweigert. Das Verhältnis Parlament–Kabinett spiegelt sich unter anderem in der Bemessung von Diäten und Gehältern. Der Ministerpräsident verdient etwa ein Drittel mehr als der Abgeordnete, der Parlamentspräsident sogar mehr als die Hälfte. Immerhin: Die Funktion des Regierens liegt beim Kabinett. Die Frage ist nur: Regiert die Regierung wirklich? Oder wird auch sie regiert von Kräften oder Gruppen, die im Hintergrund stehen? Geht es der Regierung ähnlich wie dem Tenno? Die Idee des Tenno-tums war vom Anfang der japanischen Geschichte an so stark, daß sie kaum je gefährdet war. Das Kaiserhaus abzuschaffen, ist ein Gedanke, der erst in der Neuzeit diskutiert wird. Der Tenno war der Staat schlechthin. Aber regiert hat er eigentlich nie. Regiert wurde in seinem Namen, sogar im Namen dessen, der im Namen des Tenno regierte. Schon in der Fujiwara-Zeit (900-1150) wurde es Brauch, ein Kind auf den

Thron zu setzen, das schon nach ein paar Jahren auf die ›Herrschaft‹ verzichtete und ins Kloster ging. Von solcher Zurückgezogenheit aus war dann sein Einfluß oft größer als vorher. Die wahre Macht lag in den Händen des Regenten, später der Shogune oder derjenigen, die wie die Hojo auch den Posten des Shogun mit Kindern besetzten. Hinzu kam geschickte Familienpolitik, mit der es zum Beispiel Michinaga Fujiwara gelang, Schwiegervater von drei und Großvater von drei weiteren Kaisern zu werden. Doch selbst dieser mächtige Mann, der von sich sagte: »Der Mond wechselt jeden Monat, ich aber bleibe stets Vollmond«, kam nicht auf die Idee, mehr sein zu wollen als eben Mond: Er leuchtet nicht selbst, er spiegelt nur das Licht der Sonne wider.

Alle Machthaber im Laufe der Geschichte waren sorgfältig darum bemüht, das Odium eines Usurpators zu vermeiden und mindestens den Schein einer Legitimierung durch den Tenno zu wahren. Der einzige Versuch, dieses Prinzip umzustoßen, der Versuch des einflußreichen Mönches Dokyo, durch den die Gefahr eines Kirchenstaates heraufbeschworen wurde, scheiterte bereits im Jahre 770.

Seit alters ist man in Japan Meister in der Kunst des ›Insei‹, der Regierung aus dem Hintergrund. Den Glanz überläßt man anderen, man tritt sogar offiziell zurück, aber aus der Zurückgezogenheit heraus hält man die Herrschaft um so fester in der Hand. Das sagte man zuletzt dem einstigen Ministerpräsidenten Shigeru Yoshida nach, der 1954 aus der Regierung ausschied, aber von seiner Villa in Oiso aus bis zu seinem Tode (1967) die »Drähte zog«. Selbst der berühmte Meiji-Tenno, unter dessen Herrschaft der große Wandel Japans zur Welt- und Industriemacht begann und von dem es in manchen Geschichtsbüchern heißt, er habe dem Tokugawa-Shogun die Macht entzogen und die Zügel der Regierung wieder in die eigene Hand genommen – selbst dieser Meiji-Tenno hat eigentlich nie ›regiert‹. Regiert hat unter ihm die Oligarchie.

Es waren nicht mehr als zehn bis zwölf Persönlichkeiten, die das gewaltige Werk der Meiji-Restauration bewältigten. Unter ihnen stehen drei an erster Stelle: der große Staatsmann und Vater der Verfassung Hirobumi Ito – der große Politiker, Demokrat und Gründer der Waseda-Universität Shigenobu Okuma – und der soldatisch unbeugsame Verfechter der Kaiser-Idee Arimoto Yamagata. Bedeutung und Einfluß aller Mitglieder der Oligarchie können gar nicht überschätzt werden. Auch diese Männer behielten die Zügel der Herrschaft fest in der Hand, nachdem sie sich aus Alters- oder Gesundheitsgründen aus dem Vordergrund der Politik zurückgezogen hatten. Einige von ihnen erhielten vom Kaiser den Titel eines ›Genro‹, eines ›älteren Staatsmannes‹. Auch in der nominellen Zurückgezogenheit blieben ihr Wort, ihr Rat, ihr Urteil entscheidend. Dieser Brauch hat sich bis heute erhalten.

Die Männer der Oligarchie waren selbstverständlich keine Einzelgänger. Auch sie waren Repräsentanten, vor allem von vier großen Clans: aus den Gauen Satsuma, Choshu, Tosa und Hizen. Aus ihren Reihen kamen die Mitarbeiter für das Erneuerungswerk der Meiji-Zeit. In ihren Reihen aber entstanden auch Rivalitäten, aus denen die für das moderne Japan so charakteristische Spannung nicht nur zwischen Heer (Choshu-Clan) und Marine (Satsuma-Clan), sondern ganz generell zwischen Zivil und Militär erwuchs, ein Gegensatz, der noch heute im schroffen Widerstreit von linksorientierten Intellektuellen und rechtsorientierten Konservativen in Erscheinung tritt.

Nach dem Ersten Weltkrieg hatte sich das Machtgefüge insofern verschoben, als sich sechs scharf gegeneinander abgegrenzte Führungsgruppen unterscheiden ließen: erstens der Ausstrahlungsbereich der früheren Oligarchen, zweitens das Militär, drittens die Bürokratie, viertens die Wirtschaftskonzerne (Zaibatsu), fünftens der Adel, sechstens die Parteiführer.

Von diesen Gruppen schienen nach dem Zweiten Weltkrieg nur noch drei übriggeblieben zu sein: Bürokratie – Parteien – Wirtschaft. Aber bei näherem Hinsehen zeigt sich, daß Adel und Oligarchie zwar als Gruppen nicht mehr in Erscheinung treten, als Persönlichkeiten aber bei Parteien, Bürokraten und ›big business‹ sehr begehrt sind. Lediglich das Militär spielt, bis jetzt wenigstens, im politischen Leben keine Rolle mehr.

Dafür sind eine Fülle neuer Gruppierungen in Erscheinung getreten, die ihren Einfluß geltend machen oder machen möchten und meist unter dem gewichtigen Namen ›pressure groups‹ zusammengefaßt werden. Es handelt sich meist um Verbände, die sich zum Schutz ihrer Interessen zusammengeschlossen haben. Bis zum Ende der fünfziger Jahre war die ›Liga der Klein- und Mittelbetriebe‹ am stärksten. Danach stand Nokyo, der Verband der Landwirtschaftskooperativen, an erster Stelle. Dazu kamen die Ärzte-Bünde, die Kleinhandelsverbände, die Frauenverbände, die Kriegerwitwen und Kriegsversehrten, die halbreligiösen Gemeinschaften und was es dergleichen mehr gibt.

Sie alle üben Druck auf die Regierung aus. Daß sie dazu in der Lage sind, hängt mit der Organisations- und Finanzschwäche der Parteien zusammen. Jeder Abgeordnete muß sich seinen Anhang selber schaffen: Das bindet ihn nach unten und gibt ihm andererseits Gesicht nach oben. So stark die Verbände auch immer sein mögen: Mit den drei Machtfaktoren Bürokratie, Parteien und Wirtschaft können sie sich nicht vergleichen. Über Parteien wurde bereits gesprochen. Bleiben Wirtschaft und Bürokratie.

»Das Zauberwort der japanischen Wirtschaft«, so schrieb ein deutscher Journalist, »die ›Macht hinter dem Staate‹ heißt Keidanren ... Wenn man bedenkt, daß die gesamte Wirtschafts- und Finanzpolitik des Landes von Keidanren beherrscht wird, könnte man fast sagen, daß diese Organisation im Grunde die japanische ›Regierung‹ ist.« Keidanren heißt: Verband der Wirtschaftsorganisationen. Er umfaßt praktisch alle Sparten der Wirtschaft: Schwerindustrie und Handel, Banken und Versicherungen, Klein- und Mittelbetriebe. »Es ist undenkbar« – so meinte ein prominentes Mitglied des Verbandes – »daß wir einen Ministerpräsidenten stürzen. Aber kein Politiker wird ohne uns dieses Amt bekommen.«

Keidanren ist nicht der einzige Machtverband der japanischen Wirtschaft. Nikkeiren, der Arbeitgeberverband, die Industrie- und Handelskammern und Keizai Doyukai (Management Association) beanspruchen den gleichen Einfluß auf das Geschick des Landes und damit auf die Politik. Führende Politiker wiederum sagen, daß nicht die Wirtschaft die Politik beherrsche, sondern umgekehrt: Die Wirtschaft sei ganz von der Politik abhängig.

Keines der beiden ›Lager‹ hat recht im europäischen Sinne. Wirtschaft und Regierung, so formulierte es Professor Ballon, sind wie die beiden Seiten einer einzigen Medaille. Keine Seite ist ›abhängig‹ von der anderen, keine mit der anderen identisch. Jede hat ihre durchaus eigene Prägung. Aber keine ist ohne die andere denkbar.

Der undurchsichtigste Machtfaktor im modernen Japan ist die Bürokratie, vor allem die der Beamten. Laut Verfassung dienen sie dem Volk. Praktisch fühlen sie sich wie einst die Samurai als privilegierte Klasse. Sie sind davon überzeugt, daß das Volk dazu da ist, verwaltet zu werden. Unter dem Etikett »Dienst am Volke« pflegt auch in Japan die Bürokratie ein Autoritätsbewußtsein, das nicht einmal durch den verlorenen Krieg und den radikalen Wechsel des Systems Schaden genommen hat. Beamter zu sein, gilt als erstrebenswert, weil man sich dadurch als ›Elite‹ ausweist, von der sozialen Sicherheit ganz zu schweigen.

Drei Millionen Menschen sind in Japan Beamte: in den Ministerien, Ämtern, Behörden, Lokalverwaltungen und dergleichen. Die Pyramide verengt sich nach oben rasch: Nur viertausend rechnen zu den höheren Beamten und nur ein kleiner Kreis in den Ministerien, in der Regel die Staatssekretäre, sind diejenigen, die die Macht der Bürokratie wirklich praktizieren. Sie bilden das sogenannte »kleine Kabinett«, sind sachkundig, gut informiert und Meister der Verwaltung. Ihre Vorschläge werden im Kabinett meist schon routinemäßig gutgeheißen. Aus ihrem Kreise stammt die Formulierung: »Wer auch immer Minister sein mag: Die Politik des Hauses machen wir!«

Gleichsam ein Gegengewicht gegen das Diktat der Ministerial-Bürokratie ist das Amt des Ministerpräsidenten (Sorifu). Auch dieses Amt – geschaffen zur Beratung und unabhängigen Informierung des Ministerpräsidenten – ist inzwischen zum gewaltigen Apparat mit über 20000 Menschen angewachsen: eine Bürokratie im kleinen.

Was für Tokio gilt, findet sein getreues Spiegelbild in der Provinz. Was für die Beamten gilt, gilt überall dort, wo es Organisationen und Büros mit Angestellten gibt. Vom Einlaufen eines Frachters bis zum Auslaufen mit neuer Fracht müssen – um nur ein Beispiel des Alltags zu nennen – 74 Dokumente ausgefertigt und 101 Ämter konsultiert werden. Je mehr Ämter es gibt, desto schwieriger wird es, das jeweils zuständige ausfindig zu machen. Berühmt ist die Geschichte von einer toten Katze: Vier Jahre hat es gedauert, bis die Zuständigkeit dafür geklärt war. Selbst die Gewerkschaften und Parteien, die nicht müde werden, die Übel der Bürokratie zu geißeln, sind selber längst Opfer des Apparats geworden: Je größer er ist, desto bürokratischer muß er werden. In seinem Supermechanismus erstickt alle Initiative, und im Papierwust der Formulare wird der letzte individuelle Elan begraben.

Immer wieder steht die enge Bindung von Abgeordneten und Beamten an Gruppen, Verbände und Konzerne unter dem Beschuß der Öffentlichkeit. Es wäre falsch, gleich von Bestechung zu reden. Geschenke kann man im allgemeinen nicht zurückweisen. Aber seit dem Lockheed-Skandal ist die Höhe der Spenden gesetzlich begrenzt. Damit ist auch der Einfluß der sog. Habatsu, der Cliquen-Führer innerhalb der politischen Parteien, geringer geworden: das finanzielle Bindemittel, das bisher für den Wahlkampf benötigt wurde und unkontrolliert und unkontrollierbar in den Taschen prominenter Wähler verschwand, ›haftet‹ nicht mehr so wie früher.

Auch im Hinblick auf die Bürokratie sollte man nicht gleich von Korruption reden. Aber es fällt auf, daß zum Beispiel Firmen, in denen frühere Minister oder höhere Ministerialbeamte leitende Positionen haben, besonders gut mit dem ›Apparat‹ zurechtkommen, etwa wenn es gilt, Einfuhrlizenzen zu erhalten oder Genehmigungen für billiges Bauland oder Regierungskredite für eine neue Fabrik.

Eine amtliche Untersuchung hat ergeben, daß ehemalige höhere Beamte spätestens nach Erreichung der Pensionsgrenze (55 Jahre), also verhältnismäßig jung, in die Lage kommen, sich ein neues Tätigkeitsfeld zu suchen. Sie werden besonders von der Industrie mit offenen Armen aufgenommen, da sie dort als Berater dank der verzweigten Beziehungen während ihrer Zeit in hohen Staatsämtern unschätzbar sind. Zahlen über dieses »ama-kudari«: »Vom Himmel Herabsteigen« gibt es nicht mehr, da die Genehmigungspflicht für solchen Berufswechsel weggefallen ist.

Diese vielfältigen Verbindungen, Verpflichtungen und Abhängigkeiten zu kennen, ist – zumal für Außenstehende – unmöglich. Mit ihrer Wahrscheinlichkeit aber muß jeder rechnen, der sich ein Bild machen will von den inneren Kräften, die das politische Gesicht Japans bestimmen.

Bis zum Ende des Zweiten Weltkrieges ist in Japan nicht einmal die Frage gestellt worden, ob der Mensch für den Staat oder der Staat für den Menschen da sei. Von den beiden gegeneinanderstehenden Theorien der europäischen Staatslehre meint die eine, daß der Staat ein bloßes Verwaltungsorgan sei und (nach Lasalle) nur Nachtwächterfunktionen habe. Anderer Ansicht ist die sogenannte Organismus-Theorie: Nach ihr sind die Teile weder gleich noch ist ihre Summe bereits das Ganze. Das Ganze, der Staat, gilt ihr als höhere, dem Menschen übergeordnete Einheit. In Japan bestand nie Zweifel an der Richtigkeit der zweiten Meinung. Im Staat der Organismus-Theorie sah man die gleichen Kräfte wirken wie in der Familie: Beide sorgen für ihre Mitglieder, beide erstreben für sie Glück und Wohlergehen, beide bekämpfen Unordnung und Ungerechtigkeit, beide pflegen Tradition und Geschichte, beide achten – eben als höhere Einheit – auf ihre Ehre. Die Auflösung des Familiensystems nach dem Kriege scheint diesen Parallelen den Boden zu entziehen. Kräfte, die nach etwas Neuem streben, sind bereits am Werk.

Der Einbruch des Westens

Nicht etwa freiwillig hat sich Japan dem Einfluß des Westens unterworfen: Die Öffnung des Landes für den Welthandel wurde von außen erzwungen. Die Drohung durch die berühmten ›Schwarzen Schiffe‹ des amerikanischen Commodore Perry (1854) und der Donner seiner Schiffskanonen waren nachdrücklich genug, um das damalige Shogunat zum Einlenken zu veranlassen. Die Empörung der konservativen Kreise darüber war groß. Ausgerechnet diese Fremdenfeinde aber verhalfen dem Tenno gegen die Fremdenfreunde zur Macht, jenem Meiji-Tenno, dessen Regierungszeit durch die größte Überfremdung gekennzeichnet ist, die Japan je erlebt hat.

Zweieinhalb Jahrhunderte hatte es in strenger Abgeschlossenheit von aller Außenwelt gelebt: Auf das Verlassen des Landes stand die Todesstrafe und Fremden wurde der Zutritt verweigert. Japan war völlig autark. Das Tokugawa-Regime hatte es verstanden, die Zahl und die Ansprüche der Bevölkerung stationär zu halten. Eines Imports von außen bedurfte es nach Ansicht der Regierung nicht. Das änderte sich von der Mitte des vorigen Jahrhunderts an in radikaler Weise. In einem Rausch ohnegleichen wurde alles Ausländische akzeptiert. Nicht nur Waren und Maschinen, nicht nur die Methoden der Industrialisierung, sondern ganze Wellen ›westlichen‹ Denkens überfluteten Japan.

Für die Entwicklung vom mittelalterlichen Feudalstaat zum modernen demokratischen Industriestaat standen Japan 84 Jahre zur Verfügung. In dieser kurzen Frist zwischen 1868 und 1952, zwischen Meiji-Restauration und Frieden von San Francisco, hat es alles das übernommen und sich angepaßt, was man unter westlicher Zivilisation versteht: Steuersystem und Verwaltungswesen, Häfen, Werften und Eisenbahnen, Post, Telegraphie und Presse, Erziehung, Wissenschaft und Industrie – vor allem auch ein Regierungssystem, das nach demokratischen Gesichtspunkten aufgebaut ist.

Wozu der Westen in mehr oder minder organischer Entwicklung Jahrhunderte Zeit hatte, das wurde in Japan auf revolutionierende Weise in Jahrzehnten geschaffen. Die Entwicklung begann mit dem Zusammenbruch des Tokugawa-Regimes: Der letzte der 15 Shogune, Tokugawa Keiki, unterlag in einer Drei-Tage-Schlacht den Kaisertruppen, und wenige Wochen danach zog der junge 16jährige Meiji-Tenno in feierlicher Prozession von Kyoto nach Tokio – in eine neue Zeit.

Bei den 100-Jahr-Feiern der Meiji-Restauration hat man sich in Japan bei allem Stolz auf das Erreichte dankbar auch derer erinnert, die mitgeholfen haben, die Modernisierung zu verwirklichen – auch der Ausländer. So radikal der Wandel von strenger Abschließung zu bereitwilligstem Aufsaugen alles Fremden war, so wenig traf er die weitblickenden Männer des Landes unvorbereitet. Ihnen war es nicht unbekannt geblieben, daß sich Europa und Amerika in zunehmendem Maße für den asiatischen Raum interessierten, ein Interesse, das schließlich sichtbar in Erscheinung trat bei der Besetzung Hongkongs (1842), bei der Gründung der Goldstadt San Francisco (1848), in der Besiedlung Australiens (ab 1851) und bei der Gründung von Wladiwostok (1860). Im 16. Jahrhundert hatte Japan der Begehrlichkeit des europäischen Handels widerstehen können. Es schloß – mit einer einzigen Ausnahme (Nagasaki) – seine Häfen für jeden Außenhandel und ließ keinen Ausländer ins Land herein. Im

← 23 Daibutsu – der große Buddha von Kamakura

24 Neben dem Shintoismus war und ist der Buddhismus die stärkste geist

raft im religiösen Leben Japans: buddhistische Äbte im Gespräche

25 Der Hauptgarten des Tempels Ryoanji in Kyoto, von So-Ami (1472-1525); einer der berühmtesten Sekitai (Steingärten) des Zen-Buddhismus

Buddhistische Grabsteine am Hakone-Paß. Die Form der Steine übereinander veranschaulicht die ›fünf Elemente‹ (Gorinto): Erde, Wasser, Feuer, Luft, Wind 26 →

27 Seitenflügel der ›Phönix-Halle‹ Hoodo des buddhistischen Tempels Byodoin in Uji bei Nara, 11. Jahrhundert

28 Ausblick aus dem Kaiserlichen Sommerpalast von Katsura in Kyoto, 1620-1647

Ausblick aus der Tempelhalle von Shindaiji in Tokio auf den Eingang mit dem Reinigungsbrunnen 30

29 Buddhistischer Mönch bei der Teezeremonie

31 Teebereitung anläßlich der Pflaumenblüte im Garten des Zuisenji in Kamakura

19. Jahrhundert, das sah man sehr wohl, boten die alten Methoden keine Erfolgschancen. Um bestehen und einer Kolonialisierung entgehen zu können, mußte man haben, was die anderen hatten, mußte man werden, wie die anderen waren.

Die Öffnung des Landes, die zu Beginn der Meiji-Zeit so spektakulär in Erscheinung trat, war geistig seit langem vorbereitet, vor allem von Nagasaki aus. Hier war die einzige Stelle, von der aus ein gewisser Kontakt zum Ausland möglich war: Die Holländer und Chinesen durften hier je für sich und unter strengster Aufsicht von zwei kleinen aufgeschütteten Inseln aus mit Japan einen bescheidenen Handel treiben. Das holländische ›Handels-Zentrum‹ Deshima war 200 Meter lang und 65 Meter breit. Von diesem winzigen Areal aus war mit den Waren auch westliches Wissen und westliches Denken eingedrungen, ›Rangaku‹, holländische Wissenschaft genannt, die von der Regierung eifersüchtig kontrolliert und bald allein auf das Studium der Medizin beschränkt wurde.

Einer der ersten Deutschen, die damals in holländischen Diensten nach Japan kamen, war der Arzt und Naturforscher Philipp Franz von Siebold. Von seinen Schülern hochverehrt, von der Regierung verfolgt und verhaftet, wurde er schließlich des Landes verwiesen. Die meisten seiner zahlreichen Schüler konnten untertauchen, 38 aber, unter ihnen der berühmte Choei Takano, wurden zu hohen Gefängnisstrafen verurteilt.

Ein anderer, der es wagte, sich offen für die Technik und Wissenschaft des Westens zu interessieren, war Shoin Yoshida, ein junger Samurai aus Choshu. Er haßte die Fremden, aber er wollte ihre Errungenschaften für Japan gewinnen. Fünfmal versuchte er ins Ausland zu kommen. Vergeblich. Er entwarf genaue Zukunftspläne zur Eroberung der Mandschurei und Koreas und hatte zahlreiche Anhänger. Einem davon, Hirobumi Ito, gelang die Reise nach London als blinder Passagier. Er wurde Japans erster Ministerpräsident. Shoin Yoshida aber kam ins Gefängnis. Wegen angeblicher Planung eines Staatskomplotts wurde, wie einer seiner Freunde es formulierte, »sein erlesener, brennender und reformliebender Geist durch die Hand des Henkers von seinem fünf Fuß langen Körper getrennt«. Das geschah im Jahre 1859. Wenige Jahre danach waren es zuerst Kaufleute und Missionare, die westliches Denken und westliche Sprachen verbreiteten. Ihnen aber folgten bald jene Männer, die zu Lehrern der ganzen Nation geworden sind: Engländer und Amerikaner, Holländer und Deutsche, Franzosen und Italiener. Sie wirkten als Ärzte und Hochschullehrer, als Architekten und Techniker, als Musiker und Juristen: fast alle von der Regierung gerufen, von ihren Schülern verehrt und von der Geschichte dazu ausersehen, für Japan zu zeugen.

Als der amerikanische Expräsident General Grant 1879 den Kaiser Meiji im Kaiserlichen Sommerpalast Hama-Rikyu an der Tokio-Bucht besuchte, soll er dem damals 26jährigen Tenno für die Modernisierung des Landes den berühmten Rat gegeben haben: »Nimm nur das Beste und alles andere laß liegen.« Japan ist diesem Rat mit bewunderswerter Konsequenz gefolgt. Das wichtigste Schlagwort der Meiji-Zeit hieß ›Bunmei Kaika‹, Aufklärung und Zivilisation. Den tieferen Sinn dieses Wortes hat man so gedeutet: Japan wird überleben und seine Überlegenheit beweisen mit den gleichen Mitteln, mit denen es bedroht wird.

Das Streben nach den ›gleichen Mitteln‹ hat zu der oft wiederholten Behauptung geführt, daß Japan bewundernswert sei in seiner Aufnahme- und Nachahmungsfähigkeit, daß es aber keine produktiven Kräfte habe. Solche Behauptung zeugt nur vom Hochmut derer, die sie aussprechen. Welcher Schüler und Student vermag während des Studiums, in einer Zeit, in der er vom Morgen bis zum Abend ständig aufnimmt und lernt, zugleich auch noch produktiv und schöpferisch zu sein? Heute ist in Japan die Zeit der Nachahmung, der bloßen Rezeption, vorbei. Wer das nicht glauben will, wer an dem bösen Wort McArthurs, des amerikanischen Oberkommandierenden der Besatzungszeit, festhalten will, der meinte, alle Japaner seien zwölf Jahre alt, wird eines Tages unsanft von den Tatsachen überzeugt werden.

Es ist nicht das erste Mal, daß Japan beim Rezipieren fremden Geistesguts Erfahrungen sammeln konnte. Es hat sein kulturelles Gewand im Laufe der Geschichte mehrfach und meist abrupt gewechselt. Den Stoff dazu bezog es jeweils aus dem Ausland. Und immer vollzog sich der Wechsel im gleichen Rhythmus: Einer Welle unbeschränkter Rezeption fremden Gutes folgte eine andere Welle der Verarbeitung und Japanisierung, bis auch diese von einer dritten Welle abgelöst wurde, die alles Fremdbürtige als unjapanisch ablehnte und bekämpfte.

Dieser Rhythmus ist an der Vergangenheit abzulesen – etwa bei der Aufnahme des aus China importierten konfuzianischen und buddhistischen Gedankenguts –, er gilt aber auch heute. Im Laufe des letzten Jahrhunderts ist er gleich zweimal wirksam geworden. Die Welle unbekümmerter Übernahme westlicher Werte und Methoden, die 1868 begann und auch aus Deutschland eine Fülle von Impulsen erhielt, wurde schon vor der Jahrhundertwende von einer Welle der Assimilierung abgelöst. Diese schließlich wurde während der Showa-Restauration von einer Welle nationaler Selbstüberschätzung überrollt. Nach dem Zweiten Weltkrieg ergoß sich eine neue Rezeptionsflut über Japan. Es war die Welle des ›Amerikanismus‹: was war, hatte durch die Niederlage seinen Unwert bewiesen – was der Sieger brachte, mußte besser sein. Inzwischen ist auch diese Welle im Abklingen. Die Bereitschaft zur hemmungslosen Aufnahme neuen, fremden Geistesguts ist vorüber. Man besinnt sich wieder auf die eigene japanische Identität. Das Erworbene wird assimiliert. Das Angebot des Auslands wird nicht mehr unbesehen übernommen, sondern sorgfältig geprüft: Nur noch das, was für Japan wirklich von Wert und Nutzen ist, will man haben.

Es ist oft behauptet worden, der Japaner sei, seinem insularen Charakter entsprechend, kontaktarm und introvertiert. Ihm fehle der Sinn für das Kosmopolitische. Man kann das sogar beweisen. Aber solche ›Beweise‹ gelten lediglich für die dritte und nur beschränkt auch für die zweite Welle. Für die Zeit der ersten Welle, der ungehemmten Rezeption, gilt genau das Gegenteil. Da schließlich die Dauer der einzelnen Wellen verschieden lang ist, ist obige Behauptung generell nicht gültig. Sie gilt höchstens »in vielen Fällen«, zumal die Zeiten des Offenseins, der Aufnahmebereitschaft, wie bei der Nahrungsaufnahme wesentlich kürzer sind als die Zeiten der Verdauung und Assimilierung.

Heute hat Japan den schweren Schock, den sein Selbstbewußtsein durch die Niederlage und die Besatzung durch fremde Truppen erlitten hatte, nahezu überwunden. Das Wirtschaftswunder hat dem Volk sein Selbstvertrauen zurückgegeben. Man ist wieder etwas, man hat auf manchen Gebieten viele der einstigen Gegner sogar überrundet. Die gesteckten Ziele der Modernisierung sind alle erreicht worden. Japan hat heute bereits drei Nobelpreisträger und gilt für viele seiner früheren Lehrmeister-Nationen als Vorbild in zahlreichen Bereichen der Wissenschaft und Technik. Der Punkt scheint erreicht, wo der ›Import‹, die Rezeption, zurückgeht und der ›Export‹, die Wirkung nach außen, stärker wird.

Das Wirken nach außen

Die Ausstrahlung, die nach dem Kriege von Japan ausgegangen ist, ist erstaunlich gering. Unter den wenigen nennenswerten Bereichen, die nach außen wirken, ist am stärksten der wirtschaftliche. Auf ihn scheint man in den ersten zwanzig Jahren nach der Kapitulation alle Kraft konzentriert zu haben. Das Ziel war indessen nicht nur ökonomischer Natur. Es war in gleicher Weise politisch; denn es galt, das Ansehen Japans in der Welt wiederherzustellen, das alte image vom Samurai-Eroberer vergessen zu machen und das neue image vom »großen, helfenden Bruder« aller asiatischen Völker zu befestigen. Man hat dieses Bemühen mit dem Worte ›Wirtschafts-Diplomatie‹ gekennzeichnet. In der Tat ist es bemerkenswert, mit welch diplomatischem und organisatorischem Geschick es Japan verstanden hat, die Bedürfnisse seiner Handelspartner auf die spezifischen Interessen der eigenen Wirtschaft zuzuschneiden. Es trat einer übernationalen Organisation nach der anderen bei, um aller Welt zu beweisen, wie sehr es bemüht ist, am Wohle aller auf internationaler Ebene mitzuwirken.

Entscheidend für alle Wirtschafts-Diplomatie ist die Höhe des eigenen Exportvolumens. Heute weiß auch der einfachste Arbeiter, daß Japan exportieren muß, wenn sein 100-Millionen-Volk am Leben bleiben will. Auch wenn Japan zur Zeit mehr Reis produziert, als es selbst verbrauchen kann, bleibt die Ernährungsbasis unzureichend. Es muß Lebensmittel einführen. Das Geld dafür nimmt es aus dem Export-Erlös. Um aber Fertigwaren exportieren zu können, braucht es zuvor die Rohstoffe dafür. Auch diese müssen im Ausland erworben werden, und zwar zu etwa 80%. Eisenerz und Öl, Kautschuk, Wolle und Baumwolle fehlen ganz, Kokskohle zu mehr als 50%.

Trotzdem ist Japan heute einer der größten Industrie-Komplexe der Welt und steht an vierter Stelle unter den Exportländern. Im Schiffsbau steht es sogar an erster Stelle. An zweiter rangiert es mit Kunstfasern und Transistoren, an dritter mit Stahl, Baumwollgarnen und Uhren. Seine Fotoapparate und Filmkameras haben Weltruf, ebenso seine tragbaren Fernsehgeräte, seine Fahrräder, seine Nähmaschinen. Es bietet Spielwaren, Regenschirme, Kugellager und Motorräder so billig an, daß die Konkurrenz in der ganzen Welt nach Schutzmaßnahmen sucht. Nur bei Kunstblumen (Jahresexportwert 26 Millionen DM) macht seit 1907 niemand den Japanern ihre führende Stellung streitig.

Die Bezeichnung »Made in Japan« ist zum Gütezeichen geworden. Frühzeitig hat man begriffen, daß jeder Artikel, der das Land verläßt, eine Visitenkarte ist, daß seine Qualität für oder gegen Japan zeugt. Die Exportkontrolle, die seit Jahren in scharfer Form durchgeführt wird, hat das gleiche Ziel wie auf höherer Ebene die Wirtschafts-Diplomatie.

1977 gingen vom japanischen Export 47% in Entwicklungsländer, 21% allein nach Südostasien. Auf die USA entfielen nur noch 24%. 11% gingen ins westliche Europa, 8% in die Öl-Länder von Mittel-Ost, 6% in kommunistische Länder. 79,3% aller Ausfuhrgüter stammen aus der Schwerindustrie (allein 61,8% Maschinen). Dafür ist der Anteil von Textilien und Textilprodukten, einst Hauptausfuhrartikel, auf 5,8% zurückgegangen. Wenn man bedenkt, daß Japan 1977 nur mit 7,5% am ganzen Weltexport beteiligt war, so ist das im Grunde wenig – gemessen an der Aufregung, die allenthalben wegen der sogenannten »japanischen Herausforderung« herrscht.

Zu der Belastung der japanischen Wirtschaft durch den Zwang zu exportieren kommen zwei weitere Komplexe, die manches Kopfzerbrechen machen: die Reparationen und die Entwicklungshilfe. Japans Reparationsverpflichtungen lauteten: Burma 200 Millionen US$ in 10 Jahren, Philippinen 550 Millionen US$ in 20 Jahren, Indonesien 223 Millionen US$ in 12 Jahren, Vietnam 39 Millionen US$ in 5 Jahren.

Die Verpflichtungen an Burma, Indonesien und Vietnam sind erfüllt. Die Reparationsverpflichtungen an die Philippinen liefen nur bis 1976. Indien, Laos, Kambodscha und Taiwan haben auf Reparationen verzichtet. Um die ›Blutschulden‹, die

Malaysia errechnete, wird noch gerungen. Die Forderungen der Volksrepublik China sind noch nicht einmal präsentiert.

Die Entwicklungshilfe Japans geht hauptsächlich nach Asien. Sie hat bis heute nicht den von den Vereinten Nationen als wünschenswert genannten Satz von 1% des eigenen Brutto-Sozialprodukts erreicht. Man hat ihr den Vorwurf gemacht, sie stehe vor allem im Dienst der eigenen Rohstoffversorgung, und die hohen Beträge, die Ministerpräsident Fukuda 1977 den südostasiatischen Ländern zugesagt habe, kämen ebenfalls der japanischen Industrie zugute: sie seien fast allein zum Erwerb japanischer Güter gedacht.

Ein vierter Belastungskomplex zeichnet sich für die kommenden Jahre ab: die Belastung durch stärkere Beteiligung an der eigenen Verteidigung. Dank des Sicherheitspaktes mit Amerika brauchte Japan nur einen Bruchteil seines Haushalts für seine Verteidigung auszugeben (1977: 5,9%). Das wird sich zunehmend ändern. Aber auch dieser zusätzlichen Belastung wird sich Japan gewachsen zeigen.

Angesichts solcher Wirtschaftsstärke erscheint es vielen Außenstehenden erstaunlich, daß Japan in seiner Außenpolitik so wenig in Erscheinung tritt. Schließlich steht es nicht erst seit der Meiji-Zeit mit dem Ausland in Verbindung. Das Sakoku, die strenge Landesabschließung der Tokugawa-Zeit, hatte zwar zweieinhalb Jahrhunderte gedauert. Das Bewußtsein früheren Wirkens nach außen ist aber immer lebendig geblieben. Schon im ersten Jahrhundert unserer Zeitrechnung sind Beziehungen zwischen einem japanischen Teilreich und China historisch belegt. Drei Jahrhunderte später besetzte Japan Teile der koreanischen Halbinsel und hielt seine Herrschaft dort rund 150 Jahre lang. Die Botschaften, die in jener Zeit japanische Kaiser an die Herrscher von China richteten, zeigen deutlich, wie sehr man bemüht war, mit Hilfe diplomatischer Beziehungen zu China das eigene internationale Prestige zu stärken. Erst ein Jahrtausend später setzte Japan erneut zu einem koreanischen Abenteuer an – sechs Jahre danach, 1598, endete es mit einem vollen Mißerfolg.

Inzwischen waren erst die Portugiesen, dann die Spanier, die Holländer und schließlich auch die Engländer an Japans Küsten gelandet, hatten Handelsniederlassungen gegründet und die Japaner animiert, ein Gleiches zu tun. In steigendem Maße beteiligten sie sich am Südostasien-Handel und kamen bis Annam und den Philippinen. Manche blieben sogar im Ausland wie der berühmt gewordene Nagamasa Yamada, der es am Hof des Königs von Siam zu hohen Ehren brachte.

1582 hatten Landesfürsten von Kyushu eine erste japanische Gesandtschaft nach Europa gesandt (sie reiste über Lissabon, Madrid nach Rom, wurde dort von Papst Gregor XIII. freundlich empfangen und kam acht Jahre später wieder), und 1613 folgte Masamune Date ihrem Beispiel: Seine Gesandten reisten über Acapulco und Madrid nach Rom und kamen schon nach sieben Jahren zurück.

Sie fanden ein verändertes Japan wieder: Die Tokugawa waren darangegangen, das Land vom Ausland abzuriegeln. Die Missionare wurden ausgewiesen, der Japan-Handel nach den Philippinen gesperrt, die Christen im eigenen Lande rücksichtslos verfolgt. Das änderte sich erst wieder mit der Meiji-Reform. Aber auch dann dauerte es noch fast drei Jahrzehnte, bis es Japan 1894 gelang, außenpolitisch gleichberechtigt anerkannt zu werden und die fremden Nationen zum Verzicht auf ihre Exterritorialitätsrechte zu bewegen.

Jetzt sind weitere acht Jahrzehnte vergangen. Wieder steht Japan vor außenpolitischen Entscheidungen großen Ausmaßes, vor der Frage, ob und in welcher Form es die Führungsrolle in Ostasien übernehmen soll, zu der es von anderen gedrängt wird und zu der es selbst sich berufen fühlt. Noch ist es möglich, diese Frage vor sich herzuschieben und so zu tun, als gäbe es sie nicht. Nach dem überhitzten Nationalismus der Showa-Restauration und dem mißglückten Versuch, die Völker Asiens am konfuzianischen Geist japanischer Prägung gesunden zu lassen, nach der fast tödlichen Belastung durch Krieg und Brand und Bomben, nach der Katastrophe einer bedingungslosen Kapitulation und einer Besatzung durch fremde Truppen war Japans Außenpolitik betont zurückhaltend. Bisher war es möglich, die Schaffung wirtschaftlicher Macht hinter dem Schutzschirm einer außenpolitisch nahezu völligen Inaktivität zu betreiben. Bisher war das Hinauszögern von Entscheidungen, das ausflüchtende Vermeiden klarer Stellungnahmen motivierbar mit dem Hinweis auf die Kriegshypothek, die noch immer Japans Verhältnis zum übrigen Asien belastet. Bisher war die Befürchtung glaubhaft, eine größere japanische Rolle Japans in Asien könnte gleichbedeutend sein mit Aufrüstung und atomarer Bewaffnung.

Lange Zeit konnte sich Japan in seiner Zurückhaltung auf die Ressentiments im Ausland berufen, die seiner Aktivität enge Grenzen setzen. Doch die vielen Reisen prominenter japanischer Politiker beweisen von Jahr zu Jahr mehr, daß das Mißtrauen im Schwinden ist. Noch herrscht hie und da ein Unbehagen über die möglichen Folgen einer japanischen Unterstützung; noch fürchtet man, besonders in Korea, die japanische Herrschaft – diesmal nicht die militärische, sondern die wirtschaftliche. Aber die Notwendigkeit, Hilfe zu akzeptieren, vor allem technische und finanzielle, ist größer als alle Angst.

Viele meinen, Japan sei inzwischen stark genug, auf dem Umweg über die bewährte Wirtschaftsdiplomatie nun auch außenpolitische Chancen wahrzunehmen. Die politische Konsolidierung, auf die man bei den Ländern rings um China gehofft hatte, ist nicht eingetreten, sondern vorerst ins Gegenteil umgeschlagen. Wird das das japanische Sendungsbewußtsein, im Rahmen seiner asiatischen Identität auch politische Verpflichtungen zu haben, dämpfen?

Asiatische Identität

Das Wort von der »asiatischen Identität Japans« stammt von Ministerpräsident Ikeda. Als er 1961 asiatische Länder besuchte, sprach er von Japan als dem »älteren Bruder«, dessen Pflicht es sei, seinen jüngeren Geschwistern mit Rat und Tat zu helfen. Mit dieser Tendenz begann ein neues Kapitel der japanischen Politik.

Seit der Gedanke an die »großostasiatische Wohlstandssphäre« (Dai Toa Kyoei Ken) im Kriege gescheitert war, konzentrierte sich Japans Interesse weit mehr auf Europa und Amerika als auf Asien. Man wollte gern vergessen, daß Japan sich als Schicksalsträger einer panasiatischen Bewegung gefühlt hatte, daß man die »asiatische Würde« hatte wiederherstellen, die asiatischen Völker von westlicher Kolonialherrschaft hatte befreien wollen. In seinem Testament hatte Japans Kriegsverbrecher Nr. 1, General Tojo, erklärt: »Wir haben zwar den Großasienkrieg gegen die weiße Rasse verloren, aber ich bin überzeugt, daß die Zukunft Großasien gehört.« Das alles, meinte man in den ersten fünf Nachkriegsjahren, gehöre definitiv der Vergangenheit an.

Da sah sich das siegreiche Amerika unversehens einer machtvollen kommunistischen Expansion gegenüber: Der Sieg Maos über Tschiangkaishek, das Bündnis Peking–Moskau (1950) und der Korea-Krieg (1950) erforderten rasches Handeln. Japan wurde militärpolitisch wieder interessant: Es galt, den ehemaligen Feind zum Bundesgenossen umzuschulen. Schon 1951 kam es zum Abschluß des Sicherheitspaktes zwischen Japan und den USA.

Japan ist nur äußerst zögernd dem Appell gefolgt. Es war sich der Ressentiments bewußt, die man allenthalben ihm gegenüber hegte. Es war sich nicht einmal sicher, sich von den anderen Nationen Asiens als asiatisch und zu ihnen gehörig anerkannt zu wissen. Als Ministerpräsident Kishi 1957 den ersten Versuch wagte, Staatsbesuche in einigen Ländern Asiens zu machen, stieß er allenthalben auf kühle Ablehnung. Man sah in ihm nur den verlängerten Arm der Vereinigten Staaten und in dem ›Kishi-Plan‹, einem von ihm angebotenen Entwicklungsfonds, nur das getarnte Bemühen, mit Geld und Waren den amerikanischen Einfluß zu stärken. Als vier Jahre später Ministerpräsident Ikeda nach Südostasien flog, hatte sich die Lage wesentlich geändert. Japanische Waren, japanische Technik, japanische Wirtschaftshilfe waren allgemein akzeptiert. »Dai Toa« (Großostasien) hatte aufgehört, ein Alpdruck zu sein. Dennoch war man sich in Tokio bewußt, daß das japanische Asienkonzept keineswegs Allgemeingültigkeit besaß.

Grob gesprochen hat das ›Asien-Konzept‹ vier Aspekte. Der erste, von Südkorea abgesehen, eint alle jene Länder, die Japan gegenüberliegen: Sowjetunion, Nordkorea, Volksrepublik China, Vietnam: sie alle sind kommunistisch, sie haben die Weltrevolution zum Ziel und verstehen unter Koexistenz nur ein Zwischenstadium bis zur nächsten Expansion.

Der zweite Aspekt herrscht in jenen Ländern, die sich in ihrer Abwehr gegen den Kommunismus gleichgesinnt wissen und dennoch, zumal nach dem Ausfall von Südvietnam, keine Chance sehen, ein militärisch starkes Gegengewicht zu bilden: Südkorea und Taiwan.

Schwankend erwiesen sich Indonesien und die Philippinen. Sie brauchten Hilfe und haben sie nach dem Kriege dort genommen, wo sie am einträglichsten war. Ebenfalls schwankend, wenn auch aus anderem Grund, waren Burma, Kambodscha und Laos. Sie drohen immer mehr Opfer der Spannungen zu werden, die sich zwischen der UdSSR und der Volksrepublik China stetig verstärken.

Diesen drei Gruppen gegenüber stehen Japan, Thailand und Malaysia. Sie erstreben – möglichst mit Einschluß Indonesiens und der Philippinen – eine Interessengemeinschaft, die weder pro- noch antikommunistisch ist, die versucht, zuallererst die Ernährungsbasis Asiens sicherzustellen, dann die Verkehrswege auszubauen und so die Voraussetzung zu wirtschaftlichem Aufschwung zu schaffen.

Man weiß in Tokio, daß Asien Hilfe braucht und diese Hilfe lieber von Japanern als vom sogenannten Westen nimmt. Nicht zufällig war ein Japaner erster Präsident der asiatischen Entwicklungsbank. Nicht zufällig sind von den zehn Gouverneuren der Bank sieben Asiaten, obwohl 60% des Kapitals aus Europa und aus Amerika kommen.

Die ›asiatische Solidarität‹ manifestiert sich in der Forderung: Asiatische Probleme sollten auf asiatische Weise durch Asiaten gelöst werden. Man weiß in Tokio, wie groß die Erwartungen sind, die andere asiatische Nationen auf Japan setzen. Man ist sich auch der Verpflichtungen bewußt, die sich daraus ergeben. So stark jedoch die Forderung nach asiatischer Politik sein mag, der »asiatischen Verpflichtung« stehen eine Reihe von Hemmnissen entgegen. Drei von ihnen stehen im Vordergrund:

Erstens: Als hochindustrialisiertes Land braucht Japan gleichwertige Partner. Dafür kommt keines der asiatischen Länder in Frage, weil sie alle einen niedrigen Lebensstandard haben und in einen asiatischen pool wenig mehr einzubringen hätten als ihre eigene Armut. Alles, was Japan geben kann, ist Entwicklungshilfe. Wirtschaftlich bleibt es also nach wie vor auf den Austausch mit Amerika und Europa angewiesen. Einen asiatischen Partner oder Konkurrenten sieht es lediglich in China heranwachsen. Hier aber weiß man sich mit den meisten anderen asiatischen Nationen einig in der Furcht vor der wachsenden Wirtschaftskraft Chinas und seinem atomaren Machtzuwachs.

Zweitens: Da Japan zur Zeit aus psychologischen wie aus finanziellen Gründen nicht allein für seine eigene Verteidigung sorgen kann, wird es noch auf lange Zeit unter dem Nuklearschirm der USA Schutz suchen müssen und dadurch in seiner national-asiatischen Aktivität gehemmt bleiben. Nur in der Okinawa-Frage ist es vorgestoßen. Schritt für Schritt. Die Rückkehr unter japanische Verwaltung ist 1972 erfolgt. Zur Frage des nationalen Prestiges trat hier die Sorge um den nationalen Bestand: Da die Inselgruppe wichtige Basis für amerikanische Operationen in Vietnam war, bestand die Gefahr, daß sich die Kampfhandlungen bis in die unmittelbare Nähe Japans ausbreiten und damit Japan selbst in Gefahr bringen könnten.

Drittens: Bei dem Bemühen um eine asiatische Solidarität steht Japan zwischen zwei Feuern. Einerseits bleibt es wirtschaftlich und militärisch eng mit den Vereinigten Staaten verknüpft. Andererseits muß es, um in Südostasien Freunde zu gewinnen, auf das Mißbehagen der dortigen Staaten Amerika gegenüber Rücksicht nehmen. Hier liegt eine der Ursachen dafür, daß Japan es strikt abgelehnt hat, sich einer antikommunistischen Solidarität der am Vietnamkrieg beteiligten Mächte anzuschließen. Die Konfrontation zwischen dem kommunistischen und dem nichtkommunistischen Lager möchte man in Japan entspannen, nicht verschärfen.

So betont das japanische Asien-Konzept auf wirtschaftliche Stabilität gerichtet ist, so hochpolitisch ist es zugleich. Denn wirtschaftliche Stabilität bedeutet immer auch politische Stabilität, bedeutet Sicherheit vor unliebsamen Überraschungen und vor allem Minderung der Gefahr, daß Japan selbst zum ›Frontgebiet‹ von Auseinandersetzungen wird, die seine wirtschaftliche Entwicklung in Frage stellen könnten.

Niemand sollte, so schrieb kürzlich eine Autorität wie Professor Douglas H. Mendel jr., den Japanern einen Vorwurf machen wegen ihres quasi-neutralistischen Kurses. Wenn es auf wirtschaftlichem Gebiet den asiatischen Entwicklungsländern als Modell dienen, wenn es in wachsendem Maße diesen Staaten einschließlich Korea, Taiwan und Indonesien auch technische Hilfe geben könnte, dann wäre das ein wesentlicher Beitrag zu einem in sich gefestigten, nichtkommunistischen Asien und zugleich eine Stärkung Japans selbst.

Auch Japan ist ja erst allmählich zu dem geworden, was es heute ist. Am eigenen Leibe hat es erfahren, was es heißt, die

Probleme der Modernisierung zu überwinden. Aus eigener Erfahrung kann es nun seinen »jüngeren asiatischen Brüdern« mit Rat und Tat zur Seite stehen. Es kann das um so besser, als auch Japan eine asiatische Sprache spricht und mit asiatischem Denken und Reagieren vertraut ist.

In Tokio weiß man, daß es für die Wirksamkeit der eigenen Asienpolitik entscheidend ist, in welchem Maße man selbst von Amerika unabhängig ist. Das weiß man auch in Washington und ist daher bereit, Japans Unabhängigkeitsstreben zu unterstützen, sofern es sich als stark genug dazu erweist. Stark, das heißt nicht nur wirtschaftlich fundiert und politisch vertrauenswürdig, sondern auch militärisch gesichert genug, um eine Bedrohung abschrecken zu können. Gerade in diesem Punkte zeigt sich Japan noch zurückhaltend. Noch sind die Kräfte, die striktem Neutralismus das Wort reden, weil sie die Gefahren eines neuen Militarismus fürchten, stärker als jene, die die Verteidigung des Landes wieder in eigene Hand nehmen wollen.

Lange Jahre galt im Verkehr mit Peking das von China nie anerkannte Prinzip Seikei Bunri, Trennung von Wirtschaft und Politik. Es ist ein einseitiges Prinzip auch insofern, als es zum Beispiel keine Geltung gegenüber der nationalchinesischen Regierung auf Taiwan hatte. Auch Amerika gegenüber gilt es nicht, nicht einmal für die Sowjets, denen man das politische Zugeständnis einer Rückkehr der nördlichen Inseln nur zu gern mit wirtschaftlichen Konzessionen abgewinnen möchte.

»Trennung von Wirtschaft und Politik« ist also keine Doktrin, die für alle gilt. Man erwartet gar nicht, daß sich alle anderen danach richten – man wendet sie selbst nur dort an, wo man sich Erfolg davon verspricht. Mit anderen Worten: Japan denkt pragmatisch, es paßt sich selbst von Fall zu Fall der jeweiligen Situation an, es denkt nicht multi-, sondern fast immer bilateral. Es zeigt selten eine Aktivität, die die Umwelt organisiert und mitreißt, sondern meist nur ein Re-agieren, ein Sich-von-Fall-zu-Fall-orientieren, ein Eingestelltsein nur auf jeweils einen Partner, nicht auf mehrere zugleich.

Bilaterales Denken hat seine Stärken und seine Schwächen. Eine seiner wichtigsten Stärken ist die Elastizität, die Möglichkeit zu weitgehender Anpassung. Es erfordert Einfühlungsbereitschaft und Verständnis für den jeweiligen Partner, der sich dadurch als besonderer, ja einziger Freund empfinden muß. Eine Schwäche des bilateralen Denkens ist, daß es eine generelle Ausstrahlung qua definitione verhindert, eine Unbekümmertheit des Wirkens, die es für selbstverständlich hält, daß man nicht sich selbst fügt, sondern daß es Sache stets der anderen ist, sich anzupassen. Auch Japan hat diese Unbekümmertheit gelegentlich versucht. Fast immer sind diese Bemühungen gescheitert, zuletzt vor und während des Zweiten Weltkrieges.

Bei aller Bereitschaft zu außenpolitischem Engagement in Ostasien, immer wieder müssen erst geographisch-geschichtliche Bedingtheiten, vor allem die Hemmnisse der japanischen Insellage, überwunden werden. Die Tatsache, daß Japan von Meeren rings umgeben ist, hat ihm nie die Möglichkeit gegeben, ein ausgeglichenes Nachbarschaftsverhältnis von einem Volk zum anderen, einen Sinn für gleichberechtigtes Nebeneinander von mehreren Nationen zu entwickeln. Nichts war natürlicher, als daß die Abgeschlossenheit und das Auf-sich-selbst-angewiesen-sein bisweilen zur Äußerung eines überspannten Selbst- und Sendungsbewußtseins geführt hat.

Japan ist rassisch und sprachlich eine Einheit, wie sie auf dem Festland kaum zu finden ist. Dieses Gefühl, etwas Besonderes zu sein, ist vom Ausland oft als Hochmut ausgelegt worden. In Zeiten der Rückbesinnung auf das ›Eigentlich-Japanische‹, auf die Werte der eigenen Kultur und Geschichte, etwa bei der Shinto-Restauration in der Tokugawa-Zeit oder bei der Showa-Restauration der dreißiger Jahre, ist in der Tat oft auf die Überlegenheit alles Japanischen und auf die »Inferiorität aller fremden Nationen« hingewiesen worden. Doch das waren Einzelfälle. Sie rechtfertigen keine generelle Klassifizierung der Japaner als hochmütig. Sie sind nur Ausdruck ausgesprochener Inselversponnenheit.

Nationale Neuorientierung

Viele ausländische Beobachter sind darüber beunruhigt, daß auch heute wieder nationale Töne in der japanischen Öffentlichkeit eine Rolle spielen. Sind, so fragen sie, die intensive Wirtschaftsdiplomatie, die Bemühungen um eine führende Rolle im asiatischen Raum, die Forderung nach asiatischer Politik und asiatischer Solidarität nicht Ausdruck eines Nationalbewußtseins, das, wenn nicht feindlich, so doch ablehnend dem Westen gegenübersteht? Ist, so fragt man in Japan selbst, das Land innerlich, und das heißt doch wohl national, gefestigt genug, den schwächeren Nationen Asiens Vorbild, Schutz und Helfer zu sein?

Geschichtlich gesehen ging Nationalismus in Japan stets einher mit dem Bestreben nach ›Reinigung‹ von allem Fremden, mit der Betonung des ›Echten‹, ›Wahren‹, mit der Idealisierung dessen, was jeweils als typisch japanisch galt. Daß auch in der Gegenwart solche Tendenzen existieren, ist sicher nicht von der Hand zu weisen. Doch sie stehen nicht im Vordergrund. Ein Nationalismus aggressiver Art, mit dem im Grunde nur ein heimliches Minderwertigkeitsgefühl überspielt wird, scheint überholt. Die Art, in der sich Japan heute auf sich selbst besinnt, um sich seiner Aufgaben im Rahmen der asiatischen Völkerfamilie bewußt zu werden, hat etwas durchaus Gesundes.

Einem militanten Nationalismus entgegen steht auch die Tatsache, daß die Masse des Volkes eindeutig pazifistisch ist. Sie nährt ein Wunschdenken von der Möglichkeit der ›Koexistenz‹ und von der Wirksamkeit eines ›Weltgewissens‹. Sie möchte die Weltprobleme am liebsten durch eigenes Unbeteiligtbleiben gelöst sehen und träumt vom Weltfrieden, der sich in erster Linie auf Japan erstrecke: Da es von niemandem etwas Böses wolle, werde ihm auch niemand etwas Böses antun.

Auch vom Kommunismus glaubte man bisher ungeschoren bleiben zu können, solange man weder pro noch contra Stellung nehme. Dieser Glaube ist seit der Explosion der ersten chinesischen Atombombe und seit der sowjetischen Invasion der Tschechoslowakei bei manchem ins Wanken geraten. Gerade in den letzten Jahren hat sich vielfach (Ungarn, China) gezeigt, daß kommunistische weit stärker als demokratische Länder den Keim zu revolutionären Konflikten in sich tragen. Das wird freilich von vielen geflissentlich übersehen, vor allem im Lager der Sozialistischen Partei. Dort pflegt man den alten Glauben mit der stereotypen Forderung nach unbewaffneter Neutralität. Man möchte jede Bindung meiden, um nicht unversehens gezwungen zu sein, nach der einen oder anderen Seite hin Farbe bekennen zu müssen.

Gerade dieser Neutralismus, dieses Bemühen, jeder Abhängigkeit und Gebundenheit aus dem Wege zu gehen, führt Japan zwangsläufig auf sich selbst zurück: Wenn es auf die Hilfe anderer verzichten will, muß es stark genug sein, seine Neutralität zu wahren. Nicht im Sinne des einstigen Sendungsglaubens, sondern zur eigenen Selbsterhaltung muß Japan sein Nationalbewußtsein stärken.

Nationale Gesinnung ist hier nichts Neues. Sie existiert, seit der Name ›Nihon‹ in Erscheinung trat: zum ersten Mal zu Beginn des 7. Jahrhunderts, bei Shotoku Taishi, in einem seiner Schreiben an den Kaiser von China, dem er die Gleichberechtigung des Tenno unmißverständlich deutlich zu machen suchte.

Die Wurzeln des japanischen Patriotismus reichen also weit zurück in die Geschichte. Schon damals zogen sie aus drei verschiedenen Bereichen ihre Nahrung: aus dem geographischen, dem religiösen und dem politischen Bereich – aus der Insellage, aus dem Shintoismus und aus dem Kaiserkult.

Die Welt des japanischen Vorkriegs-Nationalismus brach 1945 zusammen. Das ›Götterland‹ war zum ersten Mal in seiner Geschichte besiegt worden, es hatte bedingungslos kapituliert, es wurde von fremden Truppen besetzt. Alles, was als Hort des bisherigen Nationalstolzes hätte gelten können, wurde bis ins Letzte ausgerottet. Was früher Patriotismus hieß, wurde zum Inbegriff der Vaterlandslosigkeit. Die Kriegs- und Vorkriegsjahre waren das schlechthin Negative. Die Vergangenheit schien erledigt. Die Nachkriegsgeneration Japans wuchs in ein Vakuum hinein. In den Jahren seit dem totalen Zusammenbruch 1945 sind inzwischen zahlreiche Versuche gemacht worden, das japanische Staatsbewußtsein zu stärken und das Nationalgefühl zu beleben. Treibende Kraft dabei war und ist die auf eine konservative Parlamentsmehrheit gestützte Regierung. Ihr Bemühen wird gefördert durch Tendenzen, die aus dem Volke selbst kommen und sich jeder Steuerung durch amtliche Organe entziehen. Die Bemühungen der Regierung traten am deutlichsten in Erscheinung bei den Versuchen, den alten Reichsgründungstag als Nationalfeiertag wieder einzuführen, und bei der Absicht, ein neues Image des Japaners zu schaffen.

Unter dem Namen ›Kigensetsu‹ wurde bis Kriegsende der höchste nationale Feiertag, die Gründung des japanischen Reiches am 11. Februar 660 v. Chr., gefeiert. Obwohl erst 1873 eingeführt, war der Tag von zentraler Bedeutung im Rahmen des Staats-Shinto. Dieser Staats-Shinto wurde 1945 von der amerikanischen Besatzung wegen seiner engen Verflechtung mit dem Militarismus als Hort der Reaktion verbannt. Allmählich jedoch glaubten manche Kreise Japans, gerade in einer Neubelebung des Shinto nicht nur einem nationalen Bedürfnis zu entsprechen, sondern darin auch eines der wirksamsten Mittel zur Bekämpfung des Linksradikalismus sehen zu können. Auf dieser Grundlage ruhten, seit 1957, die Versuche, den Reichsgründungstag als offiziellen Staatsfeiertag wieder einzuführen. Ministerpräsident Sato selbst hatte sich offen dafür eingesetzt. Aber erst bei dem 10. Versuch, 1966, gelang es, ein entsprechendes Gesetz durchzubringen. Wogegen sich nicht nur die Parlaments-Opposition, sondern auch ein Bruder des Kaisers, ein angesehener Religionswissenschaftler, gewandt hatten, war erstens, daß dieser 11. Februar zu sehr mit falschem, nationalistischem Pathos belastet sei, und zweitens, daß das Datum jeder historischen Grundlage entbehre. Man hatte deshalb einen anderen Tag, den 3. Mai, vorgeschlagen, weil an diesem Tage im Jahre 640 Japan seine erste Verfassung bekommen hat.

Für den fremden Beobachter war es bemerkenswert, daß in der ganzen Diskussion nicht eine Stimme laut geworden ist, die einen Nationalfeiertag als solchen ablehnte. Das heißt: Auch die Opposition, ja selbst die sogenannten Intellektuellen, können heute nicht mehr umhin, die nationalen Bedürfnisse des Volkes in Rechnung zu stellen und anzusprechen.

Den ›Ideal-Japaner‹ darzustellen, das heißt das für die Gegenwart wünschenswerte ›Image‹ wenigstens in Umrissen zu fixieren, war die Aufgabe eines Central Educational Council. Sein Bericht und das Echo, das er in der Öffentlichkeit gefunden hat, war in mehrfacher Hinsicht interessant.

Der Bericht geht von der Erkenntnis aus, daß die Industrialisierung unserer Zeit eine »de-humanisierende« Wirkung habe. Um eine Re-Humanisierung zu erreichen, müsse das geistige Vakuum, das in Japan mit dem Verlust der alten Autoritäten entstanden sei, wieder gefüllt werden. Japans zweitgrößte Zeitung, Mainichi Shimbun, gab zu dieser Ansicht folgenden Kommentar: »Was nach dem Kriege Modernisierung genannt wur-

Nation war bereits in den späten fünfziger Jahren ein Kassenschlager. Heldenstücke der japanischen Bühne zählen zu den beliebtesten Programmen im Fernsehen, und das Kabuki-Drama schlechthin, Chushingura, die Geschichte vom Heldentod der 47 Ronin, reißt mit seinen hochgradig patriotischen Idealen von Ritterehre und Gesetzestreue, von harter Disziplin und nationalem Stolz jung und alt zur Begeisterung hin.

Als im Juni 1966 japanische Fernsehleute aufgefordert wurden, mit Amerikanern zusammen einen Film über den Krieg in Vietnam zu drehen, weigerten sie sich. Einer sprach für alle, als er erklärte, es handele sich nicht etwa um Mangel an Mut oder Pflichtgefühl. »Dieser Krieg dort«, hieß es, »ist nicht unser Krieg. Wenn es schon zu sterben gilt, dann unter einer japanischen Flagge.«

Im gleichen Moment kam die japanische Übersetzung einer englischen Biographie über den japanischen Kaiser auf den Markt. Das Buch war bei einer Auflage von 30000 Exemplaren am ersten Tage vergriffen. Inzwischen sind zwanzig weitere Auflagen erschienen.

In Film und Fernsehen, in Zeitungsromanen und Biographien erleben heute die nationalen Stoffe und mit ihnen die traditionellen Werte eine Wiederauferstehung, die man noch vor wenigen Jahren für völlig undenkbar gehalten hätte.

Selbst die japanische Intelligenz, die seit jeher regierungskritisch und links orientiert ist, kann sich dem Zuge der Zeit nicht entziehen. In einer von japanischen Publizisten veröffentlichten Zeitschriftenübersicht des Jahres 1965 wird das offen ausgesprochen. »Es wächst«, so hieß es, »die Tendenz, jedes Gefühl der Inferiorität dem Westen gegenüber abzuschütteln, indem man sich klarmacht, daß zwischen Japan und dem Westen grundlegende Kulturunterschiede bestehen, die ganz verschiedene Entwicklungsweisen und Entwicklungstempi mit sich bringen und also nicht vergleichbar sind. Nationalismus ruht auf dem Stolz des Volkes, auf dem Bewußtsein seiner besonderen Qualitäten in Geschichte und Tradition. Was Japan heute ist – und es ist dabei, eine einzigartige Position unter den hochentwickelten Nationen einzunehmen –, ist es nicht nur dank der Nachkriegsanstrengungen, sondern dank dessen, was das japanische Volk in den letzten hundert Jahren geschaffen hat.«

So sicher die nationale Neubesinnung Japans nach dem Zusammenbruch und der Okkupation kommen mußte, so klar ist es auch, daß das erneute Wachsen des nationalen Bewußtseins nicht ohne Rücksicht auf die veränderten innen- und außenpolitischen Verhältnisse schlicht an das Vergangene anknüpfen kann. Die Ausrottung des Militarismus und die Verwirklichung der parlamentarisch-demokratischen Nachkriegsverfassung können nicht nur als Zwangsmaßnahmen der amerikanischen Besatzungsmacht angesehen werden. Sie setzen Tendenzen fort, die bereits in den zwanziger Jahren klar erkennbar waren. Wie sehr Parlamentarismus, Respekt vor den Grundrechten, Gewaltenteilung und liberale Wirtschaftsverfassung im Bewußtsein des Volkes sich verankert haben, zeigt der lebhafte Widerstand gegen jede Art von Verfassungsreform. Nicht nur Kommunisten und Linkssozialisten, sondern auch die demokratischen Sozialisten, die buddhistische Sekte Soka Gakkai und die gemäßigten Faktionen der Regierungspartei wenden sich dagegen, daß an die Verfassung Hand angelegt wird. Sie gilt ihnen als Symbol des neuen Japan und als Sicherung gegen einen Rückfall in die Verblendung der Vergangenheit. Diese Parteiströmungen werden in ihrer Funktion als politische Verfassungshüter unterstützt von der gesamten organisierten Arbeiterschaft, auch wenn ihre Entwicklung zu Gewerkschaften westeuropäischer Prägung und damit zu Stützen der freiheitlich-demokratischen Ordnung erst im Werden ist.

Auch die internationale Lage hat sich seit der Zeit des japanischen Imperialismus so geändert, daß eine moderne Neuauflage der ›Showa-Restauration‹ undenkbar scheint. Die Regulative, die im neuen Machtsystem weltpolitisch und auch in Asien psychologisch, wirtschaftlich und militärisch vorhanden sind, machen es den kleinen, extrem nationalistischen Geheimbünden in Japan unmöglich, von der Öffentlichkeit ernst genommen zu werden. Auch die ihnen möglicherweise nahestehende Gruppe auf dem rechten Flügel der liberal-demokratischen Regierungspartei kann für die Entwicklung der japanischen Politik höchstens einen ›nuisance value‹, eine Bremswirkung, haben. Auf weite Sicht jedoch zeichnet sich für Japans Innenpolitik ein

Problem ab, das zur ernsten Gefahr werden und sich bei einer größeren Wirtschaftskrise zu einem Großbrand entzünden könnte: die wachsende soziale Spannung, die Kluft zwischen Intelligenz und Erfolgselite, die mangelnde Bereitschaft zu sozialer Partnerschaft. Ein Bewunderer der japanischen Zielstrebigkeit, Herman Kahn, meinte: »Wenn es je zu einer ernsthaften Rezession käme, würde sie wahrscheinlich die japanische Innenpolitik in sehr ernster Weise berühren, wobei ein harter Ruck nach links oder rechts sehr wahrscheinlich würde.«

Klaus von Dohnanyi hat festgestellt, daß das politische Management Japans in der sozialen Entwicklung eine Aufgabe sehe, die an Bedeutung der der Industrialisierung des Landes durchaus ebenbürtig sei. Wie weit sich diese Einsicht durchsetzen kann, werden die nächsten Jahrzehnte zeigen.

Auch auf außenpolitischem Gebiet ist für die nächste Zukunft keine ernste Besorgnis gerechtfertigt – etwa vor einer extremen asiatischen Blockbildung, vor einem Streben nach Konfrontation zu außerregionalen Mächten. Der neue Regionalismus, der in Tokio propagiert wird, wird deutlich von dem Imperialismus der Vergangenheit unterschieden. Was man sucht, ist weltweite internationale Zusammenarbeit; was man erstrebt, ist die wirtschaftliche und politische Stabilisierung eines Raumes, der sich noch lange nicht vom Kolonialismus der Vergangenheit erholt hat.

Ob es Japan möglich sein wird, in diesem Raum die von Ikeda umrissene Rolle des hilfsbereiten Bruders zu spielen, bleibt abzuwarten angesichts eines Bereiches, dessen Völkerzahl nach Herkunft und Sprache wenig familiäre Züge aufweist. Eines aber ist in jedem Falle sicher: daß sich der Schwerpunkt der Weltpolitik zunehmend von Europa nach Asien verlagert und daß Japan im Kräftespiel zwischen Amerika, China und der Sowjetunion eine bedeutsame Rolle spielen wird.

Europa scheint dabei zu sein, sich in kulturellem Pessimismus zu verzehren. Ein Mann wie Karl Jaspers sprach von einer »katastrophalen Entwicklung«, in der »die Erde samt den Menschen nur Material einer einzigen Riesenfabrik« sei, »ein Kreislauf von Hervorbringen und Verzehren« – »Leerlauf eines gehaltlosen Geschehens«. Asien hingegen fühlt sich an der Schwelle einer neuen Zeit, fühlt sich energiegeladen und bereit, der

Zukunft den eigenen Stempel aufzuprägen. Japan insbesondere ist bereit, die Voraussage der Futurologen wahrzumachen: Das 21. Jahrhundert soll das Jahrhundert Japans werden! »Bisher hat es«, so schrieb eine deutsche Wochenzeitung, »alle seine Probleme mit bewundernswerter Präzision und Diskretion gemeistert. Über die ›letzten Dinge‹ der Nation gibt es ungeachtet parteipolitischer Divergenzen im Grunde keine Meinungsverschiedenheit. Auch ohne Sprachregelung von oben gibt es Dinge, über die wenig, und solche, über die gar nicht gesprochen wird. Und so gibt es denn auch niemanden, der weiß, was die Japaner wirklich denken und wollen. Aber daß sie viel denken und viel wollen, das spürt man.«

Geschichte und Geschichten

Wer herrschte in Japan?

Lange bevor zum ersten Mal die Verwendung des Wortes ›Nihon‹ (Japan) nachgewiesen ist (7. Jahrhundert), gab es auf den japanischen Inseln zahlreiche ›Staaten‹ – nach chinesischen Quellen rund hundert. Aus einem dieser Staaten hat sich, durch Eroberungszüge vergrößert und um Nara zentriert, das Reich Yamato gebildet: Es war die Keimzelle des heutigen Inselreichs. An seiner Spitze stand, wohl schon vom 4. Jahrhundert an, ein erblicher Herrscher über einem lockeren Verband machtvoller Geschlechter. Aus ihnen entwickelte sich der Hochadel, der es zunehmend verstand, die Macht des Herrschers immer mehr zurückzudrängen und ihn selbst in die Position eines bloßen Symbols zu entrücken.

Praktisch waren es nur sieben Geschlechter, die es im Lauf der japanischen Geschichte verstanden haben, die Macht an sich zu binden: die Soga, Fujiwara, Taira, Minamoto, Hojo, Ashikaga und Tokugawa. Sie alle regierten im Namen des Tenno, der völlig abhängig von ihnen war. Sie alle verstanden es, seine sakrale Stellung zu ihren Gunsten zu nutzen. Diese Praxis blieb bis 1868, also anderthalb Jahrtausende, erhalten.

Die Soga beherrschten die Asuka-Zeit (6./7. Jahrhundert). Damals faßten Buddhismus und Konfuzianismus in Japan Fuß. Der erste Versuch, das Land nach chinesischem Muster zentral durch Beamte zu verwalten, führte zur Taika-Reform, die sich jedoch nie völlig durchgesetzt hat.

Prominenteste Vertreter der Zeit: Kronprinz Shotoku Taishi und Kanzler Umako Soga.

Die Fujiwara gaben der Heian-Zeit (9.-12. Jahrhundert) das Gepräge. Aus dem Sturz der Soga (645) hatten sie gelernt. Schon hundert Jahre danach hatten sie die wichtigsten Ämter in der Hand, machten sie erblich und führten 150 Jahre später das Ruder des Staates. Ihre Zeit ist gekennzeichnet durch eine raffiniert verfeinerte höfische Kultur, durch politisch-militärische Machtanhäufung in den Klöstern, durch wachsenden Müßiggang des Hofadels und durch das Aufkommen eines untereinander rivalisierenden Militäradels, dessen Kämpfe zunehmend das politische Gesicht des Landes beherrschten. Prominenteste Vertreter der Epoche: die Verfasserin des Genji Monogatari, die Hofdame Murasaki Shikibu; der Don Juan par excellence, Ariwara Narihira; die Sektengründer Kobo Daishi und Dengyo Daishi; der kaisertreue Kanzler Michizane Sugawara; und als bedeutendste Persönlichkeit der Zeit der Kanzler Michinaga Fujiwara (966-1027), der Vormund, Schwiegervater und Großvater von je drei Tenno.

Die Taira hatten schon die letzten Jahre der Fujiwara-Zeit beunruhigt. Unter Kiyomori standen sie auf dem Gipfel der Macht. Als dieser starb, wurden sie rasch von dem Geschlecht der Minamoto vernichtet. Der Stern der Taira hatte kaum ein halbes Jahrhundert lang geleuchtet: 1132-1181.

Die Minamoto, insbesondere ihr strahlendster Held Yoshitsune, wurden die Schöpfer des japanischen Kriegergeistes. Sie verlegten ihre Residenz in den Osten des Landes, nach Kamakura, und führten von dort aus ein strenges Militär-Regime. Die beherrschende politische Gestalt war Yoritomo. Nach seinem Tode (1199) dauerte es nur fünf Jahre, bis das Geschlecht der Hojo, aus dem Yoritomos Gattin Masako stammte, die Macht übernahm.

Die Hojo regierten 1204-1333 im Namen der Shogune, die ihrerseits im Namen des Tenno regierten. Es war eine Periode des Friedens und der Wohlfahrt. In die Zeit der Hojo fiel der Angriff der Mongolen, denen es trotz zweimaligen Ansatzes nicht gelang, Japan zu erobern.

Prominenteste Persönlichkeiten dieser Zeit: Die Sektengründer Shinran und Nichiren sowie die Vertreter des Zen-Buddhismus, dessen Geisteshaltung Japan besonders stark beeinflußte.

Die Ashikaga machten dem Versuch des Kaisers Go Daigo, die Bevormundung durch Adelsgeschlechter abzuschütteln ein rasches Ende. Takauji Ashikaga beseitigte erst die Hojo, dann griff er selbst nach der Macht und etablierte die Regierung wieder in Kyoto.

Die Ashikaga-Periode ist durch dreierlei gekennzeichnet: Erstens durch die kämpfereiche Yoshino-Zeit, während der das Kaiserhaus in eine Nord- und eine Süd-Dynastie gespalten war; zweitens durch eine ungewöhnliche Blüte aller Künste in der sogenannten Muromachi-Zeit; drittens durch einen hundertjährigen Bürgerkrieg, der das ganze Land verwüstete und zu totaler Anarchie führte.

Die größten Persönlichkeiten der Ashikaga-Zeit waren: Go Daigo Tenno; der kaisertreue Ritter Masashige Kusunoki; die Shogune Yoshimitsu und Yoshimasa; der Schöpfer des No-Spiels, Seami; und die großen Maler Sesshu, Kano Masanobu und die Meister der Tosa-Schule.

Die Tokugawa brachten dem Land den ersehnten Frieden. Er dauerte zweieinhalb Jahrhunderte dank einer strikten Landabschließung und eines rigorosen Feudal- und Polizei-Regimes. Mit einem raffinierten System von Kontrollen und Gegenkontrollen konnte das Aufkommen jeder Revolte schon im Keim erstickt werden.

Beherrschende Persönlichkeit der Tokugawa-Familie war ihr erster Shogun, Ieyasu. Nach den Wirren des hundertjährigen Bürgerkriegs konnte er das Reich nur einigen, weil ihm zwei andere Kriegsherren, Nobunaga und Hideyoshi, mit der gleichen Absicht, die Zentralgewalt zu stärken, vorangegangen waren.

In die Tokugawa-Zeit fielen die grausame Christenverfolgung und die ersten Kontakte mit der Wissenschaft Europas, fielen die Luxus-Periode der Genroku-Zeit und die vielen Bauernaufstände, die berühmte Blutrache der 47 Ronin und das Erwachen des nationalen Bewußtseins in der Shinto-Restauration.

Mit dem Erscheinen der Schwarzen Schiffe des amerikanischen Commodore Perry, mit der Öffnung des Landes für den Verkehr mit dem Westen, war die Zeit der großen Geschlechter vorbei.

Die Meiji-Zeit (1868-1912) brachte dem Land eine Industrie, ein Parlament und eine Verfassung. Geherrscht hat weder das Volk noch der Tenno, sondern ein kleiner Kreis von Oligarchen, die sich geschickt der wachsenden Wirtschaftskraft der Zaibatsu, der Großkonzerne (Mitsui, Mitsubishi, Sumitomo etc.) bedienten.

Prominenteste Persönlichkeiten: Kaiser Meiji, Hirobumi Ito, Takamori Saigo, Aritomo Yamagata.

Die Showa-Restauration, deren nationalistische Tendenzen in den dreißiger Jahren ihren Höhepunkt erreichten, führte zum reinen Militär-Regime und endete im Zweiten Weltkrieg.

Seit 1947, seit das erste Nachkriegs-Parlament vom Volk gewählt wurde, wird die Politik des Landes von Ministerpräsidenten bestimmt. Die von ihnen berufenen Kabinette waren mit einer zehnmonatigen Ausnahme bestimmt durch die Parlamentsmehrheit der konservativen Liberaldemokratischen Partei.

Die Zeit seit der bedingungslosen Kapitulation (15.8.1945) kann in drei Perioden unterteilt werden: Erstens bis zum Frieden von San Francisco 1952; zweitens von der Wiedergewinnung der Souveränität bis zur Erneuerung des Sicherheitspaktes 1960; drittens die Zeit des Wirtschaftsaufstiegs seit 1960.

Bis zur ersten Reichstagswahl unter der neuen Verfassung (Mai 1947) amtierten die Kabinette Suzuki, Higashikuni, Shidehara, Yoshida.

Es war eine Zeit der Konfusion, des Ringens um neue Formen und Normen, der Auseinandersetzung mit dem Besatzungsregime.

Die erste Reichstagswahl wies die Sozialisten als größte Partei mit 143 Sitzen aus. Das führte von Mai 1947 bis März 1948 zu den beiden einzigen Koalitions-Regierungen der bisherigen Nachkriegszeit: Katayama (Sozialistische Partei), Ashida (Demokratische Partei).

Dann übernahm Yoshida das Ruder. In seine Zeit (1948-1954) fiel der Abschluß des Friedens von San Francisco und des Sicherheitspaktes mit Amerika. Beide traten im April 1952 in Kraft: Die Besatzungs-Zeit für Japan war zu Ende.

Trotzdem wurde Yoshida verdrängt von Hatoyama (Dezember 1954 – Dezember 1956). In dieser Zeit verschmolz die Demokratische Partei mit der Liberalen Partei zu dem, was heute LDP genannt wird. Wichtigster Markstein dieses Kabinetts: Wiederherstellung diplomatischer Beziehungen zur Sowjetunion. Hatoyamas Nachfolger Ishibashi mußte schon nach zwei Monaten aus Gesundheitsrücksichten zurücktreten.

Ihm folgte Kishi (bis Juli 1960). Er stürzte über den neuen Sicherheitspakt mit den USA, der im Januar 1960 unterzeichnet worden war. Die Schlagworte seines Nachfolgers Ikeda waren »Verdoppelung des Einkommens« und »Hitozukuri«. Auch er trat aus Gesundheitsgründen zurück (November 1964). Sein Nachfolger war Eisaku Sato. Er war der Ministerpräsident, der am längsten im Amt war: 7 Jahre, 9 Monate. 1972 kam Tanaka. Er stürzte über Finanzskandale. Ihm folgten Miki und Fukuda. Seit 1978 ist Ohira mit knapper Parlamentsmehrheit Regierungschef.

Die Parteien

Im Parlament waren 1978 folgende Parteien vertreten:

	Unterhaus	Oberhaus
Liberaldemokraten	254 Sitze	124 Sitze
Sozialisten	119 Sitze	53 Sitze
Komeito	56 Sitze	20 Sitze
Demokrat. Sozialisten	28 Sitze	11 Sitze
Kommunisten	19 Sitze	16 Sitze
Neuliberaler Club	17 Sitze	5 Sitze
Sonstige	10 Sitze	12 Sitze
Vakanzen	8 Sitze	3 Sitze
	511 Sitze	252 Sitze

Liberaldemokratische Partei (LDP, Jiyuminshuto, kurz: Jiminto). Trotz nahezu ständiger konservativer Mehrheit im Parlament hat es seit 1946 nicht weniger als 13 konvervative Ministerpräsidenten gegeben und ein Mehrfaches davon an Kabinetten: Jeder Regierungschef pflegte sein Kabinett, jeweils 20 Minister, während jeder Wahlperiode zwei- bis dreimal zu wechseln: offiziell, um jeweils den »rechten Mann auf den rechten Platz« zu setzen; praktisch, um die Fülle der Verpflichtungen den einzelnen Faktionen gegenüber einzulösen. Neben einer Reihe kleinerer Gruppen gibt es in der Jiminto zwölf größere Faktionen.

Die LDP ist die Partei der konservativen Landbevölkerung, des Kleinbürgertums und des Kapitals. Ihre wichtigsten Ziele sind wirtschaftliche Expansion, Bemühen um eine ›asiatische‹ Politik, in deren Rahmen Japan politisch wie wirtschaftlich tonangebend wäre, Zusammenarbeit mit der freien Welt und Festhalten am Sicherheitspakt. Unverkennbar ist, daß es in der Partei starke Strömungen gibt, die das Nationalgefühl Japans festigen und seine Verteidigungsbereitschaft stärken möchten.

Sozialistische Partei (SPJ, Shakaito). Sie wendet sich an die Industriearbeiter, die linken Gewerkschaftsgruppen und die doktrinären Intellektuellen. Sie ist rein marxistisch orientiert, zerfällt aber ebenfalls in eine Reihe von Faktionen, die miteinander um die Macht ringen. Die wichtigsten lassen sich in zwei Lager scheiden: eine gemäßigte Gruppe und eine links orientierte Gruppe. Die gemäßigte Gruppe glaubt, daß Arbeiter und Bauern (Ro-No) auf demokratischem Wege zur Macht gelangen könnten. Ihre Gegner vertreten die orthodoxe Meinung, daß nur eine durch Revolution erreichte Diktatur von Ro-No das kapitalistische System vernichten könne. Den Befürwortern einer Massen-Partei stehen die Befürworter einer Klassen-Partei gegenüber.

Hauptziele der Partei sind: Sozialisierung der Großindustrie, unbewaffnete Neutralität, Beendigung des Sicherheitsvertrags mit den USA, diplomatische Beziehungen zur Volksrepublik China. Unbekümmert darum, daß sie ihrer eigenen Neutralismus-Politik widersprechen, haben sie die Erklärung ihres einstigen Präsidenten Asanuma, in der Amerika mit seinem sogenannten Imperialismus zum Weltfeind Nr. 1 gestempelt wurde, immer wieder bestätigt.

Kommunistische Partei (KPJ, Kyosanto). Sie wurde 1922 als Organ einer Untergrundbewegung gegründet, aber erst nach dem Zweiten Weltkrieg legalisiert. Sie hat unter allen Parteien Japans die größte Mitgliederzahl (über 300000). Zwanzig Jahre lang verfügte sie über nur wenige Parlamentssitze. 1972 aber hat sie ihre einstige Stärke (1950: 35 Abgeordnete im Unterhaus) mit 39 noch übertrumpft. Inzwischen sind es nur noch 19.

Durch den Bruch zwischen Moskau und Peking kam auch

die KPJ in Gewissenskonflikt. Sie neigte gefühlsmäßig mehr zu China, wollte es aber mit der Sowjetunion nicht verderben. Gesiegt hat vorerst letztere Tendenz, wenn man auch betont auf eigene Unabhängigkeit pocht. Trotz des gemeinsamen Kampfes von Kommunisten und Sozialisten gegen Atombomben kommt es alljährlich zu neuem Streit über die Frage, ob Atomversuche bei allen (so wollen es die Sozialisten) oder nur bei gewissen Staaten (so wollen es die Kommunisten) zu verdammen seien.

Die Partei betreibt erfolgreich praktische Sozialarbeit und versucht unter stillschweigendem Verzicht auf Klassenkampfparolen zu einer nationalkommunistischen Massenpartei zu werden.

Stark marxistisch-kommunistisch beeinflußt ist die akademische Jugend Japans. Beachtliche politische Kraft erwächst der Partei außerdem aus Hunderten von kleinen Gruppen, Vereinen, Zirkeln und Singkreisen, die meist aus Halbintellektuellen bestehen. Als »Freunde der Schauspielkunst«, »Förderer der Schönen Literatur«, »Gegner des Lärms«, »Vereinigung gegen Luftverschmutzung« und dergleichen scheinen sie einen völlig unpolitischen Charakter zu haben. Fast alle aber sind unter den Einfluß marxistischer Kreise geraten und größeren, kommunistisch geführten Verbänden angeschlossen.

Partei für saubere Regierung (Komeito). Ursprünglich nur ein politisches Anhängsel der militanten buddhistischen Sekte Sokagakkai ist die Komeito inzwischen zum Sprachrohr der gesamten mehrere Millionen Haushalte zählenden Religionsgemeinschaft geworden. Diese bietet der Komeito nach wie vor einen finanziellen Nährboden und eine sichere Wählerschaft.

Wie die Sokagakkai ist auch die Komeito straff organisiert und steht im Parlament z.Z. an dritter Stelle. Das Parteiprogramm lehnt demokratischen Sozialismus und Kommunismus ab. Es verspricht einen neuen Sozialismus, ewigen Frieden und Wohlstand für die Massen, ohne sich weiter auf Einzelheiten einzulassen. Wie der Name der Partei betont, kämpft sie gegen alle Korruption im politischen Leben. Im Parlament beschränkt sie sich im allgemeinen darauf, Tagesprobleme aufzugreifen. Auf einen bindenden Kurs hat sich die Partei bisher nicht festgelegt.

Demokratisch-Sozialistische Partei (DSP, Minshushakaito, kurz: Minshato). Sie umfaßt jene gemäßigten und nicht ausschließlich marxistischen Abgeordneten, die sich vom radikalen Hauptstrom der Sozialistischen Partei gelöst haben. Ihre politischen Ziele werden oft mit denen der Saragat-Sozialisten in Italien und mit dem Godesberger Programm der SPD verglichen. Sie lehnen den Klassenkampf ab, aber sie kämpfen gegen den Kapitalismus und gegen jede Form von Totalitarismus. Sie steuern einen Kurs zwischen freier Wirtschaftsordnung und rigoroser Planwirtschaft, sie bejahen die Selbstverteidigung und lehnen jeden Neutralismus ab.

Der Radikalismus in Japan ist ganz unberechenbar, zumal er in rabiater Form nur gelegentlich aufflammt. Zwischen 1960 und 1961 gingen innerhalb von neun Monaten vier politische Terrorakte, zwei durchgeführte und zwei mißlungene Mordanschläge zu Lasten der Rechtsradikalen. Seitdem ist es verhältnismäßig ruhig. Die Linksradikalen haben zwar wilde Massen-Demonstrationen inszeniert und sich heiße Schlachten mit der Polizei geliefert – zu Morden und Mordanschlägen haben sie sich nicht hinreißen lassen.

Bei allen Wahlen nach 1947 haben die Radikalen niemals mehr als 2–3% der Stimmen erhalten. Auch der Ultra-Nationalismus der Nachkriegszeit war nie eine Massenbewegung. Nach amtlicher Darstellung gibt es zur Zeit etwa 500 rechtsradikale Organisationen mit rund 100000 Mitgliedern. Als ›gefährlich‹ gelten davon 130 Organisationen mit etwa 40000 Mitgliedern. Aber auch unter diesen sind nicht mehr als 2000 für die Polizei ›interessant‹. Höchstens 300 davon hält man des Prinzips für fähig: »ichi nin – issatsu«: »ein Mann – ein Mord«.

Weder nach rechts noch nach links gebunden sind die japanischen Terroristen der sog. ›Roten Armee‹ (Akagun). Sie sind eng mit dem internationalen Terrorismus verknüpft, sie ›arbeiten‹ im In- wie im Ausland und sie haben bereits ein beachtliches Konto an rücksichtslosen Morden, Bombenanschlägen und Entführungen aufzuweisen. Ihnen geht es nicht darum, ein politisches Programm zu verwirklichen, sondern einzig und allein darum, bestehende Ordnung zu vernichten.

Zwei Jahreszahlen wurden zu Marksteinen für Japans gegenwärtige Politik. 1853 riß die gewaltsame Öffnung seiner Häfen das Land aus jahrhundertelanger Abgeschlossenheit (Sakoku) und zwang es in den politischen und wirtschaftlichen Wettbewerb der Völker. 1945 erlebte es die erste und zugleich völlige Niederlage. Sie kostete Japan – vom Verlust der Mandschurei ganz abgesehen – 45,8% des Vorkriegsbesitzes und zwang es zu einer Außenpolitik, die nur dann erfolgversprechend schien, wenn man alle Probleme vorsichtig umging und jede Bekundung klarer Entscheidungen vermied. Neben dieser Tendenz, sich jeden politischen Engagements zu enthalten, läuft das Bemühen der Regierung, das tief verwurzelte Mißtrauen des Volkes gegenüber einer realistischen Sicherheitspolitik schrittweise abzubauen. Der vorsichtige Appell an das wiedererwachende Nationalgefühl und an Japans Verantwortung im asiatischen Raum stößt hier und da bereits auf Echo. Was früher tabu war, wird heute schon diskutiert – im Rahmen der Okinawa-Frage, des Atom-Sperrvertrages, der chinesischen Raketenrüstung. Noch bleiben Zurückhaltung und vorsichtiges Taktieren die Kennzeichen der japanischen Außenpolitik. Es ist eine Politik zwischen Ost und West. ›Zwischen‹ bedeutet keineswegs ein Schwanken zwischen Extremen. Japans Regierung steuert keinen Zickzackkurs. Sie meidet lediglich Gefahrenzonen. Das zeigt sich deutlich bei der Betrachtung der bilateralen Beziehungen zu den umgebenden Staaten.

Amerika – Bindung an die freie Welt. Man sollte meinen, daß ein gutes Verhältnis zu den Vereinigten Staaten die Grundvoraussetzung aller gegenwärtigen Politik in Japan ist. Sein militärischer Schutz ruht fast ganz in amerikanischer Hand; seine Politik ist gekennzeichnet durch enge Bindung an den Westen; seine Ein- und Ausfuhr kommt und geht zu einem Fünftel nach Amerika. Ohne Bindung an Amerika wäre Japan isoliert, zumal die wirtschaftlichen, politischen und kulturellen Nachkriegs-Kontakte zu Europa noch in den Anfängen stecken und unter der großen Entfernung leiden.

Um so erstaunlicher ist die bisweilen anti-amerikanisch wirkende Reaktion der Öffentlichkeit, wenn gegen die US-Stützpunkte, gegen das Einlaufen amerikanischer Schiffe, gegen den Sicherheitspakt mit den USA demonstriert wird. All diese Demonstrationen sind jedoch weniger gegen Amerika gerichtet als vielmehr Ausdruck eines Mißbehagens über die unzureichende eigene Unabhängigkeit. Man fürchtet, besonders in den Kreisen der marxistisch orientierten Intelligenz, Japan könnte gegen seinen Willen in die Machenschaften eines Krieges verwickelt, könnte zu Dankespflicht und Gegenleistung für viele empfangene Hilfe gepreßt werden. Das Beispiel des Vietnam-Krieges hat überdies das Prestige des Weltkriegssiegers sinken lassen.

Die Regierung trägt diesen Sorgen und Gefühlen Rechnung. Erfolgreich hat sie sich bisher allem amerikanischen Drängen nach wesentlicher Erhöhung der asiatischen Wirtschaftshilfe, nach erheblicher Verstärkung der eigenen Verteidigung, nach Schaffung eines kollektiven asiatischen Sicherheitssystems widersetzt. Bei aller faktisch engen Zusammenarbeit mit den USA drängt Japan auf die Bekundung außenpolitischer Entscheidungsfreiheit. Es steht unzweideutig im Lager der freien Völker, aber es hält zum Westen, weil seine Interessen es erfordern, nicht weil es seinem Wesen nach antikommunistisch wäre. Es möchte, wie Ministerpräsident Ikeda das formulierte, die »dritte Säule« der freien Welt sein, eine Art dritte Kraft, die es sich ohne allzu großes Engagement leisten kann, die Freiheit des Westens zu bewahren und zugleich die Freundschaft mit dem Osten zu pflegen.

Die japanischen Regierungen der Nachkriegszeit haben bewiesen, daß sie die politischen Kräfte in der Welt äußerst nüchtern zu beurteilen und alles andere als weltfremd zu nutzen wissen. Auch die Rückkehr Okinawas in den Verband des japanischen Inselreichs ist ihnen 1972 gelungen.

Die Ryukyu-Insel Okinawa, um die eine der blutigsten Schlachten im Pazifischen Krieg geschlagen worden ist, stand bis dahin unter amerikanischer Militärverwaltung, jedoch unter japanischer Hoheit. Jahrelang wurde von Presse und Regierungsopposition der Kampf um Unabhängigkeit, Selbstverwaltung und ›Heimkehr‹ Okinawas geführt. Immer mehr haben die Amerikaner aus der anerkannten Tatsache einer »residual sovereignity«, einer ruhenden Souveränität Japans über Okinawa, die Konsequenzen gezogen und sich zunehmend aus der Zivilverwaltung der Insel zurückgezogen. Trotzdem ist Okinawa weiterhin eine Militärbasis von hohem Wert für Amerika. Man betont außerdem, dort nicht nur aus eigenem Sicherheitsbedürfnis zu sitzen, sondern um auch andere freie Nationen zu schützen.

Auch in Amerika weiß man, daß Japan den Glauben an seine eigene Stärke noch nicht wiedergewonnen hat. Man tut alles, diesen Glauben zu kräftigen, die Gefühle der Abhängigkeit zu bannen und das Bewußtsein der Partnerschaft zu stärken. Hier jedoch gibt es manche Unterschiede in der Interpretation. »Der Amerikaner«, so formulierte es ein Journalist aus den USA, »sieht in dem Militärbündnis mit Japan den Teil einer gemeinsamen Verpflichtung zur Verteidigung Asiens gegen den Kommunismus. Der Japaner hingegen sieht darin im besten Fall eine Verpflichtung Amerikas zur Verteidigung Japans.«

Die japanischen Kommunisten erstreben natürlich eine Lösung der japanischen Politik von der amerikanischen, um das Land dem kommunistischen Block zuzuführen.

Die Sozialisten träumen den weltfremden und verschwommenen Traum vom Neutralismus, der einem unbewaffneten Japan die Freundschaft und das Wohlwollen der ganzen Welt erhält.

Das zunehmende Disengagement Amerikas in Asien – in Vietnam, in Südkorea, auf Taiwan, auf Okinawa – hat Japan vorerst nicht beunruhigt und jedenfalls nicht zur Verstärkung seiner Verteidigung veranlaßt. Vielleicht erhofft man sich in Tokio vom amerikanischen Disengagement vor allem dreierlei: eine Stabilisierung des ganzen asiatischen Raums, ein Stimulans zu asiatischer Eigeninitiative und – sicher nicht an letzter Stelle – ein stärkeres Gewicht für die Stimme Japans.

Sowjetunion – kühle Spannung. Das Verhältnis zwischen Japan und der Sowjetunion ist seit dem Ende des Krieges kühl, aber nicht feindlich. Die amerikanische Behauptung, in Japan sähe man die Russen als ›natürliche‹ Feinde an, ist in der japanischen Öffentlichkeit allgemein zurückgewiesen worden.

Seit 1966, vor allem seit dem Aufflammen des Konflikts zwischen China und der Sowjetunion, hat sich das japanische Verhältnis zu Moskau auffallend gebessert. Es kam zu einem Fischerei- und einem Luftfahrtsabkommen, ja sogar zu einem Konsularvertrag. Bemerkenswert vor allem war das russische Werben um eine Ausweitung der Wirtschaftsbeziehungen, um eine Beteiligung an den Plänen zur Erschließung Sibiriens.

Das Erdölprojekt, zu dem auch Japan Röhren für die Leitung vom Baikal-See bis zum Pazifik liefern sollte, scheiterte am internationalen Röhren-Embargo. Aber dieses Projekt war nicht das einzige. Es lockten die Erschließung von Riesenforsten in Ostsibirien, von Kupfervorkommen in Udokan, von Erdgas auf Sachalin.Den Avancen aus Moskau folgte indessen meist eine kalte Dusche. Die Verhandlungen kamen nicht voran, erstickten im administrativen Papierkrieg oder wurden aus politischen Gründen auf die lange Bank geschoben. Die japanische Hoffnung, durch wirtschaftliche Zusammenarbeit auch politisch voranzukommen, die Frage der nördlichen Inseln zu lösen und endlich mit der Sowjetunion einen Friedensvertrag abzuschließen – diese Hoffnung hat bisher noch immer getrogen.

Vielleicht war man auf japanischer Seite den russischen Angeboten gegenüber zu kühl und nüchtern. Man kannte aus eigener bitterer Erfahrung die Wandlungsfähigkeit der Sowjetpolitik. Man war und ist sich durchaus bewußt, daß es das Fernziel Moskaus ist, Japan zu neutralisieren und aus der westlichen Bindung zu lösen. Auch in der Sowjetunion kennt man den Satz: »Wer Japan besitzt, beherrscht den Pazifik.« Es hat die wichtigste Schlüsselposition in der asiatisch-pazifischen Verteidigungskette: Es behindert Rußlands Weg zur Verdrängung Amerikas.

Einer der wichtigsten Stolpersteine auf dem Weg zu diesem Ziel ist das sogenannte Territorialproblem. Es betrifft die winzigen von der Sowjetunion annektierten Inseln an der Nordküste Japans: Etorofu und Kunashiri, Shikotan und Habomai. Dieses Problem aus der Welt zu schaffen, wäre für Moskau eine Kleinigkeit. Dazu aber ist man offenbar nicht bereit, obwohl man weiß, daß man sich in Japan damit große Sympathien erwerben könnte.

»Nach seiner Niederlage im Zweiten Weltkrieg« – so erläuterte Klaus Mehnert die historische Lage – »hatte Japan auf die ihm bis dahin gehörende Kette der Kurilen-Inseln verzichten müssen. Wie so oft, wenn großzügige Siegermächte beieinandersitzen und sich nicht mit ›Kleinigkeiten‹ abplagen wollen, war dabei lediglich von den Kurilen die Rede, ohne daß diese genau definiert worden wären. Man weiß, daß sich die Kurilen zwischen Hokkaido und Kamtschatka befinden; aber gehören sämtliche Inseln und Inselchen zwischen Hokkaido und Kamtschatka zu ihnen? Die Russen sagten ja und besetzten nach der japanischen Kapitulation sämtliche Inseln bis hart an die Küste Hokkaidos. (Moskau hatte auch auf die Besetzung Hokkaidos spekuliert, war aber an dem Einspruch McArthurs gescheitert.) Einige Monate später, im Februar 1946, erklärte Moskau durch einen Erlaß des Präsidiums des obersten Sowjets sämtliche Inseln zum Bestandteil der UdSSR.

Die japanische Regierung hat diese einseitige Entscheidung des Kremls nie anerkannt. Unter Berufung auf Verträge zwischen Japan und dem Zarenreich aus den Jahren 1855 und 1875, in denen die Kurilen erwähnt und näher definiert wurden, bestanden die Japaner darauf, daß Etorofu, Kunashiri, Shikotan und die Habomai-Gruppe stets zu Hokkaido gerechnet und nur die nördlich von Etorofu gelegenen Inseln bis hin zur Südspitze von Kamtschatka als ›Kurilen‹ bezeichnet worden waren. Sie wurden in dieser Auffassung von Amerika unterstützt.«

Moskau hat bereits 1956 die Rückgabe von Shikotan und Habomai – nicht jedoch von Etorofu und Kunashiri – versprochen für die Zeit gleich nach dem Abschluß eines Friedensvertrages zwischen Japan und der Sowjetunion. In Tokio sieht man die Besetzung als unrechtmäßig an. Man verlangt die Rückgabe nicht als Folge, sondern als Voraussetzung des Friedensvertrages. Bereits in den achtziger Jahren des 19. Jahrhunderts sah Japan mit Besorgnis Rußlands Interesse am ostasiatischen Raum. Die Besorgnis verdichtete sich, als es eine Woche nach dem Frieden von Shimonoseki (April 1895) zur sogenannten Triple-Intervention von Rußland, Frankreich und Deutschland kam, die Japan »um des Friedens in Fernost willen« den größten Teil seiner Kriegsbeute wieder abnahm.

Japan mußte sich fügen, aber die Bitterkeit darüber hat es nur schwer überwunden. Die Worte, die der Meiji-Tenno damals brauchte – man müsse wohl oder übel »das Untragbare ertragen« –, hat später, fraglos nicht unbewußt, auch der Showa Tenno gebraucht, als er 1945 seinem Volk das Ende des Krieges mitteilte. Japans Bitterkeit verschärfte sich zu verhaltener Empörung, als es mit ansehen mußte, wie die Staaten, die 1895 interveniert hatten, sich selbst jene Gebiete einverleibten, die sie Japan abgenommen hatten. Die Empörung galt vor allem Rußland, das das begehrte Port Arthur und die Liaotung-Halbinsel besetzte.

Trotz dieser Demütigung und trotz der Erwartung, daß Rußlands Drängen nach Fernost nicht schwächer werden würde, versuchte Ito die drohende Gefahr zunächst mit Bündnissen abzuwenden. In einem Pakt mit Rußland aber sahen Yamagata und das Militär nur ein Eingeständnis der eigenen Schwäche. Statt dessen setzten sie eine Allianz mit England durch (1902). Diese Allianz wurde nicht nur das längste politisch-militärische Bündnis, das Japan je besessen hat, sie gab vor allem der Nation das Selbstvertrauen zurück, das es 1853 durch Perrys schwarze Schiffe verloren hatte.

Der Krieg gegen Rußland, der 1904 ausbrach, war in Japan sehr populär. Er dauerte 18 Monate und brachte zwei Schlachten von welthistorischem Rang. Bei dem heldenhaften Kampf zwischen den Heeren des japanischen Generals Nogi und des russischen Generals Stoessel ging es um Port Arthur. Japan errang den Sieg, verlor aber 60 000 Soldaten. Und in der Seeschlacht von Tsushima vernichtete Admiral Togo nahezu die gesamte russische Flotte.

Diese Siege waren überwältigend. Zum ersten Mal in der Geschichte war der Mythus von der notorischen Überlegenheit der Weißen zerschlagen worden. Um so größer war die Empörung in der japanischen Öffentlichkeit über die milden Friedensbedingungen: Man wußte nicht, daß Japan am Ende seiner militärischen und finanziellen Kräfte war. Trotzdem konnte es zufrieden sein. Sein Einfluß auf Korea war garantiert, die Halbinsel Liaotung und die Hälfte von Sachalin wurden abgetreten. In einem späteren Geheimabkommen wurde außerdem die Mandschurei in eine russische und eine japanische Interessensphäre aufgeteilt. Rußlands Begehrlichkeit war fürs erste vom Fernen Osten abgelenkt.

Statt dessen machte Japan 1918 Anstalten, sich für Sibirien zu interessieren. Um tschechoslowakische Kräfte zu retten, die dort nach dem Kriegsende hängengeblieben waren, rüstete Japan mit anderen Staaten zusammen zu einer ›Expedition‹. Als das Unternehmen abgeschlossen und die anderen Expeditionstruppen längst abgezogen waren, blieb Japan bis 1922 in Sibirien und sogar bis 1925 auf Nord-Sachalin und unterstützte offen weißgardistische Truppen gegen den jungen Sowjet-Staat.

Während der Militärherrschaft in Japan (1932-1945) war die Haltung Rußland gegenüber keineswegs einheitlich. Von den beiden mächtigen Militär-Gruppen, der Kodoha und der Toseiha, die einander im Kampf um die Macht hart befehdeten, war die Kodoha anti-russisch, die Toseiha pro-russisch eingestellt. Nur der Tatsache, daß die Toseiha innenpolitisch geschickter operierte und die Kodoha an die Wand zu spielen verstand, ist es zu danken, daß die Feindseligkeiten zwischen Japan und Rußland nicht von Japan ausgegangen sind.

Nachdem 1931 die Mandschurei besetzt worden war und eine starke japanische Armee an Rußlands Grenze stand, mußte Moskau jederzeit mit einer japanischen Expansion auf sowjetisches Gebiet rechnen. Das band starke Militärkräfte an die mandschurische Grenze. Erst der Nichtangriffspakt, den Stalin und der japanische Außenminister Matsuoka 1941 abschlossen, machte diese Kräfte für die Schlacht um Stalingrad frei.

Als Deutschlands Niederlage besiegelt war, kündigten die Sowjets sofort den Nichtangriffspakt. Das war im April 1945. Am 8. August traten sie selbst in den Krieg ein. Daß die Sowjetunion das noch nach der Atombombe auf Hiroshima, acht Tage vor Kriegsende, tat, daß man im Kreml sogar eine große Siegesfeier abhielt und es noch heute keinen Friedensvertrag mit Moskau gibt, hat man in Japan nicht vergessen.

Wie alle Siegermächte unterhielt auch die Sowjetunion während der Besatzungszeit in Tokio eine Mission. Nach dem Frieden von San Francisco wurden diese Missionen in Botschaften umgewandelt – nur die sowjetische nicht. Sie weigerte sich abzuziehen, obwohl die Japaner ihre Rechtlichkeit nicht anerkannten. Erst 1956 gelang es den Russen, die Anerkennung zu erzwingen. Das wenige Monate danach folgende Hatoyama-Bulganin-Abkommen bildete die Grundlage der Beziehungen.

China – roter Handel. Japans Verhältnis zu China wird im wesentlichen von drei Faktoren bestimmt: einem sentimentalen, einem wirtschaftlichen und einem politischen.

»China«, so meinte der amerikanische Orientalist und frühere Japan-Botschafter Professor Reischauer, »ist Japans Griechenland und Rom, Ursprung der alten Kultur. Die Haltung der Japaner ist also stark gefühlsbetont. Darüber lagert eine Art von Schuldkomplex wegen der Zerstörung Chinas in neuester Zeit. Auch gewisse rassische Elemente spielen mit. Die Japaner fühlen sich mit den Chinesen verwandt. Beide haben kulturell eine Fülle von Gemeinsamkeiten. Mit einem Wort: Sie sind gefühlsmäßig voreingenommen.«

Die China-Frage ist in Japan noch immer ein neurotischer Komplex. Sie wird häufig so stark vom Gefühl beherrscht, daß viele Japaner dabei selbst die nüchternsten Realitäten übersehen. Sie meinen, es sei ihre moralische Pflicht, zum »großen Bruder« zu stehen, von dem sie einst so viel empfangen hätten – Schrift und Kunst, Religion und Regierungssystem, ja wahrscheinlich auch einen Teil der Bevölkerung. Nun müsse Japan seinerseits den Chinesen helfen in der vertrauensseligen Überzeugung, daß die rote Farbe beim Umgang mit den roten Nachbarn schon nicht abfärben werde.

Nicht frei von Gefühlen, aber wesentlich nüchterner steht die Regierung zum China-Problem. Vor allem seit den Exzessen der Kulturrevolution kühlte sich das offizielle Verhältnis ab. Man erstrebte seine Normalisierung, man vergaß sogar (1970) den nationalen Stolz, wenn es galt, das Handelstor zur Volksrepublik offenzuhalten, man war jedoch lange nicht bereit, die Beziehungen zu Taiwan dadurch zu beeinträchtigen und den chinesischen Empfindlichkeiten irgendwelche Konzessionen zu machen.

Obwohl Peking 1958 nach dem Zwischenfall von Nagasaki, bei dem Rotchinas Flagge entehrt worden war, die wirtschaftlichen Beziehungen schroff abgebrochen hatte, ist Japan nicht müde geworden, die zerrissenen Fäden neu zu knüpfen. Erst waren es nur Sozialisten, die nach Peking reisten, bald aber folgten ihnen eine private Handelsmission nach der anderen, bis daran sogar konservative Parlamentarier teilnahmen.

Solche Reisen und die daraus resultierenden Abmachungen

haben immer wieder das gute Verhältnis zu National-China gefährdet. Die japanische Wirtschaft hat den künftigen Großkunden über die rund hundert von Rotchina als »freundlich« anerkannten Firmen gepflegt. Sie lieferte große Mengen Kunstdünger und hat Verträge zur Errichtung von Kunststoff-Fabriken abgeschlossen.

Vor dem Krieg kamen 12,7% des japanischen Imports aus China und 21,6% des Exports gingen dorthin. 1977 waren es rund 2% bzw. 2,5%. Einflußreiche Industriekreise Japans hoffen, den chinesischen Grundsatz, daß Handel und Politik nicht zu trennen seien, umgehen zu können. Sie hoffen auf Kohle und Eisenerz. Das war um so begründeter, als China sich nicht scheute zuzugeben, daß es technisch und wissenschaftlich zehn bis zwanzig Jahre im Rückstand ist.

Des Handels mit Taiwan glaubte man ohnehin sicher zu sein. Die pro-japanische Haltung der Bevölkerung schien das Ergebnis dessen zu sein, was Japan in diese Insel während der Kolonialzeit investiert hatte. Die Ereignisse des Jahres 1964 haben diesen Glauben wanken gemacht. Der Fast-Abbruch der diplomatischen Beziehungen, der Boykott japanischer Waren, japanischer Filme und sogar der japanischen Sprache haben gezeigt, daß Tschang Kaishek durchaus nicht bereit war, Japan in jeder Hinsicht zu folgen, daß also das früher in Formosa investierte Kapital keineswegs immer wirksam ist.

Die Verstimmung war um den sogenannten Yoshida-Brief zentriert. Eine japanische Firma hatte an die Volksrepublik China eine Kunststoff-Fabrik geliefert, die von der staatlichen Import- und Export-Bank vorfinanziert worden war. Taiwan sah darin eine staatliche Wirtschaftshilfe für die Kommunisten und protestierte. Um Tschang Kaishek zu beruhigen, reiste der greise frühere Ministerpräsident Yoshida persönlich nach Taipeh und hinterließ dort einen Brief mit der Versicherung, daß staatliche Kredite für Rotchina-Lieferungen künftig unterbleiben würden. An diesem Yoshida-Brief nahm nun wiederum Peking ständig Anstoß, und die japanische Regierung schwankte hin und her, ob sie den Brief als privat oder als amtlich bezeichnen sollte.

Genau an dieser Stelle begann der dritte Aspekt des japanischen Chinabildes: der politische. Er war anfangs gekennzeichnet durch zunehmendes Mißbehagen. Selbst der Presse, die sich sonst so lautstark für China eingesetzt hatte, war nicht recht wohl bei dem Gedanken an die wachsende Macht des Festlandriesen, besonders seit man wußte, daß auch dort an Wasserstoff-Bomben und Weltraumraketen gearbeitet wird. Der chinesisch-sowjetische Konflikt wirkte insofern beruhigend, als er starke chinesische Interessen in Richtung auf das Festland band. Die China-Lobby malte derweilen die umgekehrten Gefahren an die Wand: die einer Einkreisung und Isolierung Chinas. Sie meinte, ohne China gäbe es in Asien keinen wahren Frieden. Sie plädierte daher für Zulassung der Volksrepublik in die UNO.

Seit diese Zulassung – entgegen dem Votum Japans – erfolgt ist, gerieten diejenigen, die weiterhin Zurückhaltung China gegenüber predigten, die also versuchen wollten, den großen Nachbarn zum Partner zu gewinnen, ohne den kleinen Nachbarn zu verlieren, zunehmend ins Hintertreffen. Getragen von einer durch die Presse hochgespielten Welle der Sympathie, reiste Japans Ministerpräsident Tanaka im September 1972 nach Peking: Die diplomatischen Beziehungen zur Volksrepublik China wurden aufgenommen.

Japan hat es nie verwunden, daß es stets bewundernd zu der großen Kultur Chinas aufgeschaut hat, selbst aber von den Chinesen als Land der Zwerge und Barbaren verachtet wurde. Erst im 19. Jahrhundert hat sich das China-Image vom positiven Vorbild zum negativen Beispiel gewandelt. Dieses Beispiel betraf die Politik. Bereits in den ersten Jahren ihrer Herrschaft erkannten die Oligarchen der Meiji-Zeit, daß der anmaßende Hochmut der Chinesen, der Japan so oft zur Weißglut gebracht hatte, Ursache ihres politischen Niederganges war. Weil sie es für unter ihrer Würde hielten, sich den Methoden des Westens anzupassen, mußten sie von diesem Westen eine Demütigung nach der anderen einstecken. Auch Japan beteiligte sich daran.

Um sich den Einfluß auf Korea zu sichern, brach es 1894 den ersten Krieg gegen China vom Zaun. Er verlief siegreich, brachte die Insel Formosa ein und erregte das bewundernde Erstaunen der ganzen Welt.

Schon früh hatte Japan auf die mandschurische Provinz Chinas ein Auge geworfen. Das gleiche taten die Russen. Sie verlangten von Japan eine neutrale Zone in Korea nördlich des

39. Breitengrades. Über diese Forderung kam es zum japanisch-russischen Krieg 1904.

Im Ersten Weltkrieg, gleich nach der Eroberung von Tsingtau 1914, hielt Japan die Zeit für gekommen, das damals bereits chaotische China mit 21 Forderungen zu erpressen. Die Wünsche waren maßlos. Sie riefen nicht nur in China, sondern in der ganzen Welt Empörung hervor und kosteten Japan nahezu den ganzen Kredit, den es sich bis dahin erworben hatte. Als China sich schließlich 1927 unter dem Kuomintang-Regime einigte, reagierte Japan scharf: Ein starkes China, hieß es, könne Japans Position in der südlichen Mandschurei gefährden. Unerwartet wurde Tschang Tsolin, Chinas Kriegsheld in der Mandschurei, 1928 ermordet. Erst nach dem Zweiten Weltkrieg konnte nachgewiesen werden, daß dieser Mord ein Signal sein sollte, den ganzen Süden der Mandschurei zu besetzen. Dazu kam es erst drei Jahre später. Angebliche Sabotage chinesischer Soldaten führte zum sogenannten »Mandschurischen Zwischenfall«. Aus ihm ging 1932 der Staat Manchukuo hervor, an dessen Spitze der letzte chinesische Kaiser Pu Yi gesetzt wurde.

Da in den dreißiger Jahren in Japan nicht die Regierung, sondern das Militär den Gang der Politik bestimmte und im Streit der beiden rivalisierenden Militärgruppen die antichinesische Toseiha den Sieg davontrug, ging der auf Expansion drängende Stoß von Manchukuo aus nicht weiter nach Rußland, sondern weiter nach China. Er begann am 7.7.1937 an der Marco-Polo-Brücke bei Peking.

In China war es nach Generalskriegen und völliger innerer Zerrüttung Tschang Kaishek gelungen, das Land unter seiner Herrschaft zu einigen. Aber während er in Nanking regierte, errichteten die Kommunisten unter Mao Tsetung, Tschu Te und Tschu Enlai im Norden ein eigenes Herrschaftsgebiet. Unter dem Druck der japanischen Bedrohung einigten sich beide Lager gegen den feindlichen Eindringling.

Obgleich eine Stadt nach der anderen in japanische Hände fiel, gab Tschang Kaishek nicht auf. Er zog sich mit der offiziellen Kuomintang-Regierung immer tiefer in das Innere des Landes bis nach Tschungking zurück. Damit war sein Schicksal auf dem Festland besiegelt: Die Kommunisten, die die Hauptlast des Kampfes hinter der japanischen Front getragen hatten, waren bei der Bevölkerung populärer als die Regierung. Tschang Kaishek mußte sich im Dezember 1949 nach Formosa (in Japan und China Taiwan genannt) zurückziehen. Zwei Millionen Chinesen schlossen sich ihm an.

Japans Ziel war erreicht – doch anders als geplant. Seit 1937 hatte es immer wieder erklärt, seine militärischen Aktionen dienten lediglich dazu, den träge gewordenen großen Bruder wachzurütteln. Das war geschehen: Japan war letzten Endes ›schuld‹ daran, daß das chinesische Festland kommunistisch wurde.

Mit Taiwan, das auf jegliche Reparationszahlungen verzichtet hatte, schloß Japan 1952 einen Sondervertrag ab – unmittelbar nachdem es selbst seine Souveränität wiedererlangt hatte. Man hat es in Taipeh bitter vermerkt, daß Japan zwanzig Jahre später seine China-Politik grundlegend geändert hat. Tschang Kaishek brach daraufhin seinerseits die Beziehungen zu Tokio ab, ohne allerdings damit auch die wirtschaftlichen Bande zu zerreißen, was wiederum Peking verschnupfte, das einen ›Bruch mit Taiwan‹ verlangt hatte. Trotzdem war seit Anfang 1978 und allen sowjetischen Warnungen zum Trotz eine zunehmende Hinwendung Japans zur Volksrepublik China unverkennbar: ein großzügiger Handelsvertrag (geplanter Warenaustausch: 42 Milliarden DM) war der erste Schritt dahin. Der Friedensvertrag Ende 1978 war der zweite.

Korea – Fischfang und Wirtschaftshilfe. Seit Japan und Südkorea 1965 einen Normalisierungsvertrag abgeschlossen haben, hat sich das überaus gespannte Verhältnis wesentlich gebessert. Selbst der Streit um die sogenannte Rhee-Linie und die Beschlagnahme und Schikanierung japanischer Fischerei-Fahrzeuge ist zur Ruhe gekommen. Diese Normalisierung ist vor allem dem wirtschaftlichen Teil des Abkommens zu danken. Für Japan ist Südkorea der zweitgrößte Exportmarkt nach den USA. Für Korea aber ist Japan seit 1965 ein Land geworden, aus dem jährlich über 400 Millionen DM fließen. Das Abkommen sieht 1,2 Milliarden DM an verlorenen Zuschüssen (innerhalb von 10 Jahren), 800 Millionen DM an Darlehen (innerhalb von 20 Jahren) und nochmals mindestens 1,2 Milliarden DM an privaten kommerziellen Krediten vor.

Trotzdem ist das Verhältnis zwischen beiden Ländern alles

andere als freundschaftlich. Mit größtem Mißtrauen betrachtet Seoul alle, auch die geringsten Kontakte zwischen Japan und Nordkorea und protestiert sofort scharf, wenn auch nur die mindesten Anzeichen für weitere Repatriierungen oder Handelsverbindungen auftauchen.

Gegen Japans Bemühungen, Okinawa zurückzuerhalten, hat Korea jahrelang Einspruch erhoben, weil es darin eine Minderung seiner eigenen Sicherheit befürchtet. Und auf dem Gebiet der Kultur existiert überhaupt kein Austausch, weil auf beiden Seiten die Ressentiments noch lange nicht überwunden sind.

Korea, das 35 Jahre lang nicht viel mehr war als eine Kolonie Japans, hat nach dem Kriege alle Japaner enteignet und gewaltige Forderungen gestellt. Obwohl im Jahre 1960 die Regierung Rhee von einem Militär-Regime abgelöst wurde, haben sich die Hoffnungen auf Entspannung erst 1965 erfüllt. Jahrelang scheiterten die Verhandlungen, die vom Mißtrauen beider Völker getragen waren, vor allem an zwei Punkten: an der erwähnten Rhee-Linie und an den koreanischen Reparationsforderungen.

Die Rhee-Linie, 60 Meilen vor der Küste Koreas, sollte die Grenze sein, bis zu der vorzudringen japanischen Fischerei-Fahrzeugen erlaubt wurde. Korea hat bis 1965 rücksichtslos alle Fischer verhaftet, die diese Linie überschritten. Japan berief sich auf das internationale Seerecht und verlangte Zugang zu Gewässern bis 12 Meilen vor der Küste.

Zu den Zahlungen wäre Japan schon eher bereit gewesen, wenn sich Korea zu Konzessionen in der Fischerei-Frage bereit gezeigt hätte. Korea aber fürchtete, daß Japans Fischer, die besser ausgerüstet und in ihrer Fangtechnik überlegen sind, die besten Fänge wegschnappen könnten. Alle Angebote, mit japanischem Geld und japanischer Hilfe die eigene Fischereiflotte zu modernisieren, stießen bis zum Normalisierungs-Abkommen auf taube Ohren. Die Korea-Frage spielt seit den siebziger Jahren des vorigen Jahrhunderts in der Außenpolitik Japans eine wichtige Rolle. Sie geht im Grunde bis in die Urzeit der japanischen Geschichte zurück. So alt, wie die kulturellen Beziehungen zwischen Japan und Korea sind, so alt ist nahezu auch der Streit zwischen ihnen. Über Korea kamen Kultur und Religion vom Festland her. Koreanische Handwerker legten den Grund zu den später so berühmt gewordenen Handwerkskünsten Japans. Aber schon in seiner frühesten Geschichte fühlte Japan sich genötigt, militärische Expeditionen nach Korea zu entsenden. Besonders nachhaltig in ihrer Wirkung waren die Korea-Abenteuer Hideyoshis. Was damals im 16. Jahrhundert geschah, nahm Japan im 20. Jahrhundert wieder auf: Schon damals sollte Korea nur der erste Schritt sein auf dem Wege zur Eroberung Chinas. Schon damals war das Ergebnis das gleiche: Haß und Verachtung für den Eroberer und Unterdrücker.

Gleich zu Beginn der Meiji-Zeit versuchte Japan in Korea dasselbe, was dem amerikanischen Commodore Perry in Japan mit sanfter Gewalt geglückt war: die Öffnung der Häfen. Korea antwortete mit beleidigender Feindseligkeit. Takamori Saigo hätte am liebsten sofort eine Strafexpedition entsandt. Doch er setzte sich nicht durch. Erst 1894 gab der Einmarsch chinesischer Truppen in Korea den Japanern Gelegenheit einzugreifen, Korea zu ›befreien‹ und im Frieden von Shimonoseki dessen Unabhängigkeit von China garantiert zu sehen.

Der Weg auf das Festland war damit offen. 1905 wurde der Vater der japanischen Verfassung, Hirobumi Ito, erster Generalresident Japans in Korea. Solange er lebte, konnte er sich erfolgreich gegen eine Kolonisierung des Landes durchsetzen. Seine Ermordung durch einen Koreaner auf einem Bahnsteig in Harbin (1909) nahm Japan zum Anlaß, Korea zu annektieren (1910). 1945-1948 besetzten die Russen den nördlichen, 1945-1949 die USA den südlichen Teil Koreas, dessen beide Teile sich selbständig entwickelten. Aus dem Korea-Krieg, der im Sommer 1950 ausbrach, dessen Kämpfe drei Jahre dauerten und der noch heute am 38. Breitengrad Nord- und Südkorea einander feindlich gegenüberstehen läßt, hat sich Japan mit Sorgfalt und Geschick herausgehalten. Lediglich aus Kriegslieferungen für den Süden hat es beachtlichen Gewinn gezogen.

Solange Syngman Rhee Präsident in Korea war, also von 1948-1960, hatte Japan von ihm nichts als Feindseligkeit zu erwarten. Aber auch die Hoffnung, die an seinen Sturz geknüpft wurde, erfüllte sich für Japan zunächst nicht. Angesichts der wirtschaftlich und politisch unstabilen Verhältnisse in Korea hatte man auch in Tokio deutliche Zurückhaltung zur Schau getragen. Darüber hinaus mußte die japanische Regierung einer emotionellen Abneigung des eigenen Volkes den Koreanern gegenüber Rechnung tragen. So geschätzt diese als billige Arbeitskräfte waren – wenn ein Diebstahl, eine Unterschlagung oder ein anderes Verbrechen begangen wurden, war man allzu leicht zu der Vermutung bereit: »Sicher ein Koreaner!« Diese irrationale Einstellung hatte 1923 nach dem furchtbaren Erdbeben zu einem regelrechten Koreaner-Programm geführt, weil diese angeblich mit einer Revolutionsregierung die Katastrophe für ihre Zwecke hatten ausbeuten wollen.

Umgekehrt ist in Korea die japanische Zwangsherrschaft alles andere als vergessen. Haß und Mißtrauen, die seit dem 16. Jahrhundert Japan gegenüber lebendig waren, sind auch im 20. Jahrhundert nicht gewichen. Japan hat in den Jahrzehnten seiner Besatzung mit rücksichtsloser und oft grausamer Härte geherrscht.

Einsichtige Kräfte auf beiden Seiten hoffen, daß mit dem Normalisierungsvertrag von 1965 endlich ein Instrument geschaffen ist, mit dessen Hilfe die Ressentiments auf der einen und die Überlegenheitskomplexe auf der anderen Seite aus dem Wege geräumt werden. Doch trotz gewaltiger Investitionen Japans in Südkorea hat sich das Verhältnis zwischen beiden inzwischen nur wenig entschärft.

Südostasien – erstrebte Stabilisierung. Alle Bemühungen Japans in Südostasien waren seit Kriegsende auf den Ausgleich sozialer und politischer Spannungen gerichtet. Nur so glaubte man hier die eigene Position absichern, nur so das negative Image vom Herrscher-Japan zum positiven Image vom Helfer-Japan wandeln zu können.

Die Bemühungen Japans erstrecken sich nicht nur auf tätige Teilnahme an allen möglichen asiatischen Minister-Konferenzen, an ASPAC (Asia-Pacific-Council, der bis 1973 wirkte) und ECAFE (Economic Commission for Asia and the Far East), auf den Plan einer asiatischen Wirtschaftsgemeinschaft und die aktive Mitwirkung an der asiatischen Entwicklungsbank. Sie betrifft vor allem Wirtschafts- und Finanzhilfe, die man bis auf 1% des eigenen Brutto-Sozialproduktes steigern will.

Am Vietnam-Krieg hat Japan nicht schlecht verdient. Es

hofft, das beim Wiederaufbau Vietnams noch besser zu können. Im ganzen aber weiß man, daß die Koordinierung der wirtschaftlichen Interessen in den Ländern Asiens nicht einfach beschlossen werden kann. Hochentwickelte Industrie-Staaten können mit unterentwickelten Agrarstaaten keine Gemeinschaft bilden. Auch eine forcierte Industrialisierung der Entwicklungsländer führt, das weiß man inzwischen, nicht zu sinnvollen Ergebnissen. Entwicklungspolitik in Südostasien heißt vor allem Hilfe für die Landwirtschaft, Ausbau von Land- und Sicherung von Wasserwegen. Auf keinen Fall ist Japan bereit, sein Interesse an der wirtschaftlichen Stabilisierung dieses Raumes in irgendeiner Form mit sicherheitspolitischen Erwägungen zu koppeln. Es hat entsprechende amerikanische, koreanische und neuerdings auch sowjetische Anregungen immer kühl umgangen.

Sicher ist, daß das Pendel der Interessenrichtung heute stark nach Asien weist. Nach der überstürzten Verwestlichung der Meiji-Zeit war das Pendel in den Jahren militaristischer Nationalisierung nach Asien zurückgeschwungen. Mit der Amerikanisierung der Nachkriegszeit wies es erneut nach Westen. Es scheint kein Zweifel zu bestehen, daß Japan heute nicht mehr bereit ist, sein Asiatentum durch seine Zugehörigkeit zur freien Welt zu gefährden.

Die deutsch-japanischen Beziehungen

Sie begannen am 24. 1. 1861 mit dem Freundschafts-, Handels- und Schiffahrtsvertrag zwischen Preußen und dem Shogunat. Heute stehen sie im Zeichen eines immer enger werdenden Austauschs auf politischem und wirtschaftlichem, auf wissenschaftlichem und kulturellem Gebiet – einer Verbindung, die auf der Basis gegenseitigen Vertrauens ruht und fruchttragend in die Zukunft weist. Graf Fritz zu Eulenburg, der in langwierigen Verhandlungen viereinhalb Monate brauchte, bis der erste Vertrag unterzeichnet werden konnte, war nicht der erste Deutsche, der japanischen Boden betrat. Schon 1639 hatte ein Ulmer, Hans Wolfgang Braun, für die japanische Regierung Mörser in Hirado gegossen. Besonders aber die beiden Ärzte und Naturforscher Engelbert Kämpfer (in Japan 1690-92) und Philipp Franz von Siebold (in Japan 1823-30 und 1859-62) haben durch ihr Wirken und ihre Werke wesentlich zur Verbindung zwischen Japan und der Außenwelt beigetragen. Sie kamen freilich nicht als Deutsche. Sie standen beide im Dienst der Holländer, die damals als einzige westliche Handelspartner zugelassen waren.

Seit die preußische Schraubenkorvette ›Arcona‹ am 4. September 1860 mit dem Grafen zu Eulenburg an Bord in die Bucht von Tokio eingelaufen war, belebten sich die deutsch-japanischen Beziehungen schlagartig. Erster Konsul zunächst nur Preußens, dann des Norddeutschen Bundes, schließlich Gesandter des Deutschen Reichs war Max von Brandt. Er blieb zwölf Jahre bis 1875. Ihm und seinen Nachfolgern ist es zu danken, daß die Verbindung zu Deutschland immer enger wurde und schließlich so fest war, daß ihr selbst die deutsche Intervention im Rahmen der Triple-Allianz (1895) und die Gegnerschaft während des Ersten Weltkriegs wenig anhaben konnte.

Als 1920 Dr. Wilhelm Solf als erster deutscher Nachkriegsdiplomat nach Tokio kam, dauerte es nur wenige Jahre, bis auch der letzte Widerstand gegen alles Deutsche gebrochen war. Als Solf 1928 Japan wieder verließ, war er einer der am höchsten geschätzten Ausländer, die je in Japan waren. Unter Solfs Nachfolgern trieb die Entwicklung dann unaufhaltsam dem Zweiten Weltkrieg zu. 1936 trat Japan dem Antikominternpakt bei und zwei Jahre später wurde Botschafter von Dirksen durch seinen Militärattaché Generalmajor Ott abgelöst.

Erst 1952, sieben Jahre nach Kriegsende, wurden die diplomatischen Beziehungen zwischen beiden Ländern wiederhergestellt. Inzwischen sind zwei Bundespräsidenten: Lübke und Heinemann, zwei Bundeskanzler: Adenauer und Kiesinger, sowie zahlreiche andere prominente Politiker in Japan gewesen, größtenteils zu Gegenbesuchen für entsprechende japanische Besuche in Deutschland. Das gemeinsam erlittene Schicksal, der wechselseitige Respekt für die kulturellen und wissenschaftlichen Leistungen des anderen, die Ähnlichkeit in der politischen, wirtschaftlichen und sozialen Lage – all das belebte rasch wieder die traditionelle Freundschaft.

Natürlich war das nicht allein das Verdienst von Politikern und Diplomaten. Wesentlichen Anteil daran hatte auch die deutsche Wissenschaft. Auch diese Kontakte reichen weit zurück. Der lebhafte Austausch von Ärzten und Juristen, Künstlern und

Wissenschaftlern aller Art, der bald nach der Meiji-Restauration einsetzte, hatte tiefgreifende Wirkungen auf die Entwicklung des modernen Japan. Unter den bedeutendsten Mitgliedern der sogenannten deutschen Gelehrtenkolonie sind vor allem zu nennen die Ingenieure Gottfried Wagner, Rudolf Lehmann und Curt Netto, die Ärzte Julius Scriba und Erwin Bälz (letzterer war sogar kaiserlicher Hofarzt), die Sprachforscher Hermann Funk und Karl Florenz, der Militärpädagoge K. W. J. Meckel und der Jurist Hermann Roesler. Dazu kamen der starke Einfluß deutscher Philosophie (vor allem über Raphael von Koeber), die nachhaltige Wirkung deutscher Musik, die Gründung der Sophia-Universität (1913), sie wurde gebaut mit deutschen Mitteln und ist das Werk deutscher Jesuiten, die Tätigkeit der vielen deutschen Sprachlehrer (Lektoren) an den höheren Schulen des Landes und nicht zuletzt das Wirken katholischer und evangelischer Missionare aus Deutschland. Der Einfluß deutschen Geisteslebens auf Japan kann also kaum überschätzt werden. Er hat vielfach zurückgewirkt auch auf Deutschland. Vor allem aus dem Kreis der deutschen Lektoren sind zahlreiche Japanologen von Rang hervorgegangen.

Im Hinblick auf das deutsch-japanische Verhältnis trat neben Diplomaten und Gelehrte frühzeitig die deutsche Kaufmannschaft. Ihrer Anpassungsbereitschaft ist nicht nur die schnelle Entwicklung von Handel und Industrie in Japan mit zu verdanken, sondern auch ein guter Teil jener traditionellen Freundschaft, die die Zusammenarbeit beider Völker charakterisiert.

Deutsche Kaufleute gründeten den Klub Germania in Yokohama und den Klub Concordia in Kobe. Sie riefen in beiden Städten deutsche Schulen ins Leben, die noch immer existieren. Sie schufen die OAG, die Gesellschaft für Natur- und Völkerkunde Ostasiens, die seit 1873 bei der Pflege deutsch-japanischer Beziehungen eine wichtige Rolle gespielt hat und noch immer spielt.

Seit 1911 gibt es außerdem eine von japanischen Staatsmännern geschaffene Japanisch-Deutsche Gesellschaft, die heute in 18 Städten des Landes Zweiggesellschaften betreut. 1927 entstand das Deutsch-Japanische Kulturinstitut in Tokio (erste Leiter waren Dr. Gundert und Professor Tomoeda) und 1934 das Japanisch-Deutsche Forschungsinstitut in Kyoto. Ersteres ist heute ganz im Goethe-Institut aufgegangen. Unter zahlreichen wissenschaftlichen Gesellschaften, die auf freundschaftlicher Basis intensiven Kontakt mit Deutschland pflegen, muß vor allem die Japanisch-Deutsche Medizinische Gesellschaft erwähnt werden. An ihrer Spitze steht Professor Choei Ishibashi. Seinem unermüdlichen Wirken ist es zu danken, daß die Kontakte zwischen der Medizin beider Länder, die in der Vorkriegszeit äußerst eng waren, auch heute noch gepflegt werden und manche Hoffnung zu künftiger Intensivierung bieten.

1973 lebten 2800 Deutsche ständig in Japan. Es gibt Goethe-Institute in Tokio, in Kyoto und in Osaka. 35 Deutsche wirken als Lektoren und Dozenten an japanischen Universitäten. Noch immer sind deutsche Musikpädagogen an den Musikhochschulen sehr begehrt. Seit 1962 hat sich die deutsche Kaufmannschaft zur Deutschen Industrie- und Handelskammer zusammengeschlossen.

Die Grundlagen der deutsch-japanischen Beziehungen reichen weit in die Vergangenheit. Sie ruhen in der Gegenwart auf solider Basis. Sie können sich auch in Zukunft bewähren, sofern die Erwartungen von Sentiments frei gehalten werden. Das Ansehen Deutschlands basiert in Japan auf den Leistungen der Vergangenheit, vor allem solchen im Bereich der Kultur und der Wissenschaft. Es hat neuen Auftrieb durch das sogenannte Wirtschaftswunder erhalten. Doch dieser Auftrieb verblaßt bereits. Das wirtschaftliche Interesse Japans an Deutschland sinkt in dem Maße, in dem die Bundesrepublik in der Höhe des Sozialprodukts überholt worden ist. Auch im politischen Bereich ist keine spektakuläre Freundschaftsbekundung zu erwarten. Japan hat, wie es selbst betont, die Nachkriegszeit hinter sich. Deutschland kann das noch lange nicht von sich sagen. Durch sein Gebundensein nach Osten wie nach Westen würde solche Freundschaftsbekundung in Tokio nur als Versuch empfunden werden, Japan in diese Bindungen hineinzuziehen. So groß das japanische Interesse an der deutschen Politik zuzeiten ist – man sollte nicht vergessen, daß eine Freundschaft zwischen Völkern nur dann von Dauer sein kann, wenn beide Seiten einander nicht nur Vergangenheit, sondern auch Zukunft zu bieten haben.

Geschichtsübersicht

* Vergleiche die entsprechenden Textstellen anhand des Registers

Archaische Zeit (660 v. Chr.-552)

Lange bevor zum ersten Mal die Verwendung des Wortes ›Nihon‹* (Japan) nachgewiesen ist (7. Jahrhundert), gab es auf den japanischen Inseln zahlreiche ›Staaten‹ – nach chinesischen Quellen rund hundert. Aus einem dieser Staaten hat sich, durch Eroberungszüge vergrößert und um die Gegend zwischen Nara und Osaka zentriert, das Reich Yamato* gebildet: Es war die Keimzelle des heutigen Inselreichs. An seiner Spitze stand, wohl schon vom 4. Jahrhundert an, ein erblicher Herrscher über einem lockeren Verband machtvoller Geschlechter. Aus ihnen entwickelte sich der Hochadel, der es zunehmend verstand, die Macht des Herrschers immer mehr zurückzudrängen und ihn selbst in die Position eines bloßen Symbols zu entrücken.

Praktisch waren es nur sieben Geschlechter, die es im Laufe der japanischen Geschichte verstanden haben, die Macht an sich zu binden: die Soga*, Fujiwara*, Taira*, Minamoto*, Hojo*, Ashikaga* und Tokugawa*. Sie alle regierten im Namen des Tenno, der völlig abhängig von ihnen war. Sie alle verstanden es, seine sakrale Stellung zu ihren Gunsten zu nutzen. Diese Praxis blieb anderthalb Jahrtausende, bis 1868, erhalten.

Der mythischen Überlieferung nach wurde das japanische Reich am 11. Februar 660 v. Chr. durch Kaiser Jimmu* gegründet. Der 11. Februar gilt seit einigen Jahren wieder als Reichsgründungs*- und damit als nationaler Feiertag.

In die späte Steinzeit fallen die Keramikfunde der Jomon*-Periode mit ihrem reichen Schnur-Muster-Dekor. Schon die Tongefäße von Yayoi (Bronze-Zeit) zeigen die für Japan charakteristische schmucklos klare Form. Die den Gräbern beigegebenen Tonfiguren (Haniwa*) stammen aus der Eisenzeit*. Mit ihr beginnt die Vorgeschichte Japans, die Eroberung Yamatos* durch Jimmu* Tenno.

Asuka-Zeit (552-710)*

Die Periode erhielt ihren Namen nach einem Ort im Süden von Nara. Asuka war das Zentrum der japanischen Frühgeschichte, charakterisiert durch die Ausbreitung der chinesischen Kultur und des Buddhismus. Der erste Versuch, das Land nach chinesischem Muster zentral durch Beamte zu verwalten, führte zur Taika*-Reform, die sich jedoch nie völlig durchgesetzt hat.

Prominenteste Vertreter der Epoche waren Kronprinz Shotoku* Taishi und Kanzler Umako Soga*.

Architektur: Horyuji* bei Nara.
Plastik: Miroku Bosatsu* (im Koryuji*/Kyoto und im Chuguji* bei Nara), Kudara Kannon (Horyuji), Tachibana-Schrein (Horyuji).

Nara-Zeit (710-794)*

Sie ist beherrscht von einer Blüte des Buddhismus und von der Ausbreitung der konfuzianischen* Lehre. Enger Kontakt zu China. Zentralfigur ist Kaiser Shomu*, der sich am Ende seiner Jahre in ein Kloster zurückzog. Es entstehen die ersten Geschichtswerke Kojiki* und Nihongi* sowie die älteste Gedichtsammlung Japans, das Manyoshu*.

Blüte der Tempelbauten und der Tempelplastik in der ersten festen Hauptstadt Japans.

Architektur: Toshodaiji*, Yakushiji*-Pagode.
Plastik: Yakushi-Trinität* (Yakushiji), Daibutsu (Todaiji*), Juniten (Shinyakushiji*), Kongo Rikishi* (Mitteltor Horyuji).

Heian-Zeit (794-1185)*

Genannt nach der neuen Hauptstadt (erst später Kyoto geheißen). Ihr gab das Geschlecht der Fujiwara* das Gepräge. Aus dem Sturz der Soga* (645) hatten sie gelernt. Schon hundert Jahre danach hatten sie die wichtigsten Ämter in der Hand, machten sie erblich und führten 150 Jahre später das Ruder des Staates. Ihre Zeit ist gekennzeichnet durch eine raffiniert verfeinerte höfische Kultur*, durch politisch-militärische Machtanhäufung in den Klöstern*, durch wachsenden Müßiggang des Hofadels* und durch das Aufkommen eines untereinander rivalisierenden Militäradels*, dessen Kämpfe zunehmend das politische Gesicht des Landes beherrschten.

Prominenteste Vertreter der Epoche: die Verfasserin des Genji Monogatari*: die Hofdame Murasaki Shikibu*; der Don Juan par excellence: Ariwara Narihira*; die Sektengründer Dengyo Daishi* und Kobo Daishi*; der kaisertreue Kanzler Michizane Sugawara*; und als bedeutendste Persönlichkeit der Zeit der Kanzler Michinaga Fujiwara* (966 bis 1027), der Vormund, Schwiegervater und Großvater von je drei Tenno.

Die letzten Jahre der Fujiwara-Herrschaft wurden durch das aus dem Schwertadel kommende Geschlecht der Taira* beunruhigt. Unter Kiyomori* standen sie auf dem Gipfel der Macht. Als dieser starb, wurden sie rasch von dem Geschlecht der Minamoto* vernichtet. Der Stern der Taira hatte kaum ein halbes Jahrhundert lang geleuchtet: 1132-1181.

Architektur: Heian-Schrein (Kyoto), Byodoin* (Uji*), Pagoden Daigoji* und Muroji.

Plastik: Chuzonji-Figuren, Amida (Byodoin), Shaka (Muroji). Bedeutendster Meister: Jocho.

Malerei: Yamato-e* (meist auf Emakimono).

Kamakura-Zeit (1185-1333)

Während die Kaiser weiterhin in Kyoto residierten, verlegten die Minamoto* ihre Residenz in den Osten des Landes, nach Kamakura*, und führten von hier aus ein strenges Militärregime. Sie, insbesondere ihr strahlendster Held Yoshitsune*, wurden die Schöpfer des japanischen Kriegergeistes. Die beherrschende politische Gewalt war Yoshitsunes Bruder Yoritomo*. Nach seinem Tode (1199) dauerte es nur fünf Jahre, bis das Geschlecht der Hojo*, aus dem Yoritomos Gattin Masako* stammte, die Macht übernahm.

Die Hojo regierten 1204-1333 im Namen der Shogune, die ihrerseits im Namen des Tenno ›regierten‹. Es war eine Periode des Friedens und der Wohlfahrt. In die Zeit der Hojo fiel der Angriff der Mongolen*, denen es trotz zweimaligen massierten Ansatzes nicht gelang, Japan zu erobern.

Prominenteste Persönlichkeiten der Zeit: die Sektengründer Shinran* und Nichiren* sowie die Vertreter des Zen*-Buddhismus, dessen Geisteshaltung Japan besonders stark beeinflußt hat.

Architektur: Zen-Tempel, vor allem Engakuji* und Kenchoji* (beide in Kamakura), Hachiman*-Schrein (Kamakura).

Plastik: Daibutsu* in Kamakura. Große Meister ihrer Zeit: Unkei, Jokei, Tankei. Äußerst lebendige Priester-Porträts.

Ashikaga- oder Muromachi*-Zeit (1333-1568)*

Der erste Name bezeichnet ein Fürstengeschlecht, der zweite einen Stadtteil von Kyoto, wo die Ashikaga ihren Regierungssitz wieder aufschlugen. Sie machten dem Versuch des Kaisers Go Daigo*, die Bevormundung durch Adelsgeschlechter abzuschütteln, ein rasches Ende. Takauji Ashikaga* beseitigte erst die Hojo, dann griff er selbst nach der Macht.

Die Periode ist durch dreierlei gekennzeichnet. 1. durch die kämpfereiche Yoshino*-Zeit, während der das Kaiserhaus in eine Nord- und eine Süd-Dynastie gespalten war; 2. durch eine ungewöhnliche Blüte aller Künste; 3. durch einen hundertjährigen Bürgerkrieg, der das ganze Land verwüstete und zu totaler Anarchie führte. Damals (1543) kamen erstmalig Portugiesen und Spanier nach Japan. Sie brachten die ersten Feuerwaffen und das Christentum ins Land.

Die größten Persönlichkeiten der Ashikaga-Zeit waren: Go Daigo* Tenno; der kaisertreue Ritter Masashige Kusunoki*; die Shogune Yoshimitsu* und Yoshimasa*.

Die Muromachi-Zeit ist eine Epoche, in der alle Künste, u.a. auch No*-, Tee*-, Lack- und Gartenkunst*, Triumphe feierten. Größter No-Künstler der Zeit: Motokiyo Seami*.

Architektur: Kinkakuji*, Ginkakuji*. Spezialität: der Teeraum*.
Plastik: No-Masken*.
Malerei: Zen-Bilder*. Große Maler ihrer Zeit: Shubun, Sesshu, Sesson*, Masanobu Kano*, Motonobu Kano, Tosa*-Schule.
Gärten: Ryoanji, Tenryuji, Kokedera.

Azuchi-Momoyama*-Zeit (1568-1600)*

Die Schlösser der beiden großen Heerführer Nobunaga* (im Azuchi-Schloß) und Hideyoshi* (im Momoyama-Schloß) gaben der Zeit den Namen. Nobunaga gelang es, das Chaos zu bändigen und die militante Macht der Klöster zu brechen. Er war auf dem besten Wege, im Land wieder Ordnung zu schaffen und die Zentralgewalt zu festigen, da wurde er von einem seiner Generale ermordet. Sein Nachfolger Hideyoshi setzte Nobunagas Werk mit eiserner Hand fort. Dauernden Frieden aber konnten erst die Tokugawa* sichern.

Die Kunst dieser Zeit ist gekennzeichnet durch überladene Ornamentierung, Farbenfreude und Prachtentfaltung. Es entstehen die großartigen Werke der Kano-Schule. Es ist die Epoche der großen Schlösser, von denen nur noch das in Himeiji* in alter Form erhalten ist. Berühmte Gärten: Daisen-in*, Sambo-in*.

Edo- oder Tokugawa*-Zeit (1600-1868)*

Die Tokugawa verlegten das Regierungszentrum erneut nach Osten, diesmal nach Edo, dem heutigen Tokio. Sie erst brachten dem Land den ersehnten Frieden. Er dauerte zweieinhalb Jahrhunderte dank einer strikten Landesabschließung* und eines rigorosen Feudal- und Polizei-Regimes*. Mit einem raffinierten System von Kontrollen und Gegenkontrollen konnte das Aufkommen jeder Revolte schon im Keim erstickt werden, zumal die Daimyo, die rund 270 Feudalfürsten, mit ihren Familien alle zwei Jahre für die Dauer eines Jahres in Edo residieren mußten und so ständig unter Aufsicht waren. Beherrschende Persönlichkeit der Tokugawa-Familie: Ieyasu*.

In die Tokugawa-Zeit fielen die grausame Christenverfolgung* und die ersten Kontakte mit der Wissenschaft* Europas, fielen die Luxus-Periode der Genroku*-Zeit und die vielen verzweifelten Bauernaufstände*, fielen die berühmte Blutrache der »47 Ronin*« und das Erwachen des nationalen Bewußtseins in der Shinto-Restauration*.

Mit dem Erscheinen der »Schwarzen Schiffe*« des amerikanischen Commodore Perry*, mit der bald darauffolgenden Öffnung des Landes für den Handelsverkehr mit dem Westen war die Zeit der großen Geschlechter vorbei, Japans Neuzeit begann.

In der Edo-Zeit blühte das Kabuki*-Theater zur großen Volkskunst auf.

Architektur: Toshogu* in Nikko*, Katsura Rikyu von Kobori Enshu in Kyoto.
Malerei: Popularisierung vor allem im Bereich der Ukiyo-e*-Farbholzschnitte: Harunobu, Utamaro, Hiroshige, Hokusai. Dekorative Malerei: Sotatsu*, Korin*, Hoitsu*. Realismus: Okyo Maruyama*.
Gärten: Shugakuin bei Kyoto.

Meiji-Zeit (1868-1912)

Sie machte aus dem Land einen modernen Industriestaat und brachte ihm ein Parlament* und eine Verfassung*. Geherrscht aber haben weder das Volk noch der Tenno, sondern ein kleiner Kreis von Oligarchen*, die sich geschickt der wachsenden Wirtschaftskraft der Zaibatsu*, der Großkonzerne, bedienten. Ein Rausch der Verwestlichung* ging über das Land. Schon damals aber wurde der Grund gelegt für eine Rückbesinnung auf das, was man die eigentlichen japanischen Werte nannte.

Prominenteste Persönlichkeiten: Kaiser Meiji*, Hirobumi Ito*, Takamori Saigo*, Aritomo Yamagata*, General Nogi* und Admiral Togo*.

Charakteristisch ist die Auseinandersetzung mit der Kunst Europas, insbesondere mit seiner Ölmalerei*. Bekannteste Maler: Taikan Yokoyama*, Gyokudo Kawai*.

Taisho-Zeit (1912-1926)*

Der Erste Weltkrieg brachte Japan nach außen die Anerkennung als 5. Großmacht und nach innen eine ständig wachsende Machtfülle des Militärs*. In diese Periode fiel 1923 das schwere Erdbeben* von Yokohama, das 100000 Menschen das Leben kostete.

Showa-Zeit (seit 1926)*

Schon unter dem kranken Taisho Tenno war sein Sohn Hirohito* Regent des Landes gewesen. Als er 1926 den Thron bestieg, nannte er seine Epoche ›Showa‹, d.h. ›Leuchtender Frieden‹. In seine Zeit fiel die sog. Showa-Restauration*, deren nationalistische Tendenzen in den 30er Jahren ihren Höhepunkt erreichten, zum reinen Militär-Regime* führten und im Zweiten Weltkrieg sowie einer siebenjährigen Besatzung durch US-Truppen unter General McArthur endeten.

Seit 1947, seit das erste Nachkriegsparlament vom Volk gewählt wurde, wird die Politik des Landes von Ministerpräsidenten bestimmt. Die von ihnen berufenen Kabinette waren mit einer zehnmonatigen Ausnahme bestimmt durch die Parlamentsmehrheit der konservativen Liberaldemokratischen Partei. Unter den Ministerpräsidenten, die auch im Ausland weithin bekannt wurden, sind vor allem Yoshida, Kishi, Ikeda und Sato zu nennen.

Nach dem Frieden von San Francisco* (1952) und mit ihm der Wiedergewinnung der Souveränität begann unter starkem amerikanischem Einfluß der rasche Wiederaufbau Japans und sein Aufstieg zu einer der bedeutendsten Industrie-Nationen der Welt. 1960 kam es zum Sicherheitspakt* mit Amerika, 1970 zur Rückkehr Okinawas* und 1972 zur Aufnahme diplomatischer Beziehungen zur Volksrepublik China*.

Literaturverzeichnis

Abegg, Lili: Ostasien denkt anders. Zürich, 1949
Japans Traum vom Musterland. München 1973
Abegglen, James C.: The Japanese factory. Glencoe, Ill., 1958
Akimoto, Shunkichi: Exploring the Japanese ways of life. Tokyo, 1961
Akiyama, Terukazu: Japanese painting. Basel, 1961
Allen, G.C.: A short economic history of modern Japan. London, 1946
Japan's economic recovery. New York, 1958
Anderson, Ronald S.: Japan, three epochs of modern education. Washington, 1959
Anesaki, Masaharu: Nichiren, the Buddhist prophet. Harvard, 1916
Buddhist art and its relations to Buddhist ideals. London, 1916
History of Japanese religion. London, 1930
Religious life of the Japanese people. Tokyo, 1938
Ariga, Kizaemon: The family in Japan. 1954
Armstrong, R.C.: Buddhism and Buddhists in Japan. London, 1927
Aston, W.G.: A History of Japanese literature. London, 1889
Nihongi. London, 1896
Shinto, the way of the gods. London, 1905
Bälz, Erwin: Über die Todesverachtung der Japaner. Stuttgart, 1936
Bälz, Toku: Erwin Bälz, das Leben eines Arztes im erwachenden Japan. Stuttgart, 1951
Baerwald, Hans H.: The purge of Japanese leaders under the occupation. Berkeley, 1959
Bairy, Maurice A.: Japans Neue Religionen in der Nachkriegszeit. Bonn, 1959
Ballon, Robert J.: Doing business in Japan. Tokyo, 1967
Ballon, Robert O.: Shinto, the unconquered enemy. New York, 1945
Barth, Johannes: Literatur und Drama im Dienste der nationalen Erziehung Japans. Tokyo, 1928
Kamakura, Romantik und Tragödie einer mittelalterlichen Stadt. 2 Bände. OAG Tokyo, 1969/70
Beardsley, Richard K. and Hall, J.W.: Village Japan. Chicago, 1959
Beasley, William G.: The modern history of Japan. London, 1963
Beckh, Hermann: Buddhismus. Slg. Göschen. Leipzig, 1916
Beckmann, George M.: The making of the Meiji-constitution. Lawrence, Kans., 1957
Bellah, Robert N.: Tokugawa religion: The values of pre-industrial Japan. Glencoe, Ill., 1957
Benedict, Ruth: The chrysanthemum and the sword. Boston, 1946
Benl, Oscar: Seami Motokiyo und der Geist des No-Schauspiels. Ab-

handl. d. Akademie der Wissenschaften und der Literatur. Wiesbaden, 1952
Benl, O. und Hammitzsch, H.: Japanische Geisteswelt. Vom Mythos zur Gegenwart. Baden-Baden, 1956
Benz, Ernst: Zen in westlicher Sicht. München, 1962
Buddhas Wiederkehr und die Zukunft Asiens. München 1963
Bennett, John and Ishino, Iwao: Paternalism in the Japanese economy. Minneapolis, 1963
Bersihand, Roger: Geschichte Japans. Stuttgart, 1963
Biehl, Max: Dynamisches Japan, Frankfurt/Main 1977
Blyth, R.H.: A history of haiku. Tokyo, 1963
Bohner, Alfred: Die 88 heiligen Stätten von Shikoku. OAG Tokyo, 1930
Bohner, Hermann: Legenden aus der Frühzeit des Buddhismus. OAG Tokyo, 1934
No-Schriften. OAG Tokyo, 1934
Shotoku Taishi. OAG Tokyo, 1940
Kobo Daishi. In Moumenta Nipponica, 1943
No. Zwei Bände. OAG Tokyo, 1956, 1959
Jinno Shotoki, Buch von der wahren Gott-Kaiser-Herrschaftslinie, verfaßt von Kitabatake Chikafusa. OAG Tokyo, 1935/39
Borton, Hugh: Japans modern century. New York, 1955
Bowie, Henry P.: On the laws of Japanese painting. San Francisco, 1911
Boxer, Charles R.: The christian century in Japan 1549-1650. Berkeley, 19
Brasch, Kurt: Zenga. OAG Tokyo, 1963
Brasch-Senzoku: Die kalligraphische Kunst Japans. Tokyo, 1963
Briessen, Fritz van: Japan, der lächelnde Dritte. Berg.-Gladbach, 1969
Brinker, Helmut: Die zen-buddhistische Bildnismalerei in China und Japan, Wiesbaden, 1973
Brinkley, F.: A history of the Japanese people from the earliest times to the end of Meiji. New York, 1912
Brown, Delmer M.: Nationalism in Japan. Berkeley, 1955
Bunce, William: Religion in Japan. Tokyo, 1955
Burks, Ardath W.: The government of Japan. New York, 1961
Casal, U.A.: Die sieben Glücksgötter. OAG Tokyo, 1958
Der Phalluskult im alten Japan. OAG Tokyo, 1963
The Yamabushi. OAG Tokyo, 1965
Chamberlain, Basil H.: Kojiki. Kobe, 1932
Things Japanese. Kobe, 1939
Conze, Eduard: Buddhismus – Wesen und Entwicklung. Stuttgart, 1953
Corral, Luis Diaz del: Asiatische Reise. München, 1967
Cressey, George B.: Asia's lands and peoples. New York, 1963
Deakin-Storry: Richard Sorge. Die Geschichte eines großen Doppelspiels. München, 1965
Dettmer, Hans A.: Grundzüge der Geschichte Japans. Darmstadt, 1965
Donat, Walter: Der Heldenbegriff im Schrifttum der älteren japanischen Geschichte. OAG Tokyo, 1938

Dore, R. P.: City life in Japan. Los Angeles, 1958
Landreform in Japan. London, 1959
Education in Tokugawa-Japan. Berkeley, 1965
Aspects of social change in modern Japan. Princeton, 1967
Dorson, Richard M.: Folk-legends of Japan. Tokyo, 1962
Dumoulin, Heinrich: Kamo Mabuchi. Ein Beitrag zur japanischen Religions- und Geistesgeschichte. Tokyo, 1943
Zen, Geschichte und Gestalt. Bern, 1959
Dürckheim, Karlfried Graf von: Japan und die Kultur der Stille. München, 1954
Hara. Die Erdmitte des Menschen. München, 1959
Dye, Lucian W.: Politics, personality and nation-building. New Haven, Conn., 1962
Eliot, Sir Charles: Japanese Buddhism. London, 1935/1960
Erlinghagen, Helmut: Japan. Ein deutscher Japaner über die Japaner, Wiesbaden, 1973
Eto Jun: An undercurrent in modern Japanese history. In: Journal of As. Studies, 1964
Fenellosa, Pound, Eisenstein: No, vom Genius Japans (mit Übersetzungen). Zürich, 1963
Florenz, C. A.: Die staatliche und gesellschaftliche Organisation im alten Japan. OAG Tokyo, 1889/98
Florenz, Karl: Nihongi, Zeitalter der Götter. Japanische Mythologie. OAG Tokyo, 1903
Nihongi, Japanische Annalen. OAG Tokyo, 1903
Geschichte der japanischen Literatur. Leipzig, 1906
Fukutake, Tadachi: Man and society in Japan. Tokyo, 1962
Futagawa, Yukio: The roots of Japanese architecture. Tokyo, 1955
Gebser, Jean: Asienfibel zum Verständnis östlicher Wesensart. Frankfurt/Main, 1962
Die Geburt des modernen Japan in Augenzeugenberichten, Düsseldorf, 1970
Ginsburg, Norton S.: The pattern of Asia. Englewood Cliffs N. J., 1958
Giuglaris, Marcel: Visum für Japan. München, o. J.
Glasenapp, Helmuth von: Der Buddhismus. Berlin/Zürich, 1936
Die nichtchristlichen Religionen. Frankfurt/Main, 1957
Die fünf Weltreligionen. Düsseldorf, 1963
Grew, Joseph C.: Zehn Jahre Japan: 1932-1942. Stuttgart, 1947
Grewe, Wilhelm G.: Verfassung und politische Realität im heutigen Japan, OAG Tokyo 1978
Zen in der Kunst der Teezeremonie, München, 1977
Groot, J. J. M. de: Universismus. Berlin, 1918
Gropius, Walter, Tange Kenzo and Ishimoto Yasuhiro: Katsura, tradition and creation in Japanese architecture. New Haven, Conn., 1960
Gundert, Wilhelm: Shintoismus im Japanischen No-Drama. OAG Tokyo, 1925

Die japanische Literatur. Potsdam, 1929
Über den Begriff »Yugen« bei Seami. OAG Tokyo, 1932
Referat über das Werk von Haga, Yaichi: »Der japanische Nationalcharakter«. OAG Tokyo, 1935
Japanische Religionsgeschichte. Stuttgart, 1943
Gutenberg, Erich: Über japanische Unternehmungen. Wiesbaden, 1960
Hakuseki, Arai: Lebensbeschreibung von ... OAG Tokyo, 1894
Hall, John W. and Beardsley, Richard: Twelve doors to Japan. New York, 1965
Hall, Robert Burnett jr.: Japan, industrial power of Asia. Princeton, 1963
Hall, Robert King: Shushin, the ethics of a defeated nation. New York, 1949
Halloren, Richard: Japan – images and realities. Tokyo, 1970
Hammitzsch, Horst: Hirata Atsutane, ein geistiger Kämpfer Japans. OAG Tokyo, 1935
Die Mito-Schule. OAG Tokyo, 1938
Sangyo Hokoku, die japanische Arbeitsfront. OAG Tokyo, 1940
Harada, Jiro: History of Japanese art. Tokyo, 1913
A glimpse of Japanese ideals. Tokyo, 1937
The lesson of Japanese architecture. Boston, 1954
Härlin, Peter: Unterwegs in Fernost. Stuttgart, 1961
Hashimoto, Fumio: Wesenszüge des östlichen Denkens. OAG Tokyo, 1963/64
Hass, William S.: Östliches und westliches Denken. Hamburg, 1967
Haushofer, Karl: Japan baut sein Reich. Berlin, 1941
Hax, Karl: Japan, Wirtschaftsmacht des Fernen Ostens. Köln, 1961
Hedberg, Hakon: Die japanische Herausforderung. 1969
Herrigel, Eugen: Zen in der Kunst des Bogenschießens. München, 1955
Hinder, Max: Erlebtes Japan. Innsbruck, 1943
Holton, D.C.: Modern Japan and Shinto nationalism. Chicago, 1943
Honen, the buddhist Saint: His life and teaching. Kyoto, 1925/49
Humphrey, Christmas: Zen-Buddhism. London, 1949/57
Buddhism. London, 1958
Ichihara/Takamiya (Hrsg.): Die japanische Unternehmung. Strukturwandlungen in einer wachsenden Wirtschaft, Wiesbaden 1977
Iddittie, Junesay: Marquis Okuma, a biographical study in the rise of democratic Japan. Tokyo, 1956
Ike, Nobutaka: The beginning of political democracy in Japan. Baltimore, 1950
Japanese politics, an introductory survey. New York, 1957
Immoos, Thomas: Das Tanzritual der Yamabushi. OAG Tokyo, 1968
Immos, Th./Halpern, E.: Japan, Köln, 1974
Japanisches Theater, Zürich, 1975
Ishida, Ryujiro: Geography of Japan. Tokyó, 1961
Italiaander, Rolf: Eine Religion für den Frieden, Erlangen, 1973
Sokagakkai, Japans neue Buddhisten, Hamburg, 1972

Jaeckel, Theodor: Die japanische Arbeiterbewegung. OAG Tokyo, 1959
Jansen, Marius B.: Changing Japanese attitudes towards modernisation. Princeton, 1965
Japan, its land, people and culture. Compiled by the Japanese national commission for Unesco. Tokyo, 1964
Japan Quarterly. Vol. 10-15. Tokyo, 1963-1968
Japanische Volksmärchen. Hrsg. Horst Hammitzsch. Düsseldorf, 1964
Japan Travel Bureau: Japan, the official guide. Tokyo, 1959
Johnson, Chalmers: An instance of treason. Stanford, 1964
Journal of social and political ideas in Japan. Vol. 1-5, 1965-1969
Joya, Mock: Things Japanese. Tokyo, 1960
Kagami: Japanischer Zeitschriftenspiegel. Band 1-7. OAG Tokyo, 1963 bis 1969
Kaji, Ryuichi: Japan – ein Kulturüberblick. Tokyo, 1938
Karow, Otto und Seckel, Dietrich: Der Ursprung des Torii. OAG Tokyo, 1942
Kato, Genchi: A study of Shinto. Tokyo, 1926
What is Shinto? Tourist Library, Tokyo, 1935
Kato, Hidetoshi: Japanese popular cultur. Tokyo, 1959
Kawai, Kazuo: Japans American interlude. Chicago, 1960
Kawasaki, Ichiro: The Japanese are like that. Tokyo, 1955
Japan unmasked. Tokyo, 1969
Keene, Donald: Japanese literature, an introduction for western readers. London, 1953
Landscapes and portraits. Tokyo, 1971
Kemmler, Georg: Einige Fakten über die japanische Landwirtschaft heute. OAG Tokyo, 1960
Kerlinger, Fred: Behavior and personality in Japan. In Silbermann: Japanese character ...
Kerst, Georg: Die deutsche Expedition nach Japan und ihre Auswirkungen. Hamburg, 1962
Kevenhörster, Paul: Wirtschaft und Politik in Japan, Frankfurt/Main, 1973
Kidder, J. Edward: Japan before Buddhism. New York, 1959
Kishida, Hideto: Japanese Architecture. Tokyo, 1960
Kitayama, J.: Wesenszüge der japanischen Kultur. In Zeitschrift »Berlin-Rom-Tokyo«, 1940
Kohler, Werner: Die Lotos-Lehre und die modernen Religionen. Zürich, 1962
Koike, Shinji: Contemporary architecture of Japan. Tokyo, 1955
Kokusai Bunka Shinkokai: Introduction to contemporary Japanese literature. 1902-1955. 2 Bände. Tokyo, 1939-1959
Kolb, Albert: Ostasien (China, Japan, Korea). Geographie eines Kulturerdteils. Heidelberg, 1963
Kümmel, Otto: Die Kunst Chinas, Japans und Koreas. Potsdam, 1929
Kunstgewerbe in Japan. Berlin, 1911

Kuno, Takeshi: A guide to Japanese sculpture. Tokyo, 1963
Kusano, E.: Stories behind Noh- and Kabuki-Plays. Tokyo, 1962
Latourette, Kenneth Scott: Geschichte des Fernen Ostens in den letzten 100 Jahren. Frankfurt, 1959
Lepsius, Gitta: Das heutige japanische Puppentheater auf dem Lande und seine Vorgeschichte. OAG Tokyo, 1968
Leuenberger, Hans: Japan, Insel der Zukunft. Zürich, 1956
Leyen, Fr. v. d.: Buddhistische Märchen. Düsseldorf, 1961
Linhart, Sepp: Arbeit, Wirtschaft und Politik in Japan, Hamburg, 1976
Lyrik des Ostens. Slg. Hanser. München, 1952
Magnus, Albrecht: Die Ratio in der japanischen Wirtschaft. OAG Tokyo, 1963
Maki, John: Japanese militarism: its cause and cure. New York, 1945
Government and politics in Japan. The way to democracy. New York, 1962
Maraini, Fosco: Nippon. Zürich, 1958
Maruyama, Masao: Thoughts and behavior in modern Japanese politics. London, 1963
Mason, J. W. T.: The meaning of Shinto. New York, 1935
Matsumoto, Tadashige: Stories of fifty Japanese heroes. Tokyo, 1929
Matsumoto, Yoshiharu Scott: Contemporary Japan, the individual and the group. Philadelphia, 1960
Matsutani, Fumio: Buddhism and Christianity. A contemporary study. Tokyo, 1962
McArthur: Reminiscenses. Greenwich, 1965
McCullough, Helen Craig: The Taiheiki. New York, 1959
Mecking, Ludwig: Japan, meerbestimmtes Land. Stuttgart, 1951
Mehren, Arthur T. von: Law in Japan. Cambridge, Mass., 1963
Meissner, Kurt: Der Shintoismus als Quelle des japanischen Volkscharakters und Nationalgeistes. OAG Tokyo, 1935
Grundlagen der nationalen Erziehung in Japan. OAG Tokyo, 1935
Deutsche in Japan. OAG Tokyo, 1961
Mendel, Douglas H.: The Japanese people and foreign policy. Berkeley, 1961
Mensching, Gustav: Buddhistische Geisteswelt. Darmstadt, 1955
Mente, Boye de: Japanese manners and ethics in business. Tokyo, 1960
Minamoto, H.: An illustrated history of Japanese art. Tokyo, 1935
Mitford, A. B.: Tales of Old Japan. London, 1876
Montgomery: Forced to be free. Chicago, 1957
Monumenta Nipponica. Vol. 1938-1969
Morris, Ivan: Nationalism and the right wing in Japan. New York, 1960
Mosher, Gouverneur: Kyoto, a contemplative guide. Tokyo, 1964
Münsterberg, Hugo: The arts of Japan. Tokyo, 1957
Murdoch, Joseph: A history of Japan. 3 volumes. London, 1926
Mutsu, Iso: Kamakura, fact and legend. Tokyo, 1955
Naberfeld, P. E.: Kurzgefaßte Geschichte Japans. OAG Tokyo, 1965

Nakamura, H.: The way of thinking of eastern peoples. Tokyo, 1960
Nakane, Chie: Human Relations in Japan, Tokyo, 1972
Nishida, Kazuo: Storied cities of Japan. Tokyo, 1963
Nishida, Kitaro: Intelligibility and the philosophy of nothingness. Übersetzung und Einleitung: Robert Schinzinger. Tokyo, 1958
A study of good. Tokyo, 1960
Nitobe, Inazo: Bushido, the soul of Japan. New York, 1905
Nohara, Komakichi: Das wahre Gesicht Japans. Dresden, 1935
Noma, Seiroku: Artistry in ink. New York, 1957
Noma, Seiji: Kodansha. Autobiographie eines japanischen Zeitungskönigs. Berlin, 1935
OAG-Nachrichten 1926-1968
Oeser, H. L. (Hrsg.): Japan, Tradition und Gegenwart. Stuttgart, 1942
Offner, C. B. and Straehlen, H. van: Modern Japanese religions. Tokyo, 1963
Okakura, Kakuzo: Das Buch vom Tee. Leipzig, o. J.
Oldenberg, Hermann: Buddha. Stuttgart, 1959
Papinot, M. A.: Dictionnaire d'histoire et de géographie du Japon. Tokyo, 1907
Passin, Herbert: Education and society in Japan. New York, 1965
Pery, Noel: The No. Tokyo, 1944
Piper, Maria: Das japanische Theater. Frankfurt, 1937
Pippon, Toni: Reichsentwicklung von Jimmu Tenno bis zum Kamakura-Shogunat. OAG Tokyo, 1937
Pohl, Manfred (Hrsg.): Japan 1976/77, Politik und Wirtschaft, Hamburg, 1977
Ponsonby-Fane, Richard A. D.: Studies in Shinto and Shrines. Tokyo, 1953
Kyoto, the old capital of Japan. Tokyo, 1956
Presseisen, Ernst L.: Germany and Japan. A study in totalitarian diplomacy. 1933-1941. Den Haag, 1958
Raffalt, Reinhard: Wie fern ist uns der Osten? München, 1961
Ramming, M.: Die wirtschaftliche Lage der Samurai am Ende der Tokugawa-Periode. OAG Tokyo, 1928
Japan-Handbuch. Berlin, 1941
Reischauer, A. K.: Studies in Japanese Buddhism. New York, 1917
Reischauer, Edwin O.: The United States and Japan. Cambridge, Mass., 1950
Japan: past and present. New York, 1917
Japanese feudalism. Princeton, 1956
Roggendorf, Joseph (Hrsg.): Das moderne Japan. Einführende Aufsätze. Tokyo, 1963
Studies in Japanese culture. Tokyo, 1963
Rousselle, Erwin: Vom Sinn der buddhistischen Bildwerke in China. Darmstadt, 1958
Sadler, A. L.: The maker of modern Japan (Ieyasu). New York, 1941

Sakai, Atsuharu: Japan in a nutshell. Yokohama, 1952
Sano-Gerber, A.: Umgang mit Japanern. Nürnberg, 1958
Sano, Kazuhiko: Vorstellungen von einer anderen Welt im japanischen Denken und Fühlen. OAG Tokyo, 1963/64
Sansom, Sir George Bailey: A short cultural history of Japan. New York, 1943
The western world and Japan. New York, 1950
A history of Japan. 3 volumes. Stanford, 1958/63
Sasaki, R.F.: Rinzai-Zen-Study for Foreigners in Japan. Kyoto, 1960
A study of Shin-Buddhism. Kyoto, 1925
Saunders, E. Dale: Mudra. A study of symbolic gestures in Japanese Buddhist sculptures. London, 1960
Buddhism in Japan. Philadelphia, 1964
Scalapino, Robert A.: Democracy and party-movement in prewar-Japan. Berkeley, 1953
Scalapino, Bernhard S. and Masumi Junnosuke: Parties and politics in contemporary Japan. Berkeley, 1962
Schaarschmidt-Richter, J.: Japanische Gärten, Freiburg i. Br., 1977
Scharnagl, Wilfried: Japan – die konzertierte Aggression. München, 1969
Scheidl, Leopold G.: Die geographischen Grundlagen des japanischen Wesens. Betrachtungen um das Buch von Prof. T. Watsuji: »Fudo Ningen Gakuteki Kosatsu«. Kokusai Bunka Shinkokai. Tokyo, 1937
Schinzinger, Robert: Über Nishida Kitaro. In Monumenta Nipponica 1940
Japanische Philosophie. OAG Tokyo, 1942
Maske und Wesen. OAG Tokyo, 1963/64
Schmid, Peter: Japan heute. Stuttgart, 1951
Schüffner, S. Rudolf: Die Fünferschaft als Grundlage der Staatsverwaltung und des sozialen Friedens. OAG Tokyo, 1938
Schurhammer, G.: Shinto, der Weg der Götter in Japan. Bonn, 1923
Schwalbe, Hans: Über japanisches Naturgefühl. OAG Tokyo, 1943
Schwager, Lothar H.: Die nationalpolitische Auswertung historischer Gestalten in der Schulerziehung Japans, OAG Tokyo, 1935
Schwind, Martin: Landschaft und Mensch auf den japanischen Inseln. Hamburg, 1964
Seckel, Dietrich: Buddhistische Kunst Ostasiens. Stuttgart, 1957
Einführung in die Kunst Ostasiens. München, 1960
Japan. Im Vortragszyklus »Menschheits-Ideale in den orientalischen Kulturen«. Bern, 1960
Emaki, die Kunst der klassischen japanischen Bilderrollen (Einführung). Zürich, 1959
Seckel-Karow: Der Ursprung des Torii. OAG Tokyo, 1942
Senzoku, Takayasu: Kabuki, das Theater des altjapanischen Bürgertums. Tokyo, 1964

Seward, Jack: Japanese in action. An unorthodox approach to the spoken language. Tokyo, 1968
Shigemitsu, Mamoru: Die Schicksalsjahre Japans. Frankfurt, 1959
Siebold, Philipp Franz von: Nippon. Archiv zur Beschreibung von Japan. Tokyo, 1965
Siebold-Kämpfer-Gedenkschrift. OAG Tokyo, 1966
Sieburg, Friedrich: Die stählerne Blume. Frankfurt, 1939
Silbermann, Bernhard S.: Japanese character and culture. Selected readings. Tucson, Ariz., 1962
Smith, Robert J. and Beardsley, Richard: Japanese culture: its development and characteristics. Chicago, 1962
Smith, Thomas C.: The agrarian origins of modern Japan. Stanford, Cal., 1959
Smith, Warren W.: Confucianism in modern Japan. Tokyo, 1959
Sommer, Theo: Deutschland und Japan zwischen den Mächten, 1935 bis 1940. Tübingen, 1962
Sources of Japanese tradition. Compiled by Ryusaku Tsunoda. New York, 1958
Stoetzel, Jean: Without the chrysanthemum and the sword. New York, 1955
Storry, Richard: A history of modern Japan. London, 1960
The double patriots. Boston, 1957
Straelen, Henricus van: The religion of the devine wisdom: Japan's most powerful religious movement. Kyoto, 1957
Asiatisches Tagebuch. Würzburg, 1963
Suzuki, Daisetsu Teitaro: Japanese Buddhism. Tokyo, 1938
Zen-Buddhism and its influence on Japanese culture. Kyoto, 1938
Die große Befreiung. Einführung in den Zen-Buddhismus. Leipzig, o. J.
Buddhist philosophy and its effects on the life and thought of the Japanese people. Kokusai Bunka Shinkokai, Tokyo, 1939
Essays in Zen-Buddhism. London, 1958
Taeuber, Irene B.: The population of Japan. Princeton, 1958
Takakuwa-Asano: Invitations to Japanese Gardens, Tokyo, 1970
Tappe, Friedrich: Soziologie der japanischen Familie. Münster, 1955
Taut, Bruno: Houses and people of Japan. Tokyo, 1958
Terry, Charles S.: Masterworks of Japanese art. Tokyo, 1956
Togo, Shigenori: The cause of Japan. New York, 1956
Japan im 2. Weltkrieg. Bonn, 1958
Tsuda, Noritake: Handbook of Japanese art. Tokyo, 1935
Ideals of Japanese painting. Osaka, 1940
Uemoto, Seiichi: Japan here and there. Tokyo, 1959
Vahlefeld, Hans Wilhelm: 100 Millionen Außenseiter. Düsseldorf, 1969
Vietsch, Eberhard von: Wilhelm Solf. Botschafter zwischen den Zeiten. Tübingen, 1961
Waley, Arthur: The No-plays of Japan. New York, 1922
The analects of Confucius. London, 1938

Wallace, Anthony F.C.: Culture and personality. New York, 1961
Watsuji Tesuro: The climate. A philosophical study. Tokyo, 1961
Watts, Alan W.: Zen-Buddhismus. Tradition und lebendige Gegenwart. Hamburg, 1961
Weber, Max: Gesammelte Aufsätze zur Religionssoziologie. München, 1920/21
Wedemeyer, Andre: Japanische Frühgeschichte. OAG Tokyo, 1930
Wegmann, C. von: Die japanische Geschichte – ein Überblick. OAG Tokyo, 1940
Wenck, Günther: Sugawara Michizane. In Zeitschrift d. Deutschen Morgenländischen Gesellschaft, 1952
Wendt, Ingeborg: Zen, Japan und der Westen. München, 1961
Geht Japan nach links? Hamburg, 1964
Wilhelm, Richard: Ostasien. Werden und Wandel des chinesischen Kulturkreises. Potsdam, 1928
Wittig, Horst E.: Menschenbildung in Japan, München, 1973
Yamagita, Kunio: Japanese folk-tales. Tokyo, 1961
Yashiro, Yukio: Art treasures of Japan. Tokyo, 1960
Yoshida, Shigeru: The Yoshida-Memoirs. Boston, 1962
Japan im Wiederaufstieg. Düsseldorf, 1963
Zachert, Herbert: Die Tokugawa-Zeit und ihr Einfluß auf Wesen und Nationalgeist der Japaner. OAG Tokyo, 1935
Die gesellschaftliche und wirtschaftliche Entwicklung des japanischen Volkes bis zum Beginn der Meiji-Zeit. OAG Tokyo, 1940
Zahl, Karl F.: Die politische Elite Japans nach dem Zweiten Weltkrieg, Hamburg, 1973
Zischka, Anton: Japan in der Welt. Japans politische und wirtschaftliche Expansion seit 1854. Leipzig, 1936
Asien, Hoffnung einer neuen Welt. Oldenburg, 1950

Hinweise und Reisevorschläge für Japan-Besucher

Die Ziffern in Klammern verweisen auf die entsprechenden Seiten des Buches

Wer nach Japan reist, sollte sich vor allem von dem Wahn freimachen, in ein Land der Geishas und Kirschblüten, der zarten Poesie und der tiefen Einsamkeit weltabgewandter Zen-Klöster zu kommen. Wer von vornherein darauf gefaßt ist, hier einem hastenden, lärmenden, hochmodernen Industriestaat zu begegnen, wer ragende Wolkenkratzer, verkehrsverstopfte Straßen, Smog und qualmende Fabriken erwartet, für den wird sich dann wie ein kaum noch erhofftes Wunder ergeben, daß es all das, wovon er gelesen hat, auch noch gibt, und zwar mitten im Großstadtgewühl: zauberhafte Gärten, einsame Tempelstille, poetische Versponnenheit und eine Kunst, die gerade nur andeutet und durch ihr Nichtsagen lauter spricht als aller Industrielärm. Wer andererseits meint, daß sich dem Japan-Reisenden nur Probleme in den Weg stellen, wie sie jedem begegnen, der in irgendein zivilisiertes Ausland reist, der wird sich wundern.

Die Jahreszeiten

Bereits sie können es in sich haben. Im Sommer (Juli/August) steigt die Temperatur selten über 34° Celsius. Die Luftfeuchtigkeit aber ist äußerst hoch: Sie lähmt jegliche Aktionsbereitschaft und erfordert leichte Tropenkleidung, falls man nicht vom klimatisierten Hotel ins klimatisierte Auto und von dem ins klimatisierte Büro eilt. Wer sich zwischendurch eine Weile durch die feuchtheiße Stadt geschlagen hat und dann erschöpft ins temperierte Taxi steigt, kann sicher sein, am nächsten Tag eine heftige Erkältung zu haben, da alle Taxis unterkühlt sind.

Im Juni ist in der Regel Nyubai, Regenzeit, in der es pausenlos vom Himmel nieselt und man oft nicht weiß, ob man eigentlich von innen oder von außen naß geworden ist. Im Winter hingegen braucht man einen richtigen Wintermantel nur, falls man in die verschneiten Berge oder nach Hokkaido reist, ansonsten genügt ein Regenmantel. In Tokio kann man die Tage, an denen die Temperatur unter Null sinkt, an den Fingern einer Hand abzählen.

Die schönste Jahreszeit, besonders zum Reisen, ist der Herbst: Mitte Oktober bis Anfang November. Das Wetter ist dann meist sonnig, die Laubfärbung zauberhaft und die Temperaturen so, daß man bei Tage am liebsten die Jacke auszöge, abends aber gern einen leichten Mantel zur

Hand hätte. Im Herbst gibt es auch berühmte ›Matsuri‹, Tempelfeste, deren größte und schönste in Kyoto und in Nikko stattfinden. Über die Möglichkeit, an solchen farbenprächtigen, mit historischen Umzügen verbundenen Festen teilzunehmen, informieren jeder Hotelportier und jedes Reisebüro.

Der Verkehr

In Japan, besonders in Tokio, ist er rasant. Die Zeit der Kamikaze-Taxifahrer (224) ist allerdings vorbei: Keiner rast mehr wie wild auf das entgegenkommende Fahrzeug los, um erst im allerletzten Moment hakenschlagend sich selbst und seinem Fahrgast das Leben zu retten. Solche Praktiken aus den frühen sechziger Jahren verbieten sich heute von selbst durch den immer dichter gewordenen Straßenverkehr. Wie in England herrscht in Japan Linksverkehr, und die Autos mit Linkssteuerung sind große Ausnahmen.

Taxis erkennt man an den Plexiglas-Leuchten auf dem Wagendach: Deren verschiedene Formen und Aufschriften zeigen nur die verschiedenen Taxi-Gesellschaften an, die Preise sind einheitlich. Verglichen mit Deutschland sind sie niedrig, obwohl auch in Japan die Gebühren ständig steigen. Da außerdem die Entfernungen in Tokio groß sind, geht auch das Taxifahren erheblich ins Geld.

Im Gegensatz zu einzelnen europäischen Ländern sind Taxifahrer in Japan absolut zuverlässig – sofern man in der Lage ist, ihnen einen Lage-Plan des Hauses, zu dem man will, in die Hand zu drücken. Trinkgelder wurden früher zurückgewiesen, werden aber heute angenommen. Eine Notwendigkeit dazu besteht nicht.

Mietautos. Man kann sich auch stunden- oder tageweise einen ›hire-car‹ mieten: Sie sind riesig und teuer, man hat sie aber stets zur Hand. In Japan gibt es auch das ›rent-a-car‹-System. Ausländer haben jedoch oft Schwierigkeiten mit den japanischen Verkehrsschildern, mit dem Führerschein und vor allem mit der Sprache.

U-Bahn. Immer dichter geworden ist auch das U-Bahn-Netz in Tokio. Wer die überfüllten Straßen meiden will, kommt praktisch überall mit der U-Bahn hin, zumal die Stationen auch in lateinischer Schrift angezeigt sind. Da jedoch Streckentarif herrscht, muß man sich das jeweils gültige Billett aus dem Automaten holen. Das ist nur mit Hilfe oder japanischen Sprachkenntnissen möglich.

Omnibusse. Seit die Straßenbahnen in Tokio abgeschafft sind, gibt es außer der U-Bahn und der Stadtbahn nur noch Omnibusse. Sie fahren rasant selbst durch die schmalsten Gassen, aber wohin sie fahren und auf welcher Strecke, ist nur den Eingeweihtesten unter den Eingeweihten erfindlich. Überland-Omnibusse gibt es nur auf Autobahnen, z. B. auf der landschaftlich sehr schönen Strecke zwischen Tokio und Kyoto. Aber sie brauchen die dreifache Zeit der Blitzzüge.

Schwierig wird es erst, wenn man in Japan ein bestimmtes Haus zu finden genötigt ist, denn die Straßen haben keine Namen. Zwar gibt es von großen Städten Japans Stadtpläne. Ist man jedoch nicht im Besitz eines detaillierten Lageplans, – zumindest jeder Ausländer und jede größere Institution verschicken solche Pläne an Fremde und Kunden –, sollte man das Unterfangen von vornherein aufgeben und sich darauf beschränken, die Postboten zu bewundern, die ohne solche Pläne im Gewirr der Gäßchen und Seitensteige jeden Adressaten finden. In Japan haben nicht die Straßen Namen und Nummern, sondern die Bezirke. Und die Hausnummern – oft eine einzige für drei verschiedene Häuser und Familien – laufen nicht der Reihe nach, sondern je nach Entstehungszeit der Häuser: Die Nummer 3 kann also genau neben der Nummer 47 liegen. Telefonisch hilft man sich weiter: »Also vom Gemüseladen aus links in die Seitenstraße hinein bis zum strohgedeckten Haus, dann rechts und wieder links bei der dritten Lampe ...« und so fort. Das Problem beginnt dann, wenn man am Abend gar nicht unterscheiden kann, wie ein Haus jeweils gedeckt ist und welche Lampe gerade nicht funktioniert.

Postkästen sind im ganzen Land – wie auch die überall angebrachten öffentlichen Telefone – knallrot. Sind sie aber dennoch irgendwo blau, so heißt das nicht ›Luftpost‹, sondern ›Eilpost‹. Die Leerung der Kästen erfolgt mehrmals täglich, auch sonntags. Auch die Post ist zuverlässig und mustergültig in ihrer Sorgfalt.

Bahn. Ebenso rollt der dichte *Eisenbahnverkehr* mustergültig ab, nur äußerst selten mit kleinen Verspätungen. Auf der Schnellstrecke Shinkansen (mit Breitspur), auf der zwischen Tokio und Okayama die schnellsten Züge der Welt verkehren – mit bis zu 240 Stundenkilometern – fahren alle halbe Stunde ein Blitzzug in beiden Richtungen und dazwischen noch zahlreiche halbschnelle Züge. Sie alle haben in Japan besondere Namen. Der schnellste (3 Stunden und 10 Minuten von Tokio bis Osaka) heißt ›Hikari‹, der Blitz. Man sitzt sehr bequem darin, doch den Komfort, etwa im sogenannten Speiseabteil, sollte man nicht mit dem in deutschen TEE- oder Intercity-Zügen vergleichen.

Die Eisenbahn in Japan ist stets voll besetzt: Man reist viel und gern. Man reist vor allem nur mit leichtem Handgepäck: Nur dafür sind die schmalen Gepäcknetze gedacht. Man braucht schließlich auch kein großes Gepäck. Jedes japanische Hotel liefert dem Gast den Baumwoll-Yukata für die Nacht, die Zahnbürste, die Seife und sogar das Rasiermesser. Wer trotzdem mit mehreren Koffern reisen muß (wie die meisten Ausländer), blockiert damit den Wagengang. Nur auf der Shinkansen-Strecke hat die 1. Klasse – in Japan ›Green Car‹ genannt – ein eigenes kleines Gepäckabteil.

Flugnetz. Auch dieses ist in Japan weitverzweigt und wird von mehreren inländischen Fluggesellschaften beflogen. Die Preise sind verhältnismäßig billig: Ein Flugschein Tokio-Kyoto kostet etwa ebensoviel wie eine Fahrkarte 1. Klasse im Blitzzug. Da jedoch Anfahrt, Flug und Abfahrt vom Flughafen ebenso lange Zeit beanspruchen wie die Fahrt im Zuge, machen sich Bahn und Flugzeug wenig Konkurrenz. Verbilligte Rück- oder Rundreisebilletts gibt es in Japan nicht.

Japanische Räume

Sollte es Ihnen gelungen sein, das Haus Ihres japanischen Freundes zu finden, müssen Sie sich darüber im klaren sein, daß Sie einer besonderen Auszeichnung gewürdigt werden. Ist die Wohnung ›westlich‹, behält man die Schuhe an, ist sie ›japanisch‹, zieht man sie am Wohnungseingang aus. Bringt man ein kleines Geschenk mit, wird der Gastgeber sicher erfreut sein. Blumen aber sollte man nicht Japanern, sondern nur Ausländern mitbringen: Einen Strauß in unserem Sinne findet ein Ikebana-Ästhet nur barbarisch. Normalerweise laden Japaner ihre Gäste nicht ins eigene Haus ein, sondern in ein Restaurant. Sie wohnen meist sehr beengt, und diese Enge ist außerdem noch vollgestopft mit Farbfernsehgerät und Waschmaschine, so daß es peinlich wäre, solche Raumnot zu zeigen.

Die Schönheit eines japanischen Hauses genießt der Ausländer am besten im *japanischen Hotel* (Ryokan), in japanischen Restaurants oder in buddhistischen Tempeln. Hier läßt er die Schuhe selbstverständlich im Vorraum stehen und geht in Strümpfen über die aus Binsen geflochtenen Matten (Tatami), bewundert die Harmonie des Raumes, der zur Veranda (Roka) hin mit Shoji (holzgerasterte Papier-Schiebewände) abgeschlossen ist oder den Blick in den Garten freigibt. Das einzige Möbelstück eines japanischen Hotelzimmers ist der Tisch. Selbstverständlich sitzt man daran auf Sitzkissen, also fast auf dem Boden und nicht auf Stühlen. An diesem Tisch wird die Mahlzeit serviert, aber er wird hochkant an die Wand gestellt, wenn abends die Futons, die Steppdecken, aus dem Wandschrank geholt und die ›Betten‹ gemacht werden.

All dieser Reize entzieht sich der Reisende, der nur in Hotels westlichen Stils wohnt. Er vermeidet dann allerdings auch die Notwendigkeit, erheblich tiefer in die Tasche greifen zu müssen. Gute japanische Hotels sind teuer, zumal das meist japanische Frühstück und das immer japanische, aber delikate und rein optisch zauberhafte Abendessen im Preis inbegriffen sind. Man frühstückt nach Vereinbarung, kaum je später als 9 Uhr. Mittagessen gibt es in japanischen Hotels in der Regel nicht. Das Abendessen wird um 18 Uhr serviert. Vereinbart man einen späteren Termin, ist es meistens kalt geworden!

Das japanische Frühstück (asa-gohan) ist übrigens nicht jedermanns Geschmack: Es besteht aus einer salzbestreuten, sauer eingelegten Pflaume (zur Anregung des Appetits!), einer delikaten warmen Miso-Suppe (Miso: Soyabohnenpaste), in der Regel kalt gewordenem, gebackenem Fisch, Reis und sauer eingelegtem Gemüse. Danach gibt es japanischen grünen Tee.

Das Ofuro

In westlichen Hotels kommt der Reisende auch um die Chance, ein echtes japanisches Ofuro (das geehrte Bad) kennenzulernen. Es kann so groß sein, daß zwanzig bis dreißig Gäste darin Platz haben, es kann auch nur für fünf Personen ausreichen: Auf jeden Fall ist es heißer, als Europäer normalerweise zu baden pflegen. Man begibt sich, bereits im Hotel-Yukata, den alle Gäste tragen, zu den Auskleidekörben im Vorraum, bedeckt dann mit dem vom Hotel gelieferten winzigen Handtuch das Allernötigste und beginnt auf winzigen Hockern sitzend vor den Kalt- und Warmwasser-Hähnen eine gründliche Reinigung mit der allgemein zur Verfügung stehenden Seife und dem mitgebrachten Handtuch, das dann auch zum Abtrocknen dient: Man wringt es aus und entfernt nur den größten Teil der Nässe – der Rest verdampft ohnehin nach dem heißen Bad. Hat man sich also nach der Waschung immer und immer wieder überspült mit Hilfe der umherstehenden kleinen Kübel, so daß wirklich kein Restchen Seife mehr am Körper ist, dann schreitet man – wieder mit dem strategischen Handtuch – auf das oder die Warmwasserbecken zu und läßt sich, tief Atem holend, Zentimeter um Zentimeter in die heiße Flut hinab. Hat man das geschafft, spürt man nicht nur die Anerkennung der anderen Gäste, man ist sozusagen in die Hotelgemeinschaft aufgenommen, sondern man entspannt auf wohltuende Weise jeden Muskel und setzt sich hinterher mit um so größerem Appetit zum Abendessen.

Früher badeten in den Ofuros beide Geschlechter gemeinsam. Heute tun sie das säuberlich getrennt. Nur auf dem Lande finden sich noch gelegentlich die alten Bräuche und – ganz offiziell – in Ibusuki (südlich von Kagoshima) im riesigen Dschungel-Bad unter der Fülle seiner üppig wuchernden tropischen Pflanzen.

Japaner reisen mit Vorliebe zu den Ofuros der *Onsen*, der großen und kleinen Badeorte mit natürlichen heißen Quellen, seien sie nun schwefel-, salz- oder radiumhaltig. Wer mit dem Auto unterwegs ist, tut gut, auf der Karte nach solchen Onsen zu suchen; denn dort übernachtet man immer am besten und bequemsten.

Im Winter allerdings ist in den meisten Onsen zwar das Ofuro, nicht aber das Zimmer warm. Dann sitzt man an einem Kotatsu und wärmt sich nur die Beine, während der übrige Körper an der frischen Luft bleibt. Ein Kotatsu ist ein Gestell über einem Loch im Boden, in das früher glühende Holzkohle geschüttet wurde, die heute meist durch elektrische Heizung ersetzt ist. Über dem Kotatsu-Gestell liegt eine große Steppdecke und darunter wärmt man sich die untere Körperhälfte. Die obere ist auf den aus Reis gebrauten und lauwarm getrunkenen Sake angewiesen.

Ausgehen

Wem solche Erlebnisse nicht ausreichen, wer auch einmal ›ausgehen‹ möchte, der sei – wenn er das in japanischen Großstädten tut – zunächst gewarnt. Wer sich von Anreißern oder Plakaten in eine der vielen tausend Bars locken läßt (»Flasche Bier nur 300 Yen!«), der kann, ehe er nur das erste Glas halb ausgetrunken hat, bereits eine Rechnung von ein paar hundert Mark haben. Erst setzt sich eine der vielen Hostessen, dann zwei, drei, vier dazu und jede trinkt erst einen, dann zwei, drei, vier ›Whisky‹

(oft Tee mit einem kleinen Schuß billigen Whiskys) und jedes dieser Gläschen kostet 15.– DM: Mal vier und nochmal vier sind das bereits in den ersten 15 Minuten über 240.– DM.

Es gibt natürlich auch reizende Bars, und es gibt auch ausgezeichneten japanischen Whisky, und man wird auch keineswegs überall geneppt. Aber solche Orte muß man kennen oder der Sprache mächtig sein. Am besten, man läßt sich von japanischen Geschäftsfreunden ausführen. Die kennen nicht nur die nettesten Lokale, sondern unterschreiben auch die Rechnung, ohne hinzuschauen: Die Firma zahlt's vom unerschöpflich scheinenden Expence-Account!

Japanische Gerichte

Unter gar keinen Umständen sollte ein Japan-Reisender das Land verlassen, ohne zumindest einmal rohen Fisch gegessen zu haben. Er sollte diese Erfahrung gleich zu Beginn seines Aufenthaltes machen, sonst rauft er sich später die Haare, daß er sich diese Delikatesse nicht schon eher gegönnt hat. Man ißt die verschiedensten Fische – mit Reisbällchen zusammen heißt es ›*Osushi*‹ und ohne Reis, nur mit geschabtem Ingwer als Zugabe ›*Sashimi*‹. Den ersten Versuch sollte man in jedem Fall in einer erstklassigen Sushi-Bar machen und dafür den roten Maguro (Thunfisch) wählen: Er zergeht auf der Zunge und ist ein hinreißender Genuß, der durch ein Schälchen Sake noch erhöht wird.

Der aus Reis gebraute *Sake*, auch Nihon-shu genannt, ist sozusagen das Nationagetränk Japans. Aber auch das Bier der japanischen Brauereien ist ausgezeichnet. Meist bestellt man zum rohen Fisch beides: das eine für den Genuß, das andere für den Durst. Auch der japanische Wein hat inzwischen Qualitäten erreicht, die ihn durchaus trinkbar machen, besonders die Rotweine von Mercian und Tokatchi. Im übrigen gibt es wie in aller Welt auch Coca Cola, Mineralwasser und Fruchtsäfte, letztere allerdings meist in recht verdünnter Form.

Eine Gaumenweide ist es natürlich auch, ›*Tempura*‹ zu essen: Mit Mehlteig überzogene Fische, Krabben und Gemüse, in siedendem Öl gebacken. Man bekommt sie – genau wie Osushi und Sashimi – an einer blitzsauber gescheuerten Holzbar und sieht mit eigenen Augen, mit welch meisterhaftem Geschick der Koch alles zubereitet und dann mit überlangen Stäbchen (Hashi) den Gästen vorlegt.

Eine weitere japanische Spezialität, die man sich nicht entgehen lassen sollte, ist ›*Sukiyaki*‹, ein Gericht, das auf dem Tisch über offenem Holzkohlen-, Gas- oder elektrischem Feuer in einer Sake-Sauce brutzelt: Fleisch, Gemüse, Tofu (eine Art Bohnenmus-Käse). Jeder Bissen wird schließlich noch in eine Schale mit rohem Ei getunkt – das Ganze ein Genuß auch für westliche Gaumen und ein Augenschmaus dazu.

Natürlich kann man in Großstädten auch indonesisch, koreanisch, mongolisch, italienisch, französisch oder deutsch essen. Allein in Tokio gibt es mehrere deutsche Restaurants. Chinesische Küche gibt es praktisch im ganzen Land, auch auf dem Lande.

Reizvoller jedoch sind in jedem Falle die kleinen japanischen Restaurants, und wenn man in Kyoto ist, sollte man einen Bummel durch Ponto-Cho und das Gion-Viertel nicht versäumen. Größere Restaurants besucht man in Japan nur in Gruppen und muß dort vorher einen Raum bestellen lassen. Dabei sollte man nicht vergessen, nach dem Preis zu fragen; man könnte sonst arg in Verlegenheit geraten. Will man durchaus eine *Geisha-Party* miterleben, so ist auch das arrangierbar. Man muß dann allerdings entsprechend in die Tasche greifen und sich bewußt sein, daß Geishas nur stundenweise gemietet werden und nur in seltenen Fällen Englisch verstehen.

Mindestens einmal sollte man auch in einem kleinen Straßen-Restaurant billige Volksgerichte essen, etwa das Nudel-Gericht ›*Ramen*‹ (am besten das aus Sapporo!) oder das aus Buchweizen hergestellte ›*Soba*‹ (am besten: Tororo-Soba, d.h. mit einer geriebenen Berg-Kartoffel angemacht!)

Einkäufe

Nicht nur kulinarische Genüsse gibt es in Japan. Jeder Tourist will zur Erinnerung japanische ›Spezialitäten‹ mitnehmen: Lack oder Cloisonné, Keramik oder Perlen, Puppen oder Masken, Laternen oder Holzschnitte, Netsuke oder Kimonos. Bei letzteren sollte man landerfahrene Freunde zu Rate ziehen: Wer erlebt hat, wie lächerlich sich ältere Ausländer machen, wenn sie sogenannte Kimonos, die kein Japaner trägt und die überdies in schreienden Farben prangen, nicht nur kaufen, sondern auch noch zur höflich unterdrückten Heiterkeit aller Einheimischen öffentlich im Hotel spazieren tragen, wird Vorsicht walten lassen. Jedes große Hotel hat Einkaufs-Arkaden oder kann entsprechende Einkaufsstraßen empfehlen. Was man dort allerdings bekommt, ist meist nur Massenware. Der Kenner wendet sich an Spezialgeschäfte. Dort ist dann die Qualität hoch, der Preis aber ebenso. Auch Japaner zahlen sehr hohe Preise für traditionelle Festgewänder, die Damen für Kimono und Obi (mehrere Meter lange Brokat-Gürtel), für Zori (Sandalen) und Perücken – die Herren für Hakama (Hosenrock) und Haori (Überwurf).

Die Geschäfte sind täglich von 10 bis 20 Uhr, die großen Warenhäuser von 10 bis 18 Uhr geöffnet. Die Warenhäuser sind auch sonntags offen, haben dafür aber montags oder donnerstags geschlossen.

Die *Banken* sind montags bis freitags von 9 bis 15 Uhr, samstags von 9 bis 12 Uhr geöffnet.

Wer länger in Japan bleibt, wer japanische Freunde hat und ihre Gastlichkeit genießt, muß damit rechnen, Geschenke von ihnen zu bekommen. Das verpflichtet zu Gegengeschenken, die man vorsichtshalber gleich mitbringt: etwa kleine deutsche Trachten-Puppen, kleine Porzellane, Stiche von Heidelberg oder sonstigen lokalen Besonderheiten – Dinge also, die im Gepäck nicht allzuviel Raum beanspruchen.

Theater und Teezeremonie

In Tokio sollte man Kabuki (301) und No (206), in Osaka Bunraku (205) sehen. Wenn irgend möglich, sollte man versuchen, eine Tee-Zeremonie, Schanoyu (261) mitzuerleben – der dabei kredenzte, zu Schaum geschlagene Tee (der beste kommt aus Uji bei Nara), ist eine bitter-herbe Delikatesse und wirkt anregend wie Mokka – und zu sehen, wie rigoros Japaner Blumen und Zweige zusammenschneiden, um aus den Resten hinreißend schöne und zarte Ikebana, Blumengestecke (258), zu machen.

Sport

›Spezialitäten‹ sind japanische Sportarten wie Sumo (38), Judo und Kendo (243). Wer sich dafür interessiert, kann ohne Schwierigkeiten einen Besuch bei den entsprechenden Trainingsstätten durch ein Reisebüro (meist direkt im Hotel) vereinbaren lassen, falls nicht die praktischen Sightseeing-Tours solche Sportstätten einschließen.

Zeitungen (422)

In großen Hotels bekommt man im Buchladen natürlich eine der vier englisch-sprachigen Zeitungen Japans. Sie informieren ausgezeichnet über das wichtigste Weltgeschehen. In kleinen Hotels und schon gar außerhalb der Großstädte ist solche Information nur über das Radio zu bekommen, und zwar über das amerikanisch-sprachige FEN (Far Eastern Network), das von den und für die amerikanischen Truppen in Japan betrieben wird.

Wer ganz mutig ist, läuft allein durch die betriebsamen Ladenstraßen, besucht das eine oder andere Warenhaus oder schlendert abends durch die verschiedenen Vergnügungsviertel der Städte und genießt den faszinierenden bunten Zauber ihrer Atmosphäre. In Japan kann man das ohne alle Furcht für Leib und Leben tun. Keinem Ausländer ist seit 100 Jahren noch je ein Haar gekrümmt worden. Und weinselige Japaner sind von entwaffnender Gutmütigkeit. Sollten Sie dennoch aus welchem Grund auch immer ›verloren‹ gehen – in einer Bar, in einem Restaurant, im Gewirr der Gassen – und nicht mehr wissen, wie Sie nach Hause kommen sollen (immer die Hotel-Adresse bei sich haben!), bitten Sie getrost den nächsten besten um Rat und Hilfe: Auch wenn er Sie nicht versteht, wird er nicht ruhen, bis jemand gefunden ist, der Ihnen weiterhilft. Auf die Ehrlichkeit, Freundlichkeit und Hilfsbereitschaft der Japaner kann man sich immer verlassen. Nur vor Taschendieben sollte man, wie überall in der Welt, auf der Hut sein.

Museen und Ausstellungen

Auch in Japan gibt es zahlreiche hervorragende Museen. Wenn hier die bedeutendsten genannt werden, so muß man sich darüber im klaren sein, daß die wichtigsten Kunstschätze des Landes nicht in den Museen, sondern in Tempeln und Privatsammlungen ruhen und dort, wenn überhaupt, nur einmal im Jahr zu sehen sind, dann nämlich, wenn die Magazine an einem klaren, feuchtigkeitsfreien Herbsttag gelüftet werden. Man muß ferner wissen, daß die wichtigsten Ausstellungen japanischer Kunst meist nicht in Museen, sondern in Warenhäusern gezeigt werden, die Unsummen für Herbeischaffung und sachgemäße Behandlung ausgeben und es verstehen, aus der Ausstellung ein Ereignis von Rang zu machen. Schließlich muß man wissen, daß auch in den Museen Ausstellungen stattfinden und dann all die Exponate, die man sonst dort sieht, beiseite geräumt oder selbst auf Reisen sind. Das kann dann arge Enttäuschungen oder freudige Überraschungen geben – je nachdem.

In Tokio

National-Museum: Kunst aus allen Epochen der japanischen Geschichte
National-Museum für westliche Kunst: hervorragende Werke meist europäischer Herkunft
National-Museum für moderne Kunst: zeigt jeweils wechselnd große Sonderausstellungen – z.B. Bauhaus, Henry Moore u.dgl.
Santory-Museum: erlesene Werke der praemodernen japanischen Kunst
Bridgestone-Museum: Privatsammlung europäischer und zeitgenössischer japanischer Kunst
Hatakeyama-Museum: zeigt im Wechsel vor allem Werke aus der Genroku-Zeit, besonders von Korin
Goto-Museum: spezialisiert auf alles, was zum Teeraum gehört, einschließlich der entsprechenden Kunstwerke
Nezu-Museum: wechselt seine Ausstellungsstücke ständig. Berühmtester Besitz ist Korins Kakitsubata-Setzschirm
Mingei-Kan: Volkskunst-Museum.

In Tokio finden sich auch die meisten Spezial-Museen Japans: für Verkehr, für Baseball, für Wirtschaft, für Theater, für Nachrichtenwesen und, besonders zu empfehlen, für Papier.

In Kyoto und Nara

Neben den Schätzen der verschiedenen Tempel und ihrer Spezialmuseen (z.B. für buddhistische Kunst auf dem Koyasan, für frühjapanische Kunst im Horyuji) sind vor allem zu nennen die National-Museen in Kyoto und Nara und das Museum des Kofukuji in Nara.

Zwischen Nara und Osaka liegt das auch architektonisch sehenswerte Yamato-Museum mit wenigen, aber erlesenen Werken der alten Zeit. Bemerkenswert sind ferner die Kunstmuseen in Atami und Hakone, das Volkskunst-Museum in Kurashiki und das Museum in Hiroshima, in dem das ganze Ausmaß der Katastrophe der ersten Atombombe deutlich wird.

Die Öffnungszeiten der Museen sind verschieden und wechseln, so daß man gut daran tut, sich rechtzeitig im Hotel darüber zu informieren.

Wer sich für eine Japan-Reise fünf Wochen Zeit nimmt, kann das Schönste und Wichtigste im Lande sehen. Aber auch für den Eiligen, der nur einen einzigen Tag für Besichtigungen frei hat, gibt es ein paar Dinge, die er unbedingt anschauen sollte, um wenigstens einen kleinen Eindruck von den Besonderheiten Japans mit nach Hause zu nehmen.

Diese Besonderheiten wollen wir für einen und für zwei Tage in Tokio und für die gleichen Zeiten in Kyoto nennen, und zwar nur stichwortartig. Dann wollen wir eine nach Schwerpunkten gegliederte und natürlich beliebig kombinierbare Reiseroute zusammenstellen, ebenfalls nur mit den wichtigsten Stichworten. Schließlich wird bei den Einzelhinweisen auf die verschiedenen Orte auch das genannt werden, wofür man sich, wenn irgend möglich, noch etwas Zeit nehmen sollte.

Sehr bequem sind die von verschiedenen Reisebüros zusammengestellten Stadtfahrten und Rundreisen mit englischsprachiger Führung. Sie entheben den Japanreisenden jeder Notwendigkeit zur Eigeninitiative. Vielleicht aber bleibt ihm Zeit, auch nebenher noch dieses oder jenes anzuschauen, so daß auch für ihn die folgenden Reisetips verwertbar sind.

Tokio in zwei Tagen

1. Tag Tokio: Fahrt um den Kaiserpalast. Yasukuni-Schrein und Meiji-Schrein (90). Kathedrale und Schwimmhalle von Tange (291).

Frühnachmittags: Bummel durch das Geschäftsviertel der Ginza.

Spätnachmittags: Mit der U-Bahn zum Kannon-Tempel in Asakusa (183) und Bummel durch Nakamise und Vergnügungsviertel.

Abends wieder in der Nähe des Kaiserpalastes: Blick vom Restaurant im obersten Stock des Kasumigaseki-Hochhauses auf die Lichterstadt.

2. Tag Tokio: Mit Bahn nach Kamakura (1 Std.) vgl. S. 280. Dort mit dem Taxi Zen-Tempel Kenchoji und Engakuji (154). Hachiman-Schrein (118). Schönstes: großer Buddha (Daibutsu). Mit der Vorortbahn Aquarium in Enoshima.

Abends wieder in Tokio: Kabuki-Theater (301).

Kyoto in zwei Tagen

1. Tag Kyoto: Mit Taxi oder Hire-car: Katsura-Palast, nur mit Ausweis vom Hofamt (287). Kyomizu-dera (151, 197). Nanzenji (154). Ginkakuji (262). Heian-Schrein mit Garten. Daisen-in im Daitokuji (154, 176, 229). Ryoanji (175). Kinkakuji (281).

Abends Bummel durch Ponto-cho und Gion-Viertel.

2. Tag Kyoto: Mit der Bahn nach Nara (30 Minuten), dort Taxi. Etwas außerhalb: Horyuji (151) und Jakushiji (151). Am Stadtrand: Todaiji (163) mit Daibutsu, Sangatsu-do, Nigatsu-do und Kasuga-Schrein. Zu Fuß (10 Minuten) durch den Nara-Park zum Shinyakushiji (179). Wieder etwas außerhalb: Joruriji.

Abends mit der Bahn (30 Minuten) und in der Stadt mit dem Taxi zum Bunraku (303) in Osaka.

Reisevorschläge – je Schwerpunkt eine Woche

Schwerpunkt Tokio

1. und 2. Tag: wie oben. 3. Tag: von Kamakura mit dem Auto zur Izu-Halbinsel mit Atami-Onsen und Shimoda (63). Weiter zum Fuji (63), seinen fünf Seen und zum Daisekiji, dem Zentrum der Sekte Sokagakkai (173). Wieder von Tokio aus mit dem Zug (1½ Stunden) nach Nikko (62, 179, 232), von dort im Halbtagsausflug mit dem Taxi zum Chuzenji-See (62), dem Kegon-Wasserfall (67) und, auf dem Bahn-Rückweg, zum Töpferdorf Mashiko.

Auch in Tokio gibt es eine Fülle von shintoistischen Schreinen und buddhistischen Tempeln. Keiner jedoch kann sich an religiöser Bedeutung oder künstlerischem Rang mit den Schreinen von Ise, Izumo und Usa oder mit Tempeln in Kamakura, Kyoto und Nara vergleichen. Nur wer dort nicht hinkommt, sollte stellvertretend wenigstens den Meiji- und den Yasukuni-Schrein (81, 90) sehen. Der Kannon-Tempel in Asakusa (183) wurde schon für den ersten Tag empfohlen wegen des bunten Volkslebens, am besten zwischen 16 und 19 Uhr, auf der zum Tempel hinführenden Nakamise und wegen des Vergnügungsviertels.

Glanzleistungen der modernen Architektur in Tokio sind die Kathedrale und die Olympia-Schwimmhalle, beide von Kenzo Tange. Eindrucksvoll wegen seines schlichten ›Nicht-in-Erscheinung-Tretens‹ ist eine Fahrt um den Kaiser-Palast (83, 420). Ein Bild von den Riesenentfernungen in Tokio macht man sich erst (bei gutem Wetter) vom 333 m hohen Tokio-Tawa (Tokyo-Tower) aus und abends von einem der Höhenrestaurants im Keio Plaza Hotel oder im Kasumigaseki-Hochhaus. Am Spätnachmittag empfiehlt sich ein Bummel durch das geschäftige Ginza-Viertel, abends ein Gang durch das von der Jugend beherrschte Vergnügungsviertel von Shinjuku.

Wer keine Gelegenheit hat, die nur mit Sonderausweis vom Hofamt zugänglichen Gärten von Katsura und Shugakuin in Kyoto zu sehen, sollte wenigstens zum Sankeien in Yokohama fahren, um einen Eindruck von der raffinierten Eleganz zu erhalten, mit der japanische Gärten und Bauten aufeinander abgestimmt sein können.

Auf keinen Fall sollte man Tokio verlassen, ohne eine *Kabuki-* und eine *No*-Aufführung (301, 304) gesehen zu haben. Man muß keineswegs das ganze Programm hindurch aushalten. Für einen Eindruck genügt eine Stunde, d. h. beim Kabuki eine Szene, beim No eines der 2-3 Stücke, die bei jeder Aufführung gezeigt werden.

Kamakura – eine Bahnstunde von Tokio entfernt – war im 12. und 13. Jahrhundert Residenz der Shogune. Das spiegelt sich noch heute in der Größe und Bedeutung seiner Tempel, vor allem den Zen-Tempeln Kenchoji und Engakuji (154) und in der beherrschend herrlichen Lage des Hachiman-Schreins (118). Das Juwel von Kamakura ist der Daibutsu, der große Buddha (179). Eine Attraktion für Fischfreunde ist das großartige Aquarium von Enoshima, 20 Auto-Minuten von Kamakura entfernt.

Der Fuji mit seinen fünf Seen gehört zu den schönsten unter den japanischen Naturschutzgebieten. Wer will, kann von hier aus auch einen Abstecher zum Daisekiji machen, zu den modernen Riesenbauten des Hauptquartiers der Nichiren-Sekte Sokagakkai (143, 173). Fährt man dann weiter auf die landschaftlich besonders reizvolle Izu-Halbinsel, so begreift man, weshalb die Japaner ihr Land so lieben. Die reizende, historisch bedeutsame Hafenstadt Shimoda (63) und die Küstenstraße zum Onsen Atami sind sehenswert. Atami selbst ist eine riesige Hotelstadt. Die Museen hier und in Hakone bergen reiche Schätze japanischer Kunst.

Nikko, sagt ein Sprichwort, sollte man gesehen haben, bevor man es wage, das Wort ›schön‹ auszusprechen. Hier – zwei Bahnstunden nordöstlich von Tokio – steht in überladener Pracht, umgeben von ragenden Zedern-Hainen der Toshogu, das farbenbunte, mit reichem Schnitzwerk versehene Mausoleum des ersten Tokugawa-Shoguns Ieyasu (231, 232). Schlichter und daher eindrucksvoller ist das benachbarte Mausoleum seines Enkels Iemitsu (379). Oberhalb von Nikko liegt der legendenumwobene Kegon-Wasserfall (167) und der schöne Chuzenji-See (62). Von hier aus ist es nur ein einstündiger Auto- oder Bahn-Ausflug nach Mashiko, einem der berühmtesten Töpferdörfer Japans.

Schwerpunkt Kyoto

1. und 2. Tag: siehe oben. 3. Tag: von Nara mit dem Auto einen Tag lang südlich über Tenri (129) zu Hase-dera, Muroji und (im Herbst) nach Akame mit seinen 48 Wasserfällen.

Wieder von Kyoto aus in nördlicher Richtung mit dem Auto am Biwa-See (63) entlang zum Eiheiji (Zen) bei Fukui (154), dann nach Westen zur Skyline von Mikata, einer großartigen Auto-Ausflugstraße mit zauberhaften Ausblicken auf das Meer nach der einen, auf Binnenseen nach der anderen Seite. Von dort ist es nur ein Sprung von etwa einer Autostunde bis zur berühmten Landschaft von Amanohashidate (91).

Wieder von Kyoto aus (ein weiterer Tag) mit der Bahn in östlicher Richtung nach Ise und von dort mit dem Auto möglichst für einen vollen Tag zum Perlengebiet von Kashikojima.

Eventuell Bahnausflug von Kyoto aus zwei Stunden zum Schloß Himeiji (62) und spätnachmittags Mädchen-Oper Takarazuka, in der Nähe von Kobe.

Die alte Kaiserstadt Kyoto könnte man monatelang durchstreifen, ohne dabei auch nur entfernt alles Sehenswerte zu erfassen. Dabei ist sie in ihrem Kern eine moderne Großstadt wie Osaka. Aber wie Oasen in der Steinwüste und vor allem am Rande, im Osten und im Nordwesten, liegen in ungestörter Stille jahrhundertealte Tempel und traditionsreiche

Kultstätten – sofern man morgens kommt oder abends bleibt, wenn der lärmende Besucherstrom sich verlaufen hat.

Das Juwel japanischer Bau- und Gartenkunst ist die kaiserliche Sommervilla Katsura (287) – zugänglich nur mit Sonderausweis des Hofamtes, der jedoch meist auch vom Hotel aus zu beschaffen ist. Das gleiche gilt für einen Besuch in der im Herbst besonders zauberhaften kaiserlichen Garten- und Wohnanlage Shugakuin im Norden der Stadt. Von dort ist es nur eine kurze Fahrt mit dem Auto (30 Minuten) zum schönen Sansenin, einem uralten Tendai-Tempel im ländlichen Dorf Ohara. Auf dem Rückweg, schon wieder in Kyoto, sollte man bei der Dichterklause Shisendo Station machen.

In Bahnhofsnähe liegen östlich der Sanjusangendo (183) mit seiner eindrucksvollen Überfülle vergoldeter Kannon-Figuren und westlich die Riesenbauten des Higashi- und des Nishi-Honganji, das Zentrum der Shinsekte (141, 154). Nördlich davon das Nijo-Schloß (232) mit seinen gewaltigen Wandgemälden der Kano-Schule (293). Fährt man weiter in nördlicher Richtung zum Kinkakuji (281) und zum Steintempel Ryoanji (175), sollte man auch einen Abstecher zum Daitokuji (154, 176, 229) machen und sich darin zum zauberhaften kleinen Daisen-in durchfragen.

Ein ›Muß‹ ist natürlich der Ginkakuji (262), einst im Silberschmuck geplant, im Gegensatz zum goldblattgeschmückten Kinkakuji, der Heian-Schrein mit seinem schönen Garten, der noble Nanzenji (154) dort, wenn möglich, vegetarische Zen-Kost essen – und schließlich Kyomizu-dera (151, 197), einer der ältesten Tempelbauten Kyotos.

Fährt man an einem sonnigen Vormittag zu den westlichen Bergen der Stadt und zum berühmten Moos-Tempel (Koke-dera), sollte man gleich weiter nach Arashiyama fahren, dort ländlich am Flußufer ein Tofu-Gericht essen und zum Tenryuji (169) gehen (möglichst zur Zeit der Kirschblüte). Auf dem Rückweg in die Stadt liegt das Museum des Koryuji, das besuchenswert ist, allein um den schönsten Miroku-Bosatsu (183) zu sehen, den es auf der Welt gibt. Der zweitschönste steht im Chuguji-Nonnenkloster neben dem Horyuji bei Nara.

Wenn irgend möglich fährt man am Nachmittag (Blick auf den Biwa-See!) auf den Hieisan (167) zum Enryakuji, dem Zentrum der Tendai-Sekte (151), einem der Haupttempel, von denen aus im Mittelalter militante Mönche die Hauptstadt heimsuchten. Rückfahrt nach Eintritt der Dunkelheit: Blick auf das Lichtermeer von Kyoto.

Wer Kyoto verläßt, ohne die berühmte Geisha-Schule besucht zu haben, in der ihm junge Maiko den Tee kredenzen, wer versäumt, abends durch Ponto-cho und das Gion-Viertel zu bummeln, hat sich um Eindrücke gebracht, die das Bild von Kyoto erst vervollständigen.

Auf dem Auto-Wege nach Nara liegt der Daigoji (175) mit seiner berühmten Pagode; der Samboin (229) mit einem der schönsten und interessantesten Gärten Japans; der im Stil ganz chinesische Mampukuji und vor allem die Tee-Stadt Uji (261) mit dem Phönix-Tempel Byodoin (179) und einer der schönsten Amida-Figuren der japanischen Kunst.

Nara selbst hat heute nur ein Zehntel der Größe, das es im 8. Jahrhundert hatte. Noch immer aber geben ihm buddhistische Tempel das Gepräge. Etwas außerhalb liegt der älteste Holzbau der Welt, der Horyuji (151, 158). Sehenswert sind auch das Museum (Kudara-Kannon, Tachibana-Schrein), das Oktogon der Yumedono (159), der Miroku-Bosatsu (183) des Chuguji und der in 15 Minuten zu Fuß erreichbare ländliche Horinji.

Nach Nara zurück fährt man über den Toshodaiji (163) und den Yakushiji (151, 164, 179), berühmt besonders Pagode und Buddha-Trinität, besucht das sehenswerte Museum des Kofukuji und geht dann erst zum Riesenbuddha im Todaiji (163). Ganz in der Nähe und zu Fuß erreichbar sind Sangatsudo, Nigatsudo und der shintoistische Kasugasan (119) mit der Fülle seiner malerischen Laternen.

Geht man nur zehn Minuten weiter durch den Nara-Park mit seinen zahmen Hirschen, kommt man unmittelbar zum Shinyakushiji (179) mit seinen Juniten, den großartigen 12 Himmelswächtern. Ein Halbtagsausflug mit dem Auto, der sich lohnt, führt zum verwunschenen Joruriji.

Hat man einen weiteren Tag Zeit, sollte man über die Stadt, die ebenso heißt wie die Sekte, deren imposantes Zentrum sie beherbergt: Tenri (129), zur Hase-dera, zum großartigen Muroji und bei Herbstfärbung zu den 48 Wasserfällen von Akame fahren. Vielleicht reicht die Zeit auch noch für die große Kannon-Figur im Shorinji und für den besonders schön gelegenen Danzan-Schrein, beide südlich von Sakurai.

Der Koya-san (153, 166) ist eine Welt für sich: eine ganze Tempelstadt in den Bergen südlich Naras. Ihr Reiz erschließt sich erst, wenn man in einem der vielen gastfreien Tempel übernachtet, dort ißt und morgens an den feierlichen Kulthandlungen als stiller Gast teilnimmt. Erst dann sollte man den Kunstschätzen nachgehen und durch den berühmten Friedhof zum Grabe Kobo Daishis (164) pilgern.

Ise (90, 113) ist das Zentrum des Shintoismus und Pilgerziel zahlloser Japaner. Von Kyoto aus fährt man am besten dorthin mit einer Privatbahn, nimmt dort dann aber ein Taxi. Von den beiden Schreinen ist der Naiku seiner Atmosphäre wegen unerläßlich. Von Ise weiter ins Perlenfischer-Gebiet zur Inselwelt von Kashikojima.

Schwerpunkt Kyushu

Ausgangspunkt Fukuoka. Tagesreise mit Auto über Karatsu, Imari/Arita nach Nagasaki. Dort einen Tag bleiben.

Weitere Tagesreise mit Auto über Unzen, Shimabara nach Kumamoto.

Von dort für zwei Tage mit dem Zug hin und zurück nach Kagoshima. Dort mit Auto Kirishima-Gebiet, Sakurajima und Kaimondake, je ein halber Tag.

Von Kumamoto – wieder eine Tagesreise – weiter mit Auto über den Aso (63) nach Beppu.

Ausgangspunkt unserer Kyushu-Reise ist *Fukuoka*, nur 1½ Flugstunden von Tokio entfernt, u.a. Zentrum einer berühmten Puppenindustrie (Hakata Ningyo). Besonders schön ist die Strecke nach Karatsu. Gleich hinter Fukuoka gibt es noch Reste des sogenannten Mongolenwalls, dort, wo einst der ›Götterwind‹ (Kamikaze) den Japanern geholfen hat, sich der mongolischen Invasion zu erwehren. Von Karatsu weiter mit dem Auto zum kleinen Porzellanstädtchen Arita, dessen Produktion in der ganzen Welt meist nach dem Verschiffungshafen Imari benannt wird.

Von dort nach *Nagasaki*, dem einstigen Zentrum des Christentums, dem Opfer der 2. Atombombe im Zweiten Weltkrieg, dem Ort der Butterfly-Legende und dem Sitz einer der größten Schiffswerften Japans. Sehenswert sind die Reste von Deshima; das Glover-Haus mit seinem Weitblick über Stadt und Hafen; die alte Christenkirche ganz in der Nähe; der ›chinesische‹ Sofukuji; und – in Bahnhofsnähe – neben der Portugiesen-Kirche die Gedenkstätte für die 26 Märtyrer, die einst der harten Christenverfolgung zum Opfer fielen.

Weiter auf sehr schöner Strecke über das *Onsen Unzen*, wo der Schwefeldampf selbst durch das Pflaster dringt, und über die Fähre Shimabara/Misumi nach *Kumamoto*. Die Besichtigung des Schlosses sollte man nicht versäumen.

Von hier Abstecher mit Bahn nach *Kagoshima*, dem Zentrum des Satsuma-Porzellans. Manche vergleichen die Stadt mit Neapel wegen des tätigen Vulkans auf der dem Ort gegenüberliegenden Halbinsel Sakurajima. Die Lavafelder sind sehenswert. Ebenso der Kiso-Park (mit Seilbahn auf die Höhe fahren: großartiger Weitblick!) Ein mehrstündiger Auto-Ausflug führt in das eindrucksvolle Kratergebiet im Kirishima-Nationalpark. Ebenfalls mehrere Stunden dauert der Auto-Ausflug auf die Satsuma-Halbinsel nach dem Dschungelbad Ibusuki (68) und zum ›Fuji des Südens‹, dem Kaimondake.

Wieder von Kumamoto aus mit Auto zum immer noch brodelnden Vulkan Aso (größter Kraterrand der Welt) und auf herrlicher Strecke nach dem berühmten *Onsen Beppu*. Dort Besichtigung verschiedener ›Höllen‹, d.h. kochend heißer Quellseen: der eine grün, der andere rot, der dritte weiß. Beppu ist außerdem berühmt für seine Bambusverarbeitung, für den benachbarten Affenberg, wo die Tiere zu Hunderten in völliger Freiheit leben, und für das großartige Aquarium halbwegs nach Oita, von wo aus man zu den imponierenden, in den Fels gehauenen Steinbuddhas (Sekibutsu) von Usuki weiterfährt. Eine Stunde nördlich von Beppu liegt eines der ältesten und bedeutendsten Shinto-Heiligtümer Japans, der Usa-Schrein (118). Beppu ist außerdem der Ausgangshafen für zahlreiche Fähren quer durch die malerische Inlandsee oder nur bis Hiroshima.

Schwerpunkt Inlandsee

Von Beppu mit Schiff (3 Stunden) nach Hiroshima. Weiter einen halben Tag mit dem Auto nach Miyajima (61) und zur Kintai-Brücke. Flug

Hiroshima–Okayama (30 Minuten). Von hier mit dem Auto (40 Minuten) nach Kurashiki und weiter zur nächsten Fähre nach Marugame auf Shikoku. Mit Auto zum Geburtstempel von Kobo Daishi (Zentsuji) und zum Schrein von Kotohira (Ladenstraße mit Hunderten von Stufen!). Nach Übernachtung weiter nach Takamatsu. Kurz vorher Bonsai-Dorf Kinashi. Mit der Fähre über Shodo-Shima zurück nach Okayama. Am nächsten Tag Flug nach Matsue (1½ Stunden) und mit dem Auto nach der Besichtigung der Sehenswürdigkeiten weiter nach Izumo Taisha (2 Stunden). Wieder von Matsue aus Abstecher zum Daisen und zur ›Wüste‹ von Tottori mit Übernachtung im Kaike-Onsen: Rückflug nach Tokio.

Hiroshima, das Opfer der ersten Atombombe, ist völlig neu aufgebaut. Nur der Friedenspark und das Museum, dessen Besuch sich keiner schenken sollte, zeugen von dem grausigen Geschehen der letzten Tage im Zweiten Weltkrieg. Schön ist der Blick auf Stadt und Hafen am Spätnachmittag von der Höhe des Mijiyama-Parks aus. Als eine der drei berühmtesten Landschaften Japans gilt die Insel Miyajima mit ihrem malerischen Schrein und dem Riesen-Torii, das bei Flut mitten im Wasser steht (61). Bei der Rückkehr auf die Hauptinsel: kurzer Abstecher nach Iwakuni zur einmalig schönen hölzernen Kintai-Brücke, die sich in fünf malerischen Bögen über den Fluß schwingt.

Von Hiroshima Flug im Lokalverkehr nach Okayama (rechts sitzen: Blick auf die Inselwelt der Inlandsee!). Dort berühmter Park Korakuen. Fahrt nach Kurashiki (malerischer Stadtkern; ausgezeichnetes Volkskunstmuseum) und weiter zur nächsten Fähre nach *Shikoku*. Dort Fahrt zum Zentsuji, dem Geburtstempel von Kobo Daishi (stockdunkler Gang zur Geburtskapelle) und zum Kompira-Schrein von Kotohira mit seinem endlosen Stufenweg, von Hunderten von Andenkenläden flankiert. Auf der Küstenstraße weiter über das Bonsai-Dorf Kinashi nach Takamatsu (sehenswert: Ritsurin-Park) und mit Fähre über Shodo-Shima (im Herbst lohnt dort eine Unterbrechung und Fahrt auf die Höhen der Inselmitte) zurück nach Okayama.

2-3-Tage-Ausflug nach Norden: von Okayama aus mit dem Flugzeug nach *Matsue* (altes Schloß; uralter Friedhof der Matsudaira-Fürsten [Geshoji]; schönstes Teehaus Japans: Sugata-an; einstiger Wohnsitz von Lafcadio Hearn und gleich daneben: gut erhaltenes altes Samurai-Haus). Auf dem Wege zum eindrucksvollsten Shinto-Schrein (Izumo Taisha) liegt das Onsen Tamatsukuri.

Wer einen zusätzlichen Tag anhängen kann, fährt westwärts an der sehr schönen Küste entlang bis zum malerischen Hagi. Hier findet sich noch eine Fülle von Resten aus dem ›alten‹ Japan: Schloß, Häuser und Atmosphäre.

Von Matsue aus nach Osten liegt Yonago (überragt vom gewaltigen Bergmassiv des Daisen) und weiter *Tottori* und seine ›Wüste‹ (sabaku), die einzigen Dünen, die es in Japan gibt. Übernachtung wieder in einem renommierten Onsen, in Kaike.

Von Tokio mit Zug nach Fukushima (3 Stunden). Auto-Ausflug über die Bandai-Hochstraße (5 Stunden). Mit dem Zug weiter nach Sendai/ Matsushima (61). Weiter mit Auto zum Chuzonji (62) und wieder mit Zug über Morioka nach Ichinoe. Mit dem Auto zum Towada-See. Weiter über Aomori nach Hakodate auf Hokkaido. Über Noboribetsu und Shikotsu-See nach Sapporo. Von hier aus Auto-Ausflüge in die landschaftlich herrlichen Naturschutzgebiete von Okan und Daisetsuan.

Merkwürdigerweise gilt vielen alles, was nördlich von Tokio liegt, als fernes Land, als etwas, was nichts mit dem ›eigentlichen‹ Japan zu tun hat. Dabei ist der Norden landschaftlich äußerst reizvoll und hat auch kulturell viel zum Ruhm des Landes beigetragen.

Der Zug bringt uns erst nach Fukushima und zum Bergschlucht-Onsen Iizaka. Herrliche Rundfahrt über die Bandai-Hochstraße. Mit Zug weiter nach *Sendai/Matsushima* (61). Dort Inselfahrt und Besichtigung des historisch bedeutsamen Zen-Tempels Zuiganji. Drei Autostunden weiter nach Norden liegt bei Hiraizumi der Chuzonji, einer der großen Wallfahrtstempel des Landes (vor allem: Goldene Halle ›Konjikido‹ und Sutren-Halle ›Kyozo‹). Wieder mit der Bahn über Morioka (Zentrum für die Herstellung japanischer Eisenkessel – unerläßlich für die Tee-Zeremonie) nach Ichinoe und gleich weiter mit Auto zum Juwel des Nordens, dem großen *Towada-See* (62), dessen wasserfallreiches Oirase-Tal im Herbst besonders viele Besucher anzieht.

Über die Hafenstadt Aomori geht es zu Schiff weiter nach *Hokkaido*, nach Hakodate und dann über Noboribetsu (das kleine Onsen mit den größten auf Massenbesuch und mixed bathing eingerichteten Ofuros) zum Orte Shiraoi, wo sich noch immer einige Ureinwohner (Ainu) fremden Kameras zur Schau stellen. Durch herrliche Landschaft, am stillen Shikotsu-See vorbei geht es dann zum großstädtischen *Sapporo* oder gleich weiter ins nahe Onsen Jozankei. Von dort aus macht man am besten seine Ausflüge in die großartig-herbe Berglandschaft der Naturschutzgebiete von Okan und von Daisetsuan.

Wer auf diese Weise Japan von Süden bis Norden durchstreift hat, kann von sich sagen, daß er den größten Teil des Landes gesehen hat. Zugleich aber wird er merken, daß er nun erst richtig Lust bekommen hat, wirklich ›einzusteigen‹ und die ersten Eindrücke zum tieferen Verständnis auszuweiten. Wer dann – so lautet ein altes Sprichwort – beim Abflug auch noch den Fuji sieht, kann sicher sein, daß er noch einmal nach Japan kommt: Auf Wiedersehen also – Sayonara!

Worterklärungen

Amacha 178
Biwa 125, 314
Buke 194
Butsudana 133
Butsudo 22
Byobu 251, 298
Chajin 268
Cho 67
Daibutsu: großer Buddha
Daimyo: Landesfürsten
Do 22
Emakimono: Querrollbild
Furusato 79
Fusuma 298
Genro 439
Go 69
Gojo 27
Gokuraka 178
Hakase 351
Hanamido 178
Hasu 186
Hatsu-Uma 123
Heika 99
Hoke-Kyo 155
Hyojungo 277
Interi 20
Jinguji 139
Jinja Honcho 89
Jodo 178
Joro 372
Kami 79, 85
Kansai 62
Kanto 62
Karagokoro 87
Kashikodokoro 82
Kinshi kunsho 99
Kotoage senu 27
Kosha 131
Kotogakko 351
Ku 137
Kuge 194
Kurai Tanima 190
Magokoro 87
Medetashi 78
Michi 22
Mikoshi 127
Miso Shiru 16
Miya-tera 139
Mudra 177
Myoho Renge Kyo 155
Nengo 99
Nihon dai ichi 13
Nori 71
Nyubai 58
Okame 95
Omote-Nippon 35
Onsen 45
Rakan 182
Rei 25, 26
Renkan 186
Sanshu no Shinki 96
Sento 68
Shakujo 184
Shigure 42
Sho-Chiku-Bai 319
Shoji 16
Showa 35
Shushin 345
Sohei 168
Sumo 38
Tai 124
Taigi 89
Takarazuchi 124
Tao 24
Tatami 16
Tendoku 138
Terebi 384
Tokonoma: Bildnische
Torii 76
Tsukemono 16
Tsumi 87
Ura-Nippon 35
Yao Yorozu 124
Yukata 61
Zazen 153

Register

Siegfried von Quast 1-4, 8, 12-14, 16, 17, 22, 23, 25-27, 30, 31. – Laenderpress: Bruno Barbey-Magnum 5; Werner Bischof-Magnum 6, 29; René Burri-Magnum 18. Pontis Photo: Robert Lebeck 7, 9, 24. – Roger-Viollet 10. – Hans Schwalbe 11, 21. – Japanische Fremdenverkehrszentrale, Frankfurt a. M. 15. – Archiv Prof. Roger Goepper 19, 20. – Yasuhiro Ishimoto 28.

Die Vorlagen für die Farbwiedergaben stammen von Robert Braunmüller (Tafel III, V), Dr. Hans Rathschlag (Tafel II) und Sotheby Parke Bernet Publications, London (Tafel IV). Die Universitätsbibliothek Heidelberg war so freundlich, ihr Exemplar der Geschichte vom Prinzen Genji (Genji-monogatari, The Tale of Genji Scroll, by Joan Morris, Tokyo 1971) für die Reproduktion (Tafel I) zur Verfügung zu stellen.

Autor und Verlag danken allen Beteiligten, besonders aber Frau Dr. Gisela Armbruster und Herrn Professor Roger Goepper für vielfältigen Rat und Hilfe.